T5-BPY-066

HENRYK ANZULEWICZ

DE FORMA RESULTANTE IN SPECULO

DIE THEOLOGISCHE RELEVANZ DES BILDBEGRIFFS UND DES SPIEGELBILDMODELLS IN DEN FRÜHWERKEN DES ALBERTUS MAGNUS

Eine textkritische und begriffsgeschichtliche Untersuchung

IN ZWEI TEILEN

Teil I

DE FORMA RESULTANTE IN SPECULO DES ALBERTUS MAGNUS

Handschriftliche Überlieferung, literargeschichtliche
und textkritische Untersuchungen, Textedition,
Übersetzung und Kommentar

ASCHENDORFF MÜNSTER

HENRYK ANZULEWICZ

DE FORMA RESULTANTE
IN SPECULO
DES ALBERTUS MAGNUS

HANDSCHRIFTLICHE ÜBERLIEFERUNG,
LITERARGESCHICHTLICHE UND TEXTKRITISCHE
UNTERSUCHUNGEN, TEXTEDITION, ÜBERSETZUNG
UND KOMMENTAR

ASCHENDORFF MÜNSTER

BEITRÄGE ZUR GESCHICHTE DER PHILOSOPHIE UND THEOLOGIE DES MITTELALTERS

Texte und Untersuchungen

Begründet von Clemens Baeumker
Fortgeführt von Martin Grabmann und Michael Schmaus

Im Auftrag der Görres-Gesellschaft
herausgegeben von Ludwig Hödl und Wolfgang Kluxen

Neue Folge
Band 53, Teil I

B
765
.A44
A69
1999
V.1

D 5

Gedruckt mit Unterstützung
der Görres-Gesellschaft zur Pflege der Wissenschaft

© 1999 Aschendorffsche Verlagsbuchhandlung GmbH & Co., Münster

Das Werk ist urheberrechtlich geschützt. Die dadurch begründeten Rechte, insbesondere die der Übersetzung, des Nachdrucks, der Entnahme von Abbildungen, der Funksendung, der Wiedergabe auf fotomechanischem oder ähnlichem Wege und der Speicherung in Datenverarbeitungsanlagen bleiben, auch bei nur auszugsweiser Verwertung, vorbehalten. Die Vergütungsansprüche des § 54, Abs. 2, UrhG, werden durch die Verwertungsgesellschaft Wort wahrgenommen.

Gesamtherstellung: Druckhaus Aschendorff, Münster, 1999
Satz: Henryk Anzulewicz

Gedruckt auf säurefreiem, alterungsbeständigem Papier ∞
ISBN 3-402-04004-2

VORWORT

Die vorliegende Arbeit entstand neben meiner Mitwirkung am Projekt der kritischen, sogenannten Kölner Edition der Gesamtwerke des Albertus Magnus (*Alberti Magni Opera Omnia, Editio Coloniensis*), das seit 1931 vom Kölner Albertus-Magnus-Institut (seit 1954 mit Sitz in Bonn) realisiert wird. Die Untersuchung über die Abhandlung *De forma resultante in speculo* des Doctor universalis bot sich an als eine notwendige Vorarbeit für die kritische Edition seines Werkes *De homine*. Sie wurde deshalb unter besonderer Berücksichtigung des überlieferungs-, redaktions- und textgeschichtlichen Aspektes der komplexen und in der Forschung kontrovers diskutierten Frage nach dem Verhältnis der Abhandlung vom Spiegelbild zum Anthropologieentwurf *De homine* durchgeführt. Zu diesem in sich abgeschlossenen, ersten Teil der Arbeit, der mit dem vorliegenden Buch als erster Teilband erscheint, kommt eine zweite, systematische Studie zum Bildbegriff in den Frühwerken des Albertus Magnus hinzu, die den Spiegelbildbegriff zum Anlaß nimmt, lexikalische Formen des Grundbegriffs „Bild" in ihrer semantischen Tragweite zu erarbeiten und ihre Funktion in der Theologie aufzuzeigen. Diese zweite Studie erscheint gleichzeitig mit der ersten als zweiter Teilband. Für die zuletzt genannte begriffsgeschichtliche und systematische Untersuchung, die in einem eng begrenzten Zeitrahmen durchgeführt werden mußte, konnten nur die Frühwerke des Doctor universalis – von *De natura boni* bis einschließlich zum Sentenzenkommentar – herangezogen werden. Die Bildtheologie des Albertus Magnus wurde somit nur für einen Teil seiner Werke aufgearbeitet. Die Studie versteht sich als einen ersten Schritt auf dem Wege zur Erforschung dieses heute noch weitgehend unerschlossenen, dogmengeschichtlich aber sehr wichtigen Bereiches aus dem weiten Horizont der Geisteswelt und des allumfassenden Denkens Alberts des Großen. Sie hat ihren Sinn erfüllt, wenn sie einen ersten Einblick in die Albertsche Bildtheologie vermittelt und zugleich deutlich macht, daß sie nicht nur einer Vertiefung, sondern auch einer Vervollständigung und Ausdehnung auf das Gesamtwerk bedarf. Von der Bildfrage her eröffnet sich eine neue hermeneutische Perspektive, die einen Zugang zum adäquaten Verständnis des theologischen Denkens des Albertus Magnus und zur Erkenntnis der Gestalt seiner Theologie sowie ihres philosophischen Einschlags bietet.

Für die Anregung zur Beschäftigung mit der Bildtheologie des Albertus Magnus und für die fachliche Betreuung der beiden Studien sowie für das Erstgutachten danke ich ganz besonders Herrn Professor Dr. Hans Jorissen. Er als ein ausgewiesener Albertus- und Scholastikkenner hat wesentlich und auf außergewöhnlich wohlwollende und freundschaftliche Weise zur erfolgreichen Durchführung dieses Projektes beigetragen. Herrn Professor Dr. Josef Wohlmuth sei für das Zweitgutachten gedankt. Für zahlreiche Konsultationen und wertvolle bibliographische Hinweise danke ich Herrn Professor Dr. Zénon Kaluza.

Allen, die mich darüber hinaus bei meiner Arbeit mit Anregungen und Wohlwollen unterstützt haben spreche ich meinen aufrichtigen Dank aus, im besonderen meiner Ehefrau Maria-Therese Wieland-Anzulewicz und meinen Kindern Anna, Philipp und Frederik, die manche Entsagung und Härte in Kauf nehmen mußten, sowie meinen Kolleginnen, Frau Anne Bartholome M.A. und Frau Dr. Ruth E. Meyer, die mir beim Korrekturlesen großartig geholfen haben.

Die beiden Studien wurden im Wintersemester 1997 der Katholisch-Theologischen Fakultät der Rheinischen Friedrich-Wilhelms-Universität Bonn als Dissertation vorgelegt und im Sommersemester 1998 angenommen.

Für die Aufnahme der Dissertation in die traditionsreiche und für die Erforschung des Mittelalters sehr verdiente Reihe der „Baeumker-Beiträge" danke ich den Herausgebern, in erster Linie Herrn Professor Dr. Ludwig Hödl, der die Aufnahme empfohlen hat, sowie Herrn Professor Dr. Dr. h. c. mult. Wolfgang Kluxen für seine Zustimmung hierzu.

Mein Dank gebührt ferner der Görres-Gesellschaft zur Pflege der Wissenschaft für den Druckkostenzuschuß, der die Finanzierung der Drucklegung ermöglichte. Zum Schluß – last but not least – sei dem Verlag Aschendorff, namentlich Herrn Verlagsleiter Dr. Dirk F. Paßmann, für die vorbildliche Zusammenarbeit bei der Erstellung der Druckvorlage sowie für die bewährte Sorgfalt und Umsicht bei der Herstellung lebhaft gedankt.

Bonn, am 15. November 1998   Henryk Anzulewicz

INHALTSVERZEICHNIS

Inhaltsverzeichnis IX

Einleitung

Es ist in Fachkreisen nie umstritten gewesen, daß den Werken des Albertus Magnus nicht nur für die Erforschung der mittelalterlichen Theologie, Philosophie und der Naturwissenschaften, sondern auch in bezug auf die Zivilisationsgeschichte des lateinischen Hochmittelalters eine tiefere Bedeutung zukommt[1]. Galt und gilt der Doctor universalis[2] doch als der größte deutsche Gelehrte des Mittelalters, von dem gesagt wird, daß ihm „keine bedeutsame literarische Erscheinung der Zeit fremd blieb"[3].

Im umfangreichen Werk des Albertus Magnus gibt es heute noch viele Gebiete, die geeignet sind, nicht nur unsere Kenntnisse über die Geisteswelt seiner Zeit wesentlich zu erweitern, sondern auch neue Denkanstösse für die wissenschaftliche Reflexion der Gegenwart zu geben[4]. Auch manche Fehlentwicklungen in der modernen Albertus-Forschung lassen sich durch ein tieferes Eindringen in seine Gedankenwelt korrigieren. Eine wichtige Vor-

---

[1] Vgl. A. Hufnagel/G. Wieland, *Albertus Magnus*, 233: „Die Bedeutung Alberts für die Geschichte der Naturwissenschaften ist nie bestritten worden ...". Die Bedeutung der Schriften des Albertus Magnus für die Geschichte der Wissenschaften wird zuletzt seitens der experimentellen Archäologie, zu der Albertus Magnus als einer der Literarzeugen für die Erkenntnis der mittelalterlichen Technologie der Holzteergewinnung beiträgt, bestätigt. Referenz: Schreiben von A. Kurzweil, Hahn-Meitner-Institut Berlin, vom 11. Februar 1993 an das Albertus-Magnus-Institut Bonn über seine neuesten Forschungen zur Geschichte der Holzteergewinnung. A. Kurzweil hat von Albertus Magnus *De vegetabilibus*, Buch 6 Traktat 1 Kapitel 30 § 187 (ed. E. Meyer/K. Jessen p.432sq.), wo ein Teerofen beschrieben wird, sowie B.1 Tr.2 Kap.1 § 111 (p.57); Kap.3 § 138 (p.69sq.); B.6 Tr.1 Kap.28 § 164 (p.422); B.7 Tr.2 Kap.4 § 179 (p.659) herangezogen. Das Thema fand bereits seinen ersten Niederschlag in den Veröffentlichungen und Tagungsreferaten: A. Kurzweil/D. Todtenhaupt, *«Destillatio per descensum»*, 255, 257. Dies., *Organische Archäometrie*, [2]. D. Todtenhaupt/A. Kurzweil, *Ausgrabungen von mittelalterlichen Teeröfen in Berlin*, 111f. H. Anzulewicz, *Albertus Magnus über Holzteergewinnung*.

[2] Über die Ehrentitel Alberts s. A. Layer, *Namen und Ehrennamen Alberts des Großen*, 41-43. J.A. Weisheipl, *Albert der Große – Leben und Werke*, 50f.

[3] B. Geyer, *Die patristische und scholastische Philosophie*, 404.

[4] Als Beispiel sei nur seine Anthropologie genannt. Vgl. A. Synowiecki, *Substancja i forma*, 10ff. R. Heinzmann, *Philosophie des Mittelalters*, 197-201 (darin wird insbes. Alberts „ganzheitlicher anthropologischer Ansatz" bzw. seine „ganzheitliche Anthropologie" hervorgehoben).

aussetzung dafür ist allerdings, daß man auf wissenschaftlich zuverlässige
Textgrundlagen zurückgreifen kann. Auf handschriftlicher Basis kritisch
erstellte Texte Alberts werden in jüngster Zeit in zunehmendem Umfang
zugänglich gemacht. Es ist zu hoffen und zu wünschen, daß die Arbeiten an
der kritischen Edition des lateinischen Gesamtwerkes auch in Zukunft gut
vorankommen und sogar intensiviert werden. Ein weiteres, dringendes Desiderat sind aber auch Übersetzungen in moderne Sprachen und Kommentare der kritisch edierten Texte. Denn die Erfahrung zeigt, daß das Mittella-
tein als Sprache, in der die Schriften Alberts verfaßt sind, für viele interes-
sierte Forscher, etwa auf dem Gebiet der Wissenschaftsgeschichte, und hier
insbesondere der Geschichte einzelner Wissenschaftszweige (es seien genannt u.a. Botanik, Chemie, Geologie bzw. Mineralogie, Mathematik und
nicht zuletzt Archäologie), oder der Wirtschaftsgeschichte eine ernsthafte
Barriere darstellt.

Im folgenden soll nun der literarische Beitrag des Albertus Magnus zur
Erforschung der physikalisch-geometrischen Optik, und im besonderen der
Katoptrik, in seiner Gesamtüberlieferung näher untersucht, kritisch herausgegeben, übersetzt, kommentiert und gewürdigt werden. Dieser Beitrag liegt
in Form einer *Quaestio* in zwei getrennten Texttraditionen vor – einerseits in
der eigenständigen handschriftlichen Überlieferung (17 Hss.) als eine selbständige Abhandlung vom Spiegelbild *De forma resultante in speculo*, andererseits, und zwar in der gesamten (handschriftlichen und gedruckten) Überlieferung, als Teil des umfassenden anthropologischen Werkes Alberts *De homine*, näherhin in der Untersuchung über den Gesichtssinn (q.21 a.3 partic.3
nach der formalen Gliederung des Textes in den Druckausgaben von P.
Jammy und S.C.A. Borgnet). Eine spezielle kritische Studie zu diesem Themenkomplex – vor allem die Klärung der verworrenen textgeschichtlichen
Lage – stand schon seit längerer Zeit an. Im Vorfeld der Vorbereitung einer
kritischen Ausgabe von *De homine* des Albertus Magnus wurde nun offenkundig, daß das anthropologische Werk und die Abhandlung vom Spiegelbild nicht nur in ihren überlieferungs- und textgeschichtlichen Zusammen-
hängen behandelt, sondern auch deren gegenseitiges Verhältnis auf textkritischer Grundlage genau bestimmt werden müssen. Dieser Untersuchung
kommt daher im Hinblick auf die vorbereitete Edition von *De homine* eine
entscheidende Bedeutung zu. Denn erst die auf textkritischer Basis gewonnenen Erkenntnisse über die Genese der Abhandlung *De forma resultante in
speculo* ermöglichen eine sichere Bestimmung des Stellenwertes der eigenständigen handschriftlichen Überlieferung in der gesamten Überlieferung
des Textes. Davon hängt dann ab, welche Funktion bei der Konstitution des
kritischen Textes des entsprechenden Teils von *De homine* der eigenständigen
Überlieferung von *De forma resultante in speculo* eingeräumt werden muß.

Auch literar- und problemgeschichtlich verdient die bislang in der mediävistischen Forschung vernachlässigte Frage des Spiegelbildes eine ihr gebührende Beachtung. Die vorliegende Arbeit versteht sich als ein Versuch, diesen Fragen im Lichte der Abhandlung des Albertus Magnus nachzugehen. So werden hier in bezug auf den Alberttext u.a. Themen behandelt wie: Quellen und literargeschichtlicher Kontext, Rezeption und wissenschaftshistorische Bedeutung. Der eigentlichen Studie zur Text-, Literar- und Problemgeschichte (Kap. III und VII) und zur Textkritik (Kap. IV) gehen zwei Abschnitte voraus, welche – gestützt auf neueste Literatur – zum einen die wichtigsten Angaben zum Leben und Werk des Albertus Magnus vergegenwärtigen (Kap. I), zum andern die gesamte handschriftliche Textüberlieferung der Abhandlung (Drucke werden gesondert im Kap. III und IV besprochen) vorstellen (Kap. II). Dabei wird der eigenständigen handschriftlichen Überlieferung der Schrift eine besondere Aufmerksamkeit gewidmet, indem die meisten der bisher oft nur sehr unzulänglich erforschten Handschriften hier inhaltlich erschlossen werden. Auf den schon erwähnten textkritischen Teil der Arbeit (Kap. IV) folgt dann die Edition von *De forma resultante in speculo* (Kap. V) und ihre deutsche Übersetzung (Kap. VI). Die letztere hat zum Ziel, den Originaltext dem geneigten, aber im Mittellateinischen nicht versierten Leser zugänglich zu machen und ihm die das Hochmittelalter prägende Methodik einer *Quaestio* am Textbeispiel zu veranschaulichen. Im letzten Teil der Studie zu *De forma resultante in speculo* (Kap. VIII) werden die in dieser Arbeit erzielten Ergebnisse kurz zusammengefaßt. Auf das Schlußwort folgt ein fünfteiliger Anhang. Er besteht aus lateinischen Texten, welche entweder eine Abbreviation (I), eine abweichende spätere Fassung (II) oder eine Kompilation der Abhandlung des Albertus Magnus darstellen (III-IV). Es kommt hinzu eine anonyme Abhandlung zum gleichen Thema, die offensichtliche Parallelen zum Alberttext aufweist und möglicherweise älter als der Alberttext ist (V). Die in den Anhang aufgenommenen Texte sind in mehrfacher Hinsicht im Rahmen dieser Untersuchung bedeutsam. Sie liefern einen Beitrag zur Text- und Wirkungsgeschichte der Abhandlung Alberts; z.T. enthalten sie textkritisch relevante Auskünfte; sie erhellen den problemgeschichtlichen Kontext (Anonymus). Die Arbeit schließen ab ein zweiteiliges Abkürzungsverzeichnis, eine Zusammenstellung der benutzten Literatur (Quellentexte und Sekundärliteratur), ein Quellen- und Similia-Index zu Alberts Abhandlung vom Spiegelbild, ein Initienverzeichnis der im Kap. II.1 beschriebenen Handschriften sowie ein Personen- und ein Sachverzeichnis.

I. Der Autor:
Albertus Magnus (ca. 1200-1280)

1. LEBEN

Albertus wurde um 1200 in Lauingen an der Donau, zwischen Dillingen und Ulm, in einer ritterbürtigen Familie (*ex militaribus*) geboren[5]. Als junger Mann wurde er wahrscheinlich 1223 in Padua, wo er sich zu jener Zeit zu Studienzwecken aufhielt, vom unmittelbaren Nachfolger des hl. Dominikus im Amt des Generalmagisters der Dominikaner, dem Deutschen Jordan von Sachsen (1222-1237), für den Predigerorden gewonnen und um Ostern 1223 durch Jordan eingekleidet[6]. Wohl in Norditalien erwarb Albert seine ersten naturwissenschaftlichen Kenntnisse durch das Studium der Werke des Aristoteles, aber auch durch eigene Beobachtungen der Naturphänomene und durch Naturkatastrophenerlebnisse (wie z.b. das verheerende Erdbeben in der Lombardei im Dezember 1222). Noviziat (1 Jahr) und theologische Ausbildung (mindestens 4 Jahre) erfolgten sehr wahrscheinlich im Kölner Konvent (gegr. 1221/22[7]), der damals neben dem österreichischen Friesach (1219) die einzige Ordensniederlassung im deutschsprachigen Raum war. Um 1233 wurde Albert mit Lehraufgaben eines Lektors an den Ordensschulen von Hildesheim, Freiburg im Breisgau bzw./und Freiberg in Sachsen[8],

---

[5] Das genaue Geburtsdatum ist nicht bekannt; das Todesdatum steht hingegen fest: 15. November 1280. Alberts zeitgenössischer Biograph Ptolemaeus von Lucca berichtet, daß Albert im Alter von über 80 Jahren (*plus quam octogenarius* bzw. *octogenarius et amplius*) starb (*Historia ecclesiastica*, l.22 c.19, l.23 c.36, ed. L.A. Muratori col.1151, 1184; *Annales*, ed. B. Schmeidler p.192 v.13-16). Ungeachtet widersprüchlicher Geburtsdaten, denen man oft in der betreffenden Literatur begegnet, ist die Aussage, daß Albertus „um 1200 oder etwas früher" geboren wurde, grundsätzlich richtig. Vgl. M. Lohrum, *Überlegungen zum Geburtsjahr Alberts des Großen*. J.A. Weisheipl, a.a.O. 11ff. W. Kübel, *Albertus Magnus*, 294ff. Eine gediegene Erörterung der kontrovers diskutierten Fragen zur Biographie des Albertus Magnus hat Cl. Wagner, *Alberts Naturphilosophie im Licht der neueren Forschung*, 65-76, vorgelegt.

[6] J.A. Weisheipl, a.a.O. 15.

[7] Ebd., 27.

[8] Zuletzt wiederholt F. Flamm (*Albert der Große in Freiburg im Breisgau*, 8f) unter Beru-

Regensburg und Straßburg betraut. Anfang der 40er Jahre wurde er vom
Generalmagister Johannes von Wildeshausen „Teutonicus" (1241-1251) an
die Universität Paris, den geistigen Mittelpunkt des Abendlandes, zur Wei-
terbildung gesandt[9]. Die Erlangung der Doktorwürde in der Theologie
(1245) und die Übernahme eines der Lehrstühle als *magister actu regens* in der
Pariser theologischen Fakultät stellen die Krönung seiner Universitätslaufbahn dar. Im Sommer 1248 wurde er auf Anweisung des am 7. Juni 1248
zu Paris tagenden Generalkapitels der Dominikaner nach Köln zurückbeor-
dert, um dort das erste „allgemeine und feierliche Studium" (*studium generale
et solemne*) der deutschen Ordensprovinz Teutonia, die erste Hochschule
Deutschlands[10] und die Vorläuferin der Kölner Universität, ins Leben zu
rufen und zu leiten. Dorthin folgte ihm auch sein bedeutendster Schüler
Thomas von Aquin, um am neugegründeten *studium generale* zu Köln sein bei
Albert in Paris begonnenes Studium fortzusetzen[11]. In den Jahren 1254-1257
war Albert Provinzial der Ordensprovinz Teutonia; zeitweise (1256-1257)
fungierte er auch als Lektor an der päpstlichen Kurie in Anagni (und vielleicht auch in Rom und in Viterbo)[12]. 1257-1260 dozierte er – mit kleiner
Unterbrechung – erneut am *studium generale* zu Köln[13]. Am 5. Januar 1260
wurde er von Papst Alexander IV. (1254-1261) zum Bischof von Regens-
burg ernannt. Schon nach einem Jahr legte Albert sein bischöfliches Amt

---

[9]   fung auf einschlägige Literatur die gängige Auffassung, daß Albert in Freiburg im
       Breisgau „zwischen 1237 bis 1239" Lesemeister war. Für Alberts Tätigkeit in
       Freiberg in Sachsen und nicht in Freiburg im Breisgau tritt hingegen J.A. Weis-
       heipl (a.a.O. 17) ein; dieser Ansicht sich anschließend fügt M. Lohrum (*Albert der
       Große*, 34-36) hinzu, daß Albert auch in Freiburg/Breisgau gelesen haben könnte.
       A. Fries argumentiert für einen ersten Studienaufenthalt Alberts in der Seineme-
       tropole schon nach dessen theologischer Grundausbildung, also noch bevor er
       nach Paris zum Graderwerb in der Theologie ging. Vgl. A. Fries, *Albertus Magnus*,
       125; ders., *Hat Albertus Magnus in Paris studiert?*, 414-429. Mit der Aussage von J.A.
       Weisheipl (a.a.O. 16): „Es gibt keinerlei Gründe für die Annahme, daß Albert im
       studium zu Padua geblieben sei oder daß er nach Bologna oder Paris geschickt
       wurde, um Philosophie zu studieren", stimmt er dennoch überein (A. Fries, *Hat
       Albertus Magnus in Paris studiert?*, 421).

[10]   J.A. Weisheipl, a.a.O. 10. M. Lohrum, *Albert der Große*, 45ff.

[11]   Thomas von Aquin hatte aller Wahrscheinlichkeit nach seit Herbst 1245 bei
       Albert in Paris studiert und war ihm im Sommer 1248 nach Köln gefolgt, wo er
       bis Herbst 1252 blieb. Cf. *Alberti Magni Opera Omnia*. Ed. Colon. T.XXXVI,1
       (1993) p.V v.13sqq.; ferner J.A. Weisheipl, a.a.O. 23f, 26, 28; Cl. Wagner, a.a.O.
       73f.

[12]   J.A. Weisheipl, a.a.O. 36, 34. H.Chr. Scheeben, *Albert der Große. Zur Chronologie
       seines Lebens*, 43-47.

[13]   Ebd., 37f.

nieder und wurde nach einem Aufenthalt von neunzehn Monaten an der päpstlichen Kurie von Urban IV. (1261-1264) am 13. Februar 1263 mit der Kreuzzugspredigt in Deutschland, Böhmen und im ganzen deutschsprachigen Raum betraut[14]. In den Jahren 1264-1269 wirkte Albert an den Konventstudien von Würzburg (1264-1267) und Straßburg (1268-1269). Seit 1269 lebte er im Kloster Heilig Kreuz zu Köln[15]. Wegen seiner Gelehrsamkeit, Weitsicht und seines hohen Ansehens in kirchlich-politischen Kreisen war er ein gefragter Vermittler bei verschiedenen Fehden und gewaltsamen Auseinandersetzungen. Mehrfach betätigte er sich als Schiedsrichter, oder er wirkte bei Schiedssprüchen mit[16]. Albertus starb am 15. November 1280 im Alter von über achtzig Jahren nach einem mit der Suche nach der menschlichen und göttlichen Wahrheit erfüllten Leben im dortigen Konvent und wurde in der Klosterkirche bestattet. Sein Grab befindet sich heute in der Krypta der Kölner Dominikanerkirche St. Andreas. Die Nachwelt hat ihm – wegen seines allumfassenden Wissens und seiner Gelehrsamkeit, wegen seines ungewöhnlichen Eifers und rastlosen wissenschaftlichen Schaffens – den in der Geschichte seltenen Beinamen *Magnus* („der Große") und andere Ehrentitel wie *Doctor expertus* („erfahrener Lehrer"), *Doctor universalis* („allseitiger Lehrer"), *Doctor ecclesiae* („Kirchenlehrer") und *Cultorum scientiarum naturalium caelestis apud Deum Patronus* („Schutzheiliger der Naturwissenschaftler") verliehen[17].

2. WERK

Nach dem Forschungsstand der 80er Jahren werden Albertus Magnus 74 Werke, davon 41 philosophischen und 33 theologischen Inhalts, zugeschrieben[18]. In den letzten 15 Jahren haben die Fachgelehrten dieses Bild in eini-

---

[14] Alberts Rücktrittsgesuch wurde erst im November 1261 von Urban IV. in Viterbo, wohin sich Albert schon Ende Dezember 1260 eigens begab, angenommen. An der Kurie (zunächst Viterbo, dann Orvieto) ist Albert vom Juli 1261 bis Februar 1263 wohl geblieben; vgl. J.A. Weisheipl, a.a.O. 39f.

[15] J.A. Weisheipl, a.a.O. 43f.

[16] Grundlegendes zu dieser Frage bei H. Stehkämper, *Pro bono pacis*.

[17] Wie oben Anm.2.

[18] W. Fauser, *Die Werke des Albertus Magnus*; ders., *Albertus Magnus*, 52. Mag es auch Zufall sein, ist es dennoch bezeichnend, daß die Zahl 74 mit der entsprechenden Angabe des Katalogs der Werke Alberts in der Hs. *Lüttich, Universitätsbibl. 154 C* übereinstimmt. Vgl. P. Simon, *Ein Katalog der Werke des hl. Albertus Magnus*, 82f. Die zuletzt erschienene systematisierend-periodisierende Darstellung des Gesamtwerkes Alberts von G. Wieland (*Albertus Magnus*, 338) verbessert zwar in einigen Punkten die entsprechende Schilderung von F. Van Steenberghen (*La philosophie*

gen Punkten korrigiert. Diese Entwicklung der letzten Jahre soll im folgenden nachgezeichnet und gewürdigt werden. Hinzu kommt der Versuch,
anhand der bisherigen Forschungsergebnisse eine kritische Wertung der
gegenwärtigen Fassung des Werkkataloges Alberts vorzunehmen. Angaben
zur Chronologie der Schriften schließen den Abschnitt ab.

Zunächst sei darauf hingewiesen, daß die Albertus-Forschung trotz der
Fortschritte auf dem Gebiet der Erschließung des authentischen Werkes
Alberts, die nicht zuletzt einem beachtlichen Zuwachs kritischer Texte der
lateinischen Werke des Doctor universalis zu verdanken sind, noch eine
Reihe von offenen Fragen zu bewältigen hat. Nach wie vor bestehen strittige
bzw. ungelöste Echtheitsfragen in bezug auf mehrere Schriften. Um die
sogenannten *dubia et spuria* deutlich von den echten Werken Alberts abzuhe-
ben, wäre es erforderlich, die entsprechenden Inhalte aus den wichtigsten
mittelalterlichen Werkkatalogen der Dominikanerschriftsteller hier vorzustel-
len. Da die alten Werkkataloge bereits mehrfach Gegenstand spezieller Untersuchungen waren, deren maßgebliche Ergebnisse durch die jüngste Albertus-Forschung übernommen wurden, beschränken wir uns auf die
„Übersicht über die edierten und zu edierenden Werke des hl. Albert des
Großen" (*Conspectus S. Alberti Magni operum omnium editorum et edendorum*), welche einen jeden Band der kritischen Kölner Ausgabe der *Opera Omnia* ab-
schließt. Dieser *Conspectus* ist in Verbindung mit dem Repertorium der
Handschriften der echten Werke Alberts von W. Fauser SJ als kritischer, auf
dem neueren Forschungsstand fußender, offizieller Katalog der Werke unseres Autors anzusehen.

Der *Conspectus* verdient eine besondere Beachtung, denn bei näherem
Hinsehen findet man in ihm einige problematische und, wenn man diese
„Übersicht" anhand mehrerer Bände der *Editio Coloniensis* betrachtet, voneinander erheblich abweichende Angaben. Als Problemfälle sind vor allem
die folgenden Schriften, die dort verzeichnet bzw. ausgelassen werden, zu
nennen: *De muliere forti* (in der *Editio Coloniensis* vorgesehen als Bd. XVIII,2),
De mysterio missae und *De corpore domini* (als Bd. XXXVIII) sowie *Super Euclidem*

---

au XIIIe siècle, 246), aber sie erwähnt nicht drei wichtige Schriften Alberts: *De
causis proprietatum elementorum*, *Mineralia* und *De fato*; übersehen werden auch *Predigten* (Hss. *Leipzig Univ.-Bibl. 683* und *Assisi, Bibl. Comunale 432*), *Principium super totam
Bibliam*, die Schriftkommentare *Super Threnos* und *Super Baruch* sowie die *Epistula de
ungelt*. Wielands Artikel enthält darüber hinaus nicht nur manche Unstimmigkeiten in Fragen der Lebens- und Werkchronologie Alberts, sondern sein Gesamtur-
teil über Alberts „entscheidende Leistung" und über dessen eigenen Standpunkt
bei der Auslegung des *Corpus Aristotelicum*, sowie schließlich das abfällige Urteil,
daß Alberts Gesamtwerk in systematischer Hinsicht inkonsistent sei („das Werk
Alberts zeigt keine systematische Geschlossenheit"), sind verfehlt und müssen entschieden zurückgewiesen werden.

(als Bd. XL bzw. unter *Opera dubia et spuria*). Die Echtheitsfrage einiger anderer kleinerer Werke, wie z.b. mancher der unlängst erstmalig kritisch edierten *Quaestiones*[19] und der größtenteils noch unedierten Predigten[20], stellt ein schwieriges und zum jetzigen Zeitpunkt scheinbar kaum lösbares Problem dar. Da aber im Einzelfall sich über die Echtheit einer Schrift erst dann entscheiden läßt und auch dann darüber entschieden werden soll, wenn sie kritisch herausgegeben wird, ist es verständlich, daß die jetzige Fassung des kritischen Katalogs der Werke Alberts im besten Fall bis zum Abschluß der kritischen Gesamtausgabe keinen endgültigen Charakter beanspruchen kann.

Wie gesagt, wenn man den genannten *Conspectus* einer kritischen Analyse unterwirft, stellt man fest, daß er einiger Modifizierung bedarf. Spätestens seit der Veröffentlichung des Handschriftenkatalogs der echten Werke des Albertus Magnus von W. Fauser SJ (1982) stellt sich die Frage, ob die lange Zeit für ein Werk Alberts gehaltene und in der Kölner Gesamtausgabe als Band XVIII,2 vorgesehene Schrift *De muliere forti* (Inc.: '*Laudes ecclesiae describit Salomon in figura mulieris fortis per viginti duo capitula secundum numerum litterarum hebraicarum ...*') nicht als solche aus dem *Conspectus* herausgenommen und in den geplanten Band XL (*Opera dubia et spuria*) aufgenommen werden müßte. Denn diese Schrift stellt in Wirklichkeit ein solches *dubium* dar. B. Geyer hat gegenüber der von A. Fries in einer literarkritischen Studie vertretenen Auffassung, diese Schrift sei „von fragwürdiger Echtheit"[21], zuerst eine reservierte Haltung eingenommen, später aber sich der Meinung von Fries

---

[19] *Alberti Magni Opera Omnia*. Ed. Colon. T.XXV,2 (1993), ed. A. Fries/W. Kübel/H. Anzulewicz.

[20] Von den herausgegebenen Predigten, die mit unterschiedlichen Argumenten Albert vindiziert werden, sind 4 *Sermones Parisienses* aus der Handschrift *Arras 691* (vgl. B. Geyer, *Die Universitätspredigten des Albertus Magnus*) und 7 *Sermones* zu nennen, die von J.B. Schneyer anhand der unvollständigen Sammlung der Hs. *Leipzig Universitätsbibl. 683*, welche durch die Hs. *Assisi, Bibl. Comunale 432* und weitere Hss. ergänzt wird (vgl. J.B. Schneyer, *Alberts des Großen Augsburger Predigtzyklus*), ediert wurden. Die Edition der Predigtsammlung aus der genannten Leipziger Handschrift hatte Conrad Hayn (Augsburg) Ende 1978 für die Kölner Ausgabe übernommen; 11 Jahre später ist er von seinem Vorhaben ohne greifbares Ergebnis abgerückt. Ende 1993 hat E. Schinagl-Peitz, damals wiss. Mitarbeiterin am Lehrstuhl für mittellateinische Philologie der Katholischen Universität Eichstätt, im Rahmen ihrer Dissertation weitere 5 Predigten Alberts aus dem Leipziger Kodex für den Druck vorbereitet (bisher unveröffentlicht).

[21] A. Fries, *Die unter dem Namen des Albertus Magnus überlieferten mariologischen Schriften*, 132f, 138 Anm.30. Seine Bedenken hat Fries mehrfach geltend gemacht; vgl. A. Fries, *Die Gedanken des heiligen Albertus*, 21; ders., *Albertus Magnus*, 134; ders., *Der Doppeltraktat über die Eucharistie*, 6.

angeschlossen[22]. Allerdings haben weder Fries noch Geyer diesem Fall eine spezielle Untersuchung gewidmet. Diese ungeklärte Sachlage blieb nicht ganz ohne konkrete Folgen für den Fortgang der Edition der Werke Alberts. Die Schrift *De muliere forti* fand im Handschriftenkatalog der echten Werke Alberts keine Beachtung mehr. Sie wird dennoch weiterhin im *Conspectus* geführt. Dieser an sich widersprüchliche Sachverhalt gibt ziemlich genau die Position von B. Geyer wieder, die er hinsichtlich der umstrittenen Schrift bezogen hat: „Nachdem aber das sogenannte *Mariale*, das ebenfalls in den alten Katalogen figuriert und von dem gleichfalls gesagt wurde: «dubium (scil. de authenticitate) non iam habet locum»[23], sich als unecht herausgestellt hat, wird man auch diesem Werk mit Mißtrauen und Vorsicht gegenübertreten, bis eine genauere Untersuchung weiteres Beweismaterial zutage fördert"[24]. Eine solche Untersuchung steht auch heute noch aus.

Seit den 50er Jahren dieses Jahrhunderts wird die Echtheit des Doppeltraktats über die Eucharistie *De mysterio missae* (Kurztitel *Super missam*) und *De corpore domini* (im *Conspectus* der *Editio Coloniensis* als Bd. XXXVIII verzeichnet) von A. Fries wiederholt und vehement bestritten[25]. Während H. Jorissen[26], H.-J. Vogels[27] und J.L. Bataillon[28] dieses Werk für authentisch halten, hat A. Kolping[29], der an der Edition des Doppeltraktates seit geraumer Zeit arbeitete (Kolping starb am 31. August 1997), der Auffassung von Fries zugestimmt. Der Editor des im Autograph erhaltenen Matthäuskommen-

---

[22] B. Geyer, *Zur neuen Gesamtausgabe*, 276; ders., *Umstrittene Bibelkommentare*, 566.

[23] G. Meersseman, *Introductio in opera omnia b. Alberti Magni*, 119.

[24] B. Geyer, *Umstrittene Bibelkommentare*, 566.

[25] Abschließende Untersuchung, in der der Autor seine mehrfach geäußerte Auffassung bekräftigt und ausführlich zu beweisen sucht: A. Fries, *Der Doppeltraktat über die Eucharistie unter dem Namen des Albertus Magnus*.

[26] H. Jorissen, *Messerklärung und Kommuniontraktat – Werke Alberts des Großen*, 41-97.

[27] H.-J. Vogels, *Zur Echtheit der eucharistischen Schriften Alberts des Großen*, 53-119.

[28] Das ausgewogene Urteil von L.J. Bataillon (*Bulletin d'histoire des doctrines*, 262) ist überaus zutreffend, daher wird es hier *in extenso* zitiert: „Je dois dire que, si plusieurs des arguments du P. Fries montrent qu'il subsiste des problèmes, il me paraît que ceux qui ont été proposés pour l'authenticité ont plus de poids et que l'ont voit mal quel autre auteur qu'Albert pourrait renvoyer à la fois à des commentaires sur Matthieu et Luc et à des exposés sur les ouvrages d'Aristote. Les divergences, qui portent souvent sur des points de détail, entre les deux traités sur l'Eucharistie et les ouvrages certainement authentiques d'Albert, ne peuvent-elles tout simplement s'expliquer par un certain manque d'intérêt – ou par quelque négligence – de sa part pour des aspects pour lui secondaires? De toute façon, le plus sûr est attendre l'édition critique et son apparat des sources pour être en mesure de donner une réponse plus assurée".

[29] A. Kolping, *Zum Doppeltraktat über die Eucharistie unter dem Namen des Albertus Magnus*.

tars, B. Schmidt, hat in einer kritischen Auseinandersetzung mit der Untersuchung von Fries eine Reihe von Unstimmigkeiten in dessen Argumentation aufgedeckt und war überzeugt, die These von Fries widerlegen zu können, hat jedoch wegen seines plötzlichen und viel zu frühen Todes die Arbeit nicht zum Abschluß gebracht[30]. Fragt man nach den Konsequenzen dieser weiterhin ungeklärten Lage für die Gestaltung des Werkkataloges (*Conspectus*), wird man feststellen müssen, daß dieser davon unberührt bleibt, d.h. der Doppeltraktat wird weiterhin als echtes Werk angeführt und als Bd. XXXVIII der Kölner Ausgabe vorgesehen[31], während A. Kolping in seiner Besprechung der Studie von A. Fries erklärt, er bereite die Ausgabe des Werkes als Bd. XL der *Editio Coloniensis* – d.h. als *dubium* in bezug auf die Echtheit – vor[32].

Es sei ferner darauf hingewiesen, daß auch die Echtheit der *Summa theologiae* Alberts mehrfach von A. Fries angefochten und das Werk schließlich von ihm für unecht erklärt worden ist[33]. Dieser durchaus bizarren und nicht diskussionsfähigen Auffassung hat R. Wielockx, der an der kritischen Ausgabe des Werkes arbeitete, widersprochen und die Echtheit der Schrift aufgrund von inneren und äußeren Kriterien nachgewiesen[34].

Ein weiteres Werk, *Super Euclidem*, das im *Conspectus* der Albertausgabe nur von P. Hoßfeld verzeichnet wird[35], gehört mit an Sicherheit grenzender

---

[30] Der Autor ist mit den Ergebnissen der Forschungen von B. Schmidt sowohl aus zahlreichen Konsultationen als auch aus den erhaltenen Materialien gut vertraut. Es ist seines Erachtens nicht ohne Interesse, daß B. Schmidt bei seiner Arbeit in Verbindung mit A. Kolping gestanden hatte. Nachdem sich Kolping ganz im Sinn der Auffassung von Fries geäußert hatte („Ich stimme dem Ergebnis zu, daß der Doppeltraktat nicht von Albert d. Gr. sein kann": A. Kolping, *Zum Doppeltraktat*, 15), blieb Schmidt aufgrund seiner Erkenntnisse bei der Ansicht von der Echtheit des Doppeltraktates; unterdessen gab Kolping zu, daß die Aufgabe der bisher von ihm vertretenen Position („eine wie auch immer geartete «Beteiligung» des großen Albertus": ders., *Zum Doppeltraktat*, 14) voreilig erfolgte.

[31] Eine Ausnahme ist in der Sichtweise von P. Hoßfeld festzustellen; vgl. den Conspectus im Bd. IV,1 der kritischen Kölner Albertausgabe (wie unten Anm.35).

[32] A. Kolping, a.a.O. 13.

[33] Zuletzt im Aufsatz: A. Fries, *Zum Verhältnis des Albertus Magnus zur «Summa theologiae» unter seinem Namen*; cf. *Alberti Magni Opera Omnia*. Ed. Colon. T.XXV,2 (1993) p.VII n.3.

[34] R. Wielockx, *Zur «Summa theologiae» des Albertus Magnus*.

[35] Ed. Colon. T.IV,1 (1989) p.400. Der unbestritten gewichtigen Entscheidung ist eine paläographische Untersuchung des Wiener Kodex *Dominikanerkl. 80/45* unter Einbeziehung literarkritischer Aspekte sowie der ausschlaggebenden Forschungsergebnisse von P.M.J.E. Tummers vorausgegangen; vgl. P. Hoßfeld, *Zum Euklidkommentar des Albertus Magnus*.

Wahrscheinlichkeit in den Kreis der authentischen Schriften des Doctor universalis. Sowohl aus Alberts Selbstbezeugungen als auch aus den ältesten mittelalterlichen Katalogen seiner Werke geht hervor, daß er nicht nur eine Kommentierung mathematischer Schriften parallel zu seiner breit angelegten Aristotelesparaphrase vorgesehen, sondern den Plan zumindest für die Geometrie verwirklicht hatte[36]. Die Forschung ist nicht ausschließlich auf die erwähnten Selbstzeugnisse Alberts angewiesen, denn dieser Euklidkommentar liegt, wenn auch unvollständig, handschriftlich vor, und zwar im Kodex *Wien, Dominikanerkl. 80/45* f.105r-145rb. Bei dieser Wiener Handschrift stellt sich sogar die Frage, ob es sich nicht um ein Albertautograph handelt[37]. In einer einschlägigen, detaillierten Studie zum Inhalt, die mit einer kritischen Teilausgabe des Euklidkommentars (Buch I) verbunden ist, hat P.M.J.E. Tummers die Echtheitsfrage zugunsten von Albertus Magnus entschieden. Auf der Grundlage dieser Untersuchung, deren Ergebnisse in Fachkreisen mit einhelliger Zustimmung aufgenommen wurden, ergibt sich in diesem Punkt die Notwendigkeit einer Überarbeitung des *Conspectus* der Kölner Gesamtausgabe als eine logische Konsequenz und ein Erfordernis wissenschaftlicher Sorgfalt[38].

---

[36] Für den Nachweis der Selbstzitate Alberts s. B. Geyer, *Die mathematischen Schriften des Albertus Magnus*, 160ff; vgl. auch R. Ineichen, *Zur Mathematik in den Werken von Albertus Magnus*, 58.

[37] Die Meinungen darüber sind geteilt. Während H. Ostlender (*Die Autographe Alberts*, 16) die Handschrift für das Autograph Alberts und somit für ein echtes Albertwerk hält, betont B. Geyer (*Die mathematischen Schriften des Albertus Magnus*, 169) die „Gleichheit" der Schrift des Wiener Kodex mit den übrigen Albertusautographen, ohne sich endgültig zu entscheiden, ob es ein Autograph und Werk Alberts ist („Die letzte Entscheidung kann aber nicht gegeben werden, bevor der Inhalt genauer geprüft ist ... Wir erhoffen von der Ausgabe des sicherlich bedeutenden Kommentars eine völlige Klärung der Autorfrage", ebd., 169f). J.E. Hofmann, der die Edition des Kommentars übernahm, aber wegen seines verfrühten Todes nicht vollenden konnte, vertrat die Auffassung von dessen Echtheit; vgl. J.E. Hofmann, *Über eine Euklid-Bearbeitung*, 554ff. P. Hoßfeld (*Zum Euklidkommentar des Albertus Magnus*) und P.M.J.E. Tummers (zuletzt in einer eingehenden Studie und Teilausgabe *Albertus (Magnus)' Commentaar op Euclides'*, I, 329) halten die Schrift für ein Werk Alberts, sind aber nicht überzeugt von der Autograph-Hypothese. Zusammenfassend und im Sinn der Forschungsergebnisse von P. Hoßfeld und von P.M.J.E. Tummers äußert sich neuerlich R. Ineichen (*Zur Mathematik in den Werken von Albertus Magnus*, 55ff).

[38] Handlungsbedarf besteht seit der Veröffentlichung der Untersuchung von P.M.J.E. Tummers und seiner Ankündigung der Edition des Euklidkommentars im Rahmen der kritischen Gesamtausgabe von *Alberti Magni Opera Omnia* (vgl. Bulletin de Philosophie Médiévalé 35 [1994], 54).

Bei diesen allgemeinen Angaben zum Werk des Albertus Magnus sollte der wichtige, aber immer noch mit ernsthaften Problemen verbundene chronologische Aspekt nicht ausgeklammert werden. Auf ihn ist deshalb jetzt das Augenmerk zu richten. Die Diskussion widersprüchlicher Auffassungen über die Datierung der Werke Alberts, an denen es in der Literatur nicht mangelt[39], soll hier jedoch nicht einbezogen werden. Es wird lediglich versucht, die zeitliche Einordnung der Schriften Alberts in wenigen Strichen nachzuzeichnen, wobei die im Rahmen der kritischen Gesamtwerkausgabe bisher erzielten Forschungsergebnisse als Orientierung dienen.

Über die absolute Werkchronologie Alberts läßt sich kaum Sicheres ermitteln. Indessen kann die relative Chronologie mit ziemlicher Genauigkeit bestimmt werden. Es sei zunächst daran erinnert, daß man über Alberts literarische Tätigkeit in der Zeitspanne vom Abschluß seines Theologiestudiums bis zum Beginn seiner Pariser Zeit zu Anfang der 40er Jahre, also während der fast 15jährigen Lehrtätigkeit als Lektor an verschiedenen Ordensschulen Deutschlands, mit Sicherheit nur weiß, daß in diesem Zeitraum die Abfassung des Traktates *De natura boni* fällt. Diese heute unvollständig

---

[39] Als Beispiel sei nur ein Versuch der Datierung des Traktates *De natura boni* angeführt: Diese in den einschlägigen Katalogen der Werke Alberts nicht aufgeführte Schrift wurde von Fr. Pelster in zwei Münchener Hss. entdeckt (ders., *Der «Tractatus de natura boni»*). Pelster hat nachgewiesen (ebd., 88f), daß die Schrift noch vor *De bono*, d.h. vor der Pariser Lehrtätigkeit Alberts, wahrscheinlich während seiner Regensburger Zeit, also zwischen „etwa 1236-1243" geschrieben wurde. Während es in der kritischen Einleitung zur Kölner Ausgabe (T.XXV,1 p.VI) heißt, das Werk sei geschrieben, bevor sich Albert 1243 oder 1244 an die Pariser Universität begab, um in der Theologie zu promovieren, drückt sich J.A. Weisheipl (*Albert der Große*, 17) vorsichtiger aus, indem er sagt, Albert schrieb seine Abhandlung während der „rund zwanzig unauffälligen Jahre seines Lebens als Dominikaner in Deutschland". A. Tarabochia Canavero (*Alberto Magno, Il bene*, 55) versucht diese zeitlichen Grenzen zu präzisieren und gibt sie, wohl nach F. Van Steenberghen (*La philosophie au XIIIe siècle*, 246), mit „ca. 1236-1237" an. A. de Libera (*Albert le Grand*, 21) ist der Auffassung, daß das Werk „avant 1243" entstanden ist. Für A. Fries (*Hat Albertus Magnus in Paris studiert?*, 415 Anm.9), der sich z.T. auf O. Lottin (*Psychologie et morale*, VI, 237ff) stützt, ist zwar die Annahme, der Traktat sei in Deutschland vor Alberts Graderwerb (Paris) verfaßt, plausibel, aber daß Albert erst 1243 oder 1244 nach Paris ging, bezweifelt er; Fries behauptet (ebd., 417ff, 422f), Albert habe schon „zwischen 1223 und 1233" – noch vor seiner Lektor-Tätigkeit in Deutschland – im Pariser Dominikanerkonvent Saint-Jacques „ein ausgedehntes und geregeltes Studium der Philosophie" absolvieren müssen. Somit wird der *terminus a quo* für die Abfassung des Traktates auf 1233 festgelegt. In die deutsche Lektorats-Periode Alberts datiert A. Fries die Abfassung von *De sacramentis*, *De incarnatione*, *De resurrectione*, 3/4 von *De quattuor coaequaevis* und *De homine* zurück.

erhaltene und vielleicht vom Autor unvollendete Schrift gilt als das früheste
bekannte theologische Werk Alberts[40]. Nach Ausweis der benutzten Quellen,
deren Übersetzungen, literarischer Form und methodisch-inhaltlicher Gegebenheiten sowie unter Berücksichtigung unserer Kenntnisse über die Biographie des Verfassers muß die Schrift vor der Pariser Lehrtätigkeit, also
höchstwahrscheinlich noch in den 30er Jahren in Deutschland verfaßt worden sein, wobei weder der *terminus a quo* noch der *terminus ad quem* genau
bestimmt werden kann.

Nach *De natura boni* ist eine aus sechs eigenständigen Werken bestehende,
aber durch zahlreiche Querverweise miteinander eng verknüpfte und zeitlich in die gleiche Periode fallende theologisch-systematische Schriftenreihe
einzuordnen, die aus der anfänglichen Pariser Lehrtätigkeit Alberts um
1241-1243 hervorgegangen ist und gelegentlich als *Summa Parisiensis* bzw.
Summa (theologica) prior[41] bezeichnet wird. Es handelt sich hierbei um Schrif-

---

[40] *Alberti Magni Opera Omnia.* Ed. Colon. T.XXV,1 (1974), ed. E. Filthaut, p.Vsq.

[41] Die Bezeichnung *Summa Parisiensis*, welche der neueren Forschung zu entnehmen
ist (vgl. O. Grönemann, *Das Werk Alberts des Großen*, 147, 149; A. de Libera, *Albert
le Grand et la philosophie*, 19, 21. M.D. Jordan, *Medicine and Natural Philosophy in
Aquinas*, 238; H. Stehkämper, *Albertus Magnus*, 122-124 Nr.145; J.A. Weisheipl,
a.a.O. 20; M. Grabmann und A. Ohlmeyer, s. weiter unten), bzw. *Summa prior*
(vgl. W. Kluxen, *Albert der Große*, 89; O. Lottin, *Saint Albert le Grand et l'Ethique à
Nicomaque*, 613; G. Meersseman, *Introductio in opera omnia*, 107) beruht auf der Annahme, daß die sechs Schriften Teile eines großen Werkes darstellen, welches eine zusammenfassende Untersuchung (sog. Summe) über einen Fragenkomplex
bietet. Für *De quattuor coaequaevis* und *De homine* findet sich in mehreren mittelalterlichen Handschriften in der Überschrift die gemeinsame Bezeichnung *Summa de
creaturis*. Albert selbst, obwohl er die zwei zuletzt genannten Schriften als Teile eines Werkes herausgab, spricht im *Incipit* von *De quattuor coaequaevis* und im *Explicit*
von *De homine* nur von *De creaturis* ('... haec creaturis dicta sufficiant'). Er verwendet
nicht den Terminus *Summa* als Sammelbegriff für mehrere Schriften. Die vier
übrigen Werke: *De sacramentis, De incarnatione, De resurrectione* und *De bono*, welche
mit Ausnahme der letzteren Schrift offenbar bald nach deren Abfassung in Ver-
gessenheit gerieten und in den alten Werkkatalogen nicht erwähnt werden, waren nie unter einer gemeinsamen Bezeichnung zusammengefaßt. Sie wurde erst
von M. Grabmann (*Drei ungedruckte Teile der «Summa de creaturis»*) und A. Ohlmeyer
(*Zwei neue Teile der «Summa de creaturis»*) eingeführt, nachdem sie die drei Werke *De
sacramentis, De incarnatione, De resurrectione* wiederentdeckt hatten. Es wird heute oft
übersehen, daß B. Geyer die seit Grabmann und Ohlmeyer verbreitete Auffassung von der sog. *«Summa Parisiensis»* mit Fug und Recht zurückgewiesen hat. Cf.
Ed. Colon. T.XXVIII (1951) p.IXb: '*Verum toti operi nec unus titulus nec stricta quaedam et praedestinata dispositio videtur fuisse; sed potius constat ex compluribus tractatibus vel
quaestionibus, quae ad modum quaestionum, ut dicuntur, disputatarum posterioris aetatis diversa
argumenta tractantes per se existunt, solum citationibus mutuis coniunctae. (...) His igitur trac-*

ten, welche jeweils aus einer Reihe von monographischen Abhandlungen im literarischen Gewand einer *quaestio disputata* bestehen. Nach inneren Kriterien (vor allem wechselseitigen Verweisen) zu urteilen, ergibt sich folgende chronologische Ordnung: *De sacramentis, De incarnatione, De resurrectione, De quattuor coaequaevis, De homine* (um 1242) und *De bono*[42].

Teils parallel zur Abfassung der letztgenannten sechs Schriften, teils nach deren Vollendung arbeitete Albert an seinem großen Kommentar zu den vier Sentenzenbüchern des Petrus Lombardus, wovon das 2. Buch 1246 (bzw. nach 1246) geschrieben und die endgültige Redaktion des 4. Buches 1249 in Köln abgeschlossen wurde.

In die chronologische Nähe zum Sentenzenkommentar fallen mehrere *Quaestiones*[43] hauptsächlich theologischen Inhalts, die Albert wohl zu Paris und anschließend in Köln disputiert bzw. verfaßt hat. In der kritischen Kölner Ausgabe wird die Chronologie dieser Texte nur annähernd umschrieben: (1) *Principium super totam Bibliam*, (2) *Quaestio de esse Christi*: Paris nach 1241 (bis 1252, Köln); (3) *Q. de visione dei in patria*, (4) *Q. de dotibus sanctorum in patria*: um 1242-1248; (5) *Q. de conceptione Christi*, (6) *Q. de ideis divinis*: vor 1246; (7) *Q. de peccato originali*, (8) *Q. de poena parvulorum sine baptismo decedentium*, (9) *Q. de angelis*: um 1246; (10) *Q. de peccato acediae*: um 1246-1247; (11) *Q. de raptu*: um 1246-1252; (12) *Q. de sensibus corporis gloriosi*: nach 1246 bzw. nach 1249; (13) *Q. de sensualitate et eius motibus*, (14) *Q. de inferiori et superiori portione rationis*: um 1246-1254; (15) *Q. de luxuria*, (16) *Q. de gula*: um bzw. vor 1249; (17) *Q. de origine animae*, (18) *Q. de synderesi*, (19) *Q. de conscientia II*: um 1248-1249; (20) *Q. de aureola*, (21) *Q. de vitiis capitalibus*, (22) *Q. de avaritia I*, (23) *Q. de avaritia II*: um 1249; (24) *Q. de prophetia*: um 1249-1250; (25) *Q. de intellectu animae*, (26) *Q. de quiditate et esse*: um die Mitte des 13. Jh.

Unter chronologischem Gesichtspunkt sind in die Pariser Zeit auch die bereits von B. Geyer kritisch edierten Universitätspredigten Alberts einzu-

---

tatibus nullum communem titulum praeponendum esse duximus, sicut forte titulum «Summae prioris» vel «Summae Parisiensis», quia nec ipse Albertus hoc fecit nec catalogi veteres singulos tantum tractatus appellantes talem titulum praebent'. M. Kurdzialek (*Wielkosc sw. Alberta*, 27) hat allerdings gezeigt, daß es durchaus korrekt ist, von *Summae Parisienses* (Pluralform) zu sprechen, insofern die 6 selbständigen Schriften mit der ihnen gemeinsamen literarischen Gattung benannt werden. Cf. Ed. Colon. T.XXVI (1958) p.X. M. Schooyans, *Recherches sur la distinction*, 10-13, insb. 12.

[42] In der kritischen Kölner Gesamtausgabe liegen bereits vor: *De sacramentis* (ed. A. Ohlmeyer), *De incarnatione* (ed. I. Backes), *De resurrectione* (ed. W. Kübel) als T.XXVI (1958); *De bono* (ed. H. Kühle/K. Feckes/B. Geyer/W. Kübel) als T.XXVIII (1951).

[43] Wie Anm.19.

ordnen. Hierbei ist allerdings zu beachten, daß die Autorschaft nur für eine der insgesamt vier *Sermones* als gesichert gilt[44].

In Paris hat Albert mit der Kommentierung des *Corpus Dionysiacum* begonnen, die er in Köln um 1250 abgeschlossen hat. Für die einzelnen Kommentare werden folgende Zeitbestimmungen angenommen: *Super Dionysium De caelesti hierarchia*[45]: Paris um 1248; *Super Dionysium De ecclesiastica hierarchia*: Paris 1248 (kurz vor der Übersiedlung nach Köln) – Köln 1249; *Super Dionysium De divinis nominibus*[46]: um 1250; *Super Dionysii Mysticam theologiam et Epistulas*[47]: 1250.

In den Jahren 1250-1252 hat Albert in Köln seinen ersten Kommentar zur Nikomachischen Ethik des Aristoteles – *Super Ethica* (*commentum et quaestiones*)[48] – redigiert.

Während seiner Kölner Zeit, nach J.A. Weisheipl „gegen Ende des Jahres 1249 oder Anfang 1250", hat Albert den Plan, sämtliche Aristoteles-Werke zu kommentieren, in Angriff genommen[49]. So entstanden in etwa zwei Dezennien (1250-1270) eine Reihe von Aristoteles-Paraphrasen, aber auch Kommentare zu ps.-aristotelischen Schriften und Werken anderer Autoren – ein *Corpus*, das entsprechend der platonisch-aristotelischen Klassifikation der Philosophie in drei Hauptteile gefaßt werden kann:

a) *philosophia realis* bzw. *naturalis*: Kommentare zu naturphilosophischen und -wissenschaftlichen Büchern des Aristoteles und anderer Autoren, zur Metaphysik und zum *Liber de causis* sowie zur Geometrie des Euklid;

b) *philosophia moralis*: Ethik und Politik;

c) *philosophia rationalis*: Logik – Kommentare zum *Organon* des Aristoteles, zu Schriften des Porphyrius, Ps.-Gilbertus Porretanus und Boethius.

Da die chronologische Reihenfolge (d.h. die relative Chronologie) für die einzelnen Schriften dieses *Corpus* sich ziemlich genau bestimmen läßt, kann die Abfassungszeit annäherungsweise rekonstruiert werden:

a) *Physica*[50]: um 1251-1252; *De caelo et mundo*[51]: nach 1252; *De natura loci, De causis proprietatum elementorum, De generatione et corruptione*[52]: um 1251-1254; *Me-*

---

[44] B. Geyer, *Die Universitätspredigten des Albertus Magnus.*

[45] *Alberti Magni Opera Omnia.* Ed. Colon. T.XXXVI (1993), ed. P. Simon/W. Kübel.

[46] *Alberti Magni Opera Omnia.* Ed. Colon. T.XXXVII,1 (1972), ed. P. Simon.

[47] *Alberti Magni Opera Omnia.* Ed. Colon. T.XXXVII,2 (1978), ed. P. Simon.

[48] *Alberti Magni Opera Omnia.* Ed. Colon. T.XIV,1 (1968. 1972) u. T.XIV,2 (1987), ed. W. Kübel.

[49] J.A. Weisheipl, a.a.O. 29.

[50] *Alberti Magni Opera Omnia.* Ed. Colon. T.IV,1 (1987) u. T.IV,2 (1993), ed. P. Hoßfeld.

[51] *Alberti Magni Opera Omnia.* Ed. Colon. T.V,1 (1971), ed. P. Hoßfeld.

[52] Alle drei Werke: *Alberti Magni Opera Omnia.* Ed. Colon. T.V,2 (1980), ed. P. Hoßfeld.

teora, De mineralibus, De vegetabilibus, De anima[53]: um 1254-1257. Unmittelbar danach folgen die *Parva naturalia* (= *De nutrimento et nutribili, De sensu et sensato,* 1. Buch von *De intellectu et intelligibili, De memoria et reminiscentia,* 2. Buch von *De intellectu et intelligibili, De somno et vigilia, De spiritu et respiratione, De motibus animalium, De iuventute et senectute, De morte et vita*); *De fato*[54]: Anagni 1256; *De unitate intellectus*[55]: 1256 oder 1257 öffentlich vorgetragen vor dem Papst und der päpstlichen Kurie (diese befand sich vom Juni bis November 1256 in Anagni, vom Dezember 1256 bis Mai 1257 in Rom und vom Juni bis Oktober 1258 in Viterbo), um 1263 schriftlich herausgegeben und später (nach 1274) in die *Summa theologiae* II eingegliedert; *Quaestiones super De animalibus*[56], *De animalibus, De natura et origine animae*[57], *De principiis motus processiv*[58]: um 1258-1262/1263; *Super Euclidem*[59]: vor bzw. um 1262/1263; *Metaphysica*[60]: um 1264; *De causis et processu universitatis a prima causa*[61]: um 1264-1267.

b) *Super Ethica (commentum et quaestiones)*: 1250-1252; *Ethica (per modum scripti)*: um 1262 (vor *Metaphysik*); *Politica*: um oder nach 1264.

c) Die Schriften zur Logik sind schwierig zu datieren[62]. Diese Reihe beginnt mit dem Kommentar *Super Porphyrium de V universalibus*, in dem Albert auf seine *Physik* verweist – somit kann die Abfassungszeit nach 1251-1252 angesetzt werden. Auch für *De praedicamentis* steht fest, daß der Kommentar vor *De anima*, d.h. vor 1254-1257 fertiggestellt war. Die Abfassungszeit der übrigen Kommentare – *De sex principiis, De divisione, Peri hermeneias, Analytica priora* und *Analytica posteriora* – kann in der angegebenen Reihenfolge nach *De*

---

[53] *Alberti Magni Opera Omnia.* Ed. Colon. T.VII,1 (1969), ed. Cl. Stroick.

[54] *Alberti Magni Opera Omnia.* Ed. Colon. T.XVII,1 (1975) p.65-78, ed. P. Simon.

[55] Ibid., 1-30, ed. A. Hufnagel.

[56] *Alberti Magni Opera Omnia.* Ed. Colon. T.XII (1955) p.77-321, ed. E. Filthaut.

[57] Ibid., p.1-46, ed. B. Geyer.

[58] Ibid., p.47-76, ed. B. Geyer.

[59] Buch I wurde von P.M.J.E. Tummers ediert, vgl. oben Anm.37.

[60] *Alberti Magni Opera Omnia.* Ed. Colon. T.XVI,1 (1960) u. T.XVI,2 (1964), ed. B. Geyer.

[61] *Alberti Magni Opera Omnia.* Ed. Colon. T.XVII,2 (1993), ed. W. Fauser.

[62] J. Blarer hat sich mit der Echtheitsfrage von *Super Porphyrium de V universalibus* (*Alberti Magni „De antecedentibus ad logicam"*, 183-185) befaßt, aber er ist auf die Datierung der Schrift nicht eingegangen. Zur Chronologie der drei weiteren logischen Schriften (*De praedicamentis, De sex principiis, De divisione*) liegen kritische Untersuchungen von W. Gremper (*Albertus Magnus, Tractatus secundus libri Praedicamentorum*, 22-78), B. Sulzbacher (*Albertus Magnus, „Liber sex principiorum"*, 16-18) und P.M. de Loë (*B. Alberti Magni Commentarii in librum Boethii De divisione*, 2-3) vor; für die chronologische Einordnung der übrigen Kommentare sei auf P. Simon, *Albert der Große*, 180, verwiesen.

anima, also nach 1254-1257 angesetzt werden. Die *Topica* und *De sophisticis elenchis* entstanden in der Zeit um bzw. nach 1264.

Die Rekonstruktion der Chronologie von Bibelkommentaren bereitet ebenfalls große Schwierigkeiten. Nach A. Fries[63] hat Albert ab Herbst 1264 zuerst die Kommentare zu den vier Evangelien verfaßt. Die Kommentare zu den Großen Propheten seien nach *Super Matthaeum* und nach den drei übrigen Evangelienkommentaren entstanden. Die zwölf Kleinen Propheten seien als ein geschlossenes Ganzes in der Ordnung des biblischen Kanon nach den Kommentaren zu den Großen Propheten geschrieben. Am Schluß sei *Super Iob* zu nennen. Die absolute Chronologie dieser Werke ist unter den Forschern strittig[64]. In der *Editio Coloniensis* sind bisher *Super Isaiam*[65], die erhaltenen Fragmente von *Super Ieremiam* und *Super Ezechielem*[66] sowie *Super Matthaeum*[67] erschienen. Für den ersten Kommentar gibt es nach A. Fries Anhaltspunkte, ihn „nach ungefähr 1260" zu datieren; für die Datierung der beiden Fragmente fehlen hingegen entsprechende Hinweise; die Entstehungszeit des Matthäuskommentars wird von B. Schmidt mit „Ende 1257 – um 1264" angegeben.

Zu Alberts Spätwerk zählen: die *Summa theologiae, pars I*[68], die nach 1268 verfaßt wurde; ferner *De XV problematibus*[69] – geschrieben vor dem 10. Dezember 1270; die *Problemata determinata*[70] – entstanden 1271 (April) sowie die *Summa theologiae, pars II*, die nach 1274 zu datieren ist, und der zwar umstrittene, wohl aber authentische Doppeltraktat über die Eucharistie *De corpore domini* und *Super missam*, über dessen Datierung aufgrund von äußeren Kriterien bekannt ist, daß er zu Alberts Lebzeiten, genauerhin 1279, unter seinem Namen tradiert wurde[71].

---

[63] A. Fries, *Zur Entstehungszeit der Bibelkommentare Alberts*, 119ff.

[64] Während, wie bereits erwähnt, A. Fries (a.a.O. 138) den Zeitraum „ab Herbst 1264 – nach dem Abschluß des Werkes *De animalibus* –, besonders während des längeren Aufenthaltes in Würzburg, Straßburg und – endgültig – Köln" bis 1272 (ebd., 139) angibt, wiederholt F. Van Steenberghen (*La philosophie au XIIIe siècle*, 246) neuerlich seine frühere Auffassung, die Bibelkommentare seien, wenigstens zu einem guten Teil, wahrscheinlich in der Zeit 1228-1248 entstanden.

[65] *Alberti Magni Opera Omnia*. Ed. Colon. T.XIX (1952) p.1-632, ed. F. Siepmann.

[66] Ibid., 635-637 (*Super Ieremiam*), 638-639 (*Super Ezechielem*), ed. H. Ostlender.

[67] *Alberti Magni Opera Omnia*. Ed. Colon. T.XXI,1-2 (1987), ed. B. Schmidt.

[68] *Alberti Magni Opera Omnia*. Ed. Colon. T.XXXIV,1 (1978), ed. D. Siedler/W. Kübel/H.-G. Vogels.

[69] *Alberti Magni Opera Omnia*. Ed. Colon. T.XVII,1 (1975) p.31-44, ed. B. Geyer.

[70] Ibid., 45-64, ed. J. Weisheipl.

[71] Vgl. A. Kolping, *Die handschriftliche Verbreitung der Meßerklärung Alberts des Großen*, 4.

II. *De forma resultante in speculo*
und ihre handschriftliche Überlieferung

Vorbemerkung

In der Einleitung wurde bereits erwähnt, daß die lateinische Abhandlung des Albertus Magnus über das Spiegelbild in zwei getrennten Texttraditionen vorliegt. Auf der einen Seite gibt es eine handschriftliche Überlieferung, die den Text als ein selbständiges naturwissenschaftliches Werkchen tradiert. Diese Tradition, für die heute insgesamt 17 Handschriften bekannt sind, ist demnach als eine eigenständige Überlieferung zu bestimmen. Auf der anderen Seite aber ist der entsprechende Text in der handschriftlichen und gedruckten Tradition des umfangreichen und thematisch sehr komplexen anthropologischen Werkes Alberts *De homine* enthalten. Die Abhandlung *De forma resultante in speculo* gehört dort als eine Digression zum Textbestand der Untersuchung über den Gesichtssinn, näherhin zur Erörterung über die Farbe als den Gegenstand des Gesichtssinns (*Utrum color tantum sit obiectum visus, quando videt colorem*). Diese Texttradition, die sich nach jetzigem Kenntnisstand auf 36 mehr oder weniger komplette Handschriften, 1 Exzerpt und 4 unkritische Druckausgaben[1] erstreckt, stellt im Vergleich zu der ersteren eine völlig andere Überlieferungsart dar. Deshalb werden auch zunächst die beiden Traditionen gesondert beschrieben und analysiert.

1. BESCHREIBUNG DER EIGENSTÄNDIGEN HANDSCHRIFTLICHEN TRADITION

Nachfolgend seien die 17 Handschriften der eigenständigen Überlieferung von Alberts Abhandlung *De forma resultante in speculo* vorgestellt. Da die meisten Textzeugen nur über Mikrofilme oder Fotokopien (in einigen Fällen

---

[1] Mit der nicht nachweisbaren ältesten Ausgabe Venedig 1494 wären es insgesamt fünf: Venedig 1498 f.114ra-115ra; Venedig 1519 f.97rb-98rb; Lyon 1651 p.108a-111b (= *Alberti Magni Opera*. Ed. Lugdun. T.XIX); Paris 1896 p.198a-203b (= *Alberti Magni Opera Omnia*. Ed. Paris. T.XXXV).

als Teilreprographien) zugänglich waren, beschränkt sich die Beschreibung im wesentlichen auf allgemeine Angaben zu den Handschriften (Schlagzeile) und auf ihre inhaltliche Erschließung. Es mußte auf kodikologische Recherchen, die ja bei einer eingehenden Handschriftenuntersuchung nicht wegzudenken sind, verzichtet werden. Ungeachtet dieses gravierenden Defizits kann dennoch die vorliegende Arbeit als eine wesentliche Ergänzung zum Repertorium der Albertus-Magnus-Handschriften von W. Fauser SJ und zu den entsprechenden Bibliothekskatalogen gelten. Sie zeigt manche überlieferungsgeschichtlich relevante Zusammenhänge im Hinblick auf die Abhandlung vom Spiegelbild und einige andere Werke Alberts auf. Viele der zu beschreibenden Kodizes waren bislang wenig beachtet und bekannt. Bei der Untersuchung der Inhalte konnten einige überraschende Funde gemacht und entsprechende Angaben gedruckter Bibliothekskataloge vielfach ergänzt bzw. berichtigt werden. In mehreren Fällen wurden Texte hochrangiger Denker des Mittelalters identifiziert und erstmalig für die Forschung zugänglich gemacht[2]. Andererseits aber konnten oft nur anonyme Texte angezeigt werden. Es blieben viele offene oder strittige Fragen ungelöst. Als Ergebnis der durchgeführten Analysen kann festgehalten werden, daß nunmehr die meisten dieser Handschriften inhaltlich als erschlossen zu gelten haben.

Im Anschluß an die Beschreibung der jeweiligen Handschriften erfolgen Angaben über die Handschriftenliteratur, welche jedoch keine Vollständigkeit beanspruchen. Es muß eigens betont werden, daß die für die Bewältigung anstehender Probleme verfügbaren Hilfsmitteln recht bescheiden waren. Ein Paradigma für diese Handschriftenbeschreibung waren stets die Handschriftenkataloge der Reihe *Aegidii Romani Opera Omnia*; es ist deshalb um so bedauernswerter, daß hier auf die kodikologische Komponente aus den bereits genannten Gründen verzichtet werden mußte.

1*

BERLIN, Staatsbibliothek Preußischer Kulturbesitz, Ms. lat. fol. 456, 13. Jh., Pergament, 335 x 250, 278 ff. (A: f.1-150; B: f.151-278), 2 Sp. (f.1-4r: 3 Sp., f.193r-220v: 1 Sp.).

---

[2] Es seien in erster Linie bislang unbeachtet gebliebene Abschriften der Werke von Albertus Magnus (*Wien, ÖNB 2303*), Thomas von Aquin, Heinrich von Gent, Wilhelm de la Mare, Aegidius Romanus (*Berlin, SBPK lat. fol. 456*), Iohannes de Rupella (*El Escorial, Bibl. del Monasterio & III 8*) genannt.

Der außerordentlich reiche und interessante Inhalt des Sammelkodex wurde vor kurzem in mehreren Veröffentlichungen bekanntgegeben, weshalb auch hier nur die Angaben, welche speziell Schriften des Albertus Magnus betreffen, gemacht werden; im übrigen sei auf die schon vorhandene Literatur verwiesen[3].

[1] f.224ra-230rb: <Albertus Magnus, Super Porphyrium De V universalibus.> Inc.: *De loyca intendentibus primum considerandum est qualis sit scientia loyca et an sit aliqua pars philosophie. Ad quid necessaria et cuius utilitatis ...*; expl.: *... eo quod unum relativorum diffinire* (!) *cognosci non potest, nisi cognoscatur et reliquum etc.*[4]

[2] f.240ra-240vb: **Albertus Magnus, De forma resultante in speculo**. Inc.: *<Q>ueritur de forma resultante in speculo que nec lumen nec color videtur esse ...*; expl. (f.240vb-a): *... et respectu armonie.* |f.240ra| *Si primo modo ... quod habet parvam differentiam visibilitatis. hec albertus coloniensis*[5].

Lit.:

H. Anzulewicz, *Kodex Paris BN nouv. acq. lat. 1242 und «De quiditate et esse» des Albertus Magnus (?)*, 262. Id., *Um den Kodex Ms. lat. fol. 456 der Staatsbibliothek Preußischer Kulturbesitz zu Berlin*, 19-43. Id., *Ms. lat. fol. 456 der Staatsbibliothek Preußischer Kulturbesitz zu Berlin – einer Inhaltsübersicht I. Folge*, 238-242. Id., *Ms. lat. fol. 456 der Staatsbibliothek Preußischer Kulturbesitz zu Berlin – einer Inhaltsübersicht II. Folge*, 131-214. A. Birkenmajer, *Zur Bibliographie Alberts des Großen*, 271. H.F. Dondaine/H.V. Shooner, *Codices manuscripti operum Thomae de Aquino*, I, 91 n.244A. W. Fauser, *Die Werke des Albertus Magnus*, 4 n.22, 270 n.1. M. Folkerts, *Mittelalterliche mathematische Handschriften in westlichen Sprachen in der Berliner Staatsbibliothek*, 66 n.16. M. Grabmann, *Die Introductiones in logicam des Wilhelm von Shyreswood*, 28 (1282). J. Koch, *Giles of Rome. Errores philosophorum*, XXVII. D.C. Lindberg, *A Catalogue*, 16sq. P. Rucker, *Der Ursprung unserer Begriffe nach Richard von Mediavilla*, VIII. A. Zumkeller, *Manuskripte von Werken der Autoren des Augustiner-Eremitenordens*, 23 n.24.

---

[3]   H. Anzulewicz, *Ms. lat. fol. 456 der Staatsbibliothek Preußischer Kulturbesitz zu Berlin* (I.
      -II. Folge); für die Bibliographie s. die sich anschließenden Literaturangaben zu
      der Handschrift.
[4]   Exzerpt: Ed. Paris. T.I (1890) p.1a-40b.
[5]   Albertus Magnus, *De homine* tr.1 q.21 a.3 partic.3 quaestiunc.1-9 (Ed. Paris.
      T.XXXV [1896] p.198a-203b).

2*

BRUGGE, Stadsbibliotheek 485, 13. und 14. Jh., Pergament, ca. 205 x 140, I + 228 + I ff. (A: f.1-100; B: f.101-130; C: f.131-163; D: f.164-228, 14. Jh.), 2 Sp. Provenienz: Abtei Dünen.

Inhalt:

[1] f.1ra-100rb: <Albertus Magnus, De anima[6].> Überschrift (rot): *Incipit liber de anima cuius tractatus primus est de modo cognoscendi animam.* Inc.: *Omnibus que de corpore mobili et de mobili secundum locum dicenda erant expeditis traditis ...*; expl.: *... quod in se ipsa consideratur determinata sufficiant. explicit liber de anima.*

[2] f.100va-b: <Anonymus, Quaestio Utrum mundus fuerit vel potuerit esse ab aeterno.> Inc.: *Questio est de mundo isto sensibili ad differentiam mundi architipi. Utrum fuerit vel potuerit esse ab eterno ...*; expl.: *... sequeretur aliquid esse simplicius causa prima quod falsum est et contra etiam philosophiam quod primo sic.*

[3] f.101ra-130vb: Albertus Magnus, Mineralia[7]. Überschrift (rot): *Incipit liber primus Mineralium alberti qui est de lapidibus. tractatus primus. de lapidibus in in (!) communi. capitulum primum de quo est intentio et quis est Modus et ordo dicendorum in hoc libro.* Inc.: *<D>e commixtione et coagulacione similiter autem et congelacione et liquefacione et ceteris ...*; expl.: *... poterunt cognosci. explicit iste liber de pena sum intus liber. Explicit quintus liber Mineralium alberti et per consequens totus liber de mineralibus.*

[4] f.131ra-161rb: <Albertus de Orlamunda, Summa naturalium[8].> Inc.: *<P>hilosophia dividitur in tres partes, videlicet logicam, ethicam et phisicam sive rationalem, moralem, naturalem. De quibus aliis duabus ad presens obmissis de sola phisica sive naturali intendimus ...*; expl.: *... gratia desistente. Explicit trac-|f.161rb|tatus de naturalibus.*

[5] f.161rb-163vb: **Albertus Magnus, De forma resultante in speculo**. Überschrift: *Incipit tractatus* (am Rande:) *de forma in speculo.* Inc.: *<Q>ueritur de forma in speculo resultante que nec lumen nec color esse videtur ...*; expl.: *... habet parvam differentiam visibilitatis. Explicit tractatus de forma in speculo resultante editus a fratre alberto amen.*

[6] f.164ra-228va: Ps.-Seneca, Liber epistularum[9]. Überschrift: *Explicit prologus. Incipiunt epistule ad sanctum paulum transmisse a Seneca. Se<neca> p<aulo>*

---

6   Ed. Colon. T.VII,1 (1968) p.1-250, insbes. p.1 v.7, p.250 v.35sq.

7   Ed. Paris. T.V (1890) p.1a-102b.

8   Zur Autorfrage vgl. B. Geyer, *Die Albert dem Großen zugeschriebene Summa naturalium.* Die dort vertretenen Ansichten wurden später teilweise modifiziert, s. ders., *Zur neuen Gesamtausgabe der Werke des Albertus Magnus,* 274.

9   Ediert von C.W. Barlow (1938), *Epistolae Senecae ad Paulum et Pauli ad Senecam.* Vgl. A. Kurfess, *Zu dem apokryphen Briefwechsel zwischen dem Philosophen Seneca und dem Apostel Paulus,* 43-48.

suo s<alutem>. Inc.: *Lucius exinius* (!) *seneca cordubensis stratini stoici discipulus et patruus lucani poete continentissime vite fuit <...> Credo tibi Paule nuntiatum quod heri ...;* expl.: *... in domo sit ista felicitas. Lucii enni senece cordubensis liber epistularum explicit.*

Lit.:
Alberti Magni Opera Omnia. Ed. Colon. T.VII,1 (1968) p.VII n.1 (Sigle *B*). H. Anzulewicz, *Kodex Paris BN nouv. acq. lat. 1242 und «De quiditate et esse» des Albertus Magnus (?)*, 262. A. Birkenmajer, *Zur Bibliographie Alberts des Großen*, 271. *Catalogue des microfilms de la Bibliothèque du Mont César*, 299, 322. A. De Poorter, *Catalogue des manuscrits de la Bibliothèque Publique de la ville de Bruges*, 553sq. W. Fauser, *Die Werke des Albertus Magnus*, 270 n.2. B. Geyer, *Die Albert dem Großen zugeschriebene Summa naturalium*, 14 n.14. P. Glorieux, *La faculté des arts*, 76 n.14 (ci); 78 n.14' (dl). P.J. Laude, *Catalogue méthodique*, 420-422. D.C. Lindberg, *A Catalogue*, 16sq. Ch. Lohr, *Medieval Latin Aristotle Commentaries* (I), 347. A. Pattin, *Repertorium commentariorum medii aevi*, 20. L. Thorndike/P. Kibre, *A Catalogue of Incipits*, 1194. M. Weiß, *Primordia novae bibliographiae b. Alberti Magni*, 5 n.15, 50 n.194, 70 n.263.

3*

ESCORIAL (EL), Biblioteca del Monasterio de San Lorenzo & III 8 (frühere Sign.: V.A.12-IV.I.19), 16. Jh., Papier, 225 x 150, 535 ff. (f.294v-295v: 1 Sp.).

Eine Inhaltsanalyse der Handschrift konnte nicht durchgeführt werden, da eine Reprographie des ganzen Kodex nicht zur Verfügung stand. Die Beschreibung von G. Antolin, auf die hier verwiesen werden muß, bedarf vieler Ergänzungen und Korrekturen. Nachfolgend seien nur drei Textstücke aus dem umfangreichen Sammelkodex verzeichnet:

[1] f.288v: <Iohannes de Rupella, Tractatus de divisione multiplici potentiarum animae[10].> Überschrift: *Incipit tractatus de diffinitione multiplici anime potentiarum ...* Inc.: *Sicut dicit Iohannes damascenus magnus Theologus medicus et philosophus, anima est substantia semper vivens ...[11].*

---

[10]   G. Antolin hat den Text nicht identifiziert. Vgl. L. Thorndike/P. Kibre, *A Catalogue of Incipits*, 1484. Der kritische Text wurde bereits von P. Michaud-Quantin besorgt, s.: *Jean de la Rochelle, Tractatus de divisione multiplici potentiarum animae. Texte critique avec introduction, notes et tables*; diese Handschrift wird weder dort noch bei L. Thorndike/P. Kibre noch bei P. Glorieux erwähnt.

[11]   Cf. die Textausgabe von P. Michaud-Quantin p.54 v.24sq.

[2] f.293v: <Anonymus, Notabile de scientia.> Inc.: *Breviter dictum quid sit scientia et qualiter in anima generatur* ...; expl.: ... *in eodem libro Motus est actus imperfectus. describit etiam sic motum.*

[3] f.293v-295v: **Albertus Magnus, De forma resultante in speculo**. Inc.: *Queritur de forma resultante seu resiliente in speculo que nec lumen nec color esse videtur* ...; expl.: ... *habet parvam differentiam visibilitatis. Et sic sit dictum de hac questione. Explicit questio de speculo edita ab Gravissimo domino Alberto magno.*

Lit.:
G. Antolin, *Catálogo de los códices latinos de la Real Biblioteca del Escorial*, 385-387. W. Fauser, *Die Werke des Albertus Magnus*, 270 n.3. D.C. Lindberg, *A Catalogue*, 16sq. (Signaturangabe ist nach unserer Maßgabe zu korrigieren).

4*

MÜNCHEN, Bayerische Staatsbibliothek Clm 453, 15. Jh. (1494), Papier, 236 ff., 210 x 160, 1 Sp. Schreiber und Provenienz: Hartmann Schedel (1440-1514), Nürnberg.

Inhalt[12]:
[1] f.87r-190r: <Roger Bacon, De scientia perspectiva[13].> Überschrift: *Perspectiva Alberti magni fratris ordinis predicatorum Episcopi Ratisponensis Incipit feliciter* ... Inc.: *Quoniam precipua delectatio nostra est in visu et lux et color habent specialem pulchritudinem* ...; expl.: ... *veritatem non posset sustinere. Explicit deo gratias. Finis perspective Alberti Magni. Laus Deo.* f.190v: *Scripsi hanc perspectivam, et alia opuscula Alberti magni Ego Hartmannus Schedel, artium et medicinarum doctor Anno domini etc.: 1494 tempore autumpnali, dum in propria possessione Rentzhoff degerem: que a Nuremberga urbe germanie, circiter XX milia, ad ortum sita est. Dum aucupio operam darem: et ob morbum pestelentem (!), qui nurembergam populabatur: cum familia ac uxore et quinque filiis moram ibi per menses tres ferme traxi. Ad laudem summi luminis, quod omnem mundum illuminat. Laus deo. H S.*

---

12 Im ersten Teil des Kodex (bis f.86) sind u. a. einige *Impressa* aus der Schedelschen Sammlung zusammengebunden. Aus diesem Grund wird hier auf eine vollständige Inhaltsangabe dieses Teils verzichtet und auf die entsprechende Beschreibung des Handschriftenkatalogs (*Catalogus codicum Latinorum Bibliothecae Regiae Monacensis* , I/1, 124) verwiesen.

13 Ed. J.H. Bridges (*The «Opus maius» of Roger Bacon*, II) p.1-166; Angaben über andere Textausgaben bei D.C. Lindberg, *A Catalogue*, 42. Cf. *Pommersfelden, Gräflich Schönbornsche Schloßbibl. 262 (2906)* f.1ra-40va; unten n.9*, 1; *Paris, BN lat. 2598* f.57r-86v, 15r-20r, unten n.6*, 5.

[2] f.191r-194v: Ps.-Albertus Magnus, De sensu communi[14]. Überschrift: *Incipit Tractatus Alberti. de sensu communi: Quid sit sensus communis Et quare.* Inc.: *Queritur de sensu communi. Queritur que sit necessitas ponendi sensum communem* ...; expl.: *... sentit omnia sensata propria: Explicit Tractatus Alberti magni de Sensu communi.*

[3] f.195r-205v: Ps.-Albertus Magnus, De V potentiis animae[15]. Überschrift: *Incipit Tractatus Alberti magni: de quinque potenciis anime. Que a quibusdam dicuntur quinque sensus interiores. Et sunt ymaginativa, fantasia, estimativa, memoria et reminiscentia. Rubrica prima de diversis nominibus ymaginacionis secundum diversos modos sumendi eam.* Inc.: *Sunt autem secundum quosdam philosophos partes anime sensibilis* ...; expl.: *... horum fantasmata movent maxime: Et sic patet de 5 viribus apprehensivis sensitivis. Explicit Liber Alberti magni, de quinque viribus sensitivis interioribus.*

[4] f.206r-219v: Albertus Magnus, De XV problematibus[16]. Überschrift: *Incipit Albertus Magnus de Quindecim proplematibus* (!) *bene ab ipso determinatis.* Inc.: *Venerabili in christo patri ac domino Alberto episcopo quondam ratisponensi Frater Egidius ordinis predicatorum* ...; expl.: *... De 15 ergo proplematibus in ante habitis ista dicta sufficiant ad presentem intentionem. Explicit Liber alberti magni de 15 proplematibus.*

[5] f.220r-225v: **Albertus magnus. De forma resultante in speculo** (= Überschrift). Inc.: *Queritur de forma in speculo resultante que nec lumen nec color esse videtur* ...; expl.: *... habet parvam differentiam invisibilitatis. Explicit Tractatus Alberti magni De forma in speculo resultante.*

[6] f.226r-230v: <Boethius de Dacia, De somniis[17].> Überschrift: *Incipit Tractatus beati Thome de Sompniis.* Inc.: *Cum omnis actio sit ab aliqua virtute* ...; expl.: *... tunc enim cessat motus nutrimenti. Finit foeliciter* (!) *Tractatus beati Thome ordinis predicatorum de Somnys.*

[7] f.230bis r-v: *Albertus magnus libro tercio de Sompno et vigilia. In principio* (= Überschrift)[18]. Inc.: *De divinacione tractatur quod difficile sit tria ostendunt Unum quidem quia nullus omnino* ...; expl.: *... in discipulum assumpsit.*

[8] f.231r-235v: <Boethius de Dacia, De summo bono[19].> Überschrift: *Liber Beati Thome de Summo bono.* Inc.: *Cum in omni specie entis sit aliquod summum*

---

[14] Cf. I. Brady, *Two Sources of the «Summa de homine»*, 235-243, insbes. p.235 v.1sqq., p.243 v.22sq. Zur Autorfrage sei jedoch auf die I. Brady entgegengesetzte Meinung von B. Geyer, *Zur neuen Gesamtausgabe der Werke des Albertus Magnus*, 274f, hingewiesen.

[15] Cf. I. Brady, l. c., 244-271, insbes. p.244 v.2-8, p.271 v.24-27. B. Geyer, l. c.

[16] Ed. Colon. T.XVII,1 (1975) p.31-44, insbes. p.31 v.2-3, p.44 v.29-31.

[17] *Boethii Daci Opera*, VI,2 (1976) p.379-391, insbes. p.381 v.1, p.391 v.282.

[18] Exzerpt von der Hand des Hartmann Schedel aus Albertus Magnus, *De somno et vigilia* l.3 tr.1 c.1 (Ed. Paris. T.IX [1890] p.177b).

[19] Siehe *Boethii Daci Opera*, VI, 2 p.367-377, insbes. p.369 v.1, p.377 v.244.

bonum possibile ...; expl.: ... *Primum autem principium de quo sermo factus est, est Deus gloriosus et sublimis Qui est benedictus in secula seculorum Amen. Explicit Liber Beati Thome de Summo bono. Laus deo.*
f. 236: vacat.

Lit.:
Alberti Magni Opera Omnia. Ed. Colon. T.XVII,1 (1975) p.XXIII v.5 n.5 (Sigle *A*). A. Birkenmajer, *Zur Bibliographie Alberts des Großen,* 271. *Boethii Daci Opera,* VI,2 (1976) p.XXXII n.21, p.LII n.9. I. Brady, *Two Sources of the «Summa de homine»,* 230. G. Bruni, *Le opere di Egidio Romano,* 178. *Catalogus codicum Latinorum Bibliothecae Regiae Monacensis,* I/2, 124. M. Curtze, *Eine Studienreise,* 292sq. W. Fauser, *Die Werke des Albertus Magnus,* 270 n.4, 118 n.56, 205-206 n.2. B. Geyer, *Die mathematischen Schriften,* 163, 166. P. Glorieux, *Répertoire,* I, 70 n.6 (by), 71 (ci), 72 (co, cp); die Angabe auf S.74 (df) beruht wohl auf einer Verwechselung. Id., *La faculté des arts,* 76 (by, ci); 77 n.14' (co, cp); die Angabe S.78 (df) ist unzutreffend. M. Grabmann, *Neu aufgefundene lateinische Werke deutscher Mystiker,* 61. Id., *Neu aufgefundene Werke des Siger von Brabant und Boetius von Dacien,* 37sq.(165sq.). Id., *Mittelalterliches Geistesleben,* II, 203, 207sq., 340, 513. Id., *Die Werke des hl. Thomas von Aquin,* 201, 400sq. D.C. Lindberg, *A Catalogue,* 16sq., 41. Id., *Theory of Vision,* 251 n.4. P. Mandonnet, *Siger de Brabant et l'Averroisme Latin au XIIIme siècle,* VII-VIII. G. Meersseman, *Introductio in opera omnia b. Alberti Magni,* 61. F. Pangerl, *Studien über Albert den Großen,* 341. J. Sighart, *Albertus Magnus,* 300sq. R. Stauber/O. Hartig, *Die Schedelsche Bibliothek,* 9, 107. L. Thorndike, *A History of Magic,* II, 529 n.2; die Angabe S.747f bei L. Thorndike ist – ähnlich wie bei P. Glorieux, *Répertoire,* I, 74 n.6 (df) – unzutreffend. L. Thorndike/P. Kibre, *A Catalogue of Incipits,* 1294. M. Weiß, *Primordia novae bibliographiae b. Alberti Magni,* 34 n.127, 68 n.260.

5*

NANCY, Bibliothèque Publique 1088 (426), 15. Jh., Papier, ca. 210 x 150, I + 140 + II ff. (A: f.1r-76v; B: f.77r-96v; C: f.97r-113v; D: f.114r-124v; E: f.125r-140v +II), 1 Sp.[20]

---

[20] Der Einband des Kodex besteht aus zwei mit braunem Leder überzogenen Deckeln, er ist leicht beschädigt; zwei Klammern zum Abschließen des Bandes fehlen; auf dem Rücken des Einbandes befindet sich auf rotem Untergrund eine goldene Druckschrift: *Chroni* und darunter: *Pontif;* in der Mitte die Signatur: *426.* Auf der Innenseite des Deckels ein eingeklebter Druckzettel mit folgendem Inhalt: *Bibliothèque Publique de la Ville de Nancy. Inventaire N° 18/521 Cote Mss. 426. Inc.*

Inhalt:

[1] f.1r-75v : <Martinus Polonus,> Chronica summorum pontificum imperatorumque[21]. Überschrift: *Incipit Cronica summorum Pontificum Imperatorumque: Ac de septem etatibus mundi ex s. Hieronymo: Eusebio aliisque erudutis excerpta. Et primo De vii etatibus mundi.* Inc.: *Prima etas incipit ab Adam et durat usque ad diluvium sub Noe* ...; expl.: *... Lantzhute oppido Frisingensis diocesis collocavit. Hic huius temporis series terminum teneat. Hic Libellus Impressus est Rome per Magistrum Iohannem Schurener de Bopardia Anno a Nativitate domini nostri Iesu Christi Millesimoquadringentesimoseptuagesimosexto Die Sabbati Decima Mensis Februarii Pontificatus Sixti pape Quarti Anno eius V.*

f.76r-v: vacat.

[2] f.77r-89v: <Simon Bredonus, Arithmetica.> Inc.: *<Q>uantitatum alia continua que magitudo* (!) *dicitur alia discreta que multitudo seu numerus appellatur magnitudinum alia inmobilis de qua geometria considerat alia mobilis de qua astrologus* ...[22]; expl.: *... consonancie musicales. Ista igitur sufficiant pro sentencia huius libri arismetice. deo gratias. Explicit arismetica thome brawiardini.*

[3] f.90r-94r: **Albertus Magnus, De forma resultante in speculo**. Inc.: *<D>E forma in speculo resultante merito queri potest utrum sit lumen vel color vel forma* ...; expl.: *... super aque superficiem duos angulos rectos significat. Et hec de forma vel ymagine in speculo dicta sufficiant etc. Explicit tractatus alberti de forma sive ymagine resultante in speculo Deo gracias. Amen.*

f.94v-96v: vacat.

[4] f.97r-113r: <Anonym., Tractatus brevis et utilis pastoralis sive sacerdotalis pro sacerdotibus[23].> Inc.: *Dicit apostolus ad ephesios Quinto Capitulo Induite vos armatura dei ut possitis stare adversus insidias dyaboli. hec armatura est vestis sacerdotalis* ...; expl.: *... cum magno motu voluntatis et fantasie et ita deus laudetur. Explicit Tractatus brevis et utilis pastoralis sive sacerdotalis pro sacerdotibus.*

---

156. f.Iv (oben): *Volume de 140 feuillets. Juin, 1884;* darunter von anderer Hand: *1088 (426);* und darunter (andere Hand): *O 3;* f.1r am oberen rechten Rand (Bleistift): *Inc. 156.* Die Lagen des Kodex: A: 2 V[19]; 6 IV[66]; 1 V[76]; B: 2 IV[92]; 1 II[96] (Reklamanten: f.84v: *aut isti numeri;* f.92v: *respiciat illum*); C: 1 VIII (+1)[113]; D: 1 V[124]; E: 1 VI[133]; 1 V (-1)[(142)]. Der Kodex wurde am 16.03.1993 in der Bibl. Publique de la Ville de Nancy eingesehen.

[21] Inkunabel, Rom 1476; cf. L. Hain, *Repertorium bibliographicum,* II/1, 369 n.10858. Der Text ist jedoch nicht mit dem von L. Weiland in MGH.SS, XXII p.377-475 gedruckten identisch; unser Textzeuge wird dort nicht erwähnt. Zu dem Drucker Johannes Schurener cf. D. Reichling, *Appendices ad Hainii-Copingeri Repertorium bibliographicum,* 230sq.

[22] Cf. die Hs. *Princeton, New-Jersey, Univ. Libr., R. Garrett Collection 95* Bl.63-97 (f.29r-46r), unten n.11*, 11 mit Anm.87; ferner L. Thorndike/P. Kibre, *A Catalogue of Incipits,* 1175.

[23] Titel laut *Explicit.*

f.113v: vacat.

[5] f.114r-140v: <Iacobus Palladini de Teramo,> *De monarchia mondi* (!) *ecclesiastica et temporali nec non sacerdotio et prophetia* (= Überschrift). Inc.: *Reddite que sunt Cesaris Cesari et que sunt dei deo Mathe xvj 23 q.1 quod culpatur et de ... Reverendissimo In christo patri et domino nostro domino fu. (fri.?) p. miseratione divina Archiepiscopo Carentinen. <...> vester servus Jacobus de teramo Canonicus <...>* (f.124r) *regi babilonis.* (f.124v: vacat; von späterer Hand oben zwei Notizen); f.125r (von anderer Hand): *in toti statu et secundum danielem et quicumque indifinite loquens non ...*; expl. (f.140v): *... domini urbani divina providentia universalis ecclesiae pape vj. scriptum luce anno domini millesimo CCCLXXXVIIº mensis maii pontificatus supradicti sanctissimi domini anno decimo.*

Lit.:
A. Birkenmajer, *Zur Bibliographie Alberts des Großen*, 271. W. Fauser, *Die Werke des Albertus Magnus*, 270 n.5. J. Favier, *Catalogue des manuscrits de la Bibliothèque publique de Nancy*, 295sq. D.C. Lindberg, *A Catalogue*, 16sq. Ch. Samaran/R. Marichal, *Catalogue des manuscrits en écriture Latine portant des indications de date*, V, 652. M. Weiß, *Primordia novae bibliographiae b. Alberti Magni*, 34 n.127.

6*

Paris, BN lat. 2598, 15. Jh., Papier, 310 x 220, V + 139 + II ff., 2 Sp. Vorbesitzer (f.1r): *Ce ms. appartient à Jean Basile Paschal Fenel, chanoine de Sens, depuis plus de 10 ans. 1723.*

Inhalt:
[A] f.I-II: Angaben zum Inhalt der Hs. (18. Jh., französisch).
[1] f.1ra-114rb: Ps.-Cyrillus Constantinopolitanus, Oraculum angelicum[24] cum expositione Fr. Gilberti Anglici et comm. Ps.-Ioachim (incompl.). Inc.: *Domino totius divine sapientie septi formi columna spiritus sancti qui a patre luminis ineffabiliter emanat suffulto abbati ioachim pauper cirillus presbiter heremita montis carmeli. Se ipsum in domino cum obsecratione orationum ...*; expl.: *... castitas matrimonialis celibatum servabit. Ideo etc. finis.*
[2] f.14rb-14vb: Notizen über die Gegenstände der Astrologie, insbes. über die Konjunktionen der Planeten Jupiter und Saturn.
f.15r-20r: Cf. infra n.5.
f.20v: vacat.

---

[24] Vgl. G. Mesters, *Kyrillos v. Konstantinopel.*

[4] f.21r-56v: Roger Bacon, De multiplicatione specierum[25]. Überschrift: *Incipit tractatus fratris <... rasura> de generatione specierum et multiplicatione et auctione et corruptione earum.* Inc.: *Postquam habitum est de principiis rerum naturalium communibus, que sunt materia et forma et privatio potentiae activae et passive* ...; expl.: ... *est quantitatis cuiuslibet mensurare. Explicit tractatus fratris (rogeri: rasura) baconis de speciebus.*

[5] f.57r-86v: Roger Bacon, De scientia perspectiva[26]; f.15r-20r (Zeichnungen zur Anatomie des Auges und zur optischen Perspektive). Inc.: *hic aliqua sunt dicenda de perspectiva. Actores quidem multi tractant de hac scientia* ...; expl.: ... *et multa consimilia, ut animus mortalis ignorans veritatem non posset sustinere Deo gratias. Explicit perspectiva fratris (Rogeri Bachonis ras.) finita prima februarii 1452.*

[6] f.87ra-98rb: Petrus de Abano, Expositio Physionomiae Ps.-Aristotelis[27]. Überschrift (rubr.): *Incipit liber compilationis* (corr. ex: *opilationis*) *physonomie* (!) *a Petro de Padua in civitate parisiensi Cuius tres sunt particule Particula prima in intentione operis et quibusdam communibus necessariis ad hanc artem. Capitulum 1^m prohemiale manifestativum intentionis huius libri decisio primo in expositione causae motive operis et in intentione eius universali.* Inc.: *Nobilitate generis urbanitatum tytulis viro fulgenti domino bardoloni de bona cosis mantue honorabilissimo capitaneo generali, petrus padubanensis parisius philosophie minimus alumpnorum grata agere cum salute. Ut Aristotilis sanctit auctoritas amicos diligimus et si indigni sint* ...; expl.: ... *Quare deo meliori factori omnium sit laus qui ex malo illato hic optimumque creavit. Laus deo. Explicit liber compilationis physonomie* (!) *per petrum de padua Anno domini millisimo* (!) *ducentesimo nonagesimo quinto.*

f.98v: vacat.

[7] f.99r-125v: Petrus de Abano, Lucidator dubitabilium astronomiae[28]. Inc.: *Quoniam astrologyce considerationis ambiguitates et discolie propter ipsius* ...; expl.: ... *existet prefati nutu dei. Finis. Scripsit petrus collensis. Es folgt die Tabula.*

f.125rbis-125v: vacat.

[8] f.126ra-135vb: Plato, Phaedo (transl. Leonardi Bruni Aretini, incompl.). *Qui laudant sanctitatem tuam beatissime pater, opus certe bonum* ... (= epistula dedicatoria). Inc. (f.126rb): *Ipse affuisti o Phedo* ...; expl.: ... *contrarium vel nichil. Est inquit. Quid istud? mors*[29].

---

[25]   Ed. J.H. Bridges (*The «Opus maius» of Roger Bacon*, II) p.407-552. Weitere Angaben über Textausgaben bei D.C. Lindberg, *A Catalogue*, 38.

[26]   Cf. *München, Bayerische Staatsbibliothek, Clm 453* f.87r-190r, oben n.4*, 1 mit Anm.13; *Pommersfelden, Gräflich Schönbornsche Schloßbibl. 262 (2906)* f.1ra-40va; unten n.9*, 1.

[27]   Cf. P. Glorieux, *La faculté des arts*, 272 (l). L. Thorndike, *A History of Magic*, II, 917sqq.

[28]   Cf. P. Glorieux, *La faculté des arts*, 273 (y).

[29]   Cf. Plato, *Phaedo*, ed. R.B. Hirschig, 44-83.

[9] f.136ra-138ra: **Albertus Magnus, De forma resultante in speculo.** Inc.: *<D>e forma in speculo resultante merito queri potest utrum sit lumen vel color vel forma* ...; expl.: ... *super aque superficiem duos angulos rectos significat. Et hec de forma vel ymagine in speculo dicta sufficiant. Explicit tractatus alberti de forma sive ymagine resultante in speculo. deo gratias.*

[10] f.138ra-139v: Ps.-Roger Bacon, De subiecto transmutationis[30]. Inc.: *<L>Icet in questione qua queritur utrum in materia ex qua generatur aliquid sit principium activum* ...; expl.: ... *in aliis iuxta datam nobis a domino facultatem. amen. Explicit de subiecto transmutationis secundum rogerium bachonis* (!).

Lit.:
W. Fauser, *Die Werke des Albertus Magnus*, 270 n.6. P. Glorieux, *Répertoire*, II, 64 n.312 (r⁵), 65 (v), 67 (aa), 72 (bi). Id., *La faculté des arts*, 272 (l), 273 (y), 340 (v, aa), 343 (bi). Ph. Lauer, *Catalogue général des manuscrits latins*, II, 539sq. D.C. Lindberg, *A Catalogue*, 16sq. Ch. Lohr, *Medieval Latin Aristotle Commentaries*, II, 331-332. Ch. Samaran/R. Marichal, *Catalogue des manuscrits en écriture Latine*, II, 125. W. Senko, *Repertorium commentariorum medii aevi*, I, 11. L. Thorndike, *A History of Magic*, I, 710 n.4; id., ibid. II, 258 n.2, 880 n.1, 892 n.2, 895 n.4, 898 n.2, 901 n.3, 918, 921. L. Thorndike/P. Kibre, *A Catalogue of Incipits*, 827, 1261.

7*

PARIS, BN lat. 10260, 16. Jh., Papier, 340 x 240, IV + 201 ff., 1 Sp.

Inhalt:
[1] f.1r-64r: Claudius Ptolemaeus, Optica (De aspectibus)[31]. Überschrift: *Incipit liber Ptolomei de opticis sive aspectibus translatus ab Ammiraco Eugenio Siculo de Arabico in latinum.* Inc.: *Cum consyderarem optica Ptolomei necessaria utique fore scientiam* ...; expl.: ... *perpendicularis a ·z. Explicit nec plus invenitur de eo.*

[2] f.64v-137r: Roger Bacon, De scientia perspectiva[32]. Überschrift: *Tractatus perspective editus a fratre Rogerio Baccone ordinis minorum. Hic incipit tractatus perspective habens tres partes <...> Hic aliqua sunt dicenda de perspectiva <...> hec*

---

[30] Vgl. P. Glorieux, *La faculté des arts*, 343 (bi).

[31] Ed. A.F. Lejeune p.5 v.1 – p.269 v.9. Cf. *Roma, BNC, Vitt. Eman. 2548* f.1r-24v, 76r-v, 27r-73v, unten n.12*, 1; *Vat. lat. 2975* f.1r-78v, unten n.15*, 1. Für Literaturhinweise s. D.C. Lindberg, *A Catalogue*, 74-75.

[32] Cf. *München, Bayerische Staatsbibliothek, Clm 453* f.87r-190r, oben n.4*, 1; *Paris, BN lat. 2598* f.57-86v, oben n.6*, 4. Textausgaben und Literaturhinweise bei D.C. Lindberg, *A Catalogue*, 42.

autem scientia est longe pulchrior aliis, et utilior, et ideo delectabilior, quoniam precipua delectatio etc.; f.65r: *Incipit tractatus perspective editus a fratre Rogerio baco de ordine Minorum.* Inc.: *Quoniam inter gradus sapientie tam divine quam humane ...*; expl.: *... animus mortalis ignorans non posset (...) substinere. Explicit tractatus perspective editus a fratre Rogerio Bacco de ordine minorum.*

[3] f.137v-138r: Euclides, De ponderibus[33]. Überschrift: *Incipit liber Euclidis de ponderibus et levitatibus corporis ad invicem.* Inc.: *Equalia corpora in magnitudine sunt que replent loca equalia ...*; expl.: *... ad potentiam ipsius a que est s. Explicit quia plus non invenitur.*

f.138v: vacat.

[4] f.139r-144r: **Albertus Magnus, De forma resultante in speculo.** Überschrift: *Incipit tractatus questionum Alberti Predicatoris super formis in speculis apparentibus.* Inc.: *Queritur de forma resultante in speculo, que nec lumen, nec color esse videtur ...*; expl.: *... habet parvam differentiam visibilitatis. Et hec de rationibus speculorum sufficiant. Explicit tractatus Alberti predicatoris de rationibus speculorum.*

[5] f.144v-149v: <Tideus, De speculis[34].> Überschrift: *Incipit liber de qualitate eius quod videtur in speculo, et deceptionis eorum.* Inc.: *Scias quod illud quod videt homo in speculo terso boni ferri videtur verius ...*; expl.: *... ut pinea procidens ab oculo. Explicit liber de qualitate eius quod videtur in speculo et in non speculo. Et dico explicit, quia plus non inveni in exemplari.*

f.150r-152v: vacat.

[6] f.153r-169r: <Al-Kindi (Ya'qub ibn Ishaq al-Kindi), De aspectibus[35].> Am Anfang: *Desideratur Principium.* Inc.: *secundum rectitudinem perveniet ad una (!) candelarum, et dividet ipsam in duo media ...*; expl.: *... est sicut proportio virtutis partis eius ad ipsam partem. quod sic probatur. desideratur finis.*

f.169v-170v: vacat.

[7] f.171r-179r: Iordanus de Nemore (Ps.-Euclides), De ponderibus[36]. Überschrift: *Incipit liber Euclidis de ponderibus.* Inc.: *Omnis ponderosi motum esse ad medium ...*; expl.: *... quod in principio volebamus. Explicit liber Euclidis de ponderibus.*

---

[33] Ed. E.A. Moody/M. Clagett p.21-31, insbes. p.26 v.1, p.30 v.50. Cf. *Roma, BNC, Vitt. Eman. 2548* f.98r-98v, unten n.12[*], 7; *Vat. lat. 2975* f.148r-v, unten n.15[*], 3.

[34] Ed. A.A. Björnbo p.71-82, insbes. p.73 v.6sq., p.82 v.8. Cf. *Roma, BNC, Vitt. Eman. 2548* f.85r-90r, unten n.12[*], 4; *Vat. lat. 2975* f.157r-162r, unten n.15[*], 6.

[35] Am Anfang und Ende unvollständig: Ed. A.A. Björnbo p.7 v.2, p.37 v.16. Cf. *Roma, BNC, Vitt. Eman. 2548* f.107r-122v, unten n.12[*], 9; *Vat. lat. 2975* f.216r-231v, unten n.15[*], 14. Literaturhinweise bei D.C. Lindberg, *A Catalogue*, 22.

[36] Ed. E.A. Moody (*Elementa Jordani super demonstrationem ponderum*) p.119-142, insbes. p.128 v.1, p.142 v.256sq. Cf. *Princeton, New-Jersey, Univ. Libr., R. Garrett Collection 95* Bl.115-119 (f.55r-57r), unten n.11[*], 15; *Roma, BNC, Vitt. Eman. 2548* f.133r-140r, unten n.12[*], 11; *Vat. lat. 2975* f.164r-171r, unten n.15[*], 7.

[8] f.179v-183r: Ps.-Euclides, De speculis[37]. Überschrift: *Incipit liber Euclidis de speculis*. Inc.: *Preparatio speculi in quo videas ...*; expl.: *... radii ad nos venientes sunt equidistantes (...) q d u.*

[9] f.183v-192r: Liber karastonis de ponderibus[38]. Überschrift: *Incipit liber Karastoni* (!) *de ponderibus.* Inc.: *Continuet deus conservationem tuam, et multiplicet ex salute ...*; expl.: *... et faciet te cognoscere casum erroris. Finitus est liber Karastonis editus a Thebit filio Core.*

f.192v-193v: vacat.

[10] f.194r-199v: Abhomadi Malfegeyr (Abu 'Abd Allah Muhammad ibn Mu'adh), De crepusculis[39]. Überschrift: *Incipit liber abhomadi Malfegeyr de crepusculis. Liber abhomadi malfegeyr idest in crepusculo matutino in saffae* (!) *idest in vesperino crepusculo verba eius (* Inc.:) *ostendam quid sit crepusculum et que causa necessario ...*; expl.: *... et perveniunt vapores ascendentes ex terra. Hic eius est finis, quem intendit in hac epistola, quedam autem secutus (in arabico* add. in marg.), *que ego pretermisi, quia in eis nulla est utilitas, non enim continentur in eis, nisi quedam, in quibus laudat deum more saracenorum, et reprehendit illos, qui querebant quis fructus est in hoc, quod ipse dixit in hac epistola, et dixit illos esse redarguendos, qui non comprehendunt insensibilia cum sensibilibus, et quia in eis que dicit, nulla est utilitas, ideo pretermisi* (!). *Explicit liber abhomadi de crepusculis.*

f.200r-201v: vacat.

Lit.:
A. Birkenmajer, *Zur Bibliographie Alberts des Großen*, 271. A.A. Björnbo/S. Vogl, *Alkindi, Tideus und Pseudo-Euklid*, 139-140 (Sigle *R*). B. Boncompagni, *Intorno ad una traduzione*, 473. I. Brady, *Two Sources of the «Summa de homine» of Saint Albert*, 229. L. Delisle, *Inventaire des manuscrits latins*, 67. Id., *Inventaire sommaire des manuscrits grecs de la Bibliothèque Nationale*, III, 240 n.263. W. Fauser, *Die Werke des Albertus Magnus*, 270 n.7. P. Glorieux, *Répertoire*, 71 n.6 (ci). Id., *La faculté des arts*, 76 n.14 (ci). G. Govi, *L'Ottica*, XIV. A.F. Lejeune, *Codex Vaticanus Latinus 2975*, 137. Id., *Trois manuscrits de l'Optique de Ptolémée*, 21. Id.,

---

[37] Ed. A.A. Björnbo p.97 v.3, p.104 v.20sq. Cf. *Roma, BNC, Vitt. Eman. 2548* f.140v-143v, unten n.12*, 2; *Vat. lat. 2975* f.150r-151r, 171v-174v, unten n.15*, 4, 8. Literaturhinweise bei D.C. Lindberg, *A Catalogue*, 56.

[38] Ed. M. Clagett p.77-117, im besonderen p.88 v.1, p.116 v.523. Zur Autorfrage cf. die Edition von M. Clagett, 79sq. M. Steinschneider, *Die europäischen Übersetzungen aus dem Arabischen*, 104. Cf. *Roma, BNC, Vitt. Eman. 2548* f.125r-132v, unten n.12*, 10; *Vat. lat. 2975* f.176v-183v, unten n.15*, 9; *Vat. lat. 11482* f.51r-59r, unten n.16*, 3.

[39] Cf. *Roma, BNC, Vitt. Eman. 2548* f.99r-105v, unten n.12*, 8; *Vat. lat. 2975* f.202r-208v, unten n.15*, 11. Textausgaben gibt D.C. Lindberg, *A Catalogue*, 16 an. Dieses Werk wurde oft zu Unrecht Alhazen zugewiesen, hierzu cf. D.C. Lindberg, *Theories of Vision*, 60 mit Anm.16.

L'Optique, 43* (Sigle *R*). D.C. Lindberg, *A Catalogue*, 15, 17, 41, 56, 74, 77.
G. Meersseman, *Introductio in opera omnia b. Alberti Magni*, 140. E.A. Moo-
dy/M. Clagett, *The Medieval Science of Weights*, 25, 82, 84sqq., 281, 294, 315,
317, 323-325, 340sq. H. Omont, *Inventaire sommaire des manuscrits*, 33 cod.263.
L. Thorndike, *A History of Magic*, I, 663 n.4. L. Thorndike/P. Kibre, *A Catalogue of Incipits*, 1194. M. Weiß, *Primordia novae bibliographiae*, 34 n.127.

8*

PARIS, BN nouv. acq. lat. 1242, 13./14. Jh., Pergament, 340 x 240, 84
ff., 2 Sp.

Inhalt[40]:

[1] f.1ra-28va: *Expositio boetii de trinitate secundum fratrem .T.* (= Thomas de
Aq.), inc.: *<A>b initio nativitatis mee investigabo et ponam in lucem scientiam illius,
sap.VII. Naturalis mentis humane intuitus ...*; expl.: *... sed solum per graciam et hoc est
propter eminenciam illius finis. Explicit.*

[2] f.29ra-32vb: <Albertus de Orlamunda, De potentiis animae.> Am
Anfang unvollständig. Inc.: *quorum substantie vel nature differentes horum et operationes differentes et quorum substantia est eadem ...*; expl.: *... rationem et voluntatem. est
enim liberum arbitrium facultas rationis et voluntatis etc.*

[3] f.32vb-35rb: <Albertus de Orlamunda (?), De impressionibus aëris[41].>
Inc.: *Eorum que generantur alia generantur in sublimi alia in ymo ...*; expl.: *... sicut
superius exposuimus. Explicit.*

[4] f.35rb-37ra: **<Albertus Magnus, De forma resultante in spe-
culo.>** Inc.: *Queritur de forma resultante in speculo que nec lumen vel color videtur esse
...*; expl.: *... invisibile quia habet parvam differentiam visibilitatis.*

[5] f.37ra-39rb: <Albertus Magnus (?), De quiditate et esse[42].> Inc.: *Necesse est consciderare* (!) *primo quid essencia quid substancia ...*; expl.: *... a principio
intrinseco quedam ab actu idest a principio intrinseco.*

[6] f.39rb-40va: <Thomas de Aq., De sortibus.> Inc.: *Circa sortes considerandum in quibus sortes locum habeant ...*; expl.: *... non caret. Et hoc de sortibus
dictum sit. Explicit. tractatus De sortibus.*

[7] f.40va-41rb: Thomas de Aq., De motu cordis[43]. Überschrift: *tractatus
fratris thome de motu cordis.* Inc.: *Quia omne quod movetur necesse est habere motorem
...*; expl.: *... hec de motu cordis ad presens sufficiant. Explicit Tractatus de motu cordis.*

---

[40]   Für kodikologische und inhaltliche Angaben zu der Hs. cf. H. Anzulewicz, *Kodex
      Paris BN nouv. acq. lat. 1242 und «De quiditate et esse» des Albertus Magnus (?)*, 259-266.
[41]   Cf. *Ottob. lat. 1814* f.10v-20r, unten n.14*, 4.
[42]   Ed. Colon. T.XXV,2 (1993) p.271-280.

[8] f.41va-44vb: <Guillelmus de S. Clodoaldo, Almanach planetarum.> Inc.: *<C>um intentio mea sit componere almonach* (!) *planetarum ad 70 annos ex nunc videlicet ab anno domini 1202* ...; expl.: ... *illud quod facit unus gradus de predictis notabile non est ut plurimum.*

[9] f.45ra-83rb: <Guillelmus Brito, O. Min., Expositio prologorum Bibliae.> Überschrift: *Exposicio prologorum biblie egidii parmensis ordinis predicatorum.* Inc.: *<P>artibus expositis textus nova cura cor angit et fragiles humeros honus inportabile frangit* ...; expl.: ... *scribit secundum septem status ecclesie generalis.* Kolophon: *Finitur labor is. laus christo grata sit oris. Qui fit scriptoris requies mercesque laboris. amen.*

f.83r-v: *Isti versus utiles sunt ad retinendum memoriter nomina et ordinem librorum biblie <...> Isti versus valent asciendum* (!) (*quod* del.) *quot capitula quilibet liber habet <...>* (f.83v) *apo bina vigenque. Deo gratias. amen amen.*

f.84r: vacat.

Lit.:
Alberti Magni Opera Omnia. Ed. Colon. T.XXV,2 (1993) p.XLVII (Sigle *Q*). H. Anzulewicz, *Kodex Paris BN nouv. acq. lat. 1242 und «De quiditate et esse» des Albertus Magnus (?)*, 259-266. I. Brady, *Two Sources of the «Summa de homine» of Saint Albert*, 230. M.-Th. d'Alverny, *Avicenna Latinus*, 308. B. Decker, *S. Thomae de Aquino Expositio super librum Boethii De trinitate*, 9 (Sigle *Q*). L. Delisle, *Manuscrits latins et français*, 640sq. W. Fauser, *Die Werke des Albertus Magnus*, 270 n.8. Th. Kaeppeli, *Scriptores Ordinis Praedicatorum*, I, 16. D.C. Lindberg, *A Catalogue*, 16sq. W. Senko, *Repertorium commentariorum medii aevi in Aristotelem*, II, 103. H.V. Shooner, *Codices manuscripti operum Thomae de Aquino*, III, 329sq. n.2467. F. Stegmüller, *Repertorium biblicum medii aevi*, II, 409. *S. Thomae de Aquino Opera Omnia.* Ed. Leon. T.XLIII (1976) p.101 n.76, p.211 n.26 (Sigle *P⁵⁷*); Ed. cit. T.L (1992) p.5.12 n.13, p.21, 33sq., 38-43, 49-55, 57sq., 62 (Sigle *P⁵⁷*). L. Thorndike/P. Kibre, *A Catalogue of Incipits*, 310, 1194.

9*

POMMERSFELDEN, Gräflich Schönbornsche Schloßbibliothek 262 (2906), 13./14. Jh., Pergament, 170 x 120, 135 ff., 2 Sp. (f.97r-135v: 1 Sp.).

Inhalt:
[1] f.1ra-40va: <Roger Bacon, De scientia perspectiva[44].> Inc.: *<Q>uoniam precipua dilectio nostra est in visu et lux et color habent specialem pulchritudinem* ...; expl.: ... *mortalis ignorans veritatem non posset sustinere. Explicit deo gratias.*

---

[43] Cf. *Ottob. lat. 1814* f.23v-25v, unten n.14*, 6.
[44] Cf. *Clm 453* f.87r-190r, oben n.4*, 1.

f.40vb: *<Q>uia scientia perspectiva agit de labore oculi et liber de sompno de eius quiete congruum censetur illum poni inmediate.*

[2] f.41ra-74ra: Albertus Magnus, De somno et vigilia[45]. Überschrift: *Incipit liber de sompno et vigilia domini alberti.* Inc.: *Sompnus et vigilia non sunt passiones* ...; expl.: ... *a principio querere de hac materia. Explicit liber de sompno et vigilia domini alberti episcopi Ratisponensis.*

[3] f.74ra-75vb: <Boethius de Dacia, De somniis[46].> Überschrift: *Incipit tractatus thome de sompniis.* Inc.: *Cum omnis actio sit ab aliqua virtute* ...; expl.: ... *tunc enim cessat motus nutrimenti.*

[4] f.75vb-77ra: Ps.-Albertus Magnus, De sensu communi. Überschrift: *Incipit tractatus alberti de sensu communi.* Inc.: *Queritur de sensu communi et quare* ...; expl.: ... *sentit omnia sensata propria. Explicit tractatus alberti de sensu communi*[47].

[5] f.77ra-81rb: Ps.-Albertus Magnus, De V potentiis animae. Überschrift: *Incipit tractatus alberti de quinque potentiis animae que a quibusdam dicuntur quinque sensus interiores et sunt ymaginativa fantasia estimativa memorativa et reminiscentia. Rubrica prima de diversis nominibus ymaginacionis secundum diversos modos sumendi eam.* Inc.: *Sunt autem secundum quosdam philosophos partes anime sensibilis* ...; expl.: ... *quia horum fantasmata movent maxime et sic patet de ·5· viribus apprehensivis sensitivis. explicit liber alberti de ·5· viribus sensitivis interioribus*[48].

[6] f.82rb-88rb: Albertus Magnus, De XV problematibus[49]. Überschrift: *Incipit albertus de quindecim problematibus bene ab ipso determinatis.* Inc.: *Venerabili in christo patri ac domino alberto episcopo quondam Ratisponensi frater egidius ordinis praedicatorum* ...; expl.: ... *De ·15· ergo problematibus in antehabitis ista dicta sufficiant ad presentem intencionem. Explicit liber alberti.*

f.88rb: *Sequens questio fundatur super quodam problemate quod est utrum aliquid ab ipsa prima causa secundum totam substantiam causatum, possit ipsi sue cause coeternum esse in eternitate duratione quia hoc videtur multis quasi directissime in se impossibile complicare.*

[7] f.88va-90rb: <Thomas de Aq., De aeternitate mundi[50].> Überschrift: *Incipit questio alberti de eternitate mundi.* Inc.: *Supposito secundum fidem* ...; expl.: ... *probabilitatem afferre. explicit hec questio alberti. explicit. amen.*

[8] f.90va-93rb: **Albertus Magnus, De forma resultante in speculo**. Überschrift: *alberti de forma resultante in speculo.* Inc.: *Queritur de forma in*

---

45   Ed. Paris. T.IX (1890) p.121-207.
46   Cf. *Clm 453* f.226r-230v; oben n.4[*], 6.
47   Cf. *Clm 453* f.191r-194v; oben n.4[*], 2.
48   Cf. *Clm 453* f.195r-205v; oben n.4[*], 3.
49   Cf. *Clm 453* f.206r-219v; oben n.4[*], 4.
50   Ed. Leon. T.XLIII (1976) p.83-89, insbes. p.85 v.1, p.89 v.313. Cf. *Ottob. lat. 1814* f.37r (38) - 39v (40), unten n.14[*], 9; *Wien, ÖNB 2303* f.54rb-vb.

speculo resultante que nec lumen nec color esse videtur ...; expl.: ... *habet parvam differentiam invisibilitatis. explicit tractatus alberti de forma in speculo resultante.*

[9] f.93rb-95va: <Boethius de Dacia, De summo bono[51].> Überschrift: *thome de summo bono.* Inc.: *Cum in omni specie entis sit aliquod summum bonum possibile ...*: expl.: ... *in secula seculorum. Amen. Explicit liber thome de summo bono.*

[10] f.95va-96vb: Thomas de Aq., De motu cordis[52]. Überschrift: *thome de motu cordis.* Inc.: *Quia omne quod movetur ...*; expl.: ... *hec de motu cordis ad presens dicta sufficiant. Explicit libellus thome de motu cordis.*

[11] f.97r-135v (1 Sp., von anderer Hand): <Albertus Magnus, Mineralia[53].> Überschrift: *Incipit primus liber Mineralium qui est de lapidibus tractatus ...* Inc.: *De passionibus in libro metheororum iam est dictum ...*; expl.: ... *de facili poterunt cognosci. Explicit liber Mineralium quintus. Explicit liber Mineralium.*

Lit.:
Boethii Daci Opera, VI,2 p.XXIX n.15, p.LI n.7. I. Brady, *Two Sources of the «Summa de homine»*, 226 n.12. W. Fauser, *Die Werke des Albertus Magnus*, 270 n.9. *Alberti Magni Opera omnia.* Ed. Colon. T.XVII,1 (1975) p. XXI v.69 – p.XXII v.34 n.1 (Sigle *C*). B. Geyer, *Albertus Magnus und Averroismus nach dem Opusculum «De XV problematibus»*, 187. P. Glorieux, *La faculté des arts*, 76 n.14 (by). M. Grabmann, *Neu aufgefundene Werke des Siger von Brabant und Boetius von Dacien*, 38-39 (166-167). Id., *Mittelalterliches Geistesleben*, II, 203, 207sq., 340. Id., *Die Werke des hl. Thomas von Aquin*, 201, 401. *S. Thomae de Aquino Opera Omnia.* Ed. Leon. T.XLIII (1976) p.61sq. n.55, p.101 n.81 (Sigle *Po³*).

10*

PRAHA, Národní Knihovna X H 12 (1990; Y II 4 n.52), 15. Jh. (vor 1472-73), Papier, 215 x 160, III + 205 (= 207) ff. (f.177bis, 193bis), 1 Sp. (2 Sp.: f.70v-71v, 72v, 79v; 3 Sp.: 78v, 79r; 4 Sp.: 77v, 78r). Provenienz (f.Ir in marg. super.): *augustinowy z Czaslawie.*

Inhalt:
[a] f.Ir-v: Fragment eines liturgischen Textes: <...> *adponendam terram in solitudinem et peccatores eius ...– ... agnoscere illius* <...>.
[1] f.1r-33v: Iohannes Chrysostomus, De sacerdotio[54]. Überschrift: *Transtulit Zacharias papa hunc librum. Incipit liber Dyalogi sanctorum Johannis Crisostomi et*

---

[51] Cf. *Clm 453* f.231r-235v; oben n.4*, 8.
[52] Ed. Leon. T.XLIII (1976) p.125-130, insbes. p.127 v.1, p.130 v.258sq.
[53] Ed. Paris. T.V (1890) p.1-102.
[54] Cf. PG 48, 623-692.

Basilii. Inc.: *Mihi quidem multi fuerunt certi amici et amicitie cara facientes solideque servantes ...*; expl.: *... in die illo periclitantes in eternum tuum recipiamus habitaculum. Explicit Crisostomus de dignitate sacerdotali. Clavigerum celi liquit Rokyczana kathedris Inclite rex Georgi amice pacis quiesce.*

[2] f.33v-34r: *Ad officium sacerdotis christi quinque requiruntur. Primo pro ecclesia christi continue exorare. Secundo in sacris <...> esto sacerdos. Jtem Jeronimus de vita clericali ad Paulinum scribens ait Carissime, quia interrogas ... – ... laus vero bonorum sit. Hec beatus Jeronimus per totum.*

[3] f.34v-50r: Robertus Grosseteste, Opuscula:

(a) f.34v-35v: De aeternitate filii in divinis (= De ordine emanandi causatorum a deo)[55]. Überschrift: *Incipit Robertus Linconiensis* (!) *domninus de eternitate filii in divinis.* Inc.: *<M>ultum coangustat mentes indesertas et corporalium fantasmatum plenas ...*; expl.: *... apud ymaginacionem ponentem spacium extra mundum. Finis.*

(b) f.35v-36r: De scientia dei[56]. Überschrift: *Incipit linconiensis de sciencia dei.* Inc.: *<S>i deus ait antichristum esse vel fuisse vel fore ...*; expl.: *... a qua fluit omne tempus secundum illud «Tempus ab evo ire iubes». Finis huius.*

(c) f.36r-39v: De veritate[57]. Überschrift: *Incipit linconiensis de veritate.* Inc.: *<E>go sum via veritas et vita. Hic ipsa veritas dicit se esse veritatem. Unde dubitari non immerito poterit, an sit aliqua alia veritas ...*; expl.: *... et tamen per assercionem diversificata in singulis. finitum feria VIª post Mathie anno domini 1472 me tedioso ente ex discessu amicorum carissimorum.*

(d) f.39v-42r: De intelligentiis[58]. Überschrift: *Incipit linconiensis de Intelligenciis seu de angelis.* Inc.: *Voluisti insuper a me scire quid sencio de intelligenciis utrum sint distincte loco an in quolibet loco simul ...*; expl.: *... alicubi a vero deviasse sencias vel invenias rescribendo errorem meum corrigas. finitum sabbato ante oculi hora 21.*

(e) f.42r-43v: De hoc verbo „Deus est prima forma omnium"(= De unica forma omnium)[59]. Überschrift: *Linconiensis de hoc verbo Deus est prima forma omnium. Et deinde de intelligenciis. Et iste tractatus debet precedere anteriorem.* Inc.: *Dilecto sibi in Christo Magistro Ade ruffo Robertus grosseteste dictus Magister salutem. Rogavit me dulciflua dilectio tua ...*; expl.: *... sic nec mens creata potest aliquid perfecte et*

---

55 Cf. L. Baur, *Die philosophischen Werke des Robert Grosseteste*, 106*sq., 150* n.27, 1 und p.147-150; ferner cf. auch S.H. Thomson, *The Writings of Robert Grosseteste*, 111 n.63.

56 Cf. L. Baur, op. cit., 105*, 150* n.27, 2 und p.145-147. S.H. Thomson, op. cit., 115 n.68.

57 Cf. L. Baur, op. cit., 102*, 150* n.27, 3 und p.130-143. S.H. Thomson, op. cit., 119sq. n.74.

58 Cf. L. Baur, op. cit., 98*sq., 150* n.27, 4 und p.112-119. S.H. Thomson, op. cit., 104sq. n.54.

59 Cf. L. Baur, op. cit., 95*-98*, 150* n.27, 5 und p.106-111. S.H. Thomson, op. cit., 98sq. n.46.

ei ex omni parte simile fingere. Sequitur statim immediate post hec tractatus de intelligenciis ante istum scriptum, scilicet Voluisti insuper a me scire etc.

(f) f.44r-46r: De luce[60]. Überschrift: *Incipit tractatus domini Linconiensis de luce.* Inc.: *<F>ormam primam quam corporeitatem nominant lucem esse arbitror. lux enim per se ...; expl.: ... sunt concordes in musicis modulacionibus gesticiis accionibus et rumhuntis* (! = *rhythmicis) temporibus. finis feria II^a ante salus populi patre meo vecto ad pragam omni koktanka* (?).

(g) f.46v-47r: De veritate contingentium futurorum (= De veritate propositionis)[61]. Überschrift: *Incipit Linconiensis de veritate contingentium futurorum.* Inc.: *<P>ropter que partim est vel fuit et partim futura est nunc necesse est ...; expl.: ... post veritatem non erit susceptibile falsitatis. primo modo est necessarium, secundo modo non est.*

(h) f.47r-48r: De generatione sonorum vocalium[62]. Überschrift: *Domini Linconiensis tractatus de generacione sonorum oritur.* Inc.: *<C>um sonativum percutitur violenter partes ipsius sonativi egrediuntur ...; expl.: ... ad formandas consonantes sicut inclinationes accidentales. Finitum feria V^a in Salus populi ante meridiem.*

(i) f.48r-50r: De erroribus humanis (= De artibus liberalibus)[63]. Überschrift: *Incipit Linconiensis de erroribus humanis.* Inc.: *Operibus humanis triplici de causa ingerit se error et profecto quia mens ...; expl.: ... observanda est in virtute et duracione et quantitate preparacio medicine. Finis in Salus populi ante salve.*

[4] f.50r: <Anonym., Nota de lapide philosophico.> *Lapis philosophicus secundum Massam Solis et lune est rex de celo descendens cuius montes sunt argentei et rivuli aurei, et terra lapides et gemme preciose. Et iam omnes species artis enumerate sunt hec igitur debite preparata debite anaticeque* (?) *commixta secundum divum hermetem constituunt lapidem qui omnem rem vincit omneque solidum penetrabit.*

[5] f.50v-51v: Ps.-Albertus Magnus, Tractatulus de anima. Überschrift: *Domini Alberti magni tractatulus de anima.* Inc.: *Anima est substantia divina immortalis et incorporea et intelligens. Vel sic est rectus aspectus sedens in orisonte eternitatis sciens omnia ...; expl.: ... unde et angeli sunt ei ministraturi, inde dyaboli afficiunt ei etc.*

[6] f.51v-54r: **Albertus Magnus, De forma resultante in speculo.** Überschrift: *Tractatus Alberti de ymagine relucente in speculo*[64]. Inc.: *Queritur de forma*

---

60 Cf. L. Baur, op. cit., 75* und p.51-59. P. Glorieux, *La faculté des arts,* 327 (t). S.H. Thomson, op. cit., 108sq. n.58. D.C. Lindberg, *A Catalogue,* 60sq. Cf. *Princeton, New-Jersey, Univ. Libr., R. Garrett Collection 95* Bl.137-142 (f.66r-68v), oben n.11*, 18 mit Anm.

61 Cf. L. Baur, op. cit., 104*sq., 150* n.27, 7 und p.143-145; ferner S.H. Thomson, op. cit., 120 n.75.

62 Cf. *Princeton, New-Jersey, Univ. Libr., R. Garrett Collection 95* Bl.7-10 (f.1r-2v), unten n.11*, 1 mit Anm.

63 Siehe L. Baur, op. cit., 55*-57*, 150* n.27, 9 und p.1-7. Vgl. hierzu auch P. Glorieux, *La faculté des arts,* 330 (as). S.H. Thomson, op. cit., 91sq. n.36.

64 Cf. *Wien, ÖNB 2303* f.53va-54rb.

resultante in speculo que nec lumen nec color esse videtur ...; expl.: ... *habet parvam differenciam visibilitatis etc. finivi feria II^a post letare crastino eodem tempore quo inimici incineraverunt subcastretum Lichmburk.*

[7] f.54v-57v: Thomas de Aq., De principiis naturae[65]. Überschrift: *De principiis nature libellus fratris thome de aquino.* Inc.: *Quoniam quiddam potest esse licet non sit* ...; expl.: ... *sicut tamen scientia est causa ceterorum ita principia substantie sunt principia omnium ceterorum. Thome de aquino tractatulus terminatur qui quasi granum est librorum Aristotilis de phisicis primorum ut supra.*

[8] f.58r-v: Thomas de Aq., De mixtione elementorum[66]. Überschrift: *Tractatulus eiusdem quomodo elementa sunt in mixto.* Inc.: *Dubium apud multos esse solet quomodo elementa sunt in mixto* ...; expl.: ... *salvantur in utrisque eorum. Finis.*

[9] f.59r-61r: Ps.-Dionysius Areopagita, Epistula ad Timotheum de morte apostolorum Petri et Pauli. Überschrift: *Epistula beati Dyonisii ad Thimotheum de morte gloriosorum Apostolorum Petri et Pauli.* Inc.: *Saluto te divum discipulum et filium spiritualem veri patris et boni amatoris* ...; expl.: ... *quem decet laus et gloria et cultus cum patre et spiritu sancto et nunc et semper et in secula seculorum Amen. Beati Dyonisii Ariopagite Ad Thimotheum de morte columnarum mundi Petri et Pauli apostolorum epistula explicit, in festo S. Gregorii in eodem loco et officio.*

[10] f.61v-63r: Aurelius Prudentius, Hymnus de consecratione ignis cerei et baptismi (= Hymnus de novo lumine paschalis sabbati)[67]. Überschrift: *Hinnus Prudencii Aurelii de consecracione ignis cerei et baptismi sub figura transitus maris rubri et columne ignee ducentis populum Israhel per multas noctes in deserto. Versus: Aurelius prudens ymnos et carmina cudens, Gnarus in hac parte metrica scolasticus arte.* Inc.: *Inventor rutili dux bone luminis qui certis vicibus tempora dividis merso sole* ...; expl.: ... *Per quem splendor honor laus sapientia maiestas bonitas et pietas tua regnum continuat numine triplice texens perpetuis secula seculis. Amen qui flamen pium solamen det nobis merum lumen.*

[11] f.63v-64v: Rhabanus Maurus (?), Hymnus Salve festa dies. Überschrift: *Jmpnus rabani per versus elegiatos.* Inc.: *<S>alve festa dies toto venerabilis ewo Qua deus infernum vicit et astra tenet* ...; expl.: ... *noctis pallia crassa cadunt Amen.*

[12] f.64v-67r: <Anonym., De condicionibus studiorum et Recommendatio philosophiae.> Inc.: *Optimus ille discipulorum instructor patricius Exconsul boecius de scolarium inscripsit disciplina condiciones plures* ... – ... *lecta lectio iudicio recto facta sine fastidio veritatem discutit heret memorie et legentem non fatigat.*

(a) f.67r-v: *Precepta in studendo servanda* (= Überschrift). Inc.: *Primum temperancia cibi et potus et sompni* ... – ... *intelligencia et memoria discendorum. Nunc autem finem quis sit cognoscemus cum subiungetur paulo plus philosophie recomendacio.*

---

[65]   Ed. Leon. T.XLIII (1976) p.37-47; die Beschreibung der Hs. ibid., 10-11 n.62 (Sigle *Pr*[27]).

[66]   Ibid. p.153-157; 141 n.77 (Sigle *Pr*[27]).

[67]   Cf. PL 59, 818-831.

(b) f.67v: *Sequuntur precepta pro memorie herenda lectorum et auditorum* (= Überschrift). Inc.: *Primum preceptum est conducens ad memorandum ordinatum studium* ...; expl.: *... et memoria tenacior efficietur.*

(c) f.68r-v: *Recomendacio philozophie* (= Überschrift). Inc.: *Ut igitur iam animi studencium coaptentur ad ipsa philosophie studia et dociles ad intelligendum ac attenti ad retinendum ipsam reddantur Restat ipsius commendacionem pauculum annectere* ...; expl.: *... longitudo dierum in dextra eius et in sinistra eius divicie et gloria. Hec ille.*

[13] f.68v-70r: *Bernardi Incipit libellus de cura rei familiaris scriptus cuidam militi* (= Überschrift). Inc.: *Generoso militi et famoso domino Johanni caster S. Ambrosii Bernhardus ductus in senium salutem. Doceri petis de cura rei familiaris utilius gubernanda* ...; expl.: *... ad quem eam perducant merita sue damnabilis senectutis.*

[14] f.70r-71r: <Notabilia theologica et versus.> Inc.: *Pro pecatis* (!) *Septem psalmos penitenciales* ...; expl.: *... ardentius punis.*

[15] f.71v: <Anonym.,> *Tractatulus probans salutem Salomonis.* Inc.: *De Salomone drudo* (*trado* corr. supra lin.) *quid dicat* ...; expl.: *... Asserunt hunc omnes salutem promeruisse. Explicit tractatulus probans salutem Salemonis* (!).

[16] f.72r-v: Ps.-Ambrosius (Valerius abbas Bergidensis), Epistula 4 (De novae vitae institutione)[68]. Überschrift: *Tractatulus Ambrosii de norma vivendi.* Inc.: *Dilecte fili, dilige lacrimas Noli differe eas* ...; expl.: *... ne quod legendo respicias vivendo contempnas.*

[17] f.72va-b: <Anonym.> *Tractatulus de norma vivendi sacerdotum* (= Überschrift). Inc.: *Expedit ut presul sit simplicitate columba* ...; expl.: *... quam tamen antiquus subvertere nititur hostis cathervis* (?).

[18] f.73r: *Epistola prima Jgnacii ad S. Iohannem evangelistam* (= Überschrift). Inc.: *Iohanni Sancto Seniori suus Ignacius Si licitum est michi apud te Jherosolime partes ascendere et videre fideles et sanctos* ...; expl.: *... me iubeas et valeas.*

[19] f.73r: *Epistola secunda eiusdem ad eundem* (= Überschrift). Inc.: *Iohanni sancto Seniori Jgnacius et qui cum eo sunt fratres* ...; expl.: *... sic dispone cum nostro desiderio et valeas.*

[20] f.73r: *Epistula Jgnacii ad Beatissimam virginem* (= Überschrift). Inc.: *Christifere Marie Jgnacius suus. Me neophitum Johannisque tui discipulum confortare et consolare* ...; expl.: *... et conneophiti qui mecum sunt ex te et per te et in te confortentur.*

[21] f.73v: *Epistola Beatissime virginis a<d> Jgnacium* (= Überschrift). Inc.: *Ignacio dilecto discipulo humilis ancilla Jhesu Christi. De Jhesu que a Johanne audisti et didicisti vera sunt* ...; expl.: *... valeat et exultet spiritus tuus in deo salutari tuo.*

[22] f.73v: Epistula regis Edissae Abagari ad Iesum Christum. Überschrift: *Legitur in ecclesiastica historia quod Abagarus rex Edisse domino Jhesu Christo salvatori nostro litteram misit in hunc modum* (?). Inc.: *Abagarus Euchanie filius thoparcha Jhesu salvatori bono qui apparuit in locis* ...; expl.: *... utrique sufficiat.*

---

[68] Cf. PL 17, 827-830.

[23] f.73v: *Dominus autem Jhesus in hec verba ei respondit* (= Überschrift). Inc.: *Beatus es quia credidisti in me* ...; expl.: ... *ut curet et vivificet te.*

[24] f.73v-74r: *Physionomia domini Iesu* (= Überschrift). Inc.: *<E>piphanius Ciprinus et Johannes Damascenus libro quarto capitulo octavo sic ait Quod dominus noster Jhesus Christus secundum formam et figuram humane faciei sue* ...; expl.: ... *rarus et modestus, speciosus inter filios hominum.*

[25] f.74r-v: *Regule Gerson Cancellarii Parisiensis ad intelligendum sacram scripturam* (= Überschrift). Inc.: *Sacra scriptura est fidei regula contra quam bene intellectam non est admittenda auctoritas* ...; expl.: ... *illuminat et intellectum dat parvulis.*

[26] f.74v-75r: *Ad intelligendum sacram scripturam ab Jsidoro et Augustino 7 ponitur regule* (= Überschrift). Inc.: *Prima de deo et eius corpore* ...; expl.: ... *duodecim vos elegi, sed unus ex vobis diabolus est etc.*

[27] f.75r-76r: *Epistula Richardi Wigleph* (= Whyche) *ad dive memorie magistrum Johannem Hus veritatis evangelice fervidum zelatorem* (= Überschrift). Inc.: *<S>alutem et quiquid dulcius excogitare sufficit* ...; expl.: ... *nobis prestant. Scriptum lundon. in nativitate virginis gloriose vester servus cupiens in laboribus fieri socius, Richardus Wigleph infimus sacerdotum.*

[28] f.76r-v: *Protestaciones Wigleph* (Ioh. Wiclif) (= Überschrift). Inc.: *In reutiata* (?) *capitulo 7 prope finem protestatur persona* ...; expl.: ... *per latam viam que ducit membra dyaboli ad infernum.*

[29] f.77r: *Confessio fidei Magistri Johannis R.* <Rokyczanae?> *de venerabili sacramento altaris* (= Überschrift): *Credendum est quod in divinissimo eukaristie sacramento est totus Christus verus deus et homo sua propria natura et substantia sue naturalis existencie quam sumsit de virgine maria in qua residet in celo in dextera dei patris.*

[30] f.77r: *Confessio* <...?> *episcopi* (= Überschrift): *Credimus credebamus et credere intendimus quod in divinissimo eukaristie sacramento est totus Christus verus deus et homo cuius corpus natum de beata virgine, passum in cruce etc. unitum personaliter verbo dei, credimus esse in prefato sacramento sacramentaliter spiritualiter realiter et vere.*

[31] f.77r: *In civitate Romana sunt quinque ecclesie patriarchales et sunt he* (= Überschrift). Inc.: *Ecclesia sancti Johanis lateranensis que consuevit habere priorem ordinis S. Augustini* ...; expl.: ... *Agathe.*

[32] f.77va-79vb: *Isti sunt episcopi sub Romano pontifice qui non sunt in alterius provincia* (= Überschrift). Inc.: *Ostiensis et Velletrensis Portuensis et sancte Ruffine Albanensis Sabinensis Penestrinus Tiburtius Tusculanus* ...; expl.: ... *archiepiscopus Nicosiensis hos habet suffraganos paphensis limochomensis vel limosum* <...> *de solia.*

[33] f.80r-85r: Hieronymus, Epistula 52 ad Nepotianum[69]. Überschrift: *Beati Jeronimi presbiteri epistula ad Nepocianum.* Inc.: *Petis a me Nepociane carissime literis transmarinis et crebro petis* ...; expl.: ... *de se quod talis est confitebitur. Feria vi^a ante festum omnium sanctorum anno domini* <14>72.

---

[69]		Cf. PL 22, 527-540.

[34] f.85r-87v: Ps.-Augustinus (Eusebius Gallicanus), Sermo 154 (23)[70]. Überschrift: *Sermo Beati Augustini de Beato latrone*. Inc.: *Deus erat in Christo mundum reconcilians sibi, idest divinitas operabatur* ...; expl.: ... *proclamemus Memento mei domine dum veneris in regnum tuum. Amen. finivi sabbato ante octavam omnium sanctorum Anno et loco <...> quo tempore Hawliczek muoy mortuus est.*

[35] f.87v-90r: *Epistola Prima Beati Augustini ad nepotem de visitacione infirmorum* (= Überschrift). Inc.: *Visitacionis gracia Nepoti meo carissimo morientis extremum* ...; expl.: ... *in pace et dormiam, qui in trinitate perfecta vivis et regnas deus per omnia secula seculorum.*

[36] f.90r-93v: *Incipit secunda Beati Augustini ad eundem de visitacione et confortatione infirmorum* (= Überschrift). Inc.: *Superioris tractatus cursus michi clausisse putaveram* ...; expl.: ... *ut ascendas iustus ad deum, iustificatus ab ipso qui vivit et regnat per omnia secula seculorum Amen.*

[37] f.93v-96v: *Augustinus in libro ad matrem scribit de Beniamin seniore qui gravi correptus fuit infirmitate et eius paciencia et Stephano monacho capitulo penultimo* (= Überschrift). Inc.: *Deus inquit que fecit cuncta utilia sunt. Ego autem novi quia huiusmodi passiones pro peccatis eveniunt* ...; expl.: ... *operatur et velle et perficere pro bona voluntate. Cui est honor et potestas et imperium per infinita secula seculorum.*

[38] f.97r-104v: <Iohannes Hus, Gesta Christi.> Inc.: *<I>n principio erat verbum et verbum erat apud deum et deus erat verbum. Quum autem omnia per verbum facta essent creacione factum est caro ut omnia per ipsum fierent* ...; expl.: ... *que si scribantur per singula nec ipsum arbitror mundum capere posse eos qui scribendi sunt libros Johannis ultimo. Et in hoc finis.*

[39] f.105r-117r: <Honorius Augustodunensis, Elucidarium[71].> Inc.: *Sepius rogatus a discipulis meis quasdam questiunculas enodare* ...; expl: ... *et bona hierusalem omnibus diebus vite tue. Amen. sabbato ante septuagesimam anno 1473* (? rasura).

[40] f.117v-148r: <Paschasius Radbertus, De corpore et sanguine domini[72].> Inc.: *<R>egis adire sacre qui vis solemnia misse (mense* supra lin.) *almificum Christi corpus contingere votis* ...; expl.: ... *pacis pedibus ut ad illa resurrectionis gaudia quantotius venire valeamus. Et sic est finis sabbato post pascha Czaslavie anno domini 1473* (corr. ex: *1474*), *qui fuit recture mee tercius <...> etc.*

f.148v: vacat

[41] f.149r-205v: <Anonymus, Quaestiones super II et III Sent. Petri Lombardi>.

(a) f.149r-151r: *Questiones super secundum sententiarum Prima questio super tres distinctiones primas scilicet primam secundam et tertiam* (= Überschrift). Inc.: *Utrum deus libere producens creaturam presupponens divinarum personarum emanacionem ab*

---

70   Cf. PL 39, 2043-2047.
71   Cf. PL 172, 1109-1176.
72   Cf. PL 120, 1261-1345.

intra dyabolum de celo eiecit propter hoc appetiit dei assimilacionem. In hac questione de tribus videbitur. Primo utrum deus libere et sine ulla necessitate creavit. Secundo an rerum creacio personarum divinarum presupponat emanacionem. tertio si dyabolus ideo eiectus sit quia dei appetiit assimilacionem ...; expl.: ... *quod habere potuisset si stetisset, et quia dyabolus hoc perverse voluit non obtinuit quod concupivit.*

(b) f.151v-154v: *Super 3 4 5 distinctionem* (= Überschrift). Inc.: *Utrum angeli natura simplices nec miseri nec beati a deo creati hoc ipsum meruerunt ut persistendo sint in gloria confirmati. Tria in hac questione sunt videnda. Primo an angeli sint simplices natura. Secundo an in sui primordio beati fuerunt vel miseri. Tercio an hii qui perstiterunt suam beatitudinem quoquo modo meruerunt* ...; expl.: ... *multum meruerunt angeli boni bona voluntate quare non est contra.*

f.152v: vacat

(c) f.154v-157v: *Circa distinctionem sextam 7 8^{vam} movetur quaestio talis* (= Überschrift). Inc.: *Utrum angeli facti mali post sui creationem cogitaciones humanas agnoscentes per suas potentias interiores faciant motus in res exteriores transeuntes. Tria in questione tanguntur et videbuntur Primo an angeli in principio sue creacionis vel post sint mali facti. Secundo an cogitaciones cordium agnoscant. Tercio Si per suas potentias interiores possunt causare motum transeuntem in res exteriores* ...; expl.: ... *medium inter intelligere et operari et per consequens immediatius concurrit quam intelligere.*

(d) f.157v-160r: *Circa tres 9 10 11* (= Überschrift). Inc.: *Utrum angeli a nobis nominabiles missi ad ecclesiam dei* (*bonum* add. supra lin.) *hominem sic custodiant quod intellectum eius disponant quandoque ad bonum. In hac questione tria sunt videnda. Primo quomodo angeli possunt a nobis nominari. Secundo qualiter ecclesie militanti que est domus dei dicuntur mitti. Tercio an intellectus hominis per eos potuerit illuminari* ...; expl.: ... *ut divina miseracio amplius circa eum et suos clarescat.*

(e) f.160r-162v: *Circa distinctionem 12 13 14^{am} movetur questio talis* (= Überschrift). Inc.: *Utrum sicut informis materia creata ante lucis realis die primo formationem sic ipsum firmamentum secundo die productum in inferiora habeat aliqualem operationem. Hec questio tria continet discucienda. Primo an ipsa materia informis primo sit creata, secundo si lux primo die formata sit realis vel spiritualis, tercio quomodo ipsum firmamentum in inferiora habeat operacionem* ...; expl.: ... *motus non est ipsi ratio per se agendi est tamen bene ratio sine qua non ut visum est quare.*

(f) f.162v-165r: *Circa distinctionem xv^{am} 16^{am} 17^{am} movetur questio talis* (= Überschrift). Inc.: *Utrum homo per quem omnia facta sunt ad ymaginem dei indeperdibiliter creatus secundum corpus prius quam animam a deo sit formatus. In hac questione tria sub ordine tanguntur discucienda. Primo quomodo propter hominem omnia sint producta tamquam propter omnium finem. Secundo an homo sit ymago et ad ymaginem dei factus indeperdibiliter. Tercio Si anima eius prius quam corpus sit creata* ...; expl.: ... *preesse quia simul creando unitur corpori quare.*

(g) f. 165r-167r: *Circa distinctionem 18, 19, 20 movetur questio haec* (= Überschrift). Inc.: *Utrum primus homo de cuius costa mulier est formata existens immortalis in statu innocente prolem genuisset preditum dono gracie supernaturalis. Cuius questionis tres sunt partes vidende. Primo quomodo mulier de costa primi hominis sit formata. Secundo an ipse fuerit immortalis. Tercio si prolem genuisset cum gratia gratum faciente sicut et ipse fuisset si non peccasset* ...; expl.: ... *quam quod statim infunderetur eis in utero quare.*

(h) f.167v-169v: *Circa distinctionem 21, 22, 23 movetur questio talis* (= Überschrift). Inc.: *Utrum homo primus tentatus ex dyaboli invidia peccans non tamen ex ignorantia melioris condicionis esset si omnino impeccabilis fuisset ex dei potencia. Pro questionis decisione tria sunt videnda. Primo si primus homo tentatus sit ex invidia dyaboli. Secundo quomodo non ex ignorantia peccaverit. Tercio an melioris condicionis foret si omnino impeccabilis creatus fuisset* ...; expl.: ... *relacio non est de essentia substantie quare adhuc non oportet.*

(i) f.169v-172r: *Circa distinctionem 24, 25, 26 movetur questio talis* (= Überschrift). Inc.: *Utrum libero arbitrio quod est una potentia a sinderesi distincta gracia gratum faciens aliquid conferat velud quedam forma. In hac questione tria videbuntur. Primo si liberum arbitrium sit una potentia vel plures. Secundo quomodo sinderesis distinguitur ab ipso. Tercio an gratia gratum faciens aliquid reale ipsi conferat* ...; expl.: ... *ut sic nobilius est non de se sed aliunde.*

(j) f.172r-174v: *Circa distinctionem 27, 28 29 movetur questio talis* (= Überschrift). Inc.: *Utrum homo in gratia dei de condigno non consequens eternam vitam sicut nec per naturalia operatur boni efficacius post peccatum quam ante meruisset celeste donum. In hac questione tria discutienda sunt. Primo si homo eciam in gratia existens de condigno possit mereri vitam eternam. Secundo an ex naturalibus posset operari bonum. Tercio an in statu sine peccato efficacius meruisset eternum donum quam modo* ...; expl.: ... *per dei caritatem tamen ad plenum non potest mortificari.*

(k) f.174v-177r: *Circa distinctionem 30, 31, 32 movetur questio ista* (= Überschrift). Inc.: *Utrum peccatum actuale Ade quod nobis est originale omnes inficiens seminaliter genitos in anima subiectatum per baptismi lavatus reddita originali iusticia sit plene expurgatum. In hac questione sunt tria videnda. Primo an idem peccatum actuale et originale dictum omnes inficiat concupiscentialiter natos. Secundo si in anima aut eius potentia an in carne subiectetur. Tercio Si per baptismi regeneracionem abluatur penitus reddita iustitia originali* ...; expl.: ... *et hoc est proles seminaliter propagata quare.*

(l) f.177r-178v: *Circa distinctionem 33^{am}, 34, 35 movetur questio talis* (= Überschrift). Inc.: *Utrum peccatum originale non baptisatos parvulos privans divinam visionem in ipso Adam venerit a principio bono et ipsum actuale omissionis in aliquo consistat actu de sui ratione. In hac questione tria sunt videnda. Primo quomodo peccatum originale contractum a prole ipsos non baptisatos privet beatifica visione. Secundo an ipsum peccatum in Adam sicut et quodlibet ortum sit a bono principio. Tercio Si peccatum actuale omissionis in aliquo consistat actu* ...; expl.: ... *peccatum esse potest sive dum facit aliquis quod non debet sive non faciendo quod debet pro illo tempore quo illud facere deberet igitur.*

(m) f.178v-180v: *Circa d. 36, 37, 38 movetur questio talis* (= Überschrift). Inc.: *Utrum (sicut add. supra lin. al. man.) peccatum quandoque peccati est pena ut tale a deo minime dependens sic ipsa voluntas ex fine quoad bonitatem vel malitiam sit proveni-*

ens. In qua questione tria sunt videnda. Primo an peccatum alterius peccati possit esse pena. Secundo si a deo talis pena iuste sit inflicta. Tercio quomodo et unde bonitas et malitia voluntatis arguenda ...; expl.: ... *si debet contingi oportet suis mediis fieri quare etc.*

(n) f.180v-183r: *Circa distinctionem 39, 40, 41 movetur questio ista* (= Überschrift). Inc.: *Utrum quemadmodum conscientia a sinderesi distincta quandoque indiget rectificatione sic voluntas interior nonnumquam sufficiens voluntarie consentiat in peccati perpetrationem. In qua questione tria sunt videnda. Primo quomodo conscientia a sinderesi differens indigeat rectificatione. Secundo an sola voluntas interior sufficiat ad meriti rationem. Tercio si voluntas voluntarie consentiat in omne peccatum hoc est Utrum omne peccatum sit voluntarium* ...; expl.: ... *in malum quare.*

(o) f.183r-185r: *Circa distinctionem 42, 43, 44 movetur questio talis* (= Überschrift). Inc.: *Utrum peccatum mortale aliud a veniali genus habens spirituale scilicet peccatum in spiritum sanctum dicendum per prelaturam licite desideratam et obedientiam rite prescitum sit nonnumquam reprimendum. In qua questione tria sunt discutienda. Primo quomodo peccatum mortale et veniale dividantur. Secundo quare aliquod <...> dicatur peccatum in spiritum sanctum. Tercio si prelatura licite appetenda et obedientia eximenda sint propter peccata deprimenda* ...; expl.: ... *unicus patris filius cum spiritu sancto deus unus in secula benedictus Amen.*

(aa) f.185v-187v: *Circa questiones tres primas tercii sententiarum movetur questio talis* (= Überschrift). Inc.: *Utrum verbum incarnatum etiam si homo non peccasset letaliter quod simul corpus et animam sibi copulavit suam matrem ad generationem active concurrentem sanctificavit. In hac questione tria contigitur. Primo si verbum incarnatum fuisset dato quod homo letaliter non peccasset. Secundo an corpus et animam simul sibi univit. Tertio Si Maria mater eius active ad generationem concurrens sanctificata fuerit* ...; expl.: ... *naturalis eius mater fuit propter causas dictas in conclusionis probatione (?) quare non est contra.*

(ab) f. 187v-189v: *7 8 9* (= Überschrift). Inc.: *Utrum deus homo factus duplicem in se habens filiationem eandem cum patre et spiritu sancto secundum humanam naturam sorciatur latrie venerationem. In qua questione tria discutienda sunt. Primo de veritate huius deus est homo quam mirabilis predicatio ibi inveniatur. Secundo qualiter oporteat investigare in Christo esse duas filiationes. Tercio an cultus latrie Christo debeatur etiam secundum humanam naturam* ...; expl.: ... *in Christo si eam cultu latrie adorarent <...> quare etc.*

(ac) f.189v-191v: *Circa distinctiones X, XI, XII movetur questio talis* (− Überschrift). Inc.: *Utrum Christum filium dei non adoptivum neque absolute creaturam predicandum potuisse peccare sit penitus negandum. Hic tria sunt videnda. Primo quod Christus non sit filius adoptivus sed naturalis. Secundo quare non absolute dici debet creatura. Tercio An potuit pecasse* (!) ...; expl.: ... *si asinus volaret asinus habet pennas que ratio est vera et tamen quelibet pars eius est falsa quare non est contra.*

(ad) f.191v: *Circa distinctionem X XI duodecimam movetur questio talis* (= Überschrift). Inc.: *Utrum Christus cui secundum rationem humanam convenit ratio capitis cuius anime est omnia in verbo videre maximum dolorem pertulerit vere* (der Text der

Abhandlung ist hier nicht vorhanden, 3/4 des Blattes blieb unbeschrieben; s. unten Abschnitt 'af').

(ae) f.192r-193v: Inc.: *Utrum Christus merito sue matris filius spiritus sancti non dicendus humanam naturam non personam assumens personam compositam sit ex hoc vere habens. In qua questione tria videbuntur. Primo quare Christus merito sue matris incarnatus operatione spiritus sancti non debeat dici filius spiritus sancti. Secundo si naturam nostram assumsisse fatendum sit et non personam. Tertio an eius persona per assumtionem talem possit concedi composita esse* ...; expl.: ... *nihilominus naturarum unio fide solida queritur quare.*

f.193bis: vacat

(af) f.194r-196r: Inc.: *Utrum Christus cui secundum rationem humanam convenit ratio capitis cuius anime est omnia videre maximum dolorem pertulerit vere. Hic tria sunt videnda quomodo Christus secundum rationem humanam habeat rationem capitis et nullus preter ipsum. Secundo quod eius anima sit omnia in verbo cognoscere. Tercio an eius dolor in passione fuit maximus* ...; expl.: ... *peccatum iudeorum trepidationem discipulorum et ingratitudinem posterum ut amplius patuit in naturali* (?) *tertio quare* (s. oben Abschnitt 'ad').

(ag) f.196r-198r: Inc.: *Utrum Christus non demeritorie mortuus qui et tempore passionis debuit orare per mortem et etiam ante ipsam sibi sicut et nobis potuit merita cumulare. Circa hanc questionem tria videbuntur. Primo quomodo mors Christo advenit quum non habuerit aliquod peccatum. secundo si decuerit ipsum tempore passionis instantius orare. tercio quomodo sibi et nobis merita cumulavit* ...; expl.: ... *igitur passio eius voluntaria fuit.*

(ah) f.198r-200r: Inc.: *Utrum Christus qui nos a peccato redemit per suam mortem quam eum necessario oportuit inire anima a carne separata naturaliter debuerit corporis incinerationem subiire. Hic tria sunt videnda. Primo quomodo Christus nos redemit. Secundo de necessitate sue mortis. Tercio de eius incineratione* ...; expl.: ... *ut insanum quare.*

(ai) f.200r-202r: *22 23 24* (= Überschrift). Inc.: *Utrum preter fidem suasam qua creditur Christus in triduo homo fuisse necesse est ponere fidem infusam cui non possit falsum subesse. Hic tria sunt videnda. Primo quomodo Christus in triduo sue mortis fuit homo. Secundo si preter fidem suasam necesse est ponere quandam infusam. Tercio quomodo fidei falsum subesse non potest* ...; expl.: ... *ulteriora et cursu presenti aptiora.*

(aj) f.202r-204r: *25 6 7* (= Überschrift). Inc.: *Utrum ultra articulorum katholicam fidem quam singuli fideles debent habere sit alia virtus que dicitur spes et alia caritas qua pre omnibus debemus amore deo adherere. Hic tria sunt videnda. Primo quam necessaria est fides articulorum et quot sint. Secundo quomodo spes sit alia a fide et caritate. Tertio qualiter caritate quasi speciali virtute deum supra omnia diligere debeamus* ...; expl.: ... *sint connexe reciproce se adiuvantes quare.*

(ak) f.204r-205v: Inc.: *Utrum caritas qua omnia creata sunt diligenda ordine certo dei pre omnibus veneratione plus convincatur commendanda in amicorum quam inimicorum dilectione. In questione tria sunt videnda. Primo quomodo omnes res diligende sunt ex caritate. Secundo de ordine dilectionis in quo deus tenet quoddam supremum. Tertio an dilectio amicorum laudabilior sit quam inimicorum* ...; expl. (unvollständig durch Blattverluste): ... *ex inimicorum dilectione ergo etc.*

Lit.:

L. Baur, *Die philosophischen Werke des Robert Grosseteste*, 150* n.27 (Sigle *P*), 56*, 58*, 75*, 96*sqq. A. Birkenmajer, *Zur Bibliographie Alberts des Großen*, 270sq. W. Fauser, *Die Werke des Albertus Magnus*, 270 n.10. P. Glorieux, *La faculté des arts*, 327sq. D.C. Lindberg, *A Catalogue*, 17, 61. F. Stegmüller, *Repertorium commentariorum in Sententias*, I, 498 n.1290. *S. Thomae de Aquino Opera Omnia*. Ed. Leon. T.XLIII (1976) p.10 n.62, p.141 n.77 (Sigle *Pr*[27]). S.H. Thomson, *The Writings of Robert Grosseteste*, 20, 62, 92, 99sq., 100, 105, 109, 111, 115, 120. I. Truhlár, *Catalogus codicum manu scriptorum*, 109-111.

11*

PRINCETON, New-Jersey, University Library, Robert Garrett Collection 95 (früher Petworth/Sussex, Petworth House Ms 106), 14.-15. Jh., Pergament, 180 x 130, 355 Bl. (= 172 ff.), 1 Sp. Provenienz: England.

Inhalt:
Bl.2 (f.Iv): Tabula:
Tractatus Lincolniensis De Generacione vocalium.
Tractatus De modis significandi.
Tractatus Doctoris Sancti de modalibus.
Tractatus De Divisione logice.
Tractatus Lincolniensis De Cometis.
Tractatus eiusdem De generacione impressionum humidarum.
Tractulus (!) *eiusdem quod homo est minor mundus.*
Tractatus eiusdem De differenciis loci in celo.
Tractatus francisci de signis nature.
Tractatus bonus de arte memorandi.
Tractatus Bredonis de arithmetica (!).
Tractatus Lavenham De ludo philosophorum.
Tractatus Auctoris De ponderibus.
Tractatus Euclidis De ponderibus.
Tractatus Lincolniensis De yride.
Tractatus Eiusdem De fraccionibus radiorum.
Tractatus Eiusdem De luce.
Tractatus De practica Geometrie.
Tractatus Alberti De forma resultante in speculo.

Tractatus De practica musice.
Tractatus magistri Johannis De Muris Musice.
Tractatus primus operis quatripartiti De sinu recto et verso.
Tractatus Lincolniensis De Spera.
Tractatus De Chilindro.
Tractatus Lincolniensis De impressionibus aeris.
Tractatus De Iudicio urine secundum vires signorum et planetarum.
Tractatus contra Theoricam.
Tractatus De generacionibus Astrolabii.
Alkyndus De Causis reddendis.

Bl.3-6 (f.II-III): vacat
[1] Bl.7-10 (f.1r-2v): Robertus Grosseteste, De generatione sonorum vocalium[73]. Inc.: <...> *et ultra progrediuntur ad situm*[74] ...; expl.: ... *cadunt inclinaciones ad formandas consonantes sicut inclinaciones accidentales. Explicit tractatus Lincolniensis de generacione sonorum vocalium. deo gracias.*
[2] Bl.11-21 (f.3r-8r): <Robertus Grosseteste (?), De modis significandi[75].> Inc.: <...> *Gramatica Dialetica* <...> *igitur sermonis perfeccionem tria* <...> *perfeccio. veritas et persuasio sed ista tria triplici egent additamento. Nam perfeccio congruitatem. veritas probabilitatem et persuasio requirit ornatum. Ut igitur sermonem hiis tribus modis sciamus perficere, tres habemus sciencias predictas speciales. Gramaticam. que docet loqui perfectam congruitatem. Dialeticam. que docet probabilem veritatem et Rethoricam que docet ornatam persuasionem. De duabus ultimis nichil ad presens. Relinquit igitur ut de Gramatica sit presens intencio ...*[76]; expl.: ... *donatus considerans quod intereccio significat per modum determinantis illud quod se habet per modum fieri vel quod se habet per modum alicuius disponentis subiectum posuit ipsam intereccionem sub parte distincta etc.*
Bl.22 (f.8v): vacat
[3] Bl.23-26 (f.9r-10v): Thomas de Aq., De modalibus[77]. Inc.: *Quia proposicio modalis dicitur a modo* ...; expl.: ... *destruit J que modum. Explicit tractatus fratris thome de alquino (!) de modalibus.*

---

[73] Cf. *Praha, Národní Knihovna X H 12* f.47r-48r, oben n.10*, 3 (h). Die Textausgabe: L. Baur, *Die philosophischen Werke des Robert Grosseteste*, 7-10; 58*sq.; cf. auch S.H. Thomson, *The Writings of Robert Grosseteste*, 99 n.47. P. Glorieux, *La faculté des arts*, 327sq. (z).

[74] Die ersten 3 Textzeilen sind infolge eines Wasserschadens (?) und einer Beschädigung des Blattes (die 1. Textzeile) auf dem Mikrofilm unleserlich.

[75] Titel des Werkes laut *Tabula*; Grosseteste zugerechnet von M.-Th. d'Alverny/F. Hudry, *Al-Kindi, «De radiis»*, 175.

[76] Die Anfangszeilen sind auf dem Mikrofilm unleserlich (Wasserschaden). Cf. L.M. de Rijk, *Logica modernorum*, 594sq.

[77] Ed. Leon. T.XLIII (1976) p.419-422, insbes. p.421 v.1, p.422 v.127sq. P. Glorieux, *La faculté des arts*, 363 n.438 (c).

[4] Bl.27-37 (f.11r-16r): <Anonymus, De divisione logicae[78].> Inc.: <...> *et in naturalibus* <...> *adhibeat et in moralibus accionem et* <...> *vite racio persuaserit* <...> *necesse est ut secundum id quod racio tenendum omittendum vel* (?) *faciendum quid aut non faciendum esse decernit vel* ...[79]; expl.: ... *totum intra maxime proposicionis ambitum clauditur.*

Bl.38 (f.16v): vacat

[5] Bl.39-42 (f.17r-18v): Robertus Grosseteste, De cometis[80]. Inc.: <...> *ad utilitatem communem in lucem proferre curam. Dico igitur in principio quod hii qui considerant et experiuntur in rebus naturalibus* ...; expl.: ... *complexionatarum quibus dominatur planeta. Explicit tractatus lincolniensis de cometis.*

[6] Bl.42-45 (f.18v-20r): Robertus Grosseteste, De generatione impressionum humidarum[81]. Inc.: *Testatur Jacobus Omne datum optimum et omne donum perfectum* ...; expl.: ... *differt autem pruina a nive sicut differt pluvia a rore. Explicit tractatus Lincolniensis de generacione impressionum humidarum. Amen.*

[7] Bl.45 (f.20r): Robertus Grosseteste, Quod homo sit minor mundus[82]. Inc.: *Magnus deus in seipso ad seipsum hominem fecit* ...; expl.: ... *quia sunt ultima membrorum arida sive sicca sicut terra. Explicit tractulus* (!) *eiusdem quod homo sit minor mundus.*

[8] Bl.46-47 (f.20v-21r): Robertus Grosseteste, De 6 differentiis loci in caelo. Inc.: <...> *in eadem specie vel individuo illius generis sunt* (?) ·6· *sunt differencie locum primo* ...[83]; expl.: ... *Ex ortu enim et occasu effectum generacionis et corrupcionis habent. Explicit Lincolniensis de* ·6· *differenciis loci in celo.*

[9] Bl.48-52 (f.21v-23v): Franciscus <de Maironis ?>, De signis naturae[84]. Inc.: <...> *habet per se passiones quarum alique sunt modi intrinseci et alique divisiones. Passiones autem entis sunt* ·5· *scilicet veritas bonitas, realitas unitas et aliquiditas* ...[85]; expl.: ... *conceptus autem entis est irresolubilis. Franciscus de signis nature Explicit etc.*

---

[78] Titel des Werkes laut *Tabula*.

[79] Anfangszeilen sind wegen eines Wasserschadens unleserlich.

[80] Am Anfang unleserlich. Cf. L. Baur, op. cit., 69*-72*, p.36-41, insbes. p.40 v.18sq., p.39 v.11. Der in dieser Hs. vorliegende Text weicht von der von L. Baur edierten Version ab. Cf. ferner P. Glorieux, *La faculté des arts*, 328 (aa). S.H. Thomson, op. cit., 94 n.40.

[81] L. Baur, op. cit., 89*sq., p.87-89, insbes. p.87 v.7, p.89 v.34-35. Cf. P. Glorieux, op. cit., 327 (x). S.H. Thomson, op. cit., 104 n.53, führt dieses Werk unter dem Titel 'De Impressionibus Elementorum' an.

[82] L. Baur, op. cit., 77*sq., p.59. Cf. P. Glorieux, op. cit., 329 (ao). S.H. Thomson, op. cit., 102sq. n.51.

[83] Die erste Textzeile ist unlesbar (Wasserschaden). L. Baur, op. cit., 87*-89*, p.84-87, insbes. p.84 v.18-20, p.87 v.4sq. Cf. P. Glorieux, op. cit., 328 (ae). S.H. Thomson, op. cit., 97 n.44.

[84] Titel des Werkes laut *Tabula*. Cf. P. Glorieux, op. cit., 135sq. n.100 (b).

[85] Anfang des Werkes (1,5 Zeilen) ist unleserlich (Wasserschaden).

[10] Bl.53-60 (f.24r-27v): <Anonymus, De arte memorandi[86].> Inc.: *Bonitas Magnitudo <...> Diffiniciones principiorum <...> Bonitas est ens racione cuius bonum agit bonum ... – ... Species decem questionum sive regularum generalium ...* Bl.56-60 (f.25v-27v): Figurae memoriales
Bl.61-62 (f.28r-v): vacat
[11] Bl.63-97 (f.29r-46r): Simon Bredonus, Arithmetica[87]. Inc.: *Quantitatum alia continua que magnitudo dicitur alia discreta que multitudo ...*; expl. *... proporcione consistens, qualis proporcio inter secundum et tercium terminum reperitur. Explicit Arithmetrica* (!) *Bredonis.*

[12] Bl.98 (f.46v): <Notabile:> *Cum liberalis experiencia boicii disputet subtiliter quod omnis megalitas redeat ad equalitatem ... – ... terminos sic ordinet ·16·20·25.*

[13] Bl.98 (f.46v): <Notabile:> *Cum autem volueris scire tres terminos continue proporcionales ... – ... in quacumque volueris proporcione.*

[14] Bl.99-113 (f.47r-54r): Iohannes Lavenham, *De ludo philosophorum.* Inc. (epistula): *Venerabili in Christo patri ac domino domino Henr. Noevic. episcopo suus humilis et devotus orator frater Johannes Lavenham monachus sancti Johannis Colcest ...*; expl. (epistula): *... virginis filius gloriose. amen. amen. Explicit Epistola.* Bl.100 (f.47v): Tabula proporcionum. Bl.101 (f.48r) – Bl.113 (f.54r) Inc.: *Cum ludus philosophorum sive Rithmomachie ut vult Ovidius primo de vetula ludus ...*; expl.: *... efficitur terminus cuius sunt 12.9.8.6. et dicitur.*

Bl.114 (f.54v): vacat
[15] Bl.115-124 (f.55r-59v): <Iordanus de Nemore (Ps.-Euclides), De ponderibus[88]; (Bl.119-124 = f.57r-59v:) Liber de canonio[89].> Inc.: *Omnis ponderosi motum esse ad medium. Quod gravius est velocius <...> et hoc est quod oportuit demonstrare. quod autem a c et e c sunt equales ...* (expl.:) *... non facit ut ostensum est.* (Liber de canonio, inc.:) *Si fuerit canonium simetrum ...*; expl.: *... portionis quod oportebat ostendere ideo etc. Explicit tractatus Auctoris de ponderibus.*

Bl.125-126 (f.60r-v): vacat
[16] Bl.127-132 (f.61r-63v): Robertus Grosseteste, De iride[90]. Überschrift: *De yride.* Inc.: *<E>T perspectivi et physici est speculatio de yride ...*; expl.: *... colores omnes arcus varii variaciones. Explicit tractatus Lincolniensis de yride.*

---

[86] Titel des Werkes laut *Tabula.*

[87] Cf. *Nancy, Bibl. Publique 1088 (426)* f.77r-89v, oben n.5*, 2 mit Anm. J.E. Hofmann, *Geschichte der Mathematik*, 79. L. Thorndike, *A History of Magic*, III, 521-523.

[88] Cf. *Paris, BN lat. 10260* f.171r-179r, oben n.7*, 7 mit Anm. A.A. Björnbo/S. Vogl, *Alkindi, Tideus und Pseudo-Euklid*, 124 n.10; 127 n.24; 130 n.17; 131 n.35; 135 n.7; 139 n.3; 140 n.7; 142 n.7, 11; 143 n.3, 7; 145 n.2; 147 n.1. M.-Th. d'Alverny, *Avicenna Latinus*, in: AHDLMA 32 (1965), 267.

[89] Ed. E.A. Moody p.55-74, insbes. p.64 v.2 – p.74 v.192sq.

[90] L. Baur, op. cit., 83*-85*, p.72-78, insbes. p.72 v.12, p.78 v.2-3. Cf. P. Glorieux, op. cit., 327 (w). S.H. Thomson, op. cit., 105sq. n.55. Weitere Literatur: D.C. Lindberg, *A Catalogue*, 59.

[17] Bl.132-137 (f.63v-66r): Robertus Grosseteste, De fractionibus radiorum (= De lineis, angulis et figuris)[91]. Inc.: *<U>tilitas consideracionis linearum angulorum et figurarum est maxima quia* ...; expl.: *... iam dictum est in universali quomodo variatur omnis accio penes fortitudinem et debilitatem et varietatem linearum angulorum et figurarum. Explicit tractatus Lincolniensis de fraccionibus radiorum.*

[18] Bl.137-142 (f.66r-68v): Robertus Grosseteste, De luce (= De inchoatione formarum)[92]. Inc.: *<F>Ormam primam quam corporeitatem vocant lucem esse arbitror. Lux enim per se* ...; expl.: *... 5·proporciones sunt concordes in musicis modulacionibus et rithmis. Explicit tractatus Lincolniensis de luce. Amen.*

[19] Bl.143-156 (f.69-75v): <Anonymus, De practica geometriae[93].> Inc.: *<T>Ractatus iste dicitur ars metrice. et dicitur ars metrica de ars artis et metros quod est mensura, quasi ars mensurandi* ... – ... *ut patet in proxima figura gratia exempli facta*, Bl.152 (f.73v). Bl.153 (f.74r): *Sequitur de secunda parte huius doctrine que est planimetria, eo quod docet metri planum sive longum* ... – ... *est latitudo ripe ut patet hic*, Bl.155 (f.75r). Bl.156 (f.75v): *Explicit secunda pars videlicet de planimetria et incipit tercia pars. Sequitur de tercia parte nostri tractatus que est profundimetria que docet mensurare rem secundum eius profunditatem...*; expl.: *... putei, cuius operacionis exemplum patet in ista descripcione precedenti*, Bl.156 (f.75v).

[20] Bl.157-164 (f.76r-79v): **Albertus Magnus, De forma resultante in speculo**[94]. Inc.: *<Q>Ueritur de forma resultante in speculo que nec lumen nec color esse videtur* ...; expl.: *... quod habet parvam differenciam visibilitatis etc. Explicit tractatus fratris Alberti De forma Resultante in Speculo Amen.*

[21] Bl.165-169 (f.80r-82v): <Anonymus, De speciebus cantuum[95]> Inc.: *Quatuor sunt species cantuum. Cantuum ergo alius est conductus* ...; expl.: *... diatessaron tertia, diapente quinta. Expliciunt concordancie.*

[22] Bl.170-172 (f.82v-83v):<Anonymus (? Johannes Torkesey/Fr. Robert), Tractatus de practica musicae[96].> Inc.: *De quadratis figuris primis et sex*

---

[91] L. Baur, op. cit., 78*-81*, p.59-65, insbes. p.59 v.17sq., p.65 v.23-26. Cf. P. Glorieux, op. cit., 327 (w). S.H.Thomson, op. cit., 107sq. n.57. Weitere Literatur: D.C. Lindberg, *A Catalogue*, 60.

[92] L. Baur, op. cit., 75*-77*, p.51-59, insbes. p.51 v.10-11, p.59 v.1-3. Weitere Literatur: D.C. Lindberg, *A Catalogue*, 61. Cf. *Praha, Národní Knihovna X H 12* f.44-46r, oben n.10*, 3f.

[93] Titel des Werkes laut *Tabula*. Von späterer Hand wurde die Überschrift '*De arte mensurandi*' am oberen Rand des Bl.143 (f.69r) hinzugefügt. Cf. L. Baur, op. cit., 143* n.8; 142* n.5. S.H. Thomson, op. cit., 241. L. Thorndike/P. Kibre, *A Catalogue of Incipits*, 1581.

[94] Korrekte Zuweisung und Titel im *Explicit* und in der *Tabula*. Der Titel wurde von späterer Hand am oberen Rand des Bl.157 (f.76r) eingetragen.

[95] Vgl. *The Theory of Music*, IV, 178.

speciebus notarum ab eis compositis ...; expl.: ... *sunt imperfecte respectu diversarum notarum. Explicit tractatus de practica musice.*

[23] Bl.173-174 (f.84r-v): <Anonymus, De instrumentis musicae[97]> Inc.: *Omne instrumentum musice quo communiter utimur vel fit per tractum ut instrumenta, que sunt per cordas* ...; expl.: ... *secundum simbalum erit sursum.*

[24] Bl.174-175 (f.84r-85r): <Guido, De compositione consonanciarum in cymbalis et de fistulis organorum mentiendis[98].> Inc.: *Cognita consonantia in cordis et simbalis* ...; expl.: ... *ad similtudinem primi. Explicit guido de composicione consonanciarum in simbalis et de fistulis organorum menciendis.*

[25] Bl.175-177 (f.85r-86r): *Incipit Gilbertus de proporcionibus fistularum ordinandis. De hiis instrumentis que flatus aspiracione agentur pauca[99]* ...; expl.: ... *hoc totum in facto consistit et patebit faciliter operanti. Explicit etc.*

Bl.178 (f.86v): vacat

[26] Bl.179-204 (f.87r-99v): Iohannes de Muris, Musica speculativa (Version B)[100]. Inc.: *Quoniam musica est de sono relato ad numeros* ...: expl.: ... *quorum figure sunt in hoc ordine consequentes. Explicit tractatus metricus Musice speculative editus a magistro Johanne de muris.*

[27] Bl.204-224 (f.99v-110r): <Richardus de Wallingford, Quadripartitum de sinibus demonstratis[101].> Inc.: *<Q>Uia canones non perfecte tradunt noticiam sinus nec utilitatis eius intendo eam tradere in hoc opere quatripartito. In quorum primo dicam plane de relacione circuli ad eius diametrum ... – ... que est corda versa totius c f,* Bl.224 (f.109v). Der Text läuft in der ersten Hälfte des Blattes aus, die zweite Blatthälfte ist leer.

Bl.225 (f.110r): *Notandum est hic de kata coniuncta et distincta in numeris* ...; expl.: ... *et per divisionem in tercia exibit quiddam proporcionabile semper,* Bl.226 (f.110v).

---

[96] Titel des Werkes laut *Tabula* und *Explicit.* Vgl. *The Theory of Music,* IV, 178. L. Thorndike/P. Kibre, *A Catalogue of Incipits,* 1182 (die Folio-Angaben sind nach Maßgabe unserer Bearbeitung zu korrigieren).

[97] Vgl. *The Theory of Music,* IV, 178.

[98] Vgl. *The Theory of Music,* IV, 178. L. Thorndike/P. Kibre, op. cit., 982.

[99] Vgl. *The Theory of Music,* IV, 178f.

[100] Vgl. *The Theory of Music,* IV, 179. Dieses Werk ist u. a. in folgenden Hss. enthalten: *Pisa, Biblioteca Universitaria 606 II* Bl.1-18; *Città del Vaticano, Palat. lat. 1377* f.60r-81r; *Vat. lat. 5321* f.12r-20r; *Siena, Biblioteca Comunale L.V.30* f.1r-12v; weitere Hss. geben P. Glorieux (*La faculté des arts,* 230) und L. Thorndike/P. Kibre (*A Catalogue of Incipits,* 1287) an. Über den Verfasser cf. J. Smits van Waesberghe, *Johannes de Muris.* P. Glorieux, *La faculté des arts,* 226-230 n.255. *Tractatus figurarum* (Treatise on Noteshapes). A New Critical Text ... by Ph.E. Schreur.

[101] Vgl. L. Thorndike/P. Kibre, *A Catalogue of Incipits,* 1214. J.E. Hofmann, *Geschichte der Mathematik,* 79.

[28] Bl.227-246 (f.111r-120v): *R<obertus> Lincolniensis, De Spera*[102]. Inc.: *Intencio nostra in hoc tractatu est machine mundane formam describere* ...; expl.: ... *distat ab ea quam quantitate duorum semidiametrorum scilicet solis et lune. Explicit tractatus de spera secundum Lincolniensem.*

[29] Bl.247, 246 (f.121r, 120v): <Anonymus,> *De cristallo combustorio* (= Überschrift von späterer Hand)[103]. Inc.: *Nota si quis cristallum spericum vel corpus urinalis rotundum plenum aqua teneat in radiis* ...; expl.: ... *densiori vel a perpendiculari in corpore subtiliori. de reflexione patet superius. Explicit bonum notabile de combustione.*

[30] Bl.248 (f.121v): *Notabile de augmento.* Inc.: *Sciendum quod materia cibi primo recipitur in os et ibi masticatur ad digestionem deinde dimittitur per ysophagum ad stomachum et ibi adest virtus digestiva cum calore naturali et decoquit illum cibum* ...; expl.: ... *Alius est modus augmentandi proprie sicut animata augmentantur. Explicit bonum notabile de Augmento.*

[31] Bl.249 (f.122r) Inc.: *In hac spera potest videre quando duo pugiles sunt in bello quis debet alium superare. accipe nomina illorum duarum pugilium* ...; expl.: ... *non potest remanere ultra ·9· ut patet in tabula precedente.*

[32] Bl.250-252 (f.122v-123v): *Spera pyctagorica*[104]. Inc.: *Racio spere pictagorice philosophi quam apuleyus scripsit de quacumque re scire volueris* ...; expl.: ... *Et restat ut nomina silabicentur secundum primam nominacionem cuiuscumque lingue ut anglice perys non petrus, Alyz non alicia.*

[33] Bl.253-259 (f.124r-127r): <Ps.-Robertus Grosseteste,> *De composicione chilindri cum operacione eiusdem*[105]. Inc.: *Investigantibus chilindri composicionem quod dicitur horologium viatorum <...>·12 punctorum. et in hoc terminatur chilindri composicio* (Bl.259 [f.127r]) *De arte operandi aliquid per ipsum videamus. Cum volueris scire horas* ...; expl.: ... *et sic per umbram scies altitudinem cuiuslibet rei erecte etc. Explicit tractatus de composicione chilindri cum operacione eiusdem Amen.*

[34] Bl.260-266 (f.127v-130v): *Cum rerum motu ac varietate syderee virtutis intelligenciam assequimur e noticie*[106] ...; expl.: ... *ruditati constare poterit non sterili racione persuasa,* Bl.262 (f.128v). Bl.263 (f.129r): *Hec figura rectificata est per <...> Reperi nempe figuram quandam magistri Johannis Holbrook manu propria conscriptam quam edidit super hora nativitatis estimata et rectificavit gradum ascendentis ad instar Jovis et non gradum medium celi sicut ista figura supponit que iam sequetur etc.* Bl.266 (f.130v).

---

[102]	L. Baur, op. cit., 60*-64*, p.10-32, insbes. p.11 v.1sq., p.32 v.8f. Cf. P. Glorieux, op. cit., 326 (o). S.H. Thomson, op. cit., 115sq. n.69.

[103]	Titel laut Kolophon: '*Notabile de combustione*'. Vgl. L. Thorndike/P. Kibre, *A Catalogue of Incipits*, 944. D.C. Lindberg, *A Catalogue*, 23. Nach D.C. Lindberg (op. cit., 24) handelt es sich möglicherweise um eine Schrift von Robert Grosseteste.

[104]	Vgl. L. Thorndike/P. Kibre, op. cit., 1315.

[105]	Titel laut Kolophon; cf. die *Tabula*. Siehe L. Baur, op. cit., 142* n.6. P. Glorieux, op. cit., 331 (bj). S.H. Thomson, op. cit., 246 n.12.

[106]	L. Thorndike/P. Kibre, *A Catalogue of Incipits*, 335.

[35] Bl.267-274 (f.131r-134v): Robertus Grosseteste, De impressionibus aëris[107]. Inc.: *Ad cognoscendam diversam disposicionem aeris futuram per diversitatem motuum superiorum* ...; expl.: ... *maxime si in primo aspectu se aspicerent in signis aquosis. Explicit tractatus Lincolniensis de impressionibus aeris.*

[36] Bl.275-278 (f.135r-136v): De significationibus 12 signorum[108]. Inc.: *Res natura igneus. gustu amarus. orientalis bicolor. porrectus biformis. domesticum* ...; expl.: ... *album. voluntatis magne oculis rotundis. Explicit tractatus bonus de significacionibus ·12· signorum.*

[37] Bl.279-(284)282 (f.137r-[139v]138v): <Iohannes Holbrook, De nativitatibus[109].> Inc.: *<D>Ixerunt Tholomeus et hermes quod locus lune in quo erat luna in hora in qua infunditur sperma* ...; expl.: ... *solis autem 10 veneris ·8· Mercur.· 13·(?) lune ·9· Explicit tractatus de nativitatibus secundum M. H. <...>* (Rasur).

[38] Bl.285-286 (f.140r-140v): Iohannes Holbrook, De quantitate anni[110]. Inc.: *<G>Loriosus atque sublimis deus a rerum exordis lunam in firmamento posuit* ...; expl.: ... *motus capitis draconis similiter omnino aliis reperit. Explicit parvus tractatus de quantitate Anni secundum M. Johannem Holbrook Amen.*

Es folgt eine Nota (geschrieben von gleicher Hand): *Divide 24 horas per 132 et exibit superfluum quod a (?) 6 horarum demens adde quod restat diebus anni et habes anni quantitatem secundum R. M.*

[39] Bl.287-296 (f.141r-145v): Wilhelmus Anglicus, De iudicio urinae[111]. Inc.: *Ne vel ignorancie vel invidie causa redarguar mi Germane qui quandoque apud Marchiliam mecum studuisti <...> ego Willelmus nacione anglicus professione medicus, ex scientiae merito astronomus, nunc autem civis macilentis <...> capitulum de quadruparciali via astronomie, secundum de execucione effectuum superiorum* ...; expl.: ... *4000 cubiti etc. Explicit tractatus de iudicio urinae secundum vires signorum et planetarum editus a Willelmo nacione anglico. professione medico. merito scientiae astronomo.*

[40] Bl.297-340 (f.146r-167v): <Henricus de Hassia, De reprobatione eccentricorum et epiciclorum[112].> Inc.: *Cum inferiorum cognicio ad celestium conducat inquisicionem* ...; expl.: ... *impertinencia sunt isti ymaginacioni quare abiciant (?). Explicit tractatus contra Theoricam planetarum.*

[107] Siehe L. Baur, op. cit., 72*-75*, p.41-51, insbes. p.42 v.1-2, p.51 v.6-8. Cf. P. Glorieux, op. cit., 330 (av). S.H. Thomson, op. cit., 103sq. n.52.

[108] Titel gemäß dem *Explicit*.

[109] L. Thorndike/P. Kibre (op. cit., 444) geben den Titel des Werkes mit '*Ars inveniendi figuram conceptionis nati* 'an.

[110] Als Titel des Werkes führen L. Thorndike/P. Kibre (op. cit., 587) '*Canones et tabula astron.*' an.

[111] Bei L. Thorndike/P. Kibre (op. cit., 906) wird das Werk mit dem Titel '*De urina non visa*' angeführt.

[112] Vgl. L. Thorndike/P. Kibre, op. cit., 906. Der *Tabula* und dem *Explicit* nach lautet der Titel des Werkes '*Tractatus contra theoricam planetarum*'. Zu dem Autor vgl. C.J. Jellouschek, *Heinrich Heinbuche v. Langenstein*.

[41] Bl.340-341 (f.167v-168r): <Robertus Grosseteste (?), Theorica plane-
tarum[113].> Inc.: <C>*irculus ecentricus vel egresse cuspidis vel dicitur egrediens centri* ...;
expl.: ... *argumenti*.
[42] Bl.342-350 (f.168v-172v): <Ps.-Robertus Grosseteste, De astrola-
bio[114].> Inc.: <A>*strolabii circulos et membra nominatim discernere* ...; expl.: ... *ad-
datur altitudo mensurantis ab oculo ad terra*[115].

Lit.:
M.-Th. d'Alverny/F. Hudry, *Al-Kindi De radiis*, 174sq. S. De Ricci/W.J.
Wilson, *Census of Medieval and Renaissance Manuscripts*, I, 883. W. Fauser, *Die
Werke des Albertus Magnus*, 271 n.11. P. Glorieux, *La faculté des arts*, 326sqq.
D.C. Lindberg, *A Catalogue*, 17, 23, 59, 60, 61. *The Theory of Music*, IV, 177-
179. *S. Thomae de Aquino Opera Omnia*. Ed. Leon. T.XLIII (1976) p. 392 n.23
(Sigle *Pt*). S.H. Thomson, *The Writings of Robert Grosseteste*, 94, 97, 100,
103sq., 106, 108, 116. L. Thorndike/P. Kibre, *A Catalogue of Incipits*, 154,
309, 944, 1182, 1214, 1581.

12*

ROMA, Biblioteca Nazionale Centrale, Vitt. Eman. 2548 (Fondo Gesuiti-
co 419; früher Collegium Romanum SJ H. C. 93), 16. Jh., Papier, 280 x
210, I + 154 ff., 1 Sp. Provenienz (f.I): *Collegij Romani Soc*[ti]. *Jesu* (Roma). Abschrift der Hs. Vat. lat. 2975.

Inhalt:
[1] f.1r-24v, 76r-v, 27r-73v: Claudius Ptolemaeus, Optica[116]. Überschrift:
*Incipit liber Ptolomei de opticis sive aspectibus translatus ab Ammiraco Eugenio Siculo de
Arabico in latinum*. Inc.: *Cum considerarem optica Ptolomei necessaria utique fore scientiam* ...; expl.: ... *rursus protrahantur perpendicularis a z. Explicit nec* (?) *plus invenitur
de eo. Explicit liber Tholomei de opticis sive de aspectibus*.
f.25r-26v, 74r-75v, 77r-v: vacat.

---

[113] Vgl. L. Baur, *Die philosophischen Werke des Robert Grosseteste*, 122*-123*. S.H.
Thomson, *The Writings of Robert Grosseteste*, 238 n.9.
[114] Vgl. P. Glorieux, *La faculté des arts*, 323 (bk). S.H. Thomson, op. cit., 243 n.6.
[115] Der Kodex ist am Ende unvollständig, da der Text von *De generatione astrolabii*
abrupt endet; darüber hinaus fehlt das in der *Tabula* an letzter Stelle angeführte
Werk '*Alkyndus, De causis reddendis*' (= De radiis).
[116] Cf. *Paris, BN lat. 10260* f.1r-64r, oben n.7*, 1; *Vat. lat. 2975* f.1r-78v, unten
n.15*, 1; *Vat. lat. 11482* f.83r-90v, unten n.16*, 9 mit entsprechenden Anmerkungen.

[2] f.78r-79r: Ps.-Euclides, De speculis (fragm.)[117]. Überschrift: *Incipit libellus Euclidis de speculis*. Inc.: *Preparacio speculi in quo videas* ...; expl.: ... *et conversione eius ad oculum. Explicit. Reliquum autem parum quod restitit ad scribendum tractabat de radio cadente super specula plana qualiter convertebatur ad equales angulos si oblique super ea cadebat vel ad se ipsum si directe ut in hac figura. Item qualiter lumen solis intrans per fenestram in domo vel corpore opposito est maior quantitate fenestrae per quam intrat ut in hac figura.*

[3] f.79v-84v: **Albertus Magnus, De forma resultante in speculo**. Überschrift: *Incipit tractatus questionum Alberti predicatoris super formis in speculis apparentibus*. Inc.: *Queritur de forma resultante in speculo que nec lumen nec color esse videtur* ...; expl.: ... *habet parvam differentiam visibilitatis. Et hec de rationibus speculorum sufficiant. Explicit tractatus Alberti predicatoris de rationibus speculorum.*

[4] f.85r-90r: <Tideus, De speculis[118].> Überschrift: *Incipit liber de qualitate eius quod videtur in speculo et deceptionibus eorum*. Inc.: *Scias quod illud quod videt homo in speculo terso boni ferri videtur verius* ...; expl.: ... *ut pinea procedens ab oculo. Explicit liber de qualitate eius quod videtur in speculo et in non speculo. Et dico explicit quia plus non inveni in exemplari.*

f.90v-91v: vacat

[5] f.92r-96v: Philo Byzantinus, De ingeniis spiritualibus[119]. Überschrift: *Incipit liber Vastor de ingenijs Philonis in ductu aquarum. In nomine Dei misericordis et pij incipit liber Philonis de ingenijs spiritualibus*. Inc.: *Dixit Quia tuum amice* ...; expl.: ... *ab a b c per d, et est hoc autem cum sint eiusdem generis et ad illud valent. Explicit quia plus non invenitur translatum.*

[6] f.97r: *Incipit quoddam ingenium ad elevanda magna pondera cum facilitate*[120]. Inc.: *Maxime ut sint duo ligna in quorum quolibet* ...; expl.: ... *et cum attrahens cordam ad te pondus elevabitur ut patet in figura.*

[7] f.98r-98v: Euclides, De ponderibus[121]. Überschrift: *Incipit liber Euclidis de ponderibus et levitatibus corporum ad invicem*. Inc.: *Equalia corpora in magnitudine sunt que replent loca equalia* ...; expl.: ... *est s. Explicit quia plus non invenitur de eo.*

[8] f.99r-105v: <Abhomadi Malfegeyr (Abu 'Abd Allah ibn Mu'adh), De crepusculis[122].> Überschrift: *Incipit liber Abhomady malfegeyr de crepusculis. Liber*

---

117   Ed. A.A. Björnbo p.97 v.3, p.99 v.22. Cf. in dieser Hs. f.140v-143v (n.12*, 12); *Paris, BN lat. 10260* f.179v-183r, oben n.7*, 8; *Vat. lat. 2975* f.150r-151r, 171v-174v, unten n.15*, 4, 8; *Vat. lat. 11482* f.59v-60v, unten n.16*, 4.

118   Ed. A.A. Björnbo p.71-82, insbes. p.73 v.6, p.82 v.8 (Variantenapp.). Cf. *Paris, BN lat. 10260* f.144v-149v, oben n.7*, 5; *Vat. lat. 2975* f.157vr-162r, unten n.15*, 6 mit entsprechenden Anmerkungen.

119   Ed. G. Schmidt p.458-488 v.20 (*Heronis Alexandrini Opera quae supersunt omnia*, I, 458-488); vgl. unten n.15*, 12; n.16*, 7.

120   Cf. *Vat. lat. 2975* f.215r, unten n.15*, 13; *Vat. lat. 11482* f.80r-v, unten n.15*, 8.

121   Cf. *Paris, BN lat. 10260* f.137v-138r, oben n.7*, 3 mit Anm.; *Vat. lat. 2975* f.148r-v, unten n.15*, 3.

Abhomady malfegeyr idest in crepusculo matutino et sasfac (?) *idest in vespertino crepusculo verba eius* (Inc.:) *ostendam quid sit crepusculum et que causa necessario* ...; expl.: ... *quantitas magna, et ponam arcum bg 19 gradus, que est depressus solis apud ortum crepusculi supra punctum. Ergo g est centrum* (Text bricht mit f.105v unvermittelt ab).

f.106r-v: vacat

[9] f.107r-122v: <Alkindi (Ya'qub ibn Ishaq al-Kindi), De aspectibus, fragm.[123]> *Desideratur principium.* Inc.: *Secundum rectitudinem perveniet ad una* (!) *candelarum et dividet ipsam in duo media* ...; expl.: ... *est sicut proportio virtutis partis eius ad ipsam partem, quod sic probatur. Desideratur finis.*

f.123r-124v: vacat

[10] f.125r-132v: Liber karastonis de ponderibus[124]. Überschrift: *Incipit liber karastonis de ponderibus.* Inc.: *Continuet deus conservationem tuam* ...; expl.: ... *et faciet te cognoscere casum erroris. Finitus est liber karastonis editus a Thebit filio Core.*

[11] f.133r-140r: Iordanus de Nemore (Ps.-Euclides), De ponderibus[125]. Überschrift: *Incipit liber Euclidis de ponderibus.* Inc.: *Omnis ponderosi motum esse ad medium* ...; expl.: ... *quod in principio volebamus. Explicit liber Euclidis de ponderibus.*

[12] f.140v-143v: Ps.-Euclides, De speculis[126]. Überschrift: *Incipit liber Euclidis de speculis.* Inc.: *Preparatio speculi in quo videas* ...; expl.: ... *radii ad nos venientes sunt equidistantes et illud est q d u.*

f.144r-154v: vacat.

Lit.:

A. Birkenmajer, *Zur Bibliographie Alberts des Großen*, 271. A.A. Björnbo/S. Vogl, *Alkindi, Tideus und Pseudo-Euklid*, 141sq. W. Fauser, *Die Werke des Albertus Magnus*, 271 n.12. A.F. Lejeune, *Codex Vaticanus Latinus 2975*, 137. Id., *L'Optique*, 44*sq. (Sigle *T*). D.C. Lindberg, *A Catalogue*, 15, 17, 22, 56, 74, 77. E.A. Moody/M. Clagett, *The Medieval Sciences of Weights*, 86.

---

[122]　Cf. *Paris, BN lat. 10260* f.194r-199v, oben n.7*, 10; *Vat. lat. 2975* f.202r-208v, unten n.15*, 11.

[123]　Cf. *Paris, BN lat. 10260* f.153r-169r, oben n.7*, 6; *Vat. lat. 2975* f.216r-231v, unten n.15*, 14.

[124]　Cf. *Paris, BN lat. 10260* f.183v-192r; oben n.7*, 9; *Vat. lat. 2975* f.176v-183v, unten n.15*, 9; *Vat. lat. 11482* f.51r-59r, unten n.16*, 3.

[125]　Cf. *Paris, BN lat. 10260* f.171r-179r, oben n.7*, 7 mit Anm.; *Princeton, New-Jersey, Univ. Libr., R. Garrett Collection 95* Bl.115-119 (f.55r-57r), unten n.11*, 15; *Vat. lat. 2975* f.164r-171r, unten n.15*, 7.

[126]　Vgl. in dieser Hs. f.78r-79r (n.12*, 2); ferner *Paris, BN lat. 10260* f.179v-183r, oben n.7*, 8 mit Anm.; *Vat. lat. 2975* f.171v-174v, unten n.15*, 8.

13*

CITTA DEL VATICANO, Biblioteca Apostolica Vaticana, Borgh. 114, 13./14. Jh., Pergament, 295 x 210, 222 ff., 2 Sp.[127]

Inhalt:

[1] f.1ra-15ra: Thomas de Aq., Expositio in Aristotelis Physicorum libros I-II (cum glossis marg. ex comm. Alberti Magni)[128]. Inc.: *Quoniam quidem intelligere. Quia liber physicorum cuius exposicionem intendimus est primus liber sciencie naturalis* ... ; expl.: ... *comprehendit totum processum generacionis naturalis. Explicit Secundus phisicorum.*

[2] f.15ra-18va: Sigerus de Brabantia, Quaestiones in Aristotelis Physicorum libros I-II[129]. Inc.: *Queritur consequenter si materia sit sua potentia substantialiter, videtur* ...; expl.: ... *tamen in infinitum non repugnat magnitudini, unde magnitudo est. finiuntur questiones supra secundum physicorum a magistro segero reportate.*

[3] f.18va-72vb: Thomas de Aq., Expositio in Aristotelis Physicorum libros III-VIII (cum glossis marg. ex comm. Alberti Magni)[130]. Inc.: *Quoniam autem natura est principium. postquam philosophus determinavit de principiis rerum naturalium et de principiis huius sciencie* ...; expl.: ... *de rebus naturalibus in primo principio tocius nature quod est super omnia deus benedictus in secula Amen. Explicit lectura fratris thome super librum physicorum. Amen.*

[4] f.73ra-119vb: Thomas de Aq. et Petrus de Alvernia, Expositio in Aristotelis De caelo et mundo libros I-IV (cum glossis marg. ex comm. Alberti Magni).

(a) f.73ra-110va: Expositio Thomae de Aq. Inc.: *Sicut philosophus dicit in primo physicorum tunc oppinamur unumquodque scire cum causas cognoscimus primas* ...; expl.: ... *quot sunt helementa et propter quid sit helementum.* Von späterer Hand: *usque huc frater thomas.*

(b) f.110va-119vb: Expositio Petri de Alvernia. Am Rande: *hic incipit magister petrus de alvernia usque in finem quarti celi et mundi.* Inc.: *Deinde cum dicit. Quoniam autem omnis. ponit secundam racionem dicens. omnis corporis naturalis est aliquis motus* ...; expl.: ... *in corporibus primis quorum conditor primus est deus benedictus in secula seculorum Amen. In hoc expletur exposicio magistri petri de alvernia in tercium et quartum celi et mundi aristotelis. ubi preventus morte vir venerabilis frater thomas de aqui-*

---

[127] Für die kodikologische Beschreibung der Hs. cf. B. Faes de Mottoni/C. Luna, *Aegidii Romani Opera omnia, I: Catalogo dei manoscritti (1-95)*, 10-12 n.4.

[128] Ed. Leon. T.II (1884) p.3-99.

[129] Kritisch ediert von A. Zimmermann, *Les Quaestiones in Physicam de Siger de Brabant*, 149-184.

[130] Ed. Leon. T.II (1884) p.101-458.

no dimisit. In qua quamvis non assequatur intencionem ipsius aliqualiter erit via aliis assequendi ipsam vel simpliciter vel in parte.

[5] f.119vb-120vb: **Albertus Magnus, De forma resultante in speculo**. Inc.: *Queritur de forma resultante in speculo que nec lumen nec color esse videtur* ...; expl.: *... habet parvam differenciam visibilitatis. Et sic solutum est ad omnia obiecta. Albertus. Explicit tractatus de forma resultante in speculo.*

[6] f.120vb, 121r in marg. inf. – 124va in marg. inf.: Albertus Magnus, In Aristotelis De generatione et corruptione (excerpta: l.1 tr.1 c.1-9)[131]. Eingeleitet: *albertus s<...>* (rasura). Inc.: *Cum due sint considerationes de mobili* ...; expl.: *... dissolvere racionem antiquorum iam nuper inductam.*

[7] f.121ra-157va: Aegidius Romanus, Expositio in Aristotelis De generatione et corruptione libros I-II. Inc.: *Anima ut testatur philosophus est quodammodo omnia. Quicquid enim est* ...; expl.: *... omnis generacionis est principium. causa. et racio. qui cum patre et spiritu sancto est unius (!) deus benedictus in secula seculorum. Amen. Explicit sententia super libro de generacione edita a fratre egidio de roma ordinis fratrum heremitarum sancti augustini.*

[8] f.157va-164vb: Aegidius Romanus, Expositio in librum De bona fortuna. Inc.: *Quidam ordinavit in ydem bonam fortunam felicitati ut vult philosophus* ...; expl.: *... hic libellus morali negocio est annexus. Et hec de bona fortuna sufficiant. Explicit sentencia super de bona fortuna tradita a fratre egidio Romano ordinis fratrum heremitarum sancti augustini. Laus tibi sit Christe quoniam liber explicit iste.*

[9] f.164va in marg. inf.: Albertus Magnus, De anima, excerptum l.1 tr.1 c.2. Eingeleitet: *albertus.* Inc.: *Cum opinetur certissimum omnem scienciam esse de numero bonorum honorabilium* ...; expl.: *... utile autem est quod est sicut instrumentum quo aliquid preter ipsum intenditur per ipsum adipici (!)* [132].

[10] f.165ra-194rb: Thomas de Aq., Expositio in Aristotelis De anima libros I-III[133]. Überschrift: *thomas.* Inc.: *Bonorum honorabilium etc. Sicut philosophus docet in XI de animalibus in quolibet genere rerum necesse est prius considerare communia et seorsum* ...; expl.: *... sonando significet suas affecciones alteri. Et hec dicta de anima ad presens sufficiant. Explicit lectura fratris thome super tres libros de anima. deo gracias.*

[11] f.194va-206va: Thomas de Aq., Expositio in Aristotelis De sensu et sensato[134]. Inc.: *Sicut philosophus dicit in tertio de anima sicut separabiles sunt res a materia sic et que circa intellectum* ...; expl.: *... et in sompno fit aliqua precognitio futurorum. Explicit liber de sensu et sensato. Amen.*

[12] f.206va-210vb: Thomas de Aq., Expositio in Aristotelis De memoria et reminiscentia[135]. Inc.: *Sicut philosophus dicit in VIII° (!) de historiis animalium*

---

[131]   Ed. Colon. T.V,2 (1980) p.109 v.8 – p.118 v.39.
[132]   Ed. Colon. T.VII,1 (1968) p.3 v.23 – p.4 v.7.
[133]   Ed. Leon. T.XLV,1 (1984) p.3 v.1 – p.260 v.130.
[134]   Ed. Leon. T.XLV,2 (1985) p.3 v.1 – p.101 v.314.
[135]   Ed. Leon. T.XLV,2 (1985) p.103 v.1 – p.133 v.163.

natura ex inanimatis ad animalia procedit paulatim ....; expl.: ... *et quomodo fiat et propter quam causam. Explicit liber de memoria et reminiscentia et Expositio fratris thome super eum. Deo Gracias.*

[13] f.210vb-222rb: Thomas de Aq., Expositio in librum De causis[136].

Inc.: *Sicut philosophus dicit in X⁰ ethicorum ultima felicitas hominis consistit in optima hominis operatione* ...; expl.: ... *inducitur que premissa est. Et sic terminatur totus liber de causis. Sint gracie deo omnipotenti qui est prima omnium causa. Laus tibi sit Christe quoniam liber explicit iste. Explicit expositio fratris thome super librum de causis.*

[14] f.222va: Tabula:

In isto volumine inveniuntur ista scripta, scilicet fratris thome de aquino super librum phisicorum

Item eiusdem super librum celi et mundi completum per magistrum petrum de alvernia

Item fratris egidii super librum de generacione et corruptione

Item eiusdem super librum de bona fortuna

Item fratris thome super librum de anima

Item eiusdem super librum de sensu et sensato

Item eiusdem super librum de memoria et reminiscentia

Item eiusdem super librum de causis.

Item quidam tractatus alberti de forma resultante in speculo.

Lit.:

Aegidii Romani Opera Omnia, I: Catalogo dei manoscritti (1-95), 10-12 n.4. *Alberti Magni Opera Omnia.* Ed. Colon. T.V,2 (1980) p.XXII n.44. A. Birkenmajer, *Zur Bibliographie Alberts des Großen,* 271. J. Destrez/G. Fink-Errera, *Des manuscrits apparemment datés,* 91 n.92. J.J. Duin, *Les commentaires de Siger de Brabant sur la Physique d'Aristote,* 463-480. Id., *La doctrine de la providence,* 11, 60-62, 177, 185sq., 265, 280-283, 291-300, 406sq. F. Ehrle, *Historia Bibliothecae Romanorum Pontificum tum Bonifatianae tum Avenionensis,* I, 353 n.867. W. Fauser, *Die Werke des Albertus Magnus,* 271 n.13, 31 n.52A, 56 n.47, 88 n.62. R.A. Gauthier, *Quelques questions à propos du commentaire de S. Thomas sur le «De anima»,* 457 n.47. P. Glorieux, *Répertoire,* I, 416 n.210 (v); id., ibid., II, 75 n.312 (cg). M. Grabmann, *Neu aufgefundene lateinische Werke deutscher Mystiker,* 61. Id., *Die Aristoteleskommentare des Heinrich von Brüssel,* 50 (1944). Id., *Die Werke des hl. Thomas von Aquin,* 276. D.C. Lindberg, *A Catalogue,* 17. A. Maier, *Nouvelles Questions de Siger de Brabant,* 497-513 (171-188, Addenda, 501). Ead., *Die Borghese-Handschriften der Biblioteca Vaticana,* 351-356, (1-11, Addenda, 491). Ead., *Les commentaires sur la Physique d'Aristote attribués à Siger de Brabant,* 334-350 (189-206, Addenda, 501). Ead., *Codices Burghesiani,* 148-152. Ead., *Der letzte Katalog der päpstlichen Bibliothek von Avignon (1594),* 247 n.319 (= Reimpr.). Ead., *Der Katalog der päpstlichen Bibliothek in Avignon vom Jahr 1411,* 134 n.409

---

[136] Kritisch ediert von H.D. Saffrey, Fribourg – Louvain 1954.

(= Reimpr.). *Saint Thomas and Saint Bonaventura in the Vatican Library*, 78 n.84. *S. Thomae de Aquino Opera Omnia*. Ed. Leon. T.XLV,1 (1984) p.13*; T.XLV,2 (1985) p.10* (Sigle *V*). *S. Thomae de Aq. Super librum De causis expositio*, p.L n.41 (Sigle *N*) und *passim*. A. Zimmermann, *Dante hatte doch Recht*, 208. Id., *Les Quaestiones in Physicam de Siger de Brabant*, 143-147.

14*

CITTA DEL VATICANO, Biblioteca Apostolica Vaticana, Ottob. lat. 1814, 15. Jh., Papier, 220 x 155, 54 ff.[137], 1 Sp.

Inhalt:

[1] f.1r-4v: **<Albertus Magnus, De forma resultante in speculo.>** Überschrift: *de forma speculi* (darunter von späterer Hand: *Codex Ottob. 1814*, und darunter von derselben Hand: *liber de forma speculi*). Inc.: *<Q>ueritur de forma resultante in speculo quod nec color nec lumen videtur esse ...*; expl.: *... habet parvam differentiam visibilitatis*. Der Kolophon (*Explicit liber de forma speculi*) schließt sich nach einem größeren leeren Absatz an das dazwischen liegende und von gleicher Hand geschriebene *Notabile* (8 Zeilen) an, welches hier unter n.2 vollständig wiedergegeben wird.

[2] f.4v: <Notabile.> *Notandum quod istud dicitur fieri supra naturam, quod fit cursu contrario cursui nature nec terminatur ad opus conforme in natura, ut deum fieri hominem. Illud dicitur fieri contra naturam, quod fit cursu contrario cursui nature et terminatur ad opus conforme in natura, ut illuminacio ceci. Illud dicitur fieri preter naturam, quod habet aliquod simul in ordine nature et aliquam convenienciam in natura, ut cum de vegetabili fit progrexus (!) ad sensibilem, sicut quando mutate sunt virge in serpentes.* Darunter nach einem Absatz: *Explicit liber de forma speculi*.

[3] f.5r-10r: <Albertus de Orlamunda (?), De impressionibus aëris[138].> Überschrift: *Incipit liber de impressionibus aeris*. Inc.: *Horum que generantur alii (!) generantur in sublimi, alia in ymo. Ea que generantur in sublimi ...*; expl.: *... tunc incipit iterum crescere sicut superius exposuimus*.

---

[137] Die im Kodex vorhandene Foliierung ist fehlerhaft: auf f.35 folgt '37' (Blattverlust scheint ausgeschlossen zu sein); nach f.52 wird nochmals '52' gezählt.

[138] Die *Tabula*, f.54r, verzeichnet das Werkchen als *De inpressionibus aeris secundum magistrum Sturionem*; ansonsten identisch mit *Paris, BN nouv. acq. lat. 1242* f.32vb-35rb, s. oben n.8*, 3. Cf. H. Anzulewicz, *Kodex Paris BN nouv. acq. lat. 1242 und «De quiditate et esse» des Albertus Magnus (?)*, 260-262, 263. Es sei bemerkt, daß B. Geyer sein positives Urteil bezüglich der Echtheit dieser Schrift, welches er in seiner Untersuchung *Die Albert dem Großen zugeschriebene Summa naturalium*, 16-19, formuliert hat, später gänzlich relativierte (id., *Zur neuen Gesamtausgabe*, 274).

[4] f.10v-20r: <Albertus de Orlamunda, De potentiis animae[139].> Über-schrift: *Incipit liber de potentiis anime*. Inc.: *sicud dicit Damascenus Inpossibile est ex parte aliqua naturali operatione* ...; expl.: ... *rationem et voluntatem. Est enim liberum arbitrium facultas rationis et voluntatis etc. Explicitur* (!) *tractatus de potentiis anime secundum fratrem albertum.*

[5] f.20v-23r: <Al-Farabi, De ortu scientiarum[140].> Überschrift: *Incipit epistola avicenne de origine scientiarum. Epistola Avicenne de assignanda causa ex qua sunt orte scientie philosophie translatata* (!) *a Magistro Gerardo Cremonensi tolleti de arabico in Latinum.* Es folgen Kapitelangaben: (1) *De cognoscenda causa ex qua orta est scientia numeri* <...> (7) *De cognoscenda causa ex qua orta est scientia divina, que est cognicio de deo.* Inc.: *scias nichil esse nisi substantiam et accidens et creatorem substantie et accidentis benedictum in secula* ...; expl.: ... *nec accidens sed est separatum a substantia et accidentibus, et hic est solus deus qui est benedictus et excelsus super omnes deos et regnat in secula seculorum amen. amen. amen. Explicit liber Avicenne de origine scientiarum.*

[6] f.23v-25v: Thomas de Aq., De motu cordis[141]. Überschrift (von späterer Hand): *Incipit liber de motu cordis secundum sanctum Thomam.* Inc.: *quia omne quod movetur necesse habere motorem* ...; expl.: ... *infrigidatur. Et hec de motu cordis ad presens dicta sufficiant. Deo gratias. Amen. Amen.*

[7] f.26r-35r: Thomas de Aq., De ente et essentia[142]. Überschrift (von späterer Hand): *Incipit liber de quiditate et essencia secundum sanctum Thomam.* Darunter (von anderer Hand): *Incipit liber de ente et essencia secundum Sanctum Thomam.* Inc.: *Quia parvus error in principio maximus est in fine* ...; expl.: ... *sit finis et consummatio huius sermonis. Amen. Amen. Amen. Explicitur* (!) *tractatus Sancti Thome de Aquino de quiditate et essentia.*

f.35v: <Tabula:> *Capitulum primum precedentis tractatus est de intentione et ordine tractandi* <...> *Capitulum nonum est de ephilogo* (!) *omnium predictorum. Explicit tractatus Sancti Thome de quiditate et essentia.*

[8] f.35v-36v: <Notabilia diversa:> (1) *calcidius philosophus dicit quod sicut aranea in medio sue tele residens sentit* <...> *potentiam vitam habentis.* (2) *nota quod hoc nomen forma multipliciter accipitur* <...> (f.36r [37]) *est forma simplex.* (3) *Item nota quod causa formalis dicitur tribus modis ut habetur in secundo phisicorum* <...> *in una parte quam in alia.* (4) *nota quod nomen ab alio inponitur et alii* <...> *supponit pro se et pro persona.* (5) *Quoniam triplex est unitas rerum triplex erit unitas sermonum sive intel-lectuum* <...> (f.36v [37]) *Medium enim in ratione medii debet participare naturam*

---

[139] Derselbe, jedoch am Anfang vollständigere Text wie im Kodex *Paris, BN nouv. acq. lat. 1242* f.29ra-32vb, cf. oben n.8*, 2. Weitere Hss. für dieses Werk nennt B. Geyer, *Die Albert dem Großen zugeschriebene Summa naturalium*, 9-15.

[140] Ediert von Cl. Baeumker, *Alfarabi*, 17-24.

[141] Ed. Leon. T.XLIII (1976) p.127-130. Cf. *Paris, BN lat. nouv. acq. lat. 1242* f.40va-41rb, oben n.8*, 7.

[142] Ed. Leon. T.XLIII (1976) p.369-381.

extremorum et tantum alteram partem. (6) *Barbara Celarent Darii* <...> *Datisi Boccardo Ferison*[143]. (7) *Homo est, ergo animal rationale mortale est. Locus a diffinitione et reducitur hoc entimema* <...> *in qua una contradictoria pro alia ponitur etc.*

[9] f.37r (38) - 39v (40): Thomas de Aq., De aeternitate mundi[144]. Überschrift (von späterer Hand): *Incipit liber de eternitate mundi secundum Sanctum Thomam.* Inc.: *Suppositio* (!) *secundum fidem catholicam quod mundus durationis initium habuit dubius nota* (!) *est* ...; expl.: ... *sua debilitate contrarie parti videntur probabilitatem afferre. Explicitur* (!) *Liber de eternitate mundi secundum Sanctum Thomam.*

[10] f.40r (41) - 48r (49): Thomas de Aq., Expositio super primam et secundam Decretalem[145]. Überschrift: *Incipit liber de sancta trinitate secundum Thomam de Aquino.* Inc.: *salvator noster discipulos ad predicandum mittens tria eis iniunxit, primo quidem* ...; expl.: ... *propter hoc quod creatura in infinitum distat a deo etc.*

[11] f.48r (49): <Notabile de Amalrico de Bena[146].> Inc.: *Unitendus in speculo isto almaricus de territoris* (!) *etc. Almaricus de territorio carnotensis ordinis fuit hic parisius in sacra facultate studebat* ...; expl.: ... *exhumatus eiusque cinis et ossa per sterquilinium merito sunt dispersa.*

[12] f.48v (49) - 51r (52): Thomas de Aq., De sortibus (rec. brevior)[147]. Überschrift: *Incipit liber de sortibus.* Inc.: *circa sortes considerandum est in quibus sors locum habeat* ...; expl.: ... *vitio vanitatis non caret. et hec de sortibus dicta sufficiant. Explicit liber de sortibus secundum sanctum Thomam de Aquino.*

[13] f.51v (52) - 52v (53): <Anonym., De divinatione.> Inc.: *agit in libro de natura demonum. Genus divinationis a persis fertur allatum varro autem dixit divinationum quattuor esse genera* ...; expl.: ... *quia tentat vos dominus deus noster etc. Deo gracias.*

[14] f.53r (54): <Notabile de oboedientia.> *Nota quod sicut res naturalis movetur virtute sui motoris ex quadam necessitate nature ita obediens movetur ad imperium precipientis ex quadam necessitate iusticie. Et sicut operationes sive actiones rerum naturalium procedunt ex potentiis naturalibus ita operationes humane procedunt et moventur ex voluntate humana. Amos ultimo: Qui vocat aquas maris et effundit eas super faciem terre. Ieronimus*[148]: *Dominus creator omnium noctem die, diem nocte communicat et aquas maris amarissimas ethereo calore suspensas excolat et liquet in dulcem pluviarum saporem instar*

---

[143] Petrus Hisp., *Summulae logicales* tr.4 n.13 (ed. de Rijk p.52).

[144] Cf. *Pommersfelden, Gräflich Schönbornsche Schloßbibl. 262 (2906)* f.88va-90rb; oben n.9*, 7.

[145] Ed. Leon. T.XL (1968) p.E29-E44.

[146] Auszüge aus Guillelmus Brito, *Gesta Philippi Augusti,* in: G.C. Capelle, *Autour du Décret de 1210: III. – Amaury de Bène,* 99sq. Cf. H. Denifle/Ae. Chatelain, *Chartularium Univeristatis Parisiensis,* I, 70sq. n.11.

[147] Ed. Leon. T.XLIII (1976) p.239-241; cf. *Paris, BN lat. nouv. acq. lat. 1242* f.39rb-40va, oben n.8*, 6.

[148] Hieronymus, *Comm. in Amos 9,6* (PL 25, 1090C).

medicinalis cucurbite que caloris superioris giry humorem et sanguinem sursum trahit Et quo discimus unde sunt pluvie. deo gratias. Amen. Amen. Amen.

[15] f.53r (54): <Tabula:> *In hoc libello per ordinem infrascripta opuscula continentur videlicet*

De ymagine speculi secundum fratrem Albertum.

De inpressionibus aeris secundum magistrum Sturionem.

De potentiis anime secundum fratrem Albertum.

De origine scientiarum secundum Avicennam.

De quiditate et essentia secundum Thomam de Aquino.

De quodam alio modico opusculo.

De motu cordis secundum eundem Thomam de Aquino.

De eternitate mundi secundum eundem Thomam de Aquino.

Super eodem ex decreto XXVI causa.

De expositione duarum primarum decretalium de fide catholica et sancta Trinitate secundum eundem sanctum Thomam de Aquino.

De sortibus secundum eumdem (!) *sanctum Thomam.*

[16] f.53v (54): <Anonym., Nota> *In glume nexionum funebrium* <...> *philosophicum quod nunc testatur.*

[17] f.53v (54): <Anonym., Utrum modi significandi et significata specialia differant.> Inc.: *Queritur utrum modi significandi et significata specialia differant vel sunt idem. et videtur quod non sint idem. Quia illa quorum unum est prius altero* <...> *ut ponit Petrus helie super priscianum ...;* expl.: *... simili modo ergo non differunt.*

Lit.:

A. Birkenmajer, *Zur Bibliographie Alberts des Großen*, 272. I. Brady, *Two Sources of the «Summa de homine» of Saint Albert*, 229sq. W. Fauser, *Die Werke des Albertus Magnus*, 271 n.14. P. Glorieux, *Répertoire*, I, 75 n.6 (dm). Id., *La faculté des arts*, 76 n.14 (ci); 78 n.14' (dm). D.C. Lindberg, *A Catalogue*, 17. G. Mercati, *Codici Latini Pico Grimani Pio*, 82. Fr. Pelster, *Neue philosophische Schriften Alberts des Großen*, 155sqq. S. Thomae de Aquino Opera Omnia. Ed. Leon. T.XL (1968) p.E8; ibid. T.XLIII (1976) p.63 n.79, p.102 n.110, p.212 n.45, p.330 n.138 (Sigle V^{64}). L. Thorndike/P. Kibre, *A Catalogue of Incipits*, 500.

15*

CITTA DEL VATICANO, Biblioteca Apostolica Vaticana, Vat. lat. 2975, 16. Jh. (1554), Papier, 360 x 260, II + 235 ff., 1 Sp. Schreiber: Federico Ranaldi[149].

---

[149] Kustos der *Biblioteca Apostolica Vaticana* in den Jahren 1559-1590 († 2. Sept. 1590) und Sekretär von Kard. G. Sirleto.

Inhalt:

[1] f.1r-78v: Claudius Ptolemaeus, Optica[150]. Überschrift: *Incipit liber Ptolomei de opticis, sive aspectibus translatus ab Ammiraco Eugenio Siculo de Arabico in Latinum.* Inc.: *Cum considerarem optica Ptolomei necessaria utique fore scientiam diligentibus, et rerum perscrutantibus naturas humanas subire* ...; expl.: *... est maior quam l, n secundum quod in figura apparet. Rursus protrahantur perpendicularis a z. Explicit nec plus invenitur de eo.*

f.79r-v: vacat

[2] f.80r-146v: Roger Bacon, De scientia perspectiva[151]. Überschrift: *Incipit tractatus perspective editus a Fratre Rogerio baco de ordine Minorum.* Inc.: *Quoniam inter gradus sapientiae tam divinae quam humane* ...; expl.: *... et multa consimilia quod animus mortalis ignorans non posset substinere. Explicit tractatus perspective editus a fratre Rogerio Bacco: de ordine minorum.*

f.147r-v: vacat

[3] f.148r-v: Euclides, De ponderibus[152]. Überschrift: *Incipit liber Euclidis de ponderibus et levitatibus corporum ad invicem.* Inc.: *Equalia corpora in magnitudine sunt que replent loca equalia et que implent loca inequalia dicuntur in magnitudine diversa. Et quae dicuntur grandia* ...; expl.: *... sit equale corpori b eius potentia z. ergo erit b ad a. ut z. ad potentiam ipsius a. que est b. Explicit quia plus non invenitur de eo.*

f.149r-v: vacat

[4] f.150r-151r: Ps.-Euclides, De speculis[153]. Überschrift: *Incipit libellus Euclidis de speculis.* Inc.: *Preparatio speculi in quo videas alterius imaginem et non tuam sit a, b. paries supra superficiem b, g* ...; expl.: *... radij a visu et conversione eius ad oculum. Explicit. Reliquum autem parum quod restitit ad scribendum tractabat de radio cadente super specula plana qualiter convertebatur ad equales angulos si oblique super ea cadebat vel ad se ipsum si directe ut in hac figura. Item qualiter lumen solis intrans per fenestram in domo vel corpore opposito est maior quantitate fenestrae per quam intrat ut in hac figura.*

[5] f.151v-156v: **Albertus Magnus, De forma resultante in speculo**. Überschrift: *Incipit tractatus questionum Alberti predicatoris super formis in speculo apparentibus.* Inc.: *Queritur de forma resultante in speculo que nec lumen, nec color esse videtur* ...; expl.: *... habet parvam differentiam visibilitatis. Et hec de rationibus speculorum sufficiant. Explicit tractatus Alberti predicatoris de rationibus speculorum.*

---

150 Cf. *Paris, BN lat. 10260* f.1r-64r, oben n.7[*], 1; *Roma, BNC, Vitt. Eman. 2548* f.1r-24v, 76r-v, 27r-73v, oben n.12[*], 1.

151 Cf. *Paris, BN lat. 10260* f.64v-137r, oben n.7[*], 2.

152 Cf. *Paris, BN lat. 10260* f.137v-138r, oben n.7[*], 3 mit Anm.; *Roma, BNC, Vitt. Eman. 2548* f.98r-98v, oben n.12[*], 7.

153 Ed. A.A. Björnbo p.97 v.3 – p.99 v.22. Cf. *Paris, BN lat. 10260* f.179v-183r, oben n.7[*], 8; *Roma, BNC, Vitt. Eman. 2548* f.78r-79r, oben n.12[*], 2, und weiter unten in dieser Hs. f.171v (n.8).

[6] f.157r-162r: Tideus, De speculis[154]. Am oberen Innenrand: *Liber Tidey*. Überschrift: *Incipit liber de qualitate eius quod videtur in speculo et deceptionibus eorum*. Inc.: *Scias quod illud quod videt homo in speculo terso boni ferri* ...; expl.: ... *pinealis oculi piramidis, quae est ut pinea procedens ab oculo*. *Explicit liber de qualitate eius quod videtur in speculo et in non speculo. Et dico explicit quia plus non inveni in exemplari*. f.162v-163v: vacat.

[7] f.164r-171r: Iordanus de Nemore (Ps.-Euclides), De ponderibus[155]. Überschrift: *Incipit liber Euclidis de ponderibus*. Inc.: *Omnis ponderosi motum esse ad medium. Quod gravius est* ...; expl.: ... *manifestum est totum quod in principio volebamus. Explicit liber Euclidis de ponderibus*.

[8] f.171v-174v: Ps.-Euclides, De speculis[156]. Überschrift: *Incipit liber Euclidis de speculis*. Inc.: *Preparatio speculi in quo videas alterius imaginem et non tuam sit a b paries supra* ...; expl.: ... *Iam igitur verificatum est quod radij ad nos venientes sunt equidistantes et idest q. d. u*. f.175r-v: vacat

[9] f.176r-183v: Liber karastonis de ponderibus[157]. Überschrift: *Incipit liber karastoni* (!) *de ponderibus*. Inc.: *Continuet deus conservationem tuam et multiplicet ex salute proportionem tuam* ... ; expl.: ... *faciet te videre locum rectitudinis et faciet te cognoscere casum erroris. Finitus est liber karastonis editus a Thebit filio Core*.

[10] f.184r-201r: Euclides, Liber de visu[158]. Am oberen Innenrand: *Euclidis*. Überschrift: *Incipit liber de visu*. Inc.: *Ponatur ab oculo eductas rectas lineas ferri spatio magnitudinum* ...; expl.: ... *inequales apparebunt. Similiter enim demonstrabimus contingentia quemadmodum in circularibus. Explicit liber de visu*. f.201v: vacat

[11] f.202r-208v: Abhomadi Malfegeyr (Abu 'Abd Allah ibn Mu'adh), De crepusculis[159]. Überschrift: *Incipit liber Abhomady malfeger de Crepusculis*. Inc.: *Liber Abhomady malfegeyr idest in crepusculo matutino et saffac id est in vespertino crepusculo. Verba eius Ostendam quid sit crepusculum, et quae causa* ...; expl.: ... *et perveniunt vapores ascendentes ex terra. Hic enim est finis quem intendit in hac epistola, quaedam autem secuntur in arabico quae ego pretermisi quia in eis nulla est utilitas. Non enim continentur in eis nisi quedam in quibus laudat Deum more saracenorum et reprehendit illos qui querebant quis fructus est in hoc quod ipse dixit in hac epistola, et dixit illos esse*

---

[154] Cf. *Paris, BN lat. 10260* f.144v-149v, oben n.7*, 5; *Roma, BNC, Vitt. Eman. 2548* f.85r-90r, oben n.12*, 4.

[155] Cf. *Paris, BN lat. 10260* f.171r-179, oben n.7*, 7 mit Anm.

[156] Vgl. in dieser Hs. f.150r (n.4) und *Paris, BN lat. 10260* f.179v-183r, oben n.7*, 8.

[157] Cf. *Paris, BN lat. 10260* f.183v-192r, oben n.7*, 9; *Roma, BNC, Vitt. Eman. 2548* f.125r-132v, oben n.12*, 10; *Vat. lat. 11482* f.51r-59r, unten n.16*, 3.

[158] Ed. W.R. Theisen p.62-105. Cf. D.C. Lindberg, *A Catalogue*, 51-52.

[159] Cf. *Paris, BN lat. 10260* f.194r-199v, oben n.7*, 10 mit entspr. Anm.; *Vat. lat. 11482* f.44r-50v, unten n.16*, 2.

redarguendos qui non comprehendunt insensibilia cum sensibilibus. Et quia in eis quae dicit nulla est utilitas ideo pretermisi ea. Deo gratias et beato Roberto martyri. Explicit liber abhomady de crepusculis.

f.209r-v: vacat

[12] f.210r-214v: Philo Byzantinus, De ingeniis spiritualibus[160]. Überschrift: *Incipit liber Vassor de ingenijs Filonis in ductu aquarum.* Inc.: *In nomine Dei misericordis et pij Incipit liber Philonis de ingenijs spiritualibus. Dixit Quia tuum amice mi archateni iam ...*; expl.: *... descendet paulatim ab a b c per d. et est hoc autem cum sint eiusdem generis et ad illud valent. Explicit quia plus non invenitur translatum.*

[13] f.215r: <Anonym., Fragm.[161]> Inc.: *Incipit quoddam ingenium ad elevanda magna pondera cum facilitate maxima. Videlicet sint duo ligna in quorum quolibet sint novem ...*; expl.: *... corda involutum et cum attrahes cordam ad te pondus elevabitur ut patet in figura.*

f.215v: vacat

[14] f.216r-231v: Al-Kindi (Ya'qub ibn Ishaq al-Kindi), De aspectibus (fragm.)[162]. Am oberen Rand: *Desideratur principium.* Inc.: *secundum rectitudinem perveniet ad una (!) candelarum et dividet ipsam in duo media ...*; expl.: *... proportio virtutis partis eius ad ipsam partem quod sic probatur.* Am Innenrand (von anderer Hand): *Desideratur finis.*

f.232-234: vacat.

Lit.:

A. Birkenmajer, *Zur Bibliographie Alberts des Großen,* 271. A.A. Björnbo/S. Vogl, *Alkindi, Tideus und Pseudo-Euklid,* 142-144 (Sigle *V*). B. Boncompagni, *Intorno ad una traduzione,* 470. F. Ehrle, *Zur Geschichte der Katalogisierung der Vaticana,* 721, 725. W. Fauser, *Die Werke des Albertus Magnus,* 271 n.15. P. Glorieux, *Répertoire,* II, 64 n.312 (r⁵). A.F. Lejeune, *Codex Vaticanus Latinus 2975,* 123-137. Id., *Trois manuscrits de Ptolémée,* 18-27. Id., *L'Optique,* 45* (Sigle *V*). D.C. Lindberg, *A Catalogue,* 15, 17, 22, 42, 51, 56, 74, 77. E.A. Moody/M. Clagett, *The Medieval Science of Weights,* 10, 25, 82, 84sqq., 148, 281, 293sq., 306sq., 315, 317, 323-325, 340sq., 392. J. Ruysschaert, *Codices Vaticani Latini. Codices 11414-11709,* 116-118. W.R. Theisen, *«Liber De visu»,* 59, 60 (Sigle *Va*).

---

[160] Cf. *Roma, BNC, Vitt. Eman. 2546* f.92r-96v, oben n.12*, 5; *Vat. lat. 11482* f.74r-80r, unten n.16*, 7.

[161] Cf. *Roma, BNC, Vitt. Eman. 2548* f.97r, oben n.12*, 6; *Vat. lat. 11482* f.80r-v, unten n.16*, 8.

[162] Ed. A.A. Björnbo p.7 v.2 – p.37 v.16. Cf. *Paris, BN lat. 10260* f.153r-169r, oben n.7*, 6; *Roma, BNC, Vitt. Eman. 2546* f.107r-122v, oben n.12*, 9.

16*

CITTA DEL VATICANO, Biblioteca Apostolica Vaticana, Vat. lat. 11482,
16. Jh., Papier, 275 x 200, I + 91 ff. (f.19bis, f.54bis), 1 Sp.

Inhalt:
f.1r: <Tabula:>
Heronis liber pagina 1 (in marg.: *in hoc desunt figure sed est impressus*)
Abhomadij liber de crepusculis 44
liber Karastoni de ponderibus 51
Euclides de speculis 59
Alberti predicatoris tractatus de formis in speculis apparentibus 61
Tidei liber de qualitatibus eius quod videtur in speculo et receptionibus eorum 67 (in
    marg.: *in hoc desunt figure*)
liber Vassor de ingeniis in ductu aquarum 74 (in marg.: *desunt figure*)
Ingenium ad elevanda magna pondera 80 (in marg.: *desunt multe ei figure*)
Ptolemei de opticis (desunt multa) 83
f.1v: vacat
[1] f.1r-42v (1r-19v, 19bis r-v, 20r-27v, 39v-42v, 28r-38r): Hero Alexandrinus, Pneumatica, l.I (transl. Iohannis Francisci Buranae Veronensis.)[163].
Überschrift: *Heronis philosophi liber primus.* Inc.: *Quum apud antiquos philosophos et
<...> studium negotii spirabilium in dignitate ...;* expl.: *... magis continua conversio fiat.*
f.43r-v: vacat
[2] f.44r-50v: Abhomadi Malfegeyr (Abu 'Abd Allah ibn Mu'adh), De
crepusculis[164]. Überschrift: *Incipit liber Abhomadij malfegeir de Crepusculis. Liber
Abhomadij Malfegeir id est in crepusculo matutino et sastac id est in crepusculo vespertino.
Verba eius* (Inc.:) *Ostendam quid sit crepusculum, et qua causa ...;* expl.: *... et perveniunt vapores ascendentes ex terra. Hic enim est finis quem intendit in hac epistola. quaedam
autem sequuntur in arabico que ego pretermisi quia in eis nulla est utilitas. Non enim
continentur in eis nisi quedam in quibus laudat deum more saracenorum et reprehendit illos
qui querebant quis fructus est in hoc quod ipse dixit in hac epistola et dixit illos esse redarguendos qui non comprehendunt insensibilia cum sensibilibus. Et quia in eis que dicit
nulla est utilitas ideo pretermisi ea. Deo gratias et beato Roberto martyri. Explicit liber
Abhomadij de Crepusculis.*

---

[163] Griechisch und deutsch hg. von W. Schmidt (*Heronis Alexandrini Opera quae supersunt omnia*, I). Zu der lat. Übersetzung des Iohannes Franciscus Burana aus Verona cf. *Heronis Alexandrini Opera quae supersunt omnia*, I, Suppl., 49sq., 44.
[164] Cf. *Paris, BN lat. 10260* f.194r-199v, oben n.7*, 10; *Vat. lat. 2975* f.202r-208v, oben 15*, 11.

[3] f.51r-59r: Liber karastonis de ponderibus[165]. Überschrift: *Incipit liber karastoni (!) de ponderibus.* Inc.: *Continuet deus conservationem tuam et multiplicet ex salute proportionem tuam ...; expl.: ... faciat te videre locum rectitudinis et faciet te cognoscere casum erroris. Finitus est liber Karastonis editus a Thebit filio Core.*

[4] f.59v-60v: Ps.-Euclides, De speculis (fragm.)[166]. Überschrift: *Incipit libellus Euclidis de speculis.* Inc.: *Preparatio speculi in quo videas alterius imaginem et non tuam. sit a b paries super ...; expl.: ... radij a visu et conversione eius ad oculum. Explicit. Reliquum vero parum quod restitit ad scribendum tractabat de radio cadente super specula plana qualiter convertebatur ad equales angulos si oblique super ea cadebat vel ad se ipsum si directe ut in ha<c> figura. Item qualiter lumen solis intrans per fenestram in domo vel corpore opposito est maior quantitate fenestre per quam intrat ut in hac figura.*

[5] f.61r-67r: **Albertus Magnus, De forma resultante in speculo**. Überschrift: *Incipit Tractatus questionum Alberti Predicatoris super formis in speculis apparentibus.* Am Rande: *hic liber plurimum conferet ad tractatum de speciebus.* Inc.: *Queritur de forma resultante in speculo que nec lumen nec color esse videtur ...; expl.: ... habet parvam differentiam visibilitatis. Et hec de rationibus speculorum sufficiant. Explicit Tractatus Alberti predicatoris de rationibus speculorum.*

[6] f.67v-73v: Tideus, De speculis[167]. Überschrift: *Incipit liber de qualitate eius quod videtur in speculo et de receptionibus eorum.* Am oberen Innenrand: *Liber Tidey. Notetur hic tractatus, nam multa egregie docet que ad tractatum de speciebus utilia apparent.* Inc.: *Scias quod illud quod videt homo in speculo terso boni ferri ...; expl.: ... oculi pyramidis que est ut pinea procedens ab oculo. Explicit liber de qualitate eius quod videtur in speculo et in non speculo. Et dico explicit quia plus non inveni in exemplari.*

[7] f.74r-80r: Philo Byzantinus, De ingeniis spiritualibus[168]. Überschrift: *Incipit liber Vassor de ingenijs in ductu aquarum.* Am Rande: *videtur hic liber fragmentum Heronis de spiritalibus.* Inc.: *In nomine dei Misericordis et Pii Incipit liber Philonis de ingenijs spiritualibus. Dixit Quia tuum, amice mi archateni iam ...; expl.: ... descendet paulatim ab a b c per d. et est hoc autem cum sint eiusdem generis et ad illud valent. Explicit quia plus non invenitur translatum.*

---

[165] Cf. *Paris, BN lat. 10260* f.183v-192r, oben n.7*, 9; *Roma, BNC, Vitt. Eman. 2548* f.125r-132v, oben n.12*, 10; *Vat. lat. 2975* f.176r-183v, oben n.15*, 9.

[166] Ed. A.A. Björnbo p.97 v.1 – p.99 v.22. Cf. *Paris, BN lat. 10260* f.179v-183r, oben n.7*, 8; *Roma, BNC, Vitt. Eman. 2548* f.78r-79r, oben n.12*, 2; *Vat. lat. 2975* f.150r-151r, 171v-174v, oben n.15*, 4, 8.

[167] Cf. *Paris, BN lat. 10260* f.144v-149v, oben n.7*, 5; *Roma, BNC, Vitt. Eman. 2548* f.85r-90r, oben n.12*, 4; *Vat. lat. 2975* f.157r-162r, oben n.15*, 6.

[168] Cf. *Roma, BNC, Vitt. Eman. 2548* f.92r-96v, oben n.12*, 5; *Vat. lat. 2975* f.210r-214v, oben n.15*, 12.

[8] f.80r-v: <Anonym., Fragm.[169]> Inc.: *Incipit quoddam ingenium ad elevandum magna pondera cum facilitate maxime videlicet sint duo ligna in quorum quolibet sint novem ...*; expl.: *... et cum attrahis cordam ad te pondus elevabitur ut patet in figure* (!).
f.81r-82v: vacat
[9] f.83r-90v: Ptolemaeus, Optica (De aspectibus, fragm.)[170]. Überschrift: *Incipit Liber Ptolemei de opticis sive aspectibus translatus ab admirato* (!) *Eugenio Siculo De Arabico in Latinum.* Inc.: *Cum considerarem optica ptolomei Necessaria utique fore scientiam diligentibus ...*; expl.: *... ea que videntur in celo ex parvitate autem.*
f.91r-v: vacat.

Lit.:
W. Fauser, *Die Werke des Albertus Magnus*, 271 n.16. D.C. Lindberg, *A Catalogue*, 16sq., 56, 74, 77. J. Ruysschaert, *Codices Vaticani Latini. Codices 11414-11709*, 116-118.

17*

WIEN, Österreichische Nationalbibliothek 2303 (frühere Signatur der Hofbibl.: «Phil.62 olim 63»), 14. Jh., Pergament, 330 x 240, 73 ff., 2 Sp. Besitzvermerk (f.8vb): *Iste liber est mei nicolai de brignola de salerno, quicumque furatur a Christo maledicatur*; ein weiterer Vermerk (f.8vb, unten): *Istum librum Ego frater Jeronymus de brixia* (?) *vendidi fratri Guillelmo yatti de licencia prioris die XX mensis decembris M⁰CCCLXVIII⁰ precio <...>.*

Der literarische Gehalt des Kodex wurde in einem Beitrag über das bisher unbeachtet gebliebene Fragment von *De principiis motus processivi* Alberts des Großen (s. unten n.2) vollständig erschlossen[171]. Hier werden nur die Schriften Alberts und ein ihm zu Unrecht zugeschriebener Text angezeigt. Für die Inhaltsübersicht sei auf die erwähnte Veröffentlichung verwiesen.
[1] f.9ra-31rb: <Albertus Magnus, Quaestiones super De animalibus[172].> Inc.: *Primo queritur utrum iste liber sit de animalibus tamquam de subiecto ...*; expl.: *... et quidam sunt lati ad conterendum. Explicit.*

---

[169] Cf. *Roma, BNC, Vitt. Eman. 2548* f.97r, oben n.12*, 6; *Vat. lat. 2975* f.215r, oben n.15*, 13.

[170] *Sermo* 1-2, ed. A.F. Lejeune p.1 v.1 – p.26 v.3; diese Hs. wird in der krit. Ausgabe nicht erwähnt. Cf. *Paris, BN lat. 10260* f.1r-64r, oben n.7*, 1; *Roma, BNC, Vitt. Eman. 2548* f.1r-73v, oben n.12*, 1; *Vat. lat. 2975* f.1r-78v, oben n.15*, 1.

[171] H. Anzulewicz, *Neuaufgefundenes Textfragment von «De princ. motus proc. II, 2».*

[172] Ed. Colon. T.XII (1955) p.XXXIII-XLVIII, p.77-309, insbes. p.77 v.6-7, p.249 v.11sq. Cf. M. Markowski, *Repertorium commentariorum*, 108.

[2] f.48rb-va: Albertus Magnus, De principiis motus processivi, fragmentum[173]. Überschrift (am oberen Rand): *Nota sicut notat albertus super de motibus animalium etc.* Inc.: *Ad omnem motum tria requiruntur in genere secundum rationem moventia composita preter movens simplex et preter id quod ultimo movetur* ...; expl.: *... hanc enim non ex subiecto neque ex vegetatione sed ex ipso motu congruentissime inferius demonstrabimus. et in hoc finitur notabile alberti.*

[3] f.53va-54rb: **Albertus Magnus, De forma resultante in speculo.** Überschrift: *Incipit tractatus alberti de ymagine relucente in speculo[174].* Inc.: *Queritur de forma resultante in speculo que nec lumen nec color esse videtur* ...; expl.: *... habet pravam (!) differentiam visibilitatis.*

[4] f.54rb-vb: <Thomas de Aq., De aeternitate mundi[175].> Überschrift: *Incipit quidam tractatus de eternitate mundi.* Inc.: *Supposito secundum fidem catholicam quod mundus duracionis inicium habuit* ...; expl.: *... parti videntur afferre probabilitatem. Explicit tractatus de eternitate mundi* **domini alberti coloniensis**.

[5] f.62rb-64va: <Albertus Magnus, Mineralia l.2 tr.2-3[176].> Inc.: *Cupponamus (!) autem nunc nomina precipuorum lapidum secundum quod ad nos aut per experimentum aut ex scriptis actorum* ...; expl.: *... sed per ea que dicta sunt iudicari de omnibus est planum.*

Lit.:
Alberti Magni Opera Omnia. Ed. Colon. T.XII (1955) p.XXXV v.29, p.XXXVII v.7sqq. n.7 (Sigle *V*), p.XXXIX v.80 – p.XL v.44, p.XLI-XLII. H. Anzulewicz, *Neuaufgefundenes Textfragment von «De princ. motus proc. II, 2».* A. Birkenmajer, *Zur Bibliographie Alberts des Großen,* 271. G. Boffito, *Saggio di bibliografia Egidiana,* 49. G. Bruni, *Le opere di Egidio Romano,* 66. W. Fauser, *Die Werke des Albertus Magnus,* 76 n.111, 173 n.7, 271 n.17. Id., *Albertus-Magnus-Handschriften. 4. Fortsetzung,* 130, 138, 141. B. Geyer, *Zur neuen Gesamtausgabe,* 277. P. Glorieux, *Répertoire,* I, 417 n.210 (y); ibid. II, 299 n.400 (x). Id., *La faculté des arts,* 75 n.14 (be), 278 n.338 (y). M. Grabmann, *Die Werke des Thomas von Aquin,* 171 n.66. D.C. Lindberg, *A Catalogue,* 17. M. Markowski, *Repertorium commentariorum,* 84, 108sq., 143, 153, 186, 234sq. O. Mazal/E. Irblich/I. Németh, *Wissenschaft im Mittelalter,* 171 n.139. F. Pangerl, *Studien über Albert den Großen,* 336 n.1. *Tabulae codicum manu scriptorum praeter Graecos et*

---

[173] Ed. Colon. T.XII (1955) p.59 v.5 – p.60 v.52 (der Wiener Zeuge wird nicht berücksichtigt). Dieses Fragment war bisher sowohl in den Handschriftenkatalogen als auch in der Literatur unbeachtet geblieben.

[174] Weitgehend identisch mit *Praha, Národní Knihovna X H 12 (1990)* f.51v-54r; cf. oben n.10*, 4.

[175] Cf. *Pommersfelden, Gräflich Schönbornsche Schloßbibl. 262 (2906)* f.88va-90rb, oben n.9*, 7; *Ottob. lat. 1814* f.37r (38) - 39v (40), oben 14*, 9 mit Anm.

[176] Ed. Paris. T.V (1890) p.30a – p.47b; M. Markowski, op. cit., 143.

Orientales, II, 52. *Thomae de Aquino Opera Omnia*. Ed. Leon. T.XLIII (1976) p.12 n.79, p.63 n.84, p.143 n.105, p.254 n.50 (Sigle W^2). L. Thorndike, *De lapidibus*, 16, 18-20. L. Thorndike/P. Kibre, *A Catalogue of Incipits*, 265, 463, 544, 942, 1038, 1463, 1548, 1631. M. Weiß, *Primordia novae bibliographiae b. Alberti*, 6 n.15, 34 n.127. S.D. Wingate, *The Mediaeval Latin Versions of the Aristotelian Scientific Corpus*, 83A. Zumkeller, *Manuskripte von Werken der Autoren des Augustiner-Eremitenordens*, 35.

2. HANDSCHRIFTLICHE ÜBERLIEFERUNG INNERHALB DER TRADITION VON *DE HOMINE*

Vorbemerkung

In diesem Abschnitt gilt das Augenmerk der zweiten Traditionsart – der handschriftlichen Überlieferung von *De forma resultante in speculo* innerhalb des Werkes *De homine*. Nachfolgend werden alle bekannten Handschriften von Alberts *De homine* – sowohl Vollhandschriften als auch Exzerpte, welche die Abhandlung vom Spiegelbild tradieren – alphabetisch nach Bibliotheksorten verzeichnet und jeweils mit folgenden Angaben versehen: 1. Signatur; 2. Folien, die den Text von *De forma resultante in speculo* innerhalb der Hs. enthalten; 3. Alter der Hs.; 4. Beschreibstoff (Pergament bzw. Papier); 5. Format des Buchblocks; 6. Spaltenzahl; 7. Provenienz; 8. Sigle, welche für die Hs. im textkritischen Teil dieser Arbeit verwendet wird; 9. Literatur zur Hs. Angaben über Vorsatz- und Nachsatzblätter, die gesamte Blätterzahl, Einband, Lagen und weitere kodikologische Merkmale, Incipit und Explicit des Werkes *De homine* sowie etwaiger anderer in diesen Handschriften enthaltener Werke können aus dem eingangs formulierten Grund nicht gemacht werden. Dies würde ohnehin den Rahmen dieser Untersuchung sprengen.

2.1. Vollhandschriften

1. **ANN ARBOR**/Michigan, University Library, Alfred Taubman Medical Library Ms. 201 f.31vb-32vb, 13. Jh., Pergament, 310 x 210; 2 Sp. Provenienz: Frankreich[177]. Die Hs. gehörte der Sammlung von Dr. Le Roy

---

[177] Die Lagen der Hs. bestehen aus Quaternionen (13 IV). Diese kodikologische Tatsache kann als ein Hinweis auf einen monastischen Ursprung der Abschrift gedeutet werden. Vgl. L.J. Bataillon, *Les conditions de travail des maîtres de l'université de Paris au XIIIᵉ siècle*, 423 Anm.26.

Crummer und wurde 1935 von Myrtle A. Crummer Ingram an die
Universitätsbibliothek Michigan übergeben. Die Sigle: *I.*

Lit.:

D.A. Boon, *S. de Ricci*, 175. S. De Ricci, *Census of Medieval and Renaissance
Manuscripts*, II, 1125. W. Fauser, *Die Werke des Albertus Magnus*, 262 n.1.
F. Stegmüller, *Repertorium commentariorum in Sententias*, I, 27 n.52.

2. **BERLIN**, SBPK Hamilton 10 f.69vb-72rb, 15. Jh., Pergament, 305 x
   215, 2 Sp. Provenienz: Italien oder Südfrankreich. Schreiber (f.232ra,
   234ra): Petrus Dordraci/Dordrecht. Vorbesitzer: Familie Pujo de la
   Fittole/Bigorre (f.1r, am unteren Rand: Wappen der Familie). Seit etwa
   1850 gehörte die Hs. der Hamilton-Bibliothek (HB 341), bis sie 1882
   von der Königlichen Bibliothek zu Berlin erworben wurde. Die Sigle: *H.*

Lit.:
Auktionskatalog Hamilton, 2. A. Boeckler, *Schöne Handschriften*, 117-119
n.68. H. Boese, *Die lateinischen Handschriften der Sammlung Hamilton*, 6sq.
W. Fauser, *Die Werke des Albertus Magnus*, 262 n.2.

3. **BERLIN**, SBPK Lat. qu. 586 f.171ra-173ra, 13. Jh. (Mitte), Pergament,
   225 x 160, 2 Sp. Pecienhs. Provenienz: Paris[178]. Die Hs. wurde von dem
   Münchener Antiquar J. Rosenthal in Italien angekauft und 1901 an die
   Königliche Bibliothek zu Berlin veräußert (Akzessionsnummer: 1901.
   140). Die Sigle: *B.*

Lit.:
Alberti Magni Opera Omnia. Ed. Colon. T.XXVIII (1951) p.XV (Sigle *B*).
W. Fauser, *Die Werke des Albertus Magnus*, 262 n.3, 257 n.2, 273 n.1. W.
Kübel, *Die lateinischen Metaphysikübersetzungen*, 16, 20 Anm.2, 21sq., 24

---

[178] Für die Pariser Provenienz spricht eine Reihe kodikologischer Gegebenheiten, u.
a. eine auf f.1r vorhandene, für das Pariser Milieu der Mitte des 13. Jh. charak-
teristische Schmuckinitiale mit der nur eine Spalte umschließenden Zierleiste in
Gold und in rot-blauen Farben. Nach Auffassung von P.J. Becker, Handschrif-
tenabt. der Staatsbibliothek Preußischer Kulturbesitz Berlin, „kann diese Handschrift aufgrund ihrer Ausstattung nur in Paris geschrieben worden sein, Mitte
oder 2. Hälfte des 13. Jh." (briefliche Mitteilung vom 11. September 1987). Die
Schrift weist allerdings keine typisch französischen, sondern italienische Züge
auf. Spätestens im 15. Jh. befand sich die Hs. in Italien, was aus einem Vermerk
auf dem Vorderdeckel: *precium ducatis 28* zu schließen ist. Cf. H. Kühle, *S. Alberti Magni Quaestiones de bono*, 3 mit Anm.3 und 4.

Anm.2, 25, 27, 29 Anm.1. H. Kühle, *S. Alberti Magni Quaestiones de bono,* 2sq.

4. **BRUGGE**, Bibliotheek van het Grootseminarie 35/146 f.79rb-82ra, 15. Jh., Pergament, 305 x 220, 2 Sp. Provenienz: Abtei Dünen. Die Sigle: *U.*

Lit.:
W. Fauser, *Die Werke des Albertus Magnus,* 262sq. n.4. A. Sanderus, *Bibliotheca Belgica manuscripta,* I, 196. F. Stegmüller, *Repertorium commentariorum in Sententias,* I, 27 n.52. E. Strubbe, *Catalogus codicum manuscriptorum Seminarii maioris Brugensis* (Maschinenschr.). *Vlaamse kunst op perkament,* 121 n.49.

5. **BRUXELLES**, Bibliothèque Royale Albert Ier 1119 (1657) f.68rb-70va, 15. Jh. (1434), Papier, 290 x 210, 2 Sp. Schreiber (f.245v): Magister Henricus de Arscot. Provenienz (f.Iv, 248v): *Pertinet monasterio de bethleem prope lovanium.* Die Sigle: *8.*

Lit.:
W. Fauser, *Die Werke des Albertus Magnus,* 263 n.5. *Le livre en Brabant jusqu'en 1800,* 40 n.110. *Manuscrits datés conservés en Belgique,* II, 49 n.185. J. Van den Gheyn, *Catalogue des manuscrits,* III, 62 (n.1657). M. Weiß, *Primordia novae bibliographiae,* 37 n.142.

6. **BRUXELLES**, Bibliothèque Royale Albert Ier 1868 (1666) f.72vb-75va, 15. Jh., Pergament, 240 x 170, 2 Sp. Provenienz (f.1r, 238v): *Liber monasterii Canonicorum Regularium vallis sancti Martini in lovanio.* Die Sigle: *9.*

Lit.:
Alberti Magni Opera Omnia. Ed. Paris. (1890) T.I p.XLVII. W. Fauser, *Die Werke des Albertus Magnus,* 263 n.6. W. Lourdaux/M. Haverals, *Bibliotheca Vallis Sancti Martini in Lovanio,* 315sq. n.75. J. Quétif/J. Echard, *Scriptores Ordinis Praedicatorum,* I, 176b. A. Sanderus, *Bibliotheca Belgica manuscripta,* II, 209. F. Stegmüller, *Repertorium commentariorum in Sententias,* I, 27 n.52. J. Van den Gheyn, *Catalogue des manuscrits,* III, 66 (n.1666). M. Weiß, *Primordia novae bibliographiae,* 37 n.142.

7. **CESENA**, Biblioteca Malatestiana S IX 1 f.69va-72ra, 15. Jh., Pergament, 350 x 245, 2 Sp. Provenienz: Italien. Vorbesitzer: Novello Malatesta (f.1r: Wappen von Malatesta mit den Initialen *M. N.*). Die Sigle: *C.*

Lit.:

G. Avarucci u.a., *Catalogo di manoscritti filosofici nelle biblioteche Italiane*, IV, 151 n.88. W. Fauser, *Die Werke des Albertus Magnus*, 263 n.7. J.M. Muccioli, *Catalogus codicum manuscriptorum*, II, 45. M. Weiß, *Primordia novae bibliographiae*, 37 n.142, 99 n.355. R. Zazzeri, *Sui codici e libri a stampa della Biblioteca Malatestiana*, 324.

8. **CHICAGO**, University of Chicago, Joseph Regenstein Library 2 f.96r-99v, 15. Jh., Papier, 290 x 220, 1 Sp. Provenienz: Italien. Die Sigle: *Y*.

Lit.:

D.A. Boon, *S. de Ricci*, 175. S. De Ricci, *Census of Medieval and Renaissance Manuscripts*, I, 554 n.2. W. Fauser, *Die Werke des Albertus Magnus*, 263 n.8. E.J. Goodspeed/M. Sprengling, *A Descriptive Catalogue*, 4 n.2. F. Stegmüller, *Repertorium commentariorum in Sententias*, I, 27 n.52.

9. **FIRENZE**, Biblioteca Medicea Laurenziana, Fiesolano 68 f.54vb-56vb, 15. Jh. (1464), Pergament, 405 x 290, 2 Sp. Provenienz: Italien. Schreiber (f.182vb): Petrus de Vinea. Die Sigle: *b*.

Lit.:

A.M. Bandini, *Catalogus Codicum Latinorum Bibliothecae Mediceae Laurentianae*, IV, 117. Id., *Bibliotheca Leopoldina Laurentiana*, III, 15. W. Fauser, *Die Werke des Albertus Magnus*, 263 n.9, 317 n.16, 329 n.14.

10. **FIRENZE**, Biblioteca Medicea Laurenziana, S. Croce Plut. 16 sin. 2 f.45va-47ra, 15. Jh., Pergament, 370 x 260, 2 Sp. Provenienz: Italien. Die Sigle: *c*.

Lit.:

A.M. Bandini, *Catalogus Codicum Latinorum Bibliothecae Mediceae Laurentianae*, IV, 117. Id., *Bibliotheca Leopoldina Laurentiana*, II, 117; ibid. III, 15. W. Fauser, *Die Werke des Albertus Magnus*, 264 n.10, 258 n.6. F. Stegmüller, *Repertorium commentariorum in Sententias*, I, 27 n.52. M. Weiß, *Primordia novae bibliographiae*, 99 n.355.

11. **FIRENZE**, Biblioteca Nazionale Centrale, Conv. Soppr. J III 7 f.57vb-59va, 15. Jh. (1445), Papier und Pergament, 400 x 285, 2 Sp., Proveni-

enz: Firenze, Bibliothek des Dominikanerkonvents San Marco[179]. Die Sigle: *d.*

Lit.:
Alberti Magni Opera Omnia. Ed. Paris. (1890) T.I p.XLVII. W. Fauser, *Die Werke des Albertus Magnus*, 264 n.11. J. Quétif/J. Echard, *Scriptores Ordinis Praedicatorum*, I, 176b. B.L. Ullman/Ph.A. Stadter, *The Public Library*, 200 n.663.

12. **KRAKÓW**, Biblioteka Jagiellonska 641 III (AA VI 9) f.91ra-94rb (S.181-187), 15. Jh. (1477), Papier, 210 x 310, 2 Sp. Die Sigle: *K.*

Lit.:
W. Fauser, *Die Werke des Albertus Magnus*, 264 n.12. M. Weiß, *Primordia novae bibliographiae*, 99 n.355. W. Wislocki, *Katalog rekopisów*, 199.

13. **LILLE**, Bibliothèque Municipale 331 (108), f.280va-283va, 15. Jh., Papier, ca. 280 x 200, 2 Sp. Provenienz: Abtei Cysoing. Die Sigle: *L.*

Lit.:
Catalogue général des mss. des bibl. publ. de France, XXVI, 79sq. W. Fauser, *Die Werke des Albertus Magnus*, 264 n.13, 258 n.11.

14. **MONTRÉAL**, McGill University, Osler Library 7506 f.65rb-67rb, 15. Jh. (1437), Papier, 290 x 220, 2 Sp. Provenienz: Kartause St. Barbara zu Köln (Sign.: 0.50). Schreiber: Thomas de Baest. Vorbesitzer: Leander van Ess (Ms. 190); seit 1823 bis 1911 Th. Phillipps (Ms. 574); The Library of Sir William Osler, Oxford. Die Sigle: *e.*

Lit.:
Bibliotheca Osleriana, 663. S. De Ricci, *Census of Medieval and Renaissance Manuscripts*, II, 2224. W. Fauser, *Die Werke des Albertus Magnus*, 264 n.14, 273 n.6. B. Geyer, *Zur neuen Gesamtausgabe*, 277. M. Grabmann, *Drei ungedruckte Teile der «Summa de creaturis»*, 69sq. G. Haenel, *Catalogi librorum manuscriptorum*, 813. H. Knaus, *Ein rheinischer Gesamtkatalog*, Abb.2. R.B. Marks, *The Medieval Manuscript Library*, I, 13, 450; id., ibid., II, 378sq. G.G. Meersseman, *Die neue Kölner (1951) und die erste Lyoner (1651) Ge-*

---

[179] Im Kolophon (f.182vb) und im Anschluß an die *Tabula* (f.183vb) wird u.a. *Dordrecht* angegeben, was allerdings nicht als Name des Schreibers dieser Hs., sondern vielmehr als der Kopistenname ihrer Vorlage – cf. die Hs. *Berlin, SBPK Hamilton 10* f.232r – anzusehen ist.

samtausgabe, 104 Anm.1. A.N.L. Munby, *The Phillipps Manuscripts*, 7. F. Stegmüller, *Repertorium commentariorum in Sententias*, I, 27 n.52. M. Weiß, *Primordia novae bibliographiae*, 38 n.144, 99 n.355.

15. **MÜNCHEN**, Bayerische Staatsbibliothek, Clm 15764 (Sal. aul. 63) f.101vb-105rb (91vb-95rb), 15. Jh. (1422), Papier, 295 x 215, 2 Sp. Provenienz: Süddeutschland. Die Sigle: *f.*

Lit.:
Catalogus codicum Latinorum Bibliothecae Regiae Monacensis, IV/3, 32 n.217. W. Fauser, *Die Werke des Albertus Magnus*, 264 n.15.

16. **NÜRNBERG**, Stadtbibliothek, Cent. III. 66 f.45ra-b[180], 15. Jh. (1441), Pergament, 345 x 255, 2 Sp. Provenienz: Dominikanerkonvent Nürnberg. Vorbesitzer: H. Baumgartner. Die Sigle: *g.*

Lit.:
W. Fauser, *Die Werke des Albertus Magnus*, 264 n.16. K. Schneider, *Die Handschriften der Stadtbibliothek Nürnberg*, II/1, 213sq. F. Stegmüller, *Repertorium commentariorum in Sententias*, I, 27 n.52. H. Stehkämper, *Albertus Magnus*, 122b, 124a.

17. **OMAHA**/Nebraska, McGoogan Library of Medicine[181], alte Sign.: 326. 14./15. Jh., Papier (f.1 und 10 Pergament), 385 x 270, 2 Sp. Provenienz: Italien. Schreiber (f.192rb): *Iohannes*. Die Sigle: *Om.*

Lit.:
W. Fauser, *Die Werke des Albertus Magnus*, 478 (Nachtrag) n.61/40. *Laurence Witten Rare Books 1978*, 5-7 n.4. *Laurence Witten Rare Books 1979* (o. S.) n.4. E. Schulz, *Bibliotheca Medii Aevi Manuscripta*, II, 2 n.103.

---

[180] Erheblicher Textverlust durch Fehlen mehrerer Blätter.

[181] Signatur und Angaben zu der Hs., die sich im Privatbesitz von Prof. L. McGoogan befand und mittlerweile von ihm an die medizinische Bibliothek der Universität von Nebraska vermacht wurde, sind von der genannten Bibliothek nicht mitgeteilt worden. Die Leiterin der McGoogan Library of Medicine zu Omaha (Dr. N.N. Woelfl) hat die Bitte des Albertus-Magnus-Instituts, für die kritische Edition des Werkes *De homine* einen Mikrofilm von der Hs. zu erstellen, wiederholt (zuletzt im Schreiben vom 31. Juli 1990) abgelehnt. Das Albertus-Magnus-Institut verfügt lediglich über Xerokopien (bzw. Fotoaufnahmen) von f.1r-v, 2r, 3r-v, 190v (*Explicit*), f.192r (Schluß der *Tabula*).

18. **OXFORD**, Magdalen College Library 174 f.127va-128rb, 13. Jh., Pergament, 340 x 250, 2 Sp. Provenienz: England (aus dem Legat des Wilhelm Waynflet, Bischof von Winchester und Gründer des Magdalen College). Die Sigle: *X*.

Lit.:
Alberti Magni Opera Omnia. Ed. Colon. T.V,2 (1980) p.XV (Sigle *O*), p.XVIII (Sigle *M*); ibid. T.VII,1 (1968) p.VII (Sigle *O*). O. Coxe, *Catalogus codicum mss.*, II, 80. V. Doucet, *Commentaires sur les Sentences*, 10. W. Fauser, *Die Werke des Albertus Magnus*, 264 n.17, 48 n.14, 54 n.20, 60 n.23, 74 n.95, 84 n.19, 91 n.26, 102 n.18, 108 n.57, 115 n.22, 128 n.19, 132 n.16. Fr. Pelster, *De traditione manuscripta*, 92.

19. **OXFORD**, Merton College Library 0.1.7. (Coxe 283) f.65rb-66va, 13. Jh., Pergament, 305 x 230, 2 Sp. Provenienz (f.1r, am Oberrand, teils beschnitten): *Liber domus scolarium de Merton' in Oxon' ex legato Magistri Iohannis Raynham sacre pagine professoris et quondam socii eiusdem domus <...>*. Die Sigle: *O*.

Lit.:
Alberti Magni Opera Omnia. Ed. Colon. T.XXVIII (1951) p.XV; ibid. T.XXV,2 p.Vsq., XIIIsqq., XVIsq. (Sigle *O*). O. Coxe, *Catalogus codicum mss.*, I, 112. W. Fauser, *Die Werke des Albertus Magnus*, 264sq. n.18, 245 n.2, 258 n.12, 273 n.7. P. Glorieux, *Répertoire*, I, 63 n.6 (c¹). M. Grabmann, *Drei ungedruckte Teile der «Summa de creaturis»*, 66, 69sq. H. Kühle, *S. Alberti Magni Quaestiones de bono*, 5sq. Fr. Pelster, *De traditione manuscripta*, 90sq. F.M. Powicke, *The Medieval Books of Merton College*, 131sq. n.349. F. Stegmüller, *Repertorium commentariorum in Sententias*, I, 27 n.52. M. Weiß, *Primordia novae bibliographiae*, 99 n.355.

20. **PARIS**, Bibliothèque Mazarine 875 (olim 367; 949) f.42vb-44rb, 13. Jh., Pergament, 315 x 225, 2 Sp. Pecienhs. Provenienz (f.11r, am Unterrand): *Bibliothecae Augustinianae Generalis Collegii Parisiensis fol. 10*. Die Sigle: *Z*.

Lit.:
Alberti Magni Opera Omnia. Ed. Paris. T.I (1890) p.XLVII. W. Fauser, *Die Werke des Albertus Magnus*, 265 n.19. A. Molinier, *Catalogue des manuscrits de la Bibliothèque Mazarine*, I, 411. J. Quétif/J. Echard, *Scriptores Ordinis Praedicatorum*, I, 176b. M. Weiß, *Primordia novae bibliographiae*, 99 n.355.

21. **PARIS**, Bibliothèque Nationale lat. 6522 (396/4842) f.46rb-47vb (56rb-57vb), 15. Jh., Papier, 284 x 400, 2 Sp. Provenienz: Bibl. des Kgr. Aragon in Neapel. Schreiber (f.159vb): Cornelius Poertfliet de Zelandia. Besitzvermerke: f.Ir: *Fo dello eximio doctore m<agistr>o francesco di maestri da pesaro* (Lanzalao de Pisinis, gest. 1477); f.178v (am Unterrand): *messere lanzalao.* Die Sigle: *h*.

Lit.:
Alberti Magni Opera Omnia. Ed. Paris. (1890) T.I p.XLVII. *Catalogus codicum manuscriptorum Bibliothecae Regiae,* IV/3, 252. L. Delisle, *Le cabinet des manuscrits de la Bibl. Imperiale,* I, 230, 238, 241. W. Fauser, *Die Werke des Albertus Magnus,* 265 n.20. J. Quétif/J. Echard, *Scriptores Ordinis Praedicatorum,* I, 176b, 182b. Ch. Samaran/R. Marichal, *Catalogue des manuscrits en écriture latine portant des indications de date,* II, 351. M. Weiß, *Primordia novae bibliographiae,* 37 n.142, 99 n.355.

22. **PARIS**, Bibliothèque Nationale lat. 14711 (h 18; 614) f.76va-79rb, 15. Jh. (vor 1423), Papier und Pergament, 300 x 210, 2 Sp. Provenienz: Bibliothek von St. Victor (OSA Can.) zu Paris. Vorbesitzer (f.377r): Petrus de Verona. Die Sigle: *i*.

Lit.:
Alberti Magni Opera Omnia. Ed. Colon. T.VII,1 (1968) p.X. *Le catalogue de la bibliothèque de l'abbaye de Saint-Victor de Paris,* 36. L. Delisle, *Le cabinet des manuscrits de la Bibliothèque Nationale,* II, 217. Id., *Inventaire des manuscrits de l'abbaye de Saint-Victor,* 42. W. Fauser, *Die Werke des Albertus Magnus,* 265 n.21, 85 n.25. Ch. Samaran/R. Marichal, *Catalogue des manuscrits en écriture Latine portant des indications de date,* III, 738. W. Senko, *Repertorium commentariorum medii aevi,* I, 160sq.

23. **PARIS**, Bibliothèque Nationale lat. 18127 f.163ra-164vb, 13. Jh., Pergament, 250 x 170, 2 Sp. Provenienz und frühere Signatur: Bibliothek des Dominikanerkonvents St. Jacques zu Paris, f.1r: *Jacob. S. Jacq. 39.* Benutzervermerke (ausradiert): f.4v: *fratri J. de <...>*; f.5r (am Oberrand): *Jste liber <...> concessus fratri Johanni de <...> sed post mortem eius pertinet <...>.* Die Sigle: *P*.

Lit.:
Alberti Magni Opera Omnia. Ed. Colon. T.XXVIII (1951) p.XV (Sigle *P*). L. Delisle, *Inventaire des manuscrits latins de Notre-Dame,* 83. V. Doucet, *Prolegomena* p.XXVIIIsq. n.61. W. Fauser, *Die Werke des Albertus Magnus,* 265 n.22, 258 n.13, 260 n.23, 274 n.8. P. Glorieux, *Répertoire,* I, 63 n.6 (c¹).

H. Kühle, *S. Alberti Magni Quaestiones de bono*, 5. Fr. Pelster, *Zum Problem der Summa des Alexander*, 437sq. Id., *De traditione manuscripta*, 89sq. Anm.12. F. Stegmüller, *Repertorium commentariorum in Sententias*, I, 27 n.52, 34 n.62, 2.

24. **PARIS**, Bibliothèque de la Sorbonne 40 f.194ra-195vb, 14./15. Jh., Pergament und Papier, 410 x 280, 2 Sp. Provenienz: *Bibliotheca Choletea* (Einbandrücken und f.1r); seit 1764 *Collegium Ludovici Magni*, Sign. (f.1r): *189.6.9*; weitere Signaturvermerke (ibid.): *N.23*; *t.I, 36*. Die Sigle: *j*.

Lit.:
Alberti Magni Opera Omnia. Ed. Paris. (1890) T.I p.XLVII. *Alberti Magni Opera Omnia*. Ed. Colon. T.XXVIII (1951) p.XV (Sigle *C*). *Catalogue général des manuscrits des bibliothèques publiques de France*. *Univ. de Paris*, 11sq. W. Fauser, *Die Werke des Albertus Magnus*, 265 n.23, 259 n.14, 274 n.9. J. Quétif/J. Echard, *Scriptores Ordinis Praedicatorum*, I, 176b. *S. Thomae de Aquino Opera Omnia*. Ed. Leon. T.XLI (1969/1970) p.B13 (Sigle *P²⁶*).

25. **PRAHA**, Národní Knihovna XII D 7 (2152) f.69rb-71vb, 15. Jh. (1440), Papier, 290 x 220, 2 Sp. Schreiber (f.259va): *Henricus de Lapide*. Vorbesitzervermerk (auf dem Innendeckel): *Magister Cristannus*. Die Sigle: *k*.

Lit.:
W. Fauser, *Die Werke des Albertus Magnus*, 265 n.24. I. Truhlár, *Catalogus codicum manu scriptorum Latinorum*, 189.

26. **SAINT-OMER**, Bibliothèque Municipale 590 Vol. 2 f.69vb-72ra, 15. Jh. (1450), Papier, 280 x 395, 2 Sp. Provenienz: Benediktiner-Abtei Saint-Bertin. Die Sigle: *q*.

Lit.:
Catalogue général des manuscrits des bibliothèques publiques, III, 258. W. Fauser, *Die Werke des Albertus Magnus*, 265 n.25, 91 n.36. F. Stegmüller, *Repertorium commentariorum in Sententias*, I, 27 n.52. M. Weiß, *Primordia novae bibliographiae*, 99 n.355.

27. **SALAMANCA**, Biblioteca Universitaria 1788 (olim Madrid, San Bartolomé 114; Palacio VII E 4, 2 C 4 et 187) f.27rb-28rb, 13. Jh., Pergament, 305 x 210, 2 Sp. Die Sigle: *S*.

Lit.:

Arist. Lat. Codices, II, 841sq. n.1209. G. Beaujouan, *Manuscrits scientifiques médiévaux de l'Université de Salamanque,* 77. V. Beltran de Heredia, *La producción literaria de San Alberto,* 162sq. W. Fauser, *Die Werke des Albertus Magnus,* 265 n.26. M. Weiß, *Primordia novae bibliographiae,* 98 n.352a.

28. **STUTTGART**, Württembergische Landesbibliothek HB X 5 f.86vb-89va, 15. Jh. (1473-1475), Papier, 305 x 210, 2 Sp. Provenienz (f.2r): *Monasterii Weingartensis anno 1630* (Sign.: *K 24*), zuvor in der Sammlung des Johannes von Kreuzlingen und danach in der Dombibliothek zu Konstanz. Die Sigle: *m.*

Lit.:

M. Buhl, *Die Handschriften der ehemaligen Hofbibliothek Stuttgart,* 64. W. Fauser, *Die Werke des Albertus Magnus,* 266 n.27. K. Löffler, *Die Handschriften des Klosters Weingarten,* 129. D. Planzer, *Albertus-Magnus-Handschriften,* 256 (388) n.44. A. Werminghoff, *Die Bibliothek eines Konstanzer Officials,* 296.

29. **TOLEDO**, Biblioteca del Cabildo 94-13, nicht foliiert, 13./14. Jh., Pergament, 360 x 250, 2 Sp. Frühere Signatur und Vorbesitzervermerk (f.Ir): *Cajon 94. Num. 13 Zelada.* Die Sigle: *T.*

Lit.:

V. Doucet, *Commentaires sur les Sentences,* 10. W. Fauser, *Die Werke des Albertus Magnus,* 266 n.28. J.M. Octavio de Toledo, *Catálogo de la librería del Cabildo Toledano,* 28 n.XXXVIII/68.

30. **CITTA DEL VATICANO**, Biblioteca Apostolica Vaticana, Barb. lat. 789 f.63v-65v, 15. Jh., Pergament, ca. 220 x 330, 1 Sp. Provenienz: Italien. Die Sigle: *n.*

Lit.:

V. Doucet, *Commentaires sur les Sentences,* 10. W. Fauser, *Die Werke des Albertus Magnus,* 266 n.29.

31. **CITTA DEL VATICANO**, Biblioteca Apostolica Vaticana, Palat. lat. 981 (alte Sign. auf f.Ir: *C 55; 346*) f.49va-51rb, 15. Jh. (1459), Papier, 290 x 210, 2 Sp. Provenienz: Deutschland. Die Sigle: *o.*

Lit.:

W. Fauser, *Die Werke des Albertus Magnus,* 266 n.30.

32. **CITTA DEL VATICANO**, Biblioteca Apostolica Vaticana, Ross. 809 (X 188) f.49ra-50va, 15. Jh. (1446), Papier, 430 x 280, 2 Sp. Provenienz (f.1r, am oberen Rand): *Liber D. Grimani Cardinalis S. Marci, N° 213*. Die Sigle: *r*.

Lit.:

V. Doucet, *Commentaires sur les Sentences*, 10. W. Fauser, *Die Werke des Albertus Magnus*, 266 n.31. G. Mercati, *Codici Latini Pico Grimani Pio*, 25. H. Tietze, *Die illuminierten Handschriften der Rossiana in Wien-Lainz*, 116 n.241.

33. **CITTA DEL VATICANO**, Biblioteca Apostolica Vaticana, Urb. lat. 190 (frühere Signaturen: 160; 171) f.63rb-65vb, 15. Jh., Pergament, 380 x 250, 2 Sp. Provenienz: Italien. Schreiber (f.378v): *nova ecclesia* (= Nieukerke). Die Sigle: *s*.

Lit.:

P. d'Ancona, *La miniatura Fiorentina*, II, 610 n.1243. W. Fauser, *Die Werke des Albertus Magnus*, 266 n.32, 259 n.17. C. Stornajolo, *Codices Urbinati Latini*, I, 189. M. Weiß, *Primordia novae bibliographiae*, 99 n.355.

34. **CITTA DEL VATICANO**, Biblioteca Apostolica Vaticana, Vat. lat. 711 f.97vb-99ra, 15. Jh., Pergament, 400 x 280, 2 Sp. Provenienz: Italien. Schreiber (f.182vb): *Petrus de Caster*. Die Sigle: *t*.

Lit.:

W. Fauser, *Die Werke des Albertus Magnus*, 266 n.33, 259 n.18. A. Pelzer, *Codices Vaticani Latini*, II/1, 32.

35. **VENEZIA**, Biblioteca Nazionale Marciana, Marc. lat. Z. 276 (1631; Cl. X, 160) f.85r-87r, 15. Jh., Papier (2 ff. Pergament), 425 x 300, 1 Sp. Provenienz: Kard. Bessarion. Die Sigle: *u*.

Lit.:

Alberti Magni Opera Omnia. Ed. Paris. (1890) T.I p.XLVII. C. Bianca, *La formazione della biblioteca latina del Bessarione*, 123 Anm.80. W. Fauser, *Die Werke des Albertus Magnus*, 266 n.34. P.O. Kristeller, *Iter Italicum*, II, 212a. L. Labowski, *Bessarion's Library*, 183 n.135, 211 n.365, 283 n.789, 308 n.489. H. Omont, *Inventaire des manuscrits grecs et latins donnés à Saint Marc de Venise*, 173 n.135. J. Quétif/J. Echard, *Scriptores Ordinis Praedicatorum*, I, 176b. F. Stegmüller, *Repertorium commentariorum in Sententias*, I, 28 n.52. J. Valentinelli, *Bibliotheca manuscripta ad S. Marci*, IV, 109sq. G. Verbe-

ke/J.R. Moncho (edd.), *Némésius d'Émèse* p.CXIV-CXVI (Sigle *v*). A.M.
Zanetti, *Latina et Italica D. Marci Bibliotheca*, 125.

36. **VENEZIA**, Biblioteca Nazionale Marciana, Marc. lat. VI, 14 (2460; Cl.
X, 63) f.21ra-vb, 13. Jh., Pergament, ca. 350 x 250, 2 Sp. Provenienz:
Frankreich (?). Die Sigle: *G*.

Lit.:
Alberti Magni Opera Omnia. Ed. Paris. (1890) T.I p.XLVII. V. Doucet,
Commentaires sur les Sentences, 10. W. Fauser, *Die Werke des Albertus Magnus*,
266 n.35. P. Glorieux, *La faculté des arts*, 471 n.2416. Fr. Pelster, *De traditione manuscripta*, 91. J. Quétif/J. Echard, *Scriptores Ordinis Praedicatorum*, I,
176b. J. Valentinelli, *Bibliotheca manuscripta ad S. Marci*, IV, 48.

2.2. Exzerpt[182]

37. **WIEN**, Österreichische Nationalbibliothek 1688 (Theol. 617) f.84,
13./14. Jh., Pergament, 215 x 155, 2 Sp. Provenienz: Augustinerchor-
herrenstift zu Vorau. Schreiber (f.82ra): *frater Martinus Brandenburgensis*.
Die Sigle: *W*.

Lit.:
Alberti Magni Opera Omnia. Ed. Colon. T.XXVI (1958) p.XIIsq. (Sigle
W); ibid. T.XXV,2 (1993) p.231 n.4. M. Denis, *Codices manuscripti theo-
logici*, 1263-1265 n.328. W. Fauser, *Die Werke des Albertus Magnus*, 266sq.
n.37, 255 n.4, 260 n.25. P. Glorieux, *Répertoire*, I, 63 n.6 (c³). M. Grab-
mann, *Drei ungedruckte Teile der «Summa de creaturis»*, 8sqq. Id., *Der Einfluß
Alberts des Großen*, 363. Id., *Hilfsmittel des Thomasstudiums*, 428. Th. Kaeppeli, *Scriptores Ordinis Praedicatorum Medii Aevi*, III, 107. M. Markowski,
Repertorium commentariorum medii aevi, 87 n.9, 232. A. Ohlmeyer, *Zwei neue
Teile der «Summa de creaturis»*, 393. F. Stegmüller, *Repertorium commentariorum
in Sententias*, I, 28 n.52, 175 n.372, 257 n.524. H. Stehkämper, *Albertus
Magnus*, 123b. *Tabulae codicum manu scriptorum praeter Graecos et Orientales*, I,
274sq.

---

[182] Es gibt mehrere Exzerpte von *De homine*, von denen hier nur jenes berücksichtigt wird, welches den Text von *De forma resultante in speculo* enthält.

2.3. Verschollene bzw. nicht identifizierte Handschriften

1. Barcelona, Bibliothek des Dominikanerkonvents St. Katharina (Biblioteca y sacristia de Santo Domingo [ó Santa Catalina]): *Summa de anima Alberti in uno volumine.*

Lit.:
R. Beer, *Handschriftenschätze Spaniens*, 3 n.54. H. Denifle, *Quellen zur Gelehrtengeschichte des Predigerordens*, 203, 241. C. Douai, *Les assignations des livres aux religieux*, 64. Th. Kaeppeli, *Dominicana Barcinonensia*, 56. M. Weiß, *Primordia novae bibliographiae*, 6 n.15.

2. Köln, Bibliothek des alten Dominikanerkonvents Heilig Kreuz (um 1486/1487): *Liber de homine.*

Lit.:
H. Knaus, *Ein rheinischer Gesamtkatalog*, 516 und Abb.2. Petrus de Prussia, *Legenda Alberti Magni* c.43. J. Quétif/J. Echard, *Scriptores Ordinis Praedicatorum*, I, 176b.

3. Köln, Bibliothek der Artistenfakultät (1474): *Albertus de homine* (2 Exemplare).

Lit.:
Alberti Magni Opera Omnia. Ed. Paris. (1890) T.I p.XLVII. H. Keussen, *Beiträge zur Geschichte der Kölner Universität*, I, 334, 335 n.6. Id., *Die alte Kölner Universitätsbibliothek*, 164, 165 n.6. D. Planzer, *Albertus-Magnus-Handschriften*, 256 n.44. J. Stohlmann, *Insignis illic Bibliotheca asservatur*, 453 (Abb.2).

4. Milano, Bibliothek des Dominikanerkonvents St. Eustorgio (1494): *Summa venerandi patris fratris Alberti Theotonici, que incipit «Queritur» et finit «determinatas», cum tabula in principio.*

Lit.:
Th. Kaeppeli, *La bibliothèque de Saint-Eustorge*, 55 n.510.

5. Padua, Bibliothek des Cristoforo Barzizza, Bücherinventar von 1449 n.66: *Item unus liber vocatus «Albertus Magnus de homine», in carta membrana, li-*

gatus in asseribus, cum fundello rubeo, in forma parva et est littera minuta, signatus numero 66.

<u>Lit.:</u>
P. Sambin, *Cristoforo Barzizza e suoi libri,* 164.

6.   Perugia, Bibliothek von San Domenico (nach dem Inventar von 1474-78, Nachlaß von Leonardo Manuseti): *D. 150 **Alberti Magni secunda pars de homine.*** *Item questiones eiusdem de virtutibus. Item eiusdem de fato et quedam alia. In volumine mediocri, nigro, litteris parvis ultramontanis, in secunda carta incipit «actu non fuerit» et finit «considerat de eo». In principio autem voluminis est tabula questionum et sunt quedam alia. Ultima carta voluminis sic incipit in secunda columna «quenti articulo». Hic liber habet cartas 222. In fine summe de homine, idest in carta 130, est scriptum: Liber magistri Leonardi etc., et idem est in fine voluminis.*

<u>Lit.:</u>
Th. Kaeppeli, *Inventari di libri di San Domenico,* 244.

7.   Trier, Bibliothek der Benediktiner-Abtei St. Matthias: *K 59. Perg. Albertus magnus de 4^{or} coevis; pars libri de homine ejusdem Alberti* <...>[183]

<u>Lit.:</u>
J. Montebaur, *Studien zur Geschichte der Bibliothek der Abtei St. Eucharius-Matthias zu Trier,* 108 n.574. D. Planzer, *Albertus-Magnus-Handschriften,* 256 n.44.

---

[183]   In diesem Zusammenhang sei erwähnt, daß ein Exemplar der venezianischen Inkunabel aus dem Jahre 1498 von *B. Alberti Magni Summa de Creaturis* (= *De quattuor coaequaevis* und *De homine*), welches gegenwärtig zum Bestand der Bibliothek der Redemptoristen zu Geistigen (Hennef/Sieg) gehört, folgenden Vermerk auf dem Titelblatt enthält (auf dem Innendeckel und Schutzblatt sind Provenienzeinträge und möglicherweise Signaturen ausradiert worden): '*Codex monasterii Sancti mathie apostoli prope treverim ordinis Sancti benedicti*'. Da jedoch der alte Katalog der Trierer Abtei ausdrücklich einen Pergamentkodex nennt, ist es wohl ausgeschlossen, daß jener mit dem Wiegendruck (Papier) identisch ist.

III. Textgeschichte

Vorbemerkung

Spätestens seit der Mitte des 19. Jh. ist die Abhandlung *De forma resultante in speculo* des Albertus Magnus in der Fachliteratur präsent. Textgeschichtliche Fragen zu der Schrift wurden aber erst Anfang des 20. Jh. durch die Mittelalterforschung aufgegriffen und behandelt. Und dennoch – wie schon in der Einleitung bemerkt – sind die Gelehrten speziell in der Frage nach der Beziehung dieser Schrift zu dem Werk *De homine* bis heute uneins. Den gegenwärtigen Forschungsstand spiegelt der für die kritische Edition und die Albertus-Forschung maßgebende Band *Die Werke des Albertus Magnus in ihrer handschriftlichen Überlieferung* von W. Fauser SJ[1] zum Teil wider. In diesem Standardwerk wird in Anlehnung an entsprechende Ausführungen von I. Brady[2] angenommen, daß die Abhandlung *De forma resultante in speculo* „ursprünglich als selbständiges Werk verfaßt, später von Albertus Magnus in *De homine* eingefügt" wurde[3]. Die Auffassung von Brady war auch ausschlaggebend für eine gesonderte Aufnahme der Abhandlung und deren Handschriften in das Repertorium der handschriftlichen Überlieferung der Werke Alberts des Großen von W. Fauser SJ.

Als im Rahmen der Arbeit an der kritischen Ausgabe von Alberts *De homine* eingehende Untersuchungen zur Überlieferungsgeschichte der Schrift *De forma resultante in speculo* unternommen wurden, stellte sich bald heraus, daß die von I. Brady vertretene Auffassung über die Genese der Abhandlung nicht haltbar ist. Denn die textkritischen Untersuchungen, welche die gesamte handschriftliche Tradition der Schrift berücksichtigen, ergeben, daß die Abhandlung von Anfang an ein Bestandteil von *De homine* war und daß sie später – noch im 13. Jh. – aus *De homine* abgeschrieben und als ein selbständiger Text handschriftlich verbreitet wurde.

Bevor die jetzt notwendig gewordene Klarstellung über die redaktions- und textgeschichtliche Frage der doppelten Überlieferung der Abhandlung

---

[1] Ibid. 269 n.61A.

[2] Id., *Two sources of the «Summa de homine»*, in: RTAM 20 (1953), 229sq. [nicht 19 (1952)].

[3] W. Fauser, l. c. 269.

De forma resultante in speculo erfolgt, sei zunächst die bisherige Forschungslage – im Rückblick auf die wichtigste Literatur – dargelegt.

1. BISHERIGE FORSCHUNGSLAGE

Die Abhandlung *De forma resultante in speculo* wurde im 19. Jh. als ein potentiell echtes Werk Alberts durch die Forschung wiederentdeckt. Zum Gegenstand erster Untersuchungen wurde sie zu Beginn des 20. Jahrhunderts. Bis dahin fand sie in der Literatur selten Erwähnung, wenn man von einigen Ausnahmen, insbesondere von Bibliothekskatalogen solcher Bibliotheken, die das handschriftlich tradierte Werk verwahren, absieht.

Mitte des 19. Jh. hat J. Sighart in seiner Monographie über Albertus Magnus eine Liste Münchener Handschriften mit Signatur- und Folioangaben veröffentlicht, in der er „die bei Jammy nicht sich findenden Schriften und bisher vielleicht ganz unbekannt gebliebene oder wenigstens ungedruckte, oder zweifelhafte und andere Titel zeigende Bücher" Alberts festhielt[4]. Auf dieser Liste fand sich auch der Kodex *Clm 453* mit Alberts Schrift *De forma resultante in speculo* (f.220r-225v)[5]; nähere Informationen zu diesem Text konnte der gelehrte Verfasser jedoch nicht liefern.

1905 hat M. Weiß einen unkritischen Katalog der Werke Alberts in zweiter, verbesserter und erweiterter Auflage herausgegeben[6]. Darin verzeichnete er ca. 400 Albert zugeschriebene Werke, die er in beinahe 2760 Handschriften und in vielen Inkunabeln und Drucken nachweisen konnte. Allerdings fußte seine Arbeit überwiegend auf Sekundärliteratur. Für *De forma resultante in speculo* führt er 6 Handschriften an: *«Nancy», «Wien H.»* (14. Jh.); *«Paris N.», «Wien H.»* (16. Jh.) und *«München H.», «Rom V.»* (ohne Altersangabe)[7]. Ein Hinweis auf einen Zusammenhang der Abhandlung mit dem Werk *De homine* fehlt, da ein solcher offensichtlich dem Autor nicht bekannt war. Die Echtheitsfrage der Schrift stand hier – wie auch für alle anderen Werke – nicht zur Diskussion.

Kurz nach dem Erscheinen der ersten Auflage der *Primordia novae biliographiae* von M. Weiß (1898) hat P. von Loë O.P., in Fachkreisen bekannt und

---

[4]   J. Sighart, *Albertus Magnus*, 298-301.

[5]   Ibid., 300: '*31. Clm 534. De motibus (?) fol.220. De forma in speculo resultante*'. Die Signatur der Hs. wurde bei Sighart durch einen Druckfehler entstellt; sie ist in *Clm 453* zu korrigieren. Der Einschub *«De motibus (?)»* nach der Signaturangabe ist unverständlich.

[6]   M. Weiß, *Primordia novae bibliographiae b. Alberti Magni*.

[7]   Ibid., 34 n.127. Die Angaben über die Handschriften sind sehr unzulänglich, zumal sie keine Hss.-Signaturen enthalten.

geschätzt als verläßlicher Albertus-Forscher, das Fundament für einen kritischen Katalog der genuinen Werke Alberts gelegt[8]. Die Schrift *De forma resultante in speculo* hat er aber nicht berücksichtigt, obwohl er in der Klasse '*Opera dubia vel spuria vel iam in aliis Alberti operibus contenta*' 16 Titel auflistet[9]. Ein Jahrzehnt nach der Veröffentlichung von P. von Loë teilte A.A. Björnbo (1912) im Nachtrag zu seiner Edition der optischen Werke von al-Kindi, Tideus und Ps.-Euklid in bezug auf Alberts «Katoptrik» mit, daß dieser Text „nicht gedruckt zu sein scheint"; um dies zu bestätigen, verwies er auf dessen vermeintliches Fehlen in der Lyoner Ausgabe der *Opera Alberti Magni*[10]. Also war ihm der entsprechende Text in *De homine* ebenfalls noch nicht bekannt. Ein Verdienst von Björnbo besteht jedoch darin, daß er drei Handschriften mit jener Schrift, die er für ein echtes Werk des Albertus hielt, eingehend beschrieben hat: *Paris, BN lat. 10260*; *Roma, BNC, Vitt. Eman. 2548* und *Vat. lat. 2975*.

Überraschend mag daher die spätere Aussage von Fr. Pelster (1920) sein, wonach er ein Zitat Alberts bei Vinzenz von Beauvais, welches dem *De forma resultante in speculo* entsprechenden Text von *De homine* entnommen war, für nicht nachweisbar hielt und es auf eine verlorene Schrift zurückführen zu müssen glaubte[11]. Kurz darauf (1923) hat er im Kodex *Ottob. lat. 1814* der

---

[8]   P. de Loë, *De vita et scriptis B. Alberti Magni* (III), 361-371. Seine Forschungen betrieb von Loë im Hinblick auf eine neue, kritische Ausgabe der Gesamtwerke Alberts. Um einen kritischen Werkkatalog erstellen zu können, hat er Handschriftenforschung in vielen deutschen und italienischen Bibliotheken betrieben, gedruckte Handschriftenkataloge gesichtet und die Arbeiten von J. Quétif, C. Jourdain, M. Weiß u.a. ausgewertet. Cf. P. de Loë, l. c. 362, 361.

[9]   Ibid., 369sq. Hierfür hat von Loë eine geschickte Erklärung gegeben, die folgenden Wortlaut hat: '*Cetera, quae ad Alberti opuscula genuina vel non genuina attinent, require ap. Quetif et Echard in «Script. Ord. Praed.», t.I, p.171-183 et in «Primordiis bibliographiae Alberti Magni» saepe citatis*': P. de Loë, op. cit. 370. Es sei ergänzt, daß bei J. Quétif/J. Echard die Schrift *De forma resultante in speculo* nicht erwähnt wird.

[10]   A.A. Björnbo/S. Vogl, *Alkindi, Tideus und Pseudo-Euklid*, 139 mit Anm.6; 141 («T») n.4; 143 n.5.

[11]   Fr. Pelster, *Kritische Studien*, 96 Anm.4. Eine Würdigung der insgesamt beachtlichen Verdienste Pelsters um die Albertus-Forschung faßt H.Chr. Scheeben (*Zum Schrifttum Alberts des Großen*, 1) mit folgenden Worten zusammen: „Die Albertforschung hat zwar in den letzten hundert Jahren immer wieder die Gelehrten beschäftigt, am Anfang der neuesten immer stärker werdenden Albertforschung aber steht Franz Pelster, der 1920 in seinen *Kritischen Studien zum Leben und zu den Schriften Alberts des Großen* und in mehreren Zeitschriftenartikeln einen größeren Komplex von Problemen angepackt hat. Wenn er selbst und andere Forscher manche seiner Ergebnisse korrigiert oder in Frage gestellt haben, so teilt Pelster darin das Schicksal aller derjenigen, die in entsagungsvoller Arbeit die Wege zu ebnen versuchen".

Biblioteca Apostolica Vaticana, f.1r-4v, den ihm bis dahin unbekannten Text von *De forma resultante in speculo* entdeckt; der Paralleltext in *De homine* blieb ihm allerdings weiterhin verborgen[12]. Die Vorarbeiten von M. Weiß und von A.A. Björnbo haben also keine Rolle in seinen literargeschichtlichen Forschungen gespielt.

Als M. Grabmann am Rande seiner Untersuchungen über die Schriften deutscher Mystiker (1921), des Siger von Brabant und Boethius von Dacien (1924) auch die handschriftliche Überlieferung von *De forma resultante in speculo* gestreift hat, sprach er noch von einer ungedruckten, „Albert d. Gr. zugeteilten Schrift", die er aufgrund der bis dahin durch die Albertus-Forschung erzielten Ergebnisse (insbesondere von Fr. Pelster) und nicht zuletzt aus eigenen Handschriftenstudien (zu *Clm 453*; *Wien, «Hofbibl.» 2303* und *Borgh. 114*) kannte[13].

Erst 1924 hat A. Birkenmajer klargestellt, daß die Schrift *De forma resultante in speculo* längst im Druck vorlag, aber nicht als selbständiges Werkchen, da sie „nichts weiteres als eine «Separatabschrift» der quaest. XXI art. 3 part. 3" des 2. Teils der *Summa de creaturis* sei[14]. Nach der Auskunft von Birkenmajer hatte er diesen Sachverhalt schon 1911 mit Hilfe der Handschrift *Praha, Národní Knihovna X H 12 (1990)* klären können. Zu dem von Pelster genannten Kodex *Ottob. lat. 1814* fügte Birkenmajer weitere 10 Hss. mit unserer Schrift hinzu: *Berlin, SBPK lat. fol. 456*; *Brugge, Stadsbibl. 485*; *München, Clm 453*; *Nancy, Bibl. Publique 1088*; *Paris, BN lat. 10260*; *Praha, NK 1990*; *Roma, Vitt. Eman. 2548*; *Borgh. 114*; *Vat. lat. 2975*; *Wien, ÖNB 2303*[15].

Auf der 45. Generalversammlung der Görres-Gesellschaft zu Passau im September 1931 hielt S. Vogl in der Sonderveranstaltung der „Gruppe für

---

[12]   Fr. Pelster, *Neue philosophische Schriften Alberts des Großen*, 154-157.

[13]   M. Grabmann, *Neu aufgefundene lateinische Werke deutscher Mystiker*, 61; id., *Neu aufgefundene Werke des Siger von Brabant und Boethius von Dacien*, 39 (167). Noch 1928 – also vier Jahre nach der Klarstellung von A. Birkenmajer (s. weiter unten und die nachfolgende Anm.) – hielt Grabmann, gestützt auf Fr. Pelster (*Neue philosophische Schriften Alberts*, 154-157), die Abhandlung *De forma resultante in speculo* für ein bislang ungedrucktes Werk Alberts. Er schrieb hierzu in der *Zeitschrift für Katholische Theologie*: „Ungedruckte und in zahlreichen Handschriften überlieferte *opuscula* Alberts d. Gr. sind die Schriften *De sensu communi*, *De quinque potentiis animae* und *De forma resultante in speculo*" (id., *Der Einfluß Alberts des Großen auf das mittelalterliche Geistesleben*, 168; Sonderabdruck, 16). Als 1936 derselbe Aufsatz von M. Grabmann im Sammelband des Autors *Mittelalterliches Geistesleben*, II, 324-412 erneut erschien, fehlte in dem zitierten Satz der letztgenannte Titel, cf. id., ibid., 342.

[14]   A. Birkenmajer, *Zur Bibliographie Alberts*, 270.

[15]   Der von Birkenmajer (l. c. 271) als 11. Textzeuge angeführte Kodex *«Paris lat. 16082 f.326 (!)»* enthält nicht das Werkchen Alberts, sondern *De speculis* des Tideus; cf. *Arist. Lat. Codices*, I, 554 n.658 (18).

Erforschung der mittelalterlichen Philosophie" (7. Sept.) ein Referat „Über
Albertus Magnus' Schrift *De speculis*". Der Redner bezog sich in seinen Aus-
führungen auf die entsprechenden Veröffentlichungen von Fr. Pelster und
A. Birkenmajer. Vogl kündigte an, er werde demnächst die Schrift mit
Übersetzung und Erklärung herausgeben[16].

G. Meersseman übernahm uneingeschränkt die beachtlichen und zu seiner Zeit am weitesten fortgeschrittenen Forschungsergebnisse Birkenmajers,
und folglich ordnete er die Abhandlung in die Klasse der *Fragmenta ex operibus
B. Alberti* ein[17].

Bei P. Glorieux, der zwar direkt von Meersseman abhängt, findet sich die
Schrift dennoch unter der Kategorie *dubia* (*Douteux, pseudépigraphes, etc.*), was
angesichts der schon durch die Forschung erzielten Ergebnisse einen Rück-
schritt bedeutete[18].

---

[16] Cf. *Jahresbericht der Görres-Gesellschaft 1930/31*, 69sq. Inwieweit das Projekt fortge-
schritten war und woran es scheiterte, ist nicht bekannt. Nachforschungen in der
Kölner Geschäftsstelle der Görres-Gesellschaft ergaben, daß hierzu überhaupt
kein Archivmaterial vorhanden ist.

[17] G. Meersseman, *Introductio in opera omnia b. Alberti Magni*, 139f § 2 (Neuauflage:
Aeg. Meersseman, *De operibus B. Alberti Magni Ordinis Praedicatorum. Disquisitio critica*, 140-141). Bei aller gebührenden Anerkennung für diese grundlegende Arbeit
Meerssemans, welche bis heute nicht ersetzt bzw. auf den neusten Stand der
Forschung gebracht werden konnte – was ein dringendes Desiderat ist –, sei
darauf hingewiesen, daß sie sich z.t. unkritisch auf die zeitgenössische Fachliteratur verläßt und deren offensichtliche Fehler weitergibt. Als Beispiel möge die
bereits erwähnte Fehlangabe von A. Birkenmajer (*Zur Bibliographie Alberts*, 271)
dienen, wonach der Kodex *Paris BN lat. 16082 f.362* als Textzeuge für die
Schrift *De forma resultante in speculo* wegen des Alters und der Provenienz besondere Beachtung verdiene. G. Meersseman (*Introductio*, 140) wiederholt unter Beru-
fung auf A. Birkenmajer diesen vermeintlichen Sachverhalt. Demgegenüber ist
einzuwenden, daß der genannte Pariser Kodex, f.326 (!) *De speculis* des Tideus
und nicht *De forma resultante in speculo* Alberts überliefert. Infolgedessen erweist
sich die darauf aufgebaute Argumentation von A. Birkenmajer, die G. Meersseman übernimmt, *De forma resultante in speculo* sei schon sehr früh in der Umgebung
des hl. Thomas von Aquin aus der *Summa de creaturis, pars II* exzerpiert worden,
als eine fragwürdige Konstruktion, welche die spätere Forschung nachhaltig beeinflußt hat. Cf. P. Glorieux, *Répertoire*, I, 71 (ci).

[18] P. Glorieux, l. c. Erklärbar scheint die Annahme von Glorieux dadurch zu sein,
daß G. Meersseman die Problematik der Schrift *De forma resultante in speculo* im
dritten Teil seiner *Introductio* unter der Überschrift: *Sectio tertia. Varia. Authentica,
Dubia, Incerta, Spuria* behandelt. Diese Abteilung beginnt mit einer kurzen Einführung (unter gleicher Überschrift: *Varia. Authentica, Dubia, Incerta, Spuria*), ihr folgt §
1. *Dubia*. Da Meersseman auf *De forma resultante in speculo* im zweiten Paragraph:
Fragmenta ex operibus B. Alberti zu sprechen kommt und nicht unter *Authentica*

Als I. Brady (1953) für die Echtheit der Albertus zugeschriebenen Traktate *De sensu communi* und *De quinque potentiis animae* eintrat, wußte er die seiner
Ansicht nach bestehende Parallelität in der Überlieferung dieser Texte und
der Schrift *De forma resultante in speculo* zu Alberts Werk *De homine* für seine
Argumentation zu nutzen[19]. Außer der Tatsache, daß er für diese Schrift
eine weitere Handschrift – *Paris, BN nouv. acq. lat. 1242* – nennt, hat er im
Anschluß an die Untersuchungen von Pelster und Birkenmajer die These
aufgestellt und sie beweisen zu können geglaubt, *De forma resultante in speculo*
sei keine „Separatabschrift" aus *De homine*, sondern vielmehr die Quelle für
die entsprechende Abhandlung darin[20]. Damit hat die Albertus-Forschung in
bezug auf diese Schrift speziell den redaktions- und textgeschichtlichen Fragenkomplex anvisiert.

Nach Auffassung von Brady kann *De forma resultante in speculo* keine Abschrift der Untersuchung über das Spiegelbild aus *De homine* sein, da der
sonst wörtlich übereinstimmende Text der beiden Überlieferungen auch
einige gravierende Unterschiede (es werden drei genannt) aufweist. Diese
seien dahingehend zu interpretieren, daß *De forma resultante in speculo* eine
ursprünglichere, also selbständige Abhandlung Alberts sei, welche später
dem Werk *De homine* einverleibt wurde. Im einzelnen hebt Brady hervor, der
entsprechende Text in *De homine* beginne mit einer Einleitung ('*Gratia etiam
huius quaeritur*'), welche in der eigenständigen Überlieferung der Schrift fehlt;
ferner, dieser Text sei in *De homine* in der *solutio* erweitert und endete mit
einem '*etc.*'. Die Einleitung des betreffenden Textes in *De homine* ('*Gratia etiam
huius quaeritur*') zeige, so Brady, eine *quaestio ex incidenti* an, d.h. daß der Text
der Abhandlung Albert bereits beim Redigieren von *De homine* als zwar seine
eigene, aber quasi externe Quelle schriftlich vorlag und von ihm an der
gegebenen Stelle – bei der Erörterung über die Farbe als den Gegenstand
des Gesichtssinns – eingefügt oder vielmehr eingearbeitet wurde. So sei dann
auch die Erweiterung der *solutio*, aber auch jenes aus dem Gleichgewicht
geratene Verhältnis des Textumfanges zwischen dem 3. und 4. Artikel der
Quaestio 21 von *De homine* zu erklären. Schließlich sei, fährt Brady fort, das
'*etc.*' am Schluß des betreffenden Textes in *De homine* unverständlich, könnte
es nicht mit Hilfe der Textüberlieferung von *De forma resultante in speculo* als
eine Kontraktion der Schlußformel '*Et haec de rationibus speculorum sufficiant*'
verstanden werden.

(einen solchen Paragraphen gibt es – trotz der berechtigten Erwartung – gar
nicht), könnte dieser an sich unklare Umstand und die unzutreffende Verknüp-
fung mit der Hs. *Paris, BN lat. 16082*, die in Wirklichkeit keine Albertsche Schrift
enthält, Glorieux irregeführt haben.
[19] I. Brady, *Two Sources*, 229sq.
[20] Ibid.

Die von Brady aufgestellte Quellentheorie in bezug auf das Verhältnis der
drei Schriften *De sensu communi, De quinque potentiis animae* und *De forma resultante in speculo* zu *De homine* hat B. Geyer als falsch gewertet und entschieden
zurückgewiesen[21]. O. Lottin und M. Schooyans haben der Auffassung von B.
Geyer bzw. von A. Birkenmajer ausdrücklich zugestimmt[22]. Der Herausgeber der *Alberti Magni Opera Omnia* Geyer, ein ausgewiesener Albertus-Kenner,
war mit dieser Problematik besser als Brady vertraut. Nachdem er seine
gegenteiligen Ansichten zu der Echtheitsfrage der zwei ersten von Brady
edierten Schriften überzeugend dargelegt hat, ging er auf die Einzelheiten
von Bradys Ausführungen zu *De forma resultante in speculo* nicht mehr ein.
Lediglich im Anschluß an seine vorausgegangenen Widerlegungen, denen er
prinzipielle Gültigkeit beimaß, ließ er sich noch zu einer kurzen Replik bewegen, die hier in vollem Umfang zitiert zu werden verdient: „Die Schrift *De
forma resultante in speculo* ist, wie Birkenmajer recht gesehen hat, eine Separatausgabe der betreffenden Quaestio in *De homine* und nicht eine vorher
geschriebene Quaestio, die in die Summa aufgenommen wurde. Daß sie im
Vergleich mit der benachbarten Quaestio von ungewöhnlichem Umfang ist,
beweist nicht, daß sie von anderswoher hier eingereiht ist, da solche Digressionen sich bei Albert oft finden"[23].
Der Auffassung von Geyer, welche auf den ersten Blick realistischer und
plausibler als die von Brady erscheint, ist insofern zuzustimmen, als sie
durch innere und äußere Kriterien im Rahmen der textkritischen und über-

---

[21] B. Geyer, *Zur neuen Gesamtausgabe der Werke des Albertus Magnus*, 274sq. Hier einige
seiner Urteile und Gegenargumente: „Eine Textvergleichung der beiden Werke
(*De sensu communi* und *De quinque potentiis animae*), die durch die Edition Bradys
jetzt leicht möglich ist, hat mich zum entgegengesetzten Ergebnis geführt und in
meiner ursprünglichen Meinung bestärkt ...": ibid., 275; „Wenn Brady sich auf
parallele Erscheinungen in anderen Schriften Alberts beruft (228sqq.), so ist das
gerade Gegenteil der Fall. Albert schreibt sich nie wörtlich ab, auch wo er denselben Gegenstand behandelt und seine frühere Darstellung vor sich hat. Die
Beispiele, die Brady dafür anführt, sprechen vielmehr gegen seine These": ibid.

[22] O. Lottin, [Rezension:] *I. Brady O. F.M, Two Sources*: „A vrai dire, les raisons ap-
portées par le savant critique n'emportent pas la conviction ...". M. Schooyans,
Recherches sur la distinction, 7sq. stimmt wörtlich mit Geyer überein: „Quant à
l'écrit *De forma resultante in speculo*, il est, comme l'a bien vu Birkenmajer, une édition séparée de la question correspondante dans le *De homine*. Il ne s'agit pas là
d'une question qui aurait été rédigée antérieurement et qui aurait été reprise
dans la *Summa*. Si, comparativement à la question voisine, celle-ci est d'une
ampleur peu commune, il ne faut pas trop s'en étonner. Et surtout, ce fait ne
démontre pas que cette question a été introduite ici en venant d'ailleurs. On
trouve en effet, souvent de pareilles digressions chez Albert".

[23] Ibid.

lieferungsgeschichtlichen Untersuchungen auf der Basis der gesamten Überlieferung (Handschriften und Drucke) beider Traditionen bestätigt wird. Wie zuvor erwähnt, haben O. Lottin und M. Schooyans die Position von B. Geyer übernommen. Auch D.C. Lindberg, der in den 70er Jahren eingehende Studien zur Optik des Mittelalters unter besonderer Berücksichtigung handschriftlich überlieferter Quellenliteratur vorgelegt hat, übernahm ohne jede Einschränkung die Interpretation von A. Birkenmajer (und somit von B. Geyer) bezüglich der Genese der Abhandlung Alberts *De forma resultante in speculo*[24]. 1982 schloß sich W. Fauser SJ dennoch, allerdings ohne selbst eine Untersuchung in dieser Frage angestellt zu haben, der Meinung von I. Brady an, wodurch der Albertus-Forschung eine von maßgeblicher Seite bereits als unhaltbar gewertete Auffassung unglücklicherweise quasi amtlich wieder vorgegeben wurde[25].

Zuletzt (1987/1993) hat sich zu der Frage A. Fries in den *Prolegomena* zu der kritischen Ausgabe von *De quiditate et esse*, einer von ihm Albert zugewiesenen Schrift, im Sinne der Auffassung von A. Birkenmajer und B. Geyer geäußert[26].

Im folgenden wird die Frage nach der doppelten Überlieferung der Abhandlung *De forma resultante in speculo* erneut zur Diskussion gestellt. Denn ihre Lösung kann nicht anders als nur durch umfassende überlieferungsgeschichtliche und textkritische Untersuchungen, die hier aufzurollen sind, gesichert werden.

---

[24] D.C. Lindberg, *A Catalogue*, 17: „This work is an extract from Albertus' *Summa de creaturis* ..."; id., *Theories of Vision*, 251 Anm.4: „... an extract from q.21 of *De homine* circulated widely under the title *Questio de forma resultante in speculo*, or *Katoptrik*".

[25] W. Fauser, *Die Werke des Albertus Magnus*, 269. Da sich keine sachlichen Bedenken gegen Geyers Meinung erheben und weil es in bezug auf die Abhandlung keine weitere Diskussion gegeben hat, gibt es keinen ersichtlichen Grund dafür, diese außer acht zu lassen und Brady beizupflichten. Im Kern der Frage – hinsichtlich *De sensu communi* und *De quinque potentiis animae* – hat Brady der Auffassung von Geyer ausdrücklich zugestimmt, damit aber hat er auch sein Argument, welches auf der sog. Parallele basiert, entkräftet; cf. I. Brady, *Source or Extract?*, 143.

[26] *Alberti Magni Opera Omnia*. Ed. Colon. T.XXV,2 (1993) p.XLVII v.67. A. Fries bezeichnete *De forma resultante in speculo* als 'extractum ex opere Alberti «De homine»'.

2. GENESE DER DOPPELTEN ÜBERLIEFERUNG

Der Urheber der Doppelüberlieferung des Textes *De forma resultante in speculo* ist nach Auffassung von I. Brady Albertus Magnus selbst. Er habe die Abhandlung zunächst als einen eigenständigen „Traktat", wahrscheinlich während seiner Pariser Zeit, verfaßt. Die ursprüngliche Textfassung – der „Traktat" – sei in der eigenständigen handschriftlichen Tradition erhalten. Später habe Albertus den „Traktat" in die *Summa de creaturis II* eingegliedert. Auf diese Weise entstand eine neue Texttradition innerhalb der Überlieferung der Summe (= *De homine*). Beide Texttraditionen existierten seither parallel und stellten zwei abgeschlossene, unterschiedliche Redaktionen des Textes dar, die auf Albertus als auf ihren Urheber zurückgehen. Für diese Annahme gibt Brady innere und äußere Gründe an. Zum einen sind es relevante Unterschiede im Text der beiden Überlieferungen. Zwar stimme der „Traktat" fast wörtlich mit dem entsprechenden Text in *De homine* überein, aber er enthalte nicht dessen *solutio*. Die *solutio* im „Traktat" sei das, was im Text der Summe '*ad primum*' entspricht. Dieser Sachverhalt ist nach Brady dahingehend zu deuten, daß die *solutio* in der Summe eine nachträgliche Erweiterung des ursprünglichen Textes, des „Traktats" also, sei. Zum andern nimmt Brady an, daß der Text des ganzen „Traktats", so wie er sich in der Summe wiederfindet, das Merkmal einer *quaestio ex incidenti*, d.h. eines Einschubs, trägt. In diesem Sinne interpretiert er die einleitende Formel '*Gratia etiam huius quaeritur*', welche es in der Textüberlieferung der Summe gibt. Die These vom Einschub sucht Brady durch zwei weitere Erscheinungen im Text der Summe zu erhärten. Es ist zum einen das nach seiner Auffassung gestörte Verhältnis des Textumfanges zu den umgebenden Quaestionen. Zum andern wäre das '*etc.*' am Schluß des Textes in der Summe unverständlich, es sei denn als ein Überbleibsel der Schlußformel des „Traktats", die lautet: '*Et haec de rationibus speculorum sufficiant*'. Einen weiteren äußeren Grund für das Vorliegen einer doppelten Redaktion des Textes sieht Brady in der seiner Ansicht nach gegebenen Parallele in der Überlieferung von *De sensu communi* und *De quinque potentiis animae*, zwei Schriften, die er Albertus zu vindizieren versucht und die er ebenfalls als literarische Quelle für *De homine* ansieht. Das Vorhandensein einer eigenständigen handschriftlichen Überlieferung des „Traktats" als Argument für dessen redaktionelle Priorität und Eigenständigkeit braucht nicht eigens hervorgehoben zu werden – diese Tatsache war ja der Grund für die Problemstellung.

B. Geyer hat die Interpretation der Genese der doppelten Überlieferung von Brady heftig kritisiert und das Modell der doppelten Redaktion abgelehnt. Seine Einsicht beruhte allerdings mehr auf Intuition und Erfahrung, welche er sich durch intensive Beschäftigung mit Alberttexten angeeignet hatte, als auf eingehender Analyse des Einzelfalles. Deshalb kann seine Position zwar als eine realistische Einschätzung, nicht aber als eine nachvollziehbar begründete, wissenschaftliche Lösung des Problems gewertet werden. Der Ausweg aus der Kontroverse wird erst dann gefunden werden, wenn auf der einen Seite der Erklärungsversuch von Brady einer detaillierten Prüfung unterzogen wird, auf der anderen Seite der Fall eingehend und jenseits der bisher geführten Diskussion untersucht wird.

Verfolgt man kritisch die einzelnen Schritte von Bradys Argumentation für eine doppelte Redaktion der Abhandlung *De forma resultante in speculo*, so muß sein gesamter Erklärungsversuch ernsthafte Bedenken hervorrufen. Zwar ist im Ansatz Brady zuzustimmen, daß Modelle der Textüberlieferung Parallelen aufweisen können[27]. Aber hier hat zunächst die Einschränkung zu gelten, daß jede Überlieferung ein Fall für sich und nur als solcher zu untersuchen ist. Somit bleibt das Modell der Textüberlieferung der Albertus Magnus zugeschriebenen Traktate *De sensu communi* und *De quinque potentiis animae* für die Rekonstruktion der Überlieferungsgeschichte von *De forma resultante in speculo* irrelevant. Geyer hat zudem die von Brady lancierte Parallele völlig anders gewertet. Für die Erklärung der Unterschiede in der *solutio* bei den zwei Überlieferungen müssen zumindest zwei mögliche Lösungen geprüft werden. Es kann daher für eine kritische Untersuchung und objektive Lösung des Problems nicht genügen, eine der Lösungsvarianten zu begründen zu suchen, die andere aber gar nicht in Erwägung zu ziehen. Bradys Interpretation ist nicht nur einseitig, sondern die Hypothese einer von Albertus autorisierten doppelten Redaktion des Textes führt auch deshalb nicht zur Klärung des Sachverhalts, weil sich eine solche hypothetische Annahme nicht beweisen, wohl aber widerlegen läßt.

Zunächst bleibt festzuhalten, daß der Text *De forma resultante in speculo* in den beiden Überlieferungsarten im wesentlichen identisch ist, insofern als er durch die Transmission nicht entstellt wurde. Das Ausmaß der tatsächlichen Übereinstimmung, welches durch eine vollständige Kollation der Handschriften hier zum ersten Mal ermittelt wird, hat eine andere, viel größere Dimension – darüber im nächsten Kapitel mehr –, als Brady auf der Grundlage der Hs. *Paris, BN lat. 10260* und der Ausgabe von Borgnet feststellte. Es wird sich – vor allem im textkritischen Teil dieser Studie – noch zeigen, daß gerade die von Brady konsultierte Pariser Handschrift (im folgenden vertreten durch die Sigle *b*), aber auch der zu Paris gedruckte Text (die Sigle *p*), nicht als Basis für eine kritische Untersuchung geeignet sind.

---

[27] Zu diesem Thema grundlegend C. Luna, *Die Ausgabe der Werke von Thomas von Aquin*, 342-358.

Den wohl wichtigsten Grund für die Ursprünglichkeit des „Traktats" leitet Brady aus dem Fehlen der *solutio* ab, die im entsprechenden Text innerhalb der Überlieferung von *De homine* vorliegt. Dieser Umstand kann jedoch nicht als Argument für eine spätere Überarbeitung und Erweiterung (in *De homine*) des ursprünglichen, kürzeren Textes der Abhandlung vorgebracht werden. Denn es fehlt im „Traktat" *De forma resultante in speculo* nicht die ganze *solutio*, sondern nur ein Bruchteil der *solutio*. Die *solutio* in beiden Überlieferungen beginnt mit den Worten: '*Solutio: Dicendum ad primum quod*'. Der unmittelbar danach in der Überlieferung von *De homine* folgende Text: '*visus secundum actum non est nisi unius visibilis; color enim secundum actum cum lumine, quo agit, unum visibile est sicut materia et forma: non faciunt duo, sed unum; et ideo cum lumen illud sit ut forma, color autem ut materia, erit ex illis duobus unum visibile secundum actum*' bezieht sich offenkundig auf den ersten Teil der eigentlichen Frage, welche lautet: *Tertio quaeritur, utrum color tantum sit obiectum visus, quando videt colorem* (= *De homine* q.21 a.3 partic.3, gemäß der formalen Textgliederung in den unkritischen Editionen von P. Jammy und S.C.A. Borgnet). Diese Antwort auf die Hauptfrage, welche in der *solutio* vor der Antwort auf die als Digression aufgegriffene Frage nach dem Spiegelbild erfolgt, ist folglich kein Bestandteil der *solutio* zu der Frage nach dem Spiegelbild. Es liegt in der Methodik einer *quaestio*, daß die *solutio* erst nach dem Vorbringen aller Argumente *pro* und *contra* für eine Lösung zu erfolgen hat und daß die Struktur der *solutio* dem logischen Aufbau des diskursiven Teils der *quaestio* entspricht. Die dem „Traktat" *De forma resultante in speculo* entsprechende *solutio* leitet Albertus in *De homine* mit folgenden Worten ein: '*Ad id quod quaeritur de imagine, quae resultat in speculo, dicendum quod*'. Aus der Gegenüberstellung beider Einleitungen in der *solutio* – einerseits jener zu der Hauptfrage ('*Solutio: Dicendum ad primum quod*'), andererseits der zur Frage nach dem Spiegelbild ('*Ad id quod quaeritur de imagine, quae resultat in speculo, dicendum quod*') – ist ersichtlich, daß Albertus die gesamte *solutio* in zwei Teile, und zwar entsprechend ihrem zweiteiligen Bezugstext, trennt. Das '*Dicendum ad primum*' in der *solutio* ist die Antwort auf die eigentliche Hauptfrage, die lautete '*Utrum color tantum sit obiectum visus (...)*', während das '*Ad id quod quaeritur de imagine (...)*' die Antwort zu der Digression *De forma resultante in speculo* einleitet.

In der eigenständigen Überlieferung von *De forma resultante in speculo* beginnt die *solutio*, wie gesagt, mit den Worten '*Dicendum ad primum quod*'. Dies entspricht genau der Einleitung der *solutio* zur Hauptfrage in der Überlieferung von *De homine* ('*Utrum color tantum sit obiectum visus quando videt colorem*'). Diesen Sachverhalt hat Brady anders interpretiert; seine Schlußfolgerung erweist sich als falsch. Die vollständige Kollation aller Handschriften der beiden Überlieferungsarten des Textes bestätigt, daß die *solutio* mit '*Dicendum ad primum quod*' eingeleitet wird. Das '*ad primum*' weist jedoch auf den ersten Teil der ganzen Abhandlung hin, wie sie in *De homine* vorliegt, welcher die

Hauptfrage ('*Utrum color tantum sit obiectum visus quando videt colorem*') beinhaltet,
und nicht auf den zweiten Teil des Textes – was Brady behauptete –, der aus
der Digression *De forma resultante in speculo* besteht. Brady hat nicht berücksichtigt, daß derjenige, der die erste Abschrift des Textes *De forma resultante in
speculo* anhand der entsprechenden Überlieferung innerhalb von *De homine*
angefertigt hat, nur an diesem Text interessiert war und ihm daher daran
gelegen war, die *solutio* des kopierten Textteils von der *solutio* der Hauptfrage
der Abhandlung, die außerhalb seines Interesses lag, zu unterscheiden. Dies
beim Abschreiben auch praktisch umzusetzen bereitete keine Schwierigkeiten – es war lediglich ein Satz, eine deutlich erkennbare Antwort auf die
Hauptfrage, auszulassen. Ob das einleitende '*Dicendum ad primum*', welches in
der Vorlage den Bezug zu der Hauptfrage herstellt, hier einfach von der
Vorlage übernommen wurde, ohne den ursprünglichen Sinn auszudrücken,
oder ob es, von der Vorlage übernommen, jetzt einen anderen Sinn bekam,
indem es nun an das '*Et quaeritur primo, utrum sit vel non*' im Text von *De forma
resultante in speculo* anknüpfen sollte, bleibt dahingestellt, zumal es semantisch
völlig irrelevant ist. Da jedoch die *solutio* zu der einfachen Frage nach der
Existenz des Spiegelbildes über den im voraus festgelegten Rahmen hinaus-
geht – sie enthält Bezugsmomente zu den späteren Einwänden ('*est aliquid,
non tamen corpus vel substantia, sed accidens*') –, liegt es nahe, daß das einleitende
'*Dicendum ad primum*' in der *solutio* der eigenständigen Überlieferung nichts
anderes ist als der Anfang der *solutio* aus *De homine*. Nach Brady wäre dagegen jenes '*ad primum*' aus der *solutio* der eigenständigen Überlieferung in den
Text von *De homine* gelangt, und es würde beweisen, daß die *solutio* in *De
homine* eine Erweiterung des ursprünglichen Textes darstellt. Die von Brady
in diesem Punkt vorgeschlagene Lösung erweist sich als eine bloß hypothetische Annahme, die einer kritischen Prüfung nicht standhält und deshalb als
solche ausscheidet.

Die einleitende Wendung '*Gratia (etiam) huius*' hat Sinn nur in der Überlieferung des Textes innerhalb von *De homine*. Die eigenständige Überlieferung
läßt es aus ersichtlichem Grunde aus. Mit dieser Formel wird eine für Albertus typische Digression eingeleitet und auf diese Art zugleich ein rhetorischer
Übergang zu einem anderen Thema bewirkt[28]. Da bei der eigenständigen
Überlieferung des Textes die genannten Merkmale und Umstände einer
Digression entfallen, wurde die Formel selbstverständlich überflüssig. Rückschlüsse über den Texturprung der Digression lassen sich anhand einer
solchen Formel grundsätzlich nicht ableiten. Bradys Deutung dieser Einlei-
tungsformel als Beginn einer *quaestio incidens*, die vom Autor selbst aus seiner
schon vorhandenen Materialsammlung (in diesem Fall aus dem „Traktat"
De forma resultante in speculo) in *De homine* eingefügt worden sei, entbehrt jeder

---

[28]   Cf. Albertus Magnus, *Super Matth.* Ed. Colon. T.XXI p.XII v.47 – p.XIII v.41.

Grundlage. Die Bezugnahme auf den Begriff einer 'quaestio incidens' bzw. 'ex incidenti' und seine Deutung, welche Brady zur Grundlage seiner Argumentation macht, kann nicht zugunsten seiner Auffassung ausgelegt werden. Vielmehr ist gegenüber solchen Überlegungen Skepsis geboten, zumal ja diese Frage bislang nicht näher auf kritischer Textgrundlage untersucht wurde und noch einer begrifflichen und sachlichen Klärung bedarf[29]. Es ist im Einzelfall zu prüfen, ob eine solche begriffliche Kennzeichnung für Alberts Digressionen legitim ist und ob ein Rückgriff auf diesen Begriff überhaupt zur Erhellung redaktioneller Sachverhalte beitragen kann[30]. Im gegebenen Fall erweist sich der Hinweis darauf, daß es sich um eine 'quaestio ex incidenti' handelt, als untauglich für die Sicherung von redaktionsgeschichtlich relevanten Erkenntnissen. Es gibt keine Parallelen im Werk des Albertus, die Bradys Verständnis einer 'quaestio ex incidenti' stützen würden[31].

Es bleiben noch zwei andere Gründe, die Brady zu der Überzeugung von der Priorität des „Traktats" vor der „Summa"[32] verleitet haben, kritisch zu bewerten.

Mit Verweis auf die benachbarten Quaestionen glaubt Brady im unverhältnismäßigen Textumfang der Digression über das Spiegelbild eine Bestätigung seiner Hypothese von der Einfügung des „Traktats" in De homine gefunden zu haben. Doch der vorgefundene Sachverhalt deckt sich nicht mit dem von Brady umschriebenen und beweist in keiner Weise – wie schon Geyer zurecht entgegnete –, daß die Abhandlung De forma resultante in speculo in das Werk De homine eingefügt wurde. Es läßt sich für die Quaestionen kein bestimmtes Maß, mit dem sich die Länge der Ausführung messen ließe, ausmachen. Die einzelnen Fragen werden mit unterschiedlicher Ausführlichkeit und Intensität behandelt. Im Rahmen der aus mehreren selbständigen Gliedern bestehenden Untersuchung über den Gesichtssinn in De homine haben die einzelnen Abhandlungen (articuli) unterschiedliche Länge. Der dritte Artikel 'De coloribus, qui sunt obiecta visus in lumine' gliedert sich in drei

---

[29] Einige für diesen Zusammenhang bedeutsame Beobachtungen macht anhand des Sentenzenkommentars (Buch I) des Albertus A. Hiedl, *Die ursprüngliche Einteilung des Sentenzenkommentars Alberts des Großen*, 192.

[30] In der Überlieferung von Alberts *Summa theologiae I, I* erweist sich die audrückliche Kennzeichnung einer Digression durch das Begriffspaar «quaestio incidens» als das Eigengut der alten Drucke; cf. Ed. Colon. T.XXXIV,1 p.XXVII, XXIX, XXXV.

[31] Umgekehrt kann auf eine von Albertus autorisierte „Separatausgabe" seiner Schrift, die ursprünglich Bestandteil eines größeren Werkes war, hingewiesen werden: *De principiis motus processivi*; cf. H. Anzulewicz, *Neuaufgefundenes Textfragment von «De princ. motus proc. II, 2»*, 241.

[32] „That the *Tractatus* is prior to the *Summa* is thus quite evident": I. Brady, *Two Sources*, 230.

Einzelfragen (*particulae*) – eine solche Unterteilung der *articuli* kommt in *De homine* immer wieder vor –, von denen die zwei letzteren von etwa gleicher Länge sind. Für die Textlänge der Abhandlung *De forma resultante in speculo* kann also keine Besonderheit bzw. Unverhältnismäßigkeit nachgewiesen werden. Digressionen, die in den Schriften des Albertus oft vorkommen[33], sind keine Einfügungen (bzw. Einarbeitungen) vorher verfaßter Texte in ein anderes Werk. Es gibt keinen Anhaltspunkt für die Annahme, daß Albertus sich selbst wörtlich abgeschrieben hätte, wenngleich es als gesichert gilt, daß er manche Fragen mehrfach erörtert hat[34].

Auch im letzten Schritt seiner Argumentation für eine doppelte Redaktion der Abhandlung geht Brady fehl. Denn sowohl das von ihm genannte Akronym '*etc.*' am Schluß des betreffenden Textstückes in *De homine* nach der Pariser Textausgabe als auch die dem entsprechende, ebenfalls zitierte Schlußformel '*Et haec de rationibus speculorum sufficiant*' in *De forma resultante in speculo* nach der Handschrift *Paris, BN lat. 10260* sind keine Bestandteile des genuinen Alberttextes. Es handelt sich in beiden Fällen um Akzidenzien der Textüberlieferung, welche erst in einigen späteren Handschriften auftreten. Jenes '*etc.*' haben insgesamt 7 Handschriften der *De homine*-Tradition, die fast alle zur gleichen Familie gehören: *Berlin, SBPK Hamilton 10* (= *H*); *Firenze, Laur. Fies. 68* (= *b*); *Firenze, Laur. S. Croce Plut. 16 Sin. 2* (= *c*); *Firenze, Bibl. Nazionale Centrale Conv. Soppr. J III 7* (= *d*); *Kraków, BJ 641 III* (= *K*); *Paris, BN lat. 6522* (= *h*); *Città del Vaticano, Ross. 809* (= *r*), sowie alle vier Drucke (*a, z, l, p*), aber auch zwei Handschriften von *De forma resultante in speculo*: *Praha, Národní Knihovna X H 12 (1990)* (= *2*) und *Princeton, University Libr., Robert Garrett Collection 95* (= *7*). Die Wendung '*Et haec de rationibus speculorum sufficiant*' bieten vier Handschriften von *De forma resultante in speculo*, die voneinander direkt abhängen, d.h. eine und dieselbe Vorlage kopieren, und nachweislich vom authentischen Alberttext weit entfernt sind: *Vat. lat. 2975* (= *4*); *Vat. lat. 11482* (= *5*); *Roma, Bibl. Nazionale Centrale. Vitt. Eman. 2548* (= *R*) und *Paris, BN lat. 10260* (= *6*). Es bestätigt sich hiermit der Grundsatz, daß eine kritisch gesicherte Textgrundlage die unerläßliche Voraussetzung für wissenschaftlich stichhaltige Aussagen anhand von philologischen Textanalysen ist.

Der im einzelnen erbrachte Nachweis, daß Bradys Auffassung, Albert habe die Abhandlung *De forma resultante in speculo* ursprünglich als eine selbständige Schrift („Traktat") verfaßt und später in das Werk *De homine* einge-

---

[33] Siehe oben Anm.28.

[34] Es seien als Beispiel die parallelen Abhandlungen über Synderesis und Gewissen genannt: (1) Albertus Magnus, *Quaestiones*, Ed. Colon. T.XXV,2 p.232-238, p.XXXIX-XL; *De homine* q.71 (Ann Arbor 201 f.93rb-94va; Ed. Paris. T.XXXV p.590-597): *De synderesi*; (2) Albertus Magnus, *Quaestiones*, Ed. cit. p.238-241, p.XL-XLI; *De homine* q.72 (f.94va-95vb; Ed. cit. p.598-602): *De conscientia*.

reiht, unbegründet ist bzw. auf falschen Prämissen beruht, liefert ansatzweise die Antwort auf die textgeschichtliche Frage. Unter Einbeziehung von Erkenntnissen der Textkritik, die im vierten Hauptteil dieser Untersuchung vorgelegt werden, gibt es keinen Anhaltspunkt für die Annahme, daß die Abhandlung *De forma resultante in speculo* von ihrem Autor als eigenständiger Traktat konzipiert und herausgegeben und später in das Werk *De homine* eingefügt wurde. Albert hat seine Abhandlung als einen integralen Bestandteil von *De homine* (Quaestio 21 in der formalen Textgliederung der Druckausgaben von P. Jammy und S.C.A. Borgnet) verfaßt. Es handelt sich in der Tat um eine Digression, die beiläufig das Thema des Spiegelbildes aufnimmt und es ausführlich diskutiert. Sie wirkt daher wie eine eigenständige Abhandlung, und als solche wird sie in einigen Handschriften des Werkes *De homine* ausdrücklich gekennzeichnet, so in der Handschrift *Oxford, Merton College 283 (= O), München, Clm 15764 (= f), Chicago, Joseph Regenstein Libr. 2 (= Y)*. Der am Rande von f.65rb der genannten Oxforder Handschrift vorgefundenen Kennzeichnung des Textes '*de forma resultante in speculo*' kommt dabei ein besonderes Gewicht zu. Denn zum einen ist diese Markierung so alt wie die ganze Handschrift bzw. ihre Rubriken (13. Jh.). Zum andern ergibt die Kollation, daß der Archetyp der eigenständigen Überlieferung (Φ) fast vollständig mit dem Text von *O* übereinstimmt. Diese Übereinstimmung ist den Regeln der Textkritik entsprechend dahin zu deuten, daß die Handschrift *O* oder eine andere nicht mehr erhaltene Handschrift, deren Text mit *O* im wesentlichen identisch war, die unmittelbare Vorlage für den Archetyp der eigenständigen Überlieferung (Φ) gewesen ist. Somit ist die generelle Frage nach dem Ursprung der Doppelüberlieferung im wesentlichen geklärt. Für das genaue Bild der Abhängigkeit der Überlieferungen $O - \Phi$ sei auf die entsprechende Erörterung im nächsten Kapitel der vorliegenden Arbeit (IV.1.1.3) verwiesen. Die Auswertung der Kollation, welche ebenso im erwähnten textkritischen Teil erfolgt, und insbesondere der Vergleich der eigenständigen Überlieferung mit der Überlieferung innerhalb von *De homine* (IV.1.3), bringt weitere Argumente für die Priorität der letzteren. Anhand der dort festgelegten Kriterien für die Textqualität wird ermittelt, daß die gesamte eigenständige Überlieferung zum großen Teil in ihrer Textqualität sehr verdorben ist. Es würde den Prinzipien der Textkritik und der Erfahrung auf dem Gebiet der Textgeschichte widersprechen, würde man der schlechteren Textgestalt deshalb bzw. trotzdem Priorität einräumen, d.h. als den Ursprung der Überlieferung ansehen. Alle festgestellten formalen Unterschiede der Überlieferungen werden als gezielte redaktionelle Eingriffe von Φ in die ursprüngliche Textfassung (Ω = Archetyp der Textüberlieferung von *De homine*) gewertet. Ihre Begründung liegt offensichtlich in der Natur der angefertigten Abschrift: Sie wurden vorgenommen, um der

„Separatausgabe" der Abhandlung *De forma resultante in speculo* den Charakter
einer selbständigen Schrift zu verleihen.

3. DIE ECHTHEIT

Bezüglich der Echtheit von *De forma resultante in speculo* – auch wenn die
beiden Überlieferungen unabhängig voneinander befragt werden – besteht
kein Zweifel. Für die Textgeschichte der Schrift ist es allerdings relevant, die
Echtheitsfrage näher zu beleuchten.

Die eigenständige handschriftliche Überlieferung umfaßt nach jetzigem
Kenntnisstand 17 Textzeugen. Bis auf eine Ausnahme schreiben alle Handschriften die Abhandlung Albertus ausdrücklich zu[35]. Nur in der Handschrift
Paris, BN nouv. acq. lat. 1242 ist der Text anonym. Die alten Kataloge der
Werke des Albertus Magnus verzeichnen eine Schrift mit dem Titel *De forma
resultante in speculo* nicht[36]. Sie nennen zwar eine *Perspectiva*, aber diese kann
mit Alberts Abhandlung kaum identisch sein[37]. Das Fehlen des Titels in den
alten Katalogen kann dennoch nicht als „ein starkes Präjudiz gegen die
Echtheit"[38] ausgelegt werden, da einerseits das Gewicht der handschriftlichen Zuschreibung jede Unsicherheit behebt, andererseits sich die Echtheit
der Abhandlung von der nicht anzuzweifelnden Authentizität des Werkes *De
homine* ableitet. Wenn aber die den alten Katalogen von B. Geyer zugewie-
sene Bedeutung gelten soll[39], so kann das Fehlen der Schrift als ein Indiz
dafür betrachtet werden, daß sie möglicherweise nicht als ein eigenständiges
Werk angesehen wurde. Anders als in der ursprünglichen Überlieferung
innerhalb von *De homine* sind in der eigenständigen Überlieferung keine
ausdrücklichen Verweise auf das Werk *De homine* enthalten, da sie offenkundig bei der Anfertigung der ersten Abschrift entsprechend abgeändert worden sind. Es handelt sich um folgende drei Verweise im kritisch erstellten
Text der Abhandlung (s. unten Kap. V; die nachfolgende Zitation richtet

---

[35]   Cf. die entsprechenden Angaben im Teil II.2 dieser Studie (Handschriftenbe-
       schreibung).

[36]   Cf. B. Geyer, *Der alte Katalog der Werke*, 399-401 (2-4), 404-405 (7-8).

[37]   Cf. ibid., 400sq. (3sq.), 405 (8). Die als *Perspectiva Alberti magni* ausgewiesene
       Schrift in *Clm* 453 f.87r-190r (s. oben Hss.-Beschreibung, n.4*, 1) ist in Wirklich-
       keit das Werk des Roger Bacon. Hierzu cf. auch D.C. Lindberg, *Theories of Vision*,
       251 Anm.4.

[38]   B. Geyer, l. c. 413 (16).

[39]   Ibid.: „Daraus ergibt sich, daß das Vorhandensein einer Schrift in dem alten
       Katalog kein sicheres Zeugnis für ihre Echtheit ist, während umgekehrt ihr
       Fehlen ein starkes Präjudiz gegen ihre Echtheit bedeutet".

sich nach der Zeilenzählung des von uns edierten Textes; die Erklärung der hierbei benutzten Siglen erfogt unten im Teil IV.1.1.1):

153 supra diximus de lumine Ω dicitur (dicimus *Wi 2 om. Va*) de lumine Φ
178 supra dictum est de generatione lucis Ω contingit in generatione lucis Φ
182 diximus de colore Ω est (est *om. Va*) de colore Φ

Dieser Sachverhalt ist für die Rekonstruktion der Textgeschichte beider Überlieferungen von Bedeutung. Er hat für die Echtheitsfrage keine Relevanz.

Die Authentizität der Überlieferung innerhalb von *De homine* ist gleichermaßen wie die des ganzen anthropologischen Werkes durch innere und äußere Kriterien gesichert. In mehreren seiner Werke nimmt Albert häufig Bezug auf *De homine*. Solche Verweise treten besonders oft in jenen Schriften auf, die etwa zur gleichen Zeit abgefaßt sind. Es handelt sich vornehmlich um *De IV coaequaevis, De incarnatione, De resurrectione, De bono* und den Sentenzenkommentar. Die drei Schriften *De incarnatione, De resurrectione* und *De bono* liegen seit längerem in der kritischen Kölner Edition vor. Aus diesem Grund wird hier nicht auf die enge Verflechtung dieser Werke mit *De homine* eingegangen, sondern auf die entsprechenden und nach wie vor gültigen Erläuterungen in den *Prolegomena* der kritischen Ausgaben und auf die den Textausgaben beigefügten Indices *Auctores ab Alberto ipso allegati* verwiesen. Auch der Kommentar zu den Sentenzen des Petrus Lombardus, in dem auf *De homine* mehrfach Bezug genommen wird, muß hier nicht berücksichtigt werden, da schon Alberts Schriften im näheren Umkreis von *De homine* eine Fülle an aussagekräftigem Material bieten. Nachfolgend werden nur die deutlichsten Selbstzeugnisse Alberts aus den noch nicht kritisch edierten Werken *De IV coaequaevis* und *De homine* erfaßt.

In *De IV coaequaevis*, dem unmittelbar vor *De homine* geschriebenen Werk, in dem folgende sechs Hauptthemen behandelt werden: Schöpfung im allgemeinen, erste Materie, Zeit, Himmel, Engel, Sechstagewerk (*creatio, materia prima, tempus, caeli, angelus, opera sex dierum*), kündigt Albert wiederholt an, daß er auf die Frage nach den Bewegern der Himmelssphären (*motores orbium*) in den „Quaestiones de anima" – damit ist *De homine* gemeint – zurückkommen wird:

De IV coaeq. tr.3 q.16 a.2 (Oxford, Merton College 0.1.7. [Coxe 283] f.10vb; Paris, BN lat. 18127 f.34vb; Ed. Paris. T.XXXIV p.446a): '*Alibi tamen in* **quaestionibus de anima** *redibimus ad hanc quaestionem*';
ibid. a.3 (Oxford, Merton College 0.1.7. [Coxe 283] f.10vb: der Text fehlt; Paris, BN lat. 18127 f.35ra; Ed. Paris. T.XXXIV p.447b): '*In* **quaestionibus** *tamen* **de anima** *quaedam iterum de hac materia dicentur*'.

Auch das freie Wahlvermögen des Menschen bzw. die Willensfreiheit und das Gedächtnis werde er noch genauer behandeln:

> *De IV coaeq.* tr.4 q.20 (Oxford, Merton College 0.1.7. [Coxe 283] f.11va; Paris, BN lat. 18127 f.37va; Ed. Paris. T.XXXIV p.460a): '*libertas arbitrii non est in defluxu ... et de hoc melius* **infra** *determinabitur*';
> ibid. q.25 a.1 (Oxford, Merton College 0.1.7. [Coxe 283] f.13rb; Paris, BN lat. 18127 f.44ra-b; Ed. Paris. T.XXXIV p.488a): '... *de his voluntatibus erit amplior disputatio in* **tractatu de anima hominis**';
> ibid. q.27 a.2 (Oxford, Merton College 0.1.7. [Coxe 283] f.13va; Paris, BN lat. 18127 f.45rb; Ed. Paris. T.XXXIV p.493b): '*Utrum autem liberum arbitrium sit unius rationis in deo, angelo et homine, et in quo sit liberius, inferius in* **quaestione de libero arbitrio** *determinabitur*';
> ibid. q.23 a.1 (Oxford, Merton College 0.1.7. [Coxe 283] f.12vb; Paris, BN lat. 18127 f.40ra; Ed. Paris. T.XXXIV p.472a): ' ... *haec infra in* **tractatu de anima quaestione de memoria rationalis animae** *determinabitur*'.

Am Schluß von *De IV coaequaevis* heißt es dann ausdrücklich, daß der Gegenstand der unmittelbar anstehenden Frage der Mensch sein werde:

> *De IV coaeq.* tr.4 q.73 a.9 (Oxford, Merton College 0.1.7. [Coxe 283] f.37va; Paris, BN lat. 18127 f.112ra; Ed. Paris. T.XXXIV p.760a-b): '*Consequenter antequam* **de homine** *quaeratur, quaerendum est de his operibus (sex dierum) in communi* ...'.

In *De homine* verweist der Autor auf *De IV coaequaevis*, *De incarnatione* und *De resurrectione* als auf eigene Schriften:

a) auf *De IV coaequaevis*:

> *De homine* tr.1 q.2 a.1 (Ann Arbor 201 f.2vb; Ed. Paris. T.XXXV p.13b): '*haec ratio plenius supra expedita est in* **quaestione de materia**';
> ibid. a.2 (Ann Arbor 201 f.3ra; Ed. Paris. T.XXXV p.15b): '*supra in* **quaestione de diffinitione angeli** *dictum est*';
> ibid. a.4 (Ann Arbor 201 f.3rb; Ed. Paris. T.XXXV p.17a): '*supra habitum est in* **quaestione de angelis**';
> ibid. q.3 a.1 (Ann Arbor 201 f.4ra; Ed. Paris. T.XXXV p.21b): '*probatum est supra in* **quaestione de angelis**';
> ibid. (Ann Arbor 201 f.5rb; Ed. Paris. T.XXXV p.29a): '**de angelis** *dictum est supra*';
> ibid. q.4 a.1 (Ann Arbor 201 f.6ra; Ed. Paris. T.XXXV p.34a): '*dicendum secundum supra determinata* **de angelis**';
> ibid. a.3 (Ann Arbor 201 f.7vb; Ed. Paris. T.XXXV p.44b): '*supra in* **quaestione de caelis** *patenter ostensum est*';

ibid. (Ann Arbor 201 f.7vb; Ed. Paris. T.XXXV p.45b): '*probatum est supra in* **quaestione de caelis**';

ibid. a.6 (Ann Arbor 201 f.9va; Ed. Paris. T.XXXV p.56a): '*supra diximus in* **quaestione de materia**';

ibid. q.5 a.2 (Ann Arbor 201 f.12ra; Ed. Paris. T.XXXV p.72a): '*responsum est supra in* **quaestione de caelis**';

ibid. a.3 (Ann Arbor 201 f.13va; Ed. Paris. T.XXXV p.79b): '*diximus supra in* **quaestione de operibus sex dierum**';

ibid. (Ann Arbor 201 f.13va; Ed. Paris. T.XXXV p.80b): '*responsum est supra in* **quaestione de angelis**, *ubi quaesitum est, quando angeli sint creati*';

ibid. a.4 (Ann Arbor 201 f.14rb; Ed. Paris. T.XXXV p.83b): '*Plures autem rationes supra assignatae sunt in* **quaestione de creatione**';

ibid. (Ann Arbor 201 f.14rb; Ed. Paris. T.XXXV p.84b): '*supra in* **quaestione de angelis** *est expeditum*';

ibid. q.7 a.3 (Ann Arbor 201 f.16vb; Ed. Paris. T.XXXV p.100b): '*hic potest adduci tota disputatio, quae supra habita est in* **quaestione de simplicitate angeli**';

ibid. (Ann Arbor 201 f.17ra; Ed. Paris. T.XXXV p.102a): '*Solutio omnium harum rationum et similium habetur in* **quaestione de simplicitate angeli**';

ibid. (Ann Arbor 201 f.17ra; Ed. Paris. T.XXXV p.102b): '*Praeterea, in* **quaestione de caelis** *distinximus xiiii modos simplicitatis in* **articulo**, *in quo quaeritur,* **utrum caelum sit simplex vel compositum**';

ibid. q.11 a.1 (Ann Arbor 201 f.19va; Ed. Paris. T.XXXV p.120a): '*Probatum est in* **quaestione de materia**';

ibid. q.15 a.1 (Ann Arbor 201 f.22rb; Ed. Paris. T.XXXV p.139a): '*Probatum est autem supra in* **quaestione de materia**';

ibid. q.17 a.3 (Ann Arbor 201 f.25ra; Ed. Paris. T.XXXV p.155b-156a: '*Sine praeiudicio aliorum non discedimus a nostra sententia, quam supra posuimus in* **quaestione de creatione**';

ibid. (Ann Arbor 201 f.25ra; Ed. Paris. T.XXXV p.157b): '*hoc satis diligenter discussum est in* **quaestione de operibus vi dierum**';

ibid. q.21 a.1 (Ann Arbor 201 f.29va; Ed. Paris. T.XXXV p.183b): '*Videtur dicendum sicut supra in* **quaestione de qualitatibus stellarum** *dictum est. (...) Aliae etiam quaedam solutiones tactae sunt supra in* **quaestione de qualitatibus stellarum**';

ibid. a.2 (Ann Arbor 201 f.29va; Ed. Paris. T.XXXV p.185a): '*supra probatum est* **de caelis** *quod non est corpus generabile et commiscibile aliis elementis*';

ibid. a.4 (Ann Arbor 201 f.32vb; Ed. Paris. T.XXXV p.204a): '*nos hoc supra determinavimus in* **quaestione de tempore**';

ibid. q.24 a.1 (Ann Arbor 201 f.35vb; Ed. Paris. T.XXXV p.233b): '*supra in* **quaestione de tempore** *probatum est*';

ibid. q.51 (Ann Arbor 201 f.68rb; Ed. Paris. T.XXXV p.442b): '*supra expeditum est in* **tractatu de angelis**';

ibid. (Ann Arbor 201 f.68rb; Ed. Paris. T.XXXV p.443a): '*supra determinatum est in* **quaestione de scientia angelorum**';

ibid. (Ann Arbor 201 f.68va; Ed. Paris. T.XXXV p.443b): '*de hoc plura notata sunt in* **quaestione de imaginibus angelorum**';

ibid. q.55 a.3 (Ann Arbor 201 f.72ra; Ed. Paris. T.XXXV p.466b): '*supra in* **quaestione de caelo determinatum est**';

ibid. q.56 a.5 (Ann Arbor 201 f.75ra; Ed. Paris. T.XXXV p.484b): '*dictum est supra* **de angelis**';

ibid. (Ann Arbor 201 f.75rb; Ed. Paris. T.XXXV p.486a): '*sufficienter explanatum est in* **quaestione de angelis**';

ibid. (Ann Arbor 201 f.75rb; Ed. Paris. T.XXXV p.486b): '*sicut diximus de conversione angeli ad angelum in* **quaestione de angelis**';

ibid. q.62 a.2 (Ann Arbor 201 f.84ra; Ed. Paris. T.XXXV p.536b): '*Probatum est enim supra in* **quaestione de aeternitate et tempore**';

ibid. q.68 a.2 (Ann Arbor 201 f.88va; Ed. Paris. T.XXXV p.564a): '*hoc supra explanatum est in* **quaestione de tentationibus**';

ibid. q.75 (Ann Arbor 201 f.99rb; Ed. Paris. T.XXXV p.626a-b): '*de illuminationibus, de quibus in* **tractatu de angelis** *est expeditum*';

ibid. tr.2 q.80 a.1 (Ann Arbor 201 f.102rb; Ed. Paris. T.XXXV p.647a): '*in* **tractatu de caelis** *multa quaesivimus, utrum caelum esset factum vel non*';

ibid. (Ann Arbor 201 f.103ra; Ed. Paris. T.XXXV p.651a): '*Item, supra probatum est in* **quaestione de aeternitate**, *quod tempus est sub aeternitate et post ipsam* (...). *Sed quia multa supra in* **quaestione de creatione** *et in* **quaestione de materia prima** *dicta sunt valentia ad istud, sufficiant praehabita*';

ibid. (Ann Arbor 201 f.103rb; Ed. Paris. T.XXXV p.652a): '*supra ostendimus in* **quaestione de creatione**';

ibid. (Ann Arbor 201 f.103rb; Ed. Paris. T.XXXV p.652a): '*sufficienter responsum est in* **quaestione de tempore et aeternitate**';

ibid. (Ann Arbor 201 f.103va; Ed. Paris. T.XXXV p.653b): '*ut supra in* **quaestione de creatione** *expeditum est*';

ibid. a.2 (Ann Arbor 201 f.104ra; Ed. Paris. T.XXXV p.657a): '*hoc supra determinatum est in* **quaestione de operibus sex dierum**';

ibid. q.81 a.2 (Ann Arbor 201 f.104va; Ed. Paris. T.XXXV p.660a): '*quia multa supra in* **quaestionibus de anima** *et in* **quaestionibus de caelis** *de hac materia disputata sunt, sufficiant praedicta.* (...) *animam appellavit illa ratione quae assignata est in* **quaestione de caelis**';

ibid. a.3 (Ann Arbor 201 f.104vb; Ed. Paris. T.XXXV p.661a): '*de his plura dicta sunt in* **quaestione de operibus sex dierum**'.

b) auf *De incarnatione*:

> *De homine* tr.1 q.73 a.2 partic.1 (Ann Arbor 201 f.96va; Ed. Paris.
> T.XXXV p.609b): '... *prima est unibilitas ad imaginem increatam, quae in*
> **quaestionibus de incarnatione** *determinata est*';

c) auf *De resurrectione*:

> *De homine* tr.1 q.11 a.2 (Ann Arbor 201 f.19vb; Ed. Paris. T.XXXV
> p.121a-b): '*Et quia de hoc satis disputatum est in* **quaestione de resur-
> rectione** (...), *ideo de his breviter hic nos absolvimus ad utrumque dicentes* (...)
> *sicut ibi determinavimus*';
> ibid. q.76 a.3 (Ann Arbor 201 f.100ra; Ed. Paris. T.XXXV p.632a-b):
> '*Huius autem causa in* **quaestione de resurrectione** *plenius expedietur in
> loco illo ubi quaeretur de termino illo, a quo est resurrectio*' (= Super IV Sent.
> d.43 a.22-23, Ed. Paris. T.XXX p.533b-537b; cf. De resurr. tr.1 q.4,
> Ed. Colon. T.XXVI p.245sq.);
> ibid. tr.2 q.80 a.1 (Ann Arbor 201 f.102rb; Ed. Paris. T.XXXV p.647a):
> '*Sed quia de hoc multum disputavimus in* **tractatu de resurrectione**,
> *propter hoc rationibus supersedemus*';
> ibid. q.80 a.1 (Ann Arbor 201 f.103rb; Ed. Paris. T.XXXV p.652b): '*una
> est responsio, quam etiam posuimus in* **quaestione de resurrectione**,
> *scilicet quod motus caeli in comparatione ad motorem et mobile non habet principi-
> um per generationem nec finem per corruptionem*'.

In *De homine* lassen sich direkte Verweise des Autors auf die von ihm im
Rahmen des Werkes behandelte Frage nach dem Spiegelbild bzw. auf die in
der Abhandlung *De forma resultante in speculo* gestreiften Probleme ausmachen.
Sie werden nachfolgend (ohne Anspruch auf Vollständigkeit) aufgelistet:

> *De homine* tr.1 q.22 (appendix) (Ann Arbor 201: der Text fehlt; Oxford,
> Merton College 0.1.7. [Coxe 283] f.69vb; Paris, BN lat. 18127
> f.170va; Ed. Paris. T.XXXV p.223b): '*Alia autem (ratio) est de formis ap-
> parentibus in speculo, quae non prohibent suas contrarias in eodem speculo appare-
> re. Quod etiam supra tetigimus in* **quaestione de visibili**';
> ibid. (Ann Arbor 201: der Text fehlt; Oxford, Merton College 0.1.7.
> [Coxe 283] f.69vb; Paris, BN lat. 18127 f.170vb; Ed. Paris. T.XXXV
> p.224b): '*bene concedo quod haec oppositio est ad modum pyramidis et trianguli,
> sub quo fit immutatio, sicut supra dictum est in* **priori quaestione**';
> ibid. (Ann Arbor 201: der Text fehlt; Oxford, Merton College 0.1.7.
> [Coxe 283] f.70ra; Paris, BN lat. 18127 f.170vb; Ed. Paris. T.XXXV
> p.225a): '*Quae autem sit causa quod dextra videntur apparere sinistra, determi-
> navimus supra in* **quaestione de visibili**';
> ibid. (Ann Arbor 201: der Text fehlt; Oxford, Merton College 0.1.7.
> [Coxe 283] f.70ra; Paris, BN lat. 18127 f.170vb; Ed. Paris. T.XXXV

p.225a-b): '*sinistra non apparet dextra in speculis planis et convexis illa de causa quam dat Euclides, sed potius quia forma abstracta a re visa per actum luminis apparet in speculo, et sicut separatur, ita imprimitur. Et ideo fit situs imaginis oppositus ad aspicientem, sicut **supra** solutum est*';
ibid. (Ann Arbor 201: der Text fehlt; Oxford, Merton College 0.1.7. [Coxe 283] f.70rb-va; Paris, BN lat. 18127 f.171va; Ed. Paris. T.XXXV p.227a-b): '*dicendum sicut supra quod in veritate formae a luce accipiunt esse spirituale et simplex, et ideo sunt in speculo secundum suas intentiones et non secundum esse materiale, ut **supra** probatum est*';
ibid. (Ann Arbor 201: der Text fehlt; Oxford, Merton College 0.1.7. [Coxe 283] f.70va; Paris, BN lat. 18127 f.171va; Ed. Paris. T.XXXV p.227b): '*In asperis autem propter unam partem obumbrantem aliam non potest esse actus luminis secundum extremitatem perspicui, ut **alibi** dictum est*';
ibid. (Ann Arbor 201: der Text fehlt; Oxford, Merton College 0.1.7. [Coxe 283] f.70va; Paris, BN lat. 18127 f.171va; Ed. Paris. T.XXXV p.227b-228a): '*distantia rei apparet in speculo et oculo sicut et ipsa res, ut supra in **quaestione de visibili** est probatum*';
ibid. q.42 a.1 (Ann Arbor 201 f.55ra; Oxford, Merton College 0.1.7. [Coxe 283] f.88va; Paris, BN lat. 18127 f.203ra; Ed. Paris. T.XXXV p.360a): '*Forma vero secundum se totam comparatur ad speciem et organum ut ad punctum simplex, sicut supra probatum est in **quaestione de visu**'*.

Diese Rückverweise zeugen auch von der Zugehörigkeit der Abhandlung *De forma resultante in speculo* zu der *quaestio de visibili* bzw. *de visu* und schließlich zu dem gesamten Quaestionenkomplex, aus welchem das Werk *De homine* besteht. Etwaige Hinweise darauf, daß die Abhandlung über das Spiegelbild eine eigenständige Schrift darstellt, sind nirgends in den Texten vorhanden.

Was die äußeren Kriterien der Echtheit anbelangt, so sind hier in erster Linie die Zuschreibungen der Handschriften, Zeugnisse der Zeitgenossen sowie entsprechende Bezeugungen der alten Kataloge zu berücksichtigen.

Bei insgesamt 36 Handschriften mit dem vollständigen Text des Werkes wird die Autorschaft Alberts in 28 Textzeugen ausdrücklich bescheinigt; in 4 Handschriften ist das Werk anonym überliefert; in 4 weiteren Handschriften muß der Text ebenfalls als anonym angesehen werden, da in diesen Kodizes eine Zuschreibung fehlt, wobei der Text mit kleinen Verlusten am Anfang (*Incipit*) bzw. am Schluß (*Explicit*) überliefert wird.

Die Zeitgenossen kennen das Werk und den Autor; sie zitieren es mit Namen (z.B. Vinzenz von Beauvais im *Speculum naturale*), oder sie benutzen es meistens stillschweigend (so z.B. Nicolaus von Straßburg in seiner *Summa*). Genaueres darüber wird andernorts – bei der Behandlung der Rezeption des Textes *De forma resultante in speculo* (VII.4) – mitgeteilt werden.

Angesichts der bereits von Anfang an und in der späteren Überlieferung vorhandenen Sicherheit in der Frage nach der Echtheit der Albertschen

Schrift ist es nicht verwunderlich, daß die alten Kataloge der Werke Alberts keinen Raum für Zweifel lassen – sie alle führen *De homine* an[40].

4. TITEL

Die Abhandlung *De forma resultante in speculo* ist, wie schon oben konstatiert, eine Digression innerhalb der von Albert in *De homine* durchgeführten Untersuchung über den Gesichtssinn (*Quaestio* 21 *articulus* 3 *particula* 3)[41]. Da es sich um einen beiläufigen Exkurs handelt, ist nicht zu erwarten, daß Albert sie in der sogenannten *divisio textus*, d.h. in der Texteinteilung am Anfang seiner Untersuchung über den Gesichtssinn (*Quaestio* 21 *De visu ex parte obiecti*) oder etwas später zu Beginn seiner Erörterung über die Farbe als den Gegenstand des Gesichtssinns (*Articulus 3 De coloribus qui sunt obiecta visus in lumine*) ankündigt oder nur erwähnt. Im dritten Teil der zuletzt genannten Erörterung (*Quaestio* 21 *articulus* 3 *particula* 3 *Utrum color tantum sit obiectum visus, quando videt colorem*), nachdem Albert Argumente *pro* und *contra* zu der vorgeschlagenen Antwort auf die Hauptfrage vorgebracht hat, schiebt er dann beiläufig eine weitere, sich in diesem Problembereich stellende Frage nach: *Gratia (etiam) huius quaeritur* **de forma resultante in speculo**, *quae nec color nec lumen esse videtur'*. Der digressionsartige Charakter der an dieser Stelle aufgenommenen und den vorgezeichneten Rahmen der Erörterung sprengenden Frage nach dem Spiegelbild drückt sich in der Einleitung *Gratia (etiam) huius* aus. Ein lockerer äußerer Zusammenhang dieser Digression mit der Hauptfrage ist offenkundig. Die in der Digression formulierte Frage ist präzise, so daß sie gleichsam ihr Titel sein kann und ist. Seinen quaestionenförmigen Werken oder einzelnen Teilen derselben setzt Albertus generell keine anderen Titel (Überschriften) voran als die Fragestellung selbst, der gewöhnlich eine Textdisposition (Texteinteilung) folgt[42]. Die Digression bleibt das, was sie als solche im konkreten Fall kennzeichnet, d.h. sie ist ein Bestandteil der Erörterung über die Farbe als den Gegenstand des Gesichtssinns. Der Autor hat sie im voraus nicht eingeplant und in der *divisio textus* nicht genannt. Er hat sie auch nicht in besonderer Weise von ihrem unmittelbaren Sachkontext abgegrenzt. In einigen wenigen Handschriften des

---

[40] Cf. B. Geyer, *Der alte Katalog der Werke*, 399sq. (2sq.), 405 (8). P. Simon, *Ein Katalog der Werke des hl. Albertus Magnus*, 83.

[41] Die Angaben über die formale Gliederung des Werkes *De homine* in *quaestio*, *articulus* und *particula* erfolgen hier nach den unkritischen Druckausgaben von P. Jammy und S.C.A. Borgnet.

[42] Cf. H. Anzulewicz, *Kodex Paris BN nouv. acq. lat. 1242 und «De quiditate et esse» des Albertus Magnus (?)*, 265 mit Anm.34.

Textes *De homine* – sie wurden oben bei der Behandlung der Genese der Doppelüberlieferung genannt – kommt es vor, daß der Anfang der Digression am Rande mit dem Vermerk – gleichsam dem Titel – '*de forma resultante in speculo*' angezeigt wird. Dieser Randvermerk entspricht dem, was Albert in der Fragestellung seiner Digression als Gegenstand der Erörterung benannt hat. Der aus der Fragestellung eruierte Vermerk kann somit als der eigentliche Titel der Abhandlung angesehen werden.

Wenn Albert in *De homine* Bezug auf den Text der Abhandlung *De forma resultante in speculo* nimmt, spricht er, wie gesagt, von seiner „Quaestio de visibili (de visu)" bzw. allgemein von seinen früheren Ausführungen ('*supra*' oder '*alibi*'). Nirgendwo konnte in *De homine* und auch nicht in den späteren Schriften des Doctor universalis eine explizite Nennung der Abhandlung vom Spiegelbild ermittelt werden, obwohl es zu diesem Text mehrere Parallelen gibt, wie beispielsweise in *De anima* oder in *De sex principiis*.

Zwei der ältesten Handschriften der eigenständigen Textradition nennen für die Abhandlung keinen eigentlichen Titel. Es sind die Hss. *Berlin, SBPK fol. 456* und *Paris, BN nouv. acq. lat. 1242*. Die übrigen Kodizes geben verschiedene Titel – sei es in der Überschrift, sei es im Kolophon – an, wobei im Titel oft auch das literarische Genus inbegriffen ist. Diese Titelangaben spiegeln relativ deutlich die Abhängigkeitsverhältnisse der Handschriften untereinander wider. Es können auf diese Weise Gruppen von Handschriften ermittelt werden, die den Text mit mehr oder weniger gleichem Titel überliefern, der für bestimmte Textraditionen kennzeichnend zu sein scheint[43]:

'*Tractatus de forma resultante in speculo*' (Brugge, Stadsbibl. 485; Clm 453; Pommersfelden 262; Princeton, Univ. Libr., R. Garrett Collection 95; Borgh. 114);

'*Tractatus (...) de forma sive ymagine resultante in speculo*' (Nancy, Bibl. Publique 1088; Paris, BN lat. 2598);

'*Tractatus (...) de ymagine relucente in speculo*' (Praha, Národní Knihovna X H 12; Wien, ÖNB 2303);

'*Tractatus questionum (...) super formis in speculis apparentibus*' (Incipit) bzw. '*Tractatus (...) de rationibus speculorum*' (Kolophon) (Paris, BN lat. 10260; Roma, BNC, Vitt. Eman. 2548; Vat. lat. 2975; Vat. lat. 11482);

'*Liber de forma speculi*' (Ottob. lat. 1814) ;

'*Questio de speculo*' (El Escorial, Bibl. del Monasterio de San Lorenzo & III 8).

---

[43]   Für die vollständigen Angaben s. Teil II.1 dieser Arbeit (Beschreibung der eigenständigen handschriftlichen Tradition).

Die Freiheit und die Formvielfalt in der Benennung der Abhandlung im Titel bzw. in der Überschrift, denen man in den oben genannten Handschriften begegnet, sprechen dafür, daß der ursprüngliche Text, der sich aus einer Digression herleitet, keinen eigentlichen Titel führte und daß dieser sich erst mit der literarischen Verselbständigung dieser Digression zu einer eigenständigen optischen Abhandlung und mit ihrer handschriftlichen Verbreitung entwickelt hat.

5. ORT UND ZEIT DER ABFASSUNG

Alberts Leben, Werk und Wirkung bleiben nach wie vor ein wichtiges Anliegen der historischen und systematischen Forschung. Die bisherigen Kenntnisse über Biographie und Werk des Doctor universalis sind unzulänglich. Eine der Grundlagen und Quellen für die Gewinnung von neuen Erkenntnissen in diesem Bereich sind seine Schriften. Deshalb ist es auch die Aufgabe der kritischen Ausgabe der Werke dieses Autors, die näheren Umstände der Redaktion – Ort und Zeit – der jeweils zu edierenden Schrift zu bestimmen.

Die Abhandlung *De forma resultante in speculo* wurde im Rahmen des Werkes *De homine* als dessen Bestandteil redigiert. Ihren Abfassungsort und ihre Abfassungszeit zu bestimmen heißt, Abfassungsort und -zeit von *De homine* zu ermitteln. Die Frage nach dem Zeitpunkt, wann die eigenständige Überlieferung der Digression über das Spiegelbild ihren Anfang nimmt, hat eine zweitrangige Bedeutung. Eine genauere Zeitbestimmung ist hierfür auch nicht möglich, da man auf äußere Kriterien, die vorerst keine präzisen Aussagen zulassen, angewiesen ist. Aufgrund des geschätzten Alters der frühesten Handschriften von *De forma resultante in speculo* steht nur so viel fest, daß die ersten Abschriften der Abhandlung schon in der zweiten Hälfte des 13. Jh. im Umlauf waren.

In Fachkreisen wird fast einhellig und, weil alle Anzeichen dafür sprechen, zu Recht angenommen, daß Albert *De homine* in Paris geschrieben hat[44]. Eine Ausnahme sind die Überlegungen von M.H. Laurent[45], durch die sich É. Gilson[46] zur Aufgabe seiner früheren Position[47] verleiten ließ, sowie

---

[44] Cf. B. Geyer, *Ad Summam Alberti Magni De bono Prolegomena*, p.IX (mit n.11).

[45] M.H. Laurent, *Les grandes lignes*, 257. Cf. M. Schooyans, *Recherches sur la distinction*, 5sq.

[46] É. Gilson, *History of Christian Philosophy*, 286, 668 (Anm.2). Cf. M. Schooyans, l. c.

[47] É. Gilson, *La philosophie au moyen âge*, 510: Paris, ca. 1245-1250. Ph. Böhner/É. Gilson, *Christliche Philosophie*, 451: „*Summa de creaturis* (...) 1240-1243 verfaßt".

die Ansicht von A. Fries[48], wonach die *Summa de creaturis* gegen Ende der 20er bzw. in den 30er Jahren, bevor Albert sich nach Paris zum Graderwerb begeben hat, entstanden wäre. Direkte Angaben über den Abfassungsort sind in *De homine* selbst nicht enthalten. Die Erwähnung der italienischen Stadt Padua (*civitas Paduana*) erlaubt keine Rückschlüsse in bezug auf die hier anstehende Frage[49]. Die Benutzung zahlreicher und breit gefächerter Quellenliteratur setzt voraus, daß der Autor einen unmittelbaren Zugang zu einer ungewöhnlich gut ausgestatteten Bibliothek hatte. Eine der ältesten Handschriften des Werkes – Paris, BN lat. *18127* – wurde im Pariser Dominikanerkonvent St. Jacques angefertigt. Sie enthält zudem einen Hinweis auf Pecien (f.144rb). Zwei weitere Abschriften von *De homine*, die im 13. Jh. in Paris hergestellt sind – Berlin, SBPK lat. qu. *586* und *Paris, Bibl. Mazarine 875* –, weisen direkte Pecien-Vermerke auf. Die Pecienhandschriften gehen auf ein Exemplar zurück, d.h. auf eine offizielle Universitätsausgabe der Schrift, den Ursprung der Universitätsüberlieferung[50]. Somit ist also gesichert, was in der bisherigen Forschung kaum Beachtung fand, daß Alberts Schrift *De homine* durch die Pariser Universität offiziell mittels eines Exemplars verbreitet wurde. Den Gepflogenheiten des Pariser Universitätsbetriebs würde es durchaus entsprechen, wenn Albert selbst eine Kopie des Werkes bei dem *stationarius* hinterlegt hätte. Aufgrund dessen, daß eine Pariser Universitätsüberlieferung des Werkes vorhanden ist und daß die ältesten Handschriften größtenteils Pariser Provenienz sind, zudem zumindest eine Handschrift aus der Mitte des 13. Jh. auf den Konvent St. Jacques – jenen Ort, wo Albert zu dieser Zeit gelebt und gewirkt hat – zurückgeht, ist mit an Sicherheit grenzender Wahrscheinlichkeit zu schließen, daß Albert sein Werk *De homine* in der Seinemetropole, dem damaligen geistigen Mittelpunkt des Abendlandes, redigiert hat.

Eine andere als die von uns vorgestellte Auffassung über den Ort und die Zeit der Abfassung der Frühwerke des Albertus Magnus vertrat, wie schon erwähnt, A. Fries. Er nimmt an, daß Albert die Schriften *De natura boni, De sacramentis, De incarnatione, De resurrectione, De IV coaequaevis* und *De homine* in Deutschland, bevor er nach Paris zum Graderwerb ging, verfaßt hat[51]. Al-

---

[48]   A. Fries, *Hat Albertus Magnus in Paris studiert?*, 417sq.

[49]   Albertus Magnus, *De homine* q.10 a.5 (Ann Arbor 201 f.19va; Ed. Paris. T.XXXV p.119b): '*non est inconveniens, quin hoc accidat quibusdam hominibus et praecipue mulieribus, si fuerint immobiles secundum locum, quemadmodum in civitate Paduana abstinuit quaedam xl^a diebus*'.

[50]   Cf. J. Destrez, *La Pecia*. G. Fink-Errera, *Une institution*.

[51]   A. Fries, *Hat Albertus Magnus in Paris studiert?*, 417sq.; id., *Prolegomena*, in: Albertus Magnus, *Quaestiones*, p.XXIV v.59-62, p.XXVI v.56-58. Zuvor sprachen sich O. Lottin und M. Schooyans für die Zurückdatierung der Schriften *De sacramentis, De incarnatione* und *De resurrectione* in die deutsche Lektoratsperiode vor dem Pari-

lerdings setzte Fries einen ersten Studienaufenthalt Alberts in Paris bald
nach dem Noviziat und der theologischen Grundausbildung („wahrscheinlich" zu Köln) voraus[52]. Eine stichhaltige Begründung für eine derartige
Korrektur der Chronologie des Lebens und der Werke Alberts gibt es jedoch
nicht. A. Fries stellt Vermutungen an, die quellenhistorisch nicht bestätigt
werden können. Es gibt keine ersichtlichen oder zwingenden Gründe, auch
keine Anhaltspunkte für die Annahme von zwei Studienaufenthalten Alberts
zu Paris. Die von A. Fries vertretene Auffassung von der Notwendigkeit
einer Zurückdatierung der Abfassung von Alberts Frühwerken in die Zeit
vor dessen erster Lehrtätigkeit an den deutschen Konventsstudien, d.h. vor
1240, ist mit dem jetzigen Kenntnisstand unvereinbar. Schon allein die
Tatsache, daß *De homine*, aber auch das unmittelbar davor redigierte Werk
De IV coaequaevis, mittels der Institution der *Pecia* verbreitet wurde, spricht
eindeutig für Paris und die Pariser Universität als den Abfassungsort dieser
beiden Werke. Daß Martin von Brandenburg im *Incipit* seiner Kompilation
aus *De homine* (einschließlich *De IV coaequaevis* und *De resurrectione*) Albert als
„Lektor" bezeichnet hat, beweist noch nicht, daß Martin ein Hörer des
Lektors Albertus an einem deutschen Konventsstudium gewesen ist. Der von
Martin verwendete Begriff „Lektor" entspricht durchaus der Funktion Al-
berts im Lehrbetrieb des Ordens, die er auch im ordenseigenen und mit der
Universität verbundenen Studienbetrieb an St. Jacques zu Paris vor dem
Beginn seiner Vorlesungen über die Sentenzen des Lombarden und vor der
Erlangung der Magisterwürde (Frühjahr 1245) ausübte. Die Ausdrucksweise
Martins fügt sich zudem in die Sprache und die Mentalität des Ordens ein;
sie muß keine präzise Aussage über die rechtlich-formale Stellung Alberts im
Lehrbetrieb (Amtsbezeichnung) intendiert haben[53]. Es spricht nichts dage-
gen, die Bezeichnung „Lektor" auf Alberts didaktische Tätigkeit im Pariser
Konvent St. Jacques vor seiner Promotion zu beziehen. Der Auffassung von
Fries hat sich bisher – soweit bekannt – keiner der Fachgelehrten ange-
schlossen. Einen Studienaufenthalt Alberts in Paris unmittelbar nach seinem
Eintritt in den Orden hat J.A. Weisheipl ausdrücklich ausgeschlossen[54].

Eine Datierung der meisten Werke des Doctor universalis ist, wie gesagt,
nur im Rahmen einer relativen Chronologie möglich[55]. Für den Anthropo-

---

ser Aufenthalt Alberts aus. Cf. O. Lottin, *Saint Albert le Grand et l'Ethique à Nicomaque*, 623 Anm.39; M. Schooyans, *Recherches sur la distinction*, 8sq.

[52]   A. Fries, *Albertus Magnus*, 125. Id., *Hat Albertus Magnus in Paris studiert?*, insb. 417,
421, 425-427. Id., *Prolegomena*, p.XXIV v.59-62, p.XXVI v.56-58.

[53]   Cf. W.P. Eckert, *Albertus Magnus und das Studium generale der Dominikaner*, 27sq., 26.
J. Verger, *Lector*.

[54]   J.A. Weisheipl, *Albert der Große*, 16.

[55]   Siehe oben Kap. I.2.

logieentwurf *De homine* konnte ebenfalls keine genaue Abfassungszeit ermittelt werden. In der relativen Chronologie läßt sich diesem Frühwerk dennoch ein gesicherter Platz zuweisen. Es steht fest, daß Albert *De homine* unmittelbar nach der vollendeten Redaktion von *De IV coaequaevis* verfaßt hat. Dies geht vor allem aus seinen vielfachen Absichtserklärungen in *De IV coaequaevis* und aus den Rückverweisen in *De homine* und in *De bono* auf seine bereits geschriebenen Werke hervor. In *De IV coaequaevis* teilt er mit, daß die '*quaestiones de anima*' bzw. der '*tractatus de anima*' seine nächste Abhandlung sein werde[56]. Diese Festlegung hat Albert am Schluß von *De IV coaequaevis* (q.73 a.9) noch einmal bekräftigt[57]. Daß er diesen Plan tatsächlich ausgeführt hat, wird auch dadurch bestätigt, daß *De IV coaequaevis* sein meistzitiertes Werk in *De homine* ist. Die vollendete Abfassung von *De IV coaequaevis* ist also der *terminus a quo* für den Beginn der Redaktion von *De homine*. Als Albert *De bono* zu redigieren begann, war *De homine* bereits vollendet, da er auf dieses Werk zum ersten Mal und mit Abstand am häufigsten in *De bono* verweist[58]. Mit dem Beginn der Abfassung von *De bono* wird der *terminus ad quem* für *De homine* markiert. Darüber hinaus steht fest, daß *De bono* vor dem Sentenzenkommentar Alberts geschrieben wurde[59]. Nach den eingehenden Untersuchungen zur Chronologie der Frühwerke Alberts von O. Lottin hat Albert um 1243-1244 mit der Redaktion des Sentenzenkommentars begonnen und vor 1246 die Bücher I, III und II (in der angegebenen Reihenfolge) fertiggestellt[60]. Demnach müßte die Abfassungszeit von *De IV coaequaevis*, *De homine* (= *Summa de creaturis*) und *De bono*, aber auch von *De sacramentis*, *De incarnatione* und *De resurrectione* vor 1243 angesetzt werden. Die relative Chronologie der drei zuletzt genannten Schriften wurde in großen Zügen in den *Prolegomena* zu der kritischen Ausgabe dargelegt[61]. Sie wurde in bezug auf *De incarnatione* und *De resurrectione* durch O. Lottin präzisiert. Durch die Analyse der Querverweise Alberts hat Lottin ermittelt, daß Albert mit der Abfassung der beiden zuletzt genannten Schriften erst nach der Vollendung der Quaestio 61

---

[56]   Cf. die in diesem Kapitel Abschnitt „3. Die Echtheit" angeführten Textstellen von *De IV coaequaevis*, an denen Albert vom '*Tractatus* (bzw. von '*quaestiones*') *de anima*' oder schlechthin von seiner Untersuchung '*de homine*' im Futur spricht.

[57]   '*Consequenter antequam de homine quaeratur, quaerendum est de his operibus (sex dierum) in communi*' (*Oxford, Merton College 0.1.7.* [*Coxe 283*] f.37va; *Paris, BN lat. 18127* f.112ra; Ed. Paris. T.XXXIV p.760a-b).

[58]   Cf. Albertus Magnus, *De bono*. Ed. Colon. T.XXVIII (1951) p.X (B. Geyer, *Prolegomena ad Summam Alberti Magni De bono*); ibid. p.312 (Index auctorum). O. Lottin, *Psychologie et morale*, VI, 267.

[59]   Cf. B. Geyer, *Prolegomena ad Summam Alberti Magni De bono*, p.XI-XIII.

[60]   O. Lottin, l. c. 283, 265sqq. Id., *Saint Albert le Grand et l'Ethique à Nicomaque*, 623.

[61]   W. Kübel, *Prolegomena*, p.VI-X.

von *De IV coaequaevis* begonnen hatte[62]. Die Forschungsergebnisse von Lottin werden insofern durch die Sachlage in *De homine* bestätigt, als Albert in diesem Werk auf seine zurückliegenden Ausführungen in *De incarnatione* und *De resurrectione* verweist. Insgesamt vier solcher ausdrücklichen Rückverweise wurden oben (III.3) angegeben. In einem dieser Fälle weist Albertus auf seine geplante, noch nicht abgefaßte Abhandlung über die Auferstehung (*quaestio de resurrectione*) hin, und zwar auf die Untersuchung über den heilsgeschichtlichen Status des Menschen als der Ausgangssituation (*terminus a quo*) seiner Auferstehung:

> *De homine* tr.1 q.76 a.3 (Ann Arbor 201 f.100ra; Ed. Paris. T.XXXV p.632a-b): '*Huius autem causa in* **quaestione de resurrectione** *plenius ex-* **pedietur** *in loco illo ubi* **quaeretur de termino illo, a quo est resur-** **rectio**'.

Der Wortlaut von Alberts Aussage ist textkritisch als gesichert anzusehen: außer in der Handschrift *Ann Arbor 201* wird er in der oben zitierten Form auch durch die Handschrift *Berlin, SBPK lat. qu. 586* f.299va bezeugt, während die Handschrift *Oxford, Merton College 0.1.7.* [*Coxe 283*] f.38va ihn entstellt: '*Huius autem causa in* **quaestione de resurrectione** *plenius expeditur in illo loco, a quo est* (*erit* corr. in marg.) *resurrectio*'. In der von W. Kübel kritisch edierten Schrift *De resurrectione* findet sich in der Tat eine Abhandlung über den *terminus a quo* und den *terminus ad quem* der Auferstehung (*De resurr.* tr.1 q.4 *De terminis resurrectionis*, Ed. Colon. T.XXVI p.245sq.). Dennoch kann diese in *De homine* von Albert nicht gemeint sein, da unser Autor in seinem Anthropologieentwurf zuvor einmal (q.11 a.2) und später noch zweimal (q.80 a.1) *De resurrectione* als ein schon verfaßtes Werk erwähnt. Die Erklärung des Futurums in dem Verweis auf die *quaestio de resurrectione* kann, wie es scheint, nur die sein, daß Albertus auf die in seinem Kommentar zum IV. Sentenzenbuch des Lombarden noch bevorstehende Behandlung der Frage hinweist. Tatsächlich hat er sich einige Jahre später mit dem *terminus a quo* der Auferstehung in *Super IV Sent.* d.43 a.22-23 (Ed. Paris. T.XXX p.533b-537b) beschäftigt.

Die absolute Chronologie von *De homine* und von den zwei zeitlich diesem Werk am nächsten liegenden Schriften könnte in Anlehnung an die relative Chronologie der Frühwerke annähernd wie folgt bestimmt werden: *De IV coaequaevis* um 1241, *De homine* um 1242, *De bono* um 1243[63]. Die Annahme

---

[62] O. Lottin, *Psychologie et morale*, VI, 268sq.

[63] Cf. H. Anzulewicz, *Editio Coloniensis*, 239. R.A. Gauthier, *Préface*, in: Thomas de Aq., *Sentencia libri de anima*, p.256*sq.; id., *Le traité «De anima et de potenciis eius»*, 19; id., *Notes sur Siger de Brabant*, I, 214; id., *Préface*, in: Thomas de Aq., *Sentencia libri de sensu et sensato*, p.89*.

von Fr. Pelster[64] und V. Doucet[65], auf die B. Geyer zurückgegriffen hat, daß die Werke *De IV coaequaevis* und *De homine* (*Summa de creaturis*) sowie auch *De bono* das Ergebnis bzw. die schriftliche Fassung von Alberts magistralen Disputationen an der Pariser Universität seien[66], erweist sich somit als nicht zutreffend. Denn wie oben festgehalten ist Albert erst im Frühjahr 1245 Magister der Theologie geworden.

6. HEBRÄISCHE ÜBERSETZUNG

Die Albertus-Forschung muß sich künftig einem ihrer Sonderbereiche – den mittelalterlichen Übersetzungen der lateinischen Werke des Albertus Magnus in andere Sprachen – zuwenden. Dieser in vieler Hinsicht wichtige Komplex fand in der neueren Forschung, abgesehen von einigen Ausnahmen, kaum Beachtung[67]. Die Durchführung einer Bestandsaufnahme wäre naturgemäß die erste Aufgabe in diesem Bereich. Eine möglichst vollständige Erschließung der Übersetzungen der Werke Alberts würde dabei einen Beitrag zu dessen Wirkungsgeschichte leisten. Vor allem die ältesten mittelalterlichen Übersetzungen können sich auch als eine wichtige Informationsquelle über textgeschichtliche und -kritische Fragen erweisen. Eine Übersetzung erlaubt Rückschlüsse auf ihre lateinische Vorlage, was unter Um-

---

[64] Fr. Pelster, *Kritische Studien zum Leben und zu den Schriften Alberts des Großen*, 128; cf. id., [Besprechung:] Lottin, O., *Notes sur les premiers ouvrages théologiques d'Albert*, 129.

[65] V. Doucet, *Prolegomena im librum III necnon in libros I et II «Summae fratris Alexandri»*, p.CCXXXVIb sq.

[66] Cf. B. Geyer, *Prolegomena ad Summam Alberti Magni De bono*, p.IX: 'Quas ex disputationibus in universitate Parisiensi ab Alberto magistro habitis ortas esse verisimile est'.

[67] Cf. B. Schnell, *Steinbuch der Salzburger Hs. M. III 3*, 255f; id., *Zur deutschsprachigen Rezeption der naturkundlichen Schriften des Thomas von Cantimpré und Albertus Magnus*, 428f. Im Repertorium der Albertus-Magnus-Handschriften von W. Fauser werden grundsätzlich keine Übersetzungen der Werke Alberts berücksichtigt. Die Nennung der Übersetzungen (bzw. Teilübers.) von *Meteora* (zwei dt. und 6 ital.), *Mineralia* (eine isländische und eine ital.), *De animalibus* (eine franz. und zwei ital.) sowie Hinweise auf Übersetzungsliteratur (dt. Übers.) zu *De animalibus*, *De mysterio missae* und *De corpore domini* ist eine Ausnahme. Das unkritische Repertorium von M. Weiß enthält zwar vielfach Angaben über Übersetzungen, aber hier müssen erst die authentischen von den unechten Schriften getrennt werden. Auf armenische Übersetzungen von theologischen Werken Alberts haben M. Grabmann (*Der hl. Albert d. Gr.*, 4) und M.-A. van den Oudenrijn (*Un florilège arménien*; *Das «Buch Albert» in der arm. Lit.*; *Der Apokalypsekommentar des hl. Albert*) aufmerksam gemacht. Doch erweisen sich die im Armenischem unter dem Namen des Albertus laufenden Schriften als Pseudepigrapha.

ständen von Relevanz bei der kritischen Erstellung eines Textes, der heute handschriftlich schwach bezeugt wird, sein kann. Von einer lückenlosen Bestandsaufnahme und ihrer systematischen Erforschung darf ferner erwartet werden, daß manche der ungeklärten Fragen in bezug auf den Werkkatalog, die Echtheit, die Chronologie in neuem Licht erscheinen würden. Der hier zu behandelnde Fall der hebräischen Übersetzung von *De forma resultante in speculo* kann solche Erwartungen in gewissem Maße bestätigen.

Soweit sich gegenwärtig überblicken läßt, sind die ersten Auskünfte über die hebräischen Übersetzungen des Werkes des Doctor universalis in den ältesten Bibliothekskatalogen der hebräischen Handschriften zu suchen. Solche Bibliothekskataloge, aber auch und vor allem die neueren, müßten erst systematisch erfaßt und durchgesehen werden. Doch können schon jetzt Hinweise auf einige Autoren gemacht werden. J.Chr. Wolf (18. Jh.) erwähnt eine hebräische Übersetzung der Physik des Albertus[68]. A.M. Biscioni, J.B. De Rossi, D. Oppenheimer und P. Perreau verzeichnen in ihren Handschriftenkatalogen der Bibliotheken von Firenze, Parma, Oxford die Handschriften mit den hebräischen Übersetzungen mehrerer Schriften Alberts[69]. In seiner Monographie über die Rezeption des Schrifttums von Thomas von Aquin in der jüdischen Literatur hat A. Jellinek (1820-1893) neben den hebräischen Übersetzungen der Werke des Aquinaten auch Übersetzungen der Schriften Alberts des Großen verzeichnet[70]. M. Steinschneider (1816-1907) hat anhand seiner umfassenden und exakten Studien der hebräischen Handschriften und der Handschriftenliteratur die bis heute gültige Liste der hebräischen Übersetzungen der Werke Alberts zusammengestellt[71]. Dieses Verzeichnis, das offenbar in der Albertus-Forschung kein größeres Interesse erweckt hat[72], enthält insgesamt 8 (bzw. 9) Übersetzungen von verschiedenen

---

[68] J.Chr. Wolfius, *Bibliotheca Hebraea*, III, 89 (zitiert nach F. Pangerl, *Studien über Albert*, 320 Anm.8).

[69] Cf. M. Steinschneider, *Die hebräischen Übersetzungen des Mittelalters*, 494.

[70] A. Jellinek, *Thomas von Aquino*, 17: „Verzeichniss der in's Hebräische übersetzten Schriften von Albertus Magnus und Thomas von Aquino". Es werden folgende Schriften – die Abhandlung *De forma resultante in speculo* an erster Stelle – genannt: (1) *de forma visionis*; (2) *de causis*; (3) *de anima*; (4) *de spiritu brutorum*; (5) *summa philosophiae naturalis*; (6) *de gemmis*. Als Übersetzer gibt Jellinek für die vier ersten Schriften „Jehuda Romano", für die fünfte Schrift „R. Abraham" und für die letzte „Abraham Portaleone" (gest. 1612) an; cf. ibid., 14.

[71] M. Steinschneider, l. c. 494sq. § 303; cf. ibid., 265 § 142, 465sq. § 277.

[72] Hebräische Übersetzungen werden bei Fr. Pangerl (*Studien über Albert*, 320), G. Sermoneta (*Dall'ebraico in Latino*, 163sq.), A. de Libera (*La philosophie médiévale*, 233) erwähnt. Der 1992 vorgelegte Beitrag von J.-P. Rothschild (*Un traducteur Hébreu*) – die kritische Edition der von Jehudàh ben Dani'èl ben Mosèh Romano angefertigten hebräischen Übersetzung von *De causis et processu universitatis a prima*

kleineren Textstücken aus dem Schrifttum des Albertus[73]. Der Übersetzer
der meisten von Steinschneider verzeichneten Texte ist Jehudàh ben Dani'èl
ben Mosèh Romano (geb. vor 1300)[74].
Unter den hebräischen Übersetzungen führt Steinschneider einen Text
an, den er als „Ueber die Figur (das Bild) im Spiegel (ob sie existirt)" bezeichnet[75]. Eigene Nachforschungen haben ergeben, daß es sich hierbei um
den hebräischen Text von Alberts lateinischer Abhandlung *De forma resultante
in speculo* – „Über das Spiegelbild" – handelt. Er ist in den folgenden drei
Handschriften überliefert: *Firenze, Biblioteca Medicea Laurentiana Pl. I. C.
22*; *Oxford, Bodleian Library Opp. 1666 Qu. f. 55*; *Parma, Biblioteca Palatina 2629 (De
Rossi 315)*. Nachdem die Reprographien der drei Handschriften besorgt
werden konnten, wird die kritische Edition der Übersetzung vorbereitet[76].
Der erste Vergleich der hebräischen Übersetzung mit der gesamten Überlieferung der Abhandlung *De forma resultante in speculo* hat gezeigt, daß der Übersetzung von Jehudàh ben Dani'èl ben Mosèh Romano eine lateinische
Handschrift der eigenständigen Tradition (*Φ*) der Abhandlung zugrunde
liegt. Die für die eigenständige Überlieferung des Textes spezifischen Lesarten und Homoeoteleuta sind in der Übersetzung feststellbar. Eine genauere
Auswertung des textkritischen Befundes erlaubt es, die lateinische Vorlage
der Übersetzung der ersten Handschriftenfamilie von *Φ* (*Vb, Q, A, Wi, 2*)
zuzuordnen[77]. Der Text dieser Vorlage stimmt zudem mit dem der Vatikanischen Handschrift *Vb* (*Ottob. lat. 1814*) weitgehend überein. Die durch die
hebräische Übersetzung gewonnenen Erkenntnisse über ihre lateinische

---

causa II, 3, 2 des Albertus Magnus – hat gleichsam eine kritische Ausgabe des
Albertus Semitico-Latinus initiiert. Dennoch rekurriert keiner der genannten
Autoren auf die grundlegende Arbeit von M. Steinschneider.

[73] (1) „Commentar zu De anima lib. III"; (2) „Ueber die Figur (das Bild) im Spiegel
(ob sie existirt)"; (3) „Über Geist und Seele der unvernünftigen Tiere"; (4)
„Erläuterung der Grade des Intelligibeln und seines (ihres) Unterschiedes"; (5)
„Vom Intelligibeln und der Intelligenz"; (6) „de Anima"; (7) „Die Form ist verschieden von der Beschreibung des Dinges" – die drei letzten Stücke sind wohl
Teile von n.4 (cf. M. Steinschneider, 494sq. § 303); (8) „Fragen" (*Quaestiones* ?),
übers. von Mose Chabib (cf. M. Steinschneider, 466 § 277 n.3). Unter den hebräischen Übertragungen der Werke Alberts befindet sich auch das Pseudepigraph *Philosophia pauperum*, übersetzt von Abraham Schalom ben Isaac, dem jüdischen Gelehrten aus Katalonien (cf. M. Steinschneider, 465 § 277).

[74] Cf. M. Steinschneider, l. c. 489-491 § 300, 263sq. § 142. C. Rigo, *Un'antologia
filosofica di Yehuda b. Mosheh Romano*. H. Greive, *Thomas von Aquin*, 918.

[75] M. Steinschneider, l. c. 495 n.2.

[76] Für dieses Projekt wurde Carsten L. Wilke gewonnen.

[77] Für die Hss.-Familien und Hss.-Siglen der eigenständigen Überlieferung von *De
forma resultante in speculo* cf. unten Kap. IV.1.1.

Vorlage enthalten also qualitativ keine neuen Elemente, die über die bereits
vorgenommene Bewertung der eigenständigen Überlieferung von *De forma
resultante in speculo* hinausgehen würden. Die gegenwärtig erschlossene Textbasis der lateinischen Handschriften bleibt somit unverändert, da wir feststellen, daß die Übersetzung für die Rekonstruktion des Archetyps Φ irrelevant
ist. Sie ist aber für die Wirkungsgeschichte der Abhandlung bedeutsam, weil
sie von einer für das Mittelalter besonderen und bisher nur wenig erforschten Art der Albertrezeption zeugt.

7. DRUCKAUSGABEN

Die Abhandlung *De forma resultante in speculo* liegt gedruckt seit dem Ende
des 15. Jh. in den Textausgaben von *De homine* vor. Eine Edition auf der
Grundlage der eigenständigen handschriftlichen Tradition gibt es bisher
nicht. Nachfolgend werden sämtliche Druckausgaben des Textes in der
Überlieferung des Werkes *De homine* zusammengestellt. Dieses Verzeichnis
enthält Angaben über Ort und Jahr der Drucke sowie Titel, *Incipit* und *Explicit*. Im Anschluß an die Beschreibung der Drucke wird jeweils die wichtigste Literatur hierzu vermerkt. Die textkritische Bewertung der gedruckten
Textausgaben erfolgt im nächsten Kapitel (IV.1.4).

1ª. Venedig 1494: Albertus Magnus, *Summa de creaturis. Pars II. Impressum
Venetiis per Johannem et Gregorium de Gregoriis fratres. Anno salutis 1494. Die .VIII.
Octobris.* Nicht nachweisbar.

Lit.:
GKW, I, 381 n.778a. L. Hain, *Repertorium bibliographicum*, I, 1, 63a n.570
(Hain gibt irrtümlich an: *Anno domini MCCCCXCIIII. die ultimo Septembris
feliciter explicit*, cf. GKW, l. c.). G.W. Panzer, *Annales typographici*, III, 349
n.1758. *S. Thomae de Aquino Opera Omnia.* Ed. Leon. T.XLV,1 (1984) p.256[*].
M. Weiß, *Primordia novae bibliographiae*, 99 n.355.

1. Venedig 1498 (nach dem neuen Stil 1499): *B. Alberti Magni Summa de
Creaturis. Venetiis 1498. Prima Pars Summe Alberti Magni De Quatuor Coequevis una
cum secunda eius que est De homine.* [f.79ra:] *Incipit liber secunde partis summe Alberti
Magni ordinis predicatorum De homine.* [f.194va:] *Explicit Secunda Pars Summe Al-
berti Magni Ratispanensis* (!) *Episcopi De homine. Venetiis Jmpressa Jmpensis domini
Andree Torresani de Asula: arte vero Simonis de Iuere. xvjº februarii 1498 Feliciter* (=
Ed. Veneta 1498). Uns lag vor das Exemplar der Bibl. der Phil.-Theol.
Hochschule der Redemptoristen Geistingen (Hennef/Sieg), versehen mit
einem runden Siegel auf dem Titelblatt: '*Bibl. Prov. C.SS.R. Germ. Inf.*'; frühe-

rer Besitzvermerk ebd.: '*Codex monasterii Sancti mathie apostoli prope treverim ordinis Sancti benedicti*'; darin *De forma resultante in speculo*: f.114ra-115ra.

Lit.:
Alberti Magni Opera Omnia. Ed. Paris. T.I (1890) p.XLVII. BMC, V (1924), 574b. *Catalogue général des livres imprimés*, I, 502 n.183. *Census of Fifteenth Century Books*, 8. J.A. Fabricius, *Bibliotheca Latina*, I, 43b. GKPB, II, 790 n.210133 (gesondert herausgegeben: Albertus Magnus, 35). GKW, I, 381sq. n.779. P. Glorieux, *Répertoire*, I, 63 n.6 (c). L. Hain, *Repertorium bibliographicum*, I, 1, 62sq. n.569. D.C. Lindberg, *A Catalogue*, 17. G.W. Panzer, *Annales typographici*, III, 438 n.2376. M. Pellechet, *Catalogue géneral des incunables*, I, 80sq. n.384. M.-L. Polain, *Catalogue des livres imprimés*, 47 n.87. R. Proctor, *An Index*, 369 n.5621. J. Quétif/J. Echard, *Scriptores Ordinis Praedicatorum*, I, 176b. R. Stauber/O. Hartig, *Die Schedelsche Bibliothek*, 144, 155. S. *Thomae de Aquino Opera Omnia*. Ed. Leon. T.XLV,1 (1984) p.256*. M. Weiß, *Primordia novae bibliographiae*, 99 n.355.

2. Venedig 1519: *Divi Alberti Magni Ratisponensis Episcopi summi peripathetici due partes summe. quarum prima de quatuor coequevis. secunda de homine inscribitur: una cum pulcherrimis additionibus editis ab Excellente artium et medicine doctore Marco Antonio Zimara sanctipetrinate nuperrime castigate ac pristine integritati restitute.* [f.67ra:] *Incipit Liber secunde partis summe Alberti Magni ordinis Predicatorum De homine.* [f.166rb:] *Explicit Secunda Pars Summe Alberti Magni Ratispanensis* (!) *Episcopi De homine. Accuratissime et summa cum diligentia castigata per sollertissimum philosophum Marcum Antonium Zimaram, philosophiam Padue publice profitentem, deo laus et honor adsit. Venetiis mandato et expensis Heredum nobilis viri D. Octaviani Scoti civis Modoetiensis: ac sociorum: Anno a partu virginali salutifero .1519. die ultimo Septembris.* Von uns benutztes Exemplar: München, Bayerische Staatsbibliothek, P. Lat. 27^m; darin *De forma resultante in speculo*: f.97rb-98rb.

Lit.:
Alberti Magni Opera Omnia. Ed. Paris. (1890) T.I p.XLVII. J.A. Fabricius, *Bibliotheca Latina*, I, 43b. GKPB, II, 790 n.210134 (gesondert herausgegeben: Albertus Magnus, 35). P. Glorieux, *Répertoire*, I, 63 n.6 (c). *Index Aurel*. I/A 1, 261 n.102544. J. Quétif/J. Echard, *Scriptores Ordinis Praedicatorum*, I, 176b. S. *Thomae de Aquino Opera Omnia*. Ed. Leon. T.XLV,1 (1984) p.256*. M. Weiß, *Primordia novae bibliographiae*, 99 n.355.

3. Lyon 1651: *B. Alberti Magni, Ratisbonensis Episcopi, Ordinis Praedicatorum, Summa de creaturis, divisa in duas partes, quarum prima est de quatuor coaevis, secunda de homine. Recognita per R.A.P.F. Petrum Iammy, sacrae Theologiae Doctorem, Conventus Gratianopolitani, eiusdem Ordinis.* [Alberti Magni Opera:] *T.XIX. Lugduni,*

sumptibus Claudii Prost, Petri et Claudii Rigaud, frat., Hieronymi Delagarde, Ioan. Ant.
Huguetan. 1651 (= Ed. Lugdun.); darin *De forma resultante in speculo*: p.108a-
111b.

Lit.:
H. Anzulewicz, *Editio Coloniensis*, 237. J.A. Fabricius, *Bibliotheca Latina*, I,
43b, 42a. P. Glorieux, *Répertoire*, I, 63 n.6 (c). W. Kübel, *Jammy*, 864. G.G.
Meersseman, *Die neue Kölner (1951) und die erste Lyoner (1651) Gesamtausgabe*,
102sq., 107-114. J. Quétif/J. Echard, *Scriptores Ordinis Praedicatorum*, I, 176b.
S. Thomae de Aquino Opera Omnia. Ed. Leon. T.XLV,1 (1984) p.256*. R.
Wielockx, *Albertus-Magnus-Institut*, 216.

4. Paris 1896: *B. Alberti Magni, Ratisbonensis Episcopi, Ordinis Praedicatorum,
Opera Omnia. Ex editione Lugdunensi religiose castigata, et pro auctoritatibus ad fidem
Vulgatae versionis accuratiorumque Patrologiae textuum revocata, auctaque B. Alberti vita
ac bibliographia suorum operum a PP. Quétif et Echard exaratis, etiam revisa et locupletata cura ac labore Steph. Caes. Aug. Borgnet, Sacerdotis dioecesis Remensis. Annuente
faventeque Pont. Max. Leone XIII. Vol.XXXV: Secunda pars Summae de creaturis.
Parisiis 1896* (= Ed. Paris.); darin *De forma resultante in speculo*: p.198a-203b.

Lit.:
H. Anzulewicz, *Editio Coloniensis*, 237. A. Birkenmajer, *Zur Bibliographie
Alberts des Großen*, 270-272. P. Glorieux, *Répertoire*, I, 63 n.6 (c). W. Kübel,
Borgnet, 608. D.C. Lindberg, *A Catalogue*, 17. G.G. Meersseman, *Die neue
Kölner (1951) und die erste Lyoner (1651) Gesamtausgabe*, 102. *S. Thomae de Aquino
Opera Omnia*. Ed. Leon. T.XLV,1 (1984) p.256*. R. Wielockx, *Albertus-
Magnus-Institut*, 216.

IV. Textkritik

1. HANDSCHRIFTENFAMILIEN UND IHRE BEWERTUNG

Vorbemerkung

Die Analyse der textkritischen Probleme der gesamten handschriftlichen und gedruckten Überlieferung von *De forma resultante in speculo* steht im Mittelpunkt dieses Teils der Arbeit. Bei der Erörterung der Fragen zum überlieferten Text geht es in erster Linie darum, die Verhältnisse der Handschriften untereinander und deren Übertragungsmodelle – soweit dies möglich und vom Aufwand her vertretbar ist – festzustellen, um gesicherte Erkenntnisse über den Wert der einzelnen Glieder der Texttradition zu gewinnen. Die Beantwortung dieser Fragen ist die Voraussetzung für die Erstellung eines kritischen Textes der Abhandlung. Sie leistet zugleich auch einen Beitrag zur Erforschung des textkritischen Komplexes der Überlieferung von *De homine* des Albertus Magnus. Denn so lange keine Klarheit über die Genese der Schrift „Über das Spiegelbild" herrscht, fehlt für eine kritische Ausgabe von *De homine* – in bezug auf den entsprechenden Textteil – eine sichere handschriftliche Grundlage. Nachdem die Tragweite dieser Frage erkannt wurde, soll hier versucht werden, einerseits den ursprünglichen Text der Abhandlung durch textkritische Analysen der Überlieferung zu restituieren, andererseits den Weg für die kritische Edition von *De homine* freizumachen.

Eine vollständige Kollation sämtlicher Handschriften der eigenständigen Überlieferung von *De forma resultante in speculo* und aller Handschriften mit dem entsprechenden Textteil in der Überlieferung von *De homine* ergab, daß die eigenständige handschriftliche Überlieferung von *De forma resultante in speculo* mit Ausnahme der Handschriften *Nancy, Bibl. Publique 1088 (426)* und *Paris, BN lat. 2598*, die, wie sich jetzt herausstellt, nicht den genuinen Alberttext, sondern den Text der Kompilation des Vinzenz von Beauvais (*Speculum naturale* III, 72-81[1]) tradieren, von einem ihr eigenen Archetyp abstammt und sich nicht direkt aus den Handschriften von *De homine* herleiten läßt. Dieser Archetyp wurde von einer Handschrift von *De homine* angefertigt,

---

[1] Buch- und Kapitelangaben des Werkes gemäß der formalen Gliederung der Baseler Inkunabelausgabe, die Johannes von Amerbach ca. 1486 besorgt hat.

welche in ihrer Textgestalt mit der Handschrift *Oxford, Merton College 0.1.7* (*Coxe 283*) (oder mit einer ihr ähnlichen Textfassung) weitgehend übereinstimmt. Damit diese neugewonnenen Erkenntnisse nachfolgend verdeutlicht werden können, ist es erforderlich, die beiden unterschiedlichen Überlieferungsarten der Abhandlung *De forma resultante in speculo* textkritisch näher zu betrachten. Das Abhängigkeitsverhältnis dieser zwei voneinander verschiedenen Überlieferungsstränge wird im nächsten Schritt durch die Klärung der Relation des Archetyps von *De forma resultante in speculo* zu der handschriftlichen Überlieferung des entsprechenden Textes innerhalb des Werkes *De homine* erörtert.

1.1. Die eigenständige Überlieferung

Die eigenständige handschriftliche Überlieferung von *De forma resultante in speculo* umfaßt nach den Angaben des Repertoriums der Albertus-Magnus-Handschriften 17 Abschriften[2]. Innerhalb dieser Überlieferung nehmen 3 Textzeugen eine Sonderstellung ein, da sie den Alberttext durch die Intervention der Urheber dieser Abschriften bzw. der Kompilation sehr stark verändert wiedergeben. Es ist einerseits der Kodex *El Escorial, Bibl. del Monasterio de S. Lorenzo & III 8* (= E), in dem die Vorlage absichtlich verkürzt und z.T. nur sinngemäß, zum größeren Teil aber sinnwidrig wiedergegeben wird, wodurch der Zeuge für die Texterstellung völlig wertlos ist. Andererseits sind es die zwei bereits erwähnten, von einer gemeinsamen Vorlage abstammenden Kodizes *Nancy, Bibl. Publique 1088 (426)* (= Na) und *Paris, BN lat. 2598* (= Pa). In ihnen wird durch redaktionelle Eingriffe[3] und durch einige Texterweiterungen[4] die originäre Gestalt des Alberttextes nicht nur nicht bewahrt, sondern qualitativ dermaßen umgeformt, daß eine Kollation der beiden Handschriften im Rahmen der ansonsten relativ konsistenten Überlieferung praktisch nicht möglich ist. Die drei Handschriften müssen deshalb unter textkritischem Aspekt gesondert behandelt werden.

Wie schon erwähnt, ist in bezug auf die in den Hss. *Nancy, Bibl. Publique 1088 (426)* und *Paris, BN lat. 2598* vorliegende Textgestalt erst im Verlauf

---

[2]   W. Fauser, *Die Werke des Albertus Magnus*, 269-271.

[3]   Diese äußern sich vor allem in der Aufhebung des ursprünglichen quaestionenförmigen Aufbaus des Werkchens, wodurch Antworten und Ausführungen zu den einzelnen Fragen und Einwänden unmittelbar und nicht erst nach der Formulierung aller Fragen und Einwände in der eigentlichen *solutio* erfolgen.

[4]   Die Texterweiterungen entpuppen sich als Entlehnungen aus dem sog. Appendix zur Quaestio 22 von *De homine*, Ed. Lugdun. T.XIX p.123b-124a; Ed. Paris. T.XXXV p.225a-b.

dieser Untersuchung eine wichtige Erkenntnis hinzugekommen. Bei der
Beschäftigung mit der Rezeption der Abhandlung konnte festgestellt werden,
daß die zwei genannten Kodizes die Kompilation des Vinzenz von Beauvais, *Speculum naturale* (III, 72-81[5]) aus Alberts Abhandlung *De forma resultante
in speculo* (anhand der Tradition des Textes innerhalb von *De homine*) überliefern. Es handelt sich hierbei also nicht um den genuinen Alberttext. Um zu
gewährleisten, daß einerseits der kritische Apparat in der Textedition nicht
überladen, andererseits aber die divergente Textgestalt der Forschung aus
überlieferungsgeschichtlichen Erwägungen nicht vorenthalten wird, wurde
hier die Lösung gewählt, den Text der Abhandlung, so wie er im Kodex *El
Escorial* und in den zwei anderen Handschriften überliefert worden ist, im
Anhang am Schluß dieser Arbeit (Anh. II u. III) zu präsentieren.

1.1.1. Die Siglen der Handschriften von *De forma resultante in speculo* und der
Archetypen der eigenständigen Tradition und der Tradition innerhalb von
De homine

Den Handschriften der eigenständigen Überlieferung wurden Siglen zugewiesen, die in den nachfolgenden Ausführungen sowie im textkritischen
Apparat verwendet werden. Nachstehend listen wir die Handschriften alphabetisch nach Bibliotheksorten und die Hss.-Siglen[6] auf. Für die Archetypen der eigenständigen Tradition der Abhandlung und der Tradition innerhalb von *De homine* wurden Siglen in Form von griechischen Buchstaben
vergeben, die im Anschluß an die erste Auflistung erläutert werden.

A	Berlin, SBPK Ms. lat. fol. 456 f.240ra-vb
Bg	Brugge, Stadsbibliotheek 485 f.161rb-163vb
E	El Escorial, Bibl. del Monasterio de S. Lorenzo & III 8 f.293v-295v
M	München, Bayerische Staatsbibliothek, Clm 453 f.220r-225v
Na	Nancy, Bibl. Publique 1088 (426) f.90r-94r
Pa	Paris, BN lat. 2598 f.136ra-138ra
6	Paris, BN lat. 10260 f.139r-144r
Q	Paris, BN nouv. acq. lat. 1242 f.35rb-37ra
Po	Pommersfelden, Gräfl. Schönbornsche Bibl. 262 (2906) f.97r-135v
2	Praha, Národní Knihovna X H 12 (1990) f.51v-54v
7	Princeton, Univ. Libr. Robert Garrett 95 Bl.157-164 (f.76r-79v)
R	Roma, BNC Vitt. Eman. 2548 (Fondo Gesuitico 419) f.79v-84v
Va	Città del Vaticano, Borgh. 114 f.119vb-120vb

[5] Vgl. oben Anm.1.

[6] Angesichts der großer Zahl der handschriftlichen Textzeugen mußten aus satz-
technischen Gründen die Hss.-Siglen in Form von Buchstabenkombinationen
und arabischen Zahlen gebildet werden.

Vb   Città del Vaticano, Ottob. lat. 1814 f.1r-4v

4   Città del Vaticano, Vat. lat. 2975 f.151v-156v

5   Città del Vaticano, Vat. lat. 11482 f.61r-67r

Wi   Wien, ÖNB 2303 f.53va-54rb

Φ   Archetyp (bzw. Konsens der Hss.) der eigenständigen Tradition von *De forma resultante in speculo*

Ω   Archetyp (bzw. Konsens der Hss.) der Tradition innerhalb von *De homine* (Die Siglen der Hss. des Werkes *De homine* werden weiter unten in diesem Kap., Abschnitt 1.2.1, aufgelistet.)

1.1.2. Die Handschriftenfamilien

Zunächst sei noch einmal darauf hingewiesen, daß nach der Kollation der insgesamt 17 Handschriften der Abhandlung die drei Abschriften: *E, Na, Pa* als in ihrer Textgestalt inkongruent mit den übrigen 14 Textzeugen ausgesondert werden mußten. Sie scheiden für die Texterstellung und den kritischen Apparat aus. Die Begründung dieser Entscheidung, welche im Ansatz schon oben gegeben ist, und eine kurze Charakteristik von *E, Na* und *Pa* erfolgen weiter unten in diesem Kapitel (Abschnitt 1.1.4).

Im allgemeinen ist die eigenständige handschriftliche Überlieferung der Spiegelbildabhandlung *De forma resultante in speculo* in hohem Maße konsistent. Die Ergebnisse der vollständigen Kollation sowohl dieser Tradition als auch des entsprechenden Textes anhand der 35 Abschriften von *De homine* einschließlich der 4 Drucke führen zu der Schlußfolgerung, daß am Anfang der eigenständigen Überlieferung ein Archetyp steht, der hier mit *Φ* bezeichnet wird, welcher aus einer Handschrift, die den Text als Bestandteil des Werkes *De homine* überliefert, hervorgegangen ist. Es ist zudem offensichtlich, daß der Archetyp *Φ* der Oxforder Handschrift *Merton College Library 0.1.7. (Coxe 283)* (= *O*) am nächsten kommt, weil er mit ihr die meisten gemeinsamen Lesarten hat. Ob *O* oder eine andere heute nicht mehr erhaltene (bzw. uns nicht bekannte) Abschrift, die *O* sehr ähnlich war, als Vorlage für *Φ* gedient hat, kann nicht mit letzter Gewißheit entschieden werden. Bevor jedoch diese Frage eingehend behandelt wird, seien die Verhältnisse der Handschriften untereinander im Rahmen der eigenständigen Überlieferung erörtert.

Die eigenständige handschriftliche Überlieferung von *De forma resultante in speculo* besteht aus zwei Handschriftenfamilien: (1) *Vb, Q, A, Wi, 2* und (2) *Po, M, Bg, Va, 7, 4, R, 6, 5*. Die erste Handschriftenfamilie – *Vb, Q, A, Wi, 2* – steht dem Archetyp von *De forma resultante in speculo* am nächsten. Sie ist deswegen von entscheidender Bedeutung nicht nur für die Texterstellung, sondern auch für die Klärung sowohl der Genese der eigenständigen Überlieferung als auch der Genese der Abhandlung überhaupt. Denn unter Berücksichtigung der gesamten Überlieferung von *De forma resultante in speculo* werden erst anhand dieser Handschriften, und insbesondere von *Vb* und *Q*, die wesentlichen Erkenntnisse über das Verhältnis der eigenständigen Überlieferung zur Überlieferung innerhalb von *De homine* gewonnen. Dadurch klärt sich auch das Verhältnis der Abhandlung zum Gesamtwerk *De homine*. Diese handschriftliche Grundlage gewährleistet somit verbindliche Aussagen zu dem bislang kontrovers dargestellten Fragenkomplex um die Genese der Schrift.

Die Abgrenzung der ersten Handschriftenfamilie *Vb*, *Q*, *A*, *Wi* und *2* von der zweiten *Po*, *M*, *Bg*, *Va*, *7*, *4*, *R*, *6* und *5* zeigt die Vorzüge der ersteren auf. Während diese mehr oder weniger geschlossen den genuinen und vollständigen Text von *Φ* verhältnismäßig gut überliefert, fällt die zweite Handschriftengruppe durch verschiedene negative Merkmale der Texttransmission (über 50 abweichende Lesarten, darunter 4 längere Auslassungen) auf. Die Verhältnisse der Handschriften untereinander innerhalb der ersten Familie werden durch eine weitgehende Kongruenz von *A*, *Wi* und *2* (92 gemeinsame Lesarten) bestimmt. Diese Übereinstimmung setzt sich in *Wi* und *2* fort (71 gemeinsame Lesarten). Darüber hinaus weisen *Wi* und *2* noch eine große Zahl von singulären Varianten auf (35 bei *Wi* und 37 bei *2*). Aber auch in *A* finden sich zahlreiche Sonderlesarten (ca. 88). Dieser Sachverhalt ist dahingehend zu interpretieren, daß *Wi* und *2* unabhängig voneinander aus einer gemeinsamen Vorlage hervorgegangen sind und daß diese Vorlage und *A* wiederum von einer ihnen gemeinsamen Vorlage abhängen. *Vb* und *Q* haben sehr wenig (insgesamt 6) gemeinsame Lesungen gegenüber *A*, *Wi* und *2*, aber eine beträchtliche Zahl von Sonderlesarten (58 bei *Q* und 143 bei *Vb*). Trotz dieses Umstandes kommt *Q* und vor allem *Vb* eine Schlüsselfunktion sowohl bei der Texterstellung als auch bei der Lösung des textgeschichtlichen Fragekomplexes zu. Denn diese Handschriften hängen von einer gemeinsamen Vorlage ab, welche einerseits (nach unten) das Modell für *A* und für die Vorlage von *Wi* und *2* war, andererseits (nach oben) vom Archetyp der eigenständigen Überlieferung von *De forma resultante in speculo* (*Φ*) abstammte. Aufgrund der hohen Zahl der singulären Lesarten in *Vb* und *Q* ist anzunehmen, daß die Ableitung vom Archetyp durch eine nicht bekannte Zahl von Zwischengliedern erfolgte, wobei *Vb* ihm wesentlich näher kommt. Die Sonderstellung von *Vb* innerhalb der Gesamtüberlieferung sei nachfolgend genauer erläutert.

Zwar hat die Handschrift *Vb* viele Varianten und Fehler, die in keiner erhaltenen Handschrift vorkommen und welche zum Teil von der Vorlage übernommen oder durch sie verursacht wurden, zum Teil durch die Persönlichkeit des Kopisten erklärbar sind. Aber ungeachtet dessen nimmt *Vb* in der Wertung der eigenständigen Überlieferung von *De forma resultante in speculo* wegen der besonderen Nähe zu dem ursprünglichen und noch nicht

infolge der Transmission entstellten Text den ersten Rang ein. Diese herausragende Stellung von *Vb* zeichnet sich durch ein sehr hohes Maß an exklusi-
ven Übereinstimmungen mit dem genuinem Text des Albertus Magnus aus,
welcher über die Handschriften von *De homine* zu bestimmen ist. Für die
Bewertung von *Vb* und der übrigen Handschriften sind die folgenden Stellen
(die Angaben richten sich nach der Zeilenzählung im kritischen Text, unten
Kap. V), insbes. 171-173 und 182-183, von entscheidender Bedeutung:

2-3 color nec lumen *Vb Ω* (-*X*)
lumen nec color *Φ X*

9 forma *Vb Ω om. Φ*

10 super (supra *Vb O*) speculum
Vb Ω om. Φ

11 falsum *Vb Ω* forma *Φ*

18 omne quod movetur, est *Vb*
Ω movetur *Φ*

18 et *Vb Ω* quod illud *Va om. Φ*

18 in loco² *Vb Ω om. Φ*

22 extremitate *Vb Ω* extremitatibus *Φ*

22 tangentis *Vb Ω* contingentis
Q continentis *A Wi 2* ₉ti^tis
Va contingens *Po M Bg 7 4*
R 6 5

22-23 tantum *Vb Ω* trium *Φ*
tantum trium *Va*

26 erit *Vb Ω transp. ante* nihil *A*
est *Φ*

31-32 Quicquid enim *Vb Q Ω*
quia quicquid *Φ*

35 sit *Vb A Ω* est *Φ*

49 ipso *Vb Ω* speculo *A 7* isto *4*
R 6 5 illo *cet. codd.*

53 lumen *Vb Ω* lucem *Φ*

55 luminis *Vb Ω* lucis *Φ*

56 resultant omnia *Vb Ω inv. Po*
Bg V 7 Q 4 R 6 5 resultant
M resultanis *A Wi 2*

61 speculum *Vb Ω* aspectum *Φ*

77 sub *Vb Q Ω* in *Φ*

91 Secunda *Vb Ω* Secundum *Φ*

109 in primo *Vb Ω om. Φ*

112 ibi *Vb Ω om. Φ*

112 aequi *Vb Q Ω* aequales *Φ*

118 in¹ *Vb Ω* a *Φ om. Wi 2*

118 in² *Vb Ω* a *Φ*

120 hoc *Vb Ω* ergo *Q A Wi 2*
om. Φ

139 et non *Vb Q Ω* quam *Φ*

149 visus *Vb Ω transp. ante* et *Q A*
Wi 2 4 R 6 5 om. Po M Bg V
7

155 tribus modis *Vb Ω transp.*
ante in speculo *Φ*

159 etiam *Vb Ω om. Φ*

169 formam (*transp. post* aliquamdiu *Q*) *Vb Q Ω om. Φ*

170 quandoque] facit (facit *add.*
post tres *Wi 2*) *add. Φ* (-*Vb*)

171-173 quod illa forma non
movetur (quod ... movetur]
om. β²) neque (nec *Vb*) per
se neque (nec *Vb O*) per
accidens, sed semper nova
(nova semper *Vb Q O*) generatur. Ex his (ergo *add. Q*)
patet *Vb Q Ω om.* (*hom.*) *Φ*

180 tangente *Vb Ω* contingente
Φ

182-183 falsum est quod *Vb Q*
Ω om. (*hom.*) *Φ*

189.192 longum ... latum *Vb Ω*
(-*L*) longa ... lata *Φ om.*
(*hom.*) *A 4 R 6 5*

192 in veritate *Vb Ω* in rei veritate *Φ om. Po M*

193 longi ... lati *Vb Ω* longitudinis ... latitudinis *Φ* latitudinis ... longitudinis *Q 4*
R 5

207 cuius *Vb Ω variae deformat Φ*

230 et² *Vb Ω om. Φ O X*

256 vitro *Vb Ω om. Φ*
273 ibi *Vb Ω* in *A om. Φ*
278 facies *Vb Ω transp. ante* semper *Φ*
278-279 angulatum *Vb Ω* angulariter *Q A Po M Bg 4 R 6 5*
   angularis *Wi* angulare *2 7*
   angulata *Va*

292 natum *Vb Q Ω* determina-
   tum *Va* terminatum *Φ*
292 tamen habere (habetur *Vb
   Q) Vb Q Ω* respectu huius *A
   Wi 2* secundum naturam *Po
   M Bg V 7 4 R 6 5*

Anhand dieses Materials wird deutlich, daß der Handschrift *Vb* die führende Rolle innerhalb der eigenständigen Überlieferung von *De forma resultante in speculo* zukommt und daß diese eigenständige Überlieferung vermittels *Vb* sich eng an *Ω* anlehnt. Aufschlüsse darüber gibt uns das besondere Verhältnis von *Vb* zu *O*, das bereits oben erörtert wurde. Es sei bezüglich der ersten Handschriftenfamilie festgehalten, daß ihre Vorlage mit Hilfe von *Vb*, *Q* und *A* grundsätzlich rekonstruierbar ist; sollte dies aber im Einzelfall nicht möglich sein, so sind auch *Wi* und *2* zu berücksichtigen.

Für die zweite Handschriftenfamilie (*Po, M, Bg, Va, 7, 4, R, 6* und *5*) ergibt sich anhand der Kollation ein deutlicheres Bild der Verhältnisse unter den einzelnen Gliedern als bei der ersten Familie (*Vb, Q, A, Wi* und *2*), deren Vertreter sich in ihrer Überlieferung untereinander stärker durch eine Reihe von singulären Lesarten unterscheiden. Dieses Bild ist in gewissem Maße dadurch bedingt, daß die zweite Handschriftengruppe, welche gegenwärtig aus neun Abschriften besteht, besser erhalten ist als die erste Gruppe, für die nur fünf Handschriften nachgewiesen werden können. Es muß angenommen werden, daß in der ersten Gruppe mehrere Zwischenglieder verlorengegangen sind, wodurch die Filiation jetzt undurchschaubar geworden ist. In der zweiten Familie hängen *Po, M* und *Bg* von einer gemeinsamen Vorlage ab, wobei *M* direkt von *Po* abstammt (außer allen Sonderlesarten von *Po* fügt *M* weitere 11 hinzu). Für die Texterstellung trägt *M* also nichts bei. Unabhängig voneinander, was außer den eigenen Lesarten auch trennende Homoeoteleuta-Auslassungen auf beiden Seiten bestätigen, kopieren *Po* und *Bg* dieselbe Vorlage. Bei *Bg* treten zahlreicher als bei *Po* singuläre Lesarten (dabei auch Auslassungen) zutage. Das Verhältnis der beiden Abschriften *Bg* und *Po* zueinander drückt sich in der Zahl der singulären Lesarten 52 : 39 zugunsten von *Po* aus. Aber auch die Tatsache, daß *Po* nur eine längere Auslassung hat, welche aus siebzehn Wörtern besteht, während man in *Bg* ein eigenes Homoeoteleuton (sechs Wörter), drei Homoeoteleuta gemeinsam mit anderen Handschriften (insgesamt 23 Wörter) und eine weitere Auslassung von drei Wörtern findet, läßt *Po* als das verläßlichere Bild ihrer Vorlage erscheinen. Hinsichtlich *Bg* ist zu erwähnen, daß der Text dieser Handschrift an manchen Stellen von einer späteren Hand korrigiert worden ist.

Die Zugehörigkeit von *Va* und *7* zu der zweiten Handschriftenfamilie wird zwar nicht in Frage gestellt. Aber das Modell der Textübertragung dieser zwei Abschriften bzw. ihre Abgrenzung von den übrigen Handschriften der Familie ergeben sich anhand der Kollation nicht immer so klar wie bei den anderen Textzeugen der Gruppe. Dennoch wird für sie eine weitgehende Kongruenz mit *Po*, *M* und *Bg* (21 exklusive Lesarten) festgestellt, welche im defektiven Schluß der letzten *quaestiuncula* (148-149) noch nachdrücklich bestätigt wird. Obwohl *Va* und *7* einzeln, aber auch gelegentlich zusammen einige spezifische Lesarten mit den Handschriften der ersten Familie *Vb*, *Q*, *A*, *Wi* und *2* aufweisen, ist damit offensichtlich noch nicht hinreichend belegt, daß diese Übereinstimmung durch eine Kontamination zu erklären ist. Denn dabei handelt es sich zwar um eine mehr oder minder signifikante Affinität, welche letztendlich auf eine gemeinsame Vorlage hindeutet, aber diesem Tatbestand kommt sachlich und statistisch kein besonderes Gewicht zu. Folgende Stellen erscheinen dennoch als bemerkenswert:

21 motu] corporis *add. Va A Wi 2*
22-23 tantum *Vb Ω* trium *Φ*
    tantum trium *Va*
36 non] sit *add. Va 7 A Wi 2*
112 tres *Vb Q A 4 R 6 5 Ω* duo
    Po M Bg Wi 2 tres vel duo
    Va om. 7
153 enim *Va Vb Q A Wi 2 Ω*
    etiam *7 Po M Bg* et *4 R 6 5*
154 praesentiam *Va Vb Q A Wi*
    2 Ω essentiam *Po M Bg 4 R*
    6 5 7

174-175 est in speculo ut] in
    speculo est sicut (quasi *2*)
    Va 7 A Wi 2
217 planitiem et transparen-
    tiam] planities et transpa-
    rentia *Va A Wi 2*
229 polita] politum *Va 7 A Wi 2*
267 videtur *Vb Q A Wi 2 Ω*
    cernitur *Po M Bg 4 R 6 5*
    cernitur vel videtur *Va 7*
267 profundata] profunda *Vb Q*
    A Wi 2 propinqua *Po M Bg*
    4 R 6 5 propinqua vel pro-
    funda *Va 7*

Wegen der vielen eigenen Lesarten (*Va* und *7* gemeinsam: 56; individuell bei *7*: 93, bei *Va*: 101) sowie des Wechsels zwischen den Handschriftenfamilien werden *Va* und *7* bei der Texterstellung nicht berücksichtigt.

Die Handschriften *4*, *R*, *6* und *5* kopieren ein und dieselbe Vorlage, welche verhältnismäßig stark verderbt gewesen sein muß. Bei *4*, *R*, *6* und *5* kommen ca. 158 gemeinsame Lesarten vor, wovon einige Homoeoteleuta und Auslassungen besonders ins Gewicht fallen; darüber hinaus fügen *R* vier, *6* elf und *5* weitere vierundzwanzig eigene Lesarten hinzu. Da *R*, *6* und *5* nachweislich direkte Abschriften von *4* sind, tragen sie für die Rekonstruktion der Vorlage von *4* nichts bei und scheiden deshalb aus.

Als Ergebnis der textkritischen Untersuchung bezüglich der zweiten Handschriftenfamilie *Po*, *M*, *Bg*, *Va*, *7*, *4*, *R*, *6* und *5* steht nun folgendes fest:

a) die Vorlage dieser Handschriftenfamilie kann generell mit den drei Handschriften *Po*, *Bg* und *4* rekonstruiert werden; die Textqualität der drei Abschriften wird in der angegebenen Reihenfolge der Siglen angezeigt;

b) die zwei weiteren Handschriften *Va* und *7*, welche in ihrer Textgestalt der Überlieferung von *Po* (*M*) und *Bg* am nächsten sind, weisen eine sehr hohe Zahl von individuellen Lesarten auf, was sich durch die Annahme einer unbekannten Zahl von Zwischengliedern zwischen ihrer unmittelbaren Vorlage und der Vorlage der zweiten Handschriftenfamilie erklären läßt;

c) die vier Handschriften innerhalb der zweiten Handschriftengruppe, nämlich einerseits *M*, andererseits *R*, *6* und *5* sind unmittelbare Abschriften jeweils einer erhaltenen Vorlage.

Für die Veranschaulichung des wahrscheinlichen Textübertragungsmodells und der gegenseitigen Abhängigkeitsverhältnisse der Handschriften der Abhandlung *De forma resultante in speculo* sei auf das nachfolgend gezeichnete Stemma verwiesen:

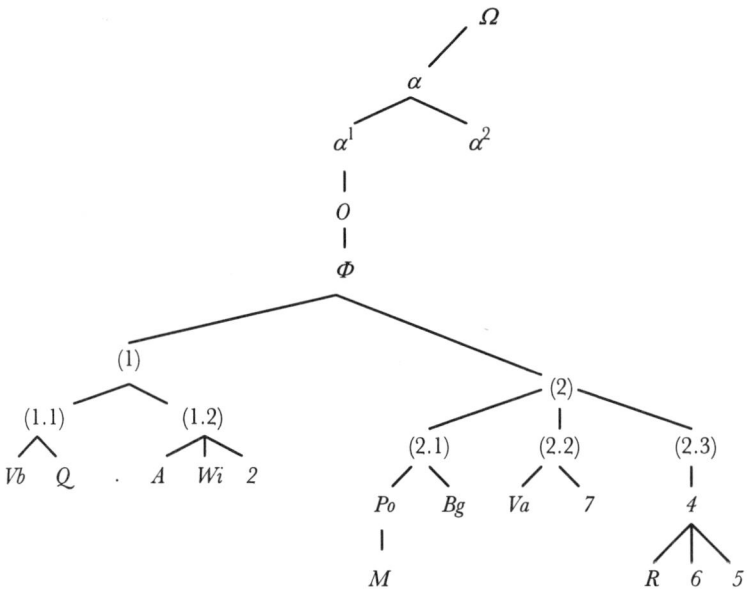

1.1.3. Der Archetyp von *De forma resultante in speculo* (*Φ*)

Angesichts unterschiedlicher Interpretationen des Begriffs „Archetyp" sei zunächst darauf hingewiesen, daß dieser Terminus hier im Maasschen Sinne verwendet wird[7]. Die Annahme eines Archetyps der eigenständigen Überlie-

---

[7]   „Die Vorlage, bei der die erste Spaltung begann, nennen wir den Archetypus":

ferung von *De forma resultante in speculo* gründet auf der Tatsache, daß diese handschriftliche Tradition sich auf eine gemeinsame Vorlage zurückführen läßt. Wie schon oben erwähnt, hängt dieser Archetyp vom entsprechenden Textteil der Handschrift *Oxford, Merton College Library 0.1.7. (Coxe 283)* ab, welche das Werk *De homine* überliefert. Dennoch deckt sich der Text der Quaestio 21 a.3 partic.3 in der handschriftlichen Überlieferung von *De homine*, also auch im Kodex *O*, nicht völlig mit dem Text von *De forma resultante in speculo*, welcher in der eigenständigen Tradition vorliegt. Zwischen beiden Traditionen fallen zwei Unterschiede auf, die sich in der Einleitung der Abhandlung und am Anfang der *solutio* finden. In der eigenständigen Überlieferung von *De forma resultante in speculo* fehlen am Anfang das einleitende '*Gratia (etiam) huius*' sowie in der *solutio* der auf die vorausgegangene Frage '*Utrum color tantum sit obiectum visus, quando videt colorem*' bezogene Textteil. Die Gründe für die redaktionellen Unterschiede sind offensichtlich – dieser Frage wurde bereits bei den Erörterungen zur Genese der Schrift im textgeschichtlichen Teil dieser Untersuchung (Kap. III.2) nachgegangen. In diesem Zusammenhang ist in erster Linie die Tatsache wichtig, daß an dieser formalen Differenz die Einheit der eigenständigen Überlieferung von *De forma resultante in speculo* erkannt werden kann. Zu diesem spezifischen Merkmal kommen weitere signifikante Lesarten hinzu, welche diese Tradition einerseits in sich bestimmen und sie andererseits von der übrigen Überlieferung (*De homine*) abzugrenzen erlauben.

Die Übereinstimmung von *Φ* mit *O* ist in vielen Fällen klar feststellbar. Sie ist noch umfangreicher als hier aufgezeigt wird, weil im folgenden nur die vom Editionstext abweichenden Lesungen verzeichnet werden, bei denen die gesamte Tradition von *De homine* (*Ω*) geschlossen im Gegensatz zu *O* und *Φ* steht:

$$\Omega\,(\text{-}O)\;/\;O\;\Phi$$

38 si igitur] igitur (igitur *O Vb*	100 fiat] sit *O Φ* fit *4 R 6 5*
ergo *Φ*) *inv. O Φ*	123 est] patet *Φ om. O Q*
51 est²] *om. O Φ*	138-139 nobis deberet resultare
57 proicitur] perficitur *O Φ*	posterior pars] deberet no-
75 ut¹] vel *O Φ*	bis (deberet nobis] ante no-
75 vel ut in superficie] *om. O Φ*	bis *Po M Va 7 4 R 6 5* ante
85 forma (figura *Va*) tota] *inv. O Φ*	universale *Bg* ante videtur

---

P. Maas, *Textkritik*, 6. Zu dem vielfältigen Begriffsverständnis cf. C. Luna, *Die Ausgabe der Werke von Thomas von Aquin*, 344sq.

corr. al. man. Bg) resultare
(deberet ... resultare] videtur prius resultare nobis *A*
Wi 2) pars posterior *O Φ*
164 non] est *add. O Φ (-Bg)*
167 in] *om. O Φ*
168 aquae] *om. O Φ*
190 secundum] omnes *add. O Φ*
207 cuius evidens exemplum] exemplum cuius evidens *O Φ*
207 totius] *om. O Φ*
213 et intentionem (intensio-
nem *Vb Bg 4 R 6 5* inten-
tionum *Q Wi* intentiones *Va*
om. 7)] *transp. post* dimensionum *O Φ*

224 multum (bene *Vb*) polita
transp. post superficie *O Φ*
227 aqueo ... terreo] *inv. O Φ*
238 quando] bene (politum et
add. A Wi 2) depuratum est
et (et] *om. A Wi 2*) *add. O Φ*
252 obscure] et *add. O Φ*
252-253 receptibilitatem] receptionem *O Φ* exceptio-
nem *A*
275 receptam] acceptam *O Φ*
(-Wi 2)
284 videbuntur] videntur *O Φ*
(-4 R 6 5)
285 superius ... inferius] superi-
or ... inferior *O Φ (-A*)

Zu berücksichtigen sind ferner auch solche Fälle, wo *O* zusammen mit einigen wenigen Hss. der Tradition von *De homine* eine mit *Φ* gemeinsame Lesart hat, wie sich an folgenden Beispiele belegen läßt[8]:

27 aliquid] *om. O t Φ*
51 comparatio *Ω Q A Va* com-
positio *O u Φ*
71 enim] *om. O o t Φ*
106 enim] autem *O Uj Φ*
107 incidat] incidit *O m r t Φ*
138 speculum] directe (directe
ponit ante tangere *Po M Bg V*

7 r) *add. O r Φ*
147 quod^2] *om. O C Φ*
219 quia] que *O 8 q Φ*
227 Quando] Cum *O P C Uj t Φ*
233 adeo^2] bene *add. O Uj Φ*
279 quilibet angulus] quibus angulis *O c Φ V 7*) *om. Bg V 7*

Die besondere Nähe von *Φ* zu *O* ist aus dem oben vorgelegten Material hinreichend deutlich erkennbar. Gegen die Annahme, *O* sei eine direkte Vorlage für den Archetyp von *De forma resultante in speculo*, sprechen vor allem die Auslassungen sowie einige Varianten bzw. Fehler bei *O*, welche sich nicht bei *Φ* wiederfinden:

22 in^2] *om. O*
36 Et videtur quod non in spe-
culo] *om. O*

91 maiori] maiore *O*
92 scilicet] *om. O*
102 semper] super *O*

---

[8]   Für die Auflösung der hier verwendeten Siglen für die Hss. der Tradition von *De homine* s. die Übersicht weiter unten in diesem Kapitel, Abschnitt 1.2.1.

106 acutum] cutum *O*	230 et² *Vb Ω om. O Φ*
110 Euclidis] euclide *O*	264 quandoque] *om. O Bg*
123 est *Ω* patet *E Φ* patebit *L*	264-265 quandoque] quando *O*
om. O Q 7	266 etiam] *om. O*
177 scilicet] sed *O* et *Vb Va*	273 plano] pleno *O*

Zum Verhältnis von *Φ* zu *O* sei abschließend festgehalten, daß *Φ* weitgehend mit *O* übereinstimmt. Eine unmittelbare und ausschließliche Abhängigkeit des Archetyps der Abhandlung *De forma resultante in speculo* von *O* ist nach den vorliegenden Ergebnissen der Kollation nicht anzunehmen. Es ist aber durchaus möglich, daß *Φ* nach der Handschrift *O* erstellt und nachträglich mit Hilfe einer anderen Handschrift von *De homine* korrigiert wurde oder aber nach einer mit *O* weitgehend identischen Vorlage abgeschrieben worden ist.

1.1.4. Die Handschriften *E*, *Na* und *Pa*

Der Text der drei Abschriften *E*, *Na* und *Pa* konnte, wie schon oben erwähnt, wegen seiner sachlich und formal divergenten Fassung nicht auf der gleichen Ebene wie die übrigen Abschriften betrachtet werden. Er wird deshalb im Anhang wiedergegeben. Die wesentlichen Merkmale dieser Überlieferung sind aber im folgenden zu nennen.

E

Über die Geschichte und Provenienz der Abschrift *E*, welche aus dem 16. Jh. stammt, konnte anhand der nur spärlich vorhandenen Literatur nichts ermittelt werden. Die Kollation von *E* gestaltete sich wegen der unzähligen Abweichungen vom Editionstext schwierig. Wegen der umfangreichen und zum Teil gravierenden Gegensätze konnte *E* nicht im kritischen Apparat mit berücksichtigt werden. Dies war auch nicht erforderlich, da *E* eine bisweilen extreme Verschlechterung des ursprünglichen Alberttextes, der hier teils verstümmelt, teils erweitert ist, darstellt, so daß *E* für die Rekonstruktion des Alberttextes nichts beiträgt. Sowohl Varianten als auch Gegensätze zu *Φ* sind komplexer Natur. Absolute statistische Angaben darüber erscheinen weder möglich noch nützlich. Für eine möglichst vollständige Dokumentation der Textgeschichte der Abhandlung ist *E* dennoch interessant. Aus diesem Grund wird der Text von *De forma resultante in speculo* in der Fassung von *E* im Anhang abgedruckt. Dem Leser wird somit die Möglichkeit gegeben, sich selbst über den Textzustand der Abschrift ein eigenes Urteil zu bilden. Bezüglich einer Zuordnung von *E* einerseits zu einer der zwei Überlieferungsarten und andererseits zu einer der Handschriftenfamilien sei lediglich angemerkt, daß *E* ein Glied der eigenständigen Überlieferung von *De forma resultante in speculo* ist und letztendlich von Φ abhängt, was sich durch einige überlieferungsspezifische Merkmale in der Einleitung und *solutio* ermitteln läßt. Als textkritisch relevant sind in diesem Zusammenhang u.a. folgende Stellen zu berücksichtigen:

96 visus Ω radius (+ visualis E) $\quad E\,\Phi$	178 supra dictum est de Ω contingit in $E\,\Phi$
123 est Ω patet $E\,\Phi$ patebit L om. $O\,Q\,7$	182 diximus Ω est $E\,\Phi$ om. Va
133 etiam Ω om. $E\,\Phi$	220 spissum Ω spissus 7 spissa E $\Phi\,9$
139 posterior pars Ω inv. $E\,O\,\Phi$	227 aqueo ... terreo Ω inv. $E\,O\,\Phi$
153 supra diximus Ω dicitur (dicimus $Wi\,2$) $E\,\Phi$	

Trotz der starken Abweichungen vom Text der beiden Handschriftenfamilien der eigenständigen Überlieferung gibt es doch Anhaltspunkte, E der ersten Familie – Vb, Q, A, Wi und 2 – zuzuordnen (vgl. z.B. 66-67 forma ... qualitas; 113-115 alius ... acutus – an beiden der genannten Stellen bietet E mit Vb, Q, A, Wi und 2 den vollständigen Text, während Po, M, Bg, Va, 7, 4, R, 6 und 5 Auslassungen per Homoeoteleuton machen), wenngleich E bzw. seine Vorlage in der qualitativen Wertung weit unterhalb von Vb und Q plaziert werden müssen (vgl. 171-173 quod illa ... patet] om. $E\,A\,Wi\,2\,Po\,M$ $Bg\,Va\,7\,4\,R\,6\,5$; 182-183 falsum est quod] om. $E\,A\,Wi\,2\,Po\,M\,Bg\,Va\,7\,4\,R\,6$ 5). Allerdings sind gesicherte Aussagen über den Wert der Vorlage von E kaum möglich, da der persönliche Anteil des Kopisten an der Textgestalt von E nicht abzuschätzen ist.

Na und Pa

Die beiden Abschriften Na und Pa, welche dem 15. Jh. zugerechnet werden und französischer Provenienz sind, kopieren unabhängig voneinander eine gemeinsame Vorlage, die eine redaktionelle Überarbeitung des Textes der Abhandlung *De forma resultante in speculo* des Albertus Magnus darstellt. Es konnte hier nachgewiesen werden, daß dieser überarbeitete Alberttext eine Kompilation des Vinzenz von Beauvais ist und daß sie einen Bestandteil der Vinzenzschen Enzyklopädie *Speculum naturale* (III, 71-82[9]) darstellt. Wie im Fall der eigenständigen handschriftlichen Überlieferung von *De forma resultante in speculo*, so liegt auch hier eine Separatabschrift eines kleineren Textes vor, der zum Textbestand eines umfangreichen Werkes gehört und redaktions- und überlieferungsgeschichtlich im Verhältnis zum gesamten Werk sekundär ist. Die Textfassung der Handschriften Na und Pa unterscheidet

---

[9]   Vgl. oben in diesem Kap. Anm.1.

sich, wie schon oben erwähnt, von der Textgestalt der gesamten Überlieferung der Albertschen Schrift so sehr, daß es unmöglich ist, sie mit den übrigen Textzeugen zu kollationieren und im kritischen Apparat mit zu berücksichtigen. Denn außer den formalen Unterschieden kommen auch inhaltliche Differenzen hinzu, welche sich zum Teil auch in der Texterweiterung äußern. Das Spezifische der formalen Überarbeitung wurde eingangs erläutert; dem ist noch hinzuzufügen, daß auch die ursprüngliche Reihenfolge der Fragestellungen nicht gänzlich beibehalten wurde. Hinsichtlich der Textauslassungen, darunter Homoeoteleuta, und der gezielten Kürzungen sei auf den im Anhang abgedruckten Text verwiesen. Die enge Übereinstimmung von *Na* und *Pa* – sie setzt eine gemeinsame Vorlage voraus – sowie die gegenseitige Unabhängigkeit der Abschriften (trennende Auslassungen per Homoeoteleuton bzw. Homoeocephalon) sind leicht erkennbar. Sie können im einzelnen überprüft werden, da für die beiden Abschriften ein gemeinsamer Text im Anhang (Anh. III) erstellt und mit einem kritischen Apparat ausgestattet wurde.

Zu der Texterweiterung in den zwei letzten Abschnitten der Kompilation des Vinzenz von Beauvais wurde bereits vermerkt, daß es sich nachweislich um Entlehnungen aus dem sogenannten (nach der Lyoner und Pariser Druckausgabe) „Appendix zu der Quaestio 22" von *De homine* (Ed. Lugdun. T.XIX p.123b-124a; Ed. Paris. T.XXXV p.225a-b) handelt. Diese neugewonnene Erkenntnis hat für die Klärung der Frage nach der Redaktionsgeschichte und Genese der Doppelüberlieferung von *De forma resultante in speculo* im allgemeinen und in bezug auf die zwei Abschriften im speziellen eine besondere Relevanz. Der hier festgestellte Sachverhalt liefert den Beweis dafür, daß die Quellenhandschrift für die Vorlage von *Na* und *Pa* und letztlich für den Autor der Kompilation, Vinzenz von Beauvais, der Alberts Zeitgenosse und Mitbruder im Predigerorden war, nicht nur den Text der Abhandlung *De forma resultante in speculo*, sondern das ganze Werk *De homine* enthalten hat. Das heißt aber zugleich, daß die Abhandlung im Kontext von *De homine* tradiert, gelesen und kopiert wurde. Jener Appendix ist – im Gegensatz zu *De forma resultante in speculo* – kein Bestandteil von Quaestio 21 a.3 partic.3 des Werkes *De homine*. Schon allein aus dieser Sachlage ist zu schließen, daß die Textvorlage für Vinzenz von Beauvais und somit für die Handschriften *Na* und *Pa* nicht zu der eigenständigen Überlieferung der Abhandlung, sondern zu jener Tradition gehörte, die den Text innerhalb des Werkes *De homine* bezeugt. Diese Gewißheit ergibt sich aufgrund von inneren Kriterien, d.h. aus dem philologischen Vergleich der beiden Überlieferungsarten und aus dem Selbstzeugnis des Kompilators, der mehrfach vom ‚*Tractatus de anima*' des Albertus Magnus, womit das Werk *De homine* gemeint ist, und niemals von der Abhandlung *De forma resultante in speculo* spricht.

Unter philologischem Gesichtspunkt ist zwar durch den Wegfall gemeinsamer Bezugsmomente in der formalen Struktur der Abhandlung eine Zuordnung von *Na* und *Pa* zu einer der beiden Überlieferungsarten erschwert, aber nicht unmöglich. Denn es gibt im Text der Kompilation viele Berührungspunkte, an denen das Spezifische der hier bezeugten Überlieferungsart gemessen werden kann. Wie für *E*, so fallen auch für *Na* und *Pa* in erster Linie folgende Varianten ins Gewicht:

153 supra diximus de lumine *Ω*
alias de lumine diximus *Na*
Pa dicitur (dicimus *Wi 2*) de
lumine *E Φ*
178 supra dictum est de generatione lucis *Ω* de generatione
lucis est alibi dictum *Na Pa*

contingit in generatione lucis
(generatio locis *Vb*) *E Φ*
182 sicut diximus de colore *Ω* De
colore autem alibi dictum est
Na Pa sicut est (est] *om. Va*) de
colore *E Φ*

Außer den oben angeführten Stellen sind noch weitere Lesarten im Text von *Na* und *Pa* als überlieferungsspezifisch zu werten. Hierzu zählen u.a. folgende:

96 visus *Na Pa Ω* radius *E Φ om.*
A
113 fiat *Na Pa Ω* sit *O Φ* fit *4 R*
6 5 om. E
207 totius *Na Pa Ω om. E O Φ*
227 aqueo ... terreo *Na Pa Ω*
inv. O Φ aereo ... aqueo *E*

239 quidem *Na Pa Ω om. E Φ*
241 efficitur *Na Pa Ω* fit *E Φ*
252-253 receptibilitatem *Na Pa*
Ω receptionem *O E Φ* exceptionem *A*

Anhand des textkritischen Befundes gilt als gesichert, daß *Na* und *Pa* (= Vinzenz von Beauvais, *Speculum naturale*, III, 72-81) sich nicht von der eigenständigen Tradition von *De forma resultante in speculo* (*Φ*), sondern von der Überlieferung der Schrift innerhalb von *De homine* (*Ω*) herleiten. Es gibt zudem Indizien für die Annahme, daß die beiden Handschriften von der Familie *β* abhängen. Ohne die Texterweiterung von *Na* und *Pa* philologisch eingehend zu untersuchen, was den Rahmen dieser Arbeit übersteigt, erscheint eine exakte Zuordnung von *Na* und *Pa* zu einer der *β*-Familien nicht möglich. Da jedoch eine solche Untersuchung erst auf der Basis einer vollständigen Kollation des Textes vom „Appendix zu Quaestio 22" durchgeführt werden kann, liegt sie, wie gesagt, außerhalb des hier abgesteckten Rahmens und bleibt der künftigen Forschung vorbehalten.

1.2. Die Überlieferung der Schrift innerhalb der Tradition von De homine

Die handschriftliche Überlieferung der Abhandlung *De forma resultante in speculo* innerhalb des Werkes *De homine* erstreckt sich nach dem gegenwärtigen Stand der Forschung auf insgesamt 37 Handschriften. In 34 Handschriften ist der Text vollständig erhalten. In der Abschrift *Nürnberg, Stadtbibliothek Cent. III. 66* fehlen mehrere ausgeschnittene Blätter, und von diesem Textverlust ist auch die Abhandlung betroffen. Ende des 13. oder Anfang des 14. Jh. hat Martin von Brandenburg (nach der Lesart der Hs.: Martinus Brandeburgensis)[10], ein Angehöriger des Predigerordens, sein *Opusculum de anima*, das in der Handschrift *Wien, ÖNB 1688* enthalten ist, aus dem Werk *De homine* Alberts exzerpiert. Den Text *De forma resultante in speculo* gibt er in seinem Exzerpt verkürzt wieder. Die gesamte Überlieferung von *De homine* wurde bis auf die Handschrift *Omaha, McGoogan Library, WZ 220 A 334s* vollständig für diese Untersuchung einbezogen und kollationiert[11]. Der entsprechende kurze Textteil vom Wiener Exzerpt des Martin von Brandenburg wird im Anhang herausgegeben. Bei der Kollation und ihrer Auswertung werden auch alle vier heute nachweisbaren Druckausgaben von *De homine* mit berücksichtigt.

1.2.1. Die Siglen der Handschriften und der Editionen

Wie für die Handschriften der eigenständigen Tradition der Schrift, werden auch für jeden Textzeugen der Überlieferung innerhalb der Tradition von *De homine* – sei es eine Handschrift, sei es eine Druckausgabe – in dieser

---

[10] Vgl. Th. Kaeppeli, *Scriptores Ordinis Praedicatorum Medii Aevi*, III, 107.

[11] Wie schon oben bemerkt, haben der Eigentümer dieser Handschrift, Prof. L. McGoogan, und die Universitätsbibliothek von Nebraska, McGoogan Library of Medicine zu Omaha, in der dieser Kodex mittlerweile liegt, die Bitte des Albertus-Magnus-Instituts wiederholt abgelehnt, für die kritische Edition des Werkes *De homine* einen Mikrofilm von der Handschrift erstellen zu lassen. Weder die Signatur noch sonstige Angaben zu dieser Hs. sind uns von der medizinischen Bibliothek der Universität von Omaha/Nebraska mitgeteilt worden. Nachdem diese Arbeit fertiggestellt war, reiste im Sommer 1996 Joachim R. Söder (Albertus-Magnus-Institut, Bonn) nach Omaha, um die Hs. einzusehen und eine Probekollation im Rahmen der vorbereiteten kritischen Ausgabe des Werkes *De homine* durchzuführen. Dabei konnte ermittelt werden, daß diese Hs., welche die Signatur *WZ 220 A 334s* der Bibliothek von Omaha trägt, die unmittelbare Abschrift der Hs. *Venezia, Biblioteca Nazionale Marciana, Marc. lat. VI, 14 (2460; Cl. X,63)* ist.

Untersuchung und im Editionsteil stets Siglen verwendet. Darüber orientiert nachfolgende Übersicht.

A. Vollhandschriften

I	Ann Arbor/Michigan, University Library, Alfred Taubman Medical Library Ms. 201 f.31vb-32vb
H	Berlin, SBPK Hamilton 10 f.69vb-72rb
B	Berlin, SBPK Lat. qu. 586 f.171ra-173ra
U	Brugge, Bibliotheek van het Grootseminarie 35/146 f.79rb-82ra
8	Bruxelles, Bibliothèque Royale Albert Ier 1119 (1657) f.68rb-70va
9	Bruxelles, Bibliothèque Royale Albert Ier 1868 (1666) f.72vb-75va
C	Cesena, Biblioteca Malatestiana S IX 1 f.69va-72ra
Y	Chicago, University of Chicago, Joseph Regenstein Library 2 f.96r-99v
b	Firenze, Biblioteca Medicea Laurenziana, Fiesolano 68 f.54vb-56vb
c	Firenze, Biblioteca Medicea Laurenziana, S. Croce Plut. 16 sin. 2 f.45va-47ra
d	Firenze, Biblioteca Nazionale Centrale, Conv. Soppr. J III 7 f.57vb-59va
K	Kraków, Biblioteka Jagiellonska 641 III (AA VI 9) f.91ra-94rb (S.181-187)
L	Lille, Bibliothèque Municipale 331 (108), f.280va-283va
e	Montréal, McGill University, Osler Library 7506 f.65rb-67rb
f	München, Bayerische Staatsbibliothek, Clm 15764 f.101vb-105rb (alte Foliierung auf Versoseiten: f.91vb-95rb)
g	Nürnberg, Stadtbibliothek, Cent. III. 66 f.45ra-b
[Om	Omaha/Nebraska, McGoogan Library of Medicine, WZ 220 A 334s[12]]
X	Oxford, Magdalen College Library 174 f.127va-128rb
O	Oxford, Merton College Library 0.1.7. (Coxe 283) f.65rb-66va
Z	Paris, Bibliothèque Mazarine 875 (367; 949) f.42vb-44rb
h	Paris, Bibliothèque Nationale lat. 6522 (396/4842) f.46rb-47vb (56rb-57vb)
i	Paris, Bibliothèque Nationale lat. 14711 f.76va-79rb
P	Paris, Bibliothèque Nationale lat. 18127 f.163ra-164vb
j	Paris, Bibliothèque de la Sorbonne 40 f.194ra-195vb
k	Praha, Národní Knihovna XII D 7 (2152) f.69rb-71vb
q	Saint-Omer, Bibliothèque Municipale 590 Vol. 2 f.69vb-72ra
S	Salamanca, Biblioteca Universitaria 1788 f.27rb-28rb

---

[12] Siehe oben Anm.11.

m   Stuttgart, Württembergische Landesbibliothek HB X 5 f.86vb-89va

T   Toledo, Biblioteca del Cabildo 94-13, nicht foliiert

n   Città del Vaticano, Biblioteca Apostolica Vaticana, Barb. lat. 789
    f.63v-65v

o   Città del Vaticano, Biblioteca Apostolica Vaticana, Palat. lat. 981
    f.49va-51rb

r   Città del Vaticano, Biblioteca Apostolica Vaticana, Ross. 809
    f.49ra-50va

s   Città del Vaticano, Biblioteca Apostolica Vaticana, Urb. lat. 190
    f.63rb-65vb

t   Città del Vaticano, Biblioteca Apostolica Vaticana, Vat. lat. 711
    f.97vb-99ra

u   Venezia, Biblioteca Nazionale Marciana, Marc. lat. Z. 276
    (1631; Cl. X,160) f.85r-87r

G   Venezia, Biblioteca Nazionale Marciana, Marc. lat. VI, 14
    (2460; Cl. X,63) f.21ra-vb

B. Exzerpt

W   Wien, Österreichische Nationalbibliothek 1688 f.84 (Martinus Bran-
    denburgensis, *Opusculum de anima*)

C. Editionen

a   Ed. Venedig (Simon de Luere/Andreas Torresanus) 1498/99 f.114ra
    -115ra

z   Ed. Venedig (M.A. Zimara/O. Scotus) 1519 f.97rb-98rb

l   Ed. Lyon (P. Jammy) 1651 S.108a-111b

p   Ed. Paris (S.C.A. Borgnet) 1896 S.198a-203b

1.2.2. Charakter der Überlieferung

Eine eingehende Untersuchung der handschriftlichen Überlieferung von *De homine* steht andernorts an, nämlich im Rahmen der kritischen Edition der Schrift. Im folgenden werden daher nur die wichtigsten überlieferungsspezifischen Merkmale der Handschriften des Werkes in bezug auf den Text von *De forma resultante in speculo* besprochen.

In den heute erhaltenen 36 Vollhandschriften mit dem Werk *De homine* spiegeln sich zwei große Texttraditionen wider: auf der einen Seite eine unabhängige Tradition (α), deren Ursprung wohl im Dominikanerorden liegt, auf der anderen Seite jene weit stärker verbreitete direkte und indirekte universitäre Überlieferung (β), welche sich vom Exemplar der Pariser Universität ableitet. Zwischen den beiden Traditionen bzw. unterhalb dieser beiden liegt eine dritte Handschriftenklasse, welche nicht als eine konsistente Gruppe aufgefaßt werden kann, da die einzelnen Handschriften infolge der Kontamination keine reine und unvermischte Textüberlieferung tradieren, sondern einen Mischtext bieten. Als kontaminiert werden folgende Handschriften gewertet: *P, U, j, e, n, S* und *9*. Hierbei sei angemerkt, daß *P, U* und *j* sowie in seinen Korrekturen *n* grundsätzlich von α abhängen, während *S, 9* und die ursprüngliche Textgestalt von *n* meistens der Familie *β* folgen; bei *e* ist keine dominierende Nähe zu einer der Überlieferungsgruppen, sondern ein resultativer Text von α und *β* festzustellen. Nachfolgend werden diese Texttraditionen entsprechend der angegebenen Einteilung – unabhängige, universitäre, kontaminierte Überlieferung – kritisch betrachtet. Zuvor sind aber die dabei benutzten Siglen für den jeweiligen Überlieferungsstrang bzw. für die Handschriftenfamilien innerhalb der Überlieferungsstränge zu erklären:

$$\alpha \quad = \quad I\,O\,t\,C\,Y\,f\,g$$
$$\alpha^1 \quad = \quad I\,O\,t\,C$$
$$\alpha^2 \quad = \quad Y\,f\,g$$
$$\beta \quad = \quad B\,G\,T\,X\,Z\,h\,i\,m\,u\,H\,K\,L\,8\,b\,c\,d\,k\,q\,o\,r\,s$$
$$\beta^1 \quad = \quad B\,G\,T\,X\,Z\,h\,i\,m\,u$$
$$\beta^2 \quad = \quad H\,K\,L\,8\,b\,c\,d\,k\,q\,o\,r\,s$$

1.2.2.1. Der Überlieferungsstrang der unabhängigen Tradition (α)

Die unabhängige Tradition geht auf eine Vorlage zurück, welche nicht nur von der universitären Überlieferung (*β*) verschieden, sondern ihr auch qualitativ deutlich überlegen ist. Diese Tradition, die hier mit der Sigle α bezeichnet wird, besteht aus sieben Handschriften: *I, O, C, t, Y, f* und *g*. Zwar stimmen *P, U* und insbesondere *j* weitgehend mit α überein. Eine ähnliche Tendenz weisen *e* und in der zweiten, korrigierten Fassung *n* sowie in viel geringerem Umfang *S* auf. Aber die Abschriften *P, U, j, e, n* und *S* sind mehr oder minder mit der universitären Tradition kontaminiert und können deshalb keiner der beiden Traditionen eindeutig zugewiesen werden. Zu den kontaminierten Handschriften ist auch *9* zu zählen, eine Abschrift, welche sowohl von *β1* als auch *β2* abhängt. Die Abgrenzung der unabhängigen Tradition α von der übrigen Überlieferung sei im folgenden an textspezifischen Merkmalen aufgezeigt. Dabei werden auch semantisch und syntaktisch kaum relevante Fälle, wie z.B. einfache Umstellungen u.ä., berücksichtigt, welche aber die generische Klassifikation durchaus bestätigen:

7 non-corpus α (*def. g*) *P U j e n*
   S non *cet.*
11 falsum sit α (*def. g*) *U j e S* falsum est *P* sit (*om. K*) falsum
   (speculum *o*) *cet.*
12 corpus esse α (*def. g*) *P U j e S*
   inv. cet.
13 cum α (*def. g*) *P j n G* tunc *U*
   quod *cet.*
22 vel α (*def. g*) *U j* et *cet.*
39 esse falsum α (*def. g*) *U j 9 inv.*
   β *P e n S*
48 situm et locum α (*def. g*) *P U j*
   e S inv. cet.
50 rei α (*def. g*) *P U j e S in marg.*
   n om. cet.
54-55 secundum ea tantum α
   (*def. g*) *U j* tantum secundum (sed *9*) ea *cet.*
96 qui α (*def. g*) *P U j n* quod *cet.*
98 quidam philosophus α (*def. g*)
   P U j e inv. β^1 *n S 9* philosophus β^2
99 attinget α (*def. g*) *j e n* attinge-
   ret *C* tangit *b c d s* attingit
   cet.
107 et α (*def. g*) *e n* et in *S* ad *U j*
   in *cet.*
128 deberetur α (*def. g*) *P U j n S*
   debetur *cet.*
132 fieri α (*def. g*) *P U j n* esse β^2
   i T 9 eius β^1 *e S*
141-142 superius apparet inferius α (*def. g*) *P U j e var.*
   transp. cet.
142 inferius ... superius α (*def. g*)
   U j e S corr. n¹ var. transp. P cet.
169 formam aliquamdiu α (*def.*
   g) *P n var. lect. cet.*
169 et α (*def. g*) *P U j e n* in *cet.*
183 sit α (*def. g*) *P U j e n* est *cet.*
189 esset longum α (*def. g*) *P U j*
   inv. cet.

203 illius α (*def. g*) *U j* ipsius β^1 *P*
   e n S eius β^2 *9*
237 sed α (*def. C*) *in ras. n¹* et β
   (*def. X*) *P U j e S 9*
240 liquationem α *P U j var. lect.*
   cet.
240 ex ipso α *P U j e in marg. al.*
   man. n¹ om. β (*def. X*) *S 9*
243 est² (*om. t*) receptivum α *var.*
   transp. cet.
246-247 subtile (subtile *transp.*
   post magis¹ *I*) habent α *P U*
   j inv. cet.
247 sunt magis α *P U j inv.* β^1
   (*def. X*) *S e n* sunt β^2 *9*
251 neque α *P S* nec β^1 (*def. X*)
   U j e n 9 et β^2
253 eis α *P U j* hiis *S e* istis *cet.*
   (*def. X*)
254 speculum est α *P U j inv. cet.*
   (*def. X*)
254-255 multum α *P U j e n S*
   melius *cet.* (*def. X*)
256 attrahit α *P U j e S corr. n¹*
   abstrahit *n cet.* (*def. X*)
258 exposito (expositio *dub. O*)
   α *P j* ex opposito *U* composito *h* opposito *cet.* (*def. X*)
262 splendens α *P U j n* splendidus *cet.* (*def. X*)
264 profunda (profundam *t*) α
   U j in profundo *cet.* (*def. X*)
274 sub alia (super aliam *I*) est
   α *P U j e* est sub (super *K*)
   alia *cet.*
287 illae facies α *U j n inv. cet.*
   (*def. u*)
294 nimis α *n L 9 corr. ex* minus
   in marg. e¹ minus *cet.*
295 visibilitatis α *U j c q* invisibilitas *g* invisibilitatis *cet.*

Die Struktur von α – die Familien α^1 und α^2

Innerhalb der unabhängigen Tradition α gibt es zwei Handschriftenfamilien: α^1 und α^2. Zu α^1 gehören I, O, t und C; zu α^2, welche im Verhältnis zu α^1 nachrangig ist, sind Y, f und g zu rechnen.

Die Familie α^1

Die Famile α^1 läßt sich einerseits durch ihre Abhängigkeit von einer für die unabhängige Tradition gemeinsamen Vorlage α, andererseits durch ihre deutliche Abgrenzung von der Vorlage der Familie α^2 bestimmen. Die Abhängigkeit der Handschriften I, O, t, C, Y, f und g von der gemeinsamen Vorlage α wurde oben auf der Basis des textkritischen Materials aufgezeigt. Die Abgrenzung von Y, f und g innerhalb der Tradition α und die Annahme einer gemeinsamen Vorlage α^2 für die drei letztgenannten Handschriften wird im nächsten Abschnitt (Die Familie α^2) erläutert. Hier soll über das Spezifische der Familie α^1 und im besonderen über die einzelnen Handschriften gesprochen werden.

Im Kontext der gesamten Überlieferung gilt zunächst für α^1 die Feststellung, daß diese Handschriftenfamilie zu der unabhängigen Tradition α gehört und daß sie der Universitätsüberlieferung qualitativ überlegen ist. Die unterschiedliche Textqualität einzelner Abschriften innerhalb dieser Klasse und eine gewisse Inkonsistenz weisen einerseits auf den unvollständig erhaltenen handschriftlichen Bestand dieser Überlieferung (Fehlen von mehreren Zwischengliedern) und andererseits auf einen mehr oder weniger großen persönlichen Anteil der Schreiber an der überlieferten Textgestalt hin. Es ist daher schwierig, für α^1 ein Schema der Textüberlieferung zu rekonstruieren. Zwar ist das Profil der Familie α^1 anhand der Textzeugen deutlich von der übrigen Überlieferung zu unterscheiden. Aber es gibt auch Fälle, wo die Grenzen sowohl zwischen α^1 und α^2 als auch zwischen α und β verschwommen sind. Das heißt, daß die einzelnen Abschriften der unterschiedlichen Traditionen nicht immer den für sie als spezifisch festgestellten Text bezeugen, sondern Gemeinsamkeiten mit Handschriften anderer Klassen aufweisen. In solchen Fällen ist die Feststellung der Filiation der Textzeugen schwierig, und der Versuch, ein *stemma codicum* aufzustellen, läßt sich nicht auf streng wissenschaftliche Konklusion stützen, sondern beruht nur auf einer empirischen Approximation.

Die Klärung der Beziehungen einzelner Abschriften von α^1 untereinander bereitet, wie gesagt, gewisse Probleme. Es läßt sich ermitteln, daß I, O, t, und C unabhängig voneinander auf eine gemeinsame Vorlage zurückgehen. Dabei ist den zwei Textzeugen I und O trotz einer relativ hohen Zahl von individuellen Akzidenzien der Texttransmission (ca. 36 bei I; ca. 74 bzw. 51

in der ersten, unkorrigierten Fassung bzw. in der korrigierten Fassung bei O) eine herausragende Bedeutung beizumessen. Sie stehen der gemeinsamen Vorlage für die unabhängige Tradition α und somit auch für die Familie α^I am nächsten, d.h. ganz oben in der Überlieferungskette dieses Traditionsstranges, und auch der gesamten gegenwärtig bekannten Überlieferung. Dagegen fallen t und C wegen einer hohen Zahl von Sonderlesarten (Varianten, kleine und größere Auslassungen, darunter auch viele Homoeoteleuta, Hinzufügungen, Umstellungen und evidente Fehler – bei t insgesamt ca. 48; bei C ca. 70) weit zurück. Zwar übertrifft O in seiner ersten, unkorrigierten Fassung in der Zahl der Sonderlesarten die zwei anderen Kodizes, aber diese Abschrift ist sowohl aufgrund ihrer Sonderlesarten als auch wegen der engen, möglicherweise kausalen Verbindung mit der eigenständigen Überlieferung von *De forma resultante in speculo* (Φ) vorzuziehen. Für die Texterstellung werden aus dieser Hss.-Gruppe nur I und O herangezogen.

Für die Familie α^I kann folgendes Schema als das wahrscheinliche Textübertragungsmodell gezeichnet werden:

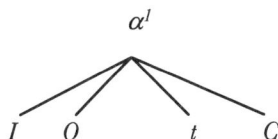

$$\alpha^I$$

$$I \quad O \qquad t \qquad C$$

Über den textkritischen Wert einzelner Handschriften dieser Familie gibt die Kollation einen Aufschluß. Nachfolgend werden die wesentlichen textkritischen Merkmale jeder Abschrift dieser Gruppe vorgestellt.

I

Die Handschrift I hängt enger mit α^I als mit α^2 zusammen und nimmt in der Überlieferungskette eine höhere Stufe als die übrigen Textzeugen der Familie α ein. Zu einer solchen Schlußfolgerung wird man aufgrund der Auswertung ihrer individuellen Lesarten kommen. In der schon genannten Zahl von 36 eigenen Lesungen bei I sind 20 Varianten (darunter nur wenige als offensichtliche Fehler erkennbar), acht kleine Auslassungen (davon eine Zwei-Wörter-Auslassung, ansonsten alle Ein-Wort-A.), fünf einfache Wortumstellungen und eine drei Wörter übergreifende Transposition sowie schließlich eine Dittographie enthalten. Weil die stärkste und auch die wichtigste Klasse aller textspezifischen Erscheinungen bei I die Varianten (darin offensichtliche Falschlesungen) bilden, seien sie hier angeführt:

25 neque corpus] incorpus I 45 etiam] et I
30 est^I] etc. I 66 infert passionem in sensu,

quia immutat ipsum] est talis *I*
69 nihil] non *I*
89 ex] per *I*
92 si] sed *I*
132 quando] que *I*
139 posteriori] a posteriore *I* a
    posteriori *C t*
173 ea] illa *I*
180 sicut] ut *I*

189 longitudo illa vel latitudo]
    latitudo illa et longitudo *I*
202 quia, sicut] sicut enim *I*
208 parva acie] parte *I*
212 resultans] resultat *I*
216 in] ad *I*
222 abstractam] abstractivam *I*
269 habitum] dictum *I*
274 sub alia] super aliam *I*
292 privat] privatur *I*

Zwar wird *I* grundsätzlich der Familie α^1 zugerechnet, aber diese Hs. hat auch gemeinsame Lesarten mit α^2 (gegen α^1), die teils paläographisch (sowohl seitens der Vorlage als auch seitens des Kopisten von *I*), teils möglicherweise durch Zufall (beispielsweise Inversionen) bedingt sind. Dann sind sie dem Schreiber von *I* anzulasten, wie z.B.:

11 corporis illius] *inv. I α^2 (def. g)*
    K 9
62 dicatur] datur *I α^2 (def. g)*
101 resultabit] resultat *I α^2 (def. g)*
    h 9

132 speculum] specula *I α^2 (def. g)*
    U S
215 receptivum] susceptivum *I*
    α^2 *(def. g)*

An einigen Stellen, wo *I* gemeinsam mit *β* gegen *α* liest, dürfte es sich um schwierige bzw. doppeldeutige Lesarten des Archetyps handeln, wie beispielsweise:

47 distat *α (def. g) P U j n s* dif-
    ferunt *b c d (dub.) S* differt *I*
    cet.

70 vel *I β* nec *α (C def. g) P U j e n*
83 superficie[1] *I β e S 9* speculo *α*
    (def. g) P U j n r

Als mehr oder weniger zufällig und daher auch für die Textrekonstruktion irrelevant ist die folgende einfache Wortumstellung zu werten, welche für *I* und *β* gemeinsam ist: 50 quidam voluerunt *α (def. g) P U j inv. I cet.*

Abschließend bleibt festzuhalten, daß zwar die Handschrift *I* wie jede handschriftliche Abschrift dem Gesetz ihrer Verbreitungstechnik unterliegt, daß sie also mit ihrer Vorlage nicht völlig identisch ist, aber dennoch einen Text von außergewöhnlich hoher Qualität bietet, die sich nur durch eine Nähe zum Archetyp von *De homine* erklären läßt. Daher wird *I* bei der Texterstellung die Autorität der Leithandschrift zuerkannt. Sie wird allerdings kontinuierlich mit Hilfe der voneinander unabhängigen Textzeugen von *α* geprüft. Auf diese Weise und unter Hinzuziehung von *β* kann die Konstituierung des originären Alberttextes gewährleistet werden.

O

Bevor die Textüberlieferung von *O* charakterisiert wird, sei auf eine äußere Erscheinung, welche in dieser Handschrift festzustellen ist, hingewiesen. Angesichts der schon oben aufgezeigten Schlüsselstellung von *O* bezüglich der eigenständigen handschriftlichen Tradition von *De forma resultante in speculo* ist der Tatsache große Bedeutung beizumessen, daß bei *O* im Absatz *Tertio queritur, utrum color sit obiectum visus quando videt colorem* (die formelle Gliederung nach *quaestio, articulus* etc. sowie deren Zählung ist in der Hs. nicht vorhanden) die Abhandlung über das Spiegelbild als ein neuer Textabschnitt von der Hand des Kopisten markiert und am Rande (f.65rb) mit dem Titel *de forma resultante in speculo* angezeigt wird.

Der Text bei *O* unterscheidet sich wesentlich von dem bei *I*. An erster Stelle sind die zahlreichen Korrekturen von einer späteren Hand bzw. von mehreren Händen sowohl im Text als auch am Rand zu nennen. Diese Korrekturen beweisen, daß der Text zu einem späteren Zeitpunkt revidiert wurde, daß die Handschrift kritische Benutzer fand und vielleicht abgeschrieben wurde. Andererseits lassen die Korrekturen – insgesamt ca. 23 – und ihre Art erkennen, daß der Text offensichtliche Verständnisprobleme enthielt und daher Anlaß zu Verbesserungen gab, die allerdings unterschiedlicher Qualität und Provenienz sind. Es ist sehr wahrscheinlich, daß die meisten Korrekturen in Anlehnung an die Vorlage bzw. eine andere Hs. vorgenommen wurden, denn sie stellen den ursprünglichen Alberttext wieder her. Es gibt dennoch Fälle, wo zu erwartende Korrekturen ausblieben, z.B. bei Auslassungen. Ein wohl kleiner Teil der Randkorrekturen ist durch das Beschneiden der Pergamentblätter vor dem Einbinden verlorengegangen. Die Zahl der individuellen Varianten ist bei *O* mit ca. 21 anzugeben; dies entspricht auch *I*. Stärker als bei *I* fallen die Auslassungen ins Gewicht – insgesamt 11 (darin eine 6-Wörter- und eine 4-Wörter-A.). Ferner werden 8 einfache Wortumstellungen gezählt und 4 Umstellungen komplexer Art sowie 7 Hinzufügungen (bis auf eine Addition von 4 Wörtern bestehen alle nur aus einem Wort). Um den Charakter der Korrekturen zu vermitteln, werden sie hier summarisch und ohne Differenzierung nach bestimmten Korrekturarten zusammengestellt:

11 cum] est *O exp. et corr. sup. lin.*
  O¹ om. t P U j
53 est] et *exp. et corr. sup. lin. O¹*
102 Praeterea] *in marg. O¹*
109 angulum] *in marg. O¹*
118 recipitur²] *in marg. O¹*
129 tunc non posset esse] *in marg. O¹*

155 scilicet] sed *O corr. sup. lin. O¹*
169 aliquamdiu] aliquam *O* diu
  add. sup. lin. O¹
174 quaeritur, in] queruntur *O*
  corr. O¹
185 secundum] per *O corr. sup. lin.*
  O¹

194 habitus²] *in marg. O¹*
204 terminati] determinati *O corr.*
    in marg. O¹
206 vel ut] vult *O corr. sup. lin. O¹*
206 demonstrative] demonstra-
    tione *O corr. O¹*
212 enim] *sup. lin. O¹*
234 argenti] argentei *O corr. O¹*
256 siccitas] si occulus (*dub.*) *O*
    exp. et corr. in marg. O¹

272 et] *sup. lin. O¹*
273 quia] *sup. lin. O¹*
277 lapidi] *O* lapidis *corr. O¹*
228 semper] super *O corr. O¹*
284 videbuntur] videtur *O* viden-
    tur *corr. in marg. O¹*
287 vertice] virtute *corr. O¹*

Bei den Korrekturen kann allerdings nicht in jedem Fall festgestellt werden, ob es sich um nachträgliche Korrekturen des Kopisten oder einer anderen Person handelt. In diesem Zusammenhang ist ferner auch der Umstand zu beachten, daß der Kodex *O* ein Werk von mehreren Schreibern ist.

Bei der Wertung der Überlieferung von *O* ist festzuhalten, daß diese Handschrift der zweitwichtigste (nach *I*) Zeuge der unabhängigen Tradition (*α*) von *De homine* ist, welcher zudem eine einzigartige textkritische Grundlage für die Rekonstruktion der Text- und Überlieferungsgeschichte der gesondert tradierten Abhandlung *De forma resultante in speculo* bietet.

t

Ein weiterer Textzeuge der unabhängigen Tradition *α* ist die Handschrift *t*, welche gemeinsam mit *C* (und *Y* aus der *α²*-Familie) italienischer Provenienz ist und aus dem 15. Jh. stammt. Sie zeichnet sich durch ein relativ hohes Maß an Sorgfalt in der Wiedergabe ihrer Vorlage aus, was anhand einer weitgehenden Kongruenz der Textüberlieferung innerhalb von *α* sichtbar ist, wobei die Übereinstimmung von *t* mit *O* und *C* umfassender als mit *I* ist. Dennoch hat auch sie individuelle Lesarten, deren Charakter und Umfang verallgemeinernde Rückschlüsse auf den Wert des überlieferten Textes erlauben. In der oben für *t* angegebenen Zahl von ca. 48 Sonderlesarten sind 29 Varianten (darin mehrere offensichtliche Fehler), 7 geringfügige Additionen (fast ausnahmslos 1-Wort-Hinzufügungen und nur eine aus drei Wörtern bestehend, ferner 2 Dittographien), 7 Auslassungen (davon 4 per Homoeoteleuton, wobei 3 aus einer Wortfolge von mehr als zehn Wörtern bestehen), 2 Inversionen sowie 3 Korrekturen enthalten. Weil der Kodex *t* unabhängig von den Handschriften *I, O, C* sowie *Y f* und *g* auf die Vorlage von *α* zurückgeht, trägt er wesentlich zu ihrer Rekonstruktion bei.

C

Die textkritische Analyse der Handschriften führt zu der Erkenntnis, daß *C* und *t* im allgemeinen die gleiche Überlieferungsart bezeugen. Diesem

Sachverhalt ist noch der folgende äußere, für die Überlieferungsgeschichte bedeutsame Faktor hinzuzufügen: Die beiden Hss. *C* und *t* sind im gleichen geographischen Raum (Italien) und ungefähr zur gleichen Zeit (15. Jh.) angefertigt worden. Diese Tatsache ist zwar bei der Klärung der Filiation der Abschriften von gewisser Bedeutung, sie führt jedoch nicht zur Feststellung ihrer Vorlage. Die philologische Textuntersuchung ergibt einige exklusive Übereinstimmungen von *C* und *t* einerseits und mehrere trennende Lesarten (u.a. Homoeoteleuta) andererseits. Aus diesem Sachverhalt ist zu schließen, daß *C* und *t* unabhängig voneinander eine ihnen gemeinsame Vorlage wiedergeben. Bei *C* stellt man allerdings eine höhere Zahl von Sonderlesarten als bei *t* fest – es sind ca. 70. Im einzelnen sind es 39 Varianten (darunter sehr viele Fehler), gefolgt von 20 kleineren und drei längeren Auslassungen (die letzteren allesamt Homoeoteleuta), drei einfachen Inversionen, zwei kleineren Hinzufügungen, einer Dittographie und zwei Korrekturen.

Wie relativ der Wert des auf statistischer Grundlage angenommenen Textübertragungsmodells dennoch sein kann und wie problematisch es im Einzelfall erscheint, zeigt sich an folgendem Beispiel:

25 non esse mota *I e* esse non mota (motu *f*) *C* α^2 (*def. g*) *P j S* non mota esse
    O t β 9 esse mota *U* non mota per accidens esse *u n*

Diese Stelle mußte schon in der Vorlage der Familie α Anlaß zu Verwirrung geben, denn die Hss. *O* und *t* stimmen mit der Familie *β* überein, während *C* mit α^2 auf der einen und *I* auf der anderen Seite diese drei Wörter auf verschiedene Weise umstellen. Zwar hat diese Transposition keine Bedeutung (ausgenommen in der Hs. *U*) für das Textverständnis, aber sie wirft Fragen nach der ursprünglichen Textform auf. Die Antwort kann in diesem Falle, wie es scheint, nicht über eine Approximation hinausgehen: Weil die Familie α^2, hier gemeinsam mit *C*, gewöhnlich im Verhältnis zu α^1 nachrangig ist, wird ihr auch hier kein Vorrang eingeräumt; *I* – im allgemeinen ein vorzüglicher, aber auch von Sonderlesarten und Fehlern keineswegs freier Textzeuge – bietet eine Lesart, welche semantisch und stilistisch am plausibelsten erscheint; es kommt noch hinzu, daß *I* gemeinsam mit *O*, *t* und *β* „non" an den Anfang der Wortfolge setzt. Da aufgrund der Bezeugung von *I*, *O*, *t* und *β* „non" tatsächlich am Anfang des Wortgefüges im Archetyp gestanden haben muß, wird für die weitere Wortfolge *I*, *C* und α^2 (mit der entsprechenden Korrektur der Umstellung von „non") als maßgeblich angenommen.

Die Familie α^2

Die drei Handschriften Υ, f und g, welche auch die Dominikanertradition der Textüberlieferung vertreten, weisen eine Reihe gemeinsamer Merkmale auf, wodurch sie sich von α^1, d.h. von der ersten Handschriftengruppe der unabhängigen Tradition (α) abheben. Da diese Abweichungen in α^2 überwiegend eine Textverschlechterung von α^1 darstellen, muß α^2 gegenüber α^1 als sekundär gewertet werden.

Als spezifisch kommen für α^2 folgende Stellen in Betracht:

10 non] *om.* α^2 (*def. g*)
10 sed] *om.* α^2 (*def. g*)
13-14 super] sicut α^2 (*def. g*)
65 enim] *om.* α^2 (*def. g*)
69 non] nec α^2 (*def. g*) *C t*
93 aspicienti] inspicienti α^2 (*def. g*)
116 est^2] *om.* α^2 (*def. g*) *U*
117 veniat] venit α^2 (*def. g*) *C*
123 radios reflexos] radius reflexus α^2 (*def. g*)
134 communem hoc contingat] hoc contingat (contingit Υ) communem α^2 (*def. g*) *P j*

228 commiscentur] commiscetur α^2 (*def. g*)
239 est^2 α^1 *U j e* cum α^2 *om. cet.*
239 humiditas] sit *add.* α^2
240 non] est *add.* α^2
244 ex] in α^2
256 efficitur α^2 *I* efficit *cet.*
273 etiam α^2 *I om. cet.*
276-278 Et iste modus naturalis est in generatione mixtionis, licet non figurae lapidi, qui dicitur topazion, in quo semper apparet facies versa] *om.* α^2

Die an letzter Stelle (276-278) verzeichnete längere Auslassung (21 Wörter) bei α^2 macht deutlich, daß diese Handschriftenfamilie eine gemeinsame Vorlage kopiert hat und daß α^1, und insbesondere I, von dieser Vorlage unabhängig ist. Bei der Betrachtung der Verhältnisse einzelner Abschriften innerhalb von α^2 untereinander läßt sich eine engere Übereinstimmung von Υ und g feststellen, während Υ und f exklusiv nur eine gemeinsame Lesart haben (261 sole] solem Υf):

Υg

243 quia (quasi f)] *om.* Υg
247 terreum] terrenum Υg
278 fieret] ferret ad Υ ad *add. sup. lin. g*

295 habet] *transp. post* visibilitatis Υg

Der Text von Υ dürfte in größerem Umfang mit dem von g übereinstimmen, was jedoch für die Abhandlung wegen der Textverluste bei g nicht belegt werden kann.

g

Der schon erwähnte Textverlust bei der Handschrift *g* ist – ähnlich wie auch bei einigen anderen Nürnberger Handschriften der Werke Alberts[13] – durch Ausschneiden (Diebstahl?) von 68 Blättern verursacht worden. Für *De forma resultante in speculo* liegt heute infolgedessen nur ein kleiner Teil der *solutio* (weniger als die Hälfte, in unserer Textausgabe sind es die Zeilen 234-296 „et argentum magis ... differentiam visibilitatis") vor. Auf der schmalen Basis des verfügbaren Textfragments von *g* wird eine sehr niedrige Zahl von eigenen Lesarten und eine größere Nähe zu *Υ* als zu *f* festgestellt:

235-236 est receptivum] receptivum et *g* receptivum est *Υ*
257 parte] *om. g*

295-296 habet differentiam visibilitatis] differentiam invisibilitas habet *g* differentiam invisibilitatis habet *Υ*

Ein vollständiges Textbild von *g* kann nicht gezeichnet werden, weil der Text der Abhandlung nur bruchstückhaft überliefert ist. Das knappe Dossier über *g* läßt dennoch die Schlußfolgerung zu, daß die Handschriften *g* und *Υ* unabhängig voneinander eine gemeinsame Vorlage kopiert haben.

Υ

Beim Vergleich der vorhandenen Textpassage von *g* mit den entsprechenden Textstücken bei *Υ* und *f* erweisen sich *g* und *Υ* als ungefähr gleichwertige Zeugen, während *f* in stärkerem Maße von seiner Vorlage abweicht. Die Lesarten von *Υ* werden hier in folgenden zwei Gruppen verzeichnet: (1) isolierte Varianten (einschließlich Auslassungen) und (2) Lesarten, welche als nachträgliche Korrekturen im Text oder am Rande von einer anderen Hand angebracht wurden:

(1)
39 quia] *om. Υ (def. g)*
110 Euclidis] euclides *Υ (def. g)*
112 fient] fiant *Υ (def. g)*
126-127 altera] una in altera autem *Υ (def. g)*
157-158 illa] ita *Υ* ibi *f (def. g)*

162 per medium est] est per medium *Υ (def. g)*
166 In] de *Υ (def. g)*
169 formae] aque *Υ (def. g)*
235-236 est receptivum] receptivum est *Υ* receptivum et *g*

---

[13] Z.B. Kodex *Nürnberg, Stadtbibliothek Cent. I, 36* (Albertus Magnus, *Super Matthaeum*); cf. Ed. Colon. T.XXI p.XXXVsq. n.5.

278 fieret] ferret ad *Y*   278 est] sit *Y*

(2)

45 quia] et *Y corr. sup. lin. Y¹ (def. g)*   98 quoddam] quodam *Y corr. Y¹*
57 proicitur] proficitur *Y corr. Y¹*   *(def. g)*
   (def. g)   108 speculi] *sup. lin. Y¹ (def. g)*
76 Et videtur quod ut in superficie]   203 illius] *sup. lin. Y¹ (def. g)*
   in marg. Y¹ (def. g om. hom. X)

f

Von der Familie α^2 hat f die höchste Zahl an Sonderlesarten. Diese sind wohl durch die Nachlässigkeit des Kopisten entstanden, weil es sich dabei um Falschlesungen der Vorlage, Verschreibungen, Umstellungen und kleine Auslassungen handelt. In der textkritischen Wertung fällt die Abschrift f innerhalb der Familie α^2 an die letzte Stelle zurück.

4 quaeritur primo] *inv. f (def. g)*   175 sed] non *add. f (def. g)*
9 Praeterea] patet *f (def. g)*   183 sicut] sic *f (def. g)*
24 motum aspicientis] visum in-   192 neque latum] *dittogr. f (def. g)*
   spicientis *f (def. g)*   197 ut] vel *f (def. g)*
25 mota] motu *f (def. g)*   203 nata] *om. f (def. g)*
28 actu¹] *om. f (def. g)*   205 recipiatur] recipiat *f (def. g)*
61 in speculo] *om. f (def. g)*   209 reciperetur] recuperetur *f*
71 constans] circumstans *f (def. g)*   *(def. g)*
101 sicut] sic *f (def. g)*   220 modo] *om. f (def. g)*
110 rectam] *om. f (def. g)*   221 congregat] agregat *f (def. g)*
118 recipitur] percipitur *f (def. g)*   227 et] ex *add. f (def. g)*
127 sive] vel *f (def. g)*   231-232 praeter] propter *f (def. g)*
129 esset] est *f e (def. g)*   243 quia] quasi *f om. Y g*
138 deberet] debet *f (def. g) C*   254 plumbo] et *add. f (def. g)*
144-145 ad unum aspectum] *om.*   256 calido] calida *f*
   f (def. g)   260 sicut] quia *f*
157-158 illa] ibi *f (def. g)* ita *Y*
165 oppositionem] operationem *f*
   (def. g)

Das wahrscheinliche Textübertragungsmodell für die Handschriften der Klasse α^2 kann graphisch in folgender Weise dargestellt werden:

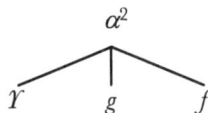

$$\alpha^2$$

Y   *g*   *f*

1.2.2.2. Der Überlieferungsstrang der Universitätstradition (β)

Die als Universitätstradition mit der Sigle β bezeichnete und weit verbreitete Überlieferung besteht aus zwei Handschriftengruppen: (1) die Gruppe β¹ enthält die zwei Pecienhandschriften *B* und *Z*, welche auf das Pariser Exemplar zurückgehen, weswegen sie auch zu einer direkten Universitätsüberlieferung gerechnet werden, und weitere sieben Handschriften, welche weder direkte Pecienvermerke noch indirekte Pecienindizien aufweisen, aber von β¹ abhängen – *G, T, X, h, i, m* und *u* (*G* und *X* stammen aus dem 13. Jh., das Alter von *T* wird mit „13./14. Jh." angegeben, und die vier letztgenannten Handschriften entstanden im 15. Jh.); (2) die Gruppe β² umfaßt zwölf spätere (15. Jh.) Derivate der Universitätstradition β¹, die als indirekte Universitätsüberlieferung zu werten sind – *H, K, L, 8, b, c, d, k, q, o, r* und *s*. Es ist überlieferungsgeschichtlich relevant, daß innerhalb der ersten Handschriftengruppe – die Universitätsüberlieferung β¹ – zu den Pecienhandschriften *B* und *Z* sich drei Abschriften aus dem 13. Jh. (*G, T* und *X*) und vier weitere Abschriften aus dem 15. Jh. (*h, i, m* und *u*) – alle ohne Pecienindizien – hinzugesellen.

Wie die Trennung zwischen der unabhängigen Tradition α und der universitären Überlieferung β nachgewiesen werden kann, dürfte schon oben bei der Beschreibung der Handschriftenklasse von α, vor allem aber anhand der dort zusammengestellten Textbelege sichtbar werden. Nachfolgend werden im ersten Schritt die Wesenszüge von β, dann β¹ als eine kohärente Handschriftenklasse sowie ihre einzelnen Handschriften und danach dementsprechend β² beschrieben. Die kontaminierten Handschriften (*P, U, j, e, n, S* und *9*) werden zwar – insofern sie sich β anschließen – stets bei textkritischen Angaben berücksichtigt, aber sie werden als eigene Klasse an letzter Stelle behandelt.

Durch folgende Lesarten läßt sich β von der unabhängigen Tradition α abgrenzen und als eine eigenständige Überlieferungsart bestimmen:

β

7 non-corpus] non β n 9 corr. n¹
11 falsum sit] sit (sit] om. K) falsum (speculum o) β n 9
12 corpus esse] inv. β n 9
13 cum] quod β (-G) e n S 9 tunc U corr. in ras. n¹
22 vel] et β P e n S 9
39 esse falsum] inv. β P e n S
48 situm et locum] inv. β n 9
50 rei] in marg. n¹ om. β 9

54-55 secundum ea tantum] tantum secundum (sed 9) ea β P e n S 9
74 quod] in add. β (-L) e S 9
96 qui] quod β e n S 9 corr. n¹
99 attinget] attingit β P U S 9 tangit b c d s
107 et] in β P n 9 corr n¹ et in S ad U j
128 deberetur] debetur β e 9

163 aër est] *in marg. al. man. n¹ om.*
β (-L) e n S 9
169 aliquamdiu] a (in *8 k*) materia diu *β U e S 9*
169 et] in *β S 9*
183 sit] est *β S 9 in ras. n¹*
189 esset longum] *inv. β e n S 9*
203 et] ad *β 9 in ras. n¹ in U j* aut
S om. o
229-230 est radii (radii] *in ras. n¹*)
receptivum et (et] est *n exp.*
n¹)] et medium (medii *P*)
receptivum (receptum *G*) est
β (def. X) P e S 9
239 sed *α (om. C in ras. n¹*) et *β*
(def. X) P U j e S 9
240 ex ipso] *in marg. n¹ om. β*
(def. X) S 9
246-247 subtile (subtile *transp. post*
magis¹ *I*) habent] *inv. β (def. X)*
e n S 9

253 eis] istis *β (def. X) n 9* hiis *e S*
254 speculum est] *inv. β (def. X)*
e n S 9
254-255 multum] melius *β (def. X)*
9
256 attrahit] abstrahit *β (def. X)*
n 9 corr. n¹
258 exposito] opposito *β (def. X)*
e n S 9 corr. n¹ ex opposito *U*
composito *h*
262 splendens] splendidus *β*
(def. X) e S 9
264 profunda] in profundo *β*
(def. X) P e n S 9
274 sub alia est] est sub (super *K*)
alia *β n S 9*
287 illae facies] *inv. β (-u) P e S 9*
294 nimis] *corr. in marg. e¹* minus *β*
(-L) P U j S
296 visibilitatis] invisibilitatis *β*
(-c q) P e n S 9

Dieses hier zusammengetragene, verhältnismäßig umfangreiche Material, das durch die vollständige Kollation aller Handschriften mit dem Text der Abhandlung, der innerhalb der Überlieferung von *De homine* vorliegt, gewonnen wurde, ist die verläßliche Grundlage für die Schlußfolgerung, daß: (1) die Universitätstradition in ihrer Gesamtheit (*β*) sich anhand ihrer Textspezifik deutlich definieren bzw. von der unabhängigen Tradition (*α*) und den kontaminierten Handschriften abgrenzen läßt; (2) die universitäre Tradition (*β*) im Vergleich mit der unabhängigen Überlieferung (*α*) einen Text von erheblich minderer Qualität bietet.

Die Familie *β¹*

Wie die Beispiele oben zeigen, unterscheidet sich die Universitätstradition *β* klar von der unabhängigen Überlieferung *α*. Nachfolgend werden nun die Unterschiede innerhalb von *β*, welche die gesamte universitäre Überlieferung in zwei Familien spalten – *β¹* und *β²* –, verdeutlicht. Da die textkritischen Angaben hier gewöhnlich negativ erfolgen, werden für *β¹* relativ wenige Varianten verzeichnet. Denn die Familie *β¹* hat im Verhältnis zu *β²* einen vom Exemplar weniger entfernten (weniger veränderten) Textzustand der Abhandlung bewahrt. Erst bei der Behandlung der Eigenart von *β²* dürfte die Spaltung von *β* in zwei Familien besser sichtbar werden.

40 illa] illi β^1 (-G u) i[1] 9
58 est] in marg. e[1] sit 9 om. β^1 (-G) P
98 quidam philosophus α (def. g)
 P U j e philosophus quidam
 (philosophus quidem X) β^1 n
 S 9 philosophus β^2
104 perpendiculariter] perpendibiliter β^1 (-u) S
106-107 perpendiculariter] per-
 pendibilis (perpendibiliter i)
 β^1 (-G) S
169-170 est in recta] in recta est
 β^1 P e n S

203 illius] ipsius β^1 P e n S eius
 β^2 9
240 liquationem] eliquationem
 β^1 e n S 9 elevacionem Z liquefactionem β^2 om. X
247 sunt magis] inv. β^1 e n S
251 neque] nec β^1 (-X) U j e n 9
 et β^2
255 vero] non β^1 (-X)
264 videtur profunda] videtur in
 profundo β^1 P n S in profundo videtur β^2 9

B

Von der universitären Tradition ist B der erstrangige Textzeuge. Er enthält eine sehr geringe Zahl von Sonderlesarten (nur fünf) und zudem weist er
direkte Pecienindizien auf. Die Individuallesarten fallen, wie gesagt, kaum
ins Gewicht, wie sich anhand der nachfolgenden Zusammenstellung zeigt:

23 extremitate] in tremitate B
68 habet] in add. B
74 his] hii B

212 et latitudinem] om. B
216 tria] tres B

Bezüglich der Pecienvermerke bei B ist zunächst festzuhalten, daß diese
sehr unvollständig vorhanden sind und daß eine genauerere Untersuchung
der Handschrift in der Berliner Staatsbibliothek die auf der Mikrofilmbasis
erzielten Resultate wesentlich korrigiert hat. Für das ganze Werk De homine
lassen sich nun insgesamt 11 Pecienvermerke bei B festellen, welche auf
f.132vb mit „·vj[a.]" beginnen und auf f.287ra mit „·xlvj[a.]" enden. Der Text
von De forma resultante in speculo, der die Folien 171ra-173ra einnimmt, wird
von den Pecienvermerken auf f.161ra: „·xv[a.]" und auf f.178ra: „·xx[a.]" um-
rahmt; es ist also anzunehmen, daß dem Text der Abhandlung etwa die
18./19. pecia des Universitätsexemplars entspricht.

T

In der Textbewertung ist die Handschrift T direkt nach B einzuordnen.
Ihre zwölf Individuallesarten sind ähnlich wie bei B von geringer Bedeutung
– es handelt sich um Lesefehler, Umstellungen und Ein-Wort-Auslassungen:

18 est in loco[1]] in loco est T
58 corpus[2]] corrupcio T
65 Omne enim] inv. T

81 totum] om. T
199 vel] secundum visibile Z
207 totius] et T

228-229 inflammans] flammans *T*   257 altera] alia *T*
245 umbrosum] multosum *T*   269 est[1]] *om. T*
256 hoc] *om. T*   287 illae] ii *add. T*

Trotz einer weitgehenden Übereinstimmung mit *B* weist *T*, im Unterschied zu *B*, keine Pecienindizien auf. Die Zuweisung von *T* zu der universitären Überlieferung erfolgt also nicht aufgrund von äußeren Merkmalen (direkte bzw. indirekte Pecienindizien), sondern ausschließlich auf der Grundlage der durch die Kollation ermittelten Textgestalt.

Z

Eine weitere Handschrift der Universitätstradition mit mehreren Pecienvermerken an inneren und äußeren Rändern ist der Pariser Kodex *Z*. Es ist leicht feststellbar, daß einige der Pecieneinträge vor dem Binden der Lagen oder beim erneuten Binden der Handschrift beschnitten wurden, andere sind tief im Bundsteg verborgen; darüber hinaus ist nicht auszuschließen, daß manche Vermerke ausradiert wurden, um den Kodex zu bereinigen – solche Rasuren treten an den Rändern der Handschrift an mehreren Stellen zutage. Aber wie bei *B* wurden auch hier wohl nicht alle Pecien durch den Abschreiber an den Rändern markiert. Der erste deutliche, aber zum Teil beschnittene Eintrag begegnet uns auf f.62va: „<x>xv.p.", der letzte auf f.126vb: „.xlix.p.", wobei der Text von *De homine* mit f.1r anfängt und mit f.133rb endet. Tatsächlich haben wir schon auf f.36va am unteren Rand den ersten fragmentarischen Hinweis, welcher als Pecienvermerk zu deuten ist: „.p.". Für den Text der Abhandlung finden sich in der Handschrift *Z* keine Pecienangaben. Versucht man anhand der im Kodex vorhandenen Pecienvermerke die Peciennummer für unseren Text zu errechnen, so kommt man ungefähr auf die gleiche Zahl wie bei *B*.

Der von *Z* überlieferte Text ist zwar in einem schlechteren Zustand als der bei *B* und *T* – die Zahl der Individuallesarten steigt auf etwa 27, wobei es sich hauptsächlich um Fehler und kleinere Auslassungen handelt. Aber die Abschrift *Z* gehört mit *B* und *T* zu den verläßlicheren und repräsentativen Textzeugen der Familie *β[1]*, weshalb auch die drei Kodizes bei der Textrekonstruktion stets berücksichtigt und im textkritischen Apparat dokumentiert werden.

i, m, u, G, h und *X*

Die hier angegebene Reihenfolge der sechs Handschriften *i, m, u, G, h* und *X* enthält bereits das Urteil über die Qualität des überlieferten Textes. Als ausschlaggebend für die Wertung der jeweiligen Überlieferung werden die Zahl und die Art der Individuallesungen betrachtet. Nach diesem Kriterium sind i (ca. 37 eigene Lesungen) mit m (ca. 43) und u (ca. 48) mit G (ca. 51) und h (ca. 53) in etwa gleichwertig, dagegen fällt X in der Wertung wegen der sehr hohen Zahl von Sonderlesarten (ca. 87) weit zurück.

Von den 37 Sonderlesarten bei i sind fünf längere Auslassungen (davon drei per Homoeoteleuton), acht Ein-Wort-Auslassungen, vier Ein-Wort-Hinzufügungen und zwei einfache Umstellungen. Den Rest machen Varianten aus, welche zum Teil aus alternativen Lesarten, zum Teil aus offensichtlichen Fehlern bestehen. Es kommt noch hinzu, daß i einige Lesarten aufweist, welche für β^2 (β^2 und 9) spezifisch sind, was auf eine wie auch immer geartete Berührung (Kontamination) mit β^2 (β^2 und 9) schließen läßt:

11 cum] autem $i\,\beta^2$	274 parte] speculi *add.* $i\,\beta^2\ 9$
174 ut] sicut $i\,\beta^2\ 9$	280 fierent in eo] in eo fierent i
240 calidi] humidi $i\,\beta^2$	$\beta^2\ 9$
245 vero] autem $i\,\beta^2\ 9$	290 ly] *om.* $i\,\beta^2\ 9$

Die Gemeinsamkeiten von i mit β^2 (und mit 9) können zwar grundsätzlich nicht die Zugehörigkeit von i zu der Familie β^1 in Frage stellen, aber sie zeigen, daß dieser Zuordnung und dem Textzeugen selbst ein relativer, begrenzter Wert zukommt.

Für m werden ca. 43 Sonderlesarten gezählt. Darin sind enthalten: 26 alternative Lesarten (darunter mehrere offensichtliche Fehler), 12 Auslassungen (drei längere und neun Ein-Wort-A.), drei Hinzufügungen und zwei einfache Wortumstellungen.

Das Spezifische der Überlieferung von u ist unter zwei Gesichtspunkten zu betrachten: Einerseits muß die Abschrift gesondert von den übrigen Textzeugen der Familie β^1 gesehen werden, andererseits in Verbindung mit der kontaminierten Handschrift n, für die u eine der Vorlagen war, da n und u viele gemeinsame Lesarten haben. Wenn man nur die individuellen Lesarten von u (also ohne die Gemeinsamkeiten mit n) berücksichtigt, ist die Handschrift mit ihren ca. 47 Sonderlesungen (27 Varianten/Fehler, 17 Auslassungen, drei Hinzufügungen) in der textkritischen Wertung nach m zu plazieren. Dennoch kann nicht übersehen werden, daß u überdies viele mit n gemeinsame Lesungen (mindestens 14) hat, was bei der Textbewertung von u stark ins Gewicht fällt, zumal die Art der Koinzidenz der beiden Überlieferungen u als die Vorlage für n zu definieren erlaubt. Dies einbezogen ergibt sich, daß der Textzeuge u von minderer Qualität als G, aber verläßlicher als X ist.

Einer der ältesten Textzeugen der universitären Tradition ist die Handschrift G, welche weder direkte noch indirekte Pecienindizien aufweist. Wie die übrigen Textzeugen der Universitätsüberlieferung, die keine Pecienvermerke enthalten, konnte auch G anhand der Kollation der Familie β^1 zugeordnet werden. In diesem Zusammenhang dürfte der Notiz auf f.12vb (am unteren Rand): '*In isto quaterno continentur ·16· folia de exemplari*' ihre eigentliche Bedeutung zukommen. Bei *G* sind ca. 51 Individuallesarten enthalten, wovon 26 Varianten/Fehler, fünfzehn Auslassungen, sechs kleine Hinzufügungen und vier Wortumstellungen sind.

Ungefähr auf gleicher Stufe mit der Handschrift *G* steht in der qualitativen Wertung *h* – von insgesamt 53 Individuallesungen erweisen sich 27 als Varianten/Fehler, 18 als Auslassungen (darin zwei längere Auslassungen per Homoeoteleuton), fünf als Hinzufügungen und drei als Wortumstellungen.

Aus textkritischer Sicht muß der Kodex *X* wegen seiner mit Abstand höchsten Zahl von Individuallesarten an das Ende der Handschriftenreihe von β^l plaziert werden. Diese Abschrift gibt den Alberttext in sehr verschlechtertem Zustand wieder. Zwar kann nicht genau festgestellt werden, in welchem Maße die schlechte Textqualität allein dem Schreiber dieser Hs. anzulasten ist, aber es ist vor allem angesichts der zahlreichen kleineren und längeren Auslassungen sowie Lesefehler davon auszugehen, daß der Text ohne größere Sorgfalt kopiert wurde. Auffällig ist zunächst die lange, durch ein Homoeocephalon verursachte Auslassung 215-263 „Ad id quod quaeritur ... diffusionem radiorum in superficie", welche einen ganzen Textabschnitt umfaßt. Die Eigennamen wie „Euclides" und „topazion" sind entstellt, ebenso viele andere Begriffe, so wird z.B. „speculum" mit „spectaculum" wiedergegeben. Das Sondergut der Überlieferung von *X* – ca. 87 Fälle – besteht aus 46 Varianten (darunter sehr viele Fehler), 22 Auslassungen, 12 kleineren Hinzufügungen und sieben Wortumstellungen.

Als Resümee unserer kritischen Wertung der breit gefaßten Universitätstradition (d.h. als direkte und indirekte Universitätsüberlieferung) bleibt festzuhalten, daß die Pecienhandschrift *B* am treuesten den Zustand des Exemplars wiedergibt. Der Handschrift *B* folgen *T* und die zweite Pecienhandschrift *Z*. Alle drei genannten Textzeugen gehören dem 13. Jh. an. Die übrigen 6 Abschriften, welche weder Pecienvermerke noch indirekte Pecienindizien, ausgenommen die Erwähnung des Exemplars bei *G*, aufweisen, tradieren einen Text, dessen Zustand im Verhältnis zum Exemplar wesentlich verschlechtert ist. Dabei läßt sich beobachten, daß für die Textqualität nicht das Alter einer Abschrift selbst, sondern vielmehr der Textzustand ihrer Vorlage sowie in hohem Maße der Persönlichkeitsfaktor des Schreibers ausschlaggebend sind.

Die Struktur von β^1 läßt sich schematisch in folgender Weise darstellen:

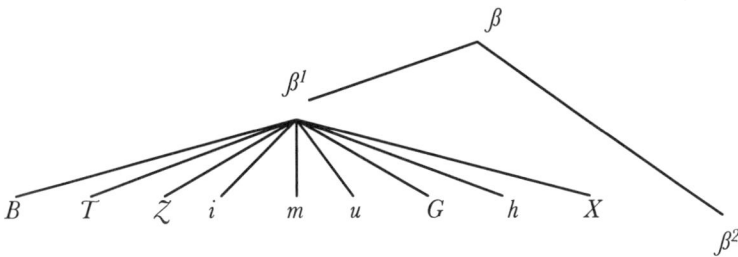

Die Familie β^2

Die Familie β^2 als Untergruppe von β besteht aus zwölf Handschriften: *H*, *K*, *L*, *8*, *b*, *c*, *d*, *k*, *q*, *o*, *r*, *s*, welche zur indirekten Universitätsüberlieferung gerechnet werden müssen. Sie alle hängen nämlich von β ab, wenngleich sie eine spätere Stufe dieser Tradition darstellen. Der Text von β^2 weicht erheblich von dem des Exemplars (β) ab, und die zahlreichen Sonderlesarten stellen eine fortschreitende Textverschlechterung dar. Die durch die Textkritik erbrachte Erkenntnis vom sekundären Charakter der Familie β^2 steht auch mit den äußeren Kriterien – Entstehungsort und Alter der Handschriften – im Einklang.

Die für β^2 spezifischen Textmerkmale, welche diese Tradition bestimmen und durch die sie sich von der übrigen Überlieferung unterscheidet, seien nachfolgend zusammengestellt:

6 si] *om.* β^2 *var. lect. L*
6 est²] *om.* β^2
10-11 speculi] corporis illius (corporis speculi *L*) β^2
13 vero] autem β^2
24 perspicui] superficiei β^2 (*def. o*)
29-30 videtur per se vel per accidens] est huiusmodi β^2
31 quod] sit *add.* β^2
39 nos] *om.* β^2 *9*
40 illa] *om.* β^2
42 vere] vera β^2
47 ut] sicut β^2
52-53 ad lumen resultans] resultans ad lumen β^2 *9*
58-59 imago quae est in speculo] in speculo imago β^2
60 ad speculum] in speculo β^2 *9*

61 aliquid] *om.* β^2
69 autem] *om.* β^2 *9*
72 terminata] determinata β^2 *9*
74 quaeritur] illud *add.* β^2
74 est] scilicet *add.* β^2
92 scilicet maius et minus] *om.* β^2
95 Euclides] *om.* β^2
98 quidam philosophus] philosophus quidam (quidem *X*) β^1 *n*
    S 9 philosophus quod β^2
104 si] *om.* β^2 *9*
108 speculi] et *add.* β^2
108-109 sui contactus] *inv.* β^2
113-114 est acutus; alius inter radium reflexum et] *om.* (*hom.*) β^2
116 igitur] autem β^2 *9*
118 Omnis autem anguli terminus] et terminus ille β^2

122 et²] *om.* β^2

125 est ei] ei convenit β^2

126-127 aut secundum quod est transparens, in altera parte exstinctum] *om.* β^2 | transparens, in altera parte exstinctum] *om. L*

130 et hoc] quod β^2

131 ipsam] ipsa (se *c*) β^2

133 de quibusdam etiam] etiam de quibusdam β^2

142 e converso] e contra β^2 (*def. o s*)

142-143 e converso] e contra β^2 (*def.K*)

152 obicitur ... dicimus] dicitur ... dicendum β^2

159 quod est] *om.* β^2

165 medius] *om.* β^2

169 pars coniuncta] parte coniunctam β^2

171 Sic igitur patet, quod illa forma non movetur] *om.* β^2

174 ut] sicut β^2 *i 9*

186 Est enim non] non enim est β^2

186 et] vel β^2 *i 9*

187 species] *om.* β^2

188 speciem] *transp. post* latitudinis β^2 *9*

189 terminetur] teneretur β^2

191 esset] essent β^2 *U*

199 vel] secundum materiam (naturam *K*) β^2

203 illius] eius β^2 *9* ipsius β^1 *P e n S*

204 terminati] *om.* β^2 *9*

211 autem] *om.* β^2 *U j 9*

214 habet tantum] *om.* β^2

215 in superficie] et superficiem β^2

221 eam a] eas in β^2

221 ibidem] ibi β^2 *n 9*

226 omnia] sunt que *add.* β^2

226 autem] enim $\beta^2 U$

232 bene] *om.* β^2 *9*

233 adeo¹] *om.* β^2

233 adeo²] *om.* β^2

234 sulphuris] sulphureum (sulphurium *K o*) β^2

234 magis²] sequitur *add.* β^2

237 quidem] *om.* β^2 *9*

238 politum] pallidum β^2

239-240 viscosa] vi aquosa β^2 vi *del.* aquosa *H* aquosa *L*

240 per] propter β^2 *u*

240 liquationem] liquefactionem β^2 eliquationem β^1 *e n S 9* elevacionem Z *om. X*

240 calidi] humidi β^2 *i*

241 quidem] *om.* β^2 *9*

243 receptivum] receptivus β^2 *u n 9*

244 magis est] *inv.* β^2

245 vero] autem β^2 *i 9*

247 magis²] *om.* β^2 *9*

248 est melius] magis est β^2

250 non puro] non bene puro β^2

251 neque] et β^2 nec β^1 (*-X*) *U j e n 9*

251 cum] in β^2

252 luminis] lineas et β^2 (*-L*)

258 multa] *om.* β^2

261 eminus] remote β^2 *om. L*

261 respiciat] respiceret (inspiceret *q*) β^2

264 videtur profunda] in profundo videtur β^2 *9* videtur in profundo β^1 *P n S*

270 quaestio est] *inv.* β^2 *9*

272 speculo] speculi β^2 *e*

274 parte] speculi *add.* β^2 *i 9*

277 figurae lapidi] figura lapidis β^2

280 fierent in eo] in eo fierent β^2 *i 9*

282 altera] alia (altera *o*) parte β^2

282 et concavum inferius] *om.* β^2

282-283 e converso] inferius (superius *8 k*) β^2

284 plani ad concavum] concavi ad planum β^2

286 e converso] e contra β^2

287 inferior porrigitur] ponitur inferius β^2 inferior facies stat directe *L*

288 dependet] pendet β^2

290 ly] *om.* β^2 *i 9*

Die Struktur von β^2

Auf der Grundlage des Textvergleiches kann die Familie β^2 in drei Handschriftengruppen eingeteilt werden: (1) K, L, o und q; (2) δ und k und (3) H, b, c, d, r und s. Während über die Handschriften der ersten Gruppe nur so viel ermittelt werden kann, daß sie unabhängig voneinander die Vorlage dieser Familie kopieren und einen Text von unterschiedlicher Qualität bieten, lassen sich für die zweite und die dritte Gruppe von β^2 Abhängigkeitsverhältnisse der Handschriften untereinander näher klären.

Die Handschriften K, L, o und q gehören zu einer höheren Stufe der Überlieferung von β^2 als die restlichen Zeugen dieser Tradition. Außer den für β^2 spezifischen Varianten können für diese erste Handschriftengruppe keine klaren Abhängigkeiten untereinander – abgesehen von einigen eher zufälligen gemeinsamen Lesarten bzw. Auslassungen (z.B.: 65-66 Omne ... qualitas] *om. K L*) – festgestellt werden. Daher werden sie als voneinander unabhängige Zeugen für β^2 aufgefaßt, und ihr Wert wird anhand von Sonderlesarten gemessen. Es ergeben sich folgende Zahlen: q – 18 (darin neun Varianten/Fehler, acht Auslassungen, eine Inversion); K – 35 (fünfzehn Varianten/Fehler, acht Inversionen, sechs Auslassungen, vier Hinzufügungen, zwei Dittographien); L – 35 (23 Varianten/Fehler, sechs Auslassungen und sechs Hinzufügungen); o – 45 (sechzehn Auslassungen, fünfzehn Varianten/Fehler, sieben Hinzufügungen, vier Dittographien, drei Inversionen). Um den kritischen Wert der Handschriften mit der Angabe von Siglen anzuzeigen, ist die bisher angenommene alphabetische Reihenfolge der Siglen folgendermaßen zu ändern: q, K, L und o.

δ und k

Die Handschriften δ und k sind nach äußeren und inneren Kriterien zu urteilen weitgehend identisch. Sie weisen ein gleiches, aber nur ihnen spezifisches *Incipit* (*De homine*) und einen gleichlautenden Kolophon auf (ausgenommen natürlich die Namen der Schreiber und das Datum); beide Handschriften bieten nach dem Kolophon die *Tabula*. Der Text von δ und k ist im wesentlichen gleich: Lediglich ein Fehler bei δ (Zeile 39 statt „esse" liest δ „est") wird von k nicht übernommen. Es lassen sich ca. 38 nur für δ und k gemeinsame Lesungen feststellen. Aber k fügt weitere sechs Sonderlesarten hinzu und macht darüber hinaus eine längere, aus 21 Wörtern bestehende Auslassung, die durch ein Homoeoteleuton verursacht ist. Aufgrund der gegebenen Textlage kann mit sehr hoher Wahrscheinlichkeit angenommen werden, daß k eine direkte Abschrift von δ ist. Diese Annahme wird auch durch die Datierung der beiden Handschriften gestützt: δ – 20. Juli 1434, k – November 1440.

H, b, c, d, r und *s*

Die italienische Gruppe innerhalb von β^2 besteht aus sechs Handschriften des 15. Jh.: *H, b, c, d, r* und *s*, von denen drei im Kolophon datiert sind: *d* – 28. Januar 1445, *r* – 23. Januar 1446 und *b* – 6. Februar 1464. Von den äußeren Kriterien ist die Tatsache, daß *H* und *d* im Kolophon „Dordrecht" nennen, für die Feststellung der Abhängigkeit der Abschriften relevant. Der Schreiber von *H* gibt ferner im Anschluß an die *Tabula*, f.234r, seinen Namen mit „Petrus Dordraci" an und schließt mit „Dordrecht letare". Der Kolophon von *d* ist mit dem von *H* identisch, auch die Schlußformel der *Tabula* stimmt bei *H* und *d* überein, allerdings fehlt bei *d* der Name des Schreibers. Es ist anzunehmen, daß „Dordrecht" unmittelbar mit dem Namen des Schreibers von *H* zusammenhängt und von *H* in *d* eingegangen ist. Die Kolophone von *r* und *s* stimmen mit denen von *H* und *d* weitgehend überein, aber der Name „Dordrecht" wird dort nicht erwähnt; *b* hat einen anderslautenden Kolophon, der den Namen des Schreibers enthält (Petrus de Vinea); bei *c* gibt es nach dem Alberttext keinen Kolophon.

Die inneren Kriterien – Vergleich der Texte von β^2 – ergeben, daß die dritte Gruppe von β^2, d.h. die italienischen Handschriften *H, b, c, d, r* und *s* enger als die anderen Textzeugen von β^2 zusammengehören, was sich durch einen Rückgriff auf eine gemeinsame Vorlage erklären läßt. Dennoch werden auch hier spezifische Ähnlichkeiten und Unterschiede deutlich, welche eine weitere Klassifizierung dieser Überlieferung erlauben. Auf der einen Seite weisen *H* und *r* einige nur für sie gemeinsame Lesarten auf, ansonsten haben sie eine niedrige Zahl von Sonderlesarten (zwei bei *H*; sieben bei *r*); auf der anderen Seite werden ca. 14 vereinigende Lesungen (darunter drei längere Auslassungen per Homoeoteleuton bzw. Homoeocephalon) von *b, c, d* und *s* gezählt. In bezug auf die zwei ersten Handschriften – *H* und *r* – ist festzuhalten, daß es sich an einigen Stellen, wo sie gemeinsame Lesarten bieten, bei *H* um eine nachträglich am Rande oder über der Zeile hinzugefügte Variante (bzw. Textvervollständigung) handelt, während sie bei *r* im Text geboten wird, also bereits während des Schreibens in den Text aufgenommen wurde. Eine direkte Abhängigkeit *r* von *H* ist möglich, aber nicht gesichert, da *H* zwei Sonderlesungen aufweist. Wenn man die Individuallesungen der folgenden Handschriften statistisch betrachtet: 0 bei *d*, 6 bei *b*, 35 bei *s*, ca. 54 bei *c*, so ist *d* an den Anfang der Überlieferung von *b, s, c* zu setzen. Zudem spricht die weitgehende Übereinstimmung von *d* mit *b* und die geringe Zahl an Sonderlesungen bei *b* dafür, daß *b* die unmittelbare Abschrift von *d* ist. Gegen diese Annahme kann zwar die Stelle 91-92 patet ad sensum] patet sensum (*vel* patet sensui *dub.*) *d* patet sensum *s* patet sensui *c* patet per sensum *cet.* β^2 angeführt werden. Aber diese Schwierigkeit ist unter

Berücksichtigung des paläographischen Befundes durchaus lösbar, denn die im betreffenden Fall verwendete Abbreviatur für „patet per" unterscheidet sich von der für „patet" nur durch einen Querstrich unter „p" („p₃" bzw. „p₃"). Die verhältnismäßig hohe Zahl an Sonderlesarten bei s und c scheint eine Abstammung dieser Abschriften von d in Frage zu stellen und vielmehr eine gemeinsame Vorlage und Zwischenglieder vorauszusetzen.

Die Struktur von β^2 kann graphisch in folgender Weise dargestellt werden:

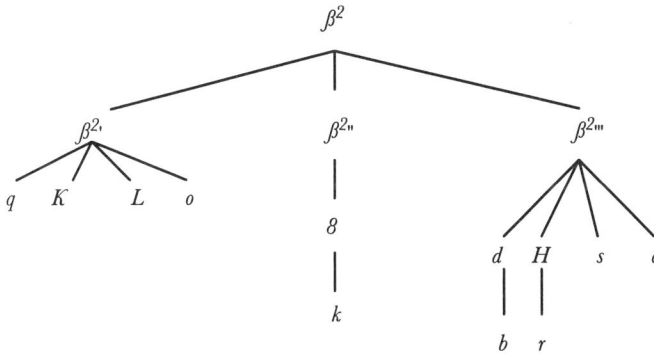

1.2.2.3. Die kontaminierten Handschriften

Einen Sonderfall in der gesamten handschriftlichen Überlieferung des Alberttextes stellen die kontaminierten Handschriften dar. Zu der Gruppe der kontaminierten Textzeugen sind zunächst folgende 6 Handschriften des Werkes *De homine* zu zählen: P, U, e, n, S und 9. Gewisse Kontaminationsspuren wurden bereits auch bei i beobachtet ($i - \beta^2$). Dennoch gehört die Handschrift i grundsätzlich zur Familie β^1, da es sich in diesem Fall um eine mögliche Kontamination von recht beschränktem Ausmaß mit der Familie β^2 – also innerhalb von β – handelt. Schwierig zu klären ist, ob und inwieweit der Text der Abhandlung *De forma resultante in speculo* in der Handschrift j kontaminiert ist. Dieser Kodex stellt wegen seines jetzigen von Doppellesarten bereinigten Textzustandes ein besonderes Problem dar und wird deshalb auf der Ebene der kontaminierten Handschriften betrachtet. Eindeutig als Kontamination zu bewerten ist das Ineinanderfließen der Traditionen in den Handschriften U, e, n, S, 9 und wohl auch bei der Handschrift P. Sowohl qualitativ als auch quantitativ haben die hier erfolgten Kontaminationen ein größeres Ausmaß erreicht, so daß es möglich und notwendig ist, diese Handschriften von den zwei großen Überlieferungstraditionen (unabhängige und universitäre Tradition) abzugrenzen und als eine Sondergruppe aufzufassen.

Zunächst sei hervorgehoben, daß die genannten kontaminierten Handschriften keine spezifische Gruppe im Sinne einer Handschriftenfamilie
darstellen, welche eine weitere Texttradition begründete. Es handelt sich
lediglich um Abschriften, bei welchen – jeweils gesondert – der Alberttext
unter Hinzuziehung von mindestens zwei Vorlagen, welche unterschiedlichen Texttraditionen zugehören, erstellt wurde. Nach dem Auseinandertre-
ten der Traditionen hatte also der Kopist die Möglichkeit, nach seinem
subjektiven Urteil die Lesart, die ihm besser schien, zu wählen. Durch ein
solches Verfahren wird keine spezifisch geschlossene Tradition weitergege-
ben, sondern ein Mischtext erstellt, der aus unterschiedlichen Texttraditionen besteht.

Überlieferungsgeschichtlich sind die kontaminierten Handschriften aus
mehreren Gründen bedeutsam, wenngleich diese Relevanz in jedem Einzelfall anders gelagert sein kann. Bei der Bewertung dieser Abschriften wurde
insbesondere beachtet: (1) Alter, (2) Provenienz, (3) Relation zu den beiden
Traditionen α und β und (4) Charakter und Ausmaß der Kontamination.
Diesem Kriterium entsprechend sind P und S die den übrigen kontaminierten Handschriften vorzuziehenden Zeugen. Mit der Beschreibung der Eigenart von P ist deshalb auch die Schilderung der kontaminierten Texttradition zu beginnen.

P

Die Handschrift P gehört chronologisch dem 13. Jh. (gegen Mitte oder 2.
Hälfte) an und stammt, wie aus den Vorbesitzervermerken hervorgeht, aus
dem Pariser Dominikanerkonvent Saint Jacques, wo sie angefertigt worden
sein dürfte. Sie fällt also sowohl zeitlich als auch örtlich in Alberts unmittelbare Nähe. Dieser äußere Umstand – sieht man vom Textbefund zunächst
ab – könnte darauf hindeuten, daß P zu jener Überlieferungsart zu rechnen
ist, welche man als unabhängig oder – im Unterschied zur universitären
Tradition – als Ordenstradition bezeichnet. Aber schon aufgrund von äußeren Kriterien erheben sich Einwände gegen diese Bestimmung von P. Denn
in einem Vermerk des Kopisten am unteren Rand von f.144rb wird auf die
nachfolgende *pecia* hingewiesen. Es gibt äußere und innere Gründe dafür,
die auf f.144rb vorhandene Notiz: '*Pecia sequens continuabit isti que sic incipit
Deinde queritur de augente et aucto etc.*' in Zusammenhang mit dem universitären
Modus der Handschriftenverbreitung mittels einer *pecia* zu sehen. Zwar kann
hier der Begriff *pecia* ausschließlich für die Bezeichnung der nächsten (4.)
Lage der Handschrift P und nicht im engeren Sinne als *terminus technicus*, d.h.
für die Abschrift einer Texteinheit des Universitätsexemplars, verwendet
worden sein. Aber die Tatsache, daß die Spalte b von f.144r nur bis zu 2/3
(34 Zeilen) mit Text gefüllt ist und 1/3 der Spalte (17 Zeilen) leer blieb, ist

auch ein Hinweis dafür, daß dem Kopisten keine weitere Vorlage für die Fortsetzung seiner Arbeit zur Verfügung stand. Daher hat er auch das Abschreiben auf f.144r – mit f.8rb des Sexternio (= 3. Lage des Werkes in der Hs.) abbrechen müssen. Als die Arbeit wiederaufgenommen wurde, war möglicherweise ein anderer Kopist am Werk, und dieser setzte das Abschreiben nicht dort fort, wo die Arbeit in P abgebrochen wurde (f.144rb), sondern er begann eine neue (4.) Lage, obwohl die vorhergehende (3.) Lage der Hs. P noch nicht zu Ende beschrieben worden war. Wohl später wurden f.144v bis 146r mit der *Tabula* gefüllt, f.146v ist leer geblieben, und die restlichen zwei vakanten Folien (bis zum Ende des Sexternio) wurden ausgeschnitten. Dieser Sachverhalt kann dahingehend interpretiert werden, daß der Kopist von P die Vorlage in Pecienform erhielt und daß, während er f.144rb schrieb, ihm die nächste Pecia für die Fortsetzung seiner Arbeit vorerst nicht zur Verfügung stand. Allerdings finden sich in der Handschrift P keine weiteren direkten Indizien dafür, daß der Text von Pecien des Universitätsexemplars abgeschrieben worden wäre.

Die Frage nach der Art der Texttradition von P konnte erst auf der Grundlage der Kollation beantwortet werden. Das Verhältnis von P zu α bzw. β wurde bereits oben bei der Bestimmung von α und β (β^1) dokumentiert. Es stellt sich dabei heraus, daß P einerseits den Text von α, andererseits von β tradiert, wobei die Abhängigkeit von α überwiegt. Deshalb kann festgehalten werden, daß die Überlieferung von P im Kern dem Typus α zugehört, also der unabhängigen Tradition, welche jedoch offensichtlich, wenn auch in recht begrenztem Umfang, mit der universitären Tradition β (β^1) kontaminiert wurde. Die wichtigsten Varianten, welche die Auffassung von einer Kontamination der Handschrift P mit der universitären Überlieferung β stützen, werden nachfolgend angeführt:

22 vel] et β *P e n S 9*
39 esse falsum] *inv.* β *P e n S*
54-55 secundum ea tantum] tantum secundum (sed *9*) ea β *P e n S 9*
99 attinget] attingit β *P U S 9* tangit *b c d s*
107 et] in β *P n 9 corr. n^1* et in *S* ad *U j*
129 non^1 α (*def. g*) *U j h K L om. P cet.*
137 aspicientis α (*def. g*) *U j n H L r* aspicientes *G* inspicienti *X* aspicienti *P cet.*
142 inferius ... superius α (*def. g*) *U j e S corr. n var. transp. P cet.*
169-170 est in recta] in recta est β^1 *P e n S*
203 illius α (*def. g*) *U j* ipsius β^1 *P e n S* eius β^2 *9*
229-230 est radii (radii] *in ras. n^1*) receptivum et (et] est *n exp. n^1*)] et medium (medii *P*) receptivum (receptum *G*) est β (*def. X*) *P e S 9*
237 sed α (*om. C*) *in ras. n^1* et β (*def. X*) *P U j e S 9*
243 est^2 (*om. t*) receptivum α *var. transp. P cet.* (*def. X*)
264 videtur profunda] videtur in profundo β^1 *P n S* in profundo videtur β^2 *9*

287 illae facies α $U\,j\,n$ *inv.* β (*-u*) $P\,e\,S\,9$
294 nimis α $n\,L\,9$ *corr. in marg.* e^l *minus* β $P\,U\,j\,e\,S$
296 visibilitatis α $U\,j\,c\,q$ invisibilitas g invisibilitatis β $P\,e\,n\,S\,9$

Bei P treffen also die unabhängige und die universitäre Tradition zusammen. Das Ineinanderlaufen der zwei verschiedenen Überlieferungsarten macht die Verläßlichkeit der in vieler Hinsicht so bedeutsamen Handschrift P für die Texterstellung des Werkes Alberts fragwürdig. Da aber das Zeugnis von P nicht nur textgeschichtlich interessant, sondern auch textkritisch in den meisten Fällen durchaus qualifiziert und verwertbar ist, wird es im kritischen Apparat zum Alberttext stets berücksichtigt.

In seiner Eigenart zeichnet sich P durch eine relativ geringe Zahl von Sonderlesungen aus. Bei insgesamt 24 individuellen Lesarten sind es 11 Varianten/Fehler, 10 Auslassungen (überwiegend Ein-Wort-A.) und 3 geringfügige Hinzufügungen (davon 2 Dittographien).

S

Die Abschrift S ist wohl später als P geschrieben, aber auch sie wurde noch im 13. Jh. angefertigt. Über ihre Provenienz konnte nichts ermittelt werden. Nach dem äußeren Erscheinungsbild der Handschrift kommt ein klösterliches Scriptorium als Entstehungsort in Betracht. Der Text von S kann weder dem Typus β noch dem Typus α zugerechnet werden, da er mit den beiden Überlieferungsarten kontaminiert ist. Über Charakter und Ausmaß dieser Kontamination läßt sich feststellen, daß der Text von S – für *De forma resultante in speculo* – in ca. 70% mit dem Typus β (näherhin β^l) und in ca. 30% mit α übereinstimmt. Diese Sachlage ist bereits aus dem bei der Bestimmung der Traditionen α und β zusammengestellten Material ersichtlich.

Den individuellen Charakter von S drückt die Zahl von ca. 50 Sonderlesungen aus, wovon die stärkste Gruppe Varianten und Fehler (32) bilden, gefolgt von gewöhnlich kleineren Auslassungen (12) und Homoeoteleuta (2), Hinzufügungen (3) und einer Transposition.

Für die Texterstellung ist S wegen der Kontamination kein verläßlicher Zeuge und wird deshalb nicht herangezogen.

U und j

Die Abschriften U und j sind von einer gemeinsamen Vorlage abhängig. Dies ergibt sich aufgrund vieler nur ihnen gemeinsamer Lesarten (ca. 40). Eine direkte Abhängigkeit voneinander ist ausgeschlossen, da sowohl j als auch U trennende Varianten und darüber hinaus viele Sonderlesungen (hauptsächlich Varianten/Fehler und Auslassungen) – bei j ca. 30, bei U ca.

40 – aufweisen. Chronologisch scheint *j* vor *U* zu liegen – die geschätzte
Datierung von *j* ist 14./15. Jh. und die von *U* 15. Jh. Der heutige Textzustand von *j* ist nicht mit dem ursprünglicheren identisch. Denn bei genaue-
rer Betrachtung der beschriebenen Papierblätter der Handschrift fällt auf,
daß viele Randvermerke, möglicherweise Korrekturen oder alternative Lesarten, aber auch Stellen im Text über der Zeile ausradiert sind. Offensichtlich gab es nachträgliche Textveränderungen, deren Umfang und Charakter
kaum zu überblicken sind. Zwar können mit UV-Licht einige solcher aus-
radierten Stellen restituiert werden. Aber der Aufwand steht in keinem Verhältnis zu den zu erzielenden Ergebnissen und ist daher im Rahmen dieses
Projekts nicht zu rechtfertigen.

Der Text von *j* und *U* ist im wesentlichen vom Typus α (α^l) bestimmt.
Auffallend ist jedoch, daß bei *j* das *Incipit* des Werkes *De homine* typisch für
die Handschriften der Gruppe α und die β^l ist, während *U* in diesem Fall
mit der Handschriftengruppe β^2 (ausgenommen *c*) zusammengeht. Ob die
Kontamination von *U* und *j* mit β innerhalb von *De forma resultante in speculo*
tatsächlich stattgefunden hat, läßt sich – vor allem für *j* – kaum mit Sicherheit entscheiden. Der Einfluß von β auf *U* ist gering, und er ist noch geringer
bei *j*, so daß Zweifel aufkommen können, ob hier eine Kontamination vorliegt[14]. Eine Stichprobenkollation der zwei ersten Quaestionen von *De homine*
ergab allerdings einige Anhaltspunkte für die Annahme, daß *U* und *j* mit β
(β^2) kontaminiert sind.

Bei der textkritischen Analyse der Handschriften *j* und *U* sind ihre enge
Verwandschaft, der nachträglich veränderte Zustand von *j* und das für β^2
typische *Incipit* bei *U* sowie die Beziehung von *j* und *U* zu β zu berücksichtigen. Diese Tatsache muß bei der Wertung der Handschriften in Verbindung
mit dem gemeinsamen Abstand von *j* und *U* zu den beiden Klassen der
unabhängigen Tradition (α^l und α^2) und mit der Textverschlechterung
durch individuelle Lesarten von *j* und *U* gesehen werden. Aus diesen Erwägungen ist auf das Zeugnis dieser beiden Handschriften bei der Konstitution
des kritischen Textes zu verzichten, zumal die Breite der handschriftlichen
Basis eine Selektion der Textzeugen ohnehin erforderlich macht.

e

Die Handschrift *e* wurde von Thomas de Baest in seiner Kölner Zeit
1437 angefertigt. Der Kopist muß an dem Text Interesse gehabt haben, da
er die Abschrift im Verlauf seiner fortgeschrittenen Universitätslaufbahn

---

[14] Für die Annahme einer Kontamination können u.a. angeführt werden: 169
aliquamdiu] aliquam dieu *(!) j* a (in *8 k*) materia diu *U β e S 9*; 221 autem] *om. U j*
β² 9; 237 sed] et *U j β P e S*; 294 nimis] minus *U j β (-L u) P e S*.

(1433 ist er *baccalaureus artium* an der Universität Löwen, im gleichen Jahr immatrikuliert er sich an der Universität zu Köln) selbst angefertigt hat. Vom Bestreben, einen korrekten Text des Albertschen Werkes zu erstellen, zeugt die Tatsache, daß er mehr als eine Vorlage benutzt hat, da *e* einen Text bietet, welcher mit der Tradition von α und β kontaminiert ist. Einen Überblick über Art und Umfang dieser Kontamination kann man anhand des oben zusammengestellten textkritischen Materials für die Bestimmung von α und β gewinnen. Es sei hervorgehoben, daß *e* sich in stärkerem Maße nach β (β^1) als nach α orientiert. Der individuelle Charakter von *e* drückt sich ferner in ca. 34 Sonderlesarten (17 Varianten/Fehler, 6 kleine Hinzufügungen, 6 Umstellungen, 5 geringfügige Auslassungen) aus. Dieser Textzeuge kann bei der Textkonstitution des Werkes Alberts wegen der Kontaminationen nicht benutzt werden.

n

Die Handschrift *n*, welche im 15. Jh. in Italien entstand, wurde einerseits nach einer Vorlage, welche den Text von β^1 tradiert – sie ist weitgehend identisch mit *u* –, angefertigt und andererseits sowohl schon während des Schreibens als auch im nachhinein nach der Handschrift *t* korrigiert. Diese Erkenntnis ist durch die Kollation anhand von zahlreichen Fällen belegt, so daß es nicht mehr – bis auf zwei Ausnahmen – nötig scheint, konkrete Beispiele anzuführen:

> 285-287 collo, ita quod una facies sit superius et alia inferius. Si vero sit e converso, scilicet planum superius et concavum inferius, tunc videbuntur illae facies continuatae in] videbuntur illae facies continuatae in collo, ita quod una facies sit superius et alia inferius. Si vero sit e converso, scilicet (scilicet *I C t L in marg. n q om. cet.*) planum superius et concavum inferius, tunc *in marg. suppl. al. man. n¹ om. (hom.) u n*
> 294-295 dicitur invisibile, quod nimis est lucidum. Si secundo modo, tunc *in marg al. man. n¹* | nimis est lucidum. Si secundo modo, tunc dicitur invisibile, quod] *om. u*

In vorliegenden Fällen handelt es sich um für *u* und *n* gemeinsame Auslassungen (Homoeoteleuta). Bei *n* wurde der fehlende Text nachträglich jeweils am Rande ergänzt. Er wurde nicht exakt an seiner Stelle eingefügt. Dennoch ist dadurch der restituierte Gehalt und die genuine Wortfolge der beiden Sätze in keiner Weise verändert worden. Sonderlesarten und Korrekturen sind bei *n* selten.

9

Die hier an letzter Stelle genannte Handschrift 9, welche dem 15. Jh. zugerechnet wird, gehörte ursprünglich der Bibliothek der Chorherren in Löwen. Der mit dieser Hs. bezeugte Text vertritt die β-Tradition, aber er ist mit den beiden Klassen von $\beta - \beta^1$ und β^2 – kontaminiert. Über das gegenseitige Verhältnis von β^1 und β^2 bei 9 läßt sich ermitteln, daß der Einfluß der β^2-Klasse überwiegt und daß das *Incipit* des Werkes bei 9 dem von β^1 (und α) entspricht. Demnach gilt als gesichert, daß eine Handschrift mit dem Text der β^1-Klasse die Basis für die Anfertigung von 9 war und daß unter Hinzuziehung einer weiteren Handschrift mit dem Text der β^2-Klasse der Basistext hin und wieder korrigiert wurde. Vom Versuch, den Kontaminationsverlauf bei 9 zu rekonstruieren, wird hier abgesehen. Es sei lediglich auf einige oben aufgezeigte Parallelen zu *i* hingewiesen. Von der Eigenart von 9 zeugen ca. 48 Sonderlesungen (27 Varianten/Fehler, 13 Auslassungen, 5 Hinzufügungen und 3 Umstellungen). Als kontaminierte Handschrift scheidet 9 bei der Texterstellung aus.

Eine graphische Darstellung der wahrscheinlichen Textübertragungsmodelle der Textzeugen beider Traditionsstränge α und β bieten im folgenden die gesonderten Tafeln (I-III): zunächst ohne Berücksichtigung der kontaminierten Handschriften, sodann die Rekonstruktion der Herkunft der Kontamination für jede einzelne kontaminierte Handschrift sowie zum Schluß ein Stemma der beiden Traditionsstränge α und β unter Berücksichtigung der kontaminierten Textzeugen.

1.2.3. Die Bewertung der Handschriftenfamilien α und β

Von den zwei großen Texttraditionen α und β, welche jeweils in zwei Familien auseinanderfallen – α^1 und α^2 sowie β^1 und β^2 –, wird die Tradition α in ihrer Familie α^1 als die Überlieferung gewertet, die dem ursprünglichen Text am nächsten kommt. Die Familie α ist eine unabhängige Tradition. Ihr Ursprung dürfte wohl bei den Dominikanern liegen. Die Hs. *P*, welche aus dem Pariser Konvent St. Jacques stammt, gehört zwar im wesentlichen dieser Familie an. Aber sie trägt auch einige Merkmale, die typisch für die Familie β in ihrer ersten Generation (β^1) sind, die durch Pecien ihre Verbreitung fand. Denn die ursprüngliche β-Familie war eine Universitätstradition. Aufgrund der Kollation muß die Textüberlieferung dieser Handschriftenfamilie als der Familie α qualitativ unterlegen gewertet werden. Sie ist trotzdem für die Textkonstitution von großer Bedeutung. Dagegen wird die β^2-Gruppe – die indirekte Universitätstradition – als ein im Verhältnis zu β^1 nachrangiges Derivat von β eingestuft und bei der Textkonstitution nicht berücksichtigt.

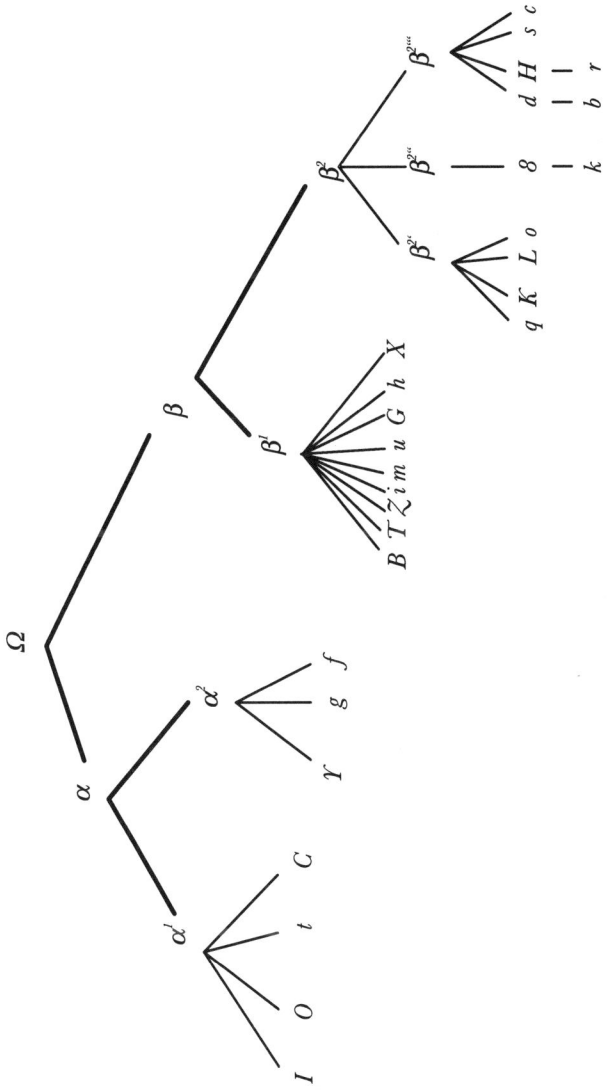

Tafel I

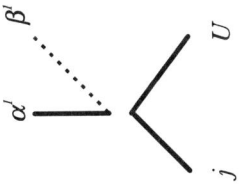

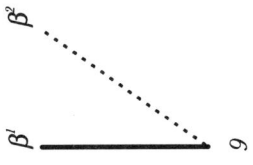

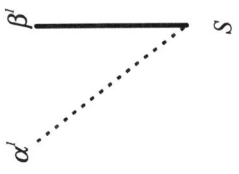

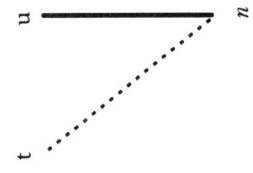

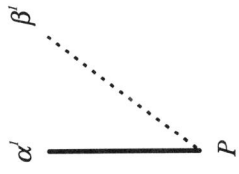

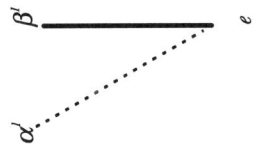

Tafel III

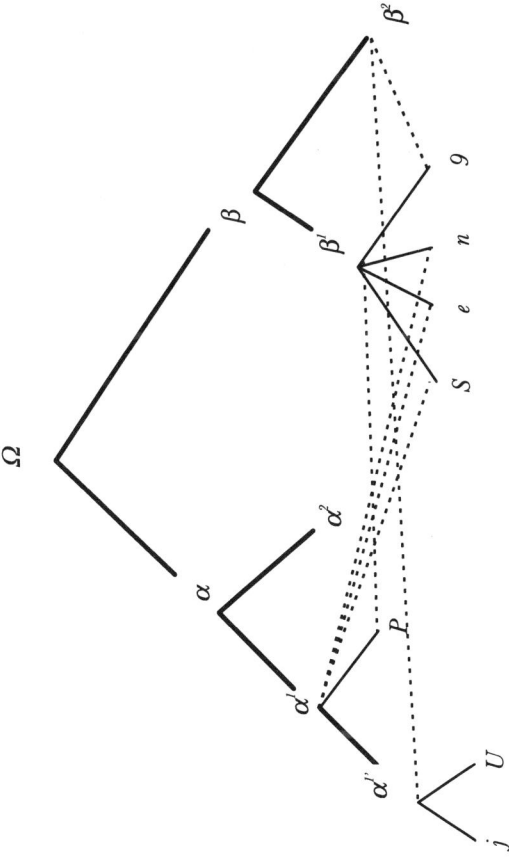

1.3. Die eigenständige Überlieferung (Φ) im Verhältnis zu der Überlieferung
innerhalb von De homine *(Ω)*

Um gesicherte und zugleich abschließende Aussagen über die Genese der
Schrift *De forma resultante in speculo* des Albertus Magnus sowie über den Wert
ihrer handschriftlichen Überlieferung für die Textkonstitution machen zu
können, sind bei der textkritischen Analyse der handschriftlichen Tradition
des *opusculum* folgende Faktoren besonders zu berücksichtigen: (1) Auslassungen, in erster Linie Homoeoteleuta; (2) Varianten (Fehler), die inhaltliche
Widersprüche und stilistische Umformungen ergeben; (3) redaktionelle Unterschiede zwischen dem Text der eigenständigen Überlieferung von *De
forma resultante in speculo* (Φ) und der entsprechenden Überlieferung innerhalb
von *De homine* (Ω). Die Homoeoteleuta-Auslassungen fallen dabei besonders
ins Gewicht, weil sie sich nur selten neutral auf den Textinhalt auswirken;
meistens zerstören sie die logische und grammatische Struktur einer Aussage
und führen zu Mißverständnissen und sogar Widersprüchen, welche wiederum spätere Konjekturen oder Korrekturversuche auslösen.

Die eigenständige handschriftliche Tradition von *De forma resultante in speculo* läßt sich qualitativ in ihrer Gesamtheit und im einzelnen durch die kritische Auswertung einiger Textstellen, die von entscheidender Bedeutung für
die Wiedergabe der genuinen Lehre Alberts sind, relativ sicher bestimmen.
Es ist auffällig, daß an mehreren Stellen die eigenständige Tradition übereinstimmend – mit Ausnahme der Handschriften *Vb* und *Q,* die den ursprünglichen Text relativ gut bewahrt haben – einen deutlich verschlechter-
ten Textzustand bietet. Folgt man dieser Tradition, ergeben sich im Text
der Abhandlung lehrinhaltliche Widersprüche. Diese sachlichen Mängel
aber liefern den Beweis dafür, daß die eigenständige Tradition, welche gegenwärtig in 17 Handschriften vorliegt, nicht einen ursprünglich als selbständiges Werk verfaßten Text bietet, der später von Albert in *De homine* eingegliedert worden wäre, sondern ein sich immer mehr qualitativ verschlech-
terndes Derivat der handschriftlichen Tradition des Werkes *De homine* (Ω)[15].
Auf der Grundlage der eigenständigen Tradition von *De forma resultante in
speculo* kann der Text des Albertus an manchen Stellen nur mit Hilfe von *Vb*
und *Q* bzw. nur mit *Vb* konstituiert werden; in einigen Fällen jedoch ist eine
Rekonstruktion des genuinen Textes wegen offensichtlicher Textverderbnis-

---

[15]   Die Abhängigkeit des Archetyps der Abhandlung *De forma resultante in speculo* (Φ)
        von der Handschrift *Oxford, Merton College Library 0.1.7 (Coxe 283)*, welche zur
        Überlieferung von *De homine (Ω)* gehört, und die besondere Nähe von *Vb* zu die-
        sem Archetyp wurde bereits oben (Abschnitt 1.1.3 und 1.1.2) behandelt.

se unmöglich, so daß auf die handschriftliche Überlieferung von *De homine* –
diese erweist sich ja letztendlich als der Maßstab für die Textkonstitution –
zurückgegriffen werden muß.

Um den sekundären Charakter der eigenständigen Version des Textes
von *De forma resultante in speculo* (*Φ*) im Verhältnis zu der Überlieferung des
entsprechenden Textteils von *De homine* (*Ω*) zu belegen, seien nachfolgend
die wichtigsten Unterschiede zwischen den beiden Überlieferungsarten zusammengestellt. Es sollen hier zunächst Auslassungen, dann sachlich oder
stilistisch relevante Varianten und schließlich redaktionelle Unterschiede
aufgelistet werden.

(1) Auslassungen

In folgenden Fällen wurde bei *Φ* (mit Ausnahme von *Vb* bzw. *Vb* und *Q*)
durch Auslassung der Sinn von Alberts Aussage zum Teil erheblich (bis zur
Sinnumkehrung) gestört:

10 forma *Vb Ω om. Φ*
10 super (supra *Vb O*) speculum *Vb Ω om. Φ*
18 omne quod movetur, est *Vb Ω* movetur *Φ*
18 in loco^2 *Vb Ω om. Φ*
171-173 quod illa forma non movetur neque (nec *Vb*) per se neque (nec *Vb*
    O) per accidens, sed semper nova (nova semper *Vb Q O*) generatur
    (renovatur *Vb*). Ex his (+ ergo *Q*) patet *Vb Q Ω om. (hom.) Φ*
182-183 Bene autem concedimus quod falsum est quod forma illa nihil sit,
    sicut probatum est in obiciendo *Vb Q Ω* Bene autem concedimus,
    quod forma illa nihil (nihil] *om. Va*) sit, sicut probatum est in obiciendo
    Φ
243 qui] *om. Φ t C X β^2*

An dem Satz 182-183, den *Vb* und *Q* mit den Handschriften von *De homine* unversehrt wiedergeben, zeigt sich, daß die durch ein Homoeoteleuton
verursachte Auslassung des aus drei Wörtern bestehenden Syntagmas
„falsum est quod" in der eigenständigen handschriftlichen Überlieferung
von *De forma resultante in speculo* (*Φ*), mit Ausnahme von *Vb* und *Q*, den ursprünglichen Sinn der Aussage umkehrt. Der logische Widerspruch zu der in
der *solutio* gegebenen Antwort „Dicendum ad primum quod (...) ipsa est
aliquid, non tamen corpus vel substantia, sed accidens" ist allerdings auch
ohne das Zeugnis von *Vb* und *Q* sichtbar, so daß er möglicherweise zu der
entsprechenden Reaktion bei *Va* (Unterdrückung von „nihil") geführt hat.

(2) Sachlich oder formal relevante Varianten

Wenn man von den Fällen absieht, in denen *Vb* bzw. *Vb* und *Q* übereinstimmend mit *Ω* gegen alle übrigen Handschriften von *Φ* den Alberttext bezeugen (s. oben Abschnitt 1.1.2), gibt es verhältnismäßig wenige für *Φ* spezifische Varianten. Diese Feststellung ist so zu verstehen, daß der Archetyp von *De forma resultante in speculo* sich in seiner Textgestalt nicht weit von *Ω* entfernt hat.

40 forma illa *Ω inv. Φ*	200 colorem *Ω* (*def. g*) colores (colo-
96 visus *Ω* radius *Φ* (*om. A*)	ris *Va*) *Φ*
133 etiam *Ω om. Φ*	220 spissum *Ω* spissa *Φ* 9 spissus 7

Die hier verzeichneten Varianten von *Φ* sind – bis auf eine Ausnahme – sachlich kaum von Bedeutung. Der Lesart 96 visus *Ω* radius *Φ* (*om. A*) ist größeres Gewicht beizumessen, weil *Φ* eine echte, allerdings eine schlechtere Alternative zu *Ω* bietet.

(3) Redaktionelle Unterschiede zwischen *Φ* und *Ω*

Der erste Unterschied, der als ein redaktioneller Eingriff von *Φ* in die ursprüngliche Textfassung (*Ω*) zu werten ist, welcher aber nachfolgend nicht verzeichnet wird, da er zu Beginn des kritischen Textes der Abhandlung lediglich in Form von drei Punkten in runden Klammern angezeigt wird, ist die einleitende Formel „Gratia (etiam) huius". Diese für Albertus Magnus sehr typische Phrase, welche zur Ankündigung eines Exkurses – einer beiläufig aufgegriffenen und vom eigentlichen und unmittelbar behandelten Problem abschweifenden Erörterung – dient, wurde von *Ω*, nicht aber von *Φ* überliefert. Warum *Φ* die einleitende Formel unterdrückt hat, läßt sich einfach erklären. Im Rahmen einer thematisch genau eingegrenzten Untersuchung – eine solche ist der in mehrere (drei) Teile (*particulae*) zergliederte Artikel 3 der umfangreichen Quaestio 21 von *De homine* in der Tat – wird mittels der einleitenden Formel „Gratia (etiam) huius" ein Zusammenhang mit einer weiteren Frage hergestellt und zugleich der Übergang zur Erörterung des sich beiläufig stellenden Problems geschaffen. Da aber in einer separaten Abschrift des betreffenden Exkurses der Gesamtkontext des Artikels 3 und der Quaestio 21 entfällt, wurde die Eingangsformel als gegenstandslos weggelassen.

Die Zahl der signifikanten Unterschiede der Textfassungen, welche von gezielter Umarbeitung des ursprünglichen Textes (*Ω*) für dessen eigenständige Herausgabe zeugen, ist zwar nicht hoch. Aber die Quantität dieser Basis wird durch ihre qualitative Bedeutsamkeit gestützt. Es sind folgende Differenzen zu konstatieren:

130 videmus Ω *(def. g) corr. in marg.* n^1 videtur $\Phi X u n$
132 videmus (videamus X) Ω *(def. g) corr. in marg.* n^1 videtur Φ *(om. Vb) u n*
150 Solutio: Dicendum ad primum quod visus secundum actum non est
nisi unius visibilis; color enim secundum actum cum lumine, quo agit,
unum visibile est; sicut materia et forma non faciunt duo, sed unum, et
ideo cum lumen illud sit ut forma, color autem ut materia, erit ex illis
duobus unum visibile secundum actum. Ad id quod quaeritur de imagine, quae resultat in speculo, dicimus, quod ipsa Ω Solutio: Dicendum
(est *add. Vb*) ad primum (ad primum dicendum *7*) quod imago (imago]
forma *A*) que resultat in speculo Φ
153 supra diximus Ω *(def. g)* dicitur Φ dicimus *Wi 2 om. Va*
179 supra dictum est (est] *om. C*) de Ω *(def. g)* contingit in Φ
182 diximus Ω *(def. g)* est Φ *(om. Va)*

Alle wesentlichen, hier verzeichneten redaktionellen Unterschiede zwischen den beiden Textfassungen (Ω/Φ) resultieren aus demselben Grund
wie im Fall der einleitenden Formel „Gratia (etiam) huius". Dieser liegt, wie
gesagt, in der Natur der Separatausgabe von Alberts Abhandlung über das
Spiegelbild. Mit dem Wegfall des näheren und weiteren Kontextes von *De
homine* sind in der Separatausgabe von *De forma resultante in speculo* Bezugnah-
men und Rückverweise auf solche Texte des gesamten Werkes, die sich
außerhalb des Textes der Separatausgabe der Abhandlung befinden, unverständlich und auch hinfällig geworden. Daher auch läßt Φ in der *solutio* die
Antwort auf die eigentliche Frage des dritten Teils von Artikel 3 *Utrum color
tantum sit obiectum visus quando videt colorem* aus. Diese Frage wird in *De homine*
vor dem Exkurs über das Spiegelbild behandelt. So wurden auch solche
eindeutigen Verweise wie „supra diximus" entsprechend umgeändert.
Durch die gezielten Eingriffe in den Text hat die Separatausgabe der Abhandlung über das Spiegelbild den Charakter einer formal und inhaltlich
abgeschlossenen und völlig selbständigen Schrift gewonnen.

1.4. Die handschriftliche Grundlage der Druckausgaben

Die vier heute nachweisbaren Editionen von *De homine a, z, l, p* geben weder Auskunft über die bei ihrer Erstellung benutzten Handschriften noch
über die Art und Weise, wie ihr Text erarbeitet wurde.
Die der venezianischen Inkunabel von 1498/99 zu entnehmenden Informationen über diese erste gedruckte Ausgabe sind im Kolophon (f.194va)
enthalten: 'Explicit Secunda Pars Summe Alberti Magni Ratispanensis Episcopi De
homine. Venetiis Impressa Impensis domini Andree Torresani de Asula: arte vero Simonis
de luere. xvj° februarii .1498. Feliciter.' Danach folgen noch ein Lagenregister
(*Registrum*) und ein Quaestionenverzeichnis (*Tabula*).

Im zweitältesten Druck von Venedig aus dem Jahr 1519 werden sowohl in der Titelei als auch im Kolophon (f.166rb) Angaben über den persönlichen Beitrag des Editors Marcus Antonius Zimara gemacht. Beim Blättern in diesem Band fällt auf, daß die editorische Eigenleistung des Herausgebers aus textbezogenen Randbemerkungen und -hinweisen besteht. Darunter sind auch manche Nachweise für ausdrückliche Zitate. Innerhalb des Textes von *De forma resultante in speculo* sind am Textrand insgesamt 2 Nachweise von Aristoteleszitaten und 7 Hinweise auf den Inhalt festzustellen. Solche *notae* zum Inhalt, die auch in manchen Handschriften vorkommen, waren für die Textbenutzer hilfreich, und sie bildeten gleichsam die Vorstufe einer erst von P. Jammy konsequent durchgeführten formalen Gliederung des Textes in *tractatus, quaestiones, articuli, particulae* und *quaestiunculae*. Alle diese Nachträge an den Rändern werden in der Titelei dieser Druckausgabe als '*pulcherrimae additiones*' des Editors bezeichnet. Die Formulierung '*due partes summe* (...) *sanctipetrinate nuperrime castigate ac pristine integritati restitute*' ist keine Anspielung etwa auf die Inkunabelausgabe, sondern sie bezieht sich auf den neuen Druck. Im Kolophon wird unterstrichen, daß Zimara den Text mit höchster Sorgfalt und Gewissenhaftigkeit verbessert hat (f.166rb: '*Explicit Secunda Pars Summe Alberti* [...] *Accuratissime et summa cum diligentia castigata per sollertissimum philosophum Marcum Antonium Zimaram* ...'). Die Kollation des Textes jedoch hat einen eigenen Beitrag von M.A. Zimara zur Texterstellung – zumindest für *De forma resultante in speculo* – widerlegt. Denn dieser Druck (z) bietet genau denselben Text wie die Inkunabel (a). Die einzige Ausnahme, wo z von a abweicht, die jedoch keine Relevanz für eine qualitative Differenzierung zwischen den zwei ersten Druckausgaben hat, ist orthographischer Natur und muß entweder als eine dem Sprachgefühl des Herausgebers entsprechende Retusche am nicht geläufigen Ausdruck oder vielmehr als ein Druckfehler und nicht als eine sinntragende Korrektur von M.A. Zimara betrachten werden: 96 ambligonio] ambligomo a amligomo z.

Auch Petrus Jammy hatte bei der Vorbereitung der ersten Gesamtausgabe der Werke Alberts des Großen – *Beati Alberti Magni Opera Omnia* –, welche 1651 in Lyon gedruckt wurde, die schon vorhandenen Ausgaben der Werke Alberts als Basistext benutzt. Diese Feststellung beruht auf den Ergebnissen der Kollation. Über seine Arbeitsweise macht P. Jammy, genau wie M.A. Zimara, keine Angaben. Der Band XIX der Lyoner Ausgabe (*De quattuor coaequevis* und *De homine*) enthält auf dem Titelblatt die irreführende Mitteilung, daß die *Summa de creaturis* nun zum ersten Mal gedruckt wird ('*nunc primum in lucem prodit*'). Der editorische Beitrag von Jammy geht aber doch über eine einfache Reproduktion des früheren Druckes hinaus, denn Jammy hat mit seinen Mitarbeitern den Basistext an mehreren Stellen unter Hinzuziehung einiger Handschriften der β-Familie revidiert. Sein Ziel, den Text zu verbessern, hat er jedoch nicht immer erreicht. Nicht alle seiner Korrekturen (und Konjekturen) konnten gelingen, da er nur auf einige Textzeugen der Handschriftenfamilie *β* Zugriff hatte. Darüber hinaus kamen in den Basistext einige neue Varianten, Auslassungen, Fehler (auch Druckfehler) hinein, welche sich negativ auf die gesamte Textqualität der Ausgabe auswirken. Im Vorwort zu Band XIX der Lyoner Ausgabe (*Benevolo lectori*, o.S.) wird die Arbeit von Jammy mit folgenden Worten gewürdigt: '*omnia enim volumina pervestigavit, a mendis expurgavit, innumeris locis restituit, citationibus quae desiderabantur illustravit, copiosissimis indicibus auxit, et ad maiorem distinctionem titulos qui tractatibus aut partibus eorum deerant, supplevit: universa denique in quam optimum licuit ordinem negotiose digessit*'. Diese Würdigung kann auch für den Text von *De forma resultante in speculo* mit einer Einschränkung gelten. Der Vergleich von *l* mit der Ausgabe von M.A. Zimara ergab, daß Jammy für die Spiegelbildabhandlung keine neuen Zitate nachweist. Im Vergleich zu den früheren Drucken sind vor allem die konsequente Durchführung der schon erwähnten formalen Gliederung des Textes und die Ausstattung mit Indizes (*Index tractatuum, Quaestionum et Articulorum* am Anfang, *Index Rerum* u. *Index Locorum Sacrae Scripturae* am Schluß) wesentliche Vorzüge dieser Ausgabe.

Der Pariser Druck von S.C.A. Borgnet, *Alberti Magni Opera omnia* T.XXXV (1896), gibt in der Titelei folgende Auskunft über die Anlage dieser Albertedition an: '... *ex editione Lugdunensi religiose castigata, et pro auctoritatibus ad fidem Vulgatae versionis accuratiorumque Patrologiae textuum revocata*'. In der Einleitung zur Pariser Gesamtausgabe, T.I (1890) p.XXXIII-LIII, bietet Borgnet eine Übersicht über die in der Edition von P. Jammy erschienenen Werke Alberts. Zu jedem Werk gibt er frühere Drucke und Handschriften an, was nahelegen könnte, daß er diese zur Erstellung seines Textes herangezogen hat. Diesbezügliche Informationen zu *De homine* (ibid., p.XLVIsq.: „T.XIX") jedoch sind, wie sich nun herausstellt, wörtlich der Bearbeitung von J. Quétif/J. Echard (*Scriptores Ordinis Praedicatorum*, I, 176b) entnommen. Sie sagen deshalb überhaupt nichts über die Textgrundlage von *l* und *p* aus.

Die Resultate der vollständigen Kollation des handschriftlich und gedruckt überlieferten Textes der Abhandlung haben in bezug auf die gedruckte Tradition folgendes ergeben:

a) am venezianischen Wiegendruck von 1498/99 (Sigle *a*) orientieren sich die nachfolgenden Druckausgaben;

b) der Wiegendruck *a* – wie auch dessen späterer Abdruck *z* – basiert auf dem Text der Handschriftenfamilie *β*;

c) im Fall, daß die *β*-Familie sich in zwei Gruppen – *β¹* und *β²* – spaltet, wählt der Wiegendruck *a* eine der alternativen Lesarten, wobei statistisch betrachtet eine größere Übereinstimmung mit dem Text von *β²* konstatiert werden kann;

d) der Lyoner Druck (*l*) benutzt als Grundlage den Text von *a* (*z*), den er mit Hilfe einiger Handschriften aus der Familie *β* korrigiert;

e) die Ausgabe von Paris (*p*) ist eine ohne Hinzuziehung von Handschriften durchgesehene Neuauflage der Lyoner Edition.

Das fortdauernde Pendeln des Wiegendruckes *a* zwischen den zwei Überlieferungsgruppen von *β*, welches sich durch kein objektives Kriterium der Texterstellung begründen läßt, und die stärkere Abhängigkeit des Wiegendruckes von *β²* ist dahingehend zu deuten, daß *β²* als Basistext für *a* diente und daß dieser Ausgangstext in mehreren Fällen mit einigen Handschriften der *β¹*-Gruppe verglichen und nach entsprechender Sachkenntnis des Herausgebers einerseits und nach dessen subjektivem Urteil andererseits korrigiert wurde.

Die entscheidenden Stellen für die Einordnung der Drucke innerhalb der gesamten Überlieferung von *De homine*, bezogen jedoch nur auf den Text von *De forma resultante in speculo*, werden nachfolgend zusammengestellt:

$$\beta - edd.$$

7 non-corpus] non *β 9 edd.*

11 falsum sit] sit (sit *om. K*) falsum (sit speculum *o*) *β n 9 edd.*

12 corpus esse] *inv. β n 9 edd.*

39 esse falsum] falsum (factum *S*) esse *β P e n S edd.*

48 situm et locum¹] *inv. β n 9 edd.*

50 rei] *om. β 9 edd.*

54-55 secundum ea tantum] tantum secundum ea *β P e n S 9 edd.*

74 quod] in *add. β (-L) e S 9 edd.*

96 qui] quod *β e S 9 edd.*

107 et] in *β P 9 edd.*

128 deberetur] debetur *β e 9 edd.*

169 aliquamdiu] a materia diu *β U e S 9 edd.*

183 sit] est *β S 9 edd.*

189 esset longum] *inv. β e n S 9 edd.*

203 et] ad *β 9 edd.*

229-230 est radii receptivum et] et medium (medii *P*) receptivum est *β (def. X) P e S 9 edd.*

235 frigus] magis *add. β e n S 9 edd.*

240 ex ipso] *om. β S 9 edd.*

253 eis] istis *β n 9 edd.*

254 speculum est] *inv. β e n S 9 edd.*

254-255 multum] melius *β 9 edd.*

256 attrahit] abstrahit *β n 9 edd.*

262 splendens] splendidus *β e S 9 edd.*

264 profunda] in profundo *β P e n S 9 edd.*

274 sub alia est] est sub alia *β n S 9 edd.*

275 receptam] receptivam *β (-h) e n S 9 edd.*

284 illae facies] *inv. β (-u) P e S 9 edd.*

296 visibilitatis] invisibilitatis *β (-c q) P e n S 9 edd.*

$$\beta^2 - edd.$$

6 si] *om. β² (-L) edd.*

13 vero] autem *β² edd.*

31 quod] sit *add. β² edd.*

39 nos] *om. β² 9 edd.*

40 illa] *om. β² edd.*

45 videtur] esse *add. β² O edd.*

47 ut] sicut *β² edd.*

52-53 ad lumen resultans] resultans ad lumen *β² 9 edd.*

58 est] *transp. post* luminosum *β² G edd.*

58-59 imago, quae est in speculo]

in speculo imago β^2 edd.
61 aliquid] om. β^2 edd.
72 terminata] determinata β^2 9 edd.
74 quaeritur] illud add. β^2 edd.
74 est] scilicet add. β^2 edd.
92 scilicet maius et minus] om. β^2 edd.
98 quidam] om. β^2 edd.
104 si] om. β^2 9 edd.
108 speculi] et add. β^2 edd.
108-109 sui contactus] inv. β^2 edd.
116 igitur] autem β^2 9 edd.
118 Omnis autem anguli terminus] et terminus ille β^2 edd.
122 et^2] om. β^2 edd.
130 et hoc] quod β^2 edd.
133 de quibusdam etiam] etiam de quibusdam β^2 edd.
152 dicimus] dicendum β^2 edd.
174 ut] sicut β^2 i 9 edd.
187 species^2] om. β^2 edd.
188 speciem longitudinis ... latitudinis] longitudinis ... latitudinis speciem β^2 9 edd.
191 esset] essent β^2 U edd.

203 illius] eius β^2 9 edd. ipsius P β^1
204 terminati] om. β^2 9 edd.
211 autem] om. β^2 U j 9 edd.
214 habet tantum] om. β^2 edd.
226 autem] enim β^2 U edd.
234 sulphuris] sulphureum (sulphurium K o) β^2 edd.
241 quidem] om. β^2 9 edd.
244 magis est] inv. β^2 edd.
245 vero] autem β^2 i 9 edd.
248 est melius] magis est β^2 edd.
250 non puro] non bene puro β^2 edd.
258 multa] om. β^2 edd.
264 videtur transp. post profunda β^2 9 edd.
270 quaestio est] inv. β^2 9 edd.
272 speculo] speculi β^2 e edd.
274 parte] speculi add. β^2 i 9 edd.
277 figurae lapidi] figura lapidis β^2 edd.
280 fierent in eo] in eo fierent β^2 i 9 edd.
286 converso] contra β^2 edd.
290 ly] om. β^2 i 9 edd.

β^1 – edd.

Exklusive Gemeinsamkeiten der Drucke mit β^1 gibt es in relativ kleinem Umfang, da die Drucke im wesentlichen auf der Texttradition von β^2 fußen. Dort, wo sie auftreten, erklären sie sich dadurch, daß der Text von β^2, der den Editionen zugrunde liegt, für den Druck mit β^1-Handschriften verglichen und ggf. an Stellen, wo es den Herausgebern notwendig bzw. angemessen erschien, verbessert wurde. Diese Vorgehensweise bestätigen folgende zwei Fälle:

113-114 est acutus; alius inter radium reflexum et] om. (hom.) β^2
206 dicendum quod ut in puncto] om. (hom.) β^2 (-H r)

An diesen beiden Stellen liegt in β^2 eine Auslassung durch Homoeoteleuton vor. Die Editionen aber, welche sich sonst verhältnismäßig eng an β^2 anlehnen, bieten den vollständigen Text. Sie orientieren sich hier wohl an β^1. Ähnliches gilt auch für die folgende Stelle:

126-127 aut secundum quod est transparens, in altera parte exstinctum] om. β^2 aut secundum quod est L

Dieser durch eine Auslassung in β^2 verstümmelte Satz wurde in den
Drucken mit Hilfe von β^1 wiederhergestellt.

Weitere für β^2 signifikante Varianten bzw. Auslassungen, welche von den
Drucken nicht übernommen, sondern mit Hilfe von β^1 korrigiert wurden,
sind:

10-11 speculi] corporis illius (cor-
    poris speculi *L*) β^2

11 sit] et *add.* β^2

29-30 videtur per se vel per acci-
    dens] est huiusmodi β^2

42 vere] vera β^2

60 ad speculum] in speculo β^2 *9*

95 Euclides] *om.* β^2

152 obicitur] dicitur β^2

159 quod est] *om.* β^2

165 medius] *om.* β^2

169 pars coniuncta] parte con-
    iunctam β^2

171 Sic igitur patet, quod illa
    forma non movetur] *om.* β^2

186 Est enim non] non enim est β^2

119 vel] secundum materiam (na-
    turam *K*) β^2

221 a] in β^2

221 ibidem] ibi β^2 *n 9*

226 omnia] sunt que *add.* β^2

232 bene] *om.* β^2 *9*

233 adeo^1] *om.* β^2

233 adeo^2] *om.* β^2

234 magis^2] sequitur *add.* β^2

237 quidem] *om.* β^2 *9*

238 politum] pallidum β^2

239-240 viscosa] vi (vi *H del. H^1*
    om. L) aquosa β^2

240 per] propter β^2 *u*

240 liquationem] liquefactionem
    β^2 eliquationem β^1 (*-X Z*) *e n*
    S 9 edd.

240 calidi] humidi β^2 *i*

247 magis^2] *om.* β^2 *9*

251 neque] et β^2 nec β^1 (*-X*) *U j e*
    n 9 edd.

251 cum] in β^2

261 eminus] remote β^2 (*-L*)

261 respiciat] respiceret (inspice-
    ret *q*) β^2

282 et concavum inferius] *om.* β^2

284 plani ad concavum] concavi
    ad planum β^2

287 inferior porrigitur] ponitur
    inferius β^2 (*-L*) inferior facies
    stat directe *L*

288 dependet] pendet β^2

edd. (= *a, z, l* und *p*)

Die Drucke fußen auf der β-Tradition; der den Drucken zugrunde gelegte
Text ist der von β^2, welcher unter Hinzuziehung von β^1 revidiert wurde. In
dem auf diese Weise erstellten Text finden sich dennoch Varianten und
Auslassungen, welche in keiner vorhandenen Handschrift nachgewiesen
werden können. Es handelt sich hierbei überwiegend um kaum relevante
Akzidenzien der Textüberlieferung, weshalb man auch davon ausgehen
kann, daß diese ausschließlich dem Editor des Wiegendrucks zuzurechnen
sind. Unerkannt als Sondergut von *a* sind sie in die übrigen drei Drucke
eingeflossen:

27 actu^1] *om. edd.*	127 exstinctum] extractum
32-33 ut patet] videlicet *edd.*	*edd. om. β^2*
44 innuit] innuitur *edd.*	187 ideo] *om. edd.*
59 semper] *om. edd.*	225 et^2] *om. edd.*
117 omne] tamen *edd.*	234 colorem^2] *om. edd.*
	250 sunt magis] *inv. edd.*

Es gibt ferner in den Druckausgaben einige unbedeutende Lesarten, welche nur in wenigen Handschriften nachgewiesen werden können. Es bleibt deshalb offen, ob sie in die Drucke über diese Handschriften gelangt sind. Sie können durchaus auch durch eine Intervention bzw. Nachlässigkeit des Herausgebers des Wiegendrucks *a* verursacht worden sein:

79 ut^2] *om. U j edd.*	246 colorem] colores *9 edd.*
230 propter] hoc *add. C edd.*	277 qui] quae *j 9 edd.*
245 in] *om. H b c d r edd.*	

a und *z*

Die Inkubabel Venedig 1498/99 (= *a*) bildete die Vorlage für den zweitältesten Druck Venedig 1519 (= *z*). Anhand der Kollation konnte ermittelt werden, daß *z* bis auf eine Ausnahme den Text von *a* getreu wiedergibt:

96 ambligonio] ambligomo *a* amligomo *z*

Wie schon dargelegt, sind die Druckausgaben auf der Grundlage von *β* erstellt; der Ausgangstext *β^2* wurde weitgehend, aber nicht lückenlos, mit Hilfe von *β^1* revidiert und in mehreren Fällen korrigiert. Es läßt sich dabei beobachten, daß die zwei ältesten Druckausgaben – *a* und *z* – den italienischen Handschriften von *β^2* – H, b, c, d, r und s, insbesondere r – nahe stehen, während die zwei jüngeren Drucke – *l* und *p* – den Text von *a* und *z*, auf dem sie fußen, hin und wieder sowohl unter Rekurs auf einige Handschriften der *β*-Familie (*l*) als auch durch eigene Konjekturen zu verbessern suchen.

l und *p*

Wie die zwei jüngeren Drucke, *l* und *p*, den von *a* und *z* tradierten Text durch eigene Konjekturen – diese sind auch durch das Konsultieren einiger Handschriften der *β*-Familie (*β^1* oder *β^2*) veranlaßt –, durch Hinzufügung eigener Fehler bzw. durch Auslassungen verschlechtert wiedergeben, zeigt sich an folgenden Fällen:

5-6 dicitur in VI Principiis quod
impossibile est non-corpus
corpore moveri; sed] *om. l p*
6 est[2]] *om. β^2 l p*
10 super[2]] *om. b c d s l p*

35 Quaeritur] enim *add. H b c d r
s a z* etiam *β l p*
96 ambligonio] ambligomo *a*
amligomo *z* amligono *l p*
255 Plumbum vero] et plumbum
l p plumbum non *β^1 a z*

Auf eigene Konjektur von *l* (*p* folgt darin stets *l*) oder in manchen Fällen
auf die Handschriften der *β^1*-Familie oder, was weniger wahrscheinlich ist,
auf die Handschriften der *α*-Familie gehen folgende Lesarten von *l* zurück:

161 hoc *α G L P U j e n 9 l p* ideo
β S a z
163 quia *α H L r P e 9 l p* quod *U*
j om. cet. codd. a z
163 est medium *α L U j* medium
est *r 9 sup. lin. al. man. H¹ l p*
medium *cet. codd. a z*
166 vero] autem *K l p* enim *β^2*
(-8 k) a z

169 et *α P U j e n l p* in *β S 9 a z*
177 speculo *$\alpha \beta^1$ L P U j e n S 9 l p*
speculi *β^2 u a z*
235 et] est *l p*
242 accedit (accidit *t m*) *$\alpha \beta^1$ q P j*
e n S l p accedat *β^2 9 a z*
282-283 sive e converso] sive e
contra *l p om. a z*

l

Alle Individuallesarten von *l* sind bis auf eine Ein-Wort-Auslassung
Druckfehler:

18 omne] *om. s l*
30 corpus] copus *l*
48 per] der *l*

137 aspicientis] aspicienis *l*
216 talis] talls *l*

p

Die Pariser Druckausgabe von S.C.A. Borgnet (= *p*) ist gleichsam die
dritte Auflage jenes Textes, der durch die Inkunabel Venedig 1498/99
überliefert wird. Als Ausgangstext diente für *p* weder *a* noch *z*, sondern *l*. Die
von *a* und *z* abweichenden Lesarten bei *p* rühren grundsätzlich von *l* her, so
daß es für die Annahme, daß Borgnet bei der Erstellung seiner Textausgabe
tatsächlich Handschriften konsultiert hat, kaum Anhaltspunkte gibt. Für die
von Albertus in der Abhandlung zitierten Quellen (*Physica* und *De anima* des
Aristoteles) werden in Anmerkungen zwei Nachweise geliefert, aber diese
finden sich bereits bei *z* und *l*. Alle Sonderlesarten von *p* sind wohl ausschließlich durch Intervention bzw. Versehen des Herausgebers verursacht
worden:

74 his] hic *p*   143 apparet] apparent *p*
119 punctus] punctum *p*   195 et] etiam *add. K p*
137 aspicientis] adspiciens *p*   224 vero] etiam *p*

2. IMPLIKATIONEN FÜR DIE TEXTKONSTITUTION

Vorbemerkung

Im textkritischen Teil dieser Arbeit wurde die gesamte Überlieferung der Schrift *De forma resultante in speculo* untersucht. Es wurden die Verhältnisse der einzelnen Textzeugen untereinander – so weit es möglich war – geklärt. Andererseits wurde die Textqualität der doppelten Überlieferung im allgemeinen und im besonderen ermittelt. Auf der Basis dieser Erkenntnisse wird der kritische Text der Abhandlung konstituiert. Hier gilt es, aus den vorausgegangenen Untersuchungen Implikationen für die Erstellung des kritischen Textes von *De forma resultante in speculo* abzuleiten und sie kurz zusammenzufassen.

2.1. Die eigenständige Überlieferung

Nachdem bewiesen werden konnte, daß der eigenständigen Überlieferung der Abhandlung *De forma resultante in speculo* (*Φ*) keine Priorität in bezug auf die Redaktion der Schrift zukommt, hat diese Tradition für die Textkonstitution keine größere Bedeutung. Eine Einordnung dieser Überlieferung in den Gesamtkontext der erhaltenen Textzeugen der Abhandlung sowie eine Dokumentation dieses speziellen Typus der Texttradition ist wirkungsgeschichtlich dennoch bedeutsam. Daher werden wichtigere Lesarten der beiden Familien der eigenständigen Überlieferung von *De forma resultante in speculo* im kritischen Apparat vermerkt: für die erste Familie (1) anhand von *Vb*, *Q* und *A*, für die zweite Familie (2) anhand von *Po* und *Bg*.

2.2. Die Überlieferung innerhalb von De homine

Die Grundlage für die Textkonstitution der Abhandlung *De forma resultante in speculo* ist die handschriftliche Überlieferung des entsprechenden Textteils innerhalb des Werkes *De homine* (*Ω*). Diese Überlieferung besteht aus zwei unterschiedlichen Traditionen: der unabhängigen (*α*) und der universitären (*β*). Die unabhängige Tradition, die der Universitätsüberlieferung qualitativ überlegen ist, wird bei der Texterstellung durch *I*, *O* und *Y* vertreten. Als

Zeugen der universitären Überlieferung (β) werden stets die Handschriften der Familie β¹ herangezogen: *B*, *T* und *Z*. Bei besonders schwierigen Fällen werden zwar auch die übrigen Zeugen beider Traditionen konsultiert, aber sie werden grundsätzlich nicht im Apparat verzeichnet. Darüber hinaus wird die als kontaminiert eingestufte Handschrift *P* sowohl wegen ihrer besonderen Nähe zu Albert als auch wegen der qualifizierten Textgestalt des hier bezeugten Überlieferungsstranges α mitberücksichtigt.

2.3. Die Druckausgaben

Der durch die Drucke überlieferte Text hat keinen objektiven Wert für die Erstellung eines kritischen Textes der Abhandlung. Denn die Drucke können in Wirklichkeit keiner der zwei großen Texttraditionen eindeutig zugeordnet werden. Wie schon dargelegt, sind die Druckausgaben zwar aus der β-Familie hervorgegangen, dennoch bieten sie insgesamt einen Text, der sich als eine Mischung der Überlieferungen β¹ und β² erweist, welche nicht auf eine bestimmte Tradition bzw. Handschrift zurückgeführt werden kann, sondern mehr oder weniger das Resultat der editorischen Entscheidungen der Herausgeber ist. Dieser Text bringt keine neuen echten Varianten, welche zur Texterstellung beitragen würden. Statt dessen finden sich mehrere Auslassungen und neue Fehler. P. Jammy hat in seiner Ausgabe den Text der früheren Drucke zu verbessern versucht, was ihm auch teilweise gelungen ist. In seinen Text gingen jedoch weitere Auslassungen und Varianten ein, die zum Teil auf die von ihm konsultierten Handschriften zurückgehen, zum Teil aber von ihm selbst verschuldet wurden. Die Ausgabe von Borgnet unterscheidet sich nur geringfügig vom Lyoner Druck – sie korrigiert offensichtliche Fehler von Jammy und fügt einige neue Varianten hinzu. Von einer Textrevision auf handschriftlicher Grundlage kann nicht gesprochen werden. Das Vermerken der Varianten dieser Drucke dient vor allem dem Zweck, die Textgeschichte der Abhandlung umfassend zu dokumentieren und die Unzuverlässigkeit der Drucke aufzuzeigen.

V. Textedition

Vorbemerkung

Der nachfolgende Alberttext wurde im wesentlichen auf der Grundlage folgender 6 Handschriften der Überlieferung innerhalb von *De homine* konstituiert: *Ann Arbor/Michigan, University Library, Alfred Taubman Medical Library Ms. 201*; *Oxford, Merton College Library 0.1.7.* (*Coxe 283*); *Chicago, University Library, Joseph Regenstein Libr*ary 2; *Berlin, Staatsbibliothek Preußischer Kulturbesitz, Lat. qu. 586*; *Toledo, Biblioteca del Cabildo 94-13*; *Paris, Bibliothèque Mazarine 875*. Im Variantenapparat werden jedoch insgesamt 12 Handschriften berücksichtigt, die im Kap. IV Abschnitt 2.2 und 2.1 genannt und hier nochmals mit ihren Siglen zusammengestellt sind. Durch die Hinzuziehung von weiteren 6 Textzeugen – *Paris, Bibliothèque Nationale lat. 18127*; *Città del Vaticano, Biblioteca Apostolica Vaticana, Ottob. lat. 1814*; *Paris, Bibliothèque Nationale nouv. acq. lat. 1242*; *Berlin, Staatsbibliothek Preußischer Kulturbesitz, Ms. lat. fol. 456, Pommersfelden, Gräflich Schönbornsche Schloßbibliothek 262 (2906)*; *Brugge, Stadsbibliotheek 485* – wird eine ausgedehnte Erfassung der Lesarten erreicht, welche vom edierten Text abweichen. Dadurch kann folglich sowohl die Überlieferungsgeschichte selbst als auch der hier vorgelegte Rekonstruktionsversuch der Überlieferungs- und Redaktionsgeschichte der Abhandlung *De forma resultante in speculo* umfassender dokumentiert werden. Auf ähnliche Weise und mit gleicher Zielsetzung wurden in der Edition die bisherigen Drucke berücksichtigt. Alle Quellen, die in der Abhandlung von Albert ausdrücklich genannt wurden, sind im Quellenapparat nachgewiesen. Auch implizite Zitate und Parallelen in den Werken des Doctor universalis sowie Similia bei anderen ihm bekannten Autoren werden – soweit sie hilfreich für die inhaltliche Erschließung dieses Lehrstücks erscheinen – vermerkt. Für den kritischen Text wurde die uneinheitliche und variierende Schreibweise der Handschriften durchgängig modernisiert. Die Interpunktion und die gesamte Editionstechnik entsprechen weitgehend den für die *Editio Coloniensis* geltenden Richtlinien.

SIGLEN DER HANDSCHRIFTEN UND DER EDITIONEN

1. Handschriften

I	Ann Arbor/Michigan, University Library, A. Taubman Medical Library 201
O	Oxford, Merton College Library 0.1.7. (Coxe 283)
Y	Chicago, University Library, J. Regenstein Libr. 2
P	Paris, Bibliothèque Nationale lat. 18127
B	Berlin, SBPK Lat. qu. 586
T	Toledo, Biblioteca del Cabildo 94-13
Z	Paris, Bibliothèque Mazarine 875
Vb	Città del Vaticano, Ottob. lat. 1814
Q	Paris, Bibliothèque Nationale nouv. acq. lat. 1242
A	Berlin, SBPK Ms. lat. fol. 456
Po	Pommersfelden, Gräflich Schönbornsche Schloßbibliothek 262 (2906)
Bg	Brugge, Stadsbibliotheek 485

2. Editionen

a	Editio Veneta (Andreas Torresanus de Asula/Simon de Luere) 1498/99
z	Editio Veneta (Marcus Antonius Zimara/Octavianus Scotus) 1519
l	Editio Lugdunensis (Petrus Iammy) 1651
p	Editio Parisiensis (Steph. Caes. Aug. Borgnet) 1896
edd.	consensus editionum

‹DE FORMA RESULTANTE IN SPECULO›

(...) q u a e r i t u r de forma resultante in speculo, quae nec color nec lumen videtur esse.

Et q u a e r i t u r p r i m o , utrum sit vel non.

Et v i d e t u r quod non, quia dicitur in VI PRINCIPIIS quod 'impossibile est non-corpus corpore moveri'; sed si forma, quae videtur in speculo, est, aut erit corpus aut non-corpus; si corpus, tunc duo corpora erunt in eodem loco, quia speculum propter ipsam non occupat maiorem locum.

I O Y P B T Z Vb Q A Po Bg a z l p

---

1 De ... speculo] *in marg. O¹* alberti de forma resultante in speculo *Po* Incipit tractatus *Bg* de forma in speculo *add. in marg. Bg¹* de forma speculi *in marg. super. Vb* liber de forma speculi *add. in marg. super. Vb¹* de forma in speculo et natura eius *in marg. Y¹* 63ª Questio *in marg. B¹* Questio *in marg. I¹ om. P T Z Q A a z l p* 2 resultante in speculo] in speculo resultante *Po Bg* | quae] quod *O P* 2−3 color nec lumen] lumen nec color *Q A Po Bg* 3 videtur esse] *inv. Po Bg* 4 Et] *om. Q* | quaeritur primo] *inv. A Po* | non] sit *add. Z A* 5−6 dicitur ... sed] *om. l p* 5 quod²] *om. A* 6 si] *om. a z l p* | videtur] est *Po Bg* | est²] *om. l p* 7 corpus aut] vel corpus vel *A* | non-corpus] non *B T Z a z l p* | corpora] *om. Bg*

---

1 Textus paralleli: Alb., De sex princ. tr.2 c.4 (Ed. Paris. t.1 p.324b-326a); De anima l.2 tr.3 c.15 (Ed. Colon. t.7,1 p.121 v.52 − p.122 v.65); De sensu et sens. tr.1 c.6-14 (Ed. Paris. t.9 p.12a-35b); Quaest. de prophetia a.2 § 1 De speculo aeternitatis (Ed. Colon. t.25,2 p.54 v.66 − p.57 v.41); De IV coaeq. tr.4 q.32 a.1 sol. (Ed. Paris. t.34 p.509b); Super I Sent. d.36 a.3 (Ed. Paris. t.26 p.209b, 211b); Super II Sent. d.4 a.1 (ed. Fr. Stegmüller p.235-238; Ed. Paris. t.27 p.103b-105b); Meteora l.3 tr.4 (Ed. Paris. t.4 p.666-700), imprimis c.12-13 (p.679b-682b); Quaest. super De animal. l.1 q.29-31 (Ed. Colon. t.12 p.98 v.37sqq., p.99 v.64sqq.). − 4−5 Cf. Anon., De forma speculi (Erfurt CA 2° 335 f.91va): 'Quaeritur primo de hoc, cui videtur auctor VI Principiorum consentire, quod forma speculi vel apparens in speculo non sit vere forma'. Seneca, Naturales quaestiones l.1 (5) c.15 n.7-8 (ed. P. Oltramare p.44): 'Non est enim in speculo quod ostenditur. Alioquin non exiret nec alia protinus imagine obduceretur, nec innumerabiles modo interirent modo exciperentur formae'. − 5 Ps.-Gilb. Porr., De sex princ. c.2 n.18 (Arist. Lat. I, 6-7 p.39 v.1-2). Cf. J. Hamesse, Les Auctoritates Aristotelis p.306 n.8. − 6−8 Cf. Arist., De anima l.2 c.7 (418 b 13-17); Phys. l.4 c.5 (212 b 25); transl. vetus Arist. Lat. VII, 1/2 p.152 v.11-12. Boeth., De trin. c.2 (PL 64, 1249D; ed. R. Peiper p.152 v.28-29). Ps.-Gilb. Porr., De sex princ. c.5 n.49 (Arist. Lat. I, 6-7 p.45 v.15-16). David de Dinanto, Quaternulorum fragmenta, c. De visu (ed. M. Kurdzialek p.39 v.24sqq., p.65 v.10sqq.). Alb., De anima l.2 tr.3 c.9-10 (Ed. Colon. t.7,1 p.111 v.11 − p.114 v.92, p.111 v.87-89); Phys. l.4 tr.1 c.14 (Ed. Colon. t.4 p.229 v.53, v.23-24); c.3 (p.205 v.49-50); tr.2 c.1 (p.232 v.35-36); c.2 (p.235 v.69-70); c.3 (p.236 v.65-66); l.3 tr.3 c.6 (p.180 v.60); De homine tr.1 q.21 a.1 (Ann Arbor 201 f.28rb; Ed. Paris. t.35 p.176b): 'Si autem dicatur quod lumen est corpus non spirituale, contra hoc obicit David philosophus in libro De visu quod secundum hoc duo corpora erunt in eodem loco'; a.5 (f.33ra; p.205b); q.22 append. (Oxford, Merton College Libr. 0.1.7. [Coxe 283] f.69ra; Ed. Paris. t.35 p.220a); q.15 a.1 (Ann Arbor 201 f.22rb; p.138a-b); De sensu et sens. tr.1 c.7 (Ed. Paris. t.9 p.16b). J. Hamesse, Les Auctoritates Aristotelis p.307 n.18.

Praeterea, cum omne corpus habeat profundum, oporteret quod forma
non videretur iacens super speculum, sed elevata super superficiem specu-   10
li secundum quantitatem profunditatis corporis illius, quod cum falsum sit,
impossibile est formam illam corpus esse.

Si vero dicatur quod sit non-corpus, cum videatur moveri motu locali super speculum, movebitur non-corpus motu corporis. Quod multis rationibus
impossibile esse probatur. Dicitur enim in VI PRINCIPIIS quod 'impossibile est   15
non-corpus corpore moveri', hoc est motu corporis; et in VI PHYSICORUM
quod omne quod movetur, est corpus continuum; et in PRIMO DE ANIMA
quod omne quod movetur, est in loco, et nihil est in loco nisi corpus.

I O Y P B T Z Vb Q A Po Bg a z l p

9 Praeterea] prima Z | forma] *om.* Q A Po Bg 10 non] *om.* Y | super
speculum] *om.* Q A Po Bg | super] supra O Vb | sed] *om.* Y | super] *om.* l p
11 quantitatem profunditatis] profunditatem quantitatis A | corporis illius] *inv.*
I Y | cum] est O *corr. sup. lin.* O^l *om.* P | falsum sit] *inv.* B T Z a z l p sit forma
A | falsum] forma Q Po Bg | sit] est P 12 est] esse *add.* Vb ergo *add.* Po Bg
| formam illam] *inv.* Y a z l p | corpus esse] *inv.* B T Z A a z l p 13 vero]
autem Po Bg a z l p | sit non-corpus] sic non sit corpus O Vb | cum] quod B
T Z a z l p 13–14 motu … speculum] super speculum motu locali Q | super]
sicut Y 14 movebitur] movetur A 15 esse] est Vb *om.* A | enim] ibi *add.* Bg
| est] *om.* A 16 corpore moveri] *inv.* Z | hoc est] huius Vb | in] *iter.* Bg
| physicorum] dicitur *add.* I 18 omne quod] *om.* Q A Po Bg | omne] *om.* l
| est in loco^1] in loco est T | est^1] *om.* Q A Po Bg | et] *om.* Q A Po Bg |
in loco^2] *om.* Q A Po Bg

---

9 Cf. Arist., De anima l.2 c.11 (423 a 21-22). Alb., De anima l.2 tr.3 c.32 (Ed. Colon.
t.7,1 p.144 v.41, v.72); c.10 (p.113 v.13-14). Euclid., Elementa l.11 diff.1 (ed. H.L.L.
Busard p.299 v.3-4): 'Corpus est, cui est longitudo, latitudo et altitudo; cuius extremitates superficies'. Isaac Isr., De diff. (ed. J.T. Muckle p.307 v.15). Alb., Phys. l.3 tr.2 c.5
(Ed. Colon. t.4 p.178 v.42): 'corpus est, sicut dicit Euclides in undecimo libro Geometriae, quod habet longitudinem et profunditatem et latitudinem'; ibid. c.13 (p.192
v.76sq.); De homine q.14 a.1 (Ann Arbor 201 f.21va; Ed. Paris. t.35 p.132b): 'dicit
Philosophus in secundo De caelo et mundo: (…) ante est principium profunditatis'. –
10 Cf. Euclid., Elementa l.1 diff.5, 6, 7 (ed. H.L.L. Busard p.31 v.8-9, 10, 11-12): '(5)
Superficies est quod longitudinem et latitudinem tantum habet. (6) Cuius extremitates
quidem lineae. (7) Superficies plana est ab una linea ad aliam extensio, in extremitates suas eas recipiens'. Alb., Super Euclid. l.1 diff.4, 5 (Wien, Dominikanerkl. 80/45
f.105v, 106r; ed. P.M.J.E. Tummers p.7 v.17-18, p.8 v.1-2). –   15 Vide supra v.5 cum
nota. –   16 Arist., Phys. l.6 c.4 (235 a 6-7); transl. vetus Arist. Lat. VII, 1/2 p.231
v.7-8: 'continuum enim motus continuorum quorundam'; cf. ibid. l.8 c.5 (257 b 1,
258 a 21-22); transl. vetus Arist. Lat. VII, 1/2 p.301 v.13-14, p.304 v.12-13: 'omne
quod secundum se movetur, continuum est', 'quod enim movetur, continuum necessa-
sarium est esse'. Alb., Phys. l.6 tr.2 c.2 (Ed. Colon. t.4 p.466 v.45-46); l.8 tr.2 c.7, c.9
(p.603 v.9-10, p.602 v.79, p.609 v.36-37); De homine q.34 a.1 (Ann Arbor 201 f.45ra,
Ed. Paris. t.35 p.295b): 'in VI° Physicorum, ubi probatur quod nihil est mobile nisi
corpus'; ibid. q.43 a.3 partic.1 (f.57ra; p.372a): 'nihil movetur nisi corpus, ut habetur
in VI° Physicorum et in primo De anima'; q.21 a.1 (f.28va; p.177b): 'Quicquid movetur localiter, est corpus'; De IV coaeq. tr.4 q.59 a.1 (Ed. Paris. t.34 p.624b): 'in libro
Ducis neutrorum dicitur quod omne quod movetur, est corpus'. Moses Maimonides,
Dux neutrorum l.2 prop.7 (Ed. Paris. 1520 f.39r). –   17 corpus continuum: Cf. Alb.,
De homine q.21 a.4 (Ann Arbor 201 f.32vb; Ed. Paris. t.35 p.204a): 'continua sunt,
quorum terminus idem'. –   17 Arist., De anima l.1 c.3 (406 a 12sqq.). Cf. Alb., De
anima l.1 tr.2 c.5 (Ed. Colon. t.7,1 p.28 v.21sqq., p.27 v.80sqq.). Arist., Phys. l.5 c.1
(225 a 31-32); transl. vetus Arist. Lat. VII, 1/2 p.196 v.1-2. Alb., Phys. l.5 tr.1 c.3 (Ed.
Colon. t.4 p.407 v.55-57, v.73-74).

Praeterea, si movetur, aut movetur per se aut per accidens; non per se, ut
20 PROBATUM EST; ergo per accidens. Sed per accidens movetur localiter, quod
movetur motu eius in quo est; ergo cum non sit nisi vel in superficie speculi
vel in extremitate perspicui tangentis speculum, movebitur motu illorum tantum. Sed nos videmus quod speculo immoto manente, et similiter extremitate
perspicui, movetur imago ad motum aspicientis ad speculum; ergo videtur
25 ipsa non esse mota per accidens, et ita non erit non-corpus neque corpus, et
ita nihil erit.

Sed c o n t r a hoc est quod quicquid actu agit aliquid immutando, actu
est; forma illa actu agit immutando visum; ergo actu est.

Item, quicquid videtur per se vel per accidens, illud est; forma illa videtur
30 per se vel per accidens; ergo est. Si autem est, tunc erit corpus vel non-
corpus et substantia vel accidens. Et videtur quod corpus mobile. Quicquid

---

I O Y P B T Z Vb Q A Po Bg a z l p

19 aut movetur] *inv. Q* | movetur²] *om. Bg* | aut²] vel *A*   20 Sed] Si *T
A* | movetur localiter] *inv. Bg* | quod] quia *A*   21 motu] corporis *add. A*
| nisi] *in marg. O¹* | vel] *om. O Vb Q A Po Bg*   22 vel] et *P B T Z a z l p* |
in] *om. O* | extremitate] extremitatibus *Q A Po Bg* | tangentis] contingentis
Q contingens *Po Bg* continentis *A* | movebitur] movetur *I Y Q*   22–23 tantum]
trium *Q A Po Bg*   23 quod] in *add. A* | immoto] in motu *Y Q* | manente]
permanente *Vb* | similiter] super *Q* | extremitate] in extremitate *P a z* in
tremitate *B*   24 perspicui] speculi *A* | movetur imago ... speculum] imago ad
motum ad speculum aspicientis movetur *A* | movetur] movebitur *Vb Po Bg* |
aspicientis] inspicientis *Po* | ad²] in *Bg*   25 ipsa ... mota] non ipsa esse mota
Po ipsa esse non mota *Y P* ipsa non mota esse *O B T Z a z l p* | ita] *om. I B T Z
a z l p* | erit] est *Vb* | non-corpus ... corpus] non corpus incorpus *I* neque
corpus neque non corpus *A* corpus nec non corpus *Vb* corpus neque corpus *Q* non
Bg   25–26 et ... erit] ergo erit nihil *A*   26 erit] est *Q Po Bg*   27 est] erit *Z om.
P B T a z* | quod] quia *B T Z Q Bg om. a z* | aliquid] *om. O Vb Q A Po Bg*
27–28 actu¹ ... immutando] *om. (hom.) Q Bg*   28 est] sed *add. A Po*   29 Item] Et
Vb | est] sed *add. Po*   30 est¹] etc. *I Po* | est²] erit *Vb* | tunc] *om. A*
| erit] aut *Q* | corpus] copus *l* | vel²] aut *B T Z Q Bg a z l p*   31 et] vel
O B Vb Q A Po Bg a z l p | quod] sit *add. a z l p*   31–32 Quicquid enim] quia
quicquid *A Po Bg*

---

19 Cf. Arist., De anima l.1 c.3 (406 a 4-6). Alb., De anima l.1 tr.2 c.5 (Ed. Colon.
t.7,1 p.27 v.66sqq., v.75-78). –   20 Supra v.13sqq. –   21–22 Cf. Anon., De forma
speculi, sol. (Erfurt CA 2° 335 f.92rb): 'Quidam enim dicunt quod est in speculo.
Alii vero dicunt quod est in extremitate aëris contingentis speculum'. –   22 Cf.
Alb., De homine q.21 a.3 partic.1 (Ann Arbor 201 f.30ra-va; Ed. Paris. t.35 p.187a-
b, 189a-190a). –   23–24 Cf. Ps.-Gilb. Porr., De sex princ. c.2 n.19 (Arist. Lat. I,
6-7 p.39 v.4-6): 'speculo enim immobili permanente imaginis motus fieri videtur ad
oppositi mutationem'. –   27–28 Cf. Arist., De anima l.2 c.5 (417 a 17-18). Alb., De
anima l.2 tr.3 c.1 (Ed. Colon. t.7,1 p.97 v.38-41, p.96 v.69); De IV coaeq. tr.1 q.1 a.6
(Ed. Paris. t.34 p.314b); De homine q.17 a.3 (Ann Arbor 201 f.24ra; Ed. Paris. t.35
p.150b), q.21 a.5 (f.33va, 34ra; p.208b, 210a), q.37 a.4 (f.50rb; p.328b). –   29–31 Cf.
Anon., De forma speculi (Erfurt CA 2° 335 f.91va): 'Item, non appareret, si nihil esset.
Propter hoc oportet quod aliquid sit. Aut ergo substantia aut accidens. Si substantia,
aut corporea vel incorporea; sed nec sic nec sic. Si enim esset substantia incorporea,
utique non esset sensu perceptibilis, quod falsum est'. –   29 Cf. Arist., De anima l.2
c.7 (418 a 26). Alb., De anima l.2 tr.3 c.7 (Ed. Colon. t.7,1 p.108 v.10-12, v.78). –
31–32 Cf. Ps.-Gilb. Porr., De sex princ. c.2 n.18 (Arist. Lat. I, 6-7 p.39 v.3). Supra
nota ad v.17.

enim variat situm, movetur et est corpus mobile; forma illa variat situm, ut
patet, quia modo est in una parte speculi, modo in alia; ergo movetur et est
corpus mobile.

Quaeritur ulterius, si est, in quo sit sicut in subiecto.   35
Et videtur quod non in speculo.

Dicit enim PHILOSOPHUS in TOPICIS quod moventibus nobis moventur
ea quae in nobis sunt; si igitur esset in speculo, moto speculo moveretur
et ipsa. Hoc autem videmus esse falsum, quia nos videmus quod speculo
manente immoto apparet forma illa veniens et recedens et varians situm   40
ad motum aspicientis. Et propter hoc dicit AUCTOR VI PRINCIPIORUM, quod
'impossibile est solvere, concesso quod ibi vere sit forma. Si autem non dicatur
ibi esse forma, erit incredibilis error in vulgo sequente sensum, licet hoc
probabilius sit dicere'. Et propter hoc innuit quod sit in extremitate aëris
tangentis speculum. Sed hoc videtur falsum, quia tunc videretur etiam sine 45
speculo, quod falsum est.

Praeterea, unumquodque est in illo ut in subiecto, a quo non distat per
situm et locum; forma speculi non distat per situm et locum a speculo; ergo
est in ipso ut in subiecto.

I O Υ P B T Ζ Vb Q A Po Bg a z l p

---

32 et] *om. Vb* | mobile] sed *add. Po* | variat[2]] varia *Bg* | ut] quod *A*
videlicet *a z l p* 33 patet] videtur *I* 33–34 est corpus] *inv. Q* 35 Quaeritur ...
est] Dato autem quod sit accidens *A* | Quaeritur] etiam *add. B T Ζ l p* enim *add.*
a z | sit] est *Q Po Bg* | sicut] tamquam *Q Po Bg* | in[2]] *om. A* 36 Et videtur
... speculo] *om. O* | Et] *om. A* | non] sit *add. A* 38 ea] omnia *Vb* | si
igitur] *inv. O Vb* ergo si *Q A Po Bg* 38–39 moto ... ipsa] moventur moto speculo
Q 39 videmus[1]] videtur *O Vb Q A Po Bg* | esse falsum] *inv. P B T Ζ a z l p*
| quia] *om. Υ* | nos] non *A om. a z l p* 40 manente] movente *Vb* existente *A*
| immoto] in motu *Q A* | forma illa] *inv. Vb Q A Po Bg* | illa] illi *B T Ζ om.*
a z l p 41 motum] modum *I* | aspicientis] respicientis *A* | propter hoc]
propterea *Vb* 42 concesso] posito *Q* | vere sit forma] sit forma vere *O* sit sita
vere *Vb* sit sita nature *Q* sit situm sicut videtur *A* sit vere *Po Bg* 42–43 non ... esse]
dicatur quod ibi non sit *Po Bg* 43 esse] est in *A* | sequente] sequentis *O P B*
T Ζ sequendo *A* qui sequitur *Vb* | sensum] visus *add. A om. Po Bg* 44 innuit]
innuitur *a z l p* 45 hoc] *om. I* | videtur] esse *add. O Po Bg a z l p* | tunc]
nunc *Vb* | videretur] videtur *I Υ* | etiam] et *I om. Vb Q A Po Bg* | sine]
in *Vb* 47 est in illo] in illo est *A* | ut] sicut *A a z l p* vel *B* | distat] differt *I*
B T Ζ a z l p 48 locum] sed *add. A Po* | speculi] *om. A* | per[2] ... speculo]
a speculo per situm et locum *A Po Bg* | per situm] *inv. Q* | per] der *l* |
situm et locum] *inv. B T Ζ a z l p* 49 ipso] illo *Q Po Bg* speculo *A* | ut] sicut *A*
| subiecto] Sed *add. A*

---

35 Cf. Alb., De sensu et sens. tr.1 c.6 (Ed. Paris. t.9 p.12a). – 37 Arist., Top. l.2
c.7 (113 a 29-30); transl. Boeth. Arist. Lat. V, 1-3 p.42 v.14-15. Cf. Alb., De homine
q.3 a.1 sol. (Ann Arbor 201 f.5rb; Ed. Paris. t.35 p.28b); De anima l.1 tr.2 c.5 (Ed.
Colon. t.7,1 p.30 v.20sq.). – 41 Ps.-Gilb. Porr., De sex princ. c.2 n.19 (Arist. Lat. I,
6-7 p.39 v.4-8). – 47–49 Cf. Anon., De forma speculi (Erfurt CA 2° 335 f.91vb):
'Accidens et illud cuius est accidens, non distant secundum situm; haec autem forma,
cum distet a re, cuius est forma, secundum situm, non erit in illa re sicut in subiecto;
erit ergo in speculo sicut in subiecto'.

50 Ad praedicta QUIDAM voluerunt solvere dicentes quod in rei veritate forma illa nihil est absolute, sed tantum est comparatio quaedam aspicientis ad speculum, sicut etiam umbra privatio lucis est ex obiectu corporis opaci ad lumen resultans. Sed c o n t r a hoc est quod in umbra non resultat imago rei opacae expresse secundum omnia liniamenta, sed confuse secundum ea tan-
55 tum quae primo intercipiunt transitum luminis, in imagine autem in speculo resultant omnia.

Praeterea, in umbra sic est quod semper proicitur post corpus opacum, ita quod opacum corpus est inter umbram et corpus luminosum; sed imago quae est in speculo, semper sic resultat ex hoc quod lumen directe illuminat faciem
60 aspicientis ad speculum sine omni umbra media, quae sit inter aspicientem et speculum; ergo forma illa aliquid de necessitate est in speculo.

Et si hoc dicatur, tunc q u a e r i t u r, si est accidens, in quo sit praedicamento.

Et v i d e t u r quod sit 'passio vel passibilis qualitas'.

65 Omne enim quod infert passionem in sensu, est passio vel passibilis qualitas; forma illa infert passionem in sensu, quia immutat ipsum; ergo est passio vel passibilis qualitas.

I O Y P B T Z Vb Q A Po Bg a z l p

50 quidam voluerunt] *inv. I B T Z a z l p* | voluerunt] volunt *A Bg* | rei] *om.*
B T Z a z l p 51 absolute] *om. A* | est²] *om. O Vb Q A Po Bg* | comparatio]
compositio *O Vb Po Bg* 52 speculum] aspectum *Q A* | etiam] in *A om.* Q |
privatio … est] est privatio lucis *Vb Q Po Bg* | est] *om. A* | ex obiectu] e tecto
Z | obiectu] obiecto *Q Bg a z l p* 52–53 ad … resultans] resultans ad lumen *a*
z l p 53 lumen] lucem *Q A Po Bg* | resultans … imago] *om. (homoeoceph.) P* |
rei] *sup. lin. Bg¹ om. Po* 54 secundum¹] sed *Vb* | liniamenta] lumina unita *Po*
54–55 secundum ea tantum] tantum secundum ea *P B T Z a z l p* 55 luminis]
lucis *Q A Po Bg* | in¹] *om. Vb* | autem in speculo] in speculo autem *Q Po Bg*
| autem] aut *I* 57 Praeterea] prima *Z* | in] *om. A* | quod] *om. Vb* |
proicitur] perficitur *O Vb Q A Po Bg* 58 opacum corpus] *inv. I A* | est] *transp.*
post luminosum *a z l p om. P B T Z* 58–59 imago … semper] in speculo imago *a*
z l p 59 sic] sibi *Q om. I* | directe] recte *Vb* 60 aspicientis] inspicientis *A*
Po Bg | sine] si in *Bg corr. Bg¹ iter. Vb* | omni] eam *Z* | sit] fit *P est A*
61 speculum] aspectum *Q A Po Bg* | forma illa] *inv. I* | aliquid de necessitate]
de necessitate aliquid *Q Po Bg* | aliquid] *om. A a z l p* 62 dicatur] datur *I Y*
| tunc] *om. A* | si est] si si sit *A* 65 Omne enim] *inv. T* | enim] *om.*
Y 66–67 forma … qualitas] *om. (hom.) Po Bg* 66 forma] autem *add. Q A* |
infert … ipsum] est talis *I* | immutat] mutat *A*

---

50 Algazel, Metaphysica pars 2 tr.3 (ed. J.T. Muckle p.158 v.19-22). Dominicus Gundiss., De anima c.10 (ed. J.T. Muckle p.88 v.38sqq., p.93 v.39 – p.94 v.1). – 52–53
Cf. Alkindi, De aspectibus, prol. (ed. A.A. Björnbo p.4 v.16-19). Bartholomaeus Anglic., De proprietatibus rerum l.8 c.44 (ed. G.B. Pontanus p.432): 'Umbra est obiectio
corporis tenebrosi et opaci ad lucem sive corpus luminosum'. Alb., Meteora l.3 tr.4
c.20 (Ed. Paris. t.4 p.690a); De homine q.21 a.1 sol. (Ann Arbor 201 f.29rb; Ed. Paris. t.35 p.182b): 'umbra ex obiectu corporis opaci ad lumen'; Super Matth. 1,18 (Ed.
Colon. t.21 p.31 v.11-12): 'forma in speculo resultans umbra vocatur'. – 64 Arist.,
Cat. c.8 (9 a 28sqq.); transl. Boeth. Arist. Lat. I, 1-5 p.25 v.9sqq. Alb., De homine tr.1
q.21 a.1 (Ann Arbor 201 f.27vb, 29ra; Ed. Paris. t.35 p.174a, 181b), q.24 a.1 (f.35va;
p.233a), q.34 a.2 (f.45vb; p.300a).

C o n t r a hoc videtur esse quod omnis passio vel passibilis qualitas habet
contrarium in specie; forma autem ista nihil habet contrarium; ergo non est
passio vel passibilis qualitas.   70

Praeterea videtur esse 'forma vel circa aliquid constans figura'; id enim
quod videtur in speculo, apparet forma sub quantitate terminata ad figuram
aspicientis.

Praeterea q u a e r i t u r , quod omnibus his difficilius est, utrum recipiatur illa forma in superficie speculi ut in puncto vel ut in superficie.   75

Et v i d e t u r quod ut in superficie.

Quicquid enim apparet sub longitudine et latitudine, apparet secundum
rationem superficiei; forma speculi sic apparet; ergo videtur esse in speculo
ut in superficie et non ut in puncto.

Si autem hoc concedatur, obicitur in c o n t r a r i u m sic: 80

Quicquid apparet ut in superficie, si ipsum est totum in superficie una
alicuius quantitatis, ipsum totum non erit in minori. Si ergo forma speculi
est tota in superficie alicuius quantitatis ut in superficie, tunc non erit tota in
minori, quod est contra sensum, quia si speculum frangatur in decem partes,
in qualibet illarum partium erit forma tota.   85

I O Y P B T Z Vb Q A Po Bg a z l p

68 Contra] Sed *praem. A* | passibilis qualitas] *inv. Q* | habet] in *add. B*
69 ista] illa *O Vb Q A Po Bg* | nihil] non *I Vb Q Po Bg* | non] nec *Y*
70 vel] nec *O Y P Vb*   71 Praeterea] prima *Z* | circa] hoc *add. Y a z l p* |
constans] circumstans *Q* | enim] *om. O Vb Q A Po Bg*   72 videtur] apparet
Y Po Bg | apparet] et videtur *Po Bg* enim *add. Vb* | quantitate terminata]
inv. Po | terminata] determinata *A* | figuram] faciem *A*   74 Praeterea]
prima *Z* Post hec *Po Bg* | quaeritur] *om. Q* | quod] illud quod in *a z l p* in
add. B T Z Vb | his] hii *B* hic *p* | difficilius est] *inv. Bg* scilicet *add. a z l p*
74-75 recipiatur] accipiatur *A*   75 illa forma] *inv. Po Bg a z l p* | ut¹] vel *O*
Vb Q A Po Bg | vel ... superficie] *om. O Vb Q A Po Bg*   ut²] *om. P a z l p*
superficie²] speculi *add. a z l p*   76 Et ... superficie] *in marg. Y¹* | ut] *om. O B T*
Z Vb Q A Po Bg a z l p   77 sub] in *A Po Bg* | et latitudine] *om. A* | et] vel *Po*
77-78 secundum rationem] sub ratione *I*   78 superficiei] speciei *Po Bg corr. Bg¹*
| ergo ... speculo] *om. Q*   79 ut²] *om. A a z l p* | in²] *om. Bg*   80 hoc] *om.*
Q Po Bg | obicitur] omnibus *Q* | in contrarium sic] sic in contrarium *a z l p*
| in] *om. I*   81 Quicquid] autem *add. a z* | ut] *in marg. Q¹* *om. A* | totum]
motum *Po om. T* | in superficie] *om. A*   82 erit] est *Vb*   83 superficie¹] speculo
O Y P Vb Q A Z Po Bg | quantitatis] et in speculo *add. A* | tota²] totum *O Vb*
84 decem partes] *inv. O Vb A* partes ix *Q* mille partes *Po Bg*   85 partium] parte *Po*
Bg om. Q A | erit] esset *Vb* | forma tota] *inv. O Vb Q A Po Bg*

68-69 Cf. Alb., De homine q.21 a.1 (Ann Arbor 201 f.28rb; Ed. Paris. t.35 p.177b).
–   71 Arist., Cat. c.8 (10 a 11sqq.); transl. Boeth. Arist. Lat. I, 1-5 p.27 v.4sqq. Cf.
Alb., De homine tr.1 q.34 a.2 (Ann Arbor 201 f.45va; Ed. Paris. t.35 p.300a), q.73
a.1 (f.95vb, 96ra; p.605b, 606a). –   74-75 Cf. Anon., De forma speculi (Erfurt CA
2° 335 f.92ra): 'Item, quaestio est, utrum imago quae apparet in speculo, sit sicut in
puncto vel sicut in corpore'. –   78 Cf. supra nota 10. –   84 De speculo fracto cf.
David de Dinanto, Quaternulorum fragmenta, c. De visu (ed. M. Kurdzialek p.42
v.22); Alex. Neckam, De nat. rer. c.154 (ed. Th. Wright p.239). Seneca, Naturales
quaestiones l.1 (5) c.5 n.5 (ed. P. Oltramare p.27).

Item, quicquid secundum eandem quantitatem resultat in maiori et minori simul et semel, hoc non est per dimensionem quantitatis in ipsis; forma
secundum eandem quantitatem simul et semel resultat in maiori et minori
speculo; ergo non est per dimensionem quantitatis in ipsis. Prima probatur ex
90 hoc quod ratio dimensionis quantitatis est esse secundum maiorem dimensionem in maiori et secundum minorem in minori. Secunda autem patet ad
sensum, si duo specula, scilicet maius et minus, opponantur simul et semel
aspicienti.

Praeterea videtur per Euclidem quod sit in speculo sicut in puncto. Pro-
95 bat enim EUCLIDES in quodam suo libello DE SPECULIS ET VISU quod omnis
visus perficitur sub triangulo ambligonio, hoc est qui habet unum angulum
obtusum sive amplum sive expansum, quod idem est. Si igitur oculus est
quoddam speculum animatum, sicut dicit QUIDAM PHILOSOPHUS, id quod
immutabit oculum, sub lateribus trianguli immutabit ipsum et sic attinget ip-
100 sum in puncto anguli. Cum igitur eodem modo fiat immutatio speculi, forma
quae resultabit in ipso, erit sicut in puncto anguli et non sicut in superficie.

I O Y P B T Z Vb Q A Po Bg a z l p

86 Item] Vel *Vb*   86–87 maiori et minori] *inv. a z l p* speculo *add. A*   86 et] in
add. T Vb in in *add. I*   87 simul ... hoc] *om. A* | simul et semel] *inv. Y P* |
non ... quantitatis] per dimensionem quantitatis non est *A* | non] tamen *Vb* |
ipsis] ipso sed *A* | forma] speculi *add. A* illa *add. Po Bg*   88 secundum] per *O Vb
Q* | simul ... resultat] resultat simul et semel *Q Po Bg* | simul et semel] *om. Vb
A*   88–89 maiori ... speculo] partibus speculi *A*   88 et²] in *add. Vb*   89 Prima]
Primum *Po Bg* | ex] per *I*   90 ratio] rationis *Q* natura *Po Bg*   91 secundum
minorem in] *om. Q* | secundum] *om. O A* | Secunda] Secundum *Q A Po
Bg* | autem] quod *Q A*   92 si] sed *I* | scilicet maius et minus] *om. a z l
p* | scilicet] secundum *A* in *add. Z om. O* | maius] magis *B*   93 aspicienti]
inspicienti *Y* superficiei *A*   94 per Euclidem] *transp. post* puncto *Po Bg*   95 suo
libello] libro suo *A Po Bg* | libello] li. *I B T Z* libro *Q* | speculis] speculo
Vb Q Po Bg   96 visus] radius *Vb Q Po Bg om. A* | perficitur] per *sequitur lacuna
Bg* | ambligonio] abligoneo *Vb* obligoneo *Q* abnergo *A* ab ligneo *Bg* ambligomo
a amligomo *z* amligono *l p* | qui] quod *B T Z Q A Po Bg a z l p*   97 obtusum]
occusum *Vb* | sive²] seu *B T* | igitur] ergo *Y Po om. A* | oculus] eius *Po Bg*
| est²] esset *A om. Po Bg*   98 quoddam] quod *A* | animatum] anima *sequitur
lacuna Po Bg om. (lacuna) A* | quidam philosophus] *inv. B T Z* | quidam] *om. A
Po Bg l p* | philosophus] quod *add. a z* | id] *om. O*   99–100 et ... ipsum] *om.
(hom.) A*   99 attinget] attingit *P B T Z Po Bg a z l p*   100 fiat] sit *O Vb Q A Po Bg*
101 quae resultabit] resultans *Po Bg* | quae] *om. P* | resultabit] resultat *I Y
Q A* | in ipso] *om. A* | erit] est *Q* | anguli] cum igitur eodem modo sit
immutatio speculi forma resultans in ipso erit sicut in puncto anguli *add. (iter.) Bg del.
per 'vacat' Bg*

90 Cf. Alb., De praedic. tr.3 c.10 (Ed. Paris. t.1 p.212b sq.). – 95 Ps.-Euclid., De
speculis c.7 (ed. A.A. Björnbo p.101 v.10-16). – 96–97 Cf. Euclid., Elementa l.1
diff.11 (ed. H.L.L. Busard p.31 v.21): 'Angulus vero qui recto maior est, obtusus dicitur'. Alb., Super Euclid. l.1 diff.9 cum comm. (Wien, Dominikanerkl. 80/45 f.106v;
ed. P.M.J.E. Tummers p.11 v.23-24, p.11 v.28 – p.12 v.3). – 98 David de Dinanto,
Quaternulorum fragmenta, c. De visu (ed. M. Kurdzialek p.40 v.9-10, p.66 v.2): 'Est
enim oculus speculum animatum'. Cf. Alb., De anima l.2 tr.3 c.14 (Ed. Colon. t.7,1
p.120 v.36).

Praeterea probatum est ab EUCLIDE quod reflexio luminis semper fit ad pares angulos vel in seipsum. Et ad pares quidem fit, si radius ex obliquo veniat ad superficiem speculi; in seipsum autem, si perpendiculariter. Ex hoc accipitur quod omnis radius reflexus a speculo contingit speculum vel   105 ad angulum rectum vel ad acutum vel ad obtusum. Si enim perpendiculariter incidat radius super speculum planum, tunc reflectitur in seipsum et superficiem planam speculi tangit in puncto, et ex utraque parte sui contactus ad superficiem facit angulum rectum, quia principium est in primo EUCLIDIS quod linea recta perpendiculariter cadens super lineam rectam fa-   110 cit duos angulos rectos. Si autem oblique veniat radius super speculum, tunc de necessitate fient ibi tres anguli aequi duobus rectis, quorum unus est inter radium incidentem et lineam superficiei speculi, et est acutus; alius inter radium reflexum et alteram partem lineae superficiei speculi, et est similiter acutus aequalis priori; tertius inter radium incidentem et radium reflexum   115

I O Y P B T Z Vb Q A Po Bg a z l p

102 Praeterea] prima *Z* | est] *om. P* | reflexio] reflexus *Bg* | semper] super *O* | fit¹] sit *P T Z Vb*   103 Et] vel *A* | ad pares] a pares *Vb* | pares²] parem *A* | quidem] quod *A om. Po Bg* | fit²] sit *Vb om. Q A Po Bg*   104 autem] vero *Po Bg* aut *a z l p om. Q* | si] sed *Q om. a z l p* | perpendiculariter] perpendibiliter *B T Z* perpendi clariter *Vb* propterea *Q*   105 accipitur] accipio *Po Bg* | a] in *A*   106 ad¹] *om. Po Bg* | acutum] cutum *O* | ad²] *om. A Po* | enim] autem *O Vb Q A Po Bg*   106–107 perpendiculariter] perpendibilis *B T Z* perpendi clariter *Vb*   107 incidat] incidit *O Vb Q A Po Bg* | et] in *P B T Z a z l p*   108 speculi] speculatam *Bg* et *add. a z l p om. Po* | utraque] ponitur *add. Vb*   108–109 sui contactus] *inv. a z l p* | contactus] contractus *Z*   109 angulum] *in marg. O¹* | quia] quod *Bg* | principium est] propterea *Q* dicitur in principio *A* | est] *om. Vb* | in primo] *om. Q A Po Bg*   110 Euclidis] euclide *O* euclides *Y* | quod] quia *P* | perpendiculariter cadens] *inv. Bg* | perpendiculariter] *transp. post* rectam *Po*   111 Si ... oblique] sub obliquo *Vb* | speculum] speciem *Z*   112 fient] fiant *Y* fiunt *A* sunt *Vb* | ibi] *om. Q A Po Bg* | tres] duo *Po Bg* | aequi] equales *A Po Bg*   112–113 inter] super *A*   113 incidentem et] *inv. Bg* | et¹] in *Vb* | superficiei speculi, et] superfici *sequitur lacuna A* | superficiei] *om. Po Bg* | est] semper *add. Po Bg* | acutus] acut *A*   113–115 alius ... acutus] *om. (hom.) Po Bg*   113 inter] super *A*   114 lineae superficiei] in superficie *A* | est] acutus alius inter radium reflexum et alteram partem linee superficiei speculi et est *add. (dittogr.) P*   114–115 similiter acutus] *om. (lacuna) A*   115 aequalis priori] equs vel posteriori *Po Bg* | tertius] est *add. I*

---

102 Ps.-Euclid., De speculis c.5 (ed. A.A. Björnbo p.100 v.5sqq.). Cf. David de Dinanto, Quaternulorum fragmenta, c. De visu (ed. M. Kurdzialek p.41 v.10): 'Dico autem incidentiam lucis et eiusdem reflexionem fieri semper ad pares angulos'. Alb., De homine q.20 (Ann Arbor 201 f.27va; Ed. Paris. t.35 p.172b); Super II Sent. d.4 a.1 (ed. Fr. Stegmüller p.237-238; Ed. Paris. t.27 p.105a, ubi emendanda est lectio corrupta 'puros'): 'omnis reflexio incidentis luminis est ad angulos pares, ut probatur in Perspectivis'. – 110 Euclid., Elementa l.1 diff.10 (ed. H.L.L. Busard p.31 v.17-20): 'Quando recta linea supra rectam lineam steterit duoque anguli utrobique fuerint aequales, eorum uterque rectus erit; lineaque lineae superstans ei cui superstat, perpendicularis vocatur'. Alb., Super Euclid. l.1 diff.8 cum comm. (Wien, Dominikanerkl. 80/45 f.106r-v; ed. P.M.J.E. Tummers p.11 v.7sqq.); Anal. poster. l.1 tr.2 c.13 (Ed. Paris. t.2 p.50b).

et est obtusus, et est quandoque rectus quandoque acutus. Cum igitur omne quod venit ad speculum, sub his angulis veniat ad ipsum, omne quod recipitur in speculo, recipitur ut in termino anguli. Omnis autem anguli terminus punctus est. Ergo omne quod recipitur in speculo, recipitur ut in puncto.

120 Ut hoc melius intelligatur, ponamus superficiem speculi plani A B, et ponamus radium incidentem perpendiculariter C, et radium incidentem ex obliquo D parum elevatum super speculum, et altiorem illo ponamus E, et iterum altiorem F, et radios reflexos ab ipsis G H I, sicut est in subiecta figura.

Item q u a e r i t u r iuxta hoc, secundum quam naturam speculum sit
125 susceptibile talis formae. Aut enim hoc est ei secundum quod est corpus aut secundum quod est transparens aut secundum quod est transparens, in altera parte exstinctum sive terminatum. Si primo modo, tunc debetur omni corpori, quod falsum est. Si secundo modo, tunc hoc magis deberetur aëri. Si tertio modo, tunc non posset esse speculum corpus, quod non esset ter-
130 minatum in altera parte, et hoc videmus esse falsum in aqua, quia aqua est speculum aspicientis in ipsam.

I O Y P B T Z Vb Q A Po Bg a z l p

---

116 obtusus] occussus *Vb* | est²] *om. Y Vb Q A Po Bg* | rectus] et *add. O Y Po* | igitur] ergo *I Q A Po Bg* autem *a z l p om. Vb* 116–117 omne quod] *om. Po Bg* 117 speculum] si *add. Po Bg* | veniat] venit *Y* | omne] tamen *a z l p* 117–118 recipitur] recipiatur *Q* 118 in] a *Q A Po Bg* | recipitur] *in marg. O¹* accipitur *Vb* | ut] *om. Q* | in] a *Q A Po Bg* 118–119 anguli … puncto] *om. Po* 118 Omnis … terminus] et terminus ille *a z l p* | autem] enim *Vb Q A Po Bg* | anguli terminus] angulus *A* 119 punctus] punctum *Bg p corr. Bg¹* | recipitur¹] ut *add. Bg* | ut] *om. Vb* | in²] *om. A* 120 Ut hoc] Et ut hoc *Vb* ut ergo *Q A* | plani] *om. A* | A] et *add. Vb* 121 incidentem … radium] *om. (hom.) Vb* | incidentem perpendiculariter] *inv. Po Bg* | et radium] *om. A* 122 super speculum] superficiem *Vb* | super] supra *Q A Po Bg* | et²] *om. a z l p* 123 iterum] idest tertium *(dub.) Vb* | altiorem] ponamus *add. A* | radios reflexos] *inv. Po Bg* radius reflexus *Y* | G H] *inv. B T Z a z l p* | est] patet *Vb A Po Bg om. O Q* | subiecta figura] ista figura subiecta *Q figura non exhibetur P T Vb Q Bg a z l p* | subiecta] scriptura *Bg* subscripta *corr. et in marg. add.* deficit figura *Bg¹* ta *add. Vb* 124 Item] *om. Vb* 124–125 sit susceptibile] *inv. Po Bg* 125 susceptibile] receptibile *A* | est ei] ei convenit *a z l p* | est¹] erit *Vb* 126 aut² … transparens] *om. (hom.) A Bg* 126–127 altera] una in altera autem *Y* 127 exstinctum] extremitatum *A* extractum *a z l p* | sive] vel *Po Bg* | debetur] deberetur *O Vb Q* | omni] etiam *(dub.) A* 128 falsum est] *inv. Bg* | tunc hoc] aut habeat tunc *Vb* | magis deberetur] debetur magis *Po* | deberetur] debetur *B T Z a z l p* 129 non¹] *om. P B T Z a z l p* | quod] quia *Vb* 129–130 terminatum] terminativum *B T Z* 130 altera] aliqua *Vb* | et hoc] quod *a z l p* | videmus] videtur *Vb Q A Po Bg* | esse] *om. Q* | in aqua] *om. I* | aqua] *om. Vb* 131 in] ad *Y P B T* | ipsam] ipsa *Vb*

---

123 subiecta figura: Vide paginam sequentem. – 124–125 Cf. Alb., De anima l.2 tr.3 c.15 (Ed. Colon. t.7,1 p.122 v.4sqq.); Quaest. de proph. a.2 § 1 (Ed. Colon. t.25,2 p.56 v.1-5). – 129–130 corpus terminatum: Cf. Alb., De homine q.21 a.3 partic.1 (Ann Arbor 201 f.30va; Ed. Paris. t.35 p.190a-b).

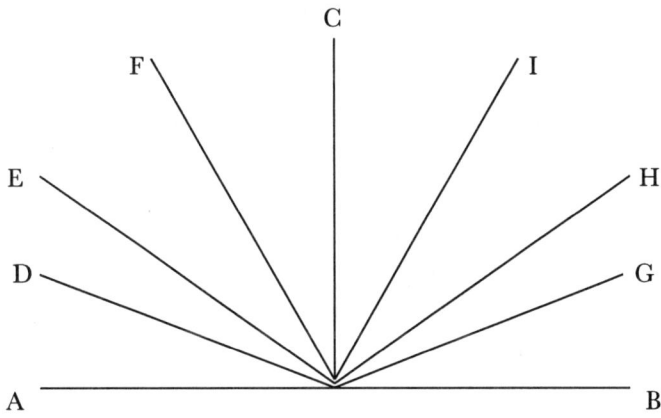

Figura I

Praeterea, de metallis videmus fieri speculum, quando sunt polita et tersa, sicut de ferro, argento et auro et de quibusdam etiam lapidibus politis. Et q u a e r i t u r, secundum quam naturam communem hoc contingat in his.

Item q u a e r i t u r, quare imago in speculo videtur quandoque profunde   135
in ipso et quandoque in superficie?

Item, cum anterior pars aspicientis directe sit contra speculum, videtur ipsa citius tangere speculum quam posterior, et ita nobis deberet resultare posterior pars, et non anterior quasi cooperta posteriori, sicut de homine recedente a nobis non videmus nisi posteriorem partem.   140

Item q u a e r i t u r, quare in quibusdam speculis superius apparet inferius et e converso, scilicet inferius apparet superius, et sinistra dextra et e converso, in quibusdam autem apparet recte?

Similiter quare in quibusdam apparent plures facies ad unum aspectum et in quibusdam una sola?   145

$I\ O\ \Upsilon\ P\ B\ T\ \mathcal{Z}\ Vb\ Q\ A\ Po\ Bg\ a\ z\ l\ p$

---

132 Praeterea] prima $\mathcal{Z}$ | de ... tersa] *om. Vb* | videmus] videtur $Q\ A\ Po\ Bg$ | fieri] esse $T\ a\ z\ l\ p$ eius $B\ \mathcal{Z}$ | speculum] specula $I\ \Upsilon$ | quando] que I | tersa] terminata P 133 argento et auro] *inv. O Vb Q A Po Bg* | et^2] etiam *add. a z l p* | etiam] *om. Vb Q A Po Bg* | Et] *om. A* 134 communem hoc contingat] hoc communem contingat I hoc contingat communem P hoc contingit communem Υ hoc contingat $Vb\ Q\ A$ hoc contingit Po *corr.* Bg^l hoc convenit Bg | in] *om. P* 135 quaeritur] *om. A* | in speculo] speculi $Po\ Bg$ | videtur quandoque] *inv.* $Q\ Po$ 135–136 profunde in ipso] in profundo in ipso Q in profundo ipsius $Po\ Bg$ 136 et] *om. I Υ Q A Po Bg* 137 aspicientis] aspicienti $P\ B\ T\ \mathcal{Z}\ a\ z$ adspiciens p aspicienis l | videtur] in *add. Vb* 138 tangere speculum] tangere speculum directe $O\ Vb\ Q\ A$ directe tangere speculum $Po\ Bg$ 138–139 nobis ... pars] nobis resultare deberet posterior pars I deberet nobis resultare pars posterior $O\ Vb\ Q$ videtur prius resultare nobis pars posterior A ante videtur (universale Bg *corr. sup. lin.* Bg^l) resultare pars posterior Bg ante nobis resultare pars posterior Po 139 et non] quam $A\ Po\ Bg$ | quasi] quia $Vb\ A$ | posteriori] a posteriore I | sicut] *add.* apparet A 140 posteriorem partem] *inv.* A 141–142 superius apparet inferius] apparet inferius superius $B\ T\ \mathcal{Z}\ a\ z\ l\ p$ apparet superius inferius A 141 apparet] pars *add. sup. lin.* Bg^l 141–142 inferius^1] inferior Bg 142 converso] contra $a\ z\ l$ p | scilicet ... dextra] scilicet inferius superius et dextra sinistra I scilicet (*om.* $\mathcal{Z}$) superius apparet inferius et sinistra dextra $P\ B\ T\ \mathcal{Z}\ a\ z\ l\ p$ Si inferius apparet superius et sinister dextra Vb et (in quibusdam *add.* Bg in quibusdam apparet *add. Po*) sinistrum dextrum $Q\ A\ Po\ Bg$ 143 converso] contra $a\ z\ l\ p$ | in ... recte] *om. Po Bg* 144 Similiter] queritur *add. A Po Bg* | aspectum] speculum Vb 145 et] *om. O Vb Q A* | una] *om. I*

---

132 Cf. Alb., De anima, l. c. (p.122 v.5sqq.). – 135–136 Cf. Anon., De forma speculi (Erfurt CA 2° 335 f.92rb): 'Unde hoc sit quod imago rei videtur quasi profundum, et cum magis elongatur speculum a speculante in situ eodem diametrali, magis videtur profundari illa forma, et videtur quasi esset in fundo valde elongato a superficie speculi'. – 141–143 Cf. David de Dinanto, Quaternulorum fragmenta, c. De visu (ed. M. Kurdzialek p.41 v.11-13). Anon., De forma speculi (Erfurt CA 2° 335 f.92ra): 'Item quaeritur, unde hoc sit quod in diversis speculis apparent similitudines secundum diversos situs speculantium, ut in planis et concavis et convexis'. Alb., De homine q.22 append. sol. (Oxford, Merton College Libr. 0.1.7. [Coxe 283] f.70ra; Ed. Paris. t.35 p.225a).

Iuxta hoc autem iterum q u a e r i t u r de hoc quod dicit PHILOSOPHUS in SECUNDO DE ANIMA, quod 'visus est visibilis et invisibilis', et quod invisibile est secundum tres modos, scilicet nullo modo visibile, et vix visibile propter parvitatem, et corruptivum visus propter excellentiam.

150   S o l u t i o : Dicendum ad primum quod (...) ipsa est aliquid, non tamen corpus vel substantia, sed accidens.

Et ad hoc quod obicitur de motu eius, dicimus quod non movetur motu locali, sed potius generatur. Sicut enim SUPRA DIXIMUS de lumine quod habet semper novam essentiam generatam ad novam praesentiam illuminantis, 155   ita dicimus hic quod tribus modis nova forma generatur in speculo, scilicet ex motu aspicientis et ex motu speculi et ex motu aëris intermedii. Et hoc contingit ideo, quia recta oppositio exigitur ad immutationem speculi, et illa potest immutari vel ex parte situs aspicientis vel ex parte speculi, et ideo

---

I O Y P B T Z Vb Q A Po Bg a z l p

146 hoc ... iterum] *om. A* | autem] *om. O Y Vb Q A Po Bg* | iterum quaeritur] *inv. a z l p* 147 visus est visibilis] visibile *P* | quod²] quia *P om. O Vb Q A Po Bg* 148 est] dicitur *A* | secundum ... modos] duobus modis *Q* | tres] duos *Bg* | nullo modo] quod nullo modo est *A* | visibile¹] visibilis *Vb* | visibile²] invisibile *Bg corr. Bg¹* 148–149 propter ... excellentiam] *om. Po Bg* 148 propter] per *Q* 149 et corruptivum visus] visus et corruptionem et *Q* visus et corruptionem *A* | corruptivum] corruptum *Vb* 150 Dicendum] est *add. Vb* | ipsa] imago (forma *A*) que resultat in speculo *Vb Q A Po Bg* | tamen] est *add. Po* 151 substantia] sensus *Q* | sed] vel *Vb* 152 ad] *om. O Vb Q* | obicitur] dicitur *A* | eius] *om. A* | dicimus] dicendum *a z l p* 152–153 motu locali] *inv. P B T Z* 153 enim] etiam *Po Bg* | supra diximus] dicitur *Vb Q A Po Bg* 153–154 habet semper] *inv. A* | habet] *om. Z* 154 semper] super *Vb* super *Bg corr. Bg¹* | novam] speciem *add. Z* | novam] *om. A* | praesentiam] essentiam *Po Bg* 155 dicimus] et *add. Po Bg* | tribus ... generatur] tribus modis forma generatur *in marg. Y¹* nova (*om. A*) forma generatur (nova *add. A* que movetur *add. Po Bg*) tribus modis *Q A Po Bg* | nova forma] *inv. O Vb a z l p* | nova] *om. P B T Z* | in speculo] *in marg. Y¹* 156 intermedii] in terminatione (*dub.*) *Vb* 156–157 Et ... immutationem] *om. Vb* 157 exigitur] *om. Bg* | immutationem] mutationem *Bg* | speculi] medii *Po Bg* 157–158 illa] ita *Y*

146–147 Arist., De anima l.2 c.10 (422 a 20sqq.). Cf. Alb., De anima l.2 tr.3 c.28 (Ed. Colon. t.7,1 p.139 v.3sqq., v.72sqq.), c.13 (p.118 v.27-46); Quaest. de proph. a.2 § 4 II (Ed. Colon. t.25,2 p.71 v.71); Super Dion. De cael. hier. c.10 (Ed. Colon. t.36,1 p.161 v.53sqq.). – 149 Cf. Alb., De homine q.21 a.5 (Ann Arbor 201 f.33rb, 33vb; Ed. Paris. t.35 p.206b, 209a-b); q.58 a.2 (f.79ra; p.509a); q.59 a.1 (f.79vb; p.513a); q.61 a.1 (f.80vb; p.519b). – 150–151 Cf. Seneca, Naturales quaestiones l.1 (5) c.15 n.8 (ed. P. Oltramare p.44): 'Simulacra ista sunt et inanis verorum corporum imitatio, quae ipsa a quibusdam (speculis) ita compositis, ut hoc possint, detorquentur in pravum'. Anon., De forma speculi, sol. (Erfurt CA 2° 335 f.92rb): 'Ad primum dicendum quod forma illa qualitas est in veritate, et est in prima specie qualitatis et est in aliquo sicut accidens in substantia'. – 152–153 Cf. Anon., De forma speculi (Erfurt CA 2° 335 f.92rb): 'Solvere ergo oportet et dicere concedendo quod nihil movetur de loco ad locum nisi corpus. Unde dicendum quod illa forma non movetur de loco ad locum, sed est alia et alia de novo generata, secundum quamcumque partem appareat. Unde duabus de causis generatur de novo alia et alia numero'. – 153 Alb., De homine q.21 a.1 sol. (Ann Arbor 201 f.29rb; Ed. Paris. t.35 p.182b). Cf. id., De sensu et sens. tr.1 c.10 (Ed. Paris. t.9 p.26b); De anima l.2 tr.3 c.9 (Ed. Colon.t.7,1 p.112 v.61-76).

corrumpitur una et generatur alia. Medium autem, quod est deferens, etiam
corrumpit eam, si ipsum variatur. Sed ad mutationem eius non videtur forma 160
moveri, et hoc contingit duabus de causis. Quarum una est, quia transitus
imaginis per medium est subito, sicut et luminis; sed mutatio aëris de loco
ad locum non est subito. Secunda est, quia aër est medium receptibile formae, sed non servabile, ut habetur in libro DE SENSU ET SENSATO, et propter
hoc statim quando medius aër est extra rectam oppositionem inter speculum 165
et aspicientem, forma non apparet amplius in eo. In aqua vero secus est,
quia illa magis servat, et propter hoc in aqua mota apparet facies maioris
quantitatis, quia pars aquae, quae movetur extra rectam oppositionem, tenet
formam aliquamdiu; et illa pars coniuncta cum parte formae, quae est in
recta oppositione, facit formam maioris quantitatis apparere, et quandoque 170
duas vel tres formas. Sic igitur patet quod illa forma non movetur neque per
se neque per accidens, sed semper nova generatur.

Ex his patet solutio ad omnia ea quae obiecta sunt usque ad illud quod
quaeritur, in quo sit ut in subiecto. Et ad hoc dicimus quod est in speculo
ut in subiecto. Quod autem non movetur motu speculi, sed corrumpitur et 175
generatur in altera parte, hoc est ideo, quia suum generans est extra specu-

I O Y P B T Z Vb Q A Po Bg a z l p

159 alia] altera *Po Bg a z l p* | deferens] differens *Bg* | etiam] *om. Q A Po
Bg* 160 Sed ad] secundum *Vb* | Sed] *om. A* | mutationem] inmutationem
O Vb Q A 161 moveri] videri *P Po Bg* | hoc] ideo *B T Z a z* | contingit]
convenit *Vb* | quia] quod *O Vb Q A Po Bg* 162 imaginis] ymaginationis *Vb*
| per ... est] est per medium *Y* penierantem *(dub.) Vb* | et] etiam *Po om. A*
163 ad locum] *om. Vb* | subito] medium *Z* | quia] quod *Bg* quare *Vb om.*
B T Z a z | aër est] *om. B T Z* | aër] *om. a z l p* | est medium] *inv. l*
p | est²] *om. a z* | receptibile] *om. A* 164 non] est *add. O Vb Q A Po* |
servabile, ut] sensu attingibile sicut *A* | habetur in libro] dicitur *Po Bg* 165 hoc]
om. I | statim] *om. Po Bg* | rectam oppositionem] *inv. Q* | rectam] *om.*
Vb 165–166 speculum et aspicientem] *inv. A* 166 forma] *l p* | In] de
Y | vero] enim *a z* autem *l p* | secus] secum *Bg corr. Bg¹* 167 servat]
ipsum *add. A* | et ... hoc] *om. A* | in] *om. O Vb Q A Po Bg* | aqua]
aliqua *Vb* 168 aquae] *om. O Vb Q A Po Bg* | oppositionem] dispositionem
A 168–169 tenet ... aliquamdiu] tenet aliquamdiu formam *Q* tenet formam a
materia diu *B T Z a z l p* tenet aliquamdiu *Po Bg* aliquamdiu tenet *A* 169 et] in *B*
T Z a z | cum parte] parti *Vb A* | cum] est *Q* | formae] aque *Y om. A*
169–170 est in recta] in recta est *P B T Z* 170 quandoque] facit *add. Q A Po Bg*
171 illa] ista *a z l p* 172 semper nova] *inv. O Vb Q* | generatur] renovatur *Vb*
173 his] ergo *add. Q* 171–173 quod ... patet] *om. (hom.) A Po Bg* 173 ea] illa
I Po Bg | obiecta sunt] *inv. A* | illud] id *A a z l p* istud *Vb* 174 sit] *om. P*
| ut] sicut *Q Bg* tamquam *A Po* 174–175 Et ... subiecto] *om. (hom.) Bg* 174 est
in speculo] in speculo est *A* 175 ut] sicut *A* tamquam *Po* | speculi] speciali *Vb*
| corrumpitur] corrupitur *Vb* 176 altera parte] alteram partem *Vb* | hoc est
ideo] hec est ratio *O Vb Q A Bg* | quia] quod *P*

159 Medium deferens: Cf. Alb., De sensu et sens. tr.1 c.7 (Ed. Paris. t.9 p.14a); Summa
I tr.3 q.13 c.4 (Ed. Colon. t.34,1 p.46 v.59sqq. cum nota 60, ubi corrigendum est
'differens' in 'deferens'). Avic., Liber VI Nat. pars 2 c.4 (ed. S. Van Riet p.148 v.53).
– 161–162 Cf. Alb., De homine q.21 a.4 sol. (Ann Arbor 201 f.33ra; Ed. Paris. t.35
p.205a), a.5 sol. (f.33va-b; p.208b). – 164 Arist., De sensu et sens. c.2 (438 a 12-16).
Cf. Alb., De sensu et sens. tr.1 c.13 (Ed. Paris. t.9 p.32a), c.14 (p.34a). – 166–171
Cf. infra v.219-223 cum nota.

lum, scilicet aspiciens oppositum speculo secundum rectum situm, sicut etiam SUPRA dictum est de generatione lucis.

Ad id autem quod obicitur de auctoritate VI PRINCIPIORUM, dicimus quod error est quod sit in extremo aëre tangente speculum sicut in subiecto, sed est in ipso sicut in extremitate perspicui, quod confert ei actum immutandi visum, sicut DIXIMUS de colore. Bene autem concedimus quod falsum est quod forma illa nihil sit, sicut PROBATUM EST in obiciendo.

Ad id autem quod quaeritur, in quo praedicamento sit, dicimus quod est in praedicamento qualitatis secundum illam speciem quae est habitus vel dispositio. Est enim non proprie imago vel forma, sed species imaginis et formae, et talis species quae potest esse in anima ut in subiecto, et ideo non proprie est longa vel lata, sed habet speciem longitudinis et latitudinis. Si enim esset longum vel latum, cum longitudo illa vel latitudo non terminetur secundum terminos aëris vel speculi, sed aspicientis, oporteret quod longitudo et latitudo alicuius esset extra ipsum, quod est inconveniens. Et propter hoc necesse est dicere quod in veritate non est longum neque latum, sed species

---

I O Y P B T Z Vb Q A Po Bg a z l p

---

177 scilicet] sed *O* et *Vb* | aspiciens] aspicientis *Po* sapiens *Bg corr. Bg¹* est *add.* *Vb* | speculo] speculi *a z* | secundum] sed *Z Vb* | situm] speculum *Po Bg* | sicut] *om. Z* | etiam] enim *Vb* 178 supra ... de] contingit in *Vb Q A Po Bg* | generatione lucis] generatio loci *Vb* 179 id] aliud *Q* | autem] *om. A* | obicitur] dicitur *O Vb* dicit *Q A Po Bg* | de auctoritate] auctor *A* | auctoritate] auctore *a z l p* | dicimus] dicendum *I* 180 aëre] anime *P* | tangente] contingente *Q A Po Bg* | sicut] ut *I* | subiecto] obiecto *P* 181 sicut²] tamquam *Vb* | confert] offert *Po Bg* | immutandi] in mutando *Vb* 182 visum] *om. A* | diximus] est *Vb Q A Po Bg* | colore] calore *Bg* | autem] enim *B T Z a z l p* 182–183 falsum ... quod] *om. (hom.) A Po Bg* 183 sit] est *B T Z a z l p* | sicut ... EST] *om. (hom.) Z* 184 id] aliud *O Vb Q* illud *B T Z Po Bg* | autem] *om. A* | praedicamento sit] *inv. Q Po Bg* sit sicut in predicamento *A* | sit] *om. P* | dicimus] *iter. Vb* 185 est¹] sit *A Po Bg om. I Q* | qualitatis] quantitatis *O* | secundum ... speciem] *om. Po* 186 sed] est *Po* | et] vel *O Vb Q A Po Bg a z l p* 187 species] est *Vb om. a z l p* | quae] et talis forma *Po Bg* | ut] sicut *Po* 188 proprie est] *inv. Q A Po Bg* 188–189 sed ... latum] *om. A* 188 speciem ... latitudinis] longitudinis vel latitudinis speciem *a z l p* | et] vel *Vb Bg* 189 enim] *om. Q* | esset longum] *inv. B T Z a z l p* | longum vel latum] longa vel lata *Q Po Bg* | longitudo ... latitudo] latitudo illa et longitudo *I* latitudo vel longitudo *Q* | terminetur] terminentur *O Y P Po* 190 secundum] sed *Vb* omnes *add. O Vb Q A Po Bg* | oporteret] oportet *A Po Bg* 190–191 longitudo et latitudo] latitudo vel longitudo *Q* 191 et] vel *Vb* | esset] essent *a z l p* sit *A* | ipsum] eum *A* | est inconveniens] inconveniens est dicere *Po Bg* 192 est¹] *om. P* | quod] *exp. A¹ om. Q* | in veritate] *om. Po* | in] rei *add. Q A Bg* | veritate] quod *add. Q A* | longum ... latum] longa ... lata *Q A Po Bg*

---

178 Vide supra notam ad v.153. – 179 Vide supra v.41. – 182 Alb., De homine q.21 a.3 partic.1 (Ann Arbor 201 f.30rb; Ed. Paris. t.35 p.189a); cf. ibid. a.1 (f.29rb; p.182b sq.). – 183 Supra v.27sqq. – 185–186 in praedicamento qualitatis secundum illam speciem quae est habitus vel dispositio: Cf. Arist., Cat. c.8 (8 b 27sqq.); transl. Boeth. Arist. Lat. I, 1-5 p.23 v.24sqq. Alb., De praedic. tr.5 c.2 (Ed. Paris. t.1 p.245b sqq.); De homine q.21 a.1 (Ann Arbor 201 f.29ra; Ed. Paris. t.35 p.181b).

longi et lati, per quam cognoscatur figura aspicientis. Et cum tales species sint habitus vel dispositiones, erit illa forma habitus vel dispositio, et est in anima sicut habitus, in speculo vero sicut dispositio et in aëre. 195

Ad id autem quod contra hoc obicitur, dicendum quod id quod immutat sensum per se ut primum agens, est passio vel passibilis qualitas, et hoc est color. Sed non oportet quod id quod receptum est in oculo in spiritu visibili vel in speculo, sit color secundum esse coloris, sed potius erit species coloris, quae est principium cognoscendi colorem. 200

Ad aliud dicendum quod non est forma vel circa aliquid constans figura, quia, sicut DICTUM EST, non habet terminum quantitatis secundum esse figurae, sed potius similitudinem illius et speciem, quae apta nata est repraesentare figuram secundum esse quanti terminati.

Ad id autem quod quaeritur, utrum recipiatur forma illa ut in superficie 205 vel ut in puncto, dicendum quod ut in puncto, sicut bene et demonstrative

---

$I\ O\ \Upsilon\ P\ B\ T\ Z\ Vb\ Q\ A\ Po\ Bg\ a\ z\ l\ p$

---

193 longi et lati] longitudinis et latitudinis $A\ Po\ Bg$ latitudinis et longitudinis Q | cognoscatur] cognoscitur $O\ Vb\ Q\ A\ Po\ Bg\ a\ z\ l\ p$ 193–194 tales ... sint] talis species sit Bg 194 dispositiones] dispositio $A\ Bg$ | erit ... dispositio] *om. (hom.) Bg* | forma] figura A | est] etiam *add.* $P\ B\ T\ Z\ a\ z\ l\ p$ | in] habitus P *exp.* P^l 195 et in aëre] vel in aere *transp. ante* sicut[2] $Q\ A\ Po\ Bg$ | et] vel O etiam *add. p om.* $B\ Z\ Vb\ a\ z$ | aëre] anima Vb 196 id[1]] hoc A | autem] *om.* $Vb\ Q\ A$ | hoc obicitur] dicitur A | hoc] sic *add. Vb om.* $Po\ Bg$ | dicendum] est *add. Vb* | quod[2]] *om.* Q 197 sensum] quantum Q 198 est] *om. a z* | in spiritu visibili] *om.* A | in[2]] et $P\ B\ T\ Z\ a\ z\ l\ p$ | visibili] visibilis T 199 vel] et Υ secundum Z secundum visibile T | secundum] sed Vb | erit] est Vb 200 colorem] colores $Vb\ Q\ A\ Po\ Bg$ 201 dicendum] est *add. Vb* | circa] hoc *add. a z l p* 202 quia] *om.* $I\ \Upsilon\ P$ | sicut] enim *add.* I | secundum] neque Bg | esse] aliquid $Po\ Bg$ 203 illius] ipsius $P\ B\ T\ Z$ eius $a\ z\ l\ p$ | et] *add B* $T\ Z\ a\ z\ l\ p$ | apta ... est] est apta nata multa recipere A 204 figuram] *om. A* | secundum esse] *iter.* A | quanti terminati] quanti determinati Vb quantitatis determinate $Po\ Bg$ | terminati] determinati $O\ Q\ A$ *corr. in marg.* O^l *om. a z l p* 205 autem] *om.* $\Upsilon\ P\ A\ Po\ Bg$ | utrum] si Vb | recipiatur] recipitur $O\ Vb\ Q\ Po\ Bg$ | illa] vel *add.* $Q\ A\ Po\ Bg$ *om.* Vb 206 vel ut] vult O *corr.* O^l | ut[1]] *om. a z l p* | dicendum] est *add. Vb* | ut[2]] *om.* $Po\ Bg$ | sicut] sic Po | et] *om.* $Vb\ Q\ A\ Po\ Bg$ | demonstrative] demonstratione O *corr.* O^l determinatione Vb

---

198 color: Cf. Arist., De anima l.2 c.7 (418 a 31 – b 2). Alb., De anima l.2 tr.3 c.7 (Ed. Colon. t.7,1 p.108 v.30sqq., v.80sq.); De homine q.20 (Ann Arbor 201 f.27va; Ed. Paris. t.35 p.171b), q.21 a.1 (f.28va-b, 29rb; p.178a, 179a-b, 183a), a.3 partic.1 (f.30rb; p.188a sqq.). – 198–200 Sed ... colorem: Cf. Arist., De anima l.3 c.8 (431 b 24 – 432 a 1). Alb., De anima l.3 tr.3 c.12 (Ed. Colon. t.7,1 p.223 v.68 – p.224 v.29, p.223 v.72-75), l.2 tr.3 c.3 (p.101 v.19-28); De homine q.45 a.2 (Ann Arbor 201 f.63rb-vb; Ed. Paris. t.35 p.412b-415b), q.34 a.3 sol. (f.46rb; p.303a sq.). – 198 in spiritu visibili: Cf. Alb., De homine q.20 (Ann Arbor 201 f.27va; Ed. Paris. t.35 p.171b sq.): 'visus perficitur spiritu visibili, qui defertur ad oculos per nervos opticos concavos ab interiori parte cerebri ... '. Costa ben Luca, De differentia spiritus et animae c.2 (ed. C.S. Barach p.127). – 202 Supra v.184sqq.

PROBATUM EST, cuius evidens exemplum est de forma totius sphaerae dimidii caeli, quae tota resultat in una parva acie oculi. Quod non posset fieri, si reciperetur in ipso ut in superficie. Et eadem ratio est de speculo quae de oculo.

Ad id autem quod contra obicitur, patet solutio per PRAEDICTA. Imago enim resultans in speculo non habet longitudinem et latitudinem secundum esse longitudinis et latitudinis, sed potius speciem et intentionem illarum dimensionum habet tantum.

Ad id quod quaeritur, secundum quam naturam speculum sit receptivum talis imaginis, dicendum quod tria oportet concurrere in naturam speculi, scilicet planitiem et transparentiam in superficie, et aliquid terminans ipsum post superficiem, et tertium quod sit proportionata reflexio. Aër enim qui

I O Y P B T Z Vb Q A Po Bg a z l p

207 probatum] promtum *Bg* | cuius evidens exemplum] exemplum … evidens *O Vb Q A Po Bg* | cuius] citius *Z* autem *Q* enim *A* cum *Po Bg* | de] in *A* | totius] *om. O Vb Q A Po Bg* | sphaerae] et specie *dub. Vb* 208 parva acie] parte *I* 209–210 est … oculo] que est de oculo est etiam de speculo *Vb* 209 quae] est *add. a z l p* et *add. Po Bg* 211 id] aliud *Bg om. Q* | autem] *om. Q Po a z l p* | contra obicitur] *inv. a z l p* | contra] hoc *add. Vb* | obicitur] dicitur *A* | praedicta] iam dicta *Vb* 212 resultans] que resultat *Vb Po Bg* resultat *I* | in speculo] *om. A* | et latitudinem] *om. B* 212–213 secundum esse … latitudinis] *om. (homoeoceph.) Q* 212 secundum] neque *Bg corr. sup. lin. Bg^l* 213 longitudinis et latitudinis] *inv. Vb* | potius] *om. Vb* | speciem] specierum *Bg Po corr. Bg^l* 213–214 et … dimensionum] illarum dimensionum (dimentionum *Vb* dimensionem *Po Bg corr. Bg^l*) et intentionem (intensionem *Vb Bg* intentionum *Q*) *O Vb Q A Po Bg* 214 habet tantum] *om. Po Bg a z l p* 215 secundum] iuxta *Po* | naturam] *om. A* | receptivum] susceptivum *I Y* representativum *A* receptaculum *Po Bg* 216 dicendum] dicimus *Po* | in] ad *I* | naturam] natura *O Vb Q Po Bg* 217 planitiem] planities *A* | et^1] *om. Vb a z* | transparentiam] transparentia *A* | superficie] superficiem *B T Z a z* | terminans] sumans *Vb* 218 et tertium] Tercium autem *A* | tertium] terminum *Vb* tertio *a z l p om. Po Bg* | quod] *om. A* | sit] fit *B om. P Vb* | enim] autem *A*

207 Supra v.74sqq. – 207–208 Cf. Alb., De homine q.22 (Ann Arbor 201 f.34ra; Oxford, Merton Coll. Libr. 0.1.7. [Coxe 283] f.67vb; Ed. Paris. t.35 p.211b); q.22 append. (Oxford, Merton Coll. Libr. 0.1.7. [Coxe 283] f.67vb; Ed. Paris. t.35 p.227b). Avic., VI De nat. pars 3 c.5 (ed. S. Van Riet p.226 v.52). – 209–210 eadem ratio est de speculo quae de oculo: Cf. Alb., De homine q.20 (Ann Arbor 201 f.27va; Ed. Paris. t.35 p.172b): 'quia oculus corpus politum et tersum est, reflectitur super ipsum lumen, quod est actus visibilis rei, sicut super speculum'; supra v.97sqq.: 'oculus est quoddam speculum animatum, sicut dicit quidam philosophus … '; De anima l.2 tr.3 c.15 (Ed. Colon. t.7,1 p.122 v.4-7): 'Scias autem quod sicut fit species visibilis in oculo, ita fit in speculo, quod est tersum politum recipiens formam et repraesentans iterato, sicut est res'. – 211 Supra v.201sqq. – 216 tria oportet concurrere in naturam speculi: Cf. Alb., De anima l.2 tr.3 c.15 (Ed. Colon. t.7,1 p.122 v.6sqq.); Meteora l.3 tr.4 c.11 (Ed. Paris. t.4 p.680a), c.15 (p.685a); Super Dion. De cael. hier. c.3 (Ed. Colon. t.36,1 p.50 v.11sqq.); Super Dion. De div. nom. c.4 (Ed. Colon. t.37 p.265 v.69-71, p.267 v.31-54); Quaest. de proph. a.2 § 1 (Ed. Colon. t.25,2 p.56 v.1-5). A. Caparello, Senso e interiorità, 7sq. – 218 Aër: Cf. Alb., De homine q.20 (Ann Arbor 201 f.27ra; Ed. Paris. t.35 p.170a); Super II Sent. d.14 a.2 (Ed. Paris. t.27 p.259b); supra v.163sqq. cum nota 164.

est transparens tantum, non est speculum. Aqua vero, quia est transparens
et spissum, aliquo modo terminat lucem, quae abstrahit formas visibiles, et   220
reflectit eam a superficie plana, et per consequens congregat ibidem formam
abstractam a luce reflexa; et propter hoc ipsa est speculum, sed aliquantulum
obscurum.

Metalla vero multum polita in superficie et bene commixta, sicut aurum
et argentum et ferrum et cuprum depuratum, sunt specula. Huiusmodi enim   225
omnia generantur ex sulphure et argento vivo. Argentum autem vivum fit
ex subtili aqueo et subtili terreo. Quando igitur argentum vivum subtile est
valde, et sulphur similiter, et commiscentur per calidum digerens et inflammans, tunc fit aurum, quod in superficie polita propter subtile aqueum est
radii receptivum et reflexivum, et propter subtile terreum est terminativum,   230
et sic speculum efficitur. Similiter est de argento propter easdem causas, praeter hoc solum quod calidum in ipso non est adeo bene commiscens neque
adeo bene digerens neque adeo inflammans sicut in auro. Et quia aurum
magis sequitur sulphuris colorem et argentum magis colorem argenti vivi,

---

$I \ O \ \Upsilon P \ B \ T \ Z \ Vb \ Q \ A \ Po \ Bg \ a \ z \ l \ p$

---

219 tantum] tamen *Vb* | quia] que *O Vb Q A Po Bg l p* 220 spissum] spissa *Vb*
Q A Po Bg | abstrahit] aliquo modo *add. A* 221 reflectit] reflectat *Po* | eam]
eas *O Vb Q A Po Bg a z l p* 222 abstractam] abstractivam *I* | a] forma a *add.*
A | reflexa] reflexam *Po* reflecta *a z* | propter] per *Vb* | ipsa] aqua *add.*
a z l p | est] *om. P* | sed] licet *A* 224 vero] etiam *p* non *add. a z l p* |
multum ... superficie] in superficie multum (multum] bene *Vb*) polita *O Vb Q A Po Bg*
| commixta] tersa *Q Po Bg* 225 et¹] *om. O a z l p* | et²] *om. Vb* 226 omnia]
om. A Po Bg | autem] enim *Q a z l p* 227 aqueo ... terreo] terreo et (ex *add.*
Q Po Bg) subtili aqueo *O Vb Q A Po Bg* | Quando] Cum *O P Vb Q A Po Bg* |
est] sit *A Po Bg om. Z* 228 similiter] *om. A* | commiscentur] comiscetur *Υ Vb*
229 polita] politum *A* 229–230 est ... et¹] et medium (medii *P*) receptivum est *P*
B T Z a z l p 230 et²] *om. O Q A Po Bg* | propter] hoc *add. a z l p* 231 efficitur]
Et *add. A* 231–232 praeter] propter *Q Po Bg* 232 quod] quia *Υ Po Bg* est *add. A*
| calidum] *om. (lacuna) A* 233 digerens] dirigens *Vb Po* | adeo²] bene *add. O*
Vb Q A Po Bg 233–234 aurum magis] *inv. A Po Bg* 234 sulphuris colorem] *inv.*
I | sulphuris] fulgoris *A* sulphureum *a z l p* | colorem] calorem *O Vb* |
colorem] calorem *Vb om. a z l p*

---

219 Aqua: Cf. Alb., De homine, l. c. (f.27ra; p.170a); Super II Sent., l. c. (p.259a);
supra v.166sqq. Seneca, Naturales quaestiones 1.1 (5) c.3 n.8 (ed. P. Oltramare p.23):
'Longe autem magis visum nobis nostrum remittit aqua, quia crassior est et pervinci
non potest, sed radios luminum nostrorum moratur et eo unde exierunt reflectit'.
Avic., VI De nat. pars 3 c.6 (ed. S. Van Riet p.240 v.79sqq.); c.7 (p.264 v.69sqq.). –
224–225 Cf. Alb., Miner. l.3 tr.2 c.3 (Ed. Paris. t.5 p.77b sq.); ibid. tr.1 c.1 (p.59b sq.).
– 225–226 Cf. Ps.-Alb., De alchimia § 2 (Ed. Paris. t.37 p.547b): 'omnia metallorum
genera generantur in terra ex sulphure et argento vivo'. – 226 Cf. Alb., Miner. l.4
c.2 (Ed. Paris. t.5 p.85a sqq.). Arnoldus Saxo, De floribus rerum nat. I,5,4 (ed. E.
Stange p.42). – 227–229 Cf. Alb., De homine q.29 a.5 (Ann Arbor 201 f.40vb; Ed.
Paris. t.35 p.266a); Miner. c.7 (p.91b sqq.). Ps.-Alb., De alchimia § 2 (Ed. Paris. t.37
p.547b sq.). – 231 Cf. Alb., Miner. l.4 c.5 (Ed. Paris. t.5 p.88b sqq.). Ps.-Alb., De
alchimia § 2 (Ed. Paris. t.37 p.548a).

235 in utroque tamen est frigus coagulans, et propter hoc etiam ipsum est receptivum luminis et reflexivum. Cuprum autem depuratum est ex sulphure
quidem puro et argento vivo minus puro, sed bene commixtis, et propter hoc
etiam ex ipso fit speculum, quando politum est in superficie. Ferrum autem
ex utroque quidem est impuro, sed bene commixtis, et est sua humiditas vi-
240 scosa non separabilis ab ipso per liquationem calidi; et propter hoc ex ipso
efficitur quidem speculum, sed magis obscurum secundum quid et minus obscurum secundum quid. In eo enim quod politum, magis accedit ad naturam
diaphani per colorem aquae, qui, quia nullus color est, magis est receptivum
formae et coloris. In eo vero quod est ex partibus grossis terreis, magis est
245 umbrosum et sic minus receptivum. Aurum vero et cuprum in eo quod habent colorem, minus receptiva sunt formae et coloris; in eo vero quod subtile
habent terreum magis quam ferrum, sunt magis receptiva. Et propter hoc
inter omnia metalla argentum bene politum est melius speculum, quia hoc
in colore magis accedit ad diaphanum et habet subtile terreum bene com-

---

I O Y P B T Z Vb Q A Po Bg a z l p

---

235 utroque] utraque *Q* | frigus] magis *add. B T Z a z l p* | coagulans, et]
om. A | etiam ipsum] *inv. Bg a z l p* | etiam] et *A* 235–236 est ... luminis]
receptivum est luminis *O Y P Vb A Q* receptivum luminis est *Bg* 236 et] *iter. A om.*
Vb | est] *om. Z Vb* 237 quidem puro] *inv. Vb* | quidem] quidam *A* |
puro[1]] ponitur *T* | puro[2]] ponitur *T* poni *Bg corr. Bg[1]* | sed] et *P B T Z Q A*
Po Bg a z l p | commixtis] commistus *Vb* commixtus *Bg corr. Bg[1]* | et[2]] *om. A* |
hoc] *om. Z* 238 etiam] *om. Q* | quando] quia *Po Bg* | politum est] bene
depuratum est et politum (est *add. Q) O Vb Q Po Bg* bene politum et depuratum est *A*
239 quidem] *om. Vb Q A Po Bg* | est[1]] fit *Vb* | impuro] in puro *a z* | sed]
et *P B T Z Q A Po Bg* | commixtis] mixtis *Q* | est[2]] cum *Y om. P B T Z a z l*
p | humiditas] sit *add. Y* 239–240 viscosa] nudosa *Vb* 240 non separabilis]
inseparabilis *Po Bg* | non] est *add. Y* | per] propter *Po Bg* | liquationem]
eliquationem *B T a z l p* elevacionem *Z* liquefactionem *A* licationem *Bg in marg. Po[1]* |
calidi] taliter *A* | ex ipso] *om. B T Z a z l p* 241 efficitur quidem] *inv. I* efficitur
quoddam *O* | efficitur] fit *Vb Q A Po Bg* | quidem] quoddam *Q Po* quodam
Vb A | sed] secundum *Bg* | obscurum[1]] *om. Q Po Bg* 242 enim] per *add. Vb*
| politum] est *add. Vb Po Bg* | accedit] accidit *Vb* accedat *a z* 243 colorem]
calorem *Vb* | qui] *om. Vb Q A Po Bg a z l p* | quia] *om. Y* | color] calor *Vb*
| est, magis] *inv. O Vb A* | est[1]] *om. O P B T Z a z l p* | est receptivum] *inv.*
P B T Z | est[2]] *om. O Vb Q A Po Bg* 244 coloris] caloris *Vb* | est[1]] *om. A*
| ex] in *Y* | grossis] aquosis et *A* | magis est] *inv. a z l p* 245 minus] est
add. O Vb | receptivum] retentivum *Po Bg* | vero] autem *A a z l p* | in]
om. a z l p 246 colorem] colores *a z l p* calorem *Vb* | receptiva sunt] *inv. I Po*
| receptiva] receptivum *Z* | coloris] caloris *Vb* 246–247 subtile ... magis]
habent terreum magis subtile *I* habent subtile terreum (magis *add. a z l p) B T Z a z l*
p 247 terreum] terrenum *Y* bene politum *add. P* | magis] *om. Po Bg* | quam
ferrum] *transp. post* receptiva *Po Bg* | ferrum] ferreum *Z A* | sunt magis] *inv.*
B T Z a z l p | receptiva] retentiva vel receptiva *Po Bg* 248 est melius] magis
est *a z l p* 249 accedit] *transp. post* diaphanum *B T Z a z l p* | et] *om. Vb*

---

236 Cuprum: Cf. Alb., De homine q.29 a.5 (Ann Arbor 201 f.40vb; Ed. Paris. t.35
p.266a). Ps.-Alb., l. c. – 238 Ferrum: Cf. Alb., De homine q.29 a.5 (Ann Arbor 201
f.40vb; Ed. Paris. t.35 p.266a); Miner. l.4 c.8 (Ed. Paris. t.5 p.94a sqq.). Ps.-Alb., l. c.

mixtum. Stagnum autem et plumbum sunt magis ex argento vivo non puro   250
neque bene commixto cum sulphure, et propter hoc in superficiebus eorum
semper remanent partes obscurae terrestres impedientes luminis receptibilitatem; et ideo ex eis non generatur speculum. Inter omnia autem melius
speculum est ex vitro et plumbo, quia vitrum propter transparentiam multum recipit radios. Plumbum vero habet humidum solubile ab ipso, et propter   255
hoc quando superfunditur vitro calido, siccitas vitri attrahit ipsum et efficitur
vitrum in altera parte terminatum valde radiosum. Exigitur etiam proportio
reflexionis, quia si multa nimis fieret reflexio sicut in speculo exposito soli immediate, non resultat color et figura, vel obscure resultabit. Et hoc est ideo,
quia condensatio radiorum et luminis tegit colores et figuras, sicut patet, si   260
lapis niger valde politus ponatur sub sole, et aliquis eminus respiciat eum ex
obliquo, videbitur lapis ille albus vel splendens propter multam diffusionem
radiorum in superficie.

Ad id quod quaeritur, quare forma quandoque videtur profunda et quandoque in superficie, dicendum quod in speculo non tantum resultat forma,   265

I O Y P B T Z Vb Q A Po Bg a z l p

250 autem] vero *Vb om. A* | sunt magis] *inv. a z l p* | non] bene *add. a z l p*
250–251 puro neque] tamen *Vb*   251 neque] nec *B T Z a z l p* | commixto]
mixto *Po* | superficiebus] superficie *Vb*   252 obscurae] et *add. O Vb Q A Po Bg*
| impedientes] inpedientis *A*   252–253 receptibilitatem] receptionem *O Vb Q Po
Bg* exceptionem *A*   253 ex eis] *transp. post* generatur *A* | eis] istis *B T Z a z l p*
| omnia autem] *inv. a z l p* | melius] metalla *A*   254 speculum est] *inv. B T Z
Po a z l p* | est] *om. A* | ex] in *Q* | plumbo] est melius *add. A* | vitrum]
utrumque *Vb* | transparentiam] transparentiva *(dub.) Vb Q*   254–255 multum]
melius *B T Z a z l p*   255 radios] radicis *Bg corr. Bg¹* luminis *add. Po Bg* et *add. l p*
| vero] non *B T Z a z* autem *A om. l p* | habet] *om. I* | solubile] subtile *A*
256 superfunditur] funditur *Po Bg* | vitro] *om. Q A Po Bg* | calido] calidum
A om. Po Bg | vitri] vitro *Q* | attrahit] abstrahit *B T Z A a z l p* | ipsum]
om. A | efficitur] efficit *O P B T Z Vb Q A Po Bg a z l p*   257 vitrum] ipsum *Po Bg*
| Exigitur] igitur *add. Q* | etiam] et *Po*   258 quia] *om. Po Bg* | multa]
om. a z l p | nimis] simul *Vb* | exposito soli] soli opposito *Vb* | exposito]
expositio *(dub.) O* opposito *B T Z Po Bg a z l p* ex opposito *A*   258–259 immediate]
om. Vb A   259 resultat] fit reflexio *Po exp. et corr. in marg. Po¹* | color] calor *P Vb*
| et] vel *Z* | obscure] obscurum *Vb*   260 condensatio radiorum] condensa
radiorum actio *A* multa radiorum actio *Po* radiorum actio *Bg* consideracio caloris *Vb*
| tegit] regit *Vb* | colores et figuras] *inv. Po Bg* | colores] calores *Vb* |
patet] quod *add. Q A Po Bg*   261 lapis] valde *add. Q* | ponatur] ponitur *A* |
sub] super *Vb* | sole] solem *Y* | eminus] minus *P* | respiciat] respicat *Vb*
262 videbitur] videtur *Vb* | albus vel splendens] *inv. A* | splendens] splendidus
B T Z a z l p   263 radiorum] *transp. post* superficie *Q A Po Bg*   264 id quod] *om. Vb*
| id] autem *add. B T Z a z l p* | forma quandoque videtur profunda] videtur
forma profunde quandoque *Po* | forma] illa *add. A* | quandoque videtur]
inv. Vb Q | quandoque] *om. O Bg* | videtur profunda] in profundo videtur
a z l p | profunda] in profundo *P B T Z*   264–265 quandoque] quando *O*
265 dicendum] est dicendum *Vb*

---

250 Stagnum: Cf. Alb., De homine q.29 a.5 (Ann Arbor 201 f.40vb; Ed. Paris. t.35
p.266a-b); Miner. l.4 c.4 (Ed. Paris. t.5 p.87b sqq.). Ps.-Alb., l. c. – 250 plumbum: Cf.
Alb., De homine, l. c.; Miner. l.4 c.3 (p.86a-87a). Ps.-Alb., l. c. – 262–263 diffusio
radiorum: Cf. Alb., Super Dion. De div. nom. c.4 (Ed. Colon. t.37 p.175 v.30-39). A.
Caparello, Senso e interiorità 11.

sed etiam distantia, quae est inter aspicientem et speculum. Et propter hoc quando distantia est magna, tunc videtur forma profundata in speculo; quando vero parva est distantia, videtur accedere ad superficiem.

Ad aliud dicendum quod, sicut HABITUM EST, forma quae apparet, est
270 species non habens spissitudinem. Et propter hoc nulla quaestio est, utrum pars posterior tegat anteriorem.

Ad aliud dicendum quod in convexo speculo apparet forma sicut est, et etiam in plano, quia ibi una pars speculi non est sub alia, et propter hoc non fit reflexio ab una parte super aliam. Sed in concavo una pars sub alia est,
275 et propter hoc superior proicit super inferiorem formam receptam, et ideo superior pars apparet inferius, et similiter est de dextro et sinistro. Et iste modus naturalis est in generatione mixtionis, licet non figurae lapidi, qui dicitur topazion, in quo semper apparet facies versa. Si autem fieret speculum an-

---

I O Y P B T Z Vb Q A Po Bg a z l p

266 etiam] et *A om. O*   267 tunc videtur] cernitur *Po Bg* | tunc] tum *A* |
profundata] profunda *P O Vb Q A l p* propinqua *Po Bg* distans *sup. lin. Bg¹*   268 parva
est] *inv. Po Bg* | distantia] distincta *Q* | accedere] *transp. post* superficiem *A om.*
P   269 habitum] dictum *I*   270 quaestio est] *inv. Vb a z l p*   271 pars posterior]
inv. Po Bg | tegat] regat *P* angat *add. A*   272 dicendum] est *add. Vb* | in] om.
P | speculo] speculi *a z l p*   272–273 et etiam] et *P B T Z Q A Po sup. lin. O¹*
etiam *Bg om. Vb a z l p*   273 plano] pleno *O* | quia] *sup. lin. O¹* quod *A* | ibi]
ubi *Z* in *A om. Q Po Bg* | et] *om. A*   274 parte] speculi *add. a z l p* | aliam]
et in plano quia ibi una pars speculi non est sub alia et propter hoc non est reflexio
ab una parte super aliam *add. (dittogr.) Q* | Sed] si *Z* | sub alia est] est sub
alia *B T Z a z l p* | sub alia] super aliam *I*   275 et¹] *om. Q* | super] semper
Bg | formam] forma *P* | receptam] receptivam *B T Z a z l p* receptiva *P*
acceptam *O Vb Q A Po Bg*   276 superior pars] *inv. Po Bg* | inferius, et] inferior
A | de … sinistro] dextrum et sinistrum *Po Bg*   276–278 Et … versa] *om. Y*
276–277 modus] motus *Q*   277 naturalis est] *inv. Vb* | naturalis] *om. Z* |
figurae] figura *a z l p* figuretur *Vb Q A Po Bg* | lapidi] lapidis *corr. O¹ a z l p* |
qui dicitur] *om. Po* | qui] quae *a z l p*   278 semper] super *O Vb corr. O¹* |
facies] *transp. ante* semper *Q A Po Bg* | fieret] ferret ad *Y*   278–279 angulatum]
angulariter *Q A Po Bg* ex *add. A* e *add. Po*

---

266 distantia: Cf. Alb., De homine q.22 append. (Oxford, Merton Coll. Libr. 0.1.7. [Coxe 283] f.70ra; Ed. Paris. t.35 p.225b); Meteora l.3 tr.4 c.9 (Ed. Paris. t.4 p.677b): 'sicut dicit Euclides, speculum non tantum manifestat imaginem rei, sed etiam distantiam eius a speculo'. David de Dinanto, Quaternulorum fragmenta, c. De visu (ed. M. Kurdzialek p.41 v.7-8, p.66 v.29-30). – 269 Supra v.211-214. – 272–276 De reflexione radiorum in speculo convexo, plano et concavo cf. Alb., De homine q.22 append. (Oxford, Merton Coll. Libr. 0.1.7. [Coxe 283] f.70ra; Ed. Paris. t.35 p.225a-b); Quaest. super De animal. l.1 q.31 (Ed. Colon. t.12 p.99 v.66-73); Meteora l.3 tr.4 c.9 (Ed. Paris. t.4 p.676a-677b), ubi allegantur 'scientia de speculis et visu', 'Posidonius', 'perspectivae' et 'Euclides'. Alex. Neckam, De nat. rer. c.154 (ed. Th. Wright p.239): 'In speculo concavo videtur inspicientis imago eversa, in plano et convexo recta'. – 278 topazion: Cf. Alb., Miner. l.2 tr.2 c.18 (Erlangen, UB 206 f.132rb; Ed. Paris. t.5 p.46b sq.): 'Topazion lapis est sic vocatus a loco suae primae inventionis … Hoc autem certum est quod speculum est lapis iste et idolum obiecti corporis sicut speculum concavum inversum (inversum] in convexum Ed. Paris.) repraesentat, cuius causa esse non potest, nisi quia interius per superficies concavas concrescit et coagulatur'. Arnoldus Saxo, De floribus rerum nat. III (De gemmarum virtutibus) (ed. E. Stange p.75): 'Topazion gemma est. Et sunt duae species … Et idolum extrinsecus receptum ut in concavo speculo inversum repraesentat'. Anon., Quaestiones Salernitanae (ed. B. Lawn p.323 n.67).

gulatum multis angulis, cum quilibet angulus discontinuet reflexionem, quae fit ad superficiem, fierent in eo multae imagines secundum numerum discontinuationum reflexionis. Si vero fiat speculum in una parte concavum et in altera planum, sive planum sit superius et concavum inferius, sive e converso, resultabunt duae facies. Et si concavum sit superius et planum sit inferius, tunc in loco continuationis plani ad concavum videbuntur illae facies continuatae in collo, ita quod una facies sit superius et alia inferius. Si vero sit e converso, scilicet planum superius et concavum inferius, tunc videbuntur illae facies continuatae in vertice capitis, eo quod inferior porrigitur superius et superior dependet inferius.

Ad ultimum dicendum quod cum dicitur quod 'visus est visibilis et invisibilis', ly 'in-' potest privare obiectum visus respectu ipsius visus vel respectu harmoniae ipsius. Si primo modo, tunc invisibile dicitur non habens colorem, aptum natum tamen habere, sicut aër vel aqua. Si autem privat respectu harmoniae, hoc potest fieri duobus modis, scilicet secundum excessum vel secundum diminutionem. Si primo modo, tunc dicitur invisibile, quod nimis est lucidum. Si secundo modo, tunc dicitur invisibile, quod parvam habet differentiam visibilitatis.

280
285
290
295

I O Y P B T Z Vb Q A Po Bg a z l p

---

279 cum ... angulus] *om. Bg* | quilibet angulus] quibus angulis *O Vb Q A Po* | discontinuet] discontinuaret *Po Bg* discontinuant *A* 280 fierent] *transp. post* eo *a z l p* fieret *A* fient *Vb Q* si essent *Bg* | numerum] numerum *I* naturam *cet. codd. edd.* 280–281 discontinuationum] discontinuationis *Y P Bg* discontinuitatis *O Vb A Po* discontinuatis *Q* 281 reflexionis] reflexionum *O Y P Vb Po Bg* reflexionibus *Q* reflexivi *A* 282 altera] alia *O Vb Q A Po Bg a z l p* parte *add.* Z *a z l p* | concavum inferius] *inv. Q A* | concavum] sit *add. Y P* | inferius] superius inferius Z 282–283 sive e converso] *om.* a z | converso] contra *l p* 283 facies] species *Q* | sit superius] *iter. Bg* | planum sit inferius] inferius (inferiori *A*) planum *Q A Po Bg* | sit²] *om. I* 284 continuationis] continuitatis *Po Bg* | videbuntur] videtur *O* videntur *Vb Q A Po Bg corr. in marg. O¹* | illae facies] *inv. P B T Z a z l p* | illae] ii *add. T* 285 ita] et ita *Q om. Vb* | superius] superior *O Vb Q Po Bg* | et alia] altera vero *Vb* | inferius] inferior *O Vb Q Po Bg* | sit²] fit *l p om. Po Bg* 286 converso] contra *a z l p* | scilicet] *I om. ceteri codd., edd.* | superius ... inferius] *I* inferius ... superius *cet. codd., edd.* | videbuntur] videntur *Vb Q A Po Bg* 287 illae facies] *inv. P B T Z a z l p* | continuatae] continuare Z 289 dicendum] est *add. Vb* | est] sit *Y* 290 ly 'in-'] lumen *Vb* | 'in-'] invisibile *A* non *Q* | visus²] *om. Bg* | vel] et *A* 291 ipsius] *om. A* | Si] vere *add. O* vero *add. Vb* 292 aptum ... habere] aliquem terminatum secundum naturam *Po Bg* | natum] terminatum *A* | tamen] respectu *A* | habere] habetur *Vb Q* huius *A* | vel] et *Q* 292–293 privat respectu harmoniae] secundo modo *Q* 292 privat] privatur *I om. Vb* 294 secundum] *om. Q Po Bg* | quod] quia *Bg* | nimis] minus *P B T Z Vb a z l p* 295 modo] *om. Bg* | invisibile] *om. A* | quod] quia *O B T Z Vb Q* quam *P* | parvam habet] *inv. O Vb Q A Po Bg* | habet] *transp. post* visibilitatis *Y* 296 visibilitatis] invisibilitatis *P B T Z Po a z l p* Explicit liber de forma speculi *add. Vb* hec albertus coloniensis *add. A* Explicit tractatus alberti de forma in speculo resultante *add. Po* Explicit tractatus de forma in speculo resultante editus a fratre alberto amen *add. Bg* etc. *add. a z l p*

280–281 Cf. Rob. Gross., De iride seu de iride et speculo (ed. L. Baur p.74 v.21sqq.).

VI. Übersetzung

Vorbemerkung

Bei der Übertragung des lateinischen Textes ins Deutsche wurde der Grundsatz der möglichst wörtlichen Treue zu der Vorlage beachtet, um einerseits die Sprach- und Denkart Alberts unverfälscht wiedergeben, andererseits die formale Struktur einer typischen Quaestio des 13. Jh. deutlich ausdrücken zu können. Zwar mögen das sprachlich-stilistische Gewand und die formale Struktur der Abhandlung dem heutigen Leser sehr fremd erscheinen. Aber diese äußeren Merkmale ändern nichts an der Tatsache, daß sich in dieser Form die reiche Bandbreite des wissenschaftlichen Interesses, die wissenschaftliche Methode und die Tiefe des spekulativen Denkens der Hochscholastik in einer einzigartigen Weise manifestieren.

Das vorrangige Ziel dieser Übersetzung ist es, die wissenschaftshistorische Erschließung des Albertschen Beitrags zur naturphilosophischen und physikalisch-mathematischen Spiegelbildlehre und Optik zu fördern.

*

‹ÜBER DAS SPIEGELBILD›

(...) es wird nach dem Spiegelbild, welches weder Farbe noch Licht zu sein scheint, gefragt.

Zuerst wird gefragt, ob es existiert oder nicht existiert.

Es scheint, daß es nicht ‹existiert›. Denn im Buch *Sechs Prinzipien* heißt es: „Es ist unmöglich, daß ein Nicht-Körper von einem Körper bewegt wird"; wenn aber das im Spiegel gesehene Spiegelbild tatsächlich existiert, so wird es entweder ein Körper oder ein Nicht-Körper sein; ist es ein Körper, dann werden zwei Körper an eben demselben Ort sein, weil der Spiegel des Spiegelbildes wegen keinen größeren Ort einnimmt.

Ferner: Weil jeder Körper eine Tiefe hat, müßte es sein, daß das Spiegelbild nicht auf dem Spiegel liegend sichtbar wäre, sondern über der Spiegeloberfläche emporgehoben gemäß der Tiefenausdehnung jenes Körpers;

wenn dies aber falsch ist, ist es unmöglich, daß jenes Spiegelbild ein Körper
ist.

Wenn aber behauptet wird, jenes Bild sei ein Nicht-Körper, wird also,
während es im Spiegel örtlich bewegt zu werden scheint, ein Nicht-Körper
durch die Bewegung eines Körpers bewegt. Daß dies unmöglich ist, wird
durch mehrere Gründe bewiesen. Im Buch *Sechs Prinzipien* heißt es nämlich,
daß „es unmöglich ist, daß ein Nicht-Körper von einem Körper bewegt
wird", das ist durch eine Körperbewegung; und im VI. Buch der *Physik*
‹heißt es›, daß alles, was bewegt wird, ein zusammenhängender Körper ist;
und im ersten Buch *Über die Seele* ‹wird gesagt, daß› alles, was bewegt wird,
an einem Ort ist, und nichts ist an einem Ort, es sei denn ein Körper.

Ferner: Wenn etwas in Bewegung ist, ist es entweder durch sich selbst
oder akzidentell in Bewegung; ‹das Spiegelbild ist aber› nicht durch sich
selbst ‹in Bewegung›, wie bewiesen wurde; also ist es akzidentell ‹in Bewegung›. Akzidentell ist aber etwas in örtlicher Bewegung, wenn es durch die
Bewegung dessen, in dem es ist, bewegt wird. Wenn es also ‹das Spiegelbild›
nicht gibt, es sei denn entweder an der Spiegeloberfläche oder in der äußersten Begrenzung des Durchsichtigen, welches den Spiegel berührt, wird es
nur durch die Bewegung jener ‹beiden› bewegt werden. Wir sehen aber, daß
während der Spiegel unbewegt bleibt – und ähnlich die äußerste Begrenzung des Durchsichtigen –, sich das Spiegelbild entsprechend der Bewegung
des sich im Spiegel Anblickenden bewegt. Es scheint also, daß es selbst nicht
akzidentell in Bewegung ist, und so ist es weder Nicht-Körper noch Körper,
und so wird es nichts sein.

Dagegen: Was auch immer wirklich tätig ist, indem es etwas verändert, ist
ein wirklich Seiendes. Jenes Spiegelbild ist wirklich tätig, indem es den Gesichtssinn verändert; es ist also ein wirklich Seiendes.

Und ebenso: Was auch immer durch sich selbst oder akzidentell gesehen
wird, existiert; jenes Spiegelbild wird durch sich selbst oder akzidentell gesehen; es existiert also. Wenn es aber existiert, dann wird es Körper oder
Nicht-Körper, Substanz oder Akzidens sein. Und es scheint, daß es ein örtlich bewegbarer Körper ist. Was nämlich auch immer seine Lage verändert,
wird bewegt und ist ein örtlich bewegbarer Körper. Jenes Spiegelbild ändert
die Lage, wie offensichtlich ist, weil es bald in einem, bald in einem anderen
Bereich des Spiegels ‹zu sehen› ist; es wird also bewegt und ist ein örtlich
bewegbarer Körper.

Es wird weiter gefragt: Wenn ‹das Spiegelbild› existiert, worin ist es wie in
einem Subjekt?

Es scheint, daß es nicht im Spiegel ist.

Der Philosoph sagt nämlich in der *Topik*, daß, wenn wir uns bewegen,
sich dann auch alles, was in uns ist, mitbewegt. Wenn also ‹das Spiegelbild›
im Spiegel wäre, würde es auch selbst mit der Bewegung des Spiegels bewegt

werden. Wir sehen aber, daß dies falsch ist, denn wir beobachten, daß während der Spiegel unbewegt bleibt, jenes Spiegelbild sich nähernd und entfernend und seine Lage wechselnd erscheint gemäß der Bewegung des sich im Spiegel Anblickenden. Deshalb sagt auch der Autor ‹des Buches› von den *Sechs Prinzipien*: „Es ist unmöglich zu einer Lösung zu gelangen, wenn man annimmt, daß das Spiegelbild dort wirklich existiert. Würde man aber nicht sagen, daß das Spiegelbild dort existiert, wäre es für die meisten, die dem Sinn folgen, ein unglaublicher Irrtum, obwohl es wahrscheinlicher wäre, dies zu sagen". Deshalb neigt er dazu, daß ‹das Spiegelbild› in der äußersten Grenze der Luft, die den Spiegel berührt, ist. Dies scheint aber falsch zu sein, weil dann ‹das Spiegelbild› auch ohne den Spiegel gesehen würde, was ja falsch ist.

Ferner: Jedes einzelne ist in jenem wie im Subjekt, von dem es der Lage und dem Orte nach nicht getrennt ist; das Spiegelbild ist der Lage und dem Orte nach vom Spiegel nicht getrennt; es ist also in ihm selbst wie im Subjekt.

Die hier vorgetragenen Fragen wollten manche lösen, indem sie sagten, daß jenes Spiegelbild in Wirklichkeit schlechthin nichts ist und daß es sich nur um ein Verhältnis des Betrachters zum Spiegel handelt, so wie auch der Schatten eine Beraubung des Lichtes ist, welche aus der Entgegensetzung eines undurchsichtigen Körpers zum Licht hin resultiert. Dagegen spricht aber, daß das Bild eines undurchsichtigen Gegenstandes im Schatten nicht deutlich entsteht gemäß allen seinen Zügen, sondern diffus und nur gemäß dem, was zuerst das Durchdringen des Lichtes auffängt; im Spiegelbild sind indessen alle ‹Züge› sichtbar.

Ferner: Beim Schatten ist es so, daß er immer hinter den undurchsichtigen Gegenstand projiziert wird, so daß der undurchsichtige Gegenstand sich zwischen dem Schatten und der Lichtquelle befindet. Das Bild, das im Spiegel ist, resultiert aber immer daraus, daß das Licht unmittelbar das Gesicht des in den Spiegel Blickenden beleuchtet ohne jeden Zwischenschatten, welcher zwischen dem sich im Spiegel Anblickenden und dem Spiegel wäre; jenes Spiegelbild ist also gewissermaßen notwendig im Spiegel.

Und wenn dieses behauptet wird, dann stellt sich die Frage: Wenn ‹das Spiegelbild› ein Akzidens ist, unter welche Kategorie fällt es?

Es scheint, daß es „eine Affektion oder eine affektive Qualität" ist.

Alles, was der sinnlichen Wahrnehmung eine Affektion zuträgt, ist nämlich „eine Affektion oder eine affektive Qualität". Jenes Spiegelbild trägt der sinnlichen Wahrnehmung eine Affektion zu, weil es sie selbst verändert. Es ist also „eine Affektion oder eine affektive Qualität".

Dagegen scheint es so zu sein, daß jede Affektion oder affektive Qualität in ihrer Art ein Konträres hat; das Spiegelbild hat aber kein Konträres; es ist also keine Affektion und keine affektive Qualität.

Ferner scheint es, daß ‹das Spiegelbild› „eine Gestalt oder eine ein Ding umschließende gleichbleibende Figur" ist. Das, was im Spiegel gesehen wird, erscheint nämlich als Gestalt, deren Größe der Figur des sich im Spiegel Anblickenden entspricht.

Ferner wird hier die schwierigste Frage gestellt, ob jenes Bild in der Spiegeloberfläche punktförmig oder flächenhaft aufgenommen wird.

Es scheint, daß dies flächenhaft geschieht.

Was nämlich auch immer als lang und breit erscheint, erscheint nach Art einer Fläche; das Spiegelbild erscheint auf diese Weise; es scheint also im Spiegel flächenhaft und nicht punktförmig zu sein.

Wenn man aber dies einräumen würde, erheben sich dagegen folgende Einwände:

Was auch immer als flächenhaft erscheint: Wenn es selbst als Ganzes in einer Fläche von gewisser Größe ist, so wird es als dasselbe Ganze nicht in einer kleineren ‹Fläche› sein. Wenn also das Spiegelbild nach Art einer Fläche ganz in der Fläche von einer gewissen Größe ist, wird es nicht ganz in einer kleineren ‹Fläche› sein. Das widerspricht der Wahrnehmung, denn wenn man den Spiegel in zehn Stücke zerteilt, wird in jedem beliebigen jener Stücke das vollständige Spiegelbild sein.

Und ebenso: Was auch immer sich gemäß derselben Größe in einer größeren und in einer kleineren ‹Spiegelfläche› zugleich und auf einmal widerspiegelt, ist nicht in ihnen gemäß der Ausdehnung der Größe; das Spiegelbild erscheint gemäß derselben Größe zugleich und auf einmal im größeren und im kleineren Spiegel; folglich ist es also nicht gemäß der Ausdehnung der Größe in ihnen selbst. Die erste Prämisse wird aus dem Begriff der Ausdehnung der Größe bewiesen, demzufolge was größer ist, im Größeren ist, und was kleiner ist, im Kleineren ist. Die zweite Prämisse ergibt sich aus der sinnlichen Wahrnehmung, wenn zwei Spiegel, nämlich ein großer und ein kleiner, dem sich Anblickenden zugleich und auf einmal entgegengesetzt werden.

Ferner: Der Auffassung von Euklid zufolge scheint es, daß ‹das Spiegelbild› im Spiegel wie im Punkt ist. Denn Euklid beweist in seinem Büchlein *Von den Spiegeln und vom Gesichtssinn*, daß jede optische Wahrnehmung sich unter einem stumpfwinkeligen Dreieck, also einem, das einen stumpfen oder breiten oder ausgedehnten – was dasselbe ist – Winkel hat, vollzieht. Wenn das Auge also gleichsam ein beseelter Spiegel ist, wie ein gewisser Philosoph sagt, wird das, was auf das Auge verändernd einwirkt, unter ‹dem Einfallwinkel› der Seiten eines ‹stumpfwinkeligen› Dreiecks auf das Auge verändernd einwirken und so das Auge im Schnittpunkt des Winkels berühren. Weil also eine verändernde Einwirkung auf den Spiegel auf dieselbe Weise zustande kommt, wird das in ihm reflektierende Spiegelbild wie im Schnittpunkt des Winkels und nicht wie in der Fläche sein.

Ferner: Es ist von Euklid bewiesen worden, daß die Lichtreflexion sich immer in gleichen Winkeln oder in sich selbst vollzieht. Entsprechend den gleichen Winkeln erfolgt sie nämlich dann, wenn der Strahl schräg auf die Spiegelfläche fällt; in sich selbst hingegen, wenn ‹er› senkrecht ‹fällt›. Aufgrund dessen nimmt man an, daß jeder vom Spiegel reflektierte Strahl entweder unter einem rechten oder einem spitzen oder einem stumpfen Winkel auf den Spiegel fällt. Wenn der Strahl nämlich senkrecht auf einen planen Spiegel fällt, dann reflektiert er in sich selbst und berührt die Fläche des planen Spiegels im Punkt; auf beiden Seiten des Berührungspunktes mit der Spiegeloberfläche bildet er einen rechten Winkel, da es im ersten Buch des Euklid den Grundsatz gibt, daß eine gerade Linie, die senkrecht auf eine gerade Linie fällt, zwei rechte Winkel bildet. Wenn der Strahl aber schräg auf den Spiegel fallen würde, dann würden notwendigerweise drei Winkel entstehen, welche zwei rechten Winkeln gleich sind. Von diesen Winkeln ist der eine zwischen dem einfallenden Strahl und der Linie der Spiegelfläche, und er ist spitz; der andere ist zwischen dem reflekierten Strahl und dem anderen Teil der Linie der Spiegelfläche, und er ist ebenfalls spitz und dem ersten gleich; der dritte ist zwischen dem einfallenden und dem reflektierten Strahl, und er ist stumpf und manchmal rechtwinkelig, manchmal spitz. Wenn also alles, was in den Spiegel einfällt, unter diesen Winkeln in ihn einfällt, wird alles, was vom Spiegel aufgenommen wird, wie am Ende des Winkels aufgenommen. Das Ende eines jeden Winkels ist aber der Schnittpunkt; daher wird also alles, was vom Spiegel aufgenommen wird, wie in einem Punkt aufgenommen.

Damit dieses verständlicher wird, zeichnen wir die Fläche eines Planspiegels A B, ferner zeichnen wir einen senkrecht ‹in die Spiegelfläche› einfallenden Strahl C und einen schräg aus geringfügiger Höhe über dem Spiegel einfallenden Strahl D, und wir zeichnen einen höher als diesen ansetzenden Strahl E und einen noch höher ansetzenden Strahl F und die von diesen reflektierten Strahlen G, H, I, wie das in der beigefügten Zeichnung ‹ersichtlich› ist.

In diesem Zusammenhang wird ebenfalls danach gefragt, gemäß welcher natürlichen Eigenschaft der Spiegel für ein solches Spiegelbild aufnahmefähig ist. Entweder kommt es ihm zu gemäß dem, daß er ein Körper oder daß er ein Durchsichtiges oder daß er zwar ein Durchsichtiges ist, das aber in seinem anderen Teil ausgelöscht oder begrenzt ist. Wenn gemäß dem ersten, dann müßte es jedem Körper zukommen, was ja falsch ist. Wenn gemäß dem zweiten, dann müßte dies vielmehr der Luft zukommen. Wenn gemäß dem dritten, dann könnte ein Körper, der in seinem anderen Teil nicht begrenzt wäre, kein Spiegel sein; das ist aber falsch, wie wir am Beispiel des Wassers sehen, weil das Wasser für den, der ins Wasser blickt, ein Spiegel ist.

Ferner: Wir sehen, daß aus Metallen, wenn diese poliert und gereinigt sind, ein Spiegel entsteht, so beispielsweise aus Eisen, Silber und Gold und auch aus manchen polierten Steinen. Man fragt nun, gemäß welcher gemeinsamen natürlichen Eigenschaft kommt so etwas diesen zu? Ebenso fragt man, warum das Spiegelbild manchmal in der Tiefe, manchmal an der Oberfläche des Spiegels gesehen wird?

Und ferner: Wenn der vordere Teil des sich ‹im Spiegel› Anblickenden unmittelbar dem Spiegel zugewandt ist, scheint dieser Teil schneller als der hintere Teil in den Spiegel zu gelangen, und so müßte sich für uns der hintere Teil und nicht der vordere Teil, der gleichsam vom hinteren Teil überdeckt wird, spiegeln, so wie wir von einem sich von uns entfernenden Menschen nur den hinteren Teil sehen.

Ebenso wird gefragt, warum in manchen Spiegeln das Obere unten erscheint und umgekehrt, nämlich das Untere oben, und links rechts und umgekehrt, ‹warum es› in manchen aber richtig erscheint?

Ähnlich ‹fragt man›, warum in manchen Spiegeln bei einem Hineinblikken mehrere Gesichter erscheinen, in manchen aber nur ein einziges Gesicht?

In diesem Zusammenhang fragt man wiederum danach, was der Philosoph im zweiten Buch *Über die Seele* sagt, daß „der Gesichtssinn das Sichtbare und das Unsichtbare zum Gegenstand hat" und daß es drei Arten des Unsichtbaren gibt, nämlich das, was in keiner Weise sichtbar ist, was kaum sichtbar ist wegen seiner Kleinheit, und was auf den Gesichtssinn zerstörend wirkt wegen seines Überragens.

Antwort: Zum Ersten ist zu sagen, daß (...) das Spiegelbild ein Etwas ist; es ist dennoch weder Körper noch Substanz, sondern Akzidens.

Zu dem, was bezüglich seiner Bewegung eingewandt wird, sagen wir, daß ‹das Spiegelbild› nicht örtlich bewegt, sondern vielmehr erzeugt wird. Wie wir nämlich oben vom Licht gesagt haben, daß es immer ein neu erzeugtes Wesen entsprechend der neuen Gegenwart der Lichtquelle hat, so sagen wir hier, daß ein neues Spiegelbild auf dreifache Weise im Spiegel erzeugt wird, nämlich durch die Bewegung des sich im Spiegel Anblickenden, durch die Bewegung des Spiegels und durch die Bewegung der dazwischen befindlichen Luft. Dieses trifft deshalb zu, weil eine unmittelbare Entgegensetzung zur Veränderung im Spiegel erforderlich ist; und jene kann entweder seitens der Lage des sich ‹im Spiegel› Anblickenden oder seitens des Spiegels verändert werden, und deswegen wird das eine ‹Spiegelbild› zerstört und das andere erzeugt. Das Medium aber, welches ‹das Bild› überträgt, zerstört, wenn es verändert wird, das Spiegelbild ebenfalls. Doch mit der Veränderung des Mediums scheint das Spiegelbild nicht bewegt zu werden, und dieses trifft aus zwei Gründen zu. Der erste Grund ist, daß das Hindurchdringen des Bildes durch das Medium, wie auch das Hindurchdringen des Lichtes, plötzlich geschieht; doch die Veränderung der Luft von einem Ort zum anderen geschieht nicht plötzlich. Der zweite Grund ist, daß die Luft ein Medium ist, das das Bild aufnehmen, aber es nicht halten kann, wie es im Buch *Von der Wahrnehmung und dem Wahrgenommenen* geschildert wird. Und das ist auch der Grund dafür, daß, wenn sich das Luft-Medium außerhalb der direkten Entgegensetzung zwischen dem Spiegel und dem sich im Spiegel Anblickenden befindet, das Bild ‹im Luft-Medium› sofort nicht mehr erscheint. Im Wasser ist es allerdings anders, weil dieses ‹das Bild› besser hält, und darum erscheint im bewegten Wasser ein Bild mit größeren Ausmaßen, weil der Teil des Wassers, der außerhalb der direkten Entgegensetzung bewegt wird, das Bild noch eine Zeitlang hält; und dieser Teil bewirkt zusammen mit jenem, der sich in der direkten Entgegensetzung befindet, daß ein Bild mit größeren Ausmaßen erscheint und daß manchmal zwei oder drei Bilder erscheinen. Daraus wird deutlich, daß jenes Bild weder durch sich selbst noch akzidentell bewegt wird, sondern daß immer ein neues Bild erzeugt wird.

Aus dem Vorgetragenen ergibt sich die Antwort auf alle Einwände bis auf jenen, in dem gefragt wird, worin ‹das Spiegelbild› wie im Subjekt ist. Hierzu sagen wir, daß ‹das Spiegelbild› im Spiegel wie im Subjekt ist. Daß es aber durch die Bewegung des Spiegels nicht bewegt, sondern zerstört und in einem anderen Teil erzeugt wird, geschieht deshalb, weil sein Erzeuger sich außerhalb des Spiegels befindet, nämlich derjenige, der in den Spiegel schaut und diesem gegenübersteht, so wie das auch oben über die Erzeugung des Lichtes gesagt worden ist.

Zu dem Einwand, der aus der Autorität ‹des Buches› *Sechs Prinzipien* abgeleitet wird, sagen wir, daß es ein Irrtum ist, zu behaupten, ‹das Spiegelbild› sei in der äußersten Begrenzung der Luft, die den Spiegel berührt, wie im Subjekt. ‹Das Spiegelbild› ist vielmehr im Spiegel wie in der äußersten Begrenzung des Durchsichtigen, das ihm den Akt überträgt, den Gesichtssinn zu verändern, wie wir bereits über die Farbe gesagt haben. Mit guten Gründen stimmen wir jedoch zu, daß die Behauptung, das Spiegelbild sei nichts, falsch ist, wie es im Einwand bewiesen wurde.

Zur Frage nach der Kategorie, unter die ‹das Spiegelbild› fällt, sagen wir, daß es zur Kategorie der Qualität gehört gemäß jener Art, welche Habitus oder Disposition heißt. ‹Das Spiegelbild› ist nämlich im eigentlichen Sinne weder Bild noch Figur, sondern die Art eines Bildes und einer Figur, und zwar eine solche Art, die in der Seele wie im Subjekt sein kann, und darum ist es im eigentlichen Sinne weder lang noch breit, sondern es hat die Art der Breite und der Länge. Wenn ‹das Spiegelbild› nämlich lang oder breit wäre, müßte, da jene Länge oder Breite nicht gemäß den Grenzen der Luft oder des Spiegels, sondern ‹gemäß den Grenzen› des in den Spiegel Blickenden bestimmt wird, daraus folgen, daß Länge und Breite von jemandem außerhalb von ihm selbst wären, was nun nicht stimmt. Und deswegen ist es notwendig zu sagen, daß ‹das Spiegelbild› in Wahrheit weder lang noch breit ist, sondern die Art der Länge und der Breite hat, durch die die Gestalt des sich Anblickenden erkannt wird. Und weil solche Arten Habitus oder Dispositionen sind, ist jenes Spiegelbild ein Habitus oder eine Disposition, und es ist in der Seele wie ein Habitus, im Spiegel aber und in der Luft wie eine Disposition.

Zu dem aber, was man dagegen einwendet, ist zu sagen, daß dasjenige, was durch sich selbst wie eine erste Ursache verändernd auf die sinnliche Wahrnehmung einwirkt, eine Affektion oder eine affektive Qualität ist, und dies ist die Farbe. Es muß aber nicht heißen, daß dasjenige, was im Sehpneuma des Auges oder im Spiegel ist, Farbe ist gemäß ihrem Sein, sondern vielmehr wird es die Art der Farbe sein, die das Erkenntnisprinzip der Farbe ist.

Zum andern ist zu sagen, daß ‹das Spiegelbild› nicht eine Gestalt oder eine ein Ding umschließende gleichbleibende Figur ist, weil, wie gesagt, es nicht eine Grenze seiner Größe hat gemäß dem Sein der Figur, sondern vielmehr die Ähnlichkeit jener und die Art, die dazu geeignet ist, die Figur gemäß dem Sein einer begrenzten Größe zu vergegenwärtigen.

Auf die Frage, ob jenes Spiegelbild flächenhaft oder punktförmig ‹von der Spiegeloberfläche› aufgenommen wird, ist zu sagen, daß es punktförmig ‹aufgenommen wird›, wie das bereits gut mittels Beweisen aufgezeigt wurde. Ein einleuchtendes Beispiel hierfür ist das Bild der ganzen Sphäre der halben Himmelskugel, das sich ganz in einer kleinen Pupille des Auges widerspiegelt. Dies wäre unmöglich, wenn ‹das Bild› im Auge flächenhaft aufgenommen würde. Derselbe Beweisgrund gilt für den Spiegel und für das Auge.

Die Antwort auf den diesbezüglichen Einwand ergibt sich aus den vorausgegangenen Ausführungen. Das vom Spiegel reflektierte Bild hat nämlich weder Länge noch Breite gemäß dem Sein der Länge und der Breite, sondern vielmehr nur die Art und Intention jener Größen.

Zur Frage nach der natürlichen Eigenschaft, gemäß der der Spiegel ein solches Bild aufnimmt, ist zu sagen, daß in der natürlichen Eigenschaft des Spiegels drei Dinge zusammenkommen müssen, nämlich Ebenheit und Durchsichtigkeit in der Oberfläche, etwas ihn Begrenzendes hinter der Oberfläche und als drittes eine ebenmäßige Reflexion. Die Luft, welche nur durchsichtig ist, ist nämlich kein Spiegel. Das Wasser aber, weil es durchsichtig und dicht ist, begrenzt in gewisser Weise das Licht, das sichtbare Bilder abstrahiert, und es reflektiert das Licht von der ebenen Fläche, und folglich vereinigt es ebendort ‹mit sich› das Bild, welches vom reflektierten

Licht abstrahiert ist. Deshalb ist auch das Wasser ein Spiegel, jedoch ein wenig dunkler.

Metalle freilich, welche an der Oberfläche stark poliert und gut vermischt sind, wie Gold, Silber und bereinigtes Kupfer, sind Spiegel. Alle ‹Spiegel› von dieser Art entstehen aus Schwefel und Quecksilber. Das Quecksilber entsteht allerdings aus feiner Wässerigkeit und feiner Erdigkeit. Wenn also das Quecksilber sehr fein ist, und der Schwefel ebenso, und wenn sie durch verteilende und entflammende Wärme vermengt werden, dann entsteht Gold, welches wegen feiner Wässerigkeit in der polierten Oberfläche den ‹Licht›strahl aufzunehmen und zu reflektieren fähig ist; wegen feiner Erdigkeit ist es begrenzend, und auf diese Weise entsteht ein Spiegel. Ähnlich ist es bei Silber aus den gleichen Gründen mit der einen Ausnahme, daß die Wärme bei ihm nicht so gut vermengend, nicht so gut verteilend und nicht so gut entflammend ist wie bei Gold. Und weil das Gold der Farbe des Schwefels und das Silber der Farbe des Quecksilbers näherkommt, beiden aber gerinnende Kühle eignet, ist es deshalb auch selbst lichtempfänglich und -reflektierend. Das bereinigte Kupfer ist hingegen aus reinem Schwefel und aus weniger reinem Quecksilber, welche aber gut vermischt sind, weshalb auch aus ihm, wenn ‹das Kupfer› an der Oberfläche poliert ist, ein Spiegel wird. Das Eisen andererseits ist in bezug auf beide unrein, aber gut vermischt, und seine zähe Feuchtigkeit ist von ihm durch die Schmelzwärme nicht trennbar; und deshalb entsteht zwar aus ihm ein Spiegel, doch ein in gewisser Weise mehr und in gewisser Weise weniger dunkler ‹Spiegel›. Dadurch, daß es poliert ist, kommt ‹das Eisen› der Natur des durch die Farbe des Wassers Durchsichtigen näher, welche ‹Farbe›, weil sie keine ‹eigentliche› Farbe ist, besser Bild und Farbe aufnehmen kann. Dadurch aber, daß es aus groben erdigen Teilen besteht, ist es schattiger und somit weniger ‹für Bild und Farbe› empfänglich. Das Gold und das Kupfer sind zwar im Hinblick darauf, daß sie Farbe haben, weniger empfänglich für Bild und Farbe; dadurch aber, daß sie in stärkerem Maße als das Eisen feine Erdigkeit aufweisen, sind sie besser ‹für Bild und Farbe› empfänglich. Deshalb ist unter allen Metallen gut poliertes Silber der bessere Spiegel, weil es in bezug auf die Farbe der Durchsichtigkeit am nächsten kommt und eine feine, gut vermischte Erdigkeit hat. Das Werkblei aber und das Blei sind mehr aus unreinem und mit Schwefel nicht gut vermischtem Quecksilber, und deswegen bleiben in deren Oberflächen dunkle erdene Stellen, welche die Aufnahmefähigkeit des Lichtes verhindern, weshalb aus diesen kein Spiegel entsteht. Der beste von allen ist aber der Spiegel aus Glas und Blei, weil das Glas wegen seiner Durchsichtigkeit viele Strahlen aufnimmt. Das Blei nun enthält Feuchtigkeit, welche von ihm lösbar ist, und darum wird es, wenn es über warmes Glas gegossen wird, durch die Trockenheit des Glases angezogen, und so entsteht sehr strahlendes Glas, das in seinem anderen

Teil begrenzt ist. Es ist ferner eine Verhältnismäßigkeit der Reflexion erforderlich, denn wenn die Reflexion zu intensiv wäre, so wie im Spiegel, der direkt der Sonne entgegengesetzt wird, spiegeln sich die Farbe und das Bild gar nicht oder nur unklar wider. Der Grund dafür ist, daß die Verdichtung der Strahlen und des Lichtes Farben und Bilder verdeckt, was auch dadurch offenkundig ist, daß, wenn ein schwarzer, gut polierter Stein in die Sonne gelegt wird und irgend jemand ihn aus der Entfernung und von der Seite erblickt, ihm dieser Stein wegen der starken Zerstreuung der Strahlen auf dessen Oberfläche als weiß oder glänzend erscheint.

Zur Frage nach dem Grund, warum man das Spiegelbild manchmal in der Tiefe und manchmal an der Oberfläche sieht, ist zu sagen, daß im Spiegel nicht nur das Spiegelbild, sondern auch die Entfernung zwischen dem Hineinblickenden und dem Spiegel reflektiert wird. Deshalb sieht man, wenn die Entfernung groß ist, das Spiegelbild in der Tiefe des Spiegels; wenn aber die Entfernung gering ist, scheint sich das Bild der Oberfläche zu nähern.

Zum andern ist, wie schon behandelt, zu sagen, daß das erscheinende Spiegelbild die Art ist, die keine Dichte hat. Darum stellt sich auch überhaupt keine Frage, ob der hintere Teil den vorderen Teil verdeckt.

Zum nächsten ‹Punkt› muß gesagt werden, daß im Konvexspiegel das Spiegelbild erscheint, so wie es wirklich ist, und ebenso im Planspiegel, weil dort der eine Spiegelteil nicht unter dem anderen Teil des Spiegels ist, und deshalb kommt es nicht zur Reflexion «des Spiegelbildes» von einem auf den anderen Teil. Im Konkavspiegel hingegen ist der eine Spiegelteil unter dem anderen Teil, und darum projiziert der obere Teil das aufgenommene Bild auf den unteren Teil, weshalb dann auch der obere Teil unten erscheint; ähnlich verhält es sich mit rechts und links. Dieser ‹Reflexions-› Modus ist natürlich für die Entstehung der Mischung, wenngleich nicht der äußeren Form des Steins, der Topas heißt, in dem das Gesicht immer umgekehrt erscheint. Wenn es aber ein winkeliger Spiegel mit vielen Winkeln wäre, würden – weil jeder Winkel die Reflexion zur Oberfläche unterbricht – im Spiegel viele Spiegelbilder entsprechend der Zahl der Reflexionsunterbrechungen erscheinen. Ist der Spiegel in einem Teil konkav und im anderen Teil plan, sei der plane Teil oben und der konkave unten, sei es umgekehrt, werden zwei Gesichter reflektiert werden. Und wenn der konkave Teil oben und der plane Teil unten ist, dann werden jene Gesichter an der Verbindungstelle des planen Teils mit dem konkaven Teil am Hals verbunden gesehen, und zwar so, daß das eine Gesicht oben und das andere unten ist. Wenn es allerdings umgekehrt wäre, d. h. der plane Spiegelteil oben und der konkave unten, dann würden jene Gesichter an den Kopfspitzen verbunden gesehen, weil das untere ‹Gesicht› sich nach oben hin ausstreckt und das obere nach unten hin herabhängt.

Zum letzten ist zu sagen: Wenn gesagt wird, daß der Gesichtssinn Sicht-
bares und Unsichtbares zum Gegenstand hat, kann jenes „Un-" in bezug auf
den Gegenstand des Gesichtssinns einen Mangel ausdrücken im Verhältnis
zum Gesichtssinn selbst oder zu dessen Harmonie. Wenn das erste zutrifft,
dann nennt man unsichtbar das, was keine Farbe hat, aber befähigt ist, sie
zu haben, wie die Luft oder das Wasser. Wenn es aber einen Mangel aus-
drückt im Verhältnis zu dessen Harmonie, so kann dies auf zweifache Weise
geschehen, nämlich durch Steigerung oder durch Verminderung. Geschieht
dies auf die erste Weise, dann heißt unsichtbar das, was überhell ist; wenn
dies auf die zweite Weise erfolgt, dann heißt unsichtbar das, was ‹nur› eine
geringe Differenz ‹zwischen der Unsichtbarkeit und› der Sichtbarkeit hat.

VII. Kommentar

1. LITERARISCHE ART

Obwohl sachlich keine Unklarheit darüber besteht, zu welcher literarischen Gattung die Abhandlung über das Spiegelbild gehört, wurde diese Frage bisher nur unzureichend behandelt und zum Teil auch unsachgemäß interpretiert. Hierzu bleibt festzuhalten, daß unabhängig davon, ob der Text von *De forma resultante in speculo* als eine selbständige Abhandlung oder im Gefüge des Werkes *De homine* formal betrachtet wird, er in seinem literarischen Genus als *Quaestio* zu bestimmen ist. Diese Feststellung sei deshalb hervorgehoben, weil Alberts Untersuchung in der eigenständigen handschriftlichen Überlieferung sowie gelegentlich in der Forschungsliteratur auch als *Tractatus* bezeichnet wird.

Der Name *Tractatus* wird von Albertus Magnus in seinen Frühwerken gewöhnlich für eine umfassendere monographische, meistens quaestionenförmige Untersuchung verwendet, die entweder als eigenständiges Werk oder aber als Bestandteil eines größeren Werkes geschrieben wurde[1]. Daraus ergibt sich, daß unter formalem Gesichtspunkt der Name *Tractatus* entweder ein Werk oder eine literarisch selbständige Einzeluntersuchung oder eine Einzeluntersuchung als Bestandteil eines größeren Ganzen bezeichnen kann, ohne dabei etwas Genaueres über deren inneren Aufbau und literarische Eigenart auszusagen[2].

---

[1]   Cf. z.B. Albertus Magnus, *De natura boni, prooem.* Ed. Colon. T.XXV,1 p.1 v.16sqq.; *De homine* q.80 a.1 (Ann Arbor 201 f.102rb; Ed. Paris. T.XXXV p.647a). W. Kübel, *Prolegomena*, p.10 v.25sqq.

[2]   In der Typologie der mittelalterlichen Quellenliteratur wird der „Tractatus" als literarische Gattung zwar anerkannt. Dies ist aber nicht unproblematisch, da es im engeren Sinne keine allgemeingültige Definition einer solchen Gattung, sondern nur eine Umschreibung, was ggf. ein „Tractatus" ist bzw. sein kann, möglich zu sein scheint. Cf. J. Miethke, *Die Traktate «De potestate papae»*, 201sq: „Der Form nach haben wir es durchweg mit Schriften zu tun, die der Gattung des scholastischen Traktats verpflichtet sind, d.h. sie verfahren zwar nicht in jedem Fall strikt in der Weise der Universitätsquestion selbst — wenn auch das bisweilen begegnet —, sondern sie variieren das Schema einer Quaestion mit These und Gegenthese, Gründen für die eine wie für die andere Auffassung, Auflösung

Wenn in der eigenständigen handschriftlichen Überlieferung von *De forma resultante in speculo* und in der Literatur zu dieser Schrift die Abhandlung als *Tractatus* hingestellt wird, widerspricht das zwar nicht dem Begriffsverständnis des Autors, aber es entspricht in diesem Fall auch nicht dessen Intention, sondern dient primär dazu, dem Text den Charakter einer selbständigen Untersuchung zu verleihen. Dies läßt sich in gewissem Maße dadurch begründen, daß die Abhandlung einer speziellen Frage gewidmet ist und sich darüber hinaus aus mehreren Einzelfragen (*quaestiunculae*) zusammensetzt. Dennoch handelt es sich hierbei um eine vom Autor selbst nicht intendierte Bestimmung, und deshalb erscheint ihre Anwendung in bezug auf einen derart kurzen Text wie *De forma resultante in speculo* nicht gerechtfertigt zu sein.

Aus der Perspektive des Werkes *De homine* kann der Text in seinem Literargenus und in der formalen Struktur des Ganzen noch präziser bestimmt werden. Wie schon mehrfach oben im textgeschichtlichen Teil dieser Studie (Kap. III) festgehalten, stellt er eine Digression im literarischen Gewand einer scholastischen *Quaestio* dar. Die formale Gliederung von *De homine* hingegen, welcher man in den gedruckten Textausgaben von Lyon und Paris begegnet und welche nicht auf den Autor selbst, sondern auf den Herausgeber P. Jammy zurückgeht, weist den Text als den dritten Teil (*particula*) des dritten Artikels von *Quaestio* 21 aus.

Für die literarische Gattung einer scholastischen *Quaestio* ist es bezeichnend, daß sie mit einer „*utrum*"-Frage eröffnet wird[3] und daß sie einen disputativen Charakter aufweist. Konkurrierende Argumente *pro* und *contra* bezüglich der formulierten Frage bzw. These, die zur Debatte steht, werden eingehend nach allen Seiten diskutiert. Dann folgt die Antwort auf die eingangs formulierte Frage, und anschließend wird zu den einzelnen Argumenten, in derselben Abfolge, wie sie vorgetragen worden sind, Stellung bezogen[4]. Mit diesem Schema deckt sich der Text von *De forma resultante in speculo* des Albertus Magnus. Dem sei noch hinzugefügt, daß diese *Quaestio* wie auch sämtliche *Quaestiones* des Werkes *De homine* eine Frucht der Lehrtätigkeit des Albertus zu Paris sind. Aufgrund dessen, was uns über die typischen Lehrformen an der mittelalterlichen Universität – Vorlesung (*lectio*) und Disputation (*disputatio*) – bekannt ist, ist anzunehmen, daß die genannten Texte eine für die Veröffentlichung entsprechend redigierte Fassung jener Fragen dar-

---

der Einwände usw. in flexibler Weise oder reihen eine größere Anzahl von Quaestionen aneinander, (...) arbeiten verschiedene Quaestionen ineinander".

[3] Dieser methodische Ansatz ist aristotelischer Provenienz, cf. Aristoteles, *Topica* l.1 c.4 (101 b 11-37).

[4] Cf. K. Jacobi, *Der disputative Charakter scholastischen Philosophierens*, 33-37. Für eine zusammenfassende Darstellung dieses literarischen Genus cf. *Les questions disputées et les questions quodlibétiques dans les facultés de théologie, de droit et de médecine*.

stellen, die Albertus mit seinen Studenten in der Weise von scholastischen Disputationen (*disputationes in scholis*) systematisch im Rahmen des ordentlichen Studienganges erörtert hat[5].

2. INHALT

Mit der Abhandlung *De forma resultante in speculo* legt Albertus Magnus seine philosophische, in erster Linie naturphilosophische und zum Teil experimentell fundierte Analyse des Spiegelbildphänomens und der physikalisch-mathematischen Gesetzmäßigkeit von Lichtaufnahme, Lichtreflexion und Lichtbrechung im Spiegel, aber auch in anderen Lichtmedien, wie Luft und Wasser, dar. Das zentrale Thema ist die Frage nach der Existenz, dem Entstehungs- und Seinsmodus sowie dem Wesen des Spiegelbildes. Die Behandlung des Spiegelbildphänomens auf naturwissenschaftlich-philosophischer Ebene bot sich einerseits bei der Erklärung des Gesichtssinns (*visus*) und seiner Objekte an. Der Rahmen und die Grundrichtung für die Untersuchung war von der aristotelischen Schrift *De anima* vorgegeben, die für weite Teile von *De homine* gleichsam als Vorlage gedient hat[6]. Andererseits aber gehören die Begriffe Spiegel und Spiegelbild, Ur- und Abbild (*speculum, imago, forma, similitudo, figura, agalma* etc.) zu den symbolträchtigen Termini, die in Anlehnung an die Bildersprache der Bibel wie selbstverständlich in die Exegese der Kirchenväter eingegangen und dort fruchtbar geworden sind. Sie sind auch in der theologischen Reflexion der Frühscholastik beheimatet gewesen[7]. Die Anwendung der Spiegelbildmetapher für die Erklärung wichtiger theologischer Probleme setzt ein entsprechendes Verständnis des physikalisch-mathematischen Phänomens voraus. Die naturwissenschaftliche Tragweite dieser Frage und ihre theologische Relevanz hat Albertus erkannt. Er widmet dem physikalischen Phänomen des Spiegelbildes eine spezielle philosophisch-naturwissenschaftliche Erörterung, die sich mehrfach für seine spätere theologische Reflexion als fruchtbar erweist.

---

[5] Somit wird hier der Ansicht von Fr. Pelster, V. Doucet und B. Geyer, das Werk sei eine spätere Redaktion öffentlicher Disputationen des Magisters Albertus, widersprochen; cf. oben Kap. III.5, besonders p.113sq. mit Anm.64-66.

[6] Cf. Aristoteles, *De anima* 1.2 c.7 (418 a 26sqq.).

[7] So u.a. in der theologischen Erkenntnis- und Trinitätslehre, der Eucharistie- und Gnadenlehre, der Eschatologie, Angelologie, Mariologie und in der theologischen Anthropologie. Für den Bezug zur Eucharistielehre cf. H. Jorissen, *Abendmahlsstreit.* Spezielle Untersuchungen zur Adaptation des Bildbegriffs in der Theologie bieten u.a.: S. Otto, *Die Funktion des Bildbegriffes in der Theologie des 12. Jh.* (mit Literaturüberblick); J. Koch, *Über die Lichtsymbolik im Bereich der Philosophie und der Mystik des Mittelalters*; R. Javelet, *Image et ressemblance au douzième siècle.*

Die Kernfrage, welche das Spiegelbild betrifft, lautet: Ist das Spiegelbild etwas wirklich Existierendes? In einzelnen Schritten, die sich in der Aufstellung und Diskussion von neun Detailfragen vollziehen, wird behandelt: (1) die Existenz des Spiegelbildes im allgemeinen und dessen Seinsmodus im besonderen; (2) das Zugrundeliegende (Subjekt) des Spiegelbildes; (3) die Seinskategorie des Spiegelbildes; (4) die Art des Empfangs des Bildes im Spiegel (punktartig oder flächenartig); (5) das Wesen dieses Empfangs; (6) Gründe für das Erscheinen des Spiegelbildes in der Tiefe oder direkt an der Oberfläche des Spiegels; (7) Gründe für das Erscheinen der Vorderseite und nicht der Rückseite des sich im Spiegel Anblickenden; (8) Ursachen dafür, daß das, was in Wirklichkeit oben ist, im Spiegel unten erscheint und umgekehrt, und was links ist, im Spiegel rechts erscheint und umgekehrt; Gründe dafür, daß in manchen Spiegeln beim Hineinblicken viele Gesichter erscheinen, in anderen Spiegeln hingegen nur ein Gesicht erscheint; (9) die aristotelische Aussage, daß der Gesichtssinn sich auf das Sichtbare und Unsichtbare ausrichtet.

Aus diesen Fragestellungen, der Diskussion und dem jeweils bezogenen Standpunkt des Autors läßt sich deutlich ein bestimmtes Spiegelbildkonzept des Doctor universalis gewinnen. Es soll im folgenden kurz nachgezeichnet werden.

2.1. Physikalisch-mathematische Theorie des Spiegelbildes

Ausgangspunkt und Gegenstand von Alberts Untersuchung über das Spiegelbild liegen im Bereich sinnlich wahrnehmbarer Phänomene. Albert bestimmt deshalb als methodische Kriterien der Erörterung das physikalisch fundierte Denken und Experiment, das mit entsprechenden wissenschaftlichen Aussagen anerkannter Autoritäten konfrontiert und gegebenenfalls durch ihre Erkenntnisse bestätigt wird. Dieser methodische Ansatz enthält ein neues, ja modernes Verständnis von Wissenschaftlichkeit. Die ganze Sachdiskussion lehnt sich im wesentlichen an die aristotelische Physikauffassung und die mathematisch-geometrischen Grundsätze der euklidischen Optik an.

Das Erscheinen eines Bildes bzw. die Widerspiegelung einer Gestalt im Spiegel ist eine von subjektivem Empfinden unabhängig existierende Tatsache. Jenes Spiegelbild ist weder physischer Körper noch im kategorialen Sinne Substanz, sondern Akzidens. Das Spiegelbild ist kein Körper, obwohl es nach Art und Weise eines Körpers und durch die Bewegung des Körpers (des Urbildes) gleichsam bewegt wird. Albertus erkennt, daß das Auge nicht imstande ist, den optischen Reiz objektiv und zuverlässig wahrzunehmen. Die vom Auge registrierte Bewegung des Abbildes im Spiegel ist im physikalischen Sinne keine Bewegung, sondern die Erzeugung des Bildes, die gleichzeitig mit der Bewegung des Urbildes – des in den Spiegel Blickenden – geschieht. Analog zu der bereits an anderer Stelle von *De homine* dargelegten Lösung der Frage nach der Erzeugung des Lichtes, sagt Albertus in bezug auf das Spiegelbild, daß es auf dreifache Weise kontinuierlich neu im Spiegel erzeugt wird: (1) entsprechend der Bewegung des in den Spiegel Blickenden; (2) gemäß der Bewegung des Spiegels selbst; (3) gemäß der Bewegung (Veränderung) des zwischen dem Betrachter und dem Spiegel befindlichen Mediums – der Luft. Diese physikalischen Vorgänge gründen auf der Gesetzmäßigkeit, daß die im Spiegel beobachteten Veränderungen nur aufgrund der direkten Entgegensetzung (*recta oppositio*) entstehen. Eine direkte Entgegensetzung kann aber zum einen seitens des Standortes des in den Spiegel Blickenden, zum andern seitens des Spiegels einer Veränderung unterliegen; deshalb wird mit dieser Veränderung das eine Bild zerstört, und unmittelbar darauf ein anderes, neues Bild erzeugt. Das tragende Medium zerstört, insofern es einer Veränderung unterliegt, das Spiegelbild ebenfalls. Aber eine Veränderung des Mediums scheint dennoch – Albertus meint hier die Luft –, keine Veränderung des Spiegelbildes zur Folge zu haben. Dafür werden zwei Gründe genannt: (1) weil das Bild (*imago*) durch das Medium sehr schnell (*subito*) – so wie auch die Lichtstrahlen – hindurchdringt; eine örtliche Veränderung (Ortswechsel) der Luft verläuft hingegen langsam; (2) weil die Luft, wie Aristoteles es in seiner Schrift *Von der Wahrnehmung und dem Wahrgenommenen* dargelegt hat, ein Medium ist, welches das Bild aufnehmen, aber nicht festhalten kann; deshalb erscheint das Bild im Medium nicht mehr, wenn sich das Medium Luft außerhalb der direkten Entgegensetzung zwischen dem Spiegel und dem Anblickenden befindet. Anders verhält es sich mit dem Wasser, weil dieses Medium im Gegensatz zur Luft das Bild festhalten kann. Deswegen erscheint in ihm sogar ein vergrößertes Bild, wenn das Wasser bewegt wird, weil jener Teil des Wassers, der außerhalb der direkten Entgegensetzung bewegt wird, das Bild noch eine Weile lang festhält, und dieser Bildteil zusammen mit jenem Teil des Bildes, welcher durch die direkte Entgegensetzung entsteht, bewirkt, daß das Bild nun vergrößert erscheint und daß manchmal auch zwei oder drei Bilder erscheinen. Daraus schließt Albert, daß jenes Spiegelbild weder durch sich selbst (*per se*) noch akzidentell (*per accidens*) bewegt wird, sondern daß immer ein neues Spiegelbild erzeugt wird.

In der eigentlichen Lösung der Frage (*solutio*) wird zunächst die Existenz des Spiegelbildes bejaht und ihm ein akzidenteller Seinsmodus zuerkannt. Ein Spiegelbild sei weder Körper bzw. Materie noch Substanz, welche durch sich selbst existieren kann, sondern ein Akzidens. Es folgen die Antworten auf die Reihe von Einwänden, die zuvor in der Diskussion der These, das Spiegelbild gäbe es nicht, vorgebracht wurden. Dieser responsorische

Teil beginnt mit den Ausführungen über das Zugrundeliegende (Subjekt) des Spiegelbildes. Diese und die weiteren Lösungen der Einzelfragen werden knapp und präzise formuliert. Nach Auffassung des Albertus ist der Spiegel das Zugrundeliegende (Subjekt), d.h. der eigentliche Träger des Spiegelbildes: das Bild (*forma*) sei im Spiegel wie im Subjekt. Der Grund dafür, daß das Spiegelbild durch die Bewegung des Spiegels nicht bewegt, sondern zerstört und im anderen Teil des Spiegels neu erzeugt wird, liegt darin, daß der Erzeuger des Spiegelbildes sich außerhalb des Spiegels befindet. Die aus der pseudepigraphischen, unter dem Namen des Gilbertus Porretanus überlieferten Schrift *Von den sechs Prinzipien* abgeleitete Folgerung, das Spiegelbild sei in der äußeren Luft, die den Spiegel berührt, wie im Subjekt, weist Albertus als Irrtum zurück. Er korrigiert diese Auffassung, indem er hierzu sagt, daß das Spiegelbild im Spiegel wie in der äußersten Begrenzung des Durchsichtigen ist und daß es dem Spiegel den Akt der verändernden Einwirkung auf den Gesichtssinn verleiht. Dabei verweist er auf seine frühere Erörterung über die Farbe (*sicut diximus de colore*), die mit den Ausführungen über das Spiegelbild in der Sache weitgehend übereinstimmt und deshalb eine Erklärung und geeignete Verständnishilfe dieses physikalischen und wahrnehmungsphysiologischen Prozesses bietet.

In der *Solutio* hat Albertus, wie gesagt, das Spiegelbild in Abgrenzung von der Materie (*corpus*) und Substanz als Akzidens definiert. Bei der kategorialen Bestimmung des Spiegelbildes weist er es der (nach Aristoteles) ersten Art der Qualität zu, nämlich dem Habitus (Zustand) und der Disposition (Eigenschaft). Denn, so führt er aus, das Spiegelbild ist im eigentlichen Sinne weder Bild noch Gestalt, sondern deren Art (*species*) bzw. Anschauungsform oder Erkenntnisbild, da nur sie in der Seele wie im Zugrundeliegenden (Subjekt) präsent sein kann. Folgerichtig hat das Spiegelbild im eigentlichen Sinne weder Länge noch Breite, sondern die Art (*species*) der Länge und der Breite; nur vermittels dieser Art wird die Gestalt des in den Spiegel Blickenden erkannt. Weil solche Arten Habitus und Dispositionen sind, ist jenes Bild in der Seele wie ein Habitus, im Spiegel aber und in der Luft wie eine Disposition. Die Richtigkeit seiner Auffassung über die kategoriale Bestimmung des Spiegelbildes als Art (*species*), und zwar als erste Art der Qualität, d.h. als Habitus und Disposition, bekräftigt Albertus dadurch, daß er die gegenteiligen Ansichten als absurd entlarvt. Er schließt mit einer kurzen Begründung aus, daß das Spiegelbild Breite oder Länge haben kann. Auf ähnliche Weise geht er ferner gegen die Behauptung vor, daß das Spiegelbild zur dritten Art (*species*) der Qualität – „einer Affektion oder affektiven Qualität" (*passio vel passibilis qualitas*) – bzw. zur vierten *species* der Qualität – „einer Gestalt oder einer ein Ding umschließenden gleichbleibenden Figur" ('*forma vel circa aliquid constans figura*') – gehöre.

In der Frage nach dem physikalischen Modus des Auftretens bzw. der
Aufnahme des Bildes im Spiegel vertritt Albertus die Auffassung von einer
punktförmig erfolgenden Aufnahme des Bildes. Seinen Beweis führt er unter
Rekurs auf spekulativ-theoretische Argumentation, die er mit Sinneswahrnehmung, experimenteller Erfahrung und dem optischen Gesetz über die
Lichtreflexion des Euklid, das er zuvor mit Hilfe einer Zeichnung genauer
erklärt hat, verbindet. In diesem Zusammenhang greift er die durch David
von Dinant vertretene Ansicht von der Parallelität des hier erörterten Vor-
gangs im Spiegel mit der Aufnahme der Sehgegenstände durch das Auge auf
und überträgt wie David die Erklärung dieses physikalisch-optischen Prozesses auf den Sehvorgang.

Mit dem Phänomen des Spiegelbildes verbindet Albertus die Frage nach
den konstitutiven Eigenschaften des Spiegels. Er bemüht sich, die materiell-
physikalischen Voraussetzungen zu erforschen, die erfüllt sein müssen, damit
der Spiegel ein Bild aufnehmen bzw. erzeugen kann. Es geht ihm darum, zu
klären, welche wesentlichen Eigenschaften des Spiegels es sind, die einerseits
die Bildaufnahme möglich machen, andererseits den Spiegel als einen solchen definieren. Albertus nennt drei Determinanten eines Spiegels: (1)
Flachheit und Durchsichtigkeit der Oberfläche; (2) ein Etwas, was jene
Durchsichtigkeit von der Rückseite der Oberfläche her begrenzt; (3) eine
ebenmäßige Reflexion (*proportionata reflexio*). Der physikalisch-theoretischen
Bestimmung des Spiegels läßt Albertus praktische Überlegungen folgen, die
konkrete Stoffe bzw. deren Eigenschaften unter dem Gesichtspunkt ihrer
Eignung für die Erzeugung eines Spiegels betreffen. Er stellt dabei fest, daß
die Luft kein Spiegel sein kann, weil sie transparent ist. Wegen seiner
Durchsichtigkeit und Dichte ist das Wasser ein Spiegel, aber ein wenig dun-
kel. Spiegel können aus Metallen hergestellt werden, insofern diese gut vermischt sind und ihre Oberfläche gut poliert ist, so beispielsweise aus Gold,
Silber, Eisen und bereinigtem Kupfer. In gleichem Zusammenhang werden
die Entstehung und Eigenschaften der erwähnten und weiterer Metalle
(Quecksilber, Werkblei, Blei) kurz erörtert. Von allen Metallen hält Albertus
gut poliertes Silber für den geeignetsten Stoff zur Herstellung von Spiegeln.
Der beste Spiegel überhaupt wird nach seiner Ansicht aus Glas und Blei
hergestellt. Die drei oben genannten konstitutiven Voraussetzungen für
einen Spiegel wirken im letzteren Fall optimal zusammen.

Die physikalischen Bedingungen für das Phänomen der Wahrnehmung
des Spiegelbildes in der Tiefe bzw. an der Oberfläche des Spiegels erörtert
Albertus getreu seinen methodischen Prinzipien in strenger Übereinstimmung mit der entsprechenden Lehre des Euklid. Danach wird das Bild in
der Tiefe bzw. an der Oberfläche je nach der Entfernung des Betrachters
vom Spiegel wahrgenommen. Nicht nur das Bild wird vom Spiegel reflek-

tiert, folgert Albertus, sondern auch die Entfernung des Betrachters vom Spiegel.

Die Annahme, daß die vordere Seite des Betrachters, die, wie man vermuten könnte, zuerst in den Spiegel gelangt, durch die Rückseite überdeckt würde und daß daher nur die letztere sichtbar sein müßte, weist Albertus als gegenstandslos zurück. Er bezieht sich dabei auf seine kurz zuvor dargelegte Auffassung, daß das Spiegelbild nur eine *species* sei, die keine Dichte habe.

Die Erklärung, warum und in welchem Spiegel das Bild seitenverkehrt zu sehen ist, daß also das, was in Wirklichkeit oben ist, im Spiegel unten (und umgekehrt) erscheint, und was in Wirklichkeit links ist, im Spiegel rechts (und umgekehrt) gesehen wird, entspricht den durch die antike geometrische Optik (Katoptrik) erforschten Gesetzmäßigkeiten. Im Konvex- und im Flachspiegel erscheint das Bild so, wie es tatsächlich ist. Kopfstehend und seitenverkehrt erscheint es im Konkavspiegel, weil die Spiegelflächen sich gegenüber liegen und deshalb die obere Fläche das Bild auf die untere Fläche und die untere Fläche jenes Bild auf die obere Fläche projiziert. Der optische Effekt hierbei ist die Umkehrung des Bildes. Albertus bemerkt, daß jener für Konkavspiegel geltende optisch-geometrische Reflexionsmodus eigentümlich für das Entstehen der Mischung des Topases, nicht aber für die äußere Form dieses Minerals ist, in dem das Bild immer umgewendet erscheint. Die optisch-geometrische Spiegelbildlehre setzt Albertus mit der Erörterung der jeweiligen Reflexionsmodi in winkeligen und zusammengesetzten Konkav-Flachspiegeln fort.

So wie die physikalisch-mathematische Abhandlung über das optische Phänomen des Spiegelbildes mit einer betont philosophischen Fragestellung beginnt, endet sie auch mit einer spekulativen Deutung der *littera* des Philosophen – gemeint ist die Schrift *Über die Seele* des Aristoteles – über „das Sichtbare" und „das Unsichtbare" als Gegenstände des Gesichtssinns.

2.2. *Theologische Relevanz der physikalisch-mathematischen Spiegelbildlehre*

Bevor die Frage nach dem theologischen Aspekt des in der Abhandlung *De forma resultante in speculo* vorliegenden Spiegelbildmodells hier kurz erörtert wird, sei darauf hingewiesen, daß dem Begriff „Spiegelbild" und seinem Grundbegriff „Bild" schon in der patristischen und frühscholastischen Theologie eine Schlüsselfunktion zukommt. Die theologische Bedeutung des Bildbegriffs hat ihr Fundament in der Heiligen Schrift. Bereits im biblischen Schöpfungsbericht (Gen 1, 26-27) wird der Bildbegriff für die Darstellung der Relation zwischen dem Menschen und seinem Schöpfer verwendet, wodurch diesem Begriff eine besondere theologisch-anthropologische Funktion zugewiesen wird. Dies dürfte auch ein Grund dafür sein, warum Alber-

tus den Spiegelbildbegriff in seine Anthropologie aufnimmt und ihn bzw.
das mit diesem Begriff erfaßte Phänomen in seiner eigentlichen, physikalisch-mathematischen, aber auch in der logischen und ontologischen Bedeutung genau erklärt.

Wenn Albertus die Anthropologie, näherhin die Untersuchung über die
menschliche Seele und ihre Vermögen, im besonderen über den Gesichtssinn, und nicht etwa die Physik, Mathematik (Geometrie) oder Metaphysik
als den eigentlichen Ort für die Erörterung der Frage nach dem Spiegelbild
wählt, so hat dies für ihn ganz bestimmte Gründe. Das physikalisch-
mathematische Spiegelbildmodell kehrt auch später in den nach *De homine*
verfaßten theologischen und naturwissenschaftlichen Schriften des Doctor
universalis wieder. Auf die wichtigsten Parallelen wurde zu Beginn der Textedition der Abhandlung hingewiesen[8].

In *De forma resultante in speculo* beschäftigt sich Albertus primär mit der naturphilosophischen und naturwissenschaftlichen Dimension des Spiegelbildphänomens. Einen Hinweis auf die theologische Relevanz der Frage findet
man innerhalb dieses Textes wohl deshalb nicht. In der theologischen Abhandlung *De imagine*, die ebenfalls zum Textbestand von *De homine* (q.73)
gehört, wird kaum ein direkter Bezug zu der zurückliegenden naturwissenschaftlichen Untersuchung über das Spiegelbild hergestellt[9]. Bei der Erörterung des Begriffs *similitudo* wird jedoch auf die in der Abhandlung *De forma
resultante in speculo* eingeführte kategoriale Bestimmung des Spiegelbild- bzw.
des Bildbegriffs (*forma* und *imago*) als Qualität (*qualitas*) zurückgegriffen[10]. Die
nähere Bestimmung der Begriffe *forma* und *imago* in der Abhandlung *De forma
resultante in speculo* und des Begriffs *similitudo* in der Abhandlung *De imagine*
unterscheiden sich formal darin, daß im Rahmen der Spiegelbildlehre *forma*
bzw. *imago* – beide Termini bezeichnen das Spiegelbild – als Qualität in der
Art des Habitus oder der Disposition (*secundum illam speciem, quae est habitus vel
dispositio*) definiert werden, im Rahmen der theologischen Bildlehre die *similitudo* – der Mensch als Ähnlichkeit Gottes – jedoch als Qualität in der Art

---

[8]   Als eine weitere Ergänzung hierzu sei auf die theologische Adaptation des Spie-
        gelbildmodells im Kommentar zu *De divinis nominibus* des Ps.-Dionysius hingewie-
        sen, cf. Albertus Magnus, *Super Dionysium De divinis nominibus* c.4, Ed. Colon.
        T.XXXVII p.265 v.69-74, p.266 v.23-59, p.267 v.30sqq. A. Caparello, *Senso e
        interiorità*, 7-12.

[9]   Das Problem des Spiegelbildes wird darin zwar direkt angesprochen, aber dies
        geschieht nur unter Bezugnahme auf Texte des Ps.-Augustinus (*Sermo 9 De decem
        chordis* c.8) und nicht auf die eigene Abhandlung; cf. Albertus Magnus, *De homine*
        q.73 a.1 (Ann Arbor 201 f.95rb; Ed. Paris. T.XXXV p.603b).

[10]   Albertus Magnus, ibid. q.73 a.1 sol. (f.95vb, 96ra; p.605b, 606a); die Denkweise
        des Albertus ist in diesem Punkt ausgeprägt augustinisch. Cf. M. Schmaus, *Die
        psychologische Trinitätslehre des hl. Augustinus*, 195sqq., 361sqq.

„der Gestalt oder der ein Ding umschließenden gleichbleibenden Figur" ('*in illa specie, quae est forma vel circa aliquid constans figura*') aufgefaßt wird. Die *Quaestio de imagine* ist im Hinblick auf die Entfaltung des Bild- und Spiegelbildbegriffs des Albertus Magnus bedeutsam. In ihr wird der Bildbegriff um einen ontotheologischen Status erweitert. Auch neue Termini kommen zum Grundbegriff *imago* hinzu – es sind vor allem der schon genannte Begriff *similitudo*, der im Licht der Bildlehre des Hilarius, Augustinus und Boethius ausgelegt wird, ferner *agalma*, ein aus dem Griechischen von Johannes Scotus Eriugena bei Ps.-Dionysius Areopagita entlehnter Terminus, sowie zwei weitere Termini: *aequalitas* und *vestigium*[11].

3. QUELLEN- UND KONTEXTLITERATUR

Albertus nennt explizit nur wenige literarische Quellen, die er bei seiner Spiegelbilduntersuchung benutzt und verarbeitet hat. Die Reihe der zitierten Autoritäten eröffnet das pseudepigraphische Werk *Von den sechs Prinzipien*, das hier nur mit dem Titel und ohne die Nennung des Autors, sonst aber in *De homine* und in anderen Werken oft unter dem Namen des Gilbert von Poitiers zitiert wird. Es folgen die aristotelischen Schriften *Physik*, *Über die Seele*, *Topik* und *Von der Wahrnehmung und dem Wahrgenommenen*. Es besteht kein Zweifel darüber, daß unser Autor nicht nur bereits über gute Kenntnisse der genannten Werke verfügte, sondern daß diese und auch weitere Schriften aus dem *Corpus Aristotelicum* zum Kernbestand der von ihm benutzten Handbibliothek gehörten. Bei der Schrift *De speculis et visu*, die er unter dem Namen des Euklid zitiert, handelt es sich um ein Pseudepigraph, das von den zwei echten euklidischen Schriften *De speculis* und *De visu*, welche in *De homine* ebenfalls benutzt werden, zu unterscheiden ist. Die Verifikation einzelner optischer Werke aus dem *Corpus Euclidianum* ist bei Albertus wegen der

---

[11]   Als Parallelen hierzu kommen in den späteren Schriften des Albertus Magnus folgende in Betracht: *Super I Sent.* d.3 a.19-26, Ed. Paris. T.XXV p.116bsqq.; a.13-16, p.103bsqq.; d.28 a.4, Ed. Paris. T.XXVI p.68a sqq.; *Super II Sent.* d.16 a.1-6, Ed. Paris. T.XXVII p.286b sqq.; *Summa I* q.35 c.2, Ed. Colon. T.XXXIV,1 p.267 v.43sqq.; q.3 c.2 a.2, p.65 v.23sqq.; a.3, p.59 v.83sqq. Für eine erste Analyse des theologischen Bildbegriffs bei Albertus Magnus (auf der Grundlage des Sentenzenkommentars) cf. M. Schmaus, *Die trinitarische Gottesebenbildlichkeit*, 280sqq., sowie den zweiten Band dieser Studie, welcher der Bildtheologie des Doctor universalis gewidmet ist. Zum Begriff '*agalma*' s. die Untersuchung von A. Hiedl, *Agalma bei Albert dem Großen*. Auffallend ist, daß die Albertus gut bekannten synonymen Begriffe für das Bild '*idolum*' und '*simulacrum*' im theologischen Kontext nur selten gebraucht werden; cf. Albertus Magnus, *De resurrectione* tr.4 q.1 a.9 § 3, Ed. Colon. T.XXVI p.331 v.9-12, v.19.

Ähnlichkeiten im Titel zwischen echten und unechten Werken sowie wegen
wechselnder bzw. unpräziser Titelangaben schwierig. Die Angabe 'Euclides in
quodam suo libello De speculis et visu' läßt sich einwandfrei als das Werkchen des
Ps.-Euklid De speculis verifizieren. Daß Albertus an den Titel der im Mittelalter Euklid zugeschriebenen Schrift De speculis noch zwei weitere Worte: 'et
visu' anhängt, ist auffällig. Die Erweiterung des Titels für das Pseudepigraph
und die Tatsache, daß die echten Werke Euklids De speculis und De visu sowie
De fallacia visus von Albertus andernorts in De homine[12] ebenso zitiert werden,
führt dazu, daß allein aufgrund der Titelangabe und ohne genauere Prüfung
der Zitate keine Gewißheit darüber besteht, welches Werk des Euklid bzw.
Ps.-Euklid im gegebenen Fall tatsächlich von Albertus gemeint ist. Außer
den optischen Schriften des Euklid werden in der Abhandlung auch die erst
in späteren Jahren durch Albertus kommentierte Geometrie (Elementa) des
griechischen Mathematikers zitiert.

Zu den in De forma resultante in speculo vom Autor selbst ausdrücklich genannten und benutzten Schriftquellen kommen zwei weitere, allerdings
unpräzise Angaben hinzu. Es wird zunächst „ein gewisser Philosoph"
(quidam philosophus) erwähnt, der sich aufgrund einer ihm zugeschriebenen
Aussage mit David von Dinant (De visu) identifizieren läßt. Danach werden
nicht näher bestimmte „gewisse" Denker (quidam) genannt, deren Auffassung
über das Wesen des Spiegelbildes als ein Entsprechungsverhältnis des Betrachters zum Spiegel (comparatio quaedam aspicientis ad speculum) sich mit entsprechenden Aussagen des al-Ghazali und Dominicus Gundissalinus zu
decken scheint.

Versucht man nun, die Abhandlung in einen ideen- und literargeschichtlichen Kontext einzuordnen – ihre Quellen geben hierfür die ersten Hinweise –, so wird man zunächst feststellen, daß Albertus von der Schrift De anima
des Aristoteles ausgehend zur Frage nach dem Spiegelbild in erster Linie
durch die Kommentatoren des genannten aristotelischen Werkes, wie Avicenna und Averroes, aber auch, und dies in besonderem Maße, durch den
Timaios des Platon hingeführt wurde. Als er in De homine in Anlehnung an
den soeben erwähnten Aristotelestext und unter gleichzeitiger Hinzuziehung
von De sensu et sensato des Stagiriten in Verbindung mit dem entsprechenden
Kommentar des Averroes sich mit Gesichtssinn, Licht und Farbe befaßt
hatte, sah er im Anschluß an diese Problematik den geeigneten Ort, ein
angrenzendes Thema aufzunehmen, das zwar über den inhaltlichen Rahmen hinausging, der durch die aristotelische Vorlage vorgegeben war, das
aber naturphilosophisch und naturwissenschaftlich sowie nicht zuletzt theo-

---

[12] Albertus Magnus, De homine q.22 append. (Oxford, Merton Coll. Libr. 0.1.7
      [Coxe 283] f.69vb; Ed. Paris.T.XXXV p.224a). Cf. D.C. Lindberg, Theories of
      Vision, 106, 210sq.

logisch von Interesse und Bedeutung war. Seine Überzeugung vom Zusammenhang der Spiegelbildfrage mit dem Kapitel *De visu* aus *De anima* des Aristoteles brachte er erneut zum Ausdruck, als er später (um 1254-1257) dieses Werk paraphrasierte und im gleichen Kontext auf das Thema des Spiegelbildes einging[13]. Diese Parallele zur Abhandlung *De forma resultante in speculo* ist auch für die Erhellung der Genese der letzteren von Bedeutung, weil sie einerseits eine enge Bindung jener Digression an den Aristotelestext nachdrücklich bestätigt, andererseits aber uns keinen Anhaltspunkt für die Annahme einer ursprünglichen Eigenständigkeit der Abhandlung gibt.

In einem quellenhistorischen Rückblick lassen sich aber noch weitere Erkenntnisse gewinnen, welche den ideengeschichtlichen Kontext der Schrift des Albertus beleuchten und zugleich eine wie auch immer geartete Abhängigkeit unseres Autors von der schon vor ihm vorhandenen optischen Tradition aufzeigen. Die nachfolgende Retrospektive beschränkt sich auf eine Übersicht über die wichtigsten Werke jener Autoren, die vor Albertus gelebt und sich mit der Optik, im besonderen mit der Spiegelbildfrage, befaßt haben. Für eine Darstellung der mit diesen Namen verbundenen optischen Theorien sei auf die in den Anmerkungen jeweils verzeichnete Literatur verwiesen. Nur auf die Ansichten solcher Autoren, an welche Albertus im Text der Abhandlung *De forma resultante in speculo* direkt anknüpft oder aber indirekt anspielt, wird im folgenden kurz eingegangen.

Den Lateinern ging eine beachtliche optische Tradition der griechischen Antike voraus, die zum einen in naturphilosophischen Werken, zum anderen in speziell der Optik und Ophthalmologie gewidmeten Schriften enthalten war. Aus der Reihe der wichtigsten Namen bzw. Schulen, die das klassische Erbe verkörpern, seien hier genannt: die Schule des Pythagoras (6./5. Jh. v. Chr.); die mit den Namen von Leukipp (6./5. Jh. v. Chr.) und Demokrit (geb. ca. 460 v. Chr.) bis zu Lukrez († ca. 55 v. Chr.) identifizierten Atomisten; Epikur (ca. 341-270 v. Chr.); Alkmaion (~ Anfang des 5. Jh. v. Chr.); Empedokles (ca. 493 – ca. 433 v. Chr.); Platon (ca. 427-347 v. Chr.) und die Platoniker; ferner Aristoteles (384-322 v. Chr.); die Stoiker; die Mathematiker Euklid (um 300 v. Chr.), Hipparchos (um 160 v. Chr.), Heron von Alexandria (1. Jh. n. Chr.) und Claudius Ptolemaeus (1./2. Jh.); schließlich der Mediziner Galen (ca. 129-199)[14] und der nicht näher bekann-

---

[13]   Cf. Albertus Magnus, *De anima* l.2 tr.3 c.15, Ed. Colon. T.VII,1 p.121 v.52 – p.122 v.65.

[14]   Eine umfassendere Darstellung optischer Lehrinhalte der genannten Autoren (Schulen) bietet die Studie (mit weiterführenden Literaturangaben) von D.C. Lindberg, *Theories of Vision*, 1-17 (Kap. I. The Background: Ancient Theories of Vision). Cf. auch H. Schipperges, *Welt des Auges*, 38sqq. Von den älteren Bearbeitungen der Geschichte der Optik cf. E. Wilde, *Geschichte der Optik*, 1-63: Die

te griechische Verfasser der Schrift *De speculis* Tideus (zwischen 4. und 11. Jh.)[15]. Die griechische Tradition konnte aber vom lateinischen Westen ohne eine sprachliche Vermittlung nicht assimiliert werden. Das Frühmittelalter fand deshalb nur einen eher begrenzten Zugang zum optischen Wissen der Griechen. Er wurde zuerst hauptsächlich durch die *Naturales quaestiones* des Lucius Annaeus Seneca († 65), die *Naturalis historia* des Gaius Plinius Secundus († 79), die *Collectanea rerum memorabilium* des Solinus (~ 3. Jh.) und die von Calcidius († 357/8) erstellte Übersetzung und Kommentierung des *Timaios* ermöglicht[16]. Im 12. und 13. Jh. kam es zu einer grundlegenden Wandlung auf diesem Gebiet durch die Begegnung mit den bis dahin im Abendland unbekannten naturwissenschaftlichen Schriften des Stagiriten, aber auch mit den Texten anderer Autoren aus unterschiedlichen Kulturkreisen[17]. Die Erschließung „neuer Lehren", die mit dem Erscheinen lateinischer Übersetzungen der Quellentexte voranschritt, und das Interesse an der Natur – man spricht heute von erwachendem Interesse an der Natur, ja von der 'Entdeckung' der Natur im 12. Jh. – haben zu einem enormen Aufschwung in den sich bei den Lateinern gerade ausbildenden Wissenschaften, insbesondere in der Naturphilosophie und Naturwissenschaft, geführt[18].

Neben der optischen Tradition der griechischen Antike waren für das lateinische Hochmittelalter die Schriften zur Optik, Ophthalmologie, Naturphilosophie und Philosophie der arabisch-islamischen bzw. persischen Autoren die zweitwichtigste Quelle. Zu den bedeutendsten Namen in diesem Kreis, die in der zweiten Hälfte des 13. Jh. von den Lateinern weitgehend

---

Optik der Griechen; 64-68: Die Römer; 69-77: Die Araber; 78sqq.: Die Europäer seit der Mitte des 13. Jahrhunderts (beginnend mit Witelo; Albertus Magnus findet darin jedoch keine Beachtung).
[15] Cf. A.A. Björnbo/S. Vogl, *Alkindi, Tideus und Pseudo-Euklid*, 150-153.
[16] Cf. D.C. Lindberg, op. cit., 87sqq.
[17] Eine vermittelnde Rolle haben dabei wiederum die ersten enzyklopädischen Werke des 13. Jh. gespielt, wie *De naturis rerum* des Alexander Neckam (1157-1217) und der *Liber de floribus rerum naturalium* (redigiert um 1225/30) des Arnoldus Saxo. Beide naturphilosophischen Nachschlagewerke gaben auch zum Thema „Spiegel/Spiegelbild" Auskunft, wobei das letztere reichhaltiger und wirkungsgeschichtlich bedeutsamer war und zum Teil auch Albertus als Quelle diente. Speziell zur Spiegelbildfrage cf. Alexander Neckam, *De naturis rerum* c.154, ed. Th. Wright p.239sq. Arnoldus Saxo, *De floribus rerum naturalium*, IV, 9-10, ed. E. Stange p.87sq. Zu Arnoldus Saxo cf. I. Draelants, *Une mise au point sur les œuvres d'Arnoldus Saxo*. Bartholomaeus Anglicus und Vinzenz von Beauvais, dessen Enzyklopädie nach *De homine* Alberts entstanden ist, werden im folgenden kurz vorgestellt. Das naturphilosophische Kompendium des Thomas Cantimpratensis trägt zu unserem Thema nichts Wesentliches bei.
[18] Näheres dazu jetzt bei A. Speer, *Die entdeckte Natur*.

assimiliert waren und Albertus direkt oder auf dem Umweg über enzyklo-
pädisch-lexikalische Hilfsmittel oder zeitgenössische Fachliteratur mehr oder
weniger vertraut wurden, zählen: al-Kindi (Abu Yusuf Ya'qub ibn Ishaq al-
Kindi, ca. 805 – ca. 873)[19]; Hunain ibn Ishaq, latinisiert Johannitius (808-
877)[20]; al-Farabi (Abu Nasr al-Farabi, um 870-950), im lateinischen Westen
gewöhnlich Alpharabius (Alfarabius) genannt[21]; al-Razi (Abu Bakr Muhammad ibn Zakariya al-Razi, † 923/24), latinisiert Rhazes[22]; ibn al-Haytham
(Abu 'Ali al-Hasan ibn al-Hasan ibn al-Haytham, 965-1039), latinisiert
Alhazen[23]; ibn Sina (Abu 'Ali al-Husain ibn 'Abdullah ibn Sina, ca.
973/980-1037), bei den Lateinern unter dem Namen Avicenna bestens
bekannt[24]; al-Ghazali (Abu Hamid Muhammad ben Muhammad at-Tusi al-
Ghazali, 1058-1111), latinisiert Algazel, und nicht zuletzt ibn Rushd (Abu-l-
Walid Muhammad ibn Rushd, 1126-1198), latinisiert Averroes[25].

Der Anteil jüdischer Quellen am Beitrag der mittelalterlichen Denker zur
Optik scheint hingegen gering zu sein. Er beschränkt sich im wesentlichen
auf die philosophische Lichtspekulation platonischer oder neuplatonischer
Prägung, die Isaak Israëli (Yishaq ben Selomo Yisra'eli, † um 955)[26] und
Salomon ben Judah ibn Gabirol († ca. 1070), latinisiert Avicebron (auch
Avencebrol) durch ihre Werke vermittelt haben[27]. Während die Philosophie
des Lichtes von Isaak Israëli Albertus anhand dessen Schrift *De diffinitionibus*
bekannt war und er das Werk schon in *De IV coaequaevis* zitiert, bleibt Avicebron in *De homine* noch unerwähnt. Es scheint sogar, daß Albertus das
Hauptwerk des Avicebron *Fons vitae*, in dem das Spiegelbildphänomen
ebenfalls thematisiert wird[28], zu diesem Zeitpunkt noch nicht gekannt hatte.
Eine begrenzte Assimilation des Gedankenguts des Avicebron durch Alber-

---

[19]   Cf. D.C. Lindberg, *Theories of Vision*, 18sqq., 211.
[20]   Cf. D.C. Lindberg, ibid., 33sqq. H. Schipperges, *Welt des Auges*, 43sq.
[21]   Cf. D.C. Lindberg, *Theories of Vision*, 42. I. Opelt, *Griechische Philosophie bei den
       Arabern*, 60-63.
[22]   Cf. D.C. Lindberg, l. c. Dieser Autor wird jedoch in *De homine* nicht zitiert.
[23]   Cf. D.C. Lindberg, ibid., 58-86, 104-106. H. Schipperges, *Welt des Auges*, 44-46.
       Auch dieser Name fällt in *De homine* nicht einmal; gut zehn Jahre später – im
       Kommentar zu *De sensu et sensato* des Aristoteles – nimmt Albertus ausdrücklich
       Bezug auf die *Perspektive* des Alhazen („Haceuben Huchaym"): Albertus Magnus,
       De sensu et sensato tr.1 c.9-10, Ed. Paris. T.IX p.24b, p.25a, p.27a.
[24]   Cf. D.C. Lindberg, op. cit., 43-52. H. Schipperges, op. cit., 44.
[25]   Cf. D.C. Lindberg, op. cit., 52-56. H. Schipperges, op. cit., 46.
[26]   Cf. K. Hedwig, *Sphaera lucis*, 109sq. D.C. Lindberg, op. cit., 106.
[27]   Cf. D.C. Lindberg, op. cit., 97sq. K. Hedwig, op. cit., 111sq. Über Alberts
       kritische Haltung gegenüber der Lehre des Avicebron cf. J. Guttmann, *Die Scho-
       lastik des dreizehnten Jahrhunderts in ihren Beziehungen zum Judenthum*, 60-85.
[28]   Avicebron, *Fons vitae*, V, 41, ed. Cl. Baeumker p.330 v.24sqq.

tus fand jedoch dank der Vermittlung eines seiner bedeutenden Rezipienten, Dominicus Gundissalinus († ca. 1190)[29] statt, dessen Schrift *De anima* Albertus in *De homine* unter dem Namen des „Toletanus" mehrfach zitiert.

Albertus hat, wie schon angedeutet, viele der wichtigsten optischen Werke bzw. Lehren griechischer, arabischer, persischer und nicht zuletzt lateinischer Autoren, und dies sowohl der *philosophi* als auch der *sancti*[30], gekannt und sie in sehr unterschiedlicher Weise rezipiert[31]. Außer den zuvor genannten, in *De forma resultante in speculo* verarbeiteten Quellen, hat er im Rahmen seiner Untersuchung *De visu* (*De homine* q.19-22, einschließlich des sogenannten Appendix zu Quaestio 22) relevante Aussagen bzw. optische Theorien von Empedokles[32], Platon (*Timaios*)[33] und Platonikern[34], Hipparchos[35], Galen[36], Claudius Ptolemaeus[37], Calcidius[38], Nemesius Emesenus (4./5. Jh.)[39], Augustinus (354-430)[40], Johannes von Damaskus († ca. 750)[41], al-Kindi[42], Costa ben Luca (Qusta ibn Luqua, ca. 820-912)[43], Isaak Israëli[44], al-Ghazali[45]

---

[29]   Cf. K. Hedwig, op. cit., 113sq.

[30]   Cf. Albertus Magnus, *De homine* q.21 (Ann Arbor 201 f.28ra; Ed. cit. p.175a).

[31]   Cf. D.C. Lindberg, *Theories of Vision*, 104-107, 90.

[32]   Cf. Albertus Magnus, ibid. q.20 (f.27ra; p.169b); q.22 (f.34ra; p.211a).

[33]   Cf. Albertus Magnus, ibid. q.20 (f.26vb sq.; p.168a sqq.); q.22 (f.34ra; p.210b); q.22 append. (Oxford, Merton Coll. Libr. 0.1.7 [Coxe 283] f.68vb; Ed. cit. p.218a). L. Gaul, *Alberts des Großen Verhältnis zu Plato*, 115-118.

[34]   Cf. Albertus Magnus, ibid. q.21 a.2 (f.29va; p.185a).

[35]   Cf. ibid. q.20 (f.27ra; p.169a); zitiert hier über Nemesius von Emesa.

[36]   Cf. Albertus Magnus, ibid. (f.27ra; p.169a); zitiert ebenfalls über Nemesius.

[37]   Claudius Ptolemaeus, *Almagestum*: Cf. Albertus Magnus, ibid. q.21 a.4 (f.33ra; p.204b); der Autor wird in anderen Teilen von *De homine* mehrfach zitiert.

[38]   Calcidius, *Comm. in Timaeum Platonis*: Cf. Albertus Magnus, ibid. q.20 (f.27ra, 27vb; p.169a, p.173a).

[39]   Wie die meisten scholastischen Schriftsteller hielt auch Albertus den Autor des Werkes *De natura hominis* (in der Übersetzung des Burgundio von Pisa) Nemesius von Emesa für Gregor von Nyssa: Cf. Albertus Magnus, ibid. q.19 a.1 (f.26rb; p.165a); a.2 (f.26vb; p.168b); q.20 (f.27ra, 27vb; p.169a, p.173b).

[40]   Augustinus, *De Genesi ad litteram*: Cf. Albertus Magnus, ibid. q.20 (f.27ra; p.169a).

[41]   Iohannes Damascenus, *De fide orthodoxa*: Cf. Albertus Magnus, ibid. q.19 a.1 (f.26rb; p.165a); a.2 (f.26vb; p.167a, 168b).

[42]   Die optische Schrift *De aspectibus* des al-Kindi wird vielfach von Albertus ohne Nennung der Quelle zitiert, wie z.B. in *De homine* q.22 append. (Oxford, Merton Coll. Libr. 0.1.7 [Coxe 283] f.68rb.; Ed. cit. p.215a sqq.). Im gleichen Werk wird sie aber auch explizite angeführt, wie z.B.: ibid. q.22 append. (Oxford, Merton Coll. Libr. 0.1.7 [Coxe 283] f.68vb, 69va, 70rb; Ed. cit. p.218a, 223a, 226b).

[43]   Costa ben Luca, *De differentia spiritus et animae*: Cf. Albertus Magnus, ibid. q.19 a.2 (Ann Arbor 201 f.26vb; Ed. cit. p.167b); q.21 a.1 (f.28ra; p.175b).

sowie von einigen Zeitgenossen[46] mit einbezogen und teilweise eingehend diskutiert. Es fällt dabei auf, daß er den Beitrag von Avicenna[47] und Averroes[48] in seine Reflexion in einem besonders großen Umfang aufgenommen hat. Der schon zuvor genannte David von Dinant (12./13. Jh.) mit dem *'Liber de visu'*[49] und das Pseudepigraph *Quaestiones Nicolai Peripatetici* (angeführt als *'Capitulum quoddam de coloribus'*)[50] sind in der Diskussion ebenfalls präsent. Gleich am Anfang von *De homine* zitiert Albertus aus Senecas naturphilosophischen Schrift *Naturales quaestiones*, doch diese Entlehnung geschah nach seiner eigenen Auskunft auf dem Umweg über David von Dinant[51].

Es stellt sich nun die Frage, ob und inwieweit jene Autoren bzw. Werke, welche Albertus bei der Abfassung des optischen Teils von *De homine* offensichtlich bekannt waren, die aber in der Abhandlung *De forma resultante in speculo* nicht zitiert werden, seine Darstellung der Spiegelbildproblematik beeinflußt haben.

Für eine Diskussion mit Empedokles bot sich im Rahmen der Abhandlung über das Spiegelbild kaum Gelegenheit, weil der Agrigenter speziell zum Thema des Spiegelbildes, soweit bekannt, nichts beigetragen hat. Al-

---

[44] Isaac Israëli, *De diffinitionibus*: Cf. ibid. q.21 a.1 (f.28rb; p.176a-b).

[45] Algazel, *Physica*: Cf. Albertus Magnus, ibid. q.21 a.5 (f.33va; p.207a).

[46] *'quidam modernorum'*: Cf. Albertus Magnus, ibid. q.22 append. (Oxford, Merton Coll. Libr. 0.1.7 [Coxe 283] f.69vb; Ed. cit. p.223b). Hierzu dürften u.a. Robert Grosseteste und Bartholomaeus Anglicus gezählt werden. Cf. D.C. Lindberg, *Theories of Vision*, 106, 108. L. Baur, *Die Philosophie des Robert Grosseteste*, 111sq.

[47] Cf. Albertus Magnus, ibid. q.19 a.1 (Ann Arbor 201 f.26rb; Ed. cit. p.165a); q.20 (f.27rb; p.171a); q.21 a.1 (f.28rb; p.177a) u.ö. Avicennas Werke *Sextus de naturalibus* (*De anima*) und *De animalibus* gehören zu den wichtigsten von Albertus dauernd benutzten Quellenschriften und Interpretationshilfen bei seiner letztendlich Aristoteles verpflichteten Naturphilosophie und Naturwissenschaft. Über den Dauereinfluß der Lehren von Avicenna und Averroes auf die Optik des Albertus cf. D.C. Lindberg, *Theories of Vision*, 105sq.; ferner D.N. Hasse, *Avicenna's «De anima» in the Latin West, 1160-1300*, 70-79, 120sqq.

[48] Die Schrift *De sensu et sensato* des Averroes, aber auch dessen Kommentarwerke *De memoria et reminiscentia* und *De somno et vigilia*, zitiert Albertus in *De homine* unter dem Namen des Alfarabius: Albertus Magnus, ibid. q.20 (f.27rb; p.171a); q.21 a.1 (f.28vb; p.180a); q.22 (f.34rb; p.211b sq.). Cf. R. de Vaux, *La première entrée d'Averroës*, 238sq. Häufige Averroes-Zitate finden sich in u.a. in Alberts Farbenlehre, cf. Albertus Magnus, ibid. q.21 a.3 partic.1 (f.30ra sqq.; p.188a sqq.).

[49] David von Dinant: Cf. Albertus Magnus, ibid. q.21 a.1 (f.28rb, 28va; p.176bsq., p.179a).

[50] *Quaestiones Nicolai Peripatetici*: Cf. Albertus Magnus, ibid. q.21 a.1 (f.28vb; p.180a).

[51] Für den optischen Teil von *De homine* kann die Benutzung der *Naturales quaestiones* nicht nachgewiesen werden. Zur Vermittlung der Kenntnisse dieser Schrift durch David von Dinant cf. Albertus Magnus, ibid. tr.1 q.5 a.2 (f.12ra; p.71a).

lerdings war Empedokles zuvor zusammen mit Platon, Calcidius, Nemesius von Emesa (der letztere mit Hipparchos und Galen) und Augustinus in die Kritik geraten wegen der von ihnen vertretenen Extramissionstheorie im Bereich der psychophysiologischen Optik[52].

Platons Ausführungen über Spiegelbilder in *Timaios* 46 A-C haben möglicherweise Albertus am stärksten angeregt, sich mit dieser Frage kritisch auseinanderzusetzen. Denn Platon war wohl der erste Denker, der die Begriffe und Einzelfragen, welche von Albertus aufgenommen und diskutiert wurden, benannte: das Spiegelbild (*simulacrum, imago*), die Erzeugung des Spiegelbildes und seine Umkehrung sowie die Bewegung des Spiegelbildes entsprechend der Bewegung des dem Spiegel entgegengesetzten Körpers[53]. Es steht fest, daß Albertus nicht nur in der Lösung vieler fundamentaler philosophischer Probleme von Platon abhängig ist, sondern daß er „sich bei fast jeder philosophischen Frage von einiger Bedeutung über die Stellungnahme Platons zu orientieren und sich mit ihm auseinanderzusetzen sucht"[54]. Die von Platon entworfene Theorie des Spiegelbildes war nicht nur merkwürdig, sondern zeugte von der Unkenntnis der *physis* und ihrer Gesetze. Albertus mußte diesen Sachverhalt erkennen, aber er zögerte sowohl hier als auch an vielen anderen Stellen, Platons Lehre in den Punkten, in denen er Aristoteles folgend anderer Auffassung war, schroff abzulehnen[55]. Schon zu Beginn der Erörterungen über den Fragenkomplex des Gesichtssinns (*De visu ex parte organi*) hatte er auf die grundsätzlich unterschiedlichen Auffassun-

---

[52] Albertus Magnus, *De homine* q.20 (f.27ra sqq.; p.168b sqq.). Zur Extramissionstheorie und zu ihrem Gegenstück, der Empfangstheorie cf. unten Anm.72.

[53] Plato, *Timaios* 46 A-C, transl. Calcidii, ed. J.H. Waszink p.42 v.14 – p.43 v.8: '*At vero simulacrorum, quae in speculis oriuntur, umbrarum etiam, quae in humida cernuntur superficie, facilis assecutio est, siquidem utriusque ignis tam intimi quam extra positi concursu incidente in tersam aliquam levemque materiae superficiem formatique in multas et varias figuras simulacra ex levigati corporis conspectu resultant. Dextrae porro partes, quae sunt sinistrae videntur in isdem speculis insolito quodam more, propterea quod dextris partibus visus contra sinistram partem speculi, sinistris item contra dextram positis, motu facto corporis ex adverso partis eius unde motus fit gesticulatur motus imago. At vero dextrae corporis partes dextrae ita ut sunt in speculis quoque sinistraeque item sinistrae videntur, cum ex coitu visus et splendoris e speculo corpulentior conglobata imago recidet; quod fit, quotiens teres speculi serenitas hinc inde tumidioribus et provectis in molem lateribus dextram visus partem in laevam speculi, laevam item in dexteriora deiecit. Cuius speculi demum si talis facta erit conversio, ut elatiores illae partes altera superior altera inferior locentur, resupini vultus apparebunt videntis splendore luminis e superiore margine cum summis oris partibus et ipso capite ad inferiora deiectis, similis porro ut mento genisque ad superiora sublatis'. Cf. Albertus Magnus, De homine* q.22 append. (Oxford, Merton Coll. Libr. 0.1.7 [Coxe 283] f.68va, p.216b).

[54] L. Gaul, *Alberts des Großen Verhältnis zu Plato*, 156.

[55] Ibid., 157, 115-118, insbes. 117sq.

gen von Platon und Aristoteles sowie ihrer Anhängerschaft bezüglich der
Anatomie des Sehorgans und der Physiologie des Sehvorgangs hingewiesen[56]. Der Spiegelbildtheorie Platons, die einer tieferen naturphilosophischen
und naturwissenschaftlichen Erkenntnis des Phänomens nicht mehr standhalten konnte, trat Albertus mit seiner physikalisch-mathematischen Theorie
aristotelisch-euklidischer Prägung entgegen. Eine direkte Auseinandersetzung mit Platon fand in der Spiegelbildabbhandlung jedoch nicht statt. Die
Abgrenzung von Platon erfolgte im wesentlichen dadurch, daß Albertus den
naturwissenschaftlichen Erkenntnissen des Aristoteles und den physikalisch-
mathematischen Gesetzen der Optik uneingeschränkt beipflichtete. In der
Spiegelbildfrage vertraten die doktrinelle Richtung Platons vor allem seine
Kommentatoren Calcidius, den Albertus in *De homine* mehrfach zitiert, und
Wilhem von Conches (ca. 1080 – ca. 1150)[57], der ebenfalls zu den *sequaces
Platonis* zu zählen ist. Sie und vielleicht noch andere Autoren, wie z.B. Adelhard von Bath (11./12. Jh.)[58], Robert Grosseteste und Bartholomaeus Anglicus, die in der Erklärung des Sehprozesses grundsätzlich noch eine platonische Lehre vertraten, wobei die zwei letzteren sich um eine Vermittlung
zwischen der Extramissions- und Empfangstheorie bemühten, sind im optischen Teil von *De homine* unter der Bezeichnung *'quidam modernorum'* zu vermuten[59]. Der Albertus bekannte, aber in *De forma resultante in speculo* explizite
nicht erwähnte Beitrag des Calcidius ist im literarhistorischen Kontext bedeutsam, weil darin nicht nur die Auffassung Platons erläutert und vertreten
wird. Der *Timaios*-Kommentator stellt nämlich darüber hinaus die Ansichten
der *geometrae cum Peripateticis* über die optische Wahrnehmung und das Spiegelbild ausführlich vor[60].

Eine Beeinflussung des Albertus durch Hipparchos, Galen und Ptolemaeus ist in der Spiegelbildfrage nicht feststellbar. Die beiden erstgenannten
Namen werden im optischen Teil von *De homine* zwar erwähnt, aber dies
geschieht eben durch Vermittlung von Quellenschriften anderer Autoren.
Das von Albertus vielfach, aber nur außerhalb der Abhandlung *De forma*

---

[56] *'Deinde quaeritur de visu ex parte organi, scilicet utrum consistentia oculi sit tantum in humido
aqueo, vel in igneo luminoso. De hoc enim altercatio est inter Aristotelem et Platonem et sequaces
eorum'*: Albertus Magnus, *De homine* q.20 (Ann Arbor 201 f.26vb; Ed. Paris.
T.XXXV p.168a). Cf. Guillelmus de Conches, *Glosae super Platonem* § CXLII, ed.
É. Jeauneau p.244.

[57] Cf. D.C. Lindberg, *Theories of Vision*, 91sq.

[58] In der Spiegelbildfrage vertritt Adelhard von Bath in seinem Werk *Quaestiones
naturales* c.23, ed. M. Müller p.26-31, die Ansichten des Platon. Über Leben und
Lehre Adelhards cf. D.C. Lindberg, op. cit., 92-94.

[59] Cf. oben Anm.46. Zu Bartholomaeus Anglicus cf. auch D.C. Lindberg, op. cit.,
253 Anm.26.

[60] Calcidius, *Comm. in Tim. Platonis* c.CCXXXVIII, ed. J.H. Waszink p.250sqq.

resultante in speculo zitierte Werk *Almagestum* des Claudius Ptolemaeus ist keine optische, sondern astronomische Schrift. Die Benutzung der *Optik* des gleichen Autors läßt sich hingegen in keiner Schrift des Doctor universalis nachweisen[61].

Es wurde zuvor bemerkt, daß im europäischen Frühmittelalter nur eine begrenzte Rezeption des antiken optischen Wissens stattgefunden hat. Zunächst waren es wohl Theologen, die beiläufig die Frage nach den psychophysiologischen Bedingungen der optischen Wahrnehmung behandelt haben. Einen wichtigen Beitrag hierzu hat Augustinus (354-430) in seinem Hauptwerk *De trinitate* und in der Schrift *De Genesi ad litteram* geleistet[62]. Dabei ist zu beachten, daß dieser Kirchenlehrer in der Hochscholastik als unangefochtene theologische Autorität galt. Albertus hat zwar im Vorfeld seiner Abhandlung *De forma resultante in speculo* die optische Lehre des Augustinus erwähnt, konnte sie aber nicht übernehmen, weil sie im wesentlichen der von ihm abgelehnten Sehtheorie Platons glich. Eine Kritik des auf allen Gebieten der Theologie maßgeblichen und geschätzten Kirchenlehrers hat Albertus in dieser naturwissenschaftlichen Frage wohl aus Pietät nicht geübt. Statt dessen suchte er sogar den Widerspruch zwischen der Interpretation des Sehvorgangs durch Platon und Augustinus auf der einen Seite und der aristotelischen, naturphilosophisch und naturwissenschaftlich fundierten Sehtheorie auf der anderen Seite immer dann abzumildern, wenn in diesem Zusammenhang die Namen von Platon und Augustinus fielen[63]. Die philosophisch-theologischen Gedanken des Augustinus zum Themenkomplex „Sehen", welche in *De trinitate* um die Begriffe *visio*, *corpus* (und *corpus lucidum*), *forma*, *intentio animi* und *species corporis* (*rei*), *similitudo*, *imago corporis* (*rei*), *aspectus* (und *conspectus*), *radius*, *oculus* kreisen, haben Albertus auf die Reichweite und die Bedeutung der Frage zumindest aufmerksam machen und schließlich sein Interesse an der theologischen Spiegelbildlehre verstärken müssen. Eine solche Vermutung erscheint nicht zuletzt deshalb zutreffend, weil Augusti-

---

[61]   Eine lateinische Übersetzung der *Optik* des Ptolemaeus (aus dem Arabischen) wurde von Eugenius aus Sizilien wahrscheinlich in der zweiten Hälfte des 13. Jh. erstellt. Dieses Werk wird erst bei Roger Bacon in dessen *Perspectiva* und in *De multiplicatione specierum* zitiert; cf. hierzu die Einleitung zur kritischen Ausgabe der *Optica* von Claudius Ptolemaeus von A.F. Lejeune, *L'Optique de Claude Ptolémée*, 31*sq.; D.C. Lindberg, *Theories of Vision*, 109 mit Anm.28.

[62]   Augustinus, *De trinitate* l.11 c.2sqq. (PL 42, 985sqq.; CCL 50, 334sqq.); l.9 c.3sq. (PL 42, 962, 964; CCL 50, 296, 298); *De Genesi ad litteram* l.1 c.16sqq. (PL 34, 257sqq.; CSEL 28,1 p.23sqq.). Cf. D.C. Lindberg, op. cit., 89sq.

[63]   Cf. Albertus Magnus, *De homine* q.20 (Ann Arbor 201 f.27vb; Ed. Paris. T.XXXV p.173a).

nus das physikalische Spiegelbildmodell in *De trinitate* und in anderen
Schriften theologisch adaptiert hat[64].

Erwähnenswert ist hier auch die von Johannes Scotus Eriugena (ca.
810-877) in seinem Hauptwerk *Periphyseon* (*De divisione naturae*) dargelegte Auffassung über die Physiologie des Sehvorgangs und über den sensitiven Empfang von Körperformen und Farben (Bildern). Seine Konzeption liegt ganz
auf der Linie der neuplatonisch-augustinischen Tradition[65]. Eine Anspielung
auf das *Periphyseon* ist jedoch weder in der *Quaestio* 21 noch im gesamten
optischen Teil von *De homine* (q.19-22) eindeutig nachweisbar, obwohl Albertus diesen Autor nicht zuletzt als den Übersetzer des *Corpus Dionysiacum* bereits gekannt haben muß[66].

Eine wichtige Quelle der Anthropologie und Theologie des Albertus
Magnus waren die Werke der griechischen kirchlichen Schriftsteller Nemesius von Emesa *De natura hominis* und *De fide orthodoxa* des in der Anthropologie von Nemesius abhängigen Johannes von Damaskus. Albertus benutzte
die beiden Schriften in der lateinischen Übersetzung des Burgundio von Pisa
(ca. 1110-1193)[67]. Den beiden Autoren räumte er in seiner Auslegung der

---

[64] Augustinus, *De trinitate* l.15 c.8. (PL 42, 1067sqq.; CCL 50, 479sqq.); cf. auch id., *De quantitate animae* c.5 n.9 (PL 32, 1040; CSEL 89, 141, 21sqq.). M. Schmaus, *Die psychologische Trinitätslehre des hl. Augustinus*, 195sqq., 361sqq.

[65] Cf. Iohannes Scotus Eriugena, *De divisione naturae* l.1 n.37, ed. I.P. Sheldon-Williams p.122 v.34 — p.124 v.9; PL 122, 480 C — 481 A: '*Oculus visus vocatur seu visio, dum neque visus neque visio sit iuxta naturae proprietatem. Quis enim nesciat oculum partem quandam corporalem capitis humidamque esse, per quam visus radiorum instar ex menica, hoc est membranula, cerebri foras funditur? Menica vero luminis naturam ex corde, ignis videlicet sede, recipit. Est enim visus naturalis luminis in sensu videndi possidentis radiatim foras prosiliens emissio, quae cum coloribus formisque exteriorum sensibilium corporum circumfunditur, mirabili celeritate ipsis coloratis visibilibus formis conformatur. Est enim visio formarum colorumque corporalium in radiis oculorum quaedam imago conformata, quae nulla mora interstante sensu recipitur, memoriaeque sentientis infigitur*'; ibid. l.3 n.36, ed. I.P. Sheldon-Williams p.280 v.6-17; 730 C-D: '*est visus et auditus, quas partes corporis esse ex igne et aëre deductas nemo recte philosophantium abnegarit. Est enim, ut ait sanctus Augustinus, luminosum aliquid in oculis, aëreum quiddam mobile et sonorum in auribus. Visus siquidem est lux quaedam ex cordis igne primum nascens deindeque in summitatem verticis ascendens, in eam videlicet partem quae a Graecis dicitur ΜΗΝΙΚΑ, a Latinis vero membranula, qua cerebrum et ambitur et custoditur, per quosdam poros ad supercilia pupillosque oculorum derivata, unde velocissimo impetu solarium radiorum instar foras prosiliens prius propinqua loca et corpora seu longissime constituta tanta velocitate attingit quam palpebra oculorum et tautonis supercilia*'; l.4 n.24 (854 A-B). Cf. J. Koch, *Über die Lichtsymbolik im Bereich der Philosophie und der Mystik des Mittelalters*, 658-661.

[66] Cf. A. Hiedl, *Agalma bei Albert dem Großen*, 307sqq.

[67] Seine lat. Übersetzung von *De natura hominis* des Nemesius hat Burgundio 1165 angefertigt und Friedrich I. gewidmet. Cf. R. Durling, *Burgundio von Pisa*, 1098.

Lehre vom Gesichtssinn eine herausragende Stellung ein, indem er deren
Definition des Gesichtssinns an den Anfang seiner Ausführungen stellte[68].
Bei Nemesius, der in dieser Frage unter dem starken Einfluß des Galen
steht, hat die von Euklid bekanntgemachte optische Theorie der Linearper-
spektive, welche Damascenus fast wörtlich von Nemesius für sein Werk
übernimmt, eine zentrale Bedeutung[69]. Nemesius und Johannes werden zwar
in der Abhandlung *De forma resultante in speculo* nicht zitiert, aber die in ihren
Erörterungen über den Gesichtssinn mit behandelten optischen Phänomene
und Fragestellungen, wie Wahrnehmung von Farbe, Körper samt Größe,
Form, Ort, Entfernung, (Viel-)Zahl, Bewegung sowie vor allem die Lehre
von der Rektilinearperspektive, die bei Albertus nicht nur ihre Gültigkeit
behält, sondern teilweise auch quellenhistorisch und experimentell verifiziert
wird, haben auf unseren Autor und seinen Plan der Abhandlung gewiß
inspirierend wirken können. Emesenus erwähnt zwar auch die Spiegelbildproblematik, aber er geht auf diese nicht ein[70]. Johannes von Damaskus
greift hingegen die Begriffe *imago* und *similitudo* auf und benutzt sie im theologischen und anthropologischen Sinne[71]. Ob in der Spiegelbildfrage Albertus tatsächlich einen anregender Impuls von diesen beiden Autoren empfan-
gen hat und wie stark dieser gewesen sein mag, läßt sich gegenwärtig kaum
mit Sicherheit bestimmen.

Die geometrische Optik des al-Kindi macht Albertus im Anschluß an die
Untersuchung *De visu ex parte modi et actu videndi*, in dem sogenannten
„Appendix zur Quaestio 22", zum Ausgangspunkt seiner Diskussion zweier
gegensätzlicher Theorien des Sehens – der „Extramissionstheorie" und der
„Empfangstheorie"[72]. Das Werk *De aspectibus*, das Gerhard von Cremona ins
Lateinische übersetzt hat, benutzt er zunächst ohne Nennung der Quelle,
später explizite für die Darstellung der Ansichten der *aspectivi*[73]. Eine Einbe-

---

[68] Albertus Magnus, *De homine* q.19 a.1 (*Quid sit visus*) (f.26rb; p.165a).

[69] Nemesius Emesenus, *De natura hominis*, transl. Burg. c.6, ed. G. Verbeke/J.R.
Moncho p.73-79, insbes. p.76 v.48sqq. Iohannes Damascenus, *De fide orth.*,
transl. Burg. c.32, ed. E. Buytaert p.125-128.

[70] Op. cit. p.79 v.20; cf. ibid. p.74 v.12-14.

[71] Cf. Iohannes Damascenus, op. cit. (transl. Burg.) c.11, p.52 v.6-7; c.13, p.61
v.88-89; c.25, p.106 v.4, p.107 v.15; c.26, p.113 v.20sq., v.24sqq.; c.44, p.162
v.28; c.58, p.219 v.85, v.88; c.62, p.252 v.26, v.29, c.89 (*De sanctis imaginibus*)
p.330sqq.

[72] Für quellenhistorische Hinweise zur Kontroverse zwischen den Vertretern der
beiden gegensätzlichen Sehtheorien cf. C. Akdogan, *Optics in Albert the Great's «De
sensu et sensato»*, 191sqq.; id., *Avicenna et Albert's Refutation of the Extramission Theory of
Vision*; ferner auch *S. Thomae de Aq. Opera Omnia*, Ed. Leon. T.XLV,1 (*Sentencia
libri De anima*) p.133 n.122-125

[73] Cf. oben Anm.42.

ziehung dieser Schrift bei seiner Analyse der Spiegelbildfrage im Rahmen der Abhandlung *De forma resultante in speculo* wird vom Autor nicht erwähnt. Seine Erklärung der Grundsätze der Lichtreflexion im Spiegel und seine graphische Illustration dieses Prozesses weisen allerdings eine gewisse Ähnlichkeit mit den entsprechenden Ausführungen und der Zeichnung in *De aspectibus* des al-Kindi[74] auf. Albertus lehnt jedoch im optischen Teil von *De homine* die von al-Kindi vertretene Auffassung von der Aussendung der Sehstrahlen durch das Auge (modifizierte Extramissionstheorie Platons und Euklids) entschieden als absurd ab[75]. Für eine unmittelbare Benutzung der Schrift *De radiis* des al-Kindi gibt es sowohl in der Abhandlung über das Spiegelbild als auch im ganzen Werk *De homine*, soweit es sich zum jetzigen Zeitpunkt feststellen läßt, keine Anhaltspunkte.

Den Beitrag des Costa ben Luca zur Physiologie des Sehprozesses berücksichtigt Albertus anhand der Schrift *De differentia spiritus et animae*, die er öfters als Quelle des naturphilosophisch-medizinischen Wissens benutzt und zitiert hat, schon bald zu Beginn der Studie über den Gesichtssinn[76]. Die Lehre vom „Sehgeist" (*spiritus visibilis*), auch Sehpneuma genannt[77], hat er vielleicht von diesem Autor oder aber von Avicenna[78] übernommen. Diesen physiologischen Aspekt der Sehtheorie erörtert der Autor jedoch ohne jeden Hinweis auf seine Quelle[79]. Eine mögliche Nachwirkung von Costa ben

---

[74] Al-Kindi, *De aspectibus* c.16, ed. A.A. Björnbo p.28 v.5sqq.

[75] Albertus Magnus, *De homine* q.22 append. (Oxford, Merton Coll. Libr. 0.1.7 [Coxe 283] f.68vb 69va; Ed. Paris. T.XXXV p.218a sqq., p.223a sq.). Cf. K. Hedwig, *Sphaera lucis*, 98-100. D.C. Lindberg, *Theories of Vision*, 105.

[76] Cf. oben Anm.43.

[77] Cf. H. Bauer, *Die Psychologie Alhazens*, 12, 28sq., 47. K. Hedwig, *Sphaera lucis*, 98, 101sq., 105; Hedwig hat den Bezug zu Costa ben Luca nicht bemerkt und diesen Autor in seine Studie nicht einbezogen. L. Sturlese, *Optik*, 1420.

[78] Avicenna, *Canon* l.3 fen 3 c.1, Ed. Veneta 1507 f.203v; id., *De animalibus* l.12 c.11, Ed. Veneta 1508 f.49ra. Der Begriff geht auf Platon und Galen zurück; Galen hat ihn seiner Theorie zugrundegelegt (cf. Claudius Galenus, *De placitis Hippocratis et Platoni*, ed. I. Müller p.615-626; ed. G. Kühn p.618-628), die Albertus unmittelbar wohl nicht bekannt war (s. oben Anm.36). Der Terminus kommt u.a. vor bei ibn al-Haytham (Alhazen) in dessen optischer Schrift *De aspectibus* (*Perspectiva*; cf. H. Bauer, op. cit., 12, 14, 20sq., 25, 27sq. D.C. Lindberg, *Theories of Vision*, 69, 81), bei Adelhard von Bath in den *Quaestiones naturales*, z.B. c.23, ed. M. Müller p.27sqq., p.30, und bei Dominicus Gundissalinus, *De immortalitate animae*, ed. G. Bülow p.31 v.14; cf. auch Guillelmus Parisiensis, *De immortalitate animae*, ed. G. Bülow p.54 v.3-4. Averroes spricht in *Colliget* l.2 c.15, Ed. Veneta 1560 f.27r A-B, ebenfalls von *spiritus visibilis*; die letztgenannte Quelle dürfte aber Albertus ebenfalls nicht bekannt gewesen sein.

[79] Cf. Albertus Magnus, *De homine* q.20 (Ann Arbor 201 f.27va; Ed. Paris. T.XXXV p.171b).

Luca läßt sich in der Abhandlung *De forma resultante in speculo* an der Präsenz von Elementen dieser Lehre erkennen: In der Lösung (*solutio*) rekurriert Albertus auf den Begriff des *spiritus visibilis*.

In Verbindung mit Costa ben Luca wird eine weitere medizinische Autorität zitiert: der arabische Arzt, Übersetzer, medizinische Schriftsteller und Kommentator Galens Hunain ibn Ishaq, der in die lateinische Literatur des Westens unter dem Namen des Johannitius eingegangen ist[80]. Wie Costa ben Luca hält auch Hunain in seiner Einführung in die Medizin, welche in der mittelalterlichen lateinischen Übersetzung als *Isagoge (ad Tegni Galeni) Iohannitii* bekannt gewesen ist, in der Sehtheorie an der Lehre vom Sehpneuma fest[81]. Ein tatsächlicher Einfluß dieses Autors auf Albertus in der Lehre vom Sehen kann aber nicht nachgewiesen werden.

Im optischen Teil von *De homine*, jedoch außerhalb der Abhandlung über das Spiegelbild, führt Albertus mehrfach unter dem Namen des islamischen Philosophen al-Farabi („Alfarabius") die Schrift *De sensu et sensato* des Averroes an. Aber auch sonst in *De homine*, wo der Name „Alfarabius" mit bzw. ohne Werkangabe fällt und dabei seine Ansichten über Sinneswahrnehmung, Gedächtnis und Schlaf sehr allgemein referiert werden, handelt es sich in Wirklichkeit um die Lehre des Averroes, die der Paraphrase zu den drei aristotelischen Schriften aus dem naturphilosophischen *Corpus* der sogenannten *Parva naturalia* – *De sensu et sensato*, *De memoria et reminiscentia*, *De somno et vigilia* – entnommen ist[82]. Albertus hat anscheinend zu diesem Zeitpunkt – Anfang der 40er Jahre des 13. Jh. – die authentischen Schriften von al-Farabi noch nicht gekannt. In seiner reichhaltigen und quellenhistorisch sehr aufschlußreichen Intellektlehre, die er in *De homine* darbietet, benutzt er

---

[80] Ibid. q.56 a.4 (f.74vb; p.483a); q.61 a.1 (f.81ra; p.520b).

[81] Cf. D.C. Lindberg, *Theories of Vision*, 35sqq. H. Schipperges, *Welt des Auges*, 43sq.

[82] Averroeszitate im optischen Teil von *De homine*, die explizite al-Farabi zugeschrieben werden, sind folgende: q.20 (f.27rb; p.171a): '*Item Alfarabius in suo libro De sensu et sensato dicit sic: «Instrumentum virtutis visibilis...»*' (= Averroes, *De sensu et sensato*, ed. A.E. Shields/H. Blumberg p.5 v.45); q.21 a.1 (f.28vb; p.180a): '*Item, Alfarabius: «Colores fiunt ex admixtione ignis cum corporibus ...»*' (= Averr., *De sensu et sensato*, ed. cit. p.18 v.8sqq.); q.22 (f.34ra; p.210a sqq.): '*ponit Alfarabius in suo libro De sensu et sensato et Avicenna in VI° IIII°r opiniones antiquorum philosophorum. Quarum prima est opinio dicentium sensibilia in anima esse in actu et quod non sint acquisita ab extrinsecus ...*' (= Averroes, *De sensu et sensato*, ed. cit. p.25 v.31sqq.). In den Fällen, wo der Name al-Farabi nicht mit einem klar formulierten optischen Lehrgehalt verbunden, sondern in einer Reihe mit anderen Autoren genannt wird, handelt es sich ebenfalls um Averroes und seine Paraphrase zu *De sensu et sensato*. Cf. Albertus Magnus, *De resurrectione* tr.2 q.8 a.4, Ed. Colon. T.XXVI p.277 v.6; a.6 § 4 (p.281 v.38). R. de Vaux, *La première entrée d'Averroës*, 238-240. D.C. Lindberg, op. cit., 42sq. mit Anm.67; 213 mit Anm.35.

die für seine spätere Doktrin wichtige Schrift *De intellectu et intellecto* des al-
Farabi noch nicht. Al-Farabi hat überdies einige wissenschaftstheoretische
Überlegungen zur Optik angestellt. Nach seiner Ansicht umfaßt die Naturwissenschaft (*scientia de naturis*) unter anderen eine *scientia de imaginibus* und
eine *scientia de speculis*[83]. In seinem Werk *De scientiis* nennt er unter den allgemein bekannten Wissenschaften (*scientiae famosae*) die mit der Geometrie
gewissermaßen verwandte, aber ihrem Gegenstand nach doch enger gefaßte
scientia de aspectibus. Al-Farabi bestimmt sie als einen Teil der *scientia doctrina-
lis*[84]. Die *scientia de aspectibus*, die dem scholastischen Begriff der geometrischen Perspektive (*perspectiva*) bzw. der Optik entspricht, ist keine überflüssi-
ge, sondern eine notwendige Disziplin, weil mit ihrer Hilfe unterschieden
werden kann zwischen dem, was durch den Gesichtssinn anders wahrgenommen wird, als es wirklich ist, und jenem, was so, wie es tatsächlich ist
bzw. erscheint, rezipiert wird[85]. Al-Farabi legt in Stichworten den Geltungsbereich, die Nützlichkeit und den allgemeinen Lehrgehalt dieser Disziplin
dar. Er erwähnt die Grundprinzipien der optischen Wahrnehmung, wobei
dem Begriff des Strahls (*radius*) – des Sehstrahls bzw. des Lichtstrahls – eine
grundlegende Funktion beigemessen wird. Es werden von ihm die Begriffe
der geradlinigen und der reflektierten Strahlen (*radii recti et radii reflexi*) definiert. Der wissenschaftstheoretische und optische Beitrag von al-Farabi
erhellt zwar den begrifflichen und doktrinellen Kontext der Spiegelbildabhandlung des Albertus Magnus, aber aufgrund der für die Abhandlung
konstatierten Quellenlage kann man nicht davon ausgehen, daß Albertus
aus den Schriften dieses Autors tasächlich geschöpft hat.

Völlig anders verhält es sich im Fall der Abhängigkeit des Albertus
Magnus von Avicenna. In der Abhandlung über das Spiegelbild fehlt zwar
jeder Hinweis auf diese Autorität, aber das bedeutet nicht, daß der persische
Peripatetiker und Aristoteles-Interpret sowie Mediziner gerade in der Spiegelbildfrage keinen Einfluß auf Albertus ausgeübt hat. Wie erwähnt, findet
Albertus in Avicennas Kommentarwerk *De anima*, das er bei der Abfassung
von *De homine* nicht nur stets zur Hand hat, sondern auch intensiv rezipiert,
eine Interpretationshilfe und eine doktrinelle Ergänzung zu Aristoteles,
gleichsam eine Inspirationsquelle. Avicenna nimmt mehrfach in seinem
Kommentar im Zusammenhang mit der Frage nach dem Gesichtssinn und
in seiner Erörterung der Sehtheorien das Thema des Spiegelbildes auf[86]. Es

---

[83] Alfarabi, *De ortu scientiarum* c.1 n.5, ed. Cl. Baeumker p.20 v.13-14, 23-28.

[84] Alfarabi, *De scientiis, prolog.*, ed. G. Camerarius p.2; ibid. c.3, p.14, p.18-20.

[85] Ibid., 18sq.

[86] Cf. Avicenna, *Liber de anima seu sextus de naturalibus* pars 3 c.5-7, ed. S. Van Riet
p.216 v.90sqq., insbes. p.217 v.1sqq. Der gesamte Themenkomplex um den
Gesichtssinn beginnt bereits mit dem ersten Kapitel des dritten Teils des *Liber de*

lassen sich begriffliche und sachliche Parallelen in der Abhandlung Alberts und in der Schrift des Avicenna feststellen. Albertus operiert mit vielen Begriffen, die sich bei Avicenna finden, z.b.: *forma speculi, radius, superficies* und *profunditas speculi, inspiciens speculum* (*intuens, contuens* bei Avicenna), *aspiciens ad speculum, aër* und *aqua* als *medium visus, sphaera dimidii caeli* (*hemisphaerium mundi* bei Avicenna). Allerdings nicht alle Probleme, die Albertus angeht, und vor allem nicht die Hauptfrage der Abhandlung nach der Existenz und der kategorialen Bestimmung des Spiegelbildes, wurden in diesem Zusammenhang von Avicenna unmittelbar behandelt. Wichtige Einzelfragen jedoch waren in seinem Kommentar schon enthalten, wie z.b. die Fragen nach der Bewegung des Spiegelbildes und den Bedingungen einer Reflexion der Strahlen (Rückspiegelung), welche gleichsam die Konstituenten eines Spiegels sind. Die optischen Überlegungen Avicennas sind für Albertus zweifelsohne nicht nur inspirativ, sondern auch in ihren Lösungsansätzen bedeutsam, weil sie der aristotelischen Theorie, die unser Autor sich zu eigen macht, folgen.

Von der Lehre des arabischen Philosophen und Aristoteles-Interpreten aus Córdoba, Averroes, speziell über Farbe, Licht und Lichtreflexion, die er in seinem Kommentar zu der Schrift *De anima* darlegt, kann Albertus, der aus dieser Quelle sonst reichlich schöpft, wenig profitieren. Denn die Frage nach dem Spiegelbild wird im Kommentarwerk des Averroes nicht gestellt. Sie taucht nur beiläufig in dessen Kommentar zur aristotelischen Schrift *De sensu et sensato* auf[87], die, wie gesagt, Albertus aber in *De homine* für ein Werk des al-Farabi hält und stets unter diesem Namen zitiert. Ob und inwieweit die Hinweise des Averroes auf die *Libri aspectuum* für Albertus weiterführend und fruchtbar gewesen sein mögen, läßt sich derzeit kaum ermitteln[88].

Zum Schluß bleiben noch Autoren des 11. bis 13. Jh. zu berücksichtigen, zu denen wohl auch manche Zeitgenossen des Doctor universalis gehören und die von ihm selbst als '*quidam modernorum*' bezeichnet werden, insofern sie sich mit optischen Fragen beschäftigt haben und wirkungsgeschichtlich im Hinblick auf den optischen Beitrag des Doctor universalis von Bedeutung sind bzw. sein können. Es wurden bereits erwähnt Wilhelm von Conches und Adelhard von Bath als Verfechter der platonischen Richtung in der

---

anima, ed. S. Van Riet p.169sqq. Wie Albertus mit dem Standpunkt von Avicenna in der psychophysiologischen und physikalischen Optik übereinstimmt, zeigen die Untersuchungen von C. Akdogan, *Optics in Albert the Great's «De sensu et sensato»*, 190sqq.; id., *Avicenna et Albert's Refutation of the Extramission Theory of Vision.*

[87] Cf. Averroes, *Compendium libri Aristotelis De sensu et sensato*, ed. A.E. Shields/H. Blumberg p.5 v.47sq., p.37 v.47, p.39 v.69sqq.

[88] Cf. Averroes, *Commentarium magnum in Aristotelis De anima* 1.2 comm.80, ed. F.S. Crawford p.253 v.74, 86.

Sehtheorie. Ihre Lehren gehören zu jenen Quellen, die zwar zur Entfaltung der Spiegelbildlehre und der Sehtheorie Alberts direkt oder indirekt beigetragen haben, jedoch im negativen Sinne, da der Doctor universalis die Spitze seiner Kritik gegen ihre platonische Position richtete.

Eine Quelle für Albertus kann auch der *Tractatus de anima* des Johannes Blund (11./12. Jh.) sein. In seiner Schrift, die heute in nur sehr wenigen Handschriften erhalten ist, vertritt dieser nicht näher bekannte englische Autor, der vielleicht zunächst in Paris und später in Oxford studiert hat und um 1200 *magister artium* war, eine aristotelische Sehtheorie und geht dabei mehrfach, wenn auch nur flüchtig und ohne einen systematischen Ansatz, die Spiegelbildfrage an[89]. Falls Albertus diesen Text gekannt hat, konnte er darin manche Anregung zur systematischen Behandlung der Spiegelbildfrage finden, zumal hier auch einige der optischen Quellen, die Albertus ebenfalls benutzt, rezipiert werden.

Der aus Sachsen stammende Theologe Hugo von St. Viktor (1096-1141) geht in seiner Schrift *De tribus diebus*, welche nach dem neuesten Forschungsstand ein selbständiges Werk ist und nicht zum Bestand der propädeutischen Schrift *Didascalicon* gehört[90], kurz auf die Frage der Physiologie des Sehvorgangs ein. Er nimmt an, daß der Sehprozeß – im Gegensatz zur übrigen sinnlichen Wahrnehmung – von innen nach außen erfolgt und daß es kraft jener nach außen gerichteten Agilität des Gesichtssinns zur visuellen Perzeption der Objekte kommt[91]. In dieser Deutung des Sehprozesses ist der neuplatonisch-augustinische Standpunkt deutlich erkennbar. Die sichtbare Form (*forma visibilis*), welche aus Figur (Gestalt) und Farbe besteht, ist die *species*[92]. Diese durch Hugo von St. Viktor vertretene Konzeption der visuellen Wahrnehmung kann also von Albertus auch mit gemeint sein, wenn er die '*moderni*' kritisiert, denn sachlich stimmt sie im wesentlichen mit der

---

[89] Cf. Johannes Blund, *Tractatus de anima*, ed. D.A. Callus/R.W. Hunt p.VIsqq.; c.9-13, ed. cit. p.24sqq.

[90] Das Werk *De tribus diebus* wurde in der Druckausgabe von Rouen 1648 und sodann in der Migne-Ausgabe der *Patrologia Latina* fälschlicherweise als Buch VII der Schrift *Didascalicon* herausgegeben. In der kritischen, von H. Buttimer besorgten Textausgabe des *Didascalicon* erscheint dieser Text nicht mehr. Cf. R. Goy, *Die Überlieferung der Werke Hugos von St. Viktor*, 98-115. Für den Hinweis auf den neuesten Forschungsstand in dieser Frage danke ich meinem Kollegen M. Pickavé (Thomas-Institut der Universität zu Köln).

[91] Hugo de S. Victore, *De tribus diebus*, in: id., *Didascalicon* l.7 c.7, PL 176, 818 A-B: '*Supremum locum obtinet visus in oculis ... Scimus autem, quod reliqui omnes sensus foris intro veniunt, solus visus intus foras exit, et eminus posita mira prae ceteris agilitate percipit*'. Cf. H. Schipperges, *Welt des Auges*, 98, 100.

[92] Hugo de S. Victore, op. cit. c.9 (819 B): '*Species est forma visibilis, quae continet duo, figuras et colores*'.

Auffassung anderer neuplatonisch orientierter Zeitgenossen überein. In der
Abhandlung *De forma resultante in speculo* lassen sich allerdings weder explizite
Bezugsmomente zur Lehre des Hugo von Sankt Viktor noch Anspielungen
auf die Auffassung der '*moderni*' feststellen.

Eine zwar in Grundzügen platonische Richtung, aber mit einer Tendenz
zur Vermittlung der platonischen bzw. neuplatonischen mit der aristotelischen Theorie der visuellen Wahrnehmung haben, wie schon erwähnt,
Robert Grosseteste (ca. 1168-1253)[93] und Bartholomaeus Anglicus († nach
1250)[94] vertreten. Über die Benutzung der Enzyklopädie *De proprietatibus
rerum* des Bartholomaeus durch Albertus und vor allem über einen sich aus
dieser Quelle ergebenden tatsächlichen Erkenntnisgewinn kann kaum etwas
Sicheres gesagt werden, zumal der Beitrag des englischen Enzyklopädisten
zur Spiegelbildlehre gering ist[95]. Hingegen darf als gesichert gelten, daß
Albertus Magnus über gute Kenntnisse der Schriften und der Übersetzungen Grossetestes verfügte. Grosseteste hat sich durch intensive Forschungen
zur Optik, insbesondere zur geometrischen Perspektive, und durch philosophische Lichtspekulationen schon zu Lebzeiten einen Namen gemacht. Er
wird in der jüngsten wissenschaftshistorischen Forschung als Vorläufer einer
neuen Epoche in der Optik-Forschung dargestellt, die ihren Höhepunkt in J.
Kepler (1571-1630) erreicht hat, und sein gesamter Beitrag auf dem Gebiet
der Optik und Lichtmetaphysik wird als ein Wendepunkt in der philosophischen Diskussion des Lichtphänomens im lateinischen Westen gewertet[96].

---

[93]   Cf. D.C. Lindberg, op. cit., 94sqq. Lindberg sieht Grossetestes Theorie der
visuellen Wahrnehmung in Kontinuität mit der platonischen Tradition des
Frühmittelalters: „in the realm of visual theory, Grosseteste must still be classi-
fied with the Platonists of the early Middle Ages" (Lindberg, ibid., 95); „Grosseteste is thus to be seen as reflecting early medieval and twelfth-century Plato-
nism" (ibid., 101). Aber er räumt auch ein, daß diese platonische Theorie sich
oberflächlich an die Lehre von Euklid und Aristoteles anschloß: „His theory of
vision was simply Plato's theory, crudely merged with Aristotelian and Euclidean
teachings" (ibid., 102); „Grosseteste presented a brief and primitive discussion of
the Platonic theory of vision, superficially reconciled with Euclidean and Aristotelian teachings" (ibid. 107); der Weg für die spätere Synthese des Roger Bacon
war somit vorgezeichnet (ibid., 101). L. Baur wertet Grossetestes Standpunkt als
Mittelweg zwischen den beiden gegensätzlichen Sehtheorien: „Demgemäß
scheint sich Grosseteste hinsichtlich des Sehens der vermittelnden Richtung an-
zuschließen" (L. Baur, *Die Philosophie des Robert Grosseteste*, 111); „Grosseteste
nimmt, wie wir sahen, einen vermittelnden Standpunkt ein" (ibid. 112 Anm.2).

[94]   Siehe oben Anm.46.

[95]   Cf. Bartholomaeus Angl., *De proprietatibus rerum* l.3 c.17, ed. R.J. Long p.39-45.

[96]   Cf. L. Baur, *Die Philosophie des Robert Grosseteste*, 93sqq. D.C. Lindberg, op. cit.,
94sqq. K. Hedwig, *Sphaera lucis*, 119-150.

Die von ihm erbrachten Leistungen gehen in hohem Maße auf die Begegnung mit der neuen griechischen und arabischen Quellenliteratur zurück[97]. Das aus diesen Quellen neuerschlossene Fachwissen und der spezifische Gegenstand seiner Spekulation führten Grosseteste auch zur experimentellen Forschung. Aus seinem umfangreichen optischen Schrifttum weist das Werkchen *De iride seu de iride et speculo*[98] mehrere Parallelen zu Alberts Abhandlung *De forma resultante in speculo* auf. Die Gemeinsamkeiten betreffen in erster Linie die Fragen nach der Reflexion (Spiegelung: *reflexio* und *refractio*), der Brechung (*fractio*) und der Diskontinuität (*discontinuatio*) des Sehstrahls. Ein unmittelbarer Zusammenhang zwischen den beiden Schriften ist allerdings nicht zwingend gegeben. Er ist aber auch nicht ausgeschlossen, obwohl die sachlichen Parallelen sich ebenso durch die Benutzung von gemeinsamen Quellen erklären lassen, denn wenn wir richtig sehen, waren alle von dem Lincolner Bischof benutzten philosophischen und naturwissenschaftlichen Quellen (in den lateinischen Übersetzungen) Albertus zum Zeitpunkt der Abfassung von *De homine* bekannt[99].

Roger Bacon (ca. 1214/1220 – nach 1292)[100], ein Schüler von Robert Grosseteste und ein streitbarer Zeitgenosse von Albertus Magnus, hat die platonisierend-vermittelnde Tradition seines Lehrers fortgesetzt. Einen Einfluß auf Albertus, den er – selbst bereits vor 1245 *magister artium* an der Pariser Universität – wohl persönlich erlebt und gekannt haben muß und dem er zumindest in seinen späteren Jahren (um 1267) neidvoll, ja feindlich und mit überzogener Kritik gegenüberstand[101], hat er kaum ausüben können, zumal seine *Perspectiva* etwa 20 Jahre nach der Abfassung von *De homine* entstanden ist. Er ist wohl jenen *moderni* zuzurechnen, deren vermittelnde Position in der Frage nach der visuellen Wahrnehmung Albertus in seiner Erörterung über den Gesichtssinn in *De homine* kritisiert.

Zu den bedeutendsten Vertretern der geometrischen Perspektive und Optik des 13. Jh. zählen der Engländer Johannes Peckham (ca. 1230-1292) und der Schlesier Witelo (1220/1230 – nach 1277)[102]. Beiden ist gemeinsam,

---

[97] D.C. Lindberg, op. cit., 94.

[98] Die Textausgabe: L. Baur, *Die philosophischen Werke des Robert Grosseteste*, 73-78; für die Studie zum Werk cf. L. Baur, ibid., 109-130.

[99] Cf. D.C. Lindberg, op. cit., 94, 104-107.

[100] Zu Person, Werk und Wirkung von Roger Bacon cf. J. Hackett (Hg.), *Roger Bacon and the Sciences*. F. Van Steenberghen, *La philosophie au XIIIᵉ siècle*, 130sqq., 379sqq.; D.C. Lindberg, op. cit., 107sqq.; J. Hirschberg, *Geschichte der Augenheilkunde im Mittelalter*, 276-278.

[101] Roger Bacon, *Opus tertium* c.9, ed. J.S. Brewer p.30sq., 37, 38; *Opus minus*, ed. J.S. Brewer p.325-328, insbes. 327sq.; cf. unten Anm.104. D.C. Lindberg, *Theories of Vision*, 108sq. mit Anm.27. M. Grabmann, *Der hl. Albert der Große*, 3.

[102] Cf. D.C. Lindberg, op. cit., 116sqq.

daß sie an die optische Synthese von Roger Bacon anknüpften und große, wirkungsvolle Entwürfe der geometrischen Perspektive und Optik schufen. Ein kausaler Zusammenhang zwischen den optischen Entwürfen der beiden Autoren und dem Beitrag des Albertus Magnus zur Sehtheorie, der aus chronologischen Gründen dann nur als Quelle in Betracht käme, ist nicht ersichtlich.

Eine Sonderstellung im problemgeschichtlichen Kontext der Spiegelbildfrage des 13. Jh. im allgemeinen und im Verhältnis zur Untersuchung über das Spiegelbild des Albertus Magnus im speziellen nimmt die anonyme quaestionenförmige Abhandlung *De forma speculi* ein, die im Kodex der Erfurter *Bibliotheca Amploniana, CA 2° 335* f.91va-93rb (s. Anhang V) überliefert wird. Weder der anonyme Text noch der übrige Inhalt des Kodex ist datiert. Nach dem paläographischen Befund und der Zusammenstellung der Texte zu urteilen, wurde die Handschrift wohl in der ersten Hälfte oder um die Mitte des 13. Jh. geschrieben. Sichere äußere Kriterien für die Bestimmung des chronologischen Verhältnisses zwischen dieser Abhandlung und dem Paralleltext aus *De homine* des Albertus Magnus sind also zum gegenwärtigen Forschungsstand nicht gegeben.

Der Gegenstand der anonymen Abhandlung *De forma speculi* im Erfurter Kodex, der literarische Ausgangspunkt der Untersuchung, ihre weiteren Quellen und auch ihr literarisches Genus stimmen mit *De forma resultante in speculo* des Albertus Magnus überein. Der Anonymus bietet im wesentlichen die gleiche Lösung wie Albertus. Das Spiegelbild wird in der kategorialen Bestimmung des Phänomens als Qualität (*qualitas*) definiert, und zwar als die erste Art der Qualität: '*forma illa qualitas est in veritate, et est in prima specie qualitatis*'. Das Spiegelbild ist im Spiegel bzw. im tragenden Medium in der Weise, wie das Akzidens in der Substanz ist: '*est in aliquo sicut accidens in substantia*', genauerhin wie im Subjekt. In der Luft zwischen dem Gegenstand und dem Spiegel ist das Spiegelbild nur wie in einem Träger-Medium. Auch für die Erklärung der Erzeugung und „Bewegung" des Spiegelbildes ist eine sachliche und begriffliche Übereinstimmung zwischen dem Anonymus und Albertus zu konstatieren. Beide definieren die Entstehung des Spiegelbildphänomens als sukzessive Erzeugung eines numerisch jeweils neuen Bildes: '*illa forma non movetur de loco ad locum, sed est alia et alia de novo generata*'. Während Albertus drei Arten einer kontinuierlichen Erzeugung des Spiegelbildes annimmt – durch die eigene Bewegung des sich im Spiegel Anblickenden, durch die Bewegung des Spiegels und durch die örtliche Veränderung des Träger-Medium (Luft) –, werden vom Anonymus nur die zwei ersten Ursachen genannt. Die Ausführungen des Anonymus über die physikalischen Bedingungen und die Beschaffenheit eines Spiegels decken sich in der Sache mit der Lehre des Albertus. Detaillierter ist allerdings die Schilderung der Entstehung von Spiegelbildern in unterschiedlich gebauten Spiegeln, wobei hier einige Fremdwörter, die möglicherweise für die nähere Herkunft des Textes aufschlußreich sind, vorkommen, die aber bislang weder in ihrem Ursprung noch in ihrer Bedeutung geklärt werden konnten: *specula gutriti, centosie vel chievre*. Der anonyme Text zeugt von einer bemerkenswerten fachlichen Kompetenz des Autors auf diesem Gebiet und von seiner naturphilosophischen Bildung. Er zitiert explizite Aristoteles mit den Schriften *De anima* (insbes. Kap. *De visu*) und *Physica*, sowie den *Liber sex principiorum*. Aristoteles gilt dabei für ihn als eine maßgebliche Autorität. In mancher Hinsicht scheint der anonyme Autor viel selbständiger, mit tieferer Sachkenntnis und mit mehr Interesse an Exaktheit als Albertus Magnus die Spiegelbildfrage anzugehen. Die Koinzidenz der Lehrgehalte beider Abhandlungen erstreckt sich auf alle weiteren Fragen, die den beiden Quaestionen gemeinsam sind: punktförmige Aufnahme des Bildes im Spiegel; Aufnahme des Bildes gemäß seiner Dimension (Breite und Länge) nur der Intention bzw. der *species* nach; die Relevanz der Entfernung des Gegenstandes vom Spiegel für die Perspektive der visuellen Erscheinung des Spiegelbildes; die Luft als Träger-Medium (*medium deferens*) im Sehprozeß; die wohl auf David von Dinant zurückgehende Parallelisierung von Auge und Spiegel; schließlich die schon erwähnte Formenvielfalt der Spiegelbilder, welche durch unterschiedlich gebaute bzw. zusammengesetzte Spiegel (Flach-, Hohl-, Konvexspiegel) hervorgebracht wird.

Die oben genannten Fremdwörter, welche am Schluß des anonymen Textes fallen, und der gesamte Inhalt sowie die straffe, den Eindruck einer tieferen Fachkenntnis des Autors vermittelnde Form der Erörterung in der Abhandlung des Anonymus scheinen dafür zu sprechen, daß es sich in dem Fall um einen optischen Text aus erster Hand handelt, der kein bereits vorhandenes Muster kopiert, und daß er älter als die Abhandlung *De forma resultante in speculo* des Albertus Magnus ist. Die weitgehende Übereinstimmung mit Albertus in der Lehre, die gemeinsamen Quellen und die Entsprechung in der formalen Disposition des Materials und auch in der Wahl der literarischen Form für das optische Lehrstück lassen eine wie auch immer geartete Abhängigkeit des Albertus Magnus von dieser Quelle vermuten. Es bleibt allerdings auch offen, ob dieser mögliche Einfluß auf ihn direkt oder vielleicht über einen anderen Weg erfolgte.

4. Rezeption

Wird die Frage gestellt, wie die Spiegelbildlehre des Albertus Magnus, die in der Abhandlung *De forma resultante in speculo*, aber auch verstreut in einigen anderen seiner Werke vorliegt, in der unmittelbaren und späteren Nachwelt rezipiert wird, ist eine breitere Quellenforschung unumgänglich. Alberts

Interesse an der philosophischen und naturwissenschaftlichen Erforschung
dieses visuell wahrnehmbaren Phänomens konnte bisher in seiner durchaus
vielfältigen Bedeutung in der Folgezeit nicht gewürdigt werden. Denn einerseits sind unsere Kenntnisse der in diesem Zusammenhang relevanten mittelalterlichen Literatur, insbesondere aus Alberts unmittelbarer Umgebung,
immer noch partiell und lückenhaft. Andererseits aber liegen manche der
erhaltenen Quellentexte bis heute nicht gedruckt vor oder nur in alten, seltenen und deshalb schwer zugänglichen Ausgaben. Die Beantwortung der
eingangs formulierten Frage wird darum auf eine ziemlich schmale Litera-
turbasis und auf einige wenige, allerdings wie sich zeigen wird, wichtige
Autoren beschränkt werden müssen[103]. Die dabei gewonnenen Erkenntnisse
sind deshalb fragmentarisch und erlauben folglich nicht, eine abschließende
Bilanz zu ziehen. Sie sind also zwar als vorläufige, aber dennoch in gewissem Maße repräsentative Teilantworten zu betrachten, die mit dem Fortschritt der historischen Forschung fortlaufend einer Vervollständigung und
Verifizierung bedürfen.

Die Rezeption des Beitrags des Albertus Magnus zur physikalisch-
geometrischen und psychophysiologischen Optik im allgemeinen und des in
der Abhandlung *De forma resultante in speculo* entfalteten Spiegebildgedankens
im besonderen läßt sich sowohl schon im 13. als auch im 14. Jh. im näheren
Umkreis des Doctor universalis nachweisen. Sie findet hauptsächlich im
Rahmen oder im Zusammenhang mit dem Philosophie- und Theologiestu-
dium im Dominikanerorden statt, das bekanntlich seit der Begründung
dieser neuen religiösen Kommunität durch den hl. Dominikus (1215) zu
ihrer Verfaßtheit gehörte[104]. Aus diesem Milieu sind zunächst Vinzenz von
Beauvais († 1264), Martin von Brandenburg (13./14. Jh.) und Nicolaus von
Straßburg († nach 1331) zu nennen, die nahezu den vollständigen Text der

---

[103]   Eine Bestandsaufnahme der Handschriften, die speziell optische Quellenliteratur
         tradieren, ist D.C. Lindberg (*A Catalogue of Mediaeval and Renaissance Optical Ma-
         nuscripts*) zu verdanken; von demselben Autor liegen mehrere Studien zur Optik
         des Mittelalters (und über dieses Zeitalter hinaus) vor. Seine Beschreibung der
         gegenwärtigen Forschungslage drückt u.a. der folgende Satz auf drastische Wei-
         se aus: „We are vastly ignorant of the late-medieval literature in which optical
         material might appear, and only the most preliminary and tentative answers will
         be possible" (D.C. Lindberg, *Theories of Vision*, 122).

[104]   Die Franziskaner, die sich mit der Spiegelbildfrage und mit der geometrischen
         Perspektive bzw. Optik beschäftigt haben, standen Albertus entweder kritisch-
         ablehnend, wie z.B. Roger Bacon, oder mit Desinteresse gegenüber, wie bei-
         spielsweise Johannes Peckham (cf. D.C. Lindberg, op. cit., 117) oder Roger
         Marston († 1303), der in seiner Abhandlung *Utrum imago videatur in speculo vel ipsa
         res* auf entsprechende Erörterungen Alberts nicht eingeht. Cf. R. Marston, *Quod-
         libet* IV q.25, ed. G.F. Etzkorn/I.C. Brady p.418-420.

Spiegelbildabhandlung des Albertus Magnus in ihre kompilatorischen Werke aufgenommen haben. Wie eine derart extensive Rezeption im einzelnen stattfand, ist aus den im Anhang abgedruckten Texten der genannten Autoren zu ersehen. Ferner sei darauf hingewiesen, daß der Magister der Artesfakultät an der Pariser Universität in den Jahren um 1237-1245 und nachmalige englische Dominikanerprovinzial und Kardinal Robert Kilwardby († 1279), ein Zeitgenosse und sogar in gewisser Weise Weggefährte des Albertus Magnus, in der Spiegelbildfrage ebenfalls zu dessen Rezipienten zu rechnen ist[105]. Gerade die wissenschaftlichen Beziehungen zwischen den beiden einflußreichen Gelehrten und herausragenden Persönlichkeiten des Ordens müssen erst noch untersucht werden. Gleiches gilt aber auch für Richard Fishacre († 1248), der u.a. in seinem Sentenzenkommentar Albertus als eine der Quellen zitiert. Klarheit im Hinblick auf unsere Frage ist jedoch erst von der kritischen Edition seiner Werke und im besonderen des Sentenzenkommentars zu erwarten.

Im Sentenzenkommentar des Dominikaners Johannes von Paris, genannt Quidort († 1306), macht sich der Einfluß des Doctor universalis deutlich bemerkbar. Daß auch Ulrich von Straßburg († 1277), der zu den unmittelbaren Schülern Alberts des Großen zählt, ferner Dietrich von Freiberg († ca. 1311), Meister Eckhart († ca. 1328), Berthold von Moosburg († nach 1361) und Heinrich von Herford († 1370) die anthropologische Schrift *De homine* und somit auch die Abhandlung über das Spiegelbild studiert und bei ihrer schriftstellerischen Arbeit als literarische Quelle benutzt haben, dürfte kaum bezweifelt werden. Ob und inwieweit sie im Alberttext Anregung fanden, muß in jedem Einzelfall noch untersucht werden[106]. Eine Klärung des Verhältnisses jener Autoren zu dem Frühwerk des Albertus und insbesondere zum Thema des Spiegelbildes muß künftiger Forschung vorbehalten bleiben, weil ein ausgedehntes Studium der Werke dieser und auch anderer Dominikaner, die zu der „Kölner" bzw. zu der „deutschen Dominikaner-

---

[105] Cf. O. Lewry, *The Commentaries of Simon of Faversham*, 77.

[106] Theologisch-philosophische Lichtspekulation und Spiegelbildlehre bzw. Exkurse über geometrische Perspektive und Optik sind bei den deutschen Mystikern Meister Eckhart, Johannes Tauler, Heinrich Seuse, bei Ulrich von Straßburg, Dietrich von Freiberg und Berthold von Moosburg vorhanden. Nach G. Schleusener-Eichholz, *Das Auge im Mittelalter*, II, 128, hat Albertus die aristotelische Sehtheorie an Meister Eckhart vermittelt. Eine unmittelbare Beeinflussung der optischen Studien des Dietrich von Freiberg durch Albertus Magnus nimmt Cl. Wagner, *Alberts Naturphilosophie im Licht der neueren Forschung (1979-1983)*, 103, an. Cf. H. Fischer, *Meister Eckhart*, 131sq. K. Hedwig, *Sphaera lucis*, 236-251. A. de Libera, *Introduction à la Mystique rhénane*, 141sqq., 410, 419. Für die optischen Schriften des Dietrich von Freiberg cf. die kritische Ausgabe: Dietrich von Freiberg, *Opera Omnia*, IV, ed. L. Sturlese et al., 1985.

schule"[107] gerechnet werden, den Rahmen dieses ersten und allgemeinen Überblicks sprengen würde.

Ferner stellt sich die Frage, die hier ebenfalls nicht beantwortet werden kann und einer gesonderten Untersuchung bedarf, inwiefern es eine Nachwirkung der Abhandlung außerhalb des Predigerordens gegeben hat, insbesondere bei Simon von Faversham († 1306), der in seinen Kommentar zu *De sex principiis* das Thema des Spiegelbides mit behandelt, sodann bei Henricus Bate von Mecheln († nach 1310) in dessen Werk *Speculum divinorum et quorundam naturalium*, bei Dominicus de Clavasio († ca. 1360) in den *Quaestiones perspectivae*, in der Schriftenreihe des Nicolaus Oresme († 1382), bei Henricus de Hassia (von Langenstein, † 1397) in seinen *Quaestiones super perspectivam*, bei Heymericus de Campo (1395-1460) im *Compendium divinorum* und in den Schriften seines wohl bedeutendsten Schülers Nicolaus Cusanus (1401-1464) sowie bei Dionysius Carthusianus († 1471) in seinem Sentenzenkommentar, in dem er auch *De homine* von Albertus Magnus benutzt und öfters explizite zitiert, schließlich bei Johannes Hulshot von Mecheln (1405-1475) im Kommentar zu *De anima* und in dem ihm vindizierten *Tractatus de homine*, das eine Kompilation aus dem gleichnamigen Werk des Albertus Magnus darstellt. Bei einer Sichtung der Schriften der genannten Autoren findet man mehr oder weniger deutliche Belege für eine Rezeption der Spiegelbildlehre und Optik des Albertus Magnus[108].

Von einem nicht geringen Anklang, den die Abhandlung *De forma resultante in speculo* des Albertus Magnus bis zur Erfindung der Druckkunst und auch noch danach fand, zeugt nicht zuletzt ihre gute handschriftliche Verbreitung in der eigenständigen Überlieferung. Der handschriftlichen und der gedruckten Tradition innerhalb des Werkes *De homine* hingegen ist wohl eine noch größere wirkungsgeschichtliche Bedeutung der Spiegelbildlehre des Albertus einzuräumen.

---

[107] G. Löhr, *Die Kölner Dominikanerschule vom 14. bis zum 16. Jh.* A. de Libera (*Albert le Grand et la philosophie*, 22sqq.), L. Sturlese (*Albert der Große und die deutsche philosophische Kultur des Mittelalters*) und R. Imbach (*Die deutsche Dominikanerschule*) sprechen von einer „deutschen Dominikanerschule" (*l'école dominicaine allemande*).

[108] Diese Aussagen beruhen u.a. auf einer Durchsicht von *Speculum divinorum* des Henricus Bate, *Compendium divinorum* des Heymericus de Campo, *Super II Sent.* des Dionysius Carthusianus und *Tractatus de homine* unter dem Namen des Johannes von Mecheln. Für Dominicus de Clavasio cf. G. Federici Vescovini, *Studi sulla prospettiva*, 206, und D.C. Lindberg, *Theories of Vision*, 123. Zu Nicolaus Oresme cf. D.C. Lindberg, op. cit., 135sq. Für Henricus de Hassia cf. G. Federici Vescovini, op. cit., 192; D.C. Lindberg, op. cit., 123sqq. Für Nicolaus Cusanus cf. K. Hedwig, *Sphaera lucis*, 256sqq.; K. Goldammer, *Lichtsymbolik*, 673. Zu Simon von Faversham cf. O. Lewry, *The Commentaries of Simon of Faversham*, 75sqq.

Die wichtigsten, oben soeben genannten mittelalterlichen Rezipienten der
Spiegelbildtheorie des Albertus Magnus sind in den meisten Fällen Dominikaner. Ihnen soll an dieser Stelle mehr Aufmerksamkeit geschenkt werden.
Die optische Abhandlung des Albertus galt schon kurze Zeit nach ihrer
Abfassung, also bereits zu Lebzeiten des Autors, als ein geradezu klassischer
Text über das Spiegelbild, der in vollem Umfang in das weitverbreitete
enzyklopädische Standardwerk des Vinzenz von Beauvais *Speculum naturale*
eingegangen ist und auf diese Weise jahrhundertelang auf die Geistesgeschichte gewirkt hat[109]. Obwohl Vinzenz aus den Frühwerken seines Zeitgenossen und Ordensmitbruders Albertus Magnus *De IV coaequaevis* und insbesondere aus *De homine* mit Vorliebe geschöpft und diese Tatsache mehrfach
auch ausdrücklich vermerkt hat, wurde die Quelle seiner Erörterung *de forma
vel imagine in speculo relucente* bisher, wie es scheint, nicht aufgedeckt. Man hat
sich mit diesem Text unter quellenhistorischem Gesichtspunkt bislang nicht
näher befaßt und hielt ihn auch noch in der neuesten Forschung für einen
eigenständigen Beitrag des Enzyklopädisten, da dieser seine Ausführungen
mit der Kennzeichnung „Actor" beendet[110]. Erst beim näheren Hinsehen im
Zuge dieser Untersuchung konnte festgestellt werden, daß der bei Vinzenz
vorliegende Text in Wirklichkeit eine Abschrift der Abhandlung über das
Spiegelbild des Albertus Magnus ist, die nur kleinen redaktionellen Ände-
rungen unterworfen wurde. Darüber hinaus ließ sich ermitteln, daß die
Vorlage für Vinzenz von Beauvais der Text der Abhandlung in der Überlieferung innerhalb des Werkes *De homine* ist und nicht von der Gestalt, die
durch die eigenständige handschriftliche Überlieferung bezeugt ist. Das
Auffinden der Abhandlung des Albertus im *Speculum naturale* des Vinzenz von
Beauvais erlaubt es, die bisherigen Ergebnisse der Forschung über die eigenständige handschriftliche Überlieferung von *De forma resultante in speculo* in
bezug auf zwei Handschriften zu korrigieren. Es stellt sich nämlich heraus,
daß die beiden Handschriften *Nancy BM 1088 (426)* f.90r-94r und *Paris, BN
lat. 2598* f.136ra-138ra nicht den ursprünglichen Alberttext *De forma resultante
in speculo*, sondern den Text aus dem *Speculum naturale* (III, 72-81) des Vinzenz von Beauvais tradieren, der wie gesagt eine Kompilation der Abhandlung *De forma resultante in speculo* des Albertus ist und deshalb seiner ursprünglichen Vorlage weitestgehend entspricht. Die zwei genannten Handschriften
können also im strengen Sinne nicht zu der handschriftlichen Überlieferung
der Abhandlung des Albertus gerechnet werden. Folglich können sie nun
nicht mehr im Handschriftenverzeichnis der echten Werke des Albertus
Magnus einfachhin als Manuskripte des Alberttextes aufgeführt werden. Sie

---

[109] Cf. L. Lieser, *Vinzenz von Beauvais als Kompilator und Philosoph*, 1sqq.
[110] Cf. B. Schweig, *Mirrors*, 264. Thomas de Aq., *Sentencia libri De sensu et sensato* p.23
n.33-42. L. Lieser, op. cit., 77, 68.

sind Textzeugen der von Vinzenz von Beauvais angefertigten Kompilation aus dem optischen Teil von *De homine* des Albertus Magnus und müssen als solche, d.h. als Kompilation, von der eigentlichen Tradition der Schrift Alberts formal und sachlich unterschieden werden[111]. In Handschriftenverzeichnissen der Bibliotheken von Nancy und Paris sowie im Verzeichnis der Handschriften der Werke des Vinzenz von Beauvais müssen diese Überlieferungen natürlich als Textzeugen für den entsprechenden Teil der Enzyklopädie des Vinzenz von Beauvais und nicht für die Abhandlung des Albertus aufgenommen werden.

Der Text der Vinzenzschen Kompilation, wie ihn die Handschriften *Nancy, BM 1088 (426)* und *Paris, BN lat. 2598* überliefern, wird – verglichen mit der Inkunabel von Basel, die Johannes von Amerbach ca. 1486 herausgab, und versehen mit einem Vorwort – im Anhang (III) geboten.

Ein weiteres Zeugnis für die wirkungsgeschichtliche Resonanz der Abhandlung *De forma resultante in speculo* des Albertus Magnus ist die Abbreviation seines Werkes *De homine*, die aus der Feder eines uns nicht näher bekannten „frater Martinus Brandenburgensis" (bzw. „Brandeburgensis" nach der Lesart der Handschrift) herrührt, eines Angehörigen des Predigerordens Mitte des 13. Jh. bzw. um die Wende des 13./14. Jh.[112]. Sie ist in einer einzigen Handschrift – *Wien, ÖNB 1688* – erhalten. Die Abbreviation der Abhandlung über das Spiegelbild findet sich dort mitten im Text auf f.84ra, aber mit einer Kennzeichnung als neuer Textabschnitt und mit dem Titel '*De forma resultante in speculo*' am Rande. Dieser kurze Text, der aus einer qualitativ hochwertigen Vorlage der Ω-Tradition der Überlieferung des Werkes *De homine* innerhalb des Dominikanerordens kompiliert wurde, wird ebenfalls im Anhang (I) abgedruckt.

Optische Phänomene lagen offensichtlich im Interessenbereich des Dominikanergelehrten aus dem Pariser Konvent St. Jacques, Johannes von Paris, genannt Quidort († 1306)[113]. Von seinem Schrifttum ist hier an erster Stelle die ihm zugeschriebene, bislang ungedruckte Abhandlung über den Regenbogen (*Tractatus de iride*) zu nennen[114]. Ein Kommentar zur aristoteli-

---

[111]   Die beiden Textzeugen für die Vinzenzsche Kompilation müssen gesondert verzeichnet werden, wie sie z.B. die Kompilation aus *De homine*, die in der im letzten Weltkrieg vernichteten Handschrift *Löwen, UB D 320* f.293vb-320rb (Johannes Hulshot von Mecheln) enthalten war. Cf. W. Fauser, *Die Werke des Albertus Magnus*, 267 Nr.39.

[112]   Cf. M. Grabmann, *Drei ungedruckte Teile der «Summa de creaturis»*. Th. Kaeppeli, *Scriptores Ordinis Praedicatorum Medii Aevi*, III, 107.

[113]   Cf. M. Grabmann, *Studien zu Johannes Quidort von Paris*. Th. Kaeppeli, op. cit., II, 517-524.

[114]   Cf. D.C. Lindberg, *A Catalogue*, 64 n.91. P. Glorieux, *La faculté des arts*, 233sq. n.264. Th. Kaeppeli, op. cit., 517sq.

schen Schrift *Meteora*, von dem weder Handschriften noch Drucke bekannt sind, dürfte optische Fragen nicht ausgeklammert haben[115]. Da uns aber beide Texte nicht zur Verfügung stehen, lassen sich hier keine verläßlichen Aussagen über eventuelle Bezüge beider Schriften zur Sehtheorie des Albertus Magnus machen. Der bereits kritisch edierte Sentenzenkommentar von Johannes Quidort erlaubt es hingegen, im Hinblick auf unsere Frage einige Schlüsse zu ziehen. In diesem Werk, das in den Jahren 1293-1294 in Paris entstanden ist und als eine *Reportatio* handschriftlich überliefert wird, sind deutliche Anspielungen auf die optische Abhandlung des Albertus Magnus festzustellen. Am Anfang des Kommentars zum Buch II der Sentenzen des Petrus Lombardus, näherhin bei der Erörterung der Seinsweise der Geschöpfe – ob ihr Sein ein sukzessives, kontinuierliches Werden (*in continuo fieri*) oder ein faktisches und statisches Sein (*in facto esse*) ist – bedient sich Johannes von Paris des Beispiels vom Spiegelbild (*imago in speculo*)[116]. Die Erklärung der Entstehung eines Spiegelbildes als *continua generatio* ist sachlich und begrifflich deckungsgleich mit der Lehre des Albertus Magnus. In seiner Engellehre adaptiert Johannes Quidort die Grundsätze der Lichtreflexion in Plan- und Hohlspiegeln[117]. Eine unmittelbare Abhängigkeit von Albertus kann zwar nicht mit letzter Sicherheit bewiesen werden, zumal Johannes auch die Optik des ibn al-Haytham (Alhazen) kennt, aber seine Vertrautheit mit den Schriften des Albertus und insbesondere mit *De homine* ist aus dem Werk ersichtlich[118].

---

[115] Cf. Th. Kaeppeli, op. cit., II, 518 n.2560. P. Glorieux, op. cit.; id., *Répertoire*, I, 189sq. n.60.

[116] Iohannes Parisiensis, *Super II Sent.* q.1 (d.1 q.1), ed. J.-P. Müller p.9 v.155-158, v.130; p.12 v.260sqq.

[117] Id., *Super II Sent.* q.18 (d.4 q.2), ed. J.-P. Müller p.74 v.72-78.

[118] In der kritischen Edition von J.-P. Müller sind die Quellennachweise mit Blick auf Albertus unzureichend; die vielen Parallelen zu *De homine* werden nicht aufgezeigt. Das Verhältnis des Sentenzenkommentars des Johannes von Paris zu *De homine* (und auch zu *De IV coaequaevis*) von Albertus Magnus bedarf noch einer genaueren Untersuchung. Die um die Mitte des 13. Jh. angelegte Handschrift *Paris, BN lat. 18127*, welche *De IV coaequaevis, De homine* und *De bono* des Doctor universalis enthält und aus dem Pariser Dominikanerkonvent Saint Jacques stammt, kann von Johannes von Paris über längere Zeit benutzt worden sein. Diese Handschrift trägt mehrere, teilweise ausradierte Benutzervermerke, so auf f.4v und 5r, aus denen hervorgeht, daß es einem Konventsmitglied *frater Johannes* (*Parisiensis?*) genehmigt wurde, den Kodex für die Dauer seiner wissenschaftlichen Tätigkeit bei sich zu behalten. Jener *frater Johannes* kann durchaus mit Johannes von Paris identisch sein. Über Gemeinsamkeiten in der Lehre bei Johannes und Albertus cf. M. Grabmann, *Studien zu Johannes Quidort*, 122 (Intellektlehre) u. 123 (Optik).

Wie schon zuvor erwähnt, zählt Nicolaus von Straßburg zu den bedeu-
tenderen Albertus-Rezipienten unter den deutschen Dominikanern in den
ersten Jahrzehnten des 14. Jh. Sein Geburtstag und sein Todestag (der letztere wahrscheinlich nach 1331) sind nicht bekannt. Nach den neuesten For-
schungsergebnissen scheint es historisch gesichert zu sein, daß er um 1318
im Konvent zu Basel tätig war, 1321-1323 in Paris studierte, 1323-1325 und
erneut seit 1327 das Kölner *Studium generale* der Dominikaner leitete[119]. Seine
unvollständig und nur in einer einzigen Handschrift – *Vat. lat. 3091* – anonym überlieferte *Summa* ist ein naturphilosophisches, bis heute mit Ausnahme des Prologs und eines Fragmentes aus Buch II ungedrucktes Kompendium[120], das von M. Grabmann wiederaufgefunden und identifiziert
wurde[121]. Es behandelt im Buch III („Über die Formen" bzw. über Formal-
ursachen) die Sinnesqualitäten (Farbe, Geschmack, Geruch, Ton, Echo,
Stimme), Kunst- und Intentionalformen (Licht, Spiegelbild, *species sensitivae*),
Substantialformen im allgemeinen und im besonderen (Formen der Elemente und der Mischungen)[122]. Die im Rahmen des Traktats über Intentionalformen gebotene Abhandlung über das Spiegelbild trägt die Überschrift *De
forma quae apparet in speculo*. Eine Parallele zu Albertus kann schon aufgrund
der Ähnlichkeit im Titel vermutet werden. Auf einen möglichen Bezug dieser Abhandlung zu *De forma resultante in speculo* von Albertus Magnus wies –
ohne sich mit dieser Frage näher zu befassen – schon 1921 M. Grabmann
hin[123]. Eine spezielle Untersuchung mit dem Ziel, dieses Verhältnis zu beleuchten, wurde bisher – soweit bekannt – nicht durchgeführt[124]. Es bietet
sich deshalb jetzt die Gelegenheit, die Abhängigkeit des Nicolaus von Alber-

---

[119]   Zu Person und Werk des Nicolaus von Straßburg cf. R. Imbach/U. Lindblad,
        Compilatio rudis ac puerilis, 155-233, insbes. 169 und 221sq. Th. Kaeppeli, *Scriptores
        Ordinis Praedicatorum Medii Aevi*, III, 143-145. A. de Libera, *Introduction à la mystique
        rhénane*, 18sq.

[120]   Für die Editionen des Prologs cf. R. Imbach/U. Lindblad, op. cit., 198 Anm.
        128; ein Teil der *Summa* (II, 8-14) wurde 1990 von T. Suarez-Nani ediert.

[121]   M. Grabmann, *Neu aufgefundene lat. Werke deutscher Mystiker*, 56sq.

[122]   Cf. M. Grabmann, op. cit., 67, 59. R. Imbach/U. Lindblad, op. cit., 175sq.,
        199sq., 218-223.

[123]   M. Grabmann, op. cit., 61.

[124]   R. Imbach/U. Lindblad (op. cit., 176) erwähnen zwar, daß Nicolaus „das Licht
        sowie die Abbildung im Spiegel besonders ausführlich behandelt", aber auf seine
        Abhängigkeit von Albertus gehen sie nicht ein. Die *Summa* ist seit den 80er Jah-
        ren Gegenstand eines speziellen Forschungsprojektes des Schweizerischen Na-
        tionalfonds und der Universität Freiburg/Schweiz (Lehrstuhl für Geschichte der
        mittelalterlichen Philosophie), das von R. Imbach koordiniert wird. Cf. R. Im-
        bach, *Albert der Große*, 4. Überblick über den gegenwärtigen Stand der Forschun-
        gen zu Nicolaus von Straßburg bei R. Imbach/U. Lindblad, op. cit., 155-157.

tus im Hinblick auf das Lehrstück über das Spiegelbild zu klären. Auf eine eingehende Analyse der durch die Texte dokumentierten Sachlage kann aber an dieser Stelle verzichtet werden, da die im Anhang vorgelegte, mit einem Vorwort und mit textkritischen Angaben versehene Edition der Abhandlung des Nicolaus von Straßburg den Sachverhalt offenlegt. Ergänzend bleibt nur noch darauf hinzuweisen, daß der Autor der *Summa* zu Beginn seines Werkes (Prolog) Auskunft über seinen Arbeitsplan, seine Arbeitsweise und – was vor allem für unseren Zusammenhang wichtig ist – über seine Quellen gibt. Er teilt dort u.a. mit, daß er in seinem Werk, das er bescheiden als *opusculum* bezeichnet und in vier Bücher einteilt, vor allem den Lehren (*dicta*) des Thomas von Aquin und Albertus Magnus folgt[125]. Ein ähnlicher Quellenverweis auf Albertus findet sich, wie schon erwähnt, bei Vinzenz von Beauvais. Die beiden Dominikanergelehrten, Vinzenz von Beauvais und Nicolaus von Straßburg sind ähnlich stark, ja vollkommen von der Lehre des Albertus Magnus über das Spiegelbild abhängig. Daran ändert auch die Tatsache nichts, daß die redaktionellen Umformungen der Vorlage bei den beiden Kompilatoren – dem individuellen Charakter der Person und des Werkes entsprechend – unterschiedlicher Qualität sind. Nicolaus hält sich nicht in dem Maße an seine Vorlage, wie das im allgemeinen bei Vinzenz von Beauvais zu konstatieren ist. Der Straßburger ist in seiner Redaktion selbständiger, er beschränkt sich nicht auf bloßes Abschreiben der Vorlage, sondern er benutzt den Text des Albertus als Quelle und als Maßgabe für die Abfassung seiner eigenen Abhandlung. Das erzielte Ergebnis ist zwar eine neue Version der Albertschen Vorlage, die aber hauptsächlich nur in der Komposition leicht verändert ist.

Ein in den Gelehrtenkreisen seiner Zeit wirksamer Rezipient der Spiegelbildlehre des Albertus Magnus ist der vielseitig gebildete westfälische Dominikaner, Theologe, Philosoph und Geschichtsschreiber Heinrich von

---

[125] *Vat. lat. 3091* f.1rb-va (ed. M. Grabmann, *Neu aufgefundene lat. Werke deutscher Mystiker*, 66sq.; ed. R. Imbach/U. Lindblad, *Compilatio rudis ac puerilis*, 199): '*Verum ne amplius intentionem meam manifestare differam, praesens opusculum ordine quattuor causarum in quattuor libros, philosophorum et doctorum et maxime doctorum ordinis mei et specialiter venerabilium doctorum fratris Thomae de Aquino et | f.1va | domini (domino cod.) Alberti, duorum magnorum luminarium ecclesiae, dicta conectendo, sic distinxi, quod in primo libro dicitur de omni agente sive creato sive increato, eorum actionem et modum cognoscendi et quaecumque de hac materia dicenda sunt pro meo posse declarando (...) In tertio libro dicemus de omnibus formis tam materialibus quam immaterialibus, substantialibus, accidentalibus, naturalibus, artificialibus, realibus, intentionalibus, et quaecumque circa hanc materiam quaestiunculae oriri potuerunt, pro meo modulo explicabo*'. Daß die enzyklopädische Arbeit des Nicolaus der geltenden Studienordnung des Dominikanerordens entsprach und ein praktisches Ziel verfolgte, nämlich dem Mangel an Büchern entgegenzuwirken, haben R. Imbach/U. Lindblad (op. cit., 176-180) gezeigt.

Herford († 1370)[126]. Damit erweist er sich als wichtiger Vermittler dieser
Lehre für die Naturphilosophie des 14. Jh. Im Buch II seines umfassenden,
aus zehn Büchern bestehenden naturphilosophischen Nachschlagewerkes
Catena aurea entium vel problematum series, das bislang ungedruckt ist, erörtert er
in Quaestionenform die Spiegelbildproblematik. Er nennt dabei ausdrücklich als seine Quelle die *Summa* des Nicolaus von Straßburg, die – wie schon
aufgezeigt – in diesem Punkt unmittelbar auf Albertus Magnus zurückgeht[127]. M. Grabmann hat darüber hinaus ermitteln können, daß Heinrich
von Herford sich bei der Abfassung seiner Enzyklopädie *Catena aurea entium
vel problematum series* mehrfach von den naturphilosophischen und naturwissenschaftlichen Schriften des Albertus Magnus hat inspirieren lassen[128]. Diese
Frage wurde bisher noch nicht erforscht und bedarf einer speziellen Untersuchung.

5. WISSENSCHAFTSHISTORISCHE BEDEUTUNG

Der Beitrag des Albertus Magnus zur physikalisch-geometrischen und
psychophysiologischen Optik, sein Einfluß auf die Nachwelt und seine wissenschaftshistorische Bedeutung wurden in der modernen Historiographie
und Forschung bis auf wenige Ausnahmen kaum erkannt und deshalb auch
nicht angemessen gewürdigt[129]. Obgleich die Abhandlung *De forma resultante
in speculo* des Albertus Magnus mehrfach Gegenstand oder Anlaß verschie-
dener Erörterungen war, ging es doch dabei nicht um inhaltliche, sondern
primär um text- und redaktionsgeschichtliche Fragen, wie die Ausführungen
im III. Kapitel dieser Arbeit verdeutlichen. Einen Sonderfall bildet das von
S. Vogl 1931 bekanntgegebene, jedoch nicht verwirklichte Projekt der
Veröffentlichung – mit Übersetzung und Erklärung – „einer physikalischen
Schrift des Albertus Magnus (...) als einen Beitrag zur Geschichte der Phy-

---

[126] Cf. Th. Kaeppeli, *Scriptores Ordinis Praedicatorum Medii Aevi*, II, 197sq. K.P. Schumann, *Heinrich von Herford*.
[127] Cf. M. Grabmann, *Neu aufgefundene lat. Werke deutscher Mystiker*, 47sq., insbes. 52-
53. R. Imbach/U. Lindblad, op. cit., 169-173, 192 n.48-52.
[128] Cf. M. Grabmann, op. cit., 51sq.
[129] Cf. R. Ineichen, *Zur Mathematik in den Werken von Albertus Magnus*, insbes. 56 mit
Anm.1. Als Ausnahme von herausragender Bedeutung sind die Studien zur Op-
tikgeschichte von D.C. Lindberg zu nennen. A. Caparello (*Senso e interiorità*) hat
Alberts Lehre von der Perspektive anhand der Kommentare zu *De divinis nominibus* des Ps.-Dionysius und zu *De anima* von Aristoteles ausführlich behandelt; der
wohl wichtigste Beitrag, nämlich der von *De homine* wird in ihrer Studie nicht
erwähnt. Ausführlicher hierzu cf. H. Anzulewicz, *Perspektive und Raumvorstellung in
den Frühwerken des Albertus Magnus*.

sik"[130]. Gemeint war die Abhandlung „Über das Spiegelbild", die S. Vogl nach A.A. Björnbo als „Katoptrik" des Doctor universalis bezeichnete[131]. In dieser Ankündigung, die nicht umgesetzt wurde, würdigt Vogl zugleich aus wissenschaftshistorischer Sicht bei Albertus „logischen Scharfsinn, ausgezeichnete Beobachtung und manchen Blick, der auch dem modernen Physiker sympathisch ist"[132].

Sieht man von der älteren Historiographie der exakten Wissenschaften ab, dann stellt man fest, daß in der ersten grundlegenden Studie zur Perspektive des Mittelalters von G. Federici Vescovini aus dem Jahre 1965 Albertus Magnus nur am Rande erwähnt wird, ohne daß ihm überhaupt ein eigener Beitrag auf diesem Gebiet zuerkannt wird[133]. Wegen unzulänglicher Kenntnisse des naturphilosophischen und anthropologischen Schrifttums des Albertus Magnus, insbesondere des optischen Teils von *De homine*, sowie infolge des auf Roger Bacon zurückgehenden Vorurteils, Albertus habe in bezug auf die *perspectiva, idest scientia de visu* nichts geleistet[134], wird auch noch heute der wissenschaftliche Beitrag des Doctor universalis auf dem Gebiet der Optik und Geometrie nicht wahrgenommen[135]. Ein „geringes Interesse an Optik und Mathematik" konstatiert bei Albertus der sonst ausgewiesene Kenner der mittelalterlichen geometrischen Perspektive L. Sturlese in seiner historisch-doktrinellen Einleitung zu den „Schriften zur Naturwissenschaft" des Dietrich von Freiberg[136]. Es ist merkwürdig, daß die Tatsache, daß im

---

[130]   Cf. *Jahresbericht der Görres-Gesellschaft 1930/31*, 69sq.

[131]   Cf. A.A. Björnbo/S. Vogl, *Alkindi, Tideus und Pseudo-Euklid* (dort: Nachtrag von Björnbo), 139 Nr.4; 143 Nr.5.

[132]   *Jahresbericht der Görres-Gesellschaft 1930/31*, 70.

[133]   G. Federici Vescovini, *Studi sulla prospettiva medievale.* Cf. ead., *L'inserimento della 'Perspectiva' tra le arti del quadrivio*, insbes. 972sq.

[134]   Roger Bacon, *Opus tertium* c.11, ed. J.S. Brewer p.37: '*Haec autem scientia (= perspectiva, idest scientia de visu) non est adhuc lecta Parisius, nec apud Latinos, nisi bis Oxonie in Anglia; et non sunt tres qui sciant eius potestatem: unde ille qui fecit se auctorem, de quo superius dixi, nihil novit de huius scientiae potestate, sicut apparet in libris suis, quia nec fecit librum de hac scientia, et fecisset si scivisset, nec in libris aliis aliquid de hac scientia recitavit; cum tamen oportet, quod usus istius scientiae cadat in omnibus aliis, et quod per eius virtutem sciantur omnia. Et ideo non potest scire aliquid de sapientia philosophiae*'.

[135]   Cf. R. Ineichen, ibid.

[136]   Dietrich von Freiberg, *Opera Omnia*, IV, XVIsq. mit Anm.22 und 23. L. Sturlese schließt – zu Unrecht, wie es sich nun durch einschlägige Texte nachweisen läßt – Alberts Einfluß auf naturwissenschaftliche, insbesondere auf optische Interessen und Forschungen Dietrichs von Freiberg mit folgenden Worten aus: „Ungelöst ist auch die Frage, welcher Tradition Dietrichs naturwissenschaftliche Forschung zuzuordnen ist. Einerseits ist seine Zugehörigkeit zur deutschen Albert-Schule unbestritten, aber man hat bisher keine sichere Spur einer Abhängigkeit von Albert in speziell wissenschaftlichen (!) Fragen festgestellt. Andrer-

umfangreichen Werk des Albertus Magnus nicht nur Optik und Mathematik enthalten sind, sondern daß Albertus einen Kommentar zur Geometrie des Euklid verfaßt hat, der als erster Euklidkommentar im lateinischen Westen gilt und dessen Fragment die Handschrift *Wien, Bibliothek des Dominikanerklosters 85/40* überliefert, offensichtlich nicht zur Kenntnis genommen wird[137]. Der optische Teil von *De homine*, und insbesondere jener Abschnitt, der in den Ausgaben von P. Jammy und S.C.A. Borgnet als „Appendix ad quaestionem 22" aufgefaßt wird, ist als die *perspectiva* im eigentlichen Sinne zu bestimmen. Wenn sowohl das Lehrstück über das Spiegelbild als auch der als „Appendix" bezeichnete Teil von *De homine*, die zusammen einen genuinen Beitrag zur physikalisch-geometrischen und psychophysiologischen Optik liefern, als die *Perspectiva* des Albertus Magnus aufgefaßt werden, dann werden in diesem Punkt auch die Angaben der oben erwähnten (Kap. I.2) alten Kataloge der Werke unseres Autors in einem anderen Lichte erscheinen und verständlicher sein.

Eine sachgerechte Interpretation und eine vom Standpunkt der modernen Naturwissenschaften aus angemessene wissenschaftshistorische Würdigung des mit der Abhandlung *De forma resultante in speculo* vorgetragenen Lehrgehalts erfordern auf der einen Seite eine kritisch gesicherte Textgrundlage, auf der anderen Seite ganz spezielle Fachkompetenzen. Während hier eine kritische Textbasis geboten werden kann, muß eine abschließende wissenschaftshistorische Bewertung der Spiegelbildtheorie und aller damit zusammenhängenden Fragen den Fachspezialisten (Physikern) überlassen werden. Auf einige Aspekte, die philosophiegeschichtlich und wissenschaftshistorisch relevant sind, sei dennoch hingewiesen.

Die Abhandlung des Albertus Magnus über das Spiegelbild steht in der noch nicht gefestigten Tradition des im 12. Jh. eingetretenen Wandels im Verhältnis des Menschen zur Natur sowie im Verständnis und in der Deu-

---

seits würde Dietrichs große Vertrautheit mit der geometrischen Optik der perspectivi darauf hindeuten, daß er sich weit außerhalb der Interessensphäre Alberts bewegt hat" (ibid.). Diese offensichtlich durch ältere Forschungsliteratur geprägte Auffassung entspricht nicht der tatsächlichen und größtenteils durch die oben vorgestellten Primärtexte ausgewiesenen Sachlage. Spätestens seit der Veröffentlichung der einschlägigen Untersuchung von D.C. Lindberg zur Perspektive (Optik) des Mittelalters ist der Beitrag des Doctor universalis angemessen anerkannt und gewürdigt worden. Nach G. Schleusener-Eichholz, *Das Auge im Mittelalter*, I, 25 (Anm.10), zählt Albertus neben Robertus Grosseteste, Dietrich von Freiberg, Roger Bacon und Witelo, zu den „wichtigsten Optikschreibern des Mittelalters", die „bereits in der 1. Hälfte des 20. Jh.s (...) Gegenstand der Forschung waren".

[137]   Cf. P.M.J.E. Tummers, *Albertus (Magnus)' Commentaar op Euclides' Elementen der Geometrie*.

tung ihrer Phänomene. Die Betrachtung der Natur nur aus dem Blickwinkel der biblischen Schöpfungslehre und Symbolik ist der an die Realität und innere Gesetzmäßigkeit der physikalischen Erscheinungen gebundenen Reflexion gewichen[138]. Ihr vorrangiges Ziel ist, die den Naturphänomenen und Naturprozessen zugrundeliegenden Gesetze zu erforschen. Dies ist im 12./13. Jh. das bedeutsame Novum im Verhältnis des Menschen zur Natur. Autoritätsdenken und Tradition haben bei der Erforschung der Natur nur Geltung, insofern sie einer Verifizierung gemäß den Prinzipien der aristotelischen Naturwissenschaft und Naturauffassung sowie durch Experiment standhalten. Jenes Wissen über die Natur, das diesen Kriterien entspricht, gilt als gesichert. Das die Gedankenwelt des Doctor universalis prägende Interesse an der Natur und sein methodischer Ansatz in deren Deutung müssen im Kontext des bereits vorhandenen neuen Naturverständnisses, das sich in besonderer Weise mit der sogenannten Schule von Chartres verbindet, gesehen werden[139]. Dies ist aber nur die eine Seite des heuristischen Ansatzes, die für die Erklärung der Voraussetzungen, unter welchen das naturphilosophische und naturwissenschaftliche Interesse des Albertus Magnus sich entfalten konnte und fruchtbar wurde, von Bedeutung ist. Für die Gestalt seiner Philosophie und insbesondere der Naturphilosophie, aber auch für seine Naturwissenschaft war jedoch die Rezeption logischer und naturwissenschaftlicher Schriften des Aristoteles und seiner Kommentatoren viel wichtiger. Dieser Faktor war offenkundig nicht nur für seine wissenschaftsmethodische Grundposition ausschlaggebend, sondern auch von entscheidender Bedeutung für die Enwicklungslinien der mittelalterlichen Naturphilosophie insgesamt[140].

Die Bedeutung des Albertus Magnus für die Geschichte der physikalisch-geometrischen Optik kann hier anhand seiner Abhandlung *De forma resultante in speculo* verallgemeinernd in folgenden Punkten hervorgehoben werden:

---

[138] Für eine fundierte Darstellung des Wandels im Verständnis von Natur und in deren Erforschung im 12. Jh. cf. A. Speer, *Zwischen Naturbeobachtung und Metaphysik*, 155-180, hier insbesondere 155-159; id., *Die entdeckte Natur*.

[139] Cf. A. Speer, *Zwischen Naturbeobachtung und Metaphysik*, 159. In diesem Zusammenhang darf aber auch nicht übersehen werden, daß Albertus in manchen erkenntnistheoretischen Fragen, so u.a. bezüglich der Möglichkeit der menschlichen Vernunft, eine sichere Erkenntnis der Dreipersonalität Gottes zu gewinnen, gegen die Chartrenser polemisiert. Cf. M. Schmaus, *Die trinitarische Gottesebenbildlichkeit*, 277sq.

[140] Cf. A. Speer, *Zwischen Naturbeobachtung und Metaphysik*, 180; id., *Die entdeckte Natur*, 299: „Albert gelingt nicht nur eine systematische Aufarbeitung der Streitigkeiten der frühen Pariser Rezeptionsphase des Aristoteles, seine Schriften bilden vielmehr den Ausgangspunkt für (...) eine Naturphilosophie aus dem Geist des Aristoteles auf der breiten Grundlage der aristotelischen *libri naturales*".

1. Albertus vertritt die Auffassung, daß die Naturwissenschaft, in diesem Fall die physikalisch-geometrische und auch psychophysiologische Optik, sich ausschließlich auf konkrete physikalische Phänomene bezieht; sie ist im Hinblick auf ihren eigentlichen Gegenstand, ihre Methoden und ihr näheres Ziel eine eigenständige und autonome Disziplin, die unabhängig von der Offenbarung und von der theologischen Wissenschaft betrieben wird.

2. In seiner physikalisch-geometrischen Spiegelbildlehre und Optik tritt Albertus für aristotelische Grundpositionen ein; er ergänzt diese durch andere wissenschaftlich bewährte geometrisch-optische Traditionen und ist an deren Durchsetzung als wissenschaftlichen Standard maßgeblich beteiligt.

3. Dank seiner aufgeschlossenen Haltung gegenüber dem geistigen Erbe unterschiedlicher Kulturkreise (Griechen, Araber, Perser, Juden und Lateiner) und einer breiten, doch stets mit kritischer Sichtung einhergehenden Rezeption neuer schriftlicher Quellen sowie dank seiner Bemühung um eine Bestandsaufnahme und systematische Aufarbeitung jenes weit gefächerten und bisweilen als disparat vorgefundenen Wissens hat Albertus die Richtung für die wissenschaftliche Entwickung im wesentlichen vorgegeben und die theoretischen Grundlagen für viele der Wissenschaftsdisziplinen geschaffen. Er hat damit nicht nur zum qualitativen, sondern auch zum quantitativen Fortschritt der Wissenschaften seiner Zeit in sehr hohem Maße beigetragen.

4. Der bei Albertus Magnus beobachtete methodische Ansatz erlaubt es, in ihm den Vorläufer eines modernen Naturwissenschaftlers zu sehen. In seiner Abhandlung geht er bisweilen wie ein moderner Physiker vor: Der Ausgangspunkt der Untersuchung ist die in der Naturwelt wahrnehmbare, konkrete Erscheinung; neben den naturwissenschaftlichen Erkenntnissen des Aristoteles sowie anderer Denker, die mit Hilfe des logischen Schlußsatzes verifiziert werden, dient das Experiment der Sicherung des theoretischen Wissens über die Natur[141]. Die Erforschung der Gesetzmäßigkeit der Naturphänomene dient primär dem Ziel einer theoretischen Erkenntnis. Jene theoretischen Erkenntnisse können aber auch praktisch genutzt werden, z.B. bei der Herstellung oder Anwendung von verschiedenen Spiegeln.

5. Der Spiegelbildlehre und der Sehtheorie des Albertus Magnus liegen die aristotelische Naturphilosophie und die geometrische Perspektive zugrunde, wobei letztere wiederum mit Hilfe der ersteren verifiziert wird. Sowohl seine Spiegelbildlehre als auch seine Sehtheorie bieten adaptationsfä-

---

[141] Cf. hierzu W. Rollwagen, *Die Physik und das Licht*, 447: „Richtschnur physikalischen Denkens und damit physikalischer Begriffsbildung ist nicht der menschliche Geist und die individuelle schöpferische Phantasie, sondern der beobachtbare Vorgang in der Welt der Objekte, also in der Natur oder in den von Menschenhand geschaffenen Einrichtungen, vornehmlich im physikalischen Experiment".

hige Modelle für die Explikation mancher theologischen Fragen. Die bis dahin geltende platonisch-augustinische Sehtheorie wird damit abgelöst.

Zum Schluß bleibt festzuhalten, daß die Spiegelbildtheorie des Albertus Magnus viele komplexe Fragen der physikalisch-geometrischen Optik beinhaltet, welche die Forschung bis in die jüngste Zeit beschäftigt haben und teils noch beschäftigen. In der ersten Hälfte des 13. Jh. hat Albertus viele dieser Fragen erkannt, und er war bemüht, sie theoretisch zu lösen. Er hat dabei die schon vorhandene optische Tradition kritisch – nach Maßgabe der aristotelischen Naturwissenschaft – gesichtet und systematisch aufgearbeitet. Wichtige Elemente seiner Lehre werden durch die moderne theoretische Physik aufgenommen, weiterentwickelt und präzisiert bzw. korrigiert, wie z.B. die Gesetze der geradlinigen Lichtausbreitung im homogenen Medium, die Funktion des Mediums im Prozeß der Ausbreitung des Lichtes und die Gesetze der spiegelnden Lichtreflexion und der Lichtbrechung[142].

---

[142] Cf. F. Sauter, *Physikalische Vorstellungen über die Natur des Lichtes*, 450sqq.

VIII. Zusammenfassung

Im Rückblick auf die einzelnen sieben Teile dieser Untersuchung und ihre Ergebnisse ist festzuhalten, daß nur zur Biographie des Albertus Magnus, die ja auch nicht zum eigentlichen Gegenstand der Studie gehörte, nichts wesentlich Neues ermittelt wurde, wenngleich dabei manche historische Sachverhalte, so u.a. die Zeit des Studienanfangs und der wissenschaftlichen Aktivitäten des Albertus Magnus zu Paris, deutlicher formuliert und aus dem Bereich der Spekulation bzw. des Irrtums ausgegrenzt wurden. In allen übrigen hier erörterten Hauptfragen, beginnend mit der Werkchronologie und mit der wissenschaftshistorischen Bedeutung des Doctor universalis abschließend, konnten die bisherigen Erkenntnise in einer Bestandsaufnahme zunächst geordnet, kritisch gewertet, bezüglich der Redaktionsgeschichte der Abhandlung *De forma resultante in speculo* im wesentlichen korrigiert und um neue Elemente vermehrt werden. Die breit angelegte Untersuchung der gesamten handschriftlichen Überlieferung der Schrift hat sowohl für die Albertus-Forschung als auch insgesamt für die Erschließung mittelalterlicher, handschriftlich tradierter Quellenliteratur einige interessante und zum Teil völlig neue, bedeutsame Erkenntnisse erbracht, die partiell von uns schon andernorts publiziert wurden.

Das Hauptgewicht dieser Studie liegt jedoch darin, daß die strittige Frage nach der Redaktions- und Überlieferungsgeschichte der Abhandlung *De forma resultante in speculo* des Albertus Magnus hier erstmals auf der Grundlage einer umfassenden textkritischen Untersuchung angegangen und gelöst wird. Es wurde dabei ermittelt, daß es keine zwei von Albertus selbst redigierte Textfassungen, sondern eine einzige, im Rahmen des Werkes *De homine* geschriebene Abhandluß über das Spiegelbild gibt. Im Anschluß an die textgeschichtlichen und textkritischen Untersuchungen wurde die Abhandlung erstmalig kritisch ediert und mit einem umfangreichen, text- und ideengeschichtlich aufschlußreichen Varianten- und Quellenapparat ausgestattet. Die auf die Textedition folgende deutsche Übersetzung des lateinischen Originals leistet einen Beitrag zur wissenschaftshistorischen Erschließung der bislang kaum beachteten naturphilosophischen und physikalisch-mathematischen Spiegelbildlehre des Albertus Magnus. Der Kommentar stellt kurz die wesentlichen Inhalte des Lehrstücks vor und weist auf den weiten Geltungsbereich und auch auf die theologische Relevanz des Spiegelbildmodells hin. Zwar ohne größere Überraschungen, doch grundsätzlich

neu und umfassend sind die Erkenntnisse über die Quellen der Spiegelbildlehre des Albertus Magnus und seiner Theorie der optischen Wahrnehmung. Schließlich wurden für die Mittelalterforschung bedeutsame und in
vieler Hinsicht neue Ergebnisse bezüglich der Wirkungsgeschichte der Abhandlung gewonnen sowie ihre wissenschaftshistorische Bedeutung herausgestellt.

Anhang

I. 'DE FORMA RESULTANTE IN SPECULO'
NACH DEM EXZERPT DES MARTINUS BRANDENBURGENSIS
IN DER HANDSCHRIFT WIEN, ÖNB 1688

Vorbemerkung

Die wichtigsten Angaben über die Handschrift *Wien, ÖNB 1688* und über die dazugehörige Handschriftenliteratur wurden bereits oben bei der Beschreibung der handschriftlichen Überlieferung der Albertschen Spiegelbildabhandlung im Rahmen der Texttradition von *De homine* (Kap. II.2.2. Exzerpt) gemacht. Sämtliche bisher verfügbaren, äußerst dürftigen und ausschließlich aus dem *Incipit* des Wiener Kodex entnommenen Auskünfte über den Urheber des Exzerpts Martin von Brandenburg (Martinus Brandenburgensis), der zu den Schriftstellern des Dominikanerordens gerechnet wird, wurden sowohl bei der erwähnten Beschreibung der Handschrift (Kap. II.2.2) als auch bei den Ausführungen zur Rezeption der Spiegelbildlehre des Albertus Magnus (Kap. VII.4) dargelegt. Nachfolgend wird vom Exzerpt des Martinus Brandenburgensis aus *De homine* nur jener Textabschnitt ediert, welcher genau der Abhandlung *De forma resultante in speculo* entspricht.

*

SIGLE

W = Wien, Österreichische Nationalbibliothek 1688 f.84ra

*

‹DE FORMA RESULTANTE IN SPECULO›

De imagine autem speculi dicimus quod est accidens.

Et si obicitur quod impossibile est non corpus a corpore moveri, quia moto corpore ipsa movetur, dicimus quod non movetur motu locali, sed potius

---

1 De … speculo] *in marg.* W

generatur, sicut semper novum lumen generatur ad novam praesentiam lucis.
Recta enim oppositio exigitur ad immutationem speculi, et illa potest mutari
vel ex parte situs aspicientis vel ex parte speculi, et ideo corrumpitur una et
generatur altera. Medium etiam deferens corrumpit eam, si ipsum variatur.
Sed ad mutationem eius non videtur forma moveri, quia transitus imaginis   5
per medium est subito sicut et luminis. Sed mutatio aëris de loco ad locum
non est subito.

Et est illud accidens in praedicamento habitus qualitatis secundum illam
speciem, quae est habitus vel dispositio. Est enim non proprie imago vel
forma, sed species imaginis vel formae et talis species, quae potest esse in   10
anima ut in subiecto, et ideo non proprie est longa vel lata, sed habet speciem
longitudinis et latitudinis. Corpus non potest esse illa imago, quia sequeretur
quod duo corpora essent in eodem loco.

Ad naturam vero speculi concurrunt tria: planities et transparentia in
superficie et aliquid terminans ipsum post superficiem.   15

Quod autem imago quandoque apparet profundata in speculo et quandoque in superficie, contingit ex hoc, quia non tantum forma resultat in speculo,
sed etiam distantia aspicientis, qui si prope fuerit ad speculum, videbitur imago in superficie, si longe, videbitur profundata.

Et est sciendum quod imago illa est in speculo ut in puncto. Cuius evidens   20
exemplum ‹est› de forma totius sphaere dimidii caeli, quae tota resultat in
una parte oculi, quod non posset fieri, si reciperetur in ipso ut in superficie.
Si enim esset illa imago tota in superficie alicuius quantitatis ut in superficie,
ipsum totum non erit in minori superficie, quod videmus falsum, quia speculo
in decem fracto apparebit imago in qualibet parte.   25

II. 'DE FORMA RESULTANTE IN SPECULO'
IN DER TEXTFASSUNG DER HANDSCHRIFT EL ESCORIAL,
BIBLIOTECA DEL MONASTERIO DE SAN LORENZO & III 8

Vorbemerkung

Für eine kurze Beschreibung der Handschrift und bibliographische Hinweise sei auf Kap. II.2 dieser Untersuchung (Hs. n.3*) verwiesen. Textgeschichtliche und textkritische Fragen in bezug auf diese Überlieferung wurden im Kap. III und im Kap. IV erörtert. Der Leser muß an dieser Stelle noch einmal daran erinnert werden, daß die vorliegende Textfassung der Abhandlung des Albertus Magnus über das Spiegelbild streckenweise so schlecht ist, daß ihr Sinngehalt nicht mehr eruiert werden kann.

*

Sigle

E = El Escorial, Bibl. del Monasterio de San Lorenzo & III 8 f.293v-295v

*

‹ALBERTUS MAGNUS, DE FORMA RESULTANTE IN SPECULO›

Quaeritur de forma resultante seu resiliente in speculo, quae neque lumen neque color esse videtur.

Quaeritur primo, utrum sit vel non, quia dicit AUTOR SEX PRINCIPIO-
5   RUM quod impossibile est non-corpus corpore moveri. Sed si forma, quae est in speculo, est, aut est corpus aut non. Si corpus, tunc duo corpora erunt in eodem loco, quia in speculo; sed per ipsam figuram forma non occupat maiorem locum.

Praeterea, cum omne corpus habeat profundum, oportet quod videatur,
10   sed elevata superficie secundum quantitatem profunditatis corporis istius; non videtur; ergo impossibile esse formam istam corpus esse.

Si vero dicatur quod non sit corpus, cum videatur moveri super speculum motu locali, movebitur non-corpus motu corporis; quod multis rationibus ostenditur esse impossibile.

15   Praeterea dicitur enim in libro SEX PRINCIPIORUM quod impossibile est non-corpus corpore moveri, hoc est motu corporis; et in SEXTO PHYSICORUM

---

16 physicorum] philosophie *(dub.)* E

dicitur quod omne quod movetur est corpus continuum; et PRIMO enim DE
ANIMA quod movetur enim in locum, non est nisi corpus.

Praeterea, si moveretur, aut moveretur per se aut per accidens; non per
se, ut PROBATUM EST; ergo per accidens. Si per accidens movetur localiter,
tunc movetur motu eius in quo est; ergo cum non sit nisi in superficie speculi   5
vel extremitatibus actus continentis speculum, movetur motu amborum. Sed
nos videmus quod in speculo immoto manente, similiter extremitate speculi,
movetur imago ad motum inspicientis ad speculum; ergo videtur ipsa non
esse mota per accidens, et ita erit non-corpus, et sic nihil erit.

Item, quicquid videtur vel per se vel per accidens, est; ista videtur vel per   10
se vel per accidens; ergo ista est forma. Si est, et aut corpus aut non-corpus,
et aut substantia aut accidens. Et videtur quod sit corpus mobile. Quicquid
enim variat situm, movetur et est corpus mobile; ista forma variat situm; ergo
est corpus mobile, ut patet, quia movetur et modo est in una parte speculi,
modo in alia; ergo movetur et est corpus mobile.   15

Quaeritur ulterius, si est, in quo est tamquam in subiecto. Et videtur
quod non in speculo, quia dicit ARISTOTELES in SECUNDO ETHICORUM quod
moventibus nobis moventur ea quae sunt in nobis; ergo si est in speculo,
movetur ad motum speculi. Sed hoc videtur fore falsum, quia nos in speculo
videmus immoto apparet ista forma veniens, recedens et varians situm ad   20
motum aspicientis. Ideo AUTOR SEX PRINCIPIORUM dicit quod impossibile
est solvere posito, ubi sit sita.

Si autem dicatur quod erit in speculo, erit incredibile vulgo sensum se-
quenti, licet sit probabilius dicere. Et propter hoc dicit AUTOR SEX PRINCI-
PIORUM quod sit in extremitate aëris tangentis speculum. Sed hoc videtur   25
falsum, quia tunc incideretur sine speculo quod est impossibile, sive falsum.

Praeterea, unumquodque est in illo subiecto, in quo non distat per situm
et locum; forma quae apparet in speculo, non distat per situm et locum a
speculo; ergo est in illo sicut in subiecto.

Praeterea, QUIDAM solvere voluerunt dicentes quod in rei veritate forma   30
nihil est absolute | sed compositio quaedam aspicientis ad aspectum, sicut
umbra est privatio lucis compatientis, quae ex obiecto corporis comparata
ad lucem resultat.

Sed contra hoc arguitur sic:

Quod est in umbra, non resultat ymo res opacae expresse, sed omnia ap-   35
parent confuse secundum ea quae primo intercipiuntur transitu lucis; in imaginem autem omnia resultant. Praetera, sic est umbra quod semper privatur
primo corpus opacum, ita quod opacum est in umbra corpus luminosum; sed
imago quae sic resultat, est in speculo, semper sic resultat, directe illuminat

---

31 *E* f.294r

---

17 ethicorum] *re vera* Topicorum   35 ymo res] *legendum* imago rei

faciem aspicientis ad speculum sine umbra media, quae sit inter aspicientem
vel aspectum; ergo forma illa de necessitate aliquid est in speculo.

Et si hoc dicatur, tunc quaeritur, si est actus, in quo praedicamento est? Et
videtur quod sit 'passio vel passibilis qualitas'. Omne enim quod infert pas-
5   sionem in sensu, est passio vel passibilis qualitas; forma ita infert passionem
in sensu; ergo est passio vel passibilis qualitas.

Contra hoc videtur quod sit falsum, quia omnis passio vel passibilis qualitas habet contrarium in specie; forma illa videtur quod nihil habeat contrarium in specie; ergo non est passio vel passibilis qualitas.

10   Praeterea videtur esse 'forma vel circa aliquid constans figura'; istud quod
videtur in speculo, apparet forma similis ad formam aspicientis.

Praeterea, quodlibet quod his omnibus difficilius est, utrum respiciatur
ista figura in speculi superficie vel in puncto. Et videtur quod in superficie,
quia quicquid apparet in longitudine et latitudine, est secundum positionem
15   superficiei; forma speculi sic apparet; ergo est in speculo secundum superficiem et non secundum punctum.

Si autem hoc concedatur, obicitur in contrarium sic:

Quicquid apparet in superficie, si est totum in superficie una alicuius
quantitatis, ipsum totum non erit in minori; si enim forma speculi est tota
20   in superficie speculi alicuius quantitatis in superficie, tunc non erit tota in
minori, quod est contra sensum, quia si speculum frangitur in partibus, in
qualibet illarum partium est tota illa figura vel forma.

Item, quicquid secundum eandem quantitatem resultat in maiori et in
minori simul et semel, hoc non est per dimensionem quantitatis in ipsis.

25   Praeterea, de ratione quantitatis diversitatis est esse secundum maiorem
in maiori et secundum minorem in minori.

Praeterea ostendo quod sit in speculo sicut in puncto. Probat enim EU-
CLIDES in quodam suo libro DE SPECULO ET VISU quod omnis radius visualis
perficit sub triangulo. Si ergo oculus est speculum animatum, sicut dicit PHI-
30   LOSOPHUS, id quod immutabit oculus sub lateribus, et sic attingit ipsum in
puncto anguli et non sicut in superficie.

Praeterea probatum est ab EUCLIDE quod reflexio luminis semper fit secundum angulum perpendicularem; sed ex hoc accipitur quod omnis radius
reflexus a speculo contingit speculum secundum angulum rectum vel acu-
35   tum vel obtusum. Si enim perpendiculariter incidet radius super speculum
planum, tunc reflectitur in seipsum et superficiem planam tangit in puncto,
ex utraque parte sui contactus ad superficiem facit angulum rectum, quia
propositio EUCLIDIS est: Linea recta perpendicularis cadens super lineam
rectam facit duos angulos. Si autem oblique veniat radius super speculum,
40   tunc fiunt duo anguli minores duobus rectis, quorum unus est in‹ter› radium

---

12 quodlibet] *legendum* quaeritur

incidentem et lineam superficiei speculi, et est acutus, et alter est inter radium
reflexum in alteram partem superficiei speculi, et est simpliciter acutus. Ae-
qualiter postea est alter angulus inter radium incidentem et radium reflexum,
tamen quandoque rectus et quandoque acutus. Cum ergo omne quod venit
ad speculum, sub his angulis veniat ad ipsum, omne quod recipitur in specu-   5
lo, recipitur ut in puncto, ut latius patet per exemplum: Ponamus superficiem
speculi plani in A et B; et ponamus radium incidentem perpendiculariter C,
et radium incidentem oblique D F, elevantem super speculum, et altiorem
isto ponamus E, et iterum altiorem F, et radium reflexum ab ipsis ponamus
G H I, sicut patet intuenti in praesenti figura.   10

| Item quaeritur in illa quaestione, secundum quam naturam speculum
sit susceptibile talis formae. Aut enim hoc est secundum quod est corpus aut
secundum quod transparens aut secundum quod in altera parte terminatum.
Si primo, tunc debetur omni corpori, quod est falsum. Si secundo modo,
tunc magis debetur aëri. Si tertio modo, debet esse speculum corpus, quod   15
non esset terminatum in aliqua parte, et hoc videtur falsum, scilicet in aqua,
quia aqua est speculum aspicienti[s] in ipsam.

Praeterea, de metallis videtur esse speculum, quando sunt polita et tersa,
sicut de ferro, auro et argento, in quibusdam lapidibus politis. Et quaeritur, secundum quam naturam contingit in ipsis. Item quaeritur, quare imago   20
in speculo quandoque videtur in profundo ipsius, quandoque in superficie,
quandoque autem imago apparet ante speculum per magnam distantiam ut
in speculo concavo, apparet enim imago in aëre ante speculum, ut patet in
TERTIA PARTE PERSPECTIVAE.

Item, cum anterior pars aspicientis directe sit contra speculum, ipsa vide-   25
tur altius tangere speculum directe quam posterior, et ita resultat post pars
posterior. Imago anterior est quasi cooperta a parte posteriori, sicut patet de
homine recedente a nobis: non videmus nisi partem posteriorem.

Item quaeritur, in quibus speculis superius apparet inferius et e contra, et
sinistrum dextrum et e contra; in quibusdam etiam sunt sicut est? Similiter   30
in quibusdam apparent plures species, seu imagines, ad unum aspectum, et
in quibusdam una sola?

Item, in illa quaestione quaeritur de hoc quod dicit ARISTOTELES in PRI-
MO DE ANIMA quod iustus est visibilis et invisibilis; et est secundum tres
modos, quia scilicet ut nullo visibiliter et invisibiliter. Et hoc apparet per vir- 35
tutem visus, seu per excellentiam. Quantum ad primum dico quod imago,
quae resultat in speculo, est aliquid, non tamen corpus vel substantia vel
accidens.

---

11 *E* f.294v

---

18 polita] *dub. E*   34 iustus] *legendum* visus   35–36 virtutem] *dub. E*

---

10 Figura adhibita in calce folii non congruit cum descriptione Alberti.

Et ad hoc quod obicitur, dicimus quod non movetur motu locali. Sicut enim dicitur de lumine quod habet semper novam essentiam generatam ad novam praesentiam generationis illuminationis, ita dicitur quod ista figura generata nova tribus modis in speculo, scilicet ex motu aspicientis, et ex motu speculi, et ex motu aëris intermedii. Et hoc contingit ideo, quia recta apparitio exigitur ad immutationem speculi, et ita potest immutari vel ex parte obiecti vel medii vel ex parte speculi, et si corrumpetur una, generatur alia. Medium autem quod est ferens ad mutationem eius, non videtur forma moveri. Et hoc contingit duabus de causis. Quarum una est transitus imaginis per medium subito, sicut est etiam luminis, sed mutatio aëris de loco ad locum non est subito. Secunda causa quod vere medium est receptivum formae, sed non est conservativum, ut habetur in libro DE SENSU ET SENSATO. Et propter hoc statim, quando medius aër extra rectam oppositionem inter speculum et aspicientem, forma non apparet amplius. In eo secus est, quia magis servatur extra uter. Et praeterea aqua mota faciens maiorem quantitatem quam pars, quae movetur extra rectam oppositionem, tenet aliquantulum de mixto pro tunc. Ita pars coniuncta cum parte formae, quae est in recta oppositione, facit formam maioris quantitatis apparere, et quandoque facit duas vel tres formas.

Sic ergo patet solutio ad obiecta usque ad illud quod quaeritur, in quo est ut in subiecto. Et ad hoc dicimus quod est in speculo sicut in subiecto. Quod autem non movetur motu speculi, sed corrumpitur et generatur in altera parte, haec est ratio, quia suum generans est extra speculum, scilicet aspiciens oppositum speculo secundum rectum situm; etiam contingit in generatione lucis.

Ad id quod obicitur de a u t o r e S e x p r i n c i p i o r u m, dicimus quod error est quod sit in aëre contra speculum sicut in subiecto, sed est in ipso sicut in extremitate perspicui, quod confert ei actus immutandi, scilicet visum, sicut est de colore.

Ultimo dicemus | autem quod forma ista aliquando sic probat obiecta.

Ad illud quod quaeritur, in quo praedicamento sit, dicemus quod in praedicamento qualitatis secundum primam speciem, quae est habitus et dispositio. Est enim non propria imago forma, sed species imaginis vel formae. Et est talis species quae potest esse in anima sicut in subiecto, et non est proprie longa vel lata, sed habet speciem longitudinis vel latitudinis. Si autem esset longa vel lata, non terminaret secundum omnes terminos actus speculi, sed aspicientis, et sic apparet quod longitudo vel latitudo ipsius esset extra ipsam, quod est inconveniens et absurdum. Et propter hoc necesse est dicere quod in rei veritate non est longa vel lata, sed species latitudinis vel longitudinis,

---

30 *E* f.295r

---

28 immutandi] in mundum *dub. E*

per quam cognoscitur figura aspicientis. Et cum tales species sint habitus et dispositio, est ista forma habitus vel dispositio. Et est in aëre sicut habitus, in speculo vel in aëre sicut dispositio.

Ad aliud quod obicitur, dicendum est quod id immutat sensum per se ut primum agens, est passio vel passibilis qualitas, hoc est color. Sed non oportet   5 quod id quod receptum est in obiecto in specie visibili, sit color, sed potius erit species coloris, quae est primum agnoscendi colorem.

Ad aliud dico quod non est forma vel circa aliquid constans figura, quia, sicut dictum est, non habet terminos quantitatis secundum esse figurae, sed potius similitudinem vel speciem, quae nata est repraesentare figuram secun-   10 dum esse determinatum.

Ad aliud autem quo quaeritur, utrum recipitur forma ut in superficie vel in puncto: ut dictum vel probatum est. Exemplum autem eiusdem formae sphaerae est dimidii caeli, quae tota repraesentatur in una parte obiecti, quod non esset nec posset fieri, si reciperetur in ipso ut in superficie. Et eadem ratio   15 est de speculo, quae est de oculo.

Ad aliud quod obicitur, patet solutio per praedicta, quia imago in speculo non habet longitudinem vel latitudinem secundum esse longitudinis vel latitudinis, sed potius secundum speciem.

Ad aliud quod quaeritur, secundum quam naturam speculum sit suscep-   20 tibile vel receptibile formae talis vel imaginis, dicendum est quod tria oportet praecedere in natura speculi, scilicet planitiem, transparentiam in superficie, secundum quod sit ad terminatum reflexio. Aër enim transparens tantum non est speculum. Aqua vero quae est transparens et spissa, aliquo modo terminat lucem in forma (...) divisibiles et reflectit[ur] eas ad superficiem   25 planam, et propter hoc ipsa speculum aliquantulum obscurat. Metalla autem in superficie multum polita et bene coniuncta, sicut aurum et argentum et ferrum, depicta et tersa, sunt specula. Huiusmodi enim genera fiunt ex sulphure et argento vivo. Argentum vivum fit ex subtili aëreo et subtili aqueo. Cum ergo argentum vivum subtile est valde per calidum quod inflammans,   30 tunc fit aurum, quod in superficie polita propter subtile aqueum illius calidi recepti; propter illud subtile terreum est terminatum et sic speculum efficitur. Similiter est de argento propter easdem causas sex, quia calidum in ipso non est adeo bene commiscens nec adeo bene digerens nec adeo bene inflammans sicut in auro, ideo magis aurum sequitur colorem sulphureum, et   35 argentum magis argenti vivi, in utroque tamen est frigus coagulans, et propter hoc etiam ipsum est receptivum luminis et reflexivum. Cuprum autem depuratum est ex sulphure quidem puro et argento vivo minus puro bene commixtis, et propter hoc etiam ex ipso fit speculum, quando bene depura-

7 primum agnoscendi] *legendum* principium cognoscendi   12 quo] quod *legendum* quod   14 obiecti] *legendum* oculi   27 coniuncta] *legendum* commixta   28 depicta] *legendum* depurata

tum et depolitum est in superficie. Ferrum autem est ex utroque impuro, et
est viscosum et inseparabile ab ipso propter colligationem calidi, et propter
hoc ex ipso fit speculum et magis obscurum secundum quid et minus obscurum secundum quid. In eo enim quod est ex partibus grossis ferreis, magis
5 est umbrosum et minus receptivum. Aurum vero et cuprum in eo quod habent colorem, minus receptiva sunt formae coloris. In eo vero quod subtile
habent terreum magis quam ferreum, sunt receptiva. Et propter hoc inter
omnia metalla argentum bene politum est melius speculum, quia in colore
accidit magis diaphonitatis et habet subtile terreum et bene commixtum. Sta-
10 gnum autem et plumbum sunt magis ex argento vivo non puro neque bene
commixto cum sulphure, et propter hoc superficies remanent partes obscure
impedientes luminis receptionem, et ideo non generatur speculum.

| Item autem omnibus aliis melius speculum ex vitro et plumbo sit, quia
vitrum per transparentiam multos recipit radios. Plumbum enim habet hu-
15 midum et propter hoc quando superadvenit vitro in altera parte terminatum
valde radiosum. Exigitur etiam proportio reflexionis, quia simul tamen fieret
reflexio, non resultarent color vel figura, vel obscure resultabit. Et hoc ideo,
quia condensatio radiorum luminis tegunt colores, sicut patet, si lapis valde
politus ponatur sub sole, et aliquis eminens respiciat eum ex obliquo, videbi-
20 tur lapis iste splendens propter multam diffusionem in superficie radiorum.

Ad id quod arguitur quod forma aliquando videtur in profundo et quandoque in superficie, dicendum est quod in speculo non tantum resultat forma,
sed etiam distantia, quae est inter aspicientem et aspectum et superficiem.

Ad id dicendum quod, sicut habitum, apparens est species non habens.
25 Et propterea cum quaeritur, utrum posterior tangat altiorem.

Ad id dicendum est quod convexo speculo apparet forma similiter sicut
in plano, quia una pars speculi non est sub alia, et propter hoc non fit reflexio ab una parte usque super aliam. Sed in concavo una pars sub alia est
et propter hoc superior provenit super inferiorem, et ideo superior pars ap-
30 paret inferius, et similiter est de dextro in sinistro. Et ille movens est propter
commixtionem mixtionis, licet figurarentur lapides, qui dicuntur topacii, in
quibus semper facies apparet versa reflexio. Si autem fieret speculum angulare multis angulis, cum quibus angulis discontinue ad superficiem fierent in eo
multae imagines secundum naturam discontinuitatis reflexionum. Si vero fiat
35 speculum in una parte concavum et in alia planum, sive planum sit superius
et concavum inferius vel e converso, resultabunt duae imagines. Et si concavum sit superius et inferius planum, superius tunc in loco continuationis
planum illud concavum videntur illae imagines generatis pedibus, ita quod

---

13 *E* f.295v

2 viscosum … inseparabile] viscosus et inseparabilis *(dub.) E*   9 diaphonitatis]
dyfo^tis *E*   19 eminens] *legendum* eminus   30 in] *legendum* et   32 reflexio] *dub.*
E   37 continuationis] continuatio *(dub.) E*

una facies sit superior et alia inferior. Si vero sit e converso planum superius et concavum inferius, tunc videtur illa facies continuata in vertice capitis, eo quod inferior porrigitur et superior dependet inferius.

Ad ultimum dicendum est quod cum dicitur 'visus est visibilis et invisibilis', ly 'in-' potest privare obiectum visus vel harmoniae vel ipsius visus. Si   5 secundo modo, tunc invisibile et id quod est non habens colorem, aptum natum tamen sic habere, sicut aqua vel aër. Si autem primo, tunc sic dicitur lucidum, et hoc potest fieri duobus modis: vel secundum excessum vel secundum diminutionem. Si primo modo, sic dicitur invisibile, quia nimis est lucidum. Si secundo modo, tunc dicitur invisibile, quod habet parvam   10 differentiam visibilitatis

Et sic sit dictum de hac quaestione.

Explicit quaestio de speculo ab Gravissimo domino Alberto magno.

---

2 continuata] continuatis *(dub.)* E

III. 'DE FORMA RESULTANTE IN SPECULO' IM 'SPECULUM NATURALE' DES VINZENZ VON BEAUVAIS

gemäß den Handschriften *Nancy, Bibl. Publique de la Ville 1088* und *Paris, BN lat. 2598* sowie der Baseler Inkunabel (Johannes von Amerbach, ca. 1486)

Vorbemerkung

Bevor hier einige weitere Angaben zur Redaktionsgeschichte der Vinzenzschen Kompilation gemacht werden, deren Text im folgenden auf der Grundlage der Handschriften *Nancy, Bibliothèque Publique de la Ville 1088 (426)* und *Paris, BN lat. 2598* sowie der Baseler Inkunabel (Johannes von Amerbach, ca. 1486) geboten wird, ist zu vergegenwärtigen, was in dieser Studie an welcher Stelle zu diesem Thema bereits dargelegt wurde.

Die Beschreibungen (mit Literaturangaben) der zwei bereits genannten handschriftlichen Textzeugen der Kompilation des Vinzenz von Beauvais – *Nancy, Bibliothèque Publique 1088 (426)* und *Paris, BN lat. 2598* –, die bisher in der Albertus-Forschung für Kodizes mit dem genuinen Text des Doctor universalis gehalten wurden, sind oben im Kap. II.1 (Hs. n.5* und 6*) zu finden. Im textkritischen Teil dieser Studie, Kap. IV (insbes. IV.1.1.4, aber auch IV.1) werden die neugewonnenen Erkenntnisse über die Eigenart dieser Überlieferung dargelegt. Im Kap. VII.4 werden bei der Erörterung der Frage nach der Rezeption der Spiegelbildlehre des Albertus Magnus die Redaktionsgeschichte der Kompilation und die sich daraus ergebenden Implikationen für die Albertus-Forschung behandelt.

Zu Beginn seiner Ausführungen über das Licht, aber lange bevor das Spiegelbildthema aufgenommen wird, verweist Vinzenz von Beauvais im dritten Buch seiner monumentalen Enzyklopädie *Speculum naturale* im Anschluß an die Überschrift des Kap. 41 (formale Textgliederung nach der Baseler, durch Johannes von Amerbach besorgten Inkunabel) auf Albertus, genauer auf dessen „Tractatus de anima", als auf seine Quelle: „XLI. *Assertio quod lux sit corpus. Albertus in tractatu de anima*". Aus dieser Mitteilung geht zwar nicht unmittelbar hervor, inwieweit er bei der Behandlung der Lichtproblematik Albertus folgt. Eine literarische Abhängigkeit von Albertus wird jedoch damit ausdrücklich zugegeben. Da im *Speculum naturale* von Kap. 42 bis zum Schluß des Kap. 81 (Ende der Abhandlung über das Spiegelbild) keine andere Quelle von Vinzenz genannt wird, kann zunächst, ohne den Sachverhalt genau zu prüfen, vermutet werden, daß in der gesamten Textpassage (Kap. 41-81) Albertus der Gewährsmann für das enzyklopädische Wissen des Vinzenz gewesen ist. Erst in der Überschrift des Kapitels 82 vom dritten

Buch des *Speculum naturale* erscheint wieder ein Hinweis auf die Quellen: „LXXXII. *Qualiter lux sit colorum ipostasis. Ex libro de vaporibus*". Allerdings sorgte der Zusatz '*Actor*' am Schluß der Abhandlung über das Spiegelbild (Kap. 81: '[...] *rectos signat. Actor. Haec de forma vel imagine in speculo relucente*') für eine gewisse Verwirrung in der diesbezüglichen Interpretation. Bisher ging man – nicht ganz zu Recht, wie sich hier exemplarisch zeigt – davon aus, daß jene mit dem Namen '*Actor*' (bzw. '*Auctor*') gekennzeichneten Texte von dem Enzyklopädisten selbst als dem Urheber herrühren[1]. Die Deutung der '*Actor*'-Stellen muß also mit größerer Umsicht, kritischer und präziser sowie dem gegebenen literar- und quellenhistorischen Sachverhalt angemessen erfolgen. Von einer solchen Herangehensweise ist mit neuen Erkenntnissen zu rechnen. Denn es zeigt sich, daß die '*Actor*'-Kennzeichnung nicht allein im Sinne einer eigentlichen, im engeren Sinne gefaßten Autorschaft der zugehörigen Texte, sondern gegebenenfalls auch in der Bedeutung einer wie auch immer gearteten Redaktion (wie in diesem Fall in Form einer Kompilation) dieser Texte zu verstehen ist. Im Buch 26 wird von Vinzenz erneut der Gesichtssinn mehrfach in ausdrücklicher Anlehnung an Albertus behandelt. In diesem Buch heißt es dann am Ende des Kap. 39 '*De obiectu visus*' (f.122ra): '*Actor. Itaque de coloribus et de formis quae apparent in speculis satis dictum est superius in eodem tractatu, scilicet ubi occasione lucis actum est de corporibus luminosis*'. Vinzenz verweist also genau auf das dritte Buch seines *Speculum naturale* (Kap.72-81), wo die Kompilation über das Spiegelbild enthalten ist.

Dem Hinweis auf den „Traktat über die Seele" (d.h. *De homine*) des Albertus Magnus kommt eine wichtige Bedeutung im Hinblick auf das chronologische Verhältnis der beiden Werke – des *Speculum naturale* und *De homine* – zueinander zu. Durch diesen Verweis auf das Albertsche Werk läßt sich die Frage nach der relativen Abfassungszeit der beiden Schriften bzw. die Frage nach der Abhängigkeit zwischen den beiden Schriftstellern eindeutig klären – freilich unter der Voraussetzung, daß der in der Inkunabel vorgefundene Sachverhalt auf Handschriften und letzlich auf den Autor des Werkes, Vinzenz, zurückgeht und keine spätere fremde Interpolation darstellt. Wenn man unter diesem Vorbehalt den Textbefund bewertet, hat Vinzenz den „Tractatus de anima", also *De homine* des Albertus Magnus – und nicht umgekehrt, Albertus Magnus das *Speculum naturale* des Vinzenz – als Quelle benutzt. Diese Feststellung richtet sich gegen die Annahme L. Liesers von einer partiellen Abhängigkeit der Schrift *De homine* des Albertus Magnus von seiner frühen, „noch nicht endgültig zur Herausgabe bestimmten" Redaktion einzelner Quaestionen, die eben im Vinzenzschen *Speculum naturale* be-

---

[1]   Cf. L. Lieser, *Vinzenz von Beauvais*, 77.

zeugt und die später von Albertus mit „einigen Veränderungen der ehemaligen Form" in *De homine* einverleibt worden seien[2].

Auf ein weiteres Textfragment aus *De forma resultante in speculo* des Albertus Magnus im *Speculum naturale* hat Fr. Pelster hingewiesen[3]. In der hier benutzten Baseler Ausgabe des Johannes von Amerbach findet sich dieser kurze Passus im achten Buch, Kap. 20 (f.113va: *'De speculis et vasis ex argento'*). Er wird mit dem Namen „Albertus" eingeleitet: *'Albertus. Argentum bene politum inter omnia metalla melius est speculum, quia in colore magis accedit ad dyaphanum'*.

Für die nachfolgende, auf die zwei oben genannten Handschriften gestützte Textwiedergabe der Vinzenzschen Kompilation aus der Spiegelbildabhandlung des Albertus Magnus wurde die Überlieferung in der Baseler Inkunabel des Johannes von Amerbach (um 1486) anhand des Exemplars der Universitäts- und Landesbibliothek zu Bonn (Signatur: 2° Inc. 1206) herangezogen. Eine genaue Beschreibung der Inkunabel bietet der Katalog von E. Voulliéme[4].

*

Siglen

Na = Nancy, Bibliothèque Publique de la Ville 1088 (426) f.90r-94r
Pa = Paris, Bibliothèque Nationale lat. 2598 f.136ra-138ra
Ba = Inkunabel Basel, Johannes von Amerbach, ca. 1486 f.45ra-46rb

*

[2] Ibid., 68sq.
[3] Fr. Pelster, *Kritische Studien*, 96 Anm.4.
[4] E. Voulliéme, *Die Incunabeln der Königlichen Universitäts-Bibliothek zu Bonn*, 208 (448) n.1206; dort auch weitere Literaturhinweise.

‹VINCENTIUS BELLOVACENSIS, DE FORMA VEL IMAGINE IN SPECULO RELUCENTE›

‹LXXII. De forma speculi luminosa, utrum habeat aliquod esse›

De forma in speculo resultante merito queri potest, utrum sit lumen vel color vel forma, vel potius an habeat aliquod esse. Et videtur quod non sit. Nam si est, aut est corpus aut non-corpus. Et si est corpus, tunc duo corpora sunt in eodem loco, quia speculum propter ipsam non occupat maiorem locum.

Propterea, cum omne corpus habeat profundum, secundum hoc oporteret quod illa forma non videretur iacens super speculum, sed elevata super speculi superficiem secundum profunditatis corporis quantitatem ipsius, quod cum appareat falsum esse, formam illam corpus esse videtur impossibile.

Si vero dicatur quod sit non corpus, quod semper motu locali super speculum moveri videtur, secundum hoc non corpus motu corporis movetur, contra: Quia legitur in SEX PRINCIPIIS quod impossibile est non-corpus corpore moveri, idest motu corporis. Et PHILOSOPHUS SEXTO PHYSICORUM dicit: Omne quod movetur, est corpus continuum; et in PRIMO DE ANIMA dicit quod omne quod movetur, est in loco, et nihil nisi corpus est in loco.

Propterea, si movetur, ‹aut movetur per se aut per accidens›; constat quod per se non movetur, ut IAM probatum est; ergo per accidens. Et nota quod per accidens localiter movetur, ‹quod› motu eius in quo est movetur, sicut anima per corpus. Cum ergo non sit nisi tantum in superficie speculi et in extremitate perspicui tangentis speculum, movetur illorum motu tantum.

In contrarium arguitur: Nam videmus quod speculo manente immoto, et similiter extremitate perspicui, movetur imago ad motum aspicientis in speculo; non ergo videtur moveri per accidens et sic neque vere esse corpus neque non-corpus, sed nihil. Huic tamen obviat manifeste sensus et ratio,

5

10

15

20

25

Na Pa Ba

3 LXXII. ... esse] *inscr. Ba om. codd.* 4 De] Porro *praem. Ba* 5 an] *om. Ba* | Et] *om. Ba* 6 non-corpus] non *Ba* | Et] *om. Ba* | duo] du° *Na* dubio *Ba* 7 sunt] *om. Na Pa* | ipsam] ipsas *Na Pa* 9 Propterea] Preterea *Ba* | habeat] hans *Na* 10 illa forma] *inv. Ba* 11 profunditatis ... ipsius] ipsius corporis profunditatis quantitatem *Ba* | profunditatis ... quantitatem] profunditates ... quantitatem *Pa* profunditates ... a quantitate *Na* 12 impossibile] non corpus istud *add. Na* 13-14 sit ... speculum] non sit corpus cum super speculum motu locali *Ba* 14 movetur] movebitur *Ba* 15 Quia] quod *Ba* 16-17 Philosophus ... dicit] etiam in sexto phisicorum: quod *Ba* 17 dicit] sicut *Na* | continuum] *om. Ba* 17-18 in ... quod] iterum *Ba* 17 primo] principio *Pa* 18 et nihil] nichilque *Ba* 19 Propterea] pretera *Ba* | aut ... accidens] *om. Na Pa Ba* | quod] *om. Na* 20 Et nota] aut non *Na* At vero *Ba* 22 in²] est *Na* 23 perspicui] per speculi *Na (dub.) Pa* 24 In ... Nam] At e contra *Ba* 25 similiter] in *add. Pa* 26-27 sic ... non-corpus] ita videtur non esse corpus *Ba* 27 obviat] obiat *Na Pa*

quia forma haec actu agit visum immutando, quod utique non faceret, si nihil esset.

Propterea, si nihil esset, nec per se nec per accidens videri posset.

Dicimus ergo quod ipsa est aliquod ens, non-corpus vel substantia, sed
5 accidens, quod nec motu locali movetur, sed potius generatur. Sicut ALIAS de lumine diximus quod semper novam essentiam habet de generativa ad novam praesentiam illuminantis, ita dicimus de imagine speculi quod semper generatur ad praesentiam aspicientis.

‹LXXIII.› Quibus modis praedicta forma generatur in speculo

10 Forma tamen illa generatur in speculo tribus modis, scilicet ex motu aspicientis et ex motu speculi et ex motu aëris intermedii. Quod ideo contingit, quia recta oppositio exigitur ad immutationem speculi, et ita potest immutari forma vel ex parte situs aspicientis vel ex parte speculi, ideoque corrumpitur una et generatur alia. Medium autem quod est deferens, illam corrumpit et
15 seipsum variat. Sed ad eius mutationem forma moveri non videtur. Et hoc contingit duabus ex causis. Una est, quia transitus imaginis per medium sicuti et luminis est subito, sed aëris mutatio de loco ad locum non est subito. Alia est, quia medium est receptibile formae, sed non conservabile, sicut dicitur in libro DE SENSU ET SENSATO, ideoque quando medius aër est extra rec-
20 tam oppositionem inter speculum et aspicientem, forma non amplius est in eo. In aqua vero secus est, quoniam illa magis servat. Unde in aqua mota facies maioris quantitatis apparet, quia pars aquae quae movetur extra rectam oppositionem, formam in materia diu tenet, et ista pars coniuncta cum parte formae, quae est in recta oppositione, facit formam maioris quantitatis
25 apparere vel etiam duas aut tres formas quandoque. Sic ergo patet quod illa forma nec per se nec per accidens movetur, sed semper nova generatur.

Per hoc de facili posset responderi ad obiectionem, quae posset fieri, forma ista situm variat, quia modo est in una parte speculi modo in alia. Unde cum omne tale sit corpus mobile, videtur illa corpus esse. Non ergo, ut DIC-
30 TUM EST, movetur per loci mutationem, sed per generationem et corruptionem.

Na Pa Ba

3 Propterea] Pretera *Ba* 4 est aliquod] *inv. Ba* | non] tamen *add. Ba* | vel] nec *Ba* 5 quod] *om. Ba* | alias] superius *Ba* 6 de generativa] generatam *Ba* 9 LXXIII ... speculo] *om. Pa* | LXXIII] *om. Na* 12 immutari] mutari *Pa* mutare *Ba* 14 una] duᵃ *Pa* | deferens] deferans *Pa* | illam] istam *Pa* | et²] *dub. Na om. Ba* 15 seipsum variat] si ipsum variatur *Ba* 18 conservabile] substantiabile *Ba* | dicitur] legitur *Ba* 19 ideoque] statim *add. Ba* | est] exit *Ba* 20 amplius est] apparet amplius *Ba* 21 illa] illam *Ba* 22 facies] faciens *Na Pa* 23 oppositionem] appositionem *Pa* | et ... coniuncta] *om. Ba* 24 oppositione] ideo *add. Ba* 25 aut] vel *Ba* | quandoque] quamcunque *Pa* 26 semper] *om. Na Pa* 28 ista] illum *Ba* | quia] que *Na* quasi *Pa* | est] *om. Ba* 29 ergo] enim *Ba* 30 per¹] *om. Na*

Voluerunt tamen quidam dicere quod illa forma nihil est absolute, sed tantum est comparatio quaedam aspicientis ad speculum, sicut etiam umbra est privatio lucis ex obiectu corporis opaci ad lumen resultans. At vero non est simile de umbra, quia in ea non resultat imago rei opace expresse secundum omnia lineamenta, sed confuse tantum secundum ea quae primo   5 intercipiunt luminis transitum. In imagine vero speculi expresse resultant omnia. Ceterum umbra semper proicitur post corpus opacum, ita quod opacum corpus est medium inter umbram et corpus luminosum. At vero imago quae est in speculo, sic semper resultat ex eo quod lumen directe illuminat faciem aspicientis ad speculum sine omni umbra media inter aspicientem et ipsum.   10

      ‹LXXIIII.› Qualiter illa forma sit in speculo ut in subiecto

Itaque supposito quod illa forma sit aliquid et quod sit accidens, restat videre, in quo tamquam in subiecto sit.

Videtur autem quod non sit in speculo, quia dicit ARISTOTELES in TOPICIS quod moventibus nobis moventur ea quae sunt in nobis. Si ergo esset in   15 speculo, moveri debetur, ut videtur, moto speculo. Videmus autem e contrario quod apparet veniens ac recedens et situm varians ad motum aspicientis speculo manente immoto. Unde et philosophus in libro SEX PRINCIPIORUM dicit quod impossibile est solvere concesso quod ibi vere forma sit. Si vero non dicatur ibi formam esse, incredibilis erit error in vulgo sequente sensum,   20 licet hoc probabilius sit dicere. Ibi etiam INNUIT quod in extremitate aëris speculum tangentis sit talis forma. Sed hoc videtur falsum esse, quia tunc videtur talis forma etiam sine speculo, quod non potest esse.

Propterea, unumquodque in illo est ut in subiecto, a quo non differt per situm et locum. Forma vero, quae est in speculo, ‹non distat per situm et   25 locum a speculo›; patet quod est in ipso ut in subiecto.

Et nos quidem hoc concedimus.

Quod autem non movetur motu speculi, sed corrumpitur et in altera parte generatur, hoc ideo contingit, quia generans est extra speculum, scilicet aspi-

Na Pa Ba

---

1 quidam] quidem *Na* quedam *Pa* 2 tantum ... quaedam] est quedam comparatio *Ba* 3 ex] est *Pa* | obiectu] obiecto *Na Pa* | At] Aut *Pa* 8 medium] *om. Ba* | At] Aut *Pa* 9 quod] quia *Ba* 10 ad] in *Ba* | sine omni] sive cum *Na* | media inter] mediante *Na Pa* 11 LXXIIII. ... subiecto] *om. Pa* | subiecto] etc. *add. Na* 12 supposito] scilicet *add. Ba* 14 Aristoteles] philosophus *Ba* aaron *Pa* 15 moventibus] motis *Ba* | ea] omnia *Ba* 16–17 e contrario] econtra *Ba* 17 apparet] illa *add. Ba* 18 immoto] in motu *Pa* | sex principiorum] VI. libro phisicorum *Ba* | sex] super *Pa* 19 vere] vera *Ba* 20 non] *om. Pa* | formam] forma *Ba* | vulgo] vultu *Ba* 22 talis forma] *om. Ba* 23 videtur ... etiam] etiam videretur *Ba* 24 Propterea] Preterea *Ba* 24–25 ut ... locum] a quo non differt per situm et locum: ut in subiecto *Ba* 25–26 Forma ... subiecto] *om. Ba* 29 quia] suum *add. Ba*

ciens oppositum speculo secundum rectum situm, sicut etiam de generatione lucis est ALIBI dictum.

Quod sit in extremo aëre speculum tangente sicut in subiecto, error est, quin potius est in ipso sicut in extremitate perspicui, quod ei confert actum 5 immutandi visum. De colore autem ALIBI dictum est.

‹LXXV. Quod eadem forma sit habitus vel dispositio›

Porro, si talis supra dicta forma est accidens in speculo ut in subiecto, necesse est autem in aliquo esse praedicamento. Et primo quidem videtur esse passio vel passibilis qualitas, quia passionem infert sensui et immutat. 10 At vero omnis passio vel passibilis qualitas habet contrarium in specie; hanc autem formam patet contrarium nihil habere in specie.

Alia autem ratione videtur esse forma vel circa aliquid constans figura. Nam istud quod in speculo videtur, apparet ut forma ad figuram aspicientis sub quantitate determinata. Nos autem eam dicimus quidem esse in praedi-15 camento qualitatis, non tamen in specie tertia vel quarta, sed in prima specie, quae est habitus vel dispositio. Non enim est proprie forma vel imago, sed est species imaginis et formae talisque species, quae potest esse in anima ut in subiecto. Ideoque non proprie longa vel lata est, sed longitudinis et latitudinis speciem habet. Si enim esset in ea longum vel latum, cum illa longitudo vel 20 latitudo non terminetur secundum terminos aëris vel speculi, sed aspicientis, oporteret quod longitudo et latitudo alicuius extra ipsum esset, quod est inconveniens. Ideoque necesse est dicere quod re vera non est ibi longum nec latum, sed species longi et lati, per quam figura cognoscitur aspicientis. Cum tales species sint habitus vel dispositio, erit illa forma habitus vel dispositio, 25 est enim in anima sicut habitus et in speculo et in aëre sicut dispositio.

Concedimus autem quod illud quod per se tamquam primum agens sensum immutat, sit passio vel passibilis qualitas, ut est color. Non autem oportet quod istud quod receptum est in oculo et in spiritu visibili vel speculo, sit color secundum esse coloris, sed potius est species coloris, quae est principium 30 cognoscendi colorem.

Na Pa Ba

1 rectum situm] respectum suum *Ba*   2 est ... dictum] supradictum est *Ba*   3 Quod] autem *add. Ba*   3–4 in ... sicut] *om. (hom.) Na*   5 De ... dictum] sicut de colore supradictum *Ba*   6 LXXV. ... dispositio] *inscr. Ba*   7 talis ... forma] *om. Ba*   8 autem ... esse] eam esse in aliquo *Ba*   9 passio] paxive *Na* paxio *Pa* | passibilis] paxibilis *et sic deinceps Na Pa* | immutat] immutabit *Na* ipsum *praem. Ba*   10 passibilis] paxi *Na Pa*   11 in specie] *om. Ba*   12 aliquid] aliquod *Na Pa*   13 ad figuram] aut figura *Ba*   14 determinata] terminata *Ba*   15 specie²] *om. Ba*   16 proprie] propria *Ba*   17 talisque] talis quia *Na*   19 speciem] species *Na* | ea] eo *Na Pa* | vel] et *Na Ba* | vel] et *Ba*   20 non terminetur] *om. Na* | non] *om. Pa*   21 alicuius] eius *Ba*   23 cognoscitur] cognoscatur *Ba* | Cum] Cunque *Ba*   24 dispositio] dispositiones *Ba* | erit ... dispositio] *om. (hom.) Na Pa*   26 Concedimus autem] Sed hoc concedimus *Ba*   26–27 sensum] sensus *Ba*   28 quod istud] illud *Ba* | in²] *om. Ba* | vel] et in *Ba*

Itaque pari ratione nec dicimus quod illa imago sit forma vel circa aliquid constans figura, nam ut DICTUM EST, non habet terminum quantitatis
secundum esse figurae, sed potius similitudinem ipsius ad speciem, apta nata
est figuram secundum esse quanti terminati repraesentare.

<LXXVI.> Qualiter illa forma recipiatur   5
in speculi superficie

Inter haec autem omnibus difficilius est videre, utrum illa forma recipiatur
in superficie speculi ut in puncto vel ut in superficie speculi. Videtur autem
quod ut in superficie, quia secundum ordinem superficiei apparet, quicquid
apparet sub longitudine et latitudine.   10
Quod si concedatur, multis rationibus improbatur. Quicquid enim apparet
ut in superficie, si ipsum est totum in una superficie alicuius quantitatis, ipsum
totum in minori quantitate non erit. Si ergo forma speculi tota est in superficie
alicuius quantitatis ut in superficie, tunc non erit tota in minori superficie,
quod est contra sensum manifeste. Si enim speculum frangatur in decem   15
partes, in qualibet illarum partium erit forma tota.
Propterea, forma illa secundum eandem quantitatem simul et semel resultat in maiori speculo et in minori, sicut patet ad sensum, si duo specula,
maius et minus, opponantur simul et semel aspicienti; non est ergo in eis
per dimensionem quantitatis, nam ratio dimensionis quantitatis est esse se- 20
cundum maiorem dimensionem in maiori et secundum minorem in minori.
Patet ergo quod non est in superficie speculi secundum rationem superficiei.
Nos quoque in solvendo dicimus quod non est ibi ut in superficie, sed ut
in puncto, cuius evidens est exemplum in forma totius sphaerae dimidii caeli,
quae tota resultat in una parva acie oculi, quod utique patet fieri non posse   25
nisi reciperetur in ipso ut in superficie. Eadem vero est ratio de speculo quae
et de oculo.
Ad hoc autem quod in contrarium obicitur de apparentia in longo et lato,
per praedicta IAM patet responsio. Nam imago resultans in speculo non habet
longitudinem et latitudinem, sed potius illarum dimensionum tantummodo   30
speciem et intentionem.

Na Pa Ba

---

1 Itaque] ita quod *Pa* | illa] ipsa *Pa* | circa] hoc *add. Ba*   2 quantitatis]
qualitatis *Ba*   3–4 apta ... est] actam natam et *Na Pa*   5–6 LXXVI. ... superficie]
om. Pa   6 speculi] speculo *Na*   7 difficilius] difficillimum *Ba*   8 ut²] *om. Ba* |
speculi²] *om. Ba*   9 ordinem] rationem *Ba*   10 apparet] *om. Pa*   13 quantitate]
om. Ba | speculi] *om. Pa* | est] ut *add. Ba*   14 ut ... superficie] totius *Ba*
16 partium erit] est *Ba* | erit] cum *Pa*   17 Propterea] Preterea *Ba* | simul]
simili *Pa*   19 et semel] *om. Ba*   23 in¹] *om. Ba*   24 sphaerae] speciei *Na*   26 nisi]
si *Ba* | in ipso] ibi *Ba*   27 et] est *Pa*   28 quod] quo *Ba*   29 iam patet] *inv.*
Ba

‹LXXVII.› Assertio quod ibi recipiatur ut in puncto

Quod autem recipiatur in speculo ut in puncto, declarat etiam necessaria demonstratio. Nam EUCLIDES in libro DE SPECULIS ponit quod omnis visus perficitur sub triangulo ampligonio, hoc est quod habet unum angulum
5 obtusum sive magnum sive expansum, quod idem est. Ita quod si oculus, ut dicit PHILOSOPHUS, est speculum quoddam animatum, sequitur quod illud quod immutat oculum, sub trianguli lateribus immutet ipsum in puncto et sic attingit ipsum in puncto anguli. Cum igitur eodem modo fiat immutatio speculi quo et oculi, forma quae in ipso resultat, erit sicut in puncto anguli
10 et non sicut in superficie.

Item, ab EUCLIDE invenitur probatum quod reflexio luminis semper fit ad pares angulos vel in seipsum. Ad pares quidem angulos fit, si radius ex obliquo veniat ad superficiem speculi; in seipsum autem si perpendiculariter. Ex hoc accipitur quod radius omnis reflexus a speculo contingit speculum ad
15 angulum rectum vel ad acutum vel ad obtusum. Nam si perpendicularis incidat radius super speculum planum, tunc reflectitur in seipsum et superficiem speculi planam contingit in puncto, et ex utraque parte sui contactus ad superficiem rectum angulum facit. Nam apud EUCLIDEM principium est quod linea recta perpendiculariter cadens super aliam rectam facit duos angulos
20 rectos. Si autem oblique veniat radius super speculum, tunc de necessitate fient ibi tres anguli aequi duobus rectis, quorum unus est inter radium incidentem et lineam superficiei speculi, et est acutus; alius autem inter radium reflexum et alteram partem lineae superficiei speculi, et similiter est acutus aequalis priori; tertius est inter radium incidentem et radium reflexum, et est
25 obtusus, quandoque rectus quandoque acutus. Cum igitur omne quod venit ad speculum, sub his angulis veniat ad ipsum, omne quod recipitur in speculo, recipitur in anguli termino; omnis autem anguli terminus est punctus; omne ergo quod recipitur in speculo, recipitur ut in puncto.

Na Pa Ba

---

1 LXXVII. ... puncto] *om. Pa* | Assertio] Assentio *Na* 2 recipiatur] ibi recipiatur ut *Ba* 3 ponit] probat *Ba* 3–4 visus] visio *Ba* 4 ampligonio] ortogonio *Ba* | quod] qui *Ba* 5 magnum] amplum *Ba* | expansum] extensum *Ba* | Ita quod] Itaque *Ba* 6 quoddam] quodam *Na Pa* 7 immutet] immutat *Ba* | in puncto] *om. Ba* 12 angulos ... pares] *om (hom.) Pa* 13 veniat] veniens est *Ba* | si] fit *Na Pa* 14 contingit] contangit *Na Pa* 15 ad ... ad] acutum aut *Ba* 17 contingit in puncto] in puncto tangit *Ba* | contingit] contangit *Na Pa* 18 quod] *om. Na Pa* 19 aliam] lineam *Ba* 21 aequi] equales *Ba* 22 et²] alius *add. Na Pa* 24 est] *om. Ba* | est] quandoque *add. Ba* 27 recipitur] recipietur *Ba* | omnis ... punctus] *om. Pa* 28 puncto] etc. *add. Pa*

‹LXXVIII.› Secundum quam naturam speculum sit susceptibile talis formae

Hoc quoque difficile est percipere, secundum quam naturam speculum susceptibile sit talis formae. Aut enim secundum quod est corpus, aut secundum quod est transparens sive pervium, aut secundum quod est transparens, in altera parte exstinctum sive terminatum. Si primum dicatur, secundum hoc sequitur quod huiusmodi formae susceptio omni corpori debetur, quod est falsum. Si secundo modo, tunc hoc magis aëri deberetur, ut videtur, quia magis transparens est. Si tertio modo, tunc corpus non posset esse speculum, quod non esset in altera parte terminatum. Et hoc videmus esse falsum in aqua, quae est speculum aspicientis ad ipsam, licet non sit in altera parte terminata. Similiter metalla videmus esse specula, quando sunt polita ac tersa ut ferrum, argentum et talia. Idem quoque videmus de quibusdam lapidibus politis, in quibus omnibus merito quaeri potest, secundum quam naturam communem eis contingat suscipere huiusmodi formam.

Dicimus itaque quod tria concurrere oportet in speculi natura, videlicet planitiem in superficie transparentem et aliquid terminans ipsum post superficiem ‹et› tertium quod sit proportionata reflexio. Nam aër, qui transparens est tantum, non est speculum. Aqua vero, quia transparens et spissa est, aliquo modo terminat lucem, quae abstrahit formas visibiles easque reflectit a superficie plana et per consequens ibidem congregat formam abstractam a luce reflexa. Unde ipsa est speculum, sed aliquantulum obscurum. At vero inter omnia melius est speculum vitreum ex vitro et plumbo factum, quia vitrum propter transparentiam melius recipit radios. Plumbum vero habet humidum solubile ab ipso, unde quando superfunditur plumbum vitro calido, siccitas vitri attrahit ipsum et efficitur in altera parte terminatum valde radiosum. Exigitur etiam proportio reflexionis. Nam si multa nimis fieret reflexio sicut in speculo immediate soli opposito, color et figura non resultaret vel obscure resultaret. Et hoc ideo tunc accidit, quia condensatio radiorum

5

10

15

20

25

Na Pa Ba

1–2 LXXVIII. ... formae] *om. Pa*   4 aut] enim *add. Na Pa*   5 transparens²] in una parte et *add. Ba*   6 altera ... terminatum] alteram partem excitum sive exterminatum *Na Pa*   7 debetur] debeatur *Ba*   8 est falsum] utique falsum est *Ba* | deberetur] debetur *Ba*   10 in²] de *Na Pa*   11 ipsam] ipsum *Ba* | in] *om. Na Pa*   12 Similiter] Super *Na Pa*   13 Idem quoque] Ideoque *Na Pa*   15 suscipere] *om. Na Pa* | huiusmodi] huius *Ba* | formam] forma *Na Pa*   16 quod] *om. Ba* | oportet] *om. Ba*   17 superficie] superficiem *Ba* | aliquid] aliud *Ba*   18 Nam] namque *Na*   19 tantum] et *add. Na Pa* | quia] que *Ba*   20 abstrahit] attrahit *Na Pa*   22 reflexa] reflexam *Ba* | At] Aut *Pa*   23 inter omnia] interiora *Pa* | vitreum] *om. Ba* | factum] *om. Ba*   24 vero] non *Ba*   26 vitri] calidi *add. Ba* | attrahit] abstrahit *Ba* | ipsum] ipsius *Na Pa*   27 multa nimis] multo minus *Ba*   29 obscure] osculte *Pa* oculte *corr. Pa¹* | tunc] etiam *Ba* | condensatio] convesatio *Na Pa*

ac luminis colores et figuras tegit. Nam et si lapis niger valde politus sub sole
ponatur et aliquis eminus respiciat illum ex obliquo, videbitur ille lapis albus
vel splendens propter diffusionem radiorum in superficie.

‹LXXIX.› De speculis metallinis

5   Porro metalla quaedam multum in superficie polita et depurata sunt specula. Huiusmodi enim omnia generantur ex sulphure et argento vivo. Argentum autem vivum fit ex subtili aqueo et subtili terreo. Cum igitur argentum
vivum et sulphur valde subtilia sunt et commiscentur per calidum digerens et
inflammans, tunc fit aurum, quod in superficie polita propter subtile aqueum
10   ac medium receptivum est et reflexivum, et propter subtile terreum est terminativum ac sic efficitur speculum. Similiter autem fit de argento propter
easdem causas hoc solum excepto quod calidum in ipso non est adeo bene
commiscens ac digerens et inflammans sicut in auro. Et etiam quia aurum
magis sequitur colorem sulphuris, argentum vero magis colorem argenti vivi,
15   in utroque tamen est frigus magis coagulans, et ob hoc luminis receptivum
est ac reflexivum. Cuprum autem depuratum est ex sulphure quidem puro
et argento vivo minus puro et bene commixtis, propter hoc etiam ex ipso fit
speculum, quando est in superficie politum. Ferrum vero ex utroque quidem
est impuro ac bene commixtis, et humiditas eius viscosa non est ab ipso se-
20   parabilis per eliquationem calidi. Propter hoc quidem efficitur speculum, sed
magis obscurum secundum quid et secundum quid minus obscurum. In eo
quippe quod politum est, magis accedit ad naturam diaphani per colorem
aquae et magis receptivum est formae et coloris. In eo vero quod est ex partibus grossis terreis, magis est umbrosum et sic minus receptivum. Aurum vero
25   et cuprum in eo quod habent colorem sulphuris, minus receptiva sunt formae et coloris. In eo vero quod habent subtile terreum, magis receptiva sunt
quam ferrum. Et ideo argentum bene politum inter omnia metalla melius
est speculum, quia in colore magis accedit ad diaphanum. Porro stagnum et
plumbum magis sunt ex argento vivo non puro nec bene cum sulphure com-
30   mixto, propter quod in superficiebus eorum semper remanent partes obscure

---

Na Pa Ba

2 eminus] eminetius *(!) Na Pa*   3 splendens] splendidus *Ba* | superficie] etc. *add.*
Na Pa   4 LXXIX. ... metallinis] *om. Pa*   5 depurata] deparata *Na Pa*   6 enim]
om. Na Pa | generantur] generatur *Na Pa*   7 et] sulphur ex *add. Na Pa*   9 polita]
politum *Ba*   10 medium] *legendum* radii | receptivum] receptum *Na Pa* | et¹]
om. Na Pa | reflexivum] refluxum *Pa*   10–11 terminativum] terminatum *Pa*
11 sic efficitur] si efficeretur *Na Pa* | Similiter] sequitur *Na Pa*   12 adeo] ita *Ba*
15 tamen] vero *Na Pa* | hoc] est *add. Na Pa*   16 depuratum] deputatum *Na Pa*
| ex] quod *Na Pa*   17 commixtis] commistis *(et sic deinceps) Na Pa*   18 quando est]
bene *Ba* | vero] non *Pa*   19 impuro ac] puro et *Ba*   19–20 separabilis] semper
abilis *Na Pa*   20 eliquationem] eliquationis *Na Pa*   22 accedit] accidit *Na Pa* |
colorem] naturam *Ba*   23 et¹] qua nihil *Na Pa* | vero] non *Pa*   24 terreis]
terens *Na Pa* | et] ut *add. Pa*   26 vero] *om. Na Pa*   27 Et] *om. Ba*   28 colore]
corpore *Pa* | accedit] *om. Na Pa*   279,30–280,1 partes ... terrestres] obscure
partes (et *add. Pa*) *(cum lacuna) Na Pa*

terrestres receptibilitatem luminis impedientes, ideoque ex istis non generatur speculum.

⟨LXXX.⟩ De variatione imaginis in speculo visui respondentis

Hoc autem videtur mirabile quod imago speculi quandoque videtur in ipso profunde, quandoque in superficie. Cumque anterior pars aspicientis 5 directe sit contra speculum, videtur ipsa citius tangere speculum quam posterior, et secundum hoc videtur quod nobis deberet resultare posterior pars et non anterior, quasi cooperta posteriori, sicut de homine a nobis recedente non videmus nisi posteriorem partem. Nos autem dicimus quod, sicut habitum est SUPERIUS, forma quae apparet in speculo, species est non habens spissitudi- 10 nem, ideoque nulla quaestio est, utrum anterior pars tangat posteriorem vel e converso. Et ideo illa forma quandoque apparet in superficie, quandoque in profundo, quoniam in speculo non resultat forma tantummodo, sed etiam distantia quae est inter aspicientem et speculum. Ideoque quando magna est distantia, tunc forma videtur in speculo profundata. Quando vero parva est 15 distantia, videtur tunc ad superficiem accedere.

Potest oriri dubitatio, cur in quibusdam speculis apparet recto modo et in quibusdam superius apparet inferius et e converso, sinistra quoque dextra et e converso. Similiter etiam cur in quibusdam plures apparent facies ad unum aspectum et in quibusdam una tantum. 20

Nos autem dicimus quod in speculo convexo non apparet forma sicut in plano. Et huius rei causa est, quia in plano una pars speculi non est sub alia ideoque non fit ab una parte super aliam reflexio. At vero in concavo una pars est sub alia et ideo superior formam receptam proicit super inferiorem sicque superior pars inferior apparet. Similiter etiam est de dextro et sinistro. 25 Et iste modus naturalis est in generatione mixtionis, licet non sic sit in figura lapidis, qui topazion dicitur, in quo semper apparet facies versa. Si vero fiat speculum multis angulis angulatum, cum quibus angulis discontinuetur reflexio, quae fit ad superficiem, fiunt in eo multae imagines secundum naturam

Na Pa Ba

2 speculum] etc. *add. Na Pa* 3 LXXX. ... respondentis] *om. Pa* | respondentis] respicientis *Na* 4 speculi] quando videtur in ipso *add. Ba* 5 ipso profunde] profundo *Ba* | aspicientis] *om. Na Pa* 6 directe ... speculum] contra speculum sit speculo propinquior *Ba* 7 deberet] primo *add. Ba* 8 cooperta] coperta a *Na Pa* 11 ideoque] ideo quod *Pa* 11–12 anterior ... converso] posterior tegat anteriorem *Ba* 12 Et ... forma] Ideo autem forma illa *Ba* 12–13 apparet ... profundo] videtur in profundo: quandoque in superficie *Ba* 17 Potest] etiam *add. Ba* 18 e converso] econtra *Ba* si *add. Pa* | quoque] apparet *add. Ba* 19 e converso] econtra *Ba* 21 convexo] convesso *Na Pa* 22 alia] alio *Na Pa* 23 reflexio] reflexionem *Na* | At vero] Et *Ba* 24 formam ... proicit] forma recepta prohicit *Na Pa* 25 de ... et] in destro ac *Na Pa* 26 est] *transp. ante* modus *Ba* | mixtionis] mistionis *Na Pa* omnis mixti *Ba* | sic ... figura] figure *Ba* 27 Si vero] Sive *Na Pa* 28–29 cum ... multae] tunc quilibet angulus per discontinuationem et reflexionem, que fit in eo multe fiunt *Ba*

discontinuationum reflexionis. Si vero speculum fiat in una parte concavum et in altera planum, duae facies resultabunt. Et siquidem concavum sit superius et planum inferius, tunc in loco continuationis plani ad concavum videbuntur facies illae in collo continuatae, ita quod facies una sit superius et alia inferius. Si vero sit e converso planum inferius et concavum superius, tunc videbuntur facies illae in vertice capitis continuate, eo quod inferior porrigitur superius et superior inferius dependet.

⟨LXXXI.⟩ De speculis planis

Non solum autem apparet dextra sinistra et e converso in speculis convexis, sed etiam in planis. Non tamen ex causa, quam in libro DE SPECULIS ponit EUCLIDES, videlicet eo quod videamus per lineas radiales ab oculis egredientes, sed potius ideo, quia forma abstracta a re visa per actum luminis apparet in speculo, et sicut separatur, ita imprimitur. Ideoque fit imaginis situs ad aspicientem oppositus.

Porro in re alta etiam distantia in speculo repraesentatur ut in turri, cuius cacumen inferius videtur, quia si a speculo distat amplius, et ob hoc apparet profundius, propter hoc in speculo vel in aqua apparet turris conversa. Hac etiam de causa baculus stans in aqua oblique aspicienti curvus vel abscisus videtur, quia scilicet baculi forma per omne profundum aquae existens superficiei aquae imprimitur ibique ulterius immutat aërem, visum ac figuram. Et huius immutationis causa est, quia linea veniens a profundo ad superficiem aquae recta est, linea vero a superficie aquae ad oculum veniens est obliquarie super illam cadens, ita quod super aquae superficiem facit angulum acutum versus aspicientem. Sicque curvitas duarum immutationum causa est apparitionis curvitatis rei vel baculi. Si vero super rem in aqua iacentem aliquis aspiciat directe, tunc res videbitur directe, quia tunc ad punctum lineae immutantis superficiem aquae cadit linea immutationis visus perpendiculariter ac directe, ita quod super aquae superficiem duos angulos rectos signat.

Et haec de forma vel imagine in speculo dicta sufficiant.

Explicit tractatus Alberti de forma sive imagine resultante in speculo. Deo gratias.

Na Pa Ba

2 resultabunt] resultant *Ba*   2–3 concavum ... inferius] sit planum superius et concavum inferius *Na Pa*   3 videbuntur] apparebunt vel videbuntur *Na Pa*   5 e converso] econtra *Ba* | tunc] *om. Na Pa*   8 LXXXI. ... planis] *om. Pa*   9 e converso] e contra *Ba*   10 quam] quamque *(dub.) Na Pa*   13 separatur] abstrahitur *Ba* | Ideoque] Ideo *Ba*   13–14 imaginis situs] ymaginationis sicut *Na Pa*   17–18 Hac ... causa] Ac etiam dicta *Na Pa*   20 ibique] idque *Ba* | visum ac] et visum et *Ba*   21 huius] hec *Na Pa* | profundo] fundo *Na Pa*   22 veniens] *om. Na Pa*   22–23 est ... cadens] oblique ... cadit *Ba*   22 obliquarie] obliqua ut *Pa*   24 immutationum] linearum immutatione *Ba*   25 vel baculi] *om. Ba* | in ... iacentem] *dittogr. Na*   26 lineae] visus perpendiculariter *add. et del. Pa*   27 cadit] cadat *Na Pa*   29 Et ... sufficiant] *om. Ba* | sufficiant] etc. *add. Na Pa*   31 gratias] Amen *add. Na* Actor. Hec de forma vel imagine in speculo relucente *add. Ba*

IV. DIE ABHANDLUNG 'DE FORMA QUAE APPARET IN SPECULO' IN DER 'SUMMA' DES NICOLAUS VON STRASSBURG

nach der Handschrift *Vat. lat. 3091*

Vorbemerkung

Die Abhandlung *De forma quae apparet in speculo* des Nicolaus von Straßburg in dessen *Summa*, Buch III, zeugt von einer schulmäßigen Rezeption des naturwissenschaftlichen und naturphilosophischen Gedankenguts des Albertus Magnus – hier speziell in der Frage des Spiegelbildes – bei den deutschen Dominikanern am Anfang des 14. Jh. Die Tatsache, daß Albertus einen nachhaltigen Einfluß auf seine unmittelbaren Schüler und insbesondere auf die deutschen Dominikaner ausgeübt hat, ist im allgemeinen seit längerem bekannt. Es fehlen aber bislang Einzeluntersuchungen, welche auf der Basis literarischer Studien das Ausmaß und die Tiefe dieses Einflusses näher umschreiben würden. Ein großes Hindernis für solche Untersuchungen ist nach wie vor der Mangel an kritisch herausgegebenen Quellen. Dies erklärt den Umstand, warum die Erforschung des Einflusses des Albertus auf die Nachwelt nur schleppend vorankommt. Nachdem M. Grabmann darauf hingewiesen hat, daß die Abhandlung *De forma quae apparet in speculo* des Nicolaus von Straßburg im Verhältnis zu der „in manchen Handschriften, so *Clm. 453, Cod. lat. 2303* der Wiener Hofbibliothek und vor allem *Cod. Vat. lat. Borghes. 114* Albert dem Großen zugeteilten Schrift *De forma resultante in speculo*" zu sehen sei[1], wird jetzt dieser Frage nachgegangen und festgestellt, daß Nicolaus von Straßburg sich bei der Abfassung seines Werkes nicht nur von Albertus hat inspirieren lassen, sondern daß er die Abhandlung des Doctor universalis über das Spiegelbild vollständig und zum großen Teil wortgetreu in seine philosophische *Summa* aufgenommen hat. Um diese Abhängigkeit zu dokumentieren – die *Summa* des Nicolaus ist noch nicht gedruckt[2] – wird hier der entsprechende Text des Nicolaus anhand der Handschrift *Vat. lat. 3091* geboten. Zuvor aber seien einige Angaben zu der

---

[1]   M. Grabmann, *Neuaufgefundene lat. Werke deutscher Mystiker*, 61.

[2]   Mit Ausnahme – wie oben im Kap. VII.4 (S.248) vermerkt – des Prologs und des Buches II, 8-14. Ein Inhaltsverzeichnis (*Conspectus materiae*) der *Summa philosophiae*, das sich an den *prooemia* des Werkes und nicht an der *Tabula* der Handschrift *Vat. lat. 3091* (f.293va-296vb) orientiert, wurde von R. Imbach/U. Lindblad, *Compilatio rudis ac puerilis*, 201-223, erstellt.

Handschrift gemacht. Danach wird versucht, die Art der Überlieferung zu bestimmen.

1. Beschreibung der Handschrift

Vat. lat. 3091 ist eine Pergamenthandschrift aus dem 14. Jh., welche 296 Folien zählt. Der Inhalt besteht aus einem anonym, ohne Titel und unvollständig überlieferten Werk, welches M. Grabmann als die *Summa* des Nicolaus von Straßburg identifiziert hat[3]: f.1ra Inc. Prologus: *Cum delicatissimis deliciis speculo* (!) *veritatis naturaliter omnium hominum attrahens affectum ...*; f.1vb Inc. Liber I: *Secundum philosophum 2° physicorum 4ᵒʳ sunt genera causarum, scilicet efficiens, materialis, formalis et finalis...*; f.75rb: Inc. Liber II: *Speculacionem* (!) *habite de omni agente subiungatur secundum quod prius promissum est, considerando de materia ...*; f.237vb Inc. Liber III: *Duabus partibus habitibus tractatus expeditis, scilicet agentibus et de materia que est subiectum transmutationis et motus, nunc consequenter dicendum de formis ...*; f.293va Expl.: *... habet aliquas potentias coniunctas et aliquas elevatas. Si ergo in omni anima;* f.293va-296vb Inc. Tabula: *De agente creato in generali ...*; f.296vb Expl. Tabula: *... ad multas particulas fo. 115 et fo. 116. Et sic est finis.*

Die Abhandlung *De forma quae apparet in speculo* ist Bestandteil des Buches III des philosophischen Werkes des Straßburger Dominikaners und findet sich in der vatikanischen Handschrift auf f.269ra-270vb. Die auf das Werk folgende *Tabula* schlüsselt den ganzen Inhalt nach Einzelfragen auf und gibt dazu entsprechende Folien an, wobei diese Angaben – wie schon Grabmann bemerkt hat – mit der Foliierung, die wir jetzt in der Handschrift vorfinden, nicht übereinstimmen. Es ist nicht auszuschließen, daß der Text des Werkes und die *Tabula* samt den Folienangaben von einer Vorlage abgeschrieben wurden, ohne daß die Folienangaben in der *Tabula* an die so erstellte Abschrift angepaßt wurden. Wenn diese Vermutung richtig ist, dann könnten die Folienangaben in der *Tabula* für eine eventuelle Identifizierung der Vorlage von *Vat. lat. 3091* (= *N*) hilfreich sein. Auch hinsichtlich der Art und Weise der Textgliederung verdient die *Tabula* Beachtung. Deshalb wird nachstehend jener Teil der *Tabula*, der sich auf die Abhandlung über das Spiegelbild bezieht (f.296rb), angeführt:

De forma que apparet in speculo
Quid sit forma que apparet in speculo et in quo predicamento sit fo. 105
In quo forma in speculo sit sicut in subiecto fo. 106
Utrum recipiatur in speculo ut in puncto fo. 106
Quare anterior pars aspicientis citius videatur quam posterior fo. 106
Quare in quibusdam speculis superius apparet inferius et e converso fo. 106

---

[3]   Op. cit. 56sq. Cf. R. Imbach/U. Lindblad, l. c.

*Et quare in quibusdam speculis apparent plures facies ad unum aspectum et in quibus-
dam una fo. 106.*

Lit.:

M. Grabmann, *Neu aufgefundene lat. Werke deutscher Mystiker*, 56sq. E. Hil-
lenbrand, *Nikolaus von Straßburg*, 14sq. R. Imbach/U. Lindblad, *Compilatio
rudis ac puerilis*, 155sqq. Th. Kaeppeli, *Scriptores Ordinis Praedicatorum Medii
Aevi*, III, 144.

2. Charakter der Überlieferung

Eine Stichprobenkollation der Abhandlung des Nicolaus mit der gesamten handschriftlichen Überlieferung des entsprechenden Textes des Albertus
Magnus ergibt, daß die Kompilation des Nicolaus nicht in der eigenständigen Überlieferung der Abhandlung *De forma resultante in speculo*, sondern in
der Tradition innerhalb von *De homine* ihren Ursprung hat, und daß sie der
unabhängigen Familie, und zwar in der Gestalt von α^2 *(Y f g)*, am nächsten
steht. Es gibt darüber hinaus abweichende Lesarten, auch solche, die N und
β^2 gemeinsam sind. Aber sie reichen insgesamt nicht aus, um daraus eine
Abhängigkeit von β^2 ableiten zu können denn es gibt Fälle, wo N mit α den
vollständigen Text bieten, während in der Tradition von β eine Omission
vorliegt.

*

Sigle

N = Città del Vaticano, Biblioteca Apostolica Vaticana, Vat. lat. 3091
f.269ra-270vb

*

‹NICOLAUS DE ARGENTINA, DE FORMA QUAE APPARET IN SPECULO›

Consequenter videndum de forma, quae apparet in speculo. Circa quam tria principaliter occurrunt consideranda: primo de forma in se; secundo de ipsa gratia recipientis; tertio de ea gratia generantis.

5 (1) Propter primum unum solum videndum est: quid sit talis forma et in quo praedicamento sit.

(2) Propter secundum tria sunt advertenda: primo in quo sit | sicut in subiecto; secundo utrum in speculo sit secundum superficiem vel solum reci-
10 piatur in eo ut in puncto, et quare interdum appareat in superficie, aliquando vero in profundo; tertio secundum quam naturam competat speculo recipere talem formam vel quibuscumque aliis sicut quibusdam metallis.

Gratia generantis talem formam duo sunt consideranda. Primo, cum anterior pars aspicientis directe sit contra speculum et per consequens citius vi-
15 deatur tangere ipsum quam posterior, et ita nobis deberet resultare posterior pars et non anterior, sicut in homine recedente a nobis videmus posteriorem partem, quare fiat oppositum. Secundo, quare in quibusdam speculis superius apparet inferius et e converso, et dextra sinistra et e converso, in quibusdam vero apparet recte? Et quare in quibusdam apparent plures facies ad unum
20 aspectum, in quibusdam una sola?

Et sic in universo sunt sex, quae de forma in speculo inquirimus.

Propter primum istorum sciendum quod aliqualem difficultatem videtur facere in hac materia, cum quod tangit AUCTOR SEX PRINCIPIORUM dicens quod ipsa vel est corpus vel non corpus; non potest esse corpus, quia cum
25 speculum propter ipsam non occupet maiorem locum, si ipsa esset corpus, sequeretur quod duo corpora essent in eodem loco, quod est impossibile.

Praeterea, cum omne corpus habet profundum, cum de ratione eius sit terna dimensio, oporteret quod videretur iacens elevata super superficiem speculi secundum profunditatem illius corporis, quod falsum est.
30 Si vero dicatur quod sit non corpus, tunc est in oppositum dictum suum, quia impossibile est non corpus corpore moveri. Praeterea, illud quod non est corpus non potest moveri per se; videmus autem moveri; ergo moveretur per accidens. Sed hoc falsum videtur, quia illud quod movetur per accidens, movetur motu eius in quo est; sed forma videtur moveri stante speculo.
35 Ex his dubium est, quid sit illa forma. Et gratia praedictorum volebant QUIDAM dicere quod ipsa | in veritate nihil est absolute, sed tantum est comparatio quaedam aspicientis ad speculum, sicut etiam umbra est privatio lucis

---

8 *N* f.269rb   36 *N* f.269va

resultans ex obiecto corporis opaci ad lumen. Sed hoc est falsum propter duo, quia in umbra non resultat imago rei opacae expresse secundum omnia lineamenta, sed confuse tantum secundum ea quae praeintercipiunt transitum luminis, in imagine autem speculi resultant omnia perfectissime. Secundo, quia talis umbra semper proicitur post corpus opacum, ita quod tale corpus est inter umbram et corpus luminosum; sed imago speculi resultat ex hoc quod lumen directe illuminat faciem aspicientis sine omni umbra quae sit inter aspicientem et speculum; ergo ipsa videtur esse in rei veritate aliquid productum ab ipso aspiciente in virtute luminis.

Unde d i c e n d u m quod ipsa est aliquid, non tamen corpus, sicut PROBATUM EST, vel substantia, sed quoddam accidens.

Et ad hoc quod dicitur de motu eius, dicendum quod non movetur motu locali, sed potius generatur. Forma enim intentionalis, cum non habet contrarium, sicut SUPRA ostensum est, in instanti potest generari. Unde semper ad novam praesentiam aspicientis generatur nova forma, et non movetur de una parte speculi ad aliam sicut apparet, sed secundum diversum aspectum ad diversas generatur in diversis partibus. Videtur autem moveri localiter, quia non potest protendi diversitas formarum generatarum, cum eius generatio sit in instanti.

Sciendum tamen quod tribus modis generatur nova forma in speculo, scilicet ex motu ‹aspicientis et ex motu› speculi et ex motu aëris intermedii.

Et hoc contingit ideo, quia ad immutationem speculi exigitur recta oppositio. Ad motum speculi vel aspicientis videtur ipsa imago moveri, sed non ad motum aëris, propter duo, quia transitus imaginis per medium est instantaneus, sed motus aëris de loco ad locum est in tempore. Secundo, quia aër est medium recipiens, sed non servans, ut dicitur in DE SENSU ET SENSATO, et propter hoc statim quando est extra rectam | oppositionem inter speculum et aspicientem, forma non apparet amplius in eo. Secus autem est in aqua, quia illa servat magis et hinc etiam apparet facies maioris quantitatis, quia pars ‹aquae, quae› est mota extra rectam oppositionem, tenet formam aliquam‹diu›; et illa pars coniuncta cum parte, quae est in recta oppositione, facit formam maioris quantitatis apparere et quandoque duas vel tres formas.

Patet igitur ex dictis quod forma in speculo non movetur nec per se nec per accidens, sed semper nova generatur.

(1) Patet etiam quid sit, quia ipsa est quoddam accidens existens in praedicamento qualitatis et in prima specie eius, quae est habitus vel dispositio. Non est enim proprie forma vel imago, quia sic esset in quarta specie, sed

27 𝒩 f.269vb

2–3 lineamenta] conf. 𝒩 7 sine omni] sive cum 𝒩 9 virtute] dub. 𝒩 10 corpus] totum 𝒩 11 sed] est 𝒩 15 praesentiam] potest se materia (conf.) 𝒩 29 facies] faciens 𝒩

est species imaginis et formae, nec habet longitudinem vel latitudinem, sicut
INFRA declarabitur, sed est species horum et ratio cognoscendi ea. Et cum
huiusmodi species in sensu vel intellectu sint habitus vel dispositiones, et cum
quodammodo cuius condicionis sit in speculo vel in aëre, erit etiam ibi di-
5 spositio.

Sed si quis diceret quod immutat sensum per se ut primum agens, sicut
color secundum esse reale, illud est passibilis qualitas. Sed sic non est de ista
specie in oculo vel speculo, quia ipsa non habet se per modum obiecti, sed
magis per modum medii et eius quod est ratio cognoscendi obiectum.

10 Praeterea, passibilis qualitas habet contrarium; huic, scilicet formae, nihil
est contrarium; ergo etc.

(2) Propter secundum sciendum quod huiusmodi forma est in speculo ut
in subiecto.

Sed si quis diceret quod PHILOSOPHUS dicit in TOPICIS quod moventibus
15 nobis moventur omnia quae in nobis sunt – sed ista forma movetur interdum
speculo manente immoto, et speculum videtur interdum moveri, et forma apparet immobilis, ergo non videtur esse in eo – dicendum quod non movetur
motu speculi, sed corrumpitur et generatur in alia et alia parte secundum
diversam | oppositionem aspicientis, quod est eius generans.

20 (3) Propter tertium sciendum quod forma recepta in speculo recipitur in
eo ut in puncto et non secundum superficiem. Quod patet ex multis, quia
quicquid recipitur in aliquo, si ipsum est totum in superficie una alicuius
quantitatis, ipsum totum non poterit esse in minori. Ergo si forma existens in
speculo secundum superficiem non posset in minori, quod est contra sensum,
25 quia si speculum frangatur in decem partes, in qualibet earum erit forma.

Praeterea, quicquid secundum eandem quantitatem resultat simul et semel in maiori et minori, hoc non est per dimensionem quantitatis in eis.
Forma respectu maioris et minoris speculi sic se habet; ergo etc. Maior patet,
quia ratio dimensionis est esse secundum maiorem dimensionem in maiori
30 et secundum minorem in minori, sicut patet inducendo in albedine et in omnibus aliis quae secundum superficiem recipiuntur. Minor patet ad sensum,
si duo specula, scilicet maius et minus simul et semel opponantur aspicienti.

Item, tertio hoc apparet per signum evidens, quia forma totius sphaerae
dimidii caeli tota resultat in una parva acie oculi, quod non posset fieri, si
35 reciperetur in eo ut in superficie. Et eadem est ratio in speculo et oculo.

Praeterea probat hoc idem EUCLIDES in uno libellorum suorum, quem
fecit DE SPECULIS ET VISU, quod omnis visus perficitur sub triangulo ambligonio, hoc est qui habet unum angulum obtusum sive amplum, vel sub

---

19 $\mathcal{N}$ f.270ra

---

12 ut] et $\mathcal{N}$ 23 quantitatis] quiditatis *(dub.)* $\mathcal{N}$ 35 eadem ... ratio] earumdem
est respectum $\mathcal{N}$ 37–38 ambligonio] ampligenio $\mathcal{N}$

figura pyramidali, cuius basis est in re visa et conus in oculo, cui igitur oculus
sit quoddam speculum animatum, ut dicit QUIDAM, et illud quod immutat
oculum, immutat ipsum sub lateribus trianguli, et sic attingit ipsum in puncto
anguli. Videtur quod eodem modo fiat in speculo quod forma illa recipietur
ut in puncto, et non recipietur secundum superficiem.   5

Sed si diceretur contra hoc: Quicquid apparet sub longitudine et | latitu-
dine, apparet secundum rationem superficiei; illa forma est huiusmodi; ergo
etc. – dicendum quod forma illa resultans in speculo non habet illas dimen-
siones, sed tantum speciem et intentionem illarum specierum. Quod patet ex
eo, quia si esset longum vel latum, cum longitudo illa vel latitudo non ter-   10
minetur secundum terminos aëris vel speculi, sed aspicientis, oporteret quod
longitudo vel latitudo alicuius esset extra ipsum. Et propter hoc necesse est
dicere quod in veritate non esset longum nec latum, sed species vel intentio
longi et lati, per quam cognoscitur figura aspicientis.

Ex isto etiam patere potest, quod iuxta hoc quaesitum est, quare scilicet   15
talis forma quandoque videtur magis profunda et quandoque in superficie.

Dicendum est enim quod in speculo non tantum resultat forma, sed etiam
distantia quae est inter aspicientem et speculum. Et propter hoc quando
distantia est magna, tunc videtur forma profundata in speculo; quando vero
parva est distantia, tunc videtur accedere ad superficiem.   20

(4) Propter quartum sciendum quod tria oportet concurrere ad naturam
speculi, et scilicet: planitiem et transparentiam in superficie, et aliquid terminans ipsum statim post superficiem, et tertium quod sit proportionata reflexio.
Et hinc est quod aër, ex quo non habet omnes istas condiciones, non potest
esse speculum, quia tantum est transparens. ‹Aqua vero, quia est transparens   25
et› spissa, aliquo modo terminat lucem et abstrahit formas visibiles et reflectit eas in superficiem planam et per consequens congregat ibidem formam
abstractam a luce reflexa, et hinc ipsa bene est speculum, sed aliquantulum
tamen obscurum.

Metalla vero multum polita in superficie et bene mixta, sicut aurum, ar-   30
gentum et ferrum et cuprum depuratum, sunt specula. Et inter omnia metalla
argentum bene politum est melius speculum, quia in colore magis accedit ad
diaphanum et habet subtile terreum bene | commixtum, terminans post su-
perficiem. Et postea ferrum, quod postea magis accedit ad verum diaphanum
et colorem aquae, qui tamen quasi non est color, et hinc etiam magis recep-   35
tivum est formae et coloris. In eo vero quod est ex partibus terreis et magis
grossis, est magis umbrosum quam argentum, et sic est minus receptivum.

---

6 *N* f.270rb   33 *N* f.270va

---

14 aspicientis] conspicientis *N*   19 videtur] vel *N*   22 aliquid] ad *N*   26 termi-
nat] terminatum *N*   30 polita] polite *N*   34 verum diaphanum] naturam diaphani *Albertus*   36 formae] forma *N*

Aurum vero et cuprum, quia habent quendam colorem, ideo inter omnia haec minus sunt receptiva formae et coloris. Ex stagno autem et plumbo, quia illa sunt, ut INFRA dicetur, magis ex argento vivo non puro nec bene commixto cum sulphure, et propter hoc in superficiebus eorum semper re-
5 manent partes terrestres obscure impedientes luminis receptibilitatem, et ideo ex eis non generatur speculum. Inter omnia autem melius speculum est de vitro et plumbo, quia vitrum propter transparentiam multum recipit radios. Plumbum vero habet humidum solubile ab igne, et propter hoc quando su-perfunditur vitro calido, siccitas vitri attrahit ipsum et efficitur in una parte
10 terminatum et in altera valde radiosum.

Patet igitur ex dictis, quomodo haec duo, scilicet planities et transparentia in superficie et terminatio post superficiem requiratur ad naturam speculi.

Sciendum etiam quod tertium exigitur, scilicet proportio reflexionis, quia si fieret nimia reflexio sicut in speculo immediate opposito soli, non resulta-
15 ret color et figura, vel obscure sic resultaret. Et hoc ideo, quia condensatio radiorum tegit colores et figuras, sicut patet per multa signa: si enim lapis niger valde politus poneretur sub sole, et aliquis respiceret eum ex obliquo, videretur ei albus vel splendens propter multam diffusionem radiorum in su-perficie.

20 (5) Propter quintum sciendum quod illa pars debet nobis apparere quae agit in speculum generando in eo suam similitudinem. | Haec est autem anterior vel illa quae directe speculo opponitur. Ergo illa debet praesentari et non alia. Nec est simile de generatione illius formae et homine recedente, quia illa forma non sit quaedam species non habens spissitudinem, posterior
25 pars non tegit anteriorem, sicut fit in homine.

(6) Propter sextum sciendum quod in convexo speculo apparet eodem modo forma sicut in plano, quia ibi una pars speculi non est sub alia ita, ut possit aliquid reflectere ad eam. Sed in concavo una pars est sub alia, propter hoc inferior proicit formam receptam in superiorem, et ideo superior pars
30 apparet inferius, et dextrum apparet sinistrum et sic de aliis. Si autem fieret speculum angulatum multis angulis, cum quilibet discontinuet reflexionem, quae fit ad superficiem, fierent in eo multae imagines secundum numerum discontinuationis reflexionum. Si vero fiat speculum in una parte concavum et in altera parte planum, resultabunt duae facies. Et si concavum sit superius
35 et planum inferius, tunc in loco continuationis videbuntur illae facies conti-nuatae in collo, ita quod una facies sit superius. Si vero sit e converso, planum inferius et concavum superius, tunc videbuntur illae facies continuatae in ver-tice capitis quod inferius porrigitur superius dependet aliter inferius.

Et haec de imagine et speculo dicta sufficiant.

---

21 *N* f.270vb

---

8 igne] ipso *Albertus*   31 quilibet] quibus *N*

V. EINE ANONYME ABHANDLUNG 'DE FORMA SPECULI'

nach der Handschrift *Erfurt, Wissenschaftliche Allgemeinbibliothek* (*Bibliotheca Amploniana*) *CA 2° 335*

Vorbemerkung

Im vorhergehenden Kommentar zu der Abhandlung *De forma resultante in speculo* des Albertus Magnus (Kap. VII.3) wurde bereits versucht, einen ersten Einblick in das Verhältnis zwischen dieser und der anonymen Abhandlung *De forma speculi* aus der Erfurter Amploniana-Handschrift *CA 2° 335* zu gewinnen. Es wurde dabei eine weitgehende Übereinstimmung der Lehrgehalte der beiden Untersuchungen festgestellt und aufgrund der Art ihrer jeweils spezifischen Ausformung die Ansicht geäußert, daß der anonyme Text älter ist als die Abhandlung des Albertus Magnus. Die Frage nach der näheren Bestimmung des Abhängigkeitsverhältnisses der Texte blieb allerdings noch offen.

Nachstehend wird nun der anonyme Text *De forma speculi* aus der Handschrift der Erfurter Amploniana-Sammlung zum ersten Mal herausgegeben. Zuvor seien hier einige kodikologische und vor allem inhaltsbezogene Angaben zu dem in vieler Hinsicht bedeutsamen, aber in seinem Gehalt immer noch sehr unzulänglich erschlossenen Kodex gemacht.

1. Beschreibung der Handschrift[1]

ERFURT, Wissenschaftliche Allgemeinbibliothek der Stadt (Bibliotheca Amploniana) CA 2° 335, 13. Jh., Pergament, 270 x 200 (Einband: ca. 270 x 205), I + 158 ff., 2 Sp., geschrieben von mehreren Schreibern.

Die Folienzählung der Handschrift ist doppelt bzw. dreifach – eine ursprüngliche römische in der Mitte des oberen Randes jeder Versoseite (Tinte) und eine moderne Foliierung in arabischen Zahlen auf den Rectoseiten (Bleistift), ab f.13 doppelt, da im ersten Gang f.13 und 14 versehentlich zweimal als f.13 gezählt wurden. Die Initialbuchstaben (auch in Absatz- u. Paragraph-Anfängen) sind zunächst in Rot und in Braun (ähnlich wie die braune Tintenfarbe der Schrift selbst) 2 bis 4 und bisweilen 5 Zeilen hoch; gelegentlich werden sie mit einem schlichten, vertikal ausgerichteten Rankenwerk abwechselnd in blauer und roter Farbe verziert. Kapitel- bzw.

---

[1] Diese Beschreibung stützt sich im wesentlichen auf die Autopsie, die dem Autor am Rande des Internationalen Forschungssymposions zur Bibliotheca Amploniana in Erfurt am 25. und 26. März 1993 möglich war.

Paragraphzeichen (1 Zeile hoch) werden ebenfalls abwechselnd in Blau und Rot ausgeführt.

Der restaurierte Einband, welcher aus zwei mit weißem Leder überzogenen Holzdeckel besteht, trägt auf dem Rücken eine neue Signatur (auf einem runden Papieraufkleber) und eine alte Inschrift: *Sextus naturalium*. Auf der Innenseite des Deckels liest man auf einem aufgeklebten Druckzettel: '*Bibliotheca Amploniana. Libri manu scripti in Fol. N° 335*'. Auf dem neuen Schutzblatt (f.I) ist ein kleiner Blattausschnitt (ca. 45 x 10) aus einer alten Hs. mit einer kaum lesbaren Auskunft aufgeklebt: '*23 p. naturalis*', die der Systematik des Katalogs des Amplonius de Bercka von 1410/1412 entspricht; darunter klebt ein weiteres rechteckiges Blattstück (ca. 115 x 65) mit handgeschriebenem Eintrag: '*Philosophia Naturalis Nr.139*'; darunter wiederum ein aufgeklebter Ausschnitt (alte Hs., ca. 28 x 18) mit der Nummer '*72*'. Auf f.I folgt eine Benutzerliste des Kodex. Der erste Eintrag hier lautet: „3.6.1930 Alexander Birkenmajer Univ. Prof. Krakau (Polen)", [Ort der Benutzung:] „Erfurt". [Zweck der Benutzung:] „Die Glossa in Johannicium (ff.119-157) nach Aristoteleszitaten untersucht"; es folgen u.a. (2) „Febr. 1933 Dr. Josef Koch Univ.-Prof. Breslau, Nr.3 und 6 durchgesehen ..."; (3) „Aug.-Dez. 1933 Dr. Raymond Klibansky, Hamburg, eingesehen"; (4) „17.6.-24.11.36 John (durchgestrichen), Kgl. B. Brüssel"; (5) „Juli, 1939 John O. Riedl, Breslau"; (6) „14.12.40. P. Ludger Meier OFM Dettelbach (Main), Erfurt, eingesehen"; etc. (Einträge Nr.7-14). Zu den Benutzern der Handschrift, die auf der Liste eingetragen sind, gehören P.O. Kristeller, M.-Th. d'Alverny (20.VIII. 1965: Avicenna Latinus); (6.3.1972) L. Sturlese; (24.10.1974) D. Jacquart; (20.12.82 u. 6.12.85) M. Markowski; (1986) Fritz Hoffmann.

Die Lagen der Hs. sind: 1. IV^8; 2. (?) XI^{32}; 3. V^{42} (am Schluß Nummer der Lage in brauner Tinte wie die im Text, z.T. abgeschnitten); 4. VI^{54} (am Ende der Lage am unteren Rand in der Mitte eingetragene Nummer: '·$vi^{9·}$'); 5. IV^{62} (Nummer der Lage am unteren Rande abgeschnitten, sichtbar nur die '*us*'-Endung: '.$^{9·}$'); 6. V^{72}; 7. IV^{80}; 8. IV^{88} (die Lagennummer am Ende der Lage am unteren Rand in der Mitte: '·$1^{9·}$'); 9. $IV(-1)^{95}$ (am Ende die Lagennummer: '·$2^{9·}$'); 10. IV^{103} (die Lagennummer am Ende in der Mitte des unteren Randes: '·$3^{9·}$'); 11. IV^{111} (die Lagennummer am Schluß in der Mitte des unteren Randes: '·$4^{9·}$'); 12. VI^{119} (am Ende die Lagennummer: '·$5^{9·}$'); 13. IV^{127} (ab hier keine Lagennummer jeweils am Ende der Lage mehr); 14. IV^{135}; 15. IV^{143}; 16. IV^{151}; 17. $IV(-1)^{158}$.

2. Inhalt

f.1r: vacat (in 2 Sp. eingeteilt und für 42 Zeilen liniiert).

[1] f.1va-50(49)ra: Avicenna, De anima seu Sextus de naturalibus. Inc. Epistula dedicatoria: *Reverendissimo tolletate sedis archiepiscopo et ispanarum primati*

292   Anhang V

avendent (!) *israelita philosophus gratum debite servitutis obsequium. Cum omnes constent ex anima et corpore non omnes sic certi sunt de anima sicut de corpore... – ... vos habere non dubitetis. Liber iste dividitur in quinque partes ... – ...* (f.1vb) *que sunt instrumenta anime.* Überschrift: *Liber primus sexti de naturalibus incipit.* Inc. (f.2ra):) *Iam explevimus in primo libro verbum de hiis que sunt communia naturalibus ...*; expl. (f.50 [49]ra): *... In quatuor libris, scilicet arismethica, Geometria, Musica. Astrologia. et post hanc sequitur liber de causa causarum. Explicit.*

[2] f.50(49)rb-61(60)ra: Isaac Israëli, De elementis. Überschrift (f.50ra): *Incipit liber elementorum ysaac israhelite.* Inc. (f.50[49]rb): *Ysaac filius salomonis israelita segregavit sibi de dictis antiquorum de elementis. Scientiam eam sibi affirmans precipuam et veram quam ex aristotele ...*; expl.: *... complementum. Iam igitur removetur ab eius elementeitate.*

[3] f.61(60)rb-70(69)vb: <Alfredus Anglicus, De motu cordis.> Überschrift (f.61[60]ra): *Incipit liber magistri.* Am oberen Rand f.61ra: *Liber ursonis de anima.* Inc.: *Anima eo solo phisice inquisitioni speculationem admisit ...*; expl.: *... respondentia. et hoc est quod a principio pollicebatur expleti operis intentio.*

[4] f.70(69)vb-73(72)va: Costa ben Luca, De differentia spiritus et animae. Überschrift: *Incipit liber spiritus et anime quem constabulis Luce, amico suo scriptori eiusdem regis edidit et Iohannes yspaniensis ex arabico in latinum Reimundo toletano archiepiscopo transtulit.* Inc.: *Interrogasti me, honoret te deus de differentia inter spiritum et animam ...*; expl.: *... det tibi fortunam in hoc seculo et in futuro amen. Explicit.*

[5] f.73(72)va-75(74)rb: <Constantinus Africanus (?), Tractatus de natura humana.> Inc.: *Cerebrum est natura frigidum et humidum. et ideo ut facilius ad susceptionem diversorum ...*; expl.: *... disponere ad alterius naturae membrum sine ratione inmutat. Explicit.*

[6] f.75(74)va-89(88)ra : <Florilegium philosophicum.> Inc.: *Quod per connicionem* (!) *principiorum sciuntur omnia alia ... – ...* (f.87[86]va) *Planta virida habet radicem et germen ponitur.* Überschrift: *primi methapisice. Omnes homines natura scire desiderant.* Inc. *Visus ... – ...* (f.88[87]rb) *corrumpuntur omnia particularia.* Überschrift (am Rand): *Porphirius. Infinita vero relinquenda sunt neque enim horum posse fieri disciplina oportet equale de equis predicari ...*; expl. (f.89[88]ra): *... ex loci conscriptione procedens. Locus autem in eo quid capit et circumscribitur.*

[7] f.89(88)rb-91(90)va: Moses Maimonides, De deo uno benedicto. Inc.: *Preparatoria principia quibus indigetur ad stabiliendum esse dei benedicti et ad demonstrandum quod ipse non est corpus ...*; expl.: *... non erit in seipso. Explicit liber Rabinose* (!) *Hebrei philosophi de uno deo benedicto qui nec est corpus nec virtus in corpore.*

[8] f.91(90)ra-93(92)rb: <Anonymus, De forma speculi.> Inc.: *Queritur primo de hoc cui videtur auctor vi principiorum consentire quod forma speculi vel apparens in speculo ...*; expl.: *... una habet mentum sursum et altera deorsum. Explicit.*

[9] f.93(92)va-108(107)rb: <Anonymus, Quaestiones variae de naturali scientia, eius principiis, subiecto, de principiis corporis secundum eius essentiam et mutabilitatem, de materia, substantia, forma, natura, de loco, tem-

pore, motu, etc.> Inc.: *Quoniam ut dicit Aristoles* (!) *circa omnes scientias quarum sunt principia, aut cause aut elementa contingit intelligere* ...; expl: ... *hoc relinquo sub dubio.*

[10] f.108(107)rb-114(113)vb: <Anonymus,> *De libris animalium* (= Überschrift am oberen Rand). Inc.: *Grues et apes habent regem et principem sollicitum circa se* ...; expl.: ... *et cortex et pluma. Materia sermonis non est nisi vox.*

[11] f.114(113)vb-118(117)rb: <Honorius Augustodunensis, Imago mundi, c.1-45.> Überschrift: *De divisione mundi.* Inc.: *Septiformi spiritu in trina fide illustrato ac septennis rivis* ...; expl.: ... *iam perdurat salsus tot fluminibus.*

[12] f.118(117)va-158(157)ra: Quaestiones et glossae super Iohannitium.

(a) Inc.: *Dubitavit rex Manfridus et quesivit a magistris utrum menbra* (!) *essent facta propter operaciones, vel operaciones essent facta propter menbra* ... *sed determinavit magister petrus de ybernia gemma magistrorum* ...; f.119(118)rb: ... *et non econverso patet solucio questionis sicut mihi videtur.*

(b) f.119(118)rb-120(119)ra: Überschrift (am Rand): *De luce.* Inc.: *Lucem esse manifestum est. quid autem sit multi dubitant et primo quirendum est de luce utrum sit substantia vel accidens. Secundo utrum sit corpus vel non. Tercio utrum sit per eandem naturam lux in corporibus superioribus et inferioribus et sit per eandem in hüs et in illis* ...; expl.: ... *sic responsum est ad illud argumentum.*

(c) f.120 (119)ra-158(157)ra: <Iohannes Anglicus, Glossae super Iohannitium.> Überschrift: *De anima.* Inc.: *Omnis anima nobilis tres habet operationes, vegetare* ... – ... (f.120[119]rb) *de corporibus universalibus et lapidibus.* Überschrift: *De medicina.* Inc.: *Medicina est scientia conservandi sanitatem et curandi egritudinem* ...; expl. (f.158[157]ra): ... *magis fetida est tanto peior. Expl. glose.*

Lit.:
M.-Th. d'Alverny, *Avicenna Latinus*, 323-326. Cl. Baeumker, *Des Alfred von Sareshel (Alfredus Anglicus) Schrift De motu cordis*, XII. W. Kluxen, *Literargeschichtliches zum lateinischen Moses Maimonides*, 36. Id., *Rabbi Moyses (Maimonides)*, 168. W. Schum, *Beschreibendes Verzeichniss* (!) *der Amplonianischen Handschriften-Sammlung zu Erfurt*, 231sq.

*

Sigle

Er = Erfurt, Wissenschaftliche Allgemeinbibliothek der Stadt (Bibliotheca Amploniana) CA 2° 335 f.91va-93rb

*

‹ANONYMUS, DE FORMA SPECULI›

Q u a e r i t u r primo de hoc, cui videtur AUCTOR VI PRINCIPIORUM consentire quod forma speculi vel apparens in speculo non sit vere forma.
Primo quod videtur ibi esse.

Constat enim quod ibi apparet aliud; aliud ergo aut est aliquid aut nihil. 5
Si nihil, tunc non movetur de loco ad locum nec per se nec per accidens, et
hoc apparet esse falsum, quia moto eo cuius est forma, movetur forma, sicut
ponit AUCTOR enim.

Item, si nihil esset, per eam non moveretur visus neque videretur illud
cuius est forma per illam, quod manifeste falsum est. 10

Item, non appareret, si nihil esset. Propter hoc oportet quod aliquid sit.
Aut ergo substantia aut accidens. Si substantia, aut corporea vel incorporea;
sed nec sic nec sic. Si enim esset substantia incorporea, utique non esset sensu
perceptibilis, quod falsum est.

Praeterea, forma ista similitudo rei vel non vel est; sed similitudo rei potius 15
est qualitas quam substantia; sed si sic, tunc neque est substantia corporea vel
incorporea. Quod non sit substantia corporea, patet, quia si esset substantia corporea, secundum hoc haberet trinam divisionem et sic esset corpus.
Sed cum corpus sit finitum et terminatum, posset impleri talibus formis, quia
partem speculi occuparet quodlibet secundum suam qualitatem. Sed fere infi- 20
nitarum rerum similitudines in eodem speculo simul apparent, quia quotquot
res speculo possunt simul apponi, tot etiam rerum similitudines simul ibidem
apparent. Et igitur cum non sit substantia, accidens erit | necessario. Omne
autem accidens est in aliquo sicut in substantia; sed haec forma non est in
speculo, sed in re cuius est similitudo sicut in subiecto. 25

Sed c o n t r a : Accidens et illud cuius est accidens non distant secundum
situm; haec autem forma cum distet a re, cuius est forma, secundum situm,
non erit in illa re sicut in subiecto; erit ergo in speculo sicut in subiecto.

Postea q u a e r i t u r de illa forma, utrum moveatur aut non.

Et quod sic videtur, quia apparet in diversis partibus speculi. Et ex hoc 30
patet primus error, scilicet quod moveatur secundum locum, quod non est
corpus. Si forte dicatur quod non est eadem forma, sed est alia de novo generata in diversis partibus speculi, hoc videtur falsum. Omne enim quod movetur motu alteri‹us›, primo movetur motu consimili motui illius cuius motu

---

23 *Er* f.91vb

---

15 potius] *dub. Er*   19 corpus] speculi *add. sup. lin. Er¹*   22 ibidem] idem *Er*

---

2 Ps.-Gilb. Porr., De sex princ. c.2 n.19 (Arist. Lat. I, 6-7 p.39 v.4-8).

movetur. Et hoc vult ARISTOTELES in PRIMO DE ANIMA, ubi dicit: 'Quoniam autem anima videtur movere corpus motu suo, rationaḃiḃle est ponere eam movere illud motibus, quibus ipsa movetur, et e converso'. Unde si ab anima movetur corpus localiter, et anima debet moveri localiter; sed quod movetur
5 localiter, non corrumpitur, sed tantummodo mutatur; corrumpitur et fit aliquid, et mobile localiter non fit aliquid; ergo non erit alia similitudo numero, quae apparet quandoque in hac parte, quandoque in illa.

Si dicatur quod illa similitudo non movetur motu alterius, hoc videtur falsum, quia similitudo non potest esse nisi per praesentiam illius cuius est simi-
10 litudo, neque permanet et durat nisi quantum permanet et durat rei obiectae praesentia; ergo oportet quod diversificetur illa similitudo secundum quod diversificatur res obiecta in sui praesentialitate[m]. Sed res obiecta diversificatur secundum situm in sui praesentia, quare et illius rei similitudo diversificatur secundum situm, et sic erit in diversis sitibus, et sic movetur situaliter, secun-
15 dum quod movetur aliud cuius est similitudo; sed motu secundum situm non fit aliud; ergo illa forma non erit alia.

Item dicit ARISTOTELES quod nihil movetur motu alterius quod non quiescit quiete alterius, et hoc sentiunt verba ipsius in VII PHYSICORUM quando ostendit quod 'omne quod movetur, ab aliquo movetur'. Cum ergo quiescat
20 illa similitudo quiescente eo cuius est similitudo, eo quod nulla transmutatio accidat in ea, tunc necesse est quod moveatur illo moto. Et sic patet veritas illius propositionis 'omne quod movetur motu alterius, quiescit quiete alterius'.

Item, de forma illa e s t q u a e s t i o , quomodo sit in speculo et quo-
25 modo possit plus apparere in illo corpore quam in alio, et propter quid non possit apparere in aëre.

Item q u a e r i t u r , quando aër est medium inter speculum et rem, cuius est similitudo, utrum illa similitudo, quae est rei, in se sit per totum aër medium aut non.
30 Et quod sit in qualibet parte medii, sic videtur: Sit ita quod unum speculum distet per lineam tripedalem | a re, cuius est similitudo, et aliud speculum distet ab eadem re spatio lineae bipedalis, non est sumere aliquam positionem illius aëris, sive tripedalem sive bipedalem vel quantumcumque, quin ibi appareat illa forma, dummodo ille aër possit illuminari, et est forma similis
35 alteri formae quae erat in speculo remotiori; ergo vel erunt infinitae formae eiusdem rei in illo aër‹e› medio, vel erit una extensa per totum. Sed non

---

31 *Er* f.92ra

---

12 obiecta²] *dittogr. Er*   13 et] e. tu. *add. Er*   30 quod¹] quot *Er*

---

1 Arist., De anima l.1 c.3 (406 a 30 – b 1); transl. vetus: Alb., De anima. Ed. Colon. t.7,1 p.29 v.74sq. –   17–18 Arist., Phys. l.7 c.1 (241 b 24; 242 a 13-14.16); transl. vetus: Arist. Lat. VII, 1/2 p.256 v.3, p.257 v.14.17).

possunt esse plures formae in illo medio, cum illud sit unum medium, et res
cuius est similitudo, sit una, et non terminatur forma nisi aut a re cuius est
forma, aut a medio; unde si multa specula opponantur nisi sint a diversis
partibus medii et non opposita diametro, non apparebunt diversae formae in
illis. Oportet ergo quod sit una continua per illud medium. Et si hoc, tunc   5
non deberet speculum repraesentare partem anteriorem, sed posteriorem,
quia cum causatur similitudo, ab eo cuius est similitudo extenditur et elongatur quasi progrediendo. Et sic quasi esset dorsum eius ad faciem speculantis,
sicut patet imaginanti in hominibus, quorum unus movetur motu progressio-
nis et reliquus est in situ diametrali habens faciem versus progredientem in   10
aspiciendo ipsum, tunc videt illum a dorso et dextram partem dextro oculo et
sinistram a sinistro. Sic ergo deberet esse in imagine, quae apparet in speculo, scilicet quod non repraesentaret faciem, sed caput; aut si appareret facies,
oporteret faciem illam verti et sic moveri non moto illo cuius est forma, quod
est impossibile.   15

Item, si verteretur, tunc oculus dexter videret partem sinistram et sinister
dextram, sicut supra praedicti homines vide⟨n⟩tur se facie ad faciem, oculus dexter unius videret oculum sinistrum et e converso. Aut deberet esse sic
impossibile quod pars inferior speculantis apparet superior in speculo, aut superior inferior, sicut possumus imaginari in litteris, quae sunt per huiusmodi, 20
sicut in sigillis et in cera.

Item q u a e r i t u r , unde hoc sit quod in diversis speculis apparent similitudines secundum diversos situs speculantium, ut in planis et concavis et
convexis. In concavis enim mentum in superiori parte et frons in inferiori
apparet; in planis debito modo et dissimiliter secundum diversas figuras.   25

Item q u a e s t i o   e s t , utrum imago, quae apparet in speculo, sit sicut
in puncto vel sicut in corpore. ⟨Si⟩ sicut in puncto, qualiter ergo longa est
et lata, cum huiusmodi videatur, et qualiter huiusmodi apparet. Si sicut in
corpore, tunc est quaestio, cum maius sit speculans vel facies speculantis ipso
speculo, si exiret in divisione corporali, tunc deberet | saltem totum speculum 30
implere.

Item, cum omne corpus splendidus radios emittat, et omne corpus radios
emittens emittat eos per modum coni, et debet esse conus in corpore radios
emittente, et hoc modo veniunt species visibiles in visum, tunc oportet, cum
omnis angulus sit in puncto, quod illud quod venit ad visum, sit similiter   35
in puncto. Et propter hoc illa forma, si sit sicut in parte corporea, tunc eius
visio esset secundum figuram coni, cuius angulus est abscisus, et tunc est sicut
pyramis recurvata, et sic esset in figura corporis serratilis quod non terminatur
ad angulum. Sed hoc modo non veniunt species visibiles ad visum.

30 *Er* f.92rb

5 tunc] *sup. lin Er^l*   12 quae] quod *Er*   25 debito modo] *dub. Er*   37 angulus]
angelus *Er*

Item, qu‹aesti›o est, cuius speculum non sit profundum. Unde hoc sit quod imago rei videtur quasi profundum, et cum magis elongatur speculum a speculante in situ eodem diametrali, magis videtur profundari illa forma et videtur quasi esset in fundo valde elongato a superficie speculi.

5 Solutio: Ad primum dicendum quod forma illa qualitas est in veritate, et est in prima specie qualitatis et est in aliquo sicut accidens in substantia. Et dubitant de hoc ALIQUI. QUIDAM enim dicunt quod est in speculo. ALII vero dicunt quod est in extremitate aëris contingentis speculum, et oppositio speculi facit quod appareat propter hoc quod non est pervium sicut aër. Et de
10 hac opinione fortasse fuit AUCTOR, cum dixit: Licet inconveniens sit dicere et error quodsi ponetur, non adhuc solvetur, quin contingeret eam moveri de loco ad locum, cum tamen non sit corpus. Sed utrum istorum sit verum, scilicet in speculo vel in aëre, dicendum quod in speculo et non aëre nisi sicut in medio. Unde sicut similitudo coloris est in pupilla, cum quia aliter non
15 moveretur organum a colore, cum oporteat aliquam impressionem esse in suscipiente a motivo, sicut cum speculans sit motivum speculi et per speculum visum suum, oportet quod sicut pupilla recipit quod speculum recipiat, et propter hoc formam ponere in speculo et non in aëre nisi sicut in medio.

Solvere ergo oportet et dicere concedendo quod nihil movetur de loco ad
20 locum nisi corpus. Unde dicendum quod illa forma non movetur de loco ad locum, sed est alia et alia de novo generata, secundum quamcumque partem appareat. Unde duabus de causis generatur de novo alia et alia numero: aut speculo manente immobili et speculante moto non elongato, sed ad dextram in sinistram et e converso, aut speculante immoto et speculo moto, quia his
25 duobus modis apparebit alia et alia in diversis partibus speculi successive. Quod autem speculo moto et speculante immoto alia et alia successive sic efficitur, impossibile est unum accidens numero esse in diversis subiectis vel etiam in diversis partibus subiecti | successive aut subito, quoniam illas partes oporteret esse subiectum ad aliud accidens, et oporteret accidentia numerari
30 ad numerum subiectorum. Unde sicut differt pars a parte, sic differt forma a forma, et sic non est eadem forma numero.

Item, si speculans movetur speculo immoto, tunc sive sit forma in speculo sive sit in aëre, cum sit in diversis partibus speculi, necesse est illam formam esse aliam et aliam, et sic nullo modo localiter movetur forma, quia in motu
35 locali non est destructio moti, sed diversificatio loci aut situs. Sed speculante

---

28 *Er* f.92va

---

8 contingentis] coniungentis *Er*   11 error] re e *Er*   30 ad] secundum *supra lin.* *Er* | Unde] uᵃ *Er*   35 diversificatio] diversificati *Er*

---

10 Ps.-Gilb. Porr., De sex princ. c.2 n.9 (Arist. Lat. I, 6-7 p.39 v.4-9).

moto fit corruptio formae, quia corrumpitur prima et generatur alia, non tamen generatur ex corrupta, eo quod accidens non habet materiam 'ex qua' sicut substantia, habet tamen materiam 'in qua'.

Ad aliud quod obicitur: Nihil quiescit quiete alterius nisi movetur motu alterius, dicendum quod hoc intelligitur de parte et toto. De talibus enim   5
intelligitur verbum ARISTOTELIS ut VII PHYSICAE. Ibi enim ostendit quod per motum partium movetur totum, et per quietem quiescit. In aliis autem potest esse quod moto uno non moveatur aliud, sicut in casu isto et consimilibus. In quibusdam autem aliis potest esse quod moto uno movetur et relictum, sicut patet in servo et domino, si simul ambulant. Et ex hoc patet   10
solutio omnium quae obiciebantur de hoc quod permanentia speculantis est permanentia formae, et ex diuturnitate diuturnitas. Dicendum enim quod speculans, cum non sit sufficiens causa formae speculi, sed ad hoc exigatur medium et oppositio et situs et pars speculi quod illis mutatis sive diversificatis necesse est diversificari formam, propter hoc quod sunt aliae et aliae [esse],   15
et propter hoc quod ad motum speculantis sequitur corruptio formae prioris et generatio novae.

Ad aliud quod ‹quaeritur›, propter quod in tali corpore potest apparere et non in tenebroso, dicendum propter hoc quod huiusmodi formae elevantur a rebus mediante lumine, et oportet naturam esse similem in medio et   20
recipiente. Et propter hoc dicit ARISTOTELES in libro DE ANIMA in CAPITULO DE VISU quod aër et aqua sunt medium ad videndum non secundum quod huiusmodi, sed secundum quod eadem natura est in utrisque et in perpetuo superius corpore. Et sic oportet recipiens luminosum esse et planum, quia aliter non posset esse radiosum planum, si habet partes, quarum una   25
supereminet alteri, sicut patet ex diffinitione plani et asperi cum latitudine in summitatibus. Unde in summitatibus non sunt radiosae. Item, cum una alteri supereminet, una facit umbram super aliam, et sic tunc redditur umbrosum et non radiosum. Quod autem dictum est, potest patere, si ex trito valde polito | et deterso fiat lima, tunc redditur tersum obscurum, et quanto   30
minutius fiant descissiones in ferro, tanto redditur ferrum obscurius. Et haec est ratio, quare in corpore plano appareant formae.

Item oportet corpus illud planum esse et non nimis densum neque nimis rarum neque transparens, et corpora talia quod sic sunt habentia de raro et denso, sunt illa, in quibus possunt apparere formae, et si plus declinet corpus   35

---

30 *Er* f.92vb

1 corruptio] corpore *Er* | prima] primarum *Er* 2 corrupta] correpta *Er*
4 nisi] nihil *Er* 16 ad motum] *dittogr. Er* 31 minutius] minuntius *Er* 32 plano]
plana *Er* 34 neque transparens] ne stotransparens *(conf.) Er*

21–22 Arist., De anima l.2 c.7 (418 b 6-9); transl. vetus: Alb., De anima. Ed. Colon.
t.7,1 p.110 v.86sq.

illud ad densitatem quam debeat, non bene repraesentat. Et propter hoc quae
sunt valde depolita, non bene repraesentant.

Item, quae sunt valde rara, non bene repraesentant sicut vitrum, et propter hoc oportet vitro aliquid addi habens aliquid corpulentivi, quod possit
5 pervietatem eius aliquantulum densare. Tale autem est plumbum. Unde ex
his duobus corpus speculi est repraesentativum formarum. Haec autem duo
sunt magis convenientia sibi ad faciendum illud, propter hoc quod plus accedit aër et aqua proportione in compositione vitri ad plumbum quam in
compositione alicuius metalli, et e converso de plumbo in compositione ad
10 vitrum.

Ad aliud dicendum quod forma existens in speculo est in puncto et non
in corpore. Unde sicut sunt diversa puncta in diversis partibus speculi, sic in
quibuscumque partibus speculi appareat, est sicut in puncto [erit]. Et dicendum quod forma illa nec est lata nec est longa, sed sicut habet similitudinem
15 rei visae, sic habet similitudinem latitudinis et longitudinis rei visae.

Ad illud [dicendum] autem quod quaeritur, unde hoc sit quod elongato speculo videtur forma quasi in profundo, et quanto plus elongatur tanto
forma profundari videtur, dicendum quod in speculo non tantum apparet
similitudo speculantis, sed etiam similitudo medii, per quod distat speculans
20 a speculo, et propter hoc apparet in speculo et imago et distantia. Et cum
imago sit in fine distantiae, apparet similiter in fine distantiae, et quanto maior est distantia tanto magis apparebit distare, et sic forma videtur profundari
et tamen non profundatur.

Ad aliud dicendum quod forma, quae apparet in speculo, est in aëre sic-
25 ut in medio et in speculo sicut in sustinente, et est eadem numero non sicut
determinatur idem numero in TOPICIS, sed dicitur eadem numero, quia est
secundum actum unum sicut similitudo rei visibilis, cum est in aëre medio
deferente et in oculo videntis, est enim oculus speculum quoddam. Quod
ergo quaeritur de illa forma, secundum quod est in aëre, dicendum est quod
30 per totum aër medium non est extensa, quia situm non habet, sed est sicut punctus in continuo. Unde sicut intelligi potest punctus ubique signari
in continuo, sic et forma signari potest ubique in aëre et speculo, et punctus est idem numero, ubicumque signetur. Et intellige hanc identitatem esse
secundum esse in potentia et non secundum esse in actu. Et sic non sequitur

---

2 depolita] dorperoltra *(conf.) Er*   4 corpulentivi] corpulentive *(dub.) Er*   8 ad]
aliquid *Er*   22 tanto magis] tantum agit *Er*   28 deferente] differente *Er* | est]
cum *Er*   29 quaeritur] qua *Er*   30 situm] sicut *Er*   31 intelligi] *dub. Er*

---

26 Arist., Top. l.1 c.7 (103 a 7sqq.); transl. Boethii: Arist. Lat. V, 1-3 p.12 v.16sqq. –
28 Cf. David de Dinanto, Quaternulorum fragmenta, c. De visu (ed. M. Kurdzialek
p.40 v.9-10, p.66 v.2): 'Est enim oculus speculum animatum'.

quod sint plures eiusdem formae in aëre medio vel infinitae, nisi | in potentia
et non in actu, sed diversificatur potentia hic et prius.

Ad aliud dicendum quod cum illa forma sit quasi punctus et sic non habens duas facies, sicut caput hominis secundum partem hominis anteriorem et
posteriorem secundum inciput et occiput, propter hoc erit secundum eandem   5
dispositionem a facie hominis non secundum diversificationem aliquam in
divisione aliqua, et ideo non debet apparere pars posterior capitis in speculo,
sed facies ipsa. Et illa similitudo sit sicut punctus vel sicut superficies sine
profundo aliquo et debet haec imaginari sicut pannus assidue transversus,
qui de una parte sicut in alia pictus (...), tunc non oportet forma verti in   10
speculo plano, immo apparebit oculus dexter dexter et sinister sinister.

Ad aliud [dicendum] quod quaeritur, unde hoc sit quod in speculis diversis apparent formae diversae secundum diversos modos, dicendum quod
hoc est ex diversitate formarum et figurarum ipsorum speculorum, scilicet
quando est planum aut concavum aut convexum. Quod sic est intelligen-   15
dum: Speculum concavum emittit radios [et] secundum rectas lineas; unde
pars inferior proicit radios supra partem superiorem et superior supra inferiorem, et tunc quod una pars recti potest a speculo proici[t] supra aliam,
et e converso. Et ideo facies hominis apparet sic: mentum sursum et frons
deorsum in speculo concavo, sic‹ut› patet in calice et in consimilibus corpo-   20
ribus. In speculo autem plano apparet directe et secundum situm speculantis
debitum, quia una pars non proicit radios super aliam nec ‹e› converso. In
concavis autem quae sunt disposita ad modum canalis, quae dicitur gutriti,
apparet pars sinistra speculantis in dextra, et e converso in partibus speculi,
quia pars dextra proicit radios super sinistram et e converso. In illis autem   25
quae sunt ad modum phialae, in puncto contactus caudae et grossi vel stili
et basis apparet forma duplicata ipsius speculantis, quasi altera est in stilo,
altera in grosso, sicut patet in vase vitreo plumbato, quod dicitur centosie vel
chievre. Una enim illarum formarum continuatur cum altera, itaque caput
et mentum unius est deorsum, mentum vero alterius sursum, et iunguntur ad   30
se invicem illae duae formae in contactu coronarum vel frontium. Et causa
huius est, quoniam pars grossi illius phialae quae immediate iuncta est stilo
vel caudae ipsius phialae in contactu, in qua apparet frons hominis, emittit
radios supra partem sibi proximam, et tunc ibi apparet frons. Pars autem
grossa distans, in qua apparet mentum, emittit radios super alteram partem   35
elongatam a contactu, et propter hoc apparet in ea mentum, et sic in stilo
et grosso apparent eiusdem duae imagines tenentes | se per capita, et una
habet mentum sursum et altera deorsum. Explicit.

---

1 *Er* f.93ra   37 *Er* f.93rb

1 nisi] qui *(dub.) Er*   4 et] scilicet *Er*   10 pictus] *sequitur lacuna Er*   15 aut¹] *sup.*
lin. Er] et *Er*   18 speculo] speculante *Er*   21 In] Item *Er*   23 gutriti] *dub. Er*
25 converso] 9ᵉ *Er*   30 est] et *Er*

Abkürzungen

1. ALLGEMEINE ABKÜRZUNGEN UND DIAKRITISCHE ZEICHEN

a.	articulus	ead.	eadem
a.a.O.	am angegebenen Ort	ebd.	ebendort
		ed.	edidit
Abh.	Abhandlung	Ed.	Editio
add.	addidit	edd.	editiones, ediderunt
al.	alia, alii	ex.gr.	exempli gratia
Anh.	Anhang	exp.	expunxit
Anm.	Anmerkung	expl.	explicit
append.	appendix	f	folgend
Aufl.	Auflage	ff	folgende
begr.	begründet	f.	folio
Bd.	Band	ff.	folia
Bde.	Bände	hg.	herausgegeben
Bl.	Blatt	Hg.	Herausgeber
bzw.	beziehungsweise	hom.	homoeoteleuton
c.	capitulum	homoeoceph.	homoeocephalon
ca.	circa	Hs.	Handschrift
cet.	ceteri	Hss.	Handschriften
cf.	conferatur	ibid.	ibidem
cit.	citatum	id.	idem
cod.	codex	inc.	incipit
codd.	codices	in marg.	in margine
comm.	commentum	insbes.	insbesondere
conf.	confudit	inscr.	inscripsit, -tum
corr.	correxit	iter.	iteravit
d.	distinctio	inv.	invertit
def.	deficit	Jh.	Jahrhundert
del.	delevit	Kap.	Kapitel
ders.	derselbe	l.	liber
d.h.	das heißt	lat.	lateinisch
dies.	dieselbe, -n	l. c.	loco citato
diff.	diffinitio	lect.	lectio
Diss.	Dissertation	man.	manu
dittogr.	dittographia	n.	numerus, nota
dt.	deutsch	N.F.	Neue Folge

o.J.	ohne Jahresangabe	Suppl.	Supplementum
o.S.	ohne Seitenangabe	t. (T.)	tomus (Tomus)
om.	omisit	tr.	tractatus
op. cit.	opus citatum	transp.	transposuit
p.	pagina	u.	und
partic.	particula	u.a.	und andere, unter
praem.	praemisit		anderen
prol.	prologus	ü.ä.	und ähnliches
prop.	propositio	u.ö.	und öfters
q.	quaestio	v	verso
quaestiunc.	quaestiuncula	v.	versus
r	recto	var.	varia, varie
ras.	rasura	vgl.	vergleiche
s.	siehe	vol.	volumen
sol.	solutio	z.B.	zum Beispiel
Sp.	Spalte	zit.	zitiert
sq.	sequens	-	excepto codice
sqq.	sequentes		(exceptis codicibus)
sup. lin.	supra lineam	< >	addendum
suppl.	supplevit	[ ]	omittendum

2. SPEZIELLE ABKÜRZUNGEN UND SIGLEN

AFH	Archivum Franciscanum Historicum, Firenze – Quaracchi 1908 sqq.
AFP	Archivum Fratrum Praedicatorum, Roma 1931sqq.
AHDLMA	Archives d'histoire doctrinale et littéraire du Moyen Âge, Paris 1926sqq.
ALKGMA	Archiv für Literatur und Kirchengeschichte des Mittelalters, hg. von H. Denifle und F. Ehrle, (Berlin) Freiburg 1885sqq.
Arist. Lat.	Aristoteles Latinus. Corpus Philosophorum Medii Aevi Academiarum consociatarum auspiciis et consilio editus, (Roma, Bruges – Paris) Leiden – (Bruxelles –) New York 1951sqq.
BGPMA (BGPTMA)	Beiträge zur Geschichte der Philosophie (und Theologie) des Mittelalters, Münster 1891sqq.
BMC	Catalogue of Books Printed in the XVth century, now in the British Museum, London 1908sqq.
BThAM	Bulletin de Théologie ancienne et médiévale, Louvain 1929sqq.
CCAA	Corpus commentariorum Averrois in Aristotelem, Cambridge/Mass. 1949sqq.
CCL	Corpus Christianorum. Series Latina, Turnhout – Paris 1953 sqq.
CSEL	Corpus Scriptorum Ecclesiasticorum Latinorum, Wien 1866sqq.

DTh (Fr.)	Divus Thomas, Freiburg/Schweiz (1887-1913: Jahrbuch für Philosophie und spekulative Theologie; 1954sqq.: FZPT) 1914-1953.
Ed. Colon.	Editio Coloniensis s. Albertus Magnus
Ed. Leon.	Editio Leonina s. Thomas de Aquino
Ed. Lugdun.	Editio Lugdunensis s. Albertus Magnus
Ed. Paris.	Editio Parisiensis s. Albertus Magnus
EThL	Ephemerides Theologicae Lovanienses, Leuven 1924sqq.
FS	Franziskanische Studien, (Münster) Werl 1914sqq.
FZPT	Freiburger Zeitschrift für Philosophie und Theologie, Freiburg/Schweiz 1954sqq.
GKPB	Gesamtkatalog der Preußischen Bibliotheken, Berlin 1931sqq.
GKW	Gesamtkatalog der Wiegendrucke, Leipzig 1925sqq.
HJ	Historisches Jahrbuch der Görres-Gesellschaft, München 1880 sqq.
LMA	Lexikon des Mittelalters, München – Zürich 1980sqq.
LThK	Lexikon für Theologie und Kirche, Freiburg/Br., 2. Aufl.: 1957-1967; 3. Aufl.: 1993sqq.
MGH.SRG NS	Monumenta Germaniae Historica. Scriptores Rerum Germanicarum, Nova Series, Hannover – Berlin 1922sqq.
MGH.SS	Monumenta Germaniae Historica. Scriptores, Hannover – Berlin 1826-1934.
PhJ	Philosophisches Jahrbuch (der Görres-Gesellschaft), Fulda 1888 sqq.
PL	Patrologiae cursus completus, series Latina, ed. J.-P. Migne, Paris 1841-1890.
RPhL	Revue Philosophique de Louvain, Louvain 44 (3. Ser., 1) 1946sqq.
RSPT	Revue des Sciences Philosophiques et Théologiques, Paris 1907 sqq.
RTAM	Recherches de théologie ancienne et médiévale, Louvain 1929 sqq.
S.I.E.P.M.	Société Internationale pour l'Étude de la Philosophie Médiévale
STGMA	Studien und Texte zur Geistesgeschichte des Mittelalters, begr. von J. Koch, hg. von J.A. Aertsen (u.a.), Leiden – New York – Köln 1950sqq.
ThPh	Theologie und Philosophie, Freiburg i.Br. (1926-1965: Scholastik) 1966sqq.
ThQ	Theologische Quartalschrift, Tübingen 1819sqq.
ThRv	Theologische Revue, Münster 1902sqq.
ZKTh	Zeitschrift für katholische Theologie, (Innsbruck) Wien 1877sqq.

Literatur

1. QUELLENTEXTE

a. handschriftliche Quellentexte

Albertus Magnus, *Super Euclidem* (*Geometria*, I-IV): Wien, Bibliothek des Domini-kanerklosters 80/45 f.105r-145r.

Anonymus, *De forma speculi*: Erfurt, Wissenschaftliche Allgemeinbibliothek der Stadt (Bibliotheca Amploniana) CA 2° 335 f.91(90)ra-93(92)rb.

Euclides, *De fallacia visus* (*De radiis visualibus*): Klagenfurt, Bundesstaatl. Studienbiblio-thek XXX.d.4 f.8v-13v.

Martinus Brandenburgensis, *Opusculum de anima extractum de opere fratris Alberti*: Wien, ÖNB 1688 f.82ra-95rb.

Nicolaus von Straßburg (N. de Argentina), *Summa*: Roma, Biblioteca Apostolica Va-ticana Vat. lat. 3091 f.1-293.

b. gedruckte Quellentexte

Adelardus von Bath, *Quaestiones naturales*, ed. M. Müller (BGPTMA, XXXI/2), Münster 1934.

[Albertus Magnus:]
 – *B. Alberti Magni, Ratisbonensis Episcopi, Ordinis Praedicatorum, Opera Omnia*. Ex editio-ne Lugdunensi religiose castigata, et pro auctoritatibus ad fidem Vulgatae ver-sionis accuratiorumque Patrologiae textuum revocata, auctaque B. Alberti vita ac bibliographia suorum operum a PP. Quétif et Echard exaratis, etiam revisa et locupletata cura ac labore Augusti (et Aemilii) Borgnet, vol. I-XXXVIII, Paris 1890-1899 (Ed. Paris.).
 – *Sancti Doctoris Ecclesiae Alberti Magni Ordinis Fratrum Praedicatorum Opera Omnia*. Ad fidem codicum manuscriptorum edenda apparatu critico notis prolegomenis indicibus instruenda curavit Institutum Alberti Magni Coloniense Bernhardo Geyer praeside, Monasterii Westfalorum in Aedibus Aschendorff (Münster) 1952sqq. (Ed. Colon.).
 – *B. Alberti Magni Summa de Creaturis. Prima Pars Summe Alberti Magni De Quatuor Coe-quevis una cum secunda eius que est De homine.* [Expl. f.194va:] ... Venetiis Jmpressa Jmpensis domini Andree Torresani de Asula: arte vero Simonis de luere. xvj° februarii 1498 [1499] Feliciter.
 – *Divi Alberti Magni Ratisponensis Episcopi summi peripathetici due partes summe. quarum prima de quatuor coequevis. secunda de homine inscribitur.* una cum pulcherrimis addi-

tionibus editis ab Excellente artium et medicine doctore Marco Antonio Zimara ... [Expl. f.166rb:] ... Venetiis mandato et expensis Heredum nobilis viri D. Octaviani Scoti civis Modoetiensis: ac sociorum: Anno a partu virginali salutifero 1519. die ultimo Septembris.

– B. *Alberti Magni, Ratisbonensis Episcopi, Ordinis Praedicatorum, Summa de creaturis, divisa in duas partes, quarum prima est de quatuor coaevis, secunda de homine*. Recognita per R.A.P.F. Petrum Iammy ... T.XIX, Lugduni 1651 (Ed. Lugdun.).

– *Super Euclidem (Geometria)*, Buch I, ed. P.M.J.E. Tummers, in: id., *Albertus (Magnus)' Commentaar op Euclides'*, II, 1-102.

– *Super II Sententiarum* d.3 a.6 – d.4 a.1, ed. F. Stegmüller, in: Analecta Upsaliensia theologiam medii aevi illustrantia, I (Uppsala Universitets Arsskrift 7, 1953), Uppsala – Wiesbaden 1953, 147-238.

– *De vegetabilibus libri VII*, edd. E. Meyer/C. Jessen, Berlin 1867.

Ps.-Albertus Magnus, *Libellus de alchimia*, in: *Alberti Magni Opera Omnia*, Ed. Paris. T.XXXVII, 545-578.

Alexander Neckam, *De naturis rerum libri duo*, ed. Th. Wright (Rerum Britannicarum Scriptores. Rolls Series, 34), London 1863.

al-Farabi (Alfarabi), *De ortu scientiarum*, ed. Cl. Baeumker (BGPMA, XIX/3), Münster 1916.

– *De scientiis*, ed. G. Camerarius (Alpharabii, vetustissimi Aristotelis interpretis, Opera Omnia, quae, latina lingua conscripta, reperiri potuerunt), Paris 1638 (Unveränderter Nachdruck Frankfurt 1969).

Algazel, *Metaphysica*, ed. J.T. Muckle, Toronto 1993.

Alhazen, *De aspectibus (Perspectiva)*, in: Opticae thesaurus. Alhazeni Arabis libri septem, nunc primum editi. Eiusdem liber de crepusculis et nubium ascensionibus. Item Vitellonis Thuringopoloni libri X, ed. F. Risner, Basel 1572, 1-282 (Nachdruck New York 1972).

al-Kindi, *De aspectibus*, ed. A.A. Björnbo, in: *Alkindi, Tideus und Pseudo-Euklid, drei optische Werke*, hg. und erklärt von A.A. Björnbo/S. Vogl (Abhandlungen zur Geschichte der mathematischen Wissenschaften mit Einschluß ihrer Anwendungen, XXVI/3), Leipzig – Berlin 1912, 1-41.

Aristoteles, *De anima*, transl. vetus, in: *Alberti Magni Opera Omnia*, Ed. Colon. T.VII,1 (ed. Cl. Stroick).

Aristoteles Graece, ed. I. Bekker, Berlin 1831.

Aristoteles Latinus. Corpus Philosophorum Medii Aevi Academiarum consociatarum auspiciis et consilio editus, (Roma, Bruges – Paris) Leiden – (Bruxelles –) New York 1951sqq.

[Arnoldus Saxo, *De floribus rerum naturalium*:] E. Stange, *Die Enzyklopädie des Arnoldus Saxo* (Königliches Gymnasium zu Erfurt, Beilage zum Jahresbericht 1904/05), Erfurt 1905.

Augustinus, Aurelius, *De Genesi ad litteram libri duodecim*, ed. I. Zycha (CSEL 28,1), Prag – Wien – Leipzig 1893; PL 34 (1887), 245-486.

– *De quantitate animae liber unus*, in: Sancti Aurelii Augustini Opera, sect. I pars IV, ed. W. Hörmann (CSEL 89), Wien 1986, 129-231; PL 32 (1877), 1035-1080.

– *De trinitate libri XV*, ed. W.J. Mountain/Fr. Glorie (CCL 50-50A), Turnhout 1968; PL 42 (1886), 819-1098.

Averroes, *Colliget* (Aristotelis Stagiritae Omnia, quae extant, Opera ... Averrois Cordubensis in ea Opera Omnes, qui ad nos pervenere, Commentarii, 9), Venedig 1560.

– *Commentarium magnum in Aristotelis De anima libros*, ed. F.S. Crawford (CCAA, Versionum Latinarum vol.VI/1), Cambridge/Mass. 1953.

– *Compendia librorum Aristotelis qui Parva naturalia vocantur*, ed. A.L. Shields – H. Blumberg (CCAA, Versionum Latinarum vol.VII), Cambridge/Mass. 1949.

Avicebron (Avencebrol), *Fons vitae*, ed. Cl. Baeumker (BGPTMA, I/2-4), Münster 1892/1895.

Avicenna, *De animalibus* (Avicenne perhypatetici philosophi ac medicorum facile primi opera in lucem redacta ac nuper quantum ars niti potuit per canonicos emendata), Venedig 1508 (Unveränderter Nachdruck Frankfurt/M. 1961).

– *Liber canonis*, Venedig 1507 (Unveränderter Nachdruck Hildesheim 1964).

– *Liber de anima seu sextus de naturalibus*, ed. S. Van Riet, I-II-III: Louvain – Leiden 1972; IV-V: 1968.

Bartholomaeus Anglicus, *De genuinis rerum coelestium, terrestrium et inferarum proprietatibus libri XVIII*, ed. G.B. Pontanus, Frankfurt 1601 (Unveränderter Nachdruck Frankfurt/M. 1964).

– *On the Properties of Soul and Body. De proprietatibus rerum libri III et IV.* Edited from Bibliothèque Nationale Ms. Latin 16098 by R.J. Long (Toronto medieval Latin texts, 9), Toronto 1979.

Boethius, *De trinitate*, in: Anicii Manlii Severini Boethii Philosophiae consolationis libri quinque. Accedunt Opuscula sacra, ed. R. Peiper, Leipzig 1871; PL 64, 1247-1256.

[Boethius de Dacia:] *Boethii Daci Opera*, VI/2 (*De aeternitate mundi, De summo bono, De somniis*), ed. N.G. Green-Pedersen (Corpus Philosophorum Danicorum Medii Aevi, VI/2), Kopenhagen 1976.

Calcidius, *Commentarius in Timaeum Platonis*, ed. J.H. Waszink (Plato Latinus, IV), London – Leiden 1962.

Costa ben Lucae, *De differentia animae et spiritus*, ed. C.S. Barach (Bibliotheca Philosophorum mediae aetatis, 2), Innsbruck 1878.

David de Dinant, *Quaternulorum fragmenta*, ed. M. Kurdzialek (Studia Mediewistyczne, 3), Warszawa 1963.

Dietrich von Freiberg, *Opera Omnia*, IV: Schriften zur Naturwissenschaft. Briefe. Mit einer Einleitung von L. Sturlese. Hg. von M.R. Pagnoni-Sturlese/R. Rehn/L. Sturlese/W.A. Wallace (Corpus Philosophorum Teutonicorum Medii Aevi, II/4), Hamburg 1985.

Dionysius Carthusiensis, *Commentaria in II Sententiarum*, cura et labore Monachorum sacri ordinis Carthusiensis (Dionysii Carthusiani Opera Omnia, 21), Tornaci 1903.

Dominicus Gundissalinus, *De anima*, ed. J.T. Muckle (Mediaeval Studies, 2), Toronto 1940, 23-103.

– *De immortalitate animae*, ed. G. Bülow (BGPMA, II/3), Münster 1897.

Euclides, *De speculis (Catoptrica)*, ed. I.L. Heiberg (Euclidis Opera Omnia, VII), Leipzig 1895, 285-343.

– *De visu*, ed. I.L. Heiberg (Euclidis Opera Omnia, VII), Leipzig 1895, 1-121; ed. W.R. Theisen (Mediaeval Studies, 41), Toronto 1979, 44-105.

– *Elementa*, transl. ascr. Adel. Bath., ed. H.L.L. Busard (Studies and Texts, 64), Toronto 1983.

– *De ponderibus*, ed. E.A. Moody/M. Clagett, Madison 1952.

Ps.-Euclides, *De speculis*, ed. A.A. Björnbo, in: *Alkindi, Tideus und Pseudo-Euklid, drei optische Werke*, hg. und erklärt von A.A. Björnbo und S. Vogl (Abhandlungen zur Geschichte der mathematischen Wissenschaften mit Einschluß ihrer Anwendungen, XXVI/3), Leipzig – Berlin 1912, 95-106.

Galenus, Claudius, *De placitis Hippocratis et Platonis libri novem*, ed. I. Müller, Leipzig 1874 (Nachdruck Amsterdam 1975); ed. G. Kühn (Claudii Galeni Opera Omnia, V. Medicorum Graecorum Opera quae exstant, 5), Leipzig 1823, 181-805.

Ps.-Gilbertus Porretanus, *De sex principiis*, ed. L. Minio-Paluello (Arist. Lat. I, 6-7), Bruges – Paris 1966, 33-57.

Guillelmus Brito, *Gesta Philippi Augusti*, ed. F. Delaborde, in: G.C. Capelle, *Autour de décret de 1210: III. – Amaury de Bène* (Bibliothèque Thomiste, 16), Paris 1932, 99-100.

Guillelmus de Conches, *Glosae super Platonem*, ed. É. Jeauneau (Textes philosophiques du moyen âge, 13), Paris 1965.

Guillelmus Parisiensis, *De immortalitate animae*, ed. G. Bülow (BGPMA, II/3), Münster 1897, 39-61.

Haymericus de Campo, *Compendium divinorum*, ed. J.B. Korolec (Studia Mediewistyczne, 8, 9), Warszawa 1967, 19-75; 1968, 3-90.

Henricus Bate de Malines, *Speculum divinorum et quorundam naturalium* (I; II-III), ed. E. van de Vyver (Philosophes médiévaux, 4; 10), Louvain – Paris 1960; 1967.

Hero Alexandrinus, *Pneumatica et automata*. Accedunt Heronis Fragmentum De horoscopiis aquariis, Philonis De ingeniis spiritualibus, Vitruvii capita quaedam ad pneumatica pertinentia, ed. G. Schmidt (Heronis Alexandrini Opera quae supersunt omnia, I; I/Suppl.), Leipzig 1899.

– (Ps.-Claudius Ptolemaeus,) *De speculis*, ed. W. Schmidt, in: Heronis Alexandrini Mechanica et catoptrica. Accedunt quaedam excerpta, edd. L. Nix/W. Schmidt (Heronis Alexandrini Opera quae supersunt omnia, II/1), Leipzig 1900, 301-365.

Hieronymus, *Commentariorum in Amos prophetam libri tres*, in: PL 25 (1884), 989-1096.

Hugo de S. Victore, *De operibus trium dierum (Eruditionis didascalicae libri septem)*, in: PL 176 (1880), 740-838.

Iohannes Blund, *Tractatus de anima*. Ed. by D.A. Callus/R.W. Hunt (Auctores Britannici Medii Aevi, 2), London 1970.

[Iohannes Damascenus:] Saint John Damascene, *De fide orthodoxa*. Versions of Burgundio and Cerbanus. Ed. by E.M. Buytaert (Franciscan Institute Publications. Text Series, 8), St. Bonaventure, N.Y. – Louvain – Paderborn 1955.

[Iohannes de Mechlinia:] *Le «Tractatus de homine» de Jean de Malines*, ed. A. Pattin (Uitgave Tijdschrift voor Filosofie), Leuven 1977.

[Iohannes Parisiensis (Quidort), *Super IV Sent.*:] Jean de Paris (Quidort), Commentaire sur les Sentences, ed. J.-P. Muller (Studia Anselmiana, 47, 52), Roma 1961, 1964.

[Iohannes de Rupella:] *Jean de la Rochelle, Tractatus de divisione multiplici potentiarum animae.* Texte critique avec introduction, notes et tables publié par P. Michaud-Quantin (Textes Philosophiques du Moyen Age, 11), Paris 1964.

[Iohannes Scotus Eriugena, *Periphyseon (De divisione naturae)*)] *Iohannis Scotti Eriugenae Periphyseon (De divisione naturae)*, liber primus, ed. I.P. Sheldon-Williams with the collaboration of L. Bieler (Scriptores Latini Hiberniae, 7), Dublin 1968.

– *Iohannis Scotti Eriugenae Periphyseon (De divisione naturae)*, liber tertius, ed. I.P. Sheldon-Williams with the collaboration of L. Bieler (Scriptores Latini Hiberniae, 11), Dublin 1981.

– *Joannis Scoti Peri Physeos merismou id est De divisione naturae libri quinque*, in: PL 122 (1865), 439-1022.

[Iordanus de Nemore:] *Elementa Jordani super demonstrationem ponderum.* Edited, with Introduction, Translation and Notes, by E.A. Moody, in: E.A. Moody/M. Clagett, The Medieval Science of Weights (*Scientia de Ponderibus*). Treatises Ascribed to Euclid, Archimedes, Thabit ibn Qurra, Jordanus de Nemore and Blasius of Parma. Edited with Introductions, English Translations, and Notes, Madison 1952, 119-142.

Isaac Israëli, *Liber de definicionibus*, ed. J.T. Muckle, in: AHDLMA 11 (1937-1938), 299-340.

Liber de canonio. Edited, with Introduction, Translation and Notes, by E.A. Moody, in: E.A. Moody/M. Clagett, *The Medieval Science of Weights (Scientia de Ponderibus)*, cit., 55-75.

Liber Karastonis. Edited, with Introduction, Translation and Notes, by M. Clagett, in: E.A. Moody/M. Clagett, *The Medieval Science of Weights (Scientia de Ponderibus)*, cit., 77-117.

[Moses Maimonides, *Dux neutrorum*:] Rabi Mossei Aegyptii Dux seu Director dubitantium aut perplexorum, ed. A. Iustinianus, Paris 1520 (Unveränderter Nachdruck Frankfurt/M. 1964).

[Nemesius Emesenus:] Némésius d'Émèse, *De natura hominis.* Traduction de Burgundio de Pise. Édition critique avec une introduction sur l'anthropologie de Némésius par G. Verbeke/J.R. Moncho, Leiden 1975.

Nicolaus Peripateticus (Ps.-) s. *Quaestiones Nicolai Peripatetici.*

Nicolaus von Straßburg (N. de Argentina), *Summa, Prologus totius operis*, ed. R. Imbach/U. Lindblad, in: FZPT 32 (1985), 198-200.

[Petrus Hispanus, *Summulae logicales*:] Peter of Spain (Petrus Hispanus Portugalensis), Tractatus called afterwards Summule logicales. First Critical Edition from the Manuscript by L.M. de Rijk (Philosophical Texts and Studies, 22), Assen 1972.

[Petrus de Prussia, *Legenda Alberti Magni*, c.43:] H. Chr. Scheeben, *Les écrits d'Albert le Grand d'après les Catalogues*, in: Revue Thomiste 36 (1931), 284-288.

Philo Byzantinus s. Hero Alexandrinus.

Plato, *Timaeus*, transl. Calcidii, ed. J.H. Waszink (Plato Latinus, IV), London – Leiden 1962.

– *Phaedo*, ed. R.B. Hirschig (Platonis Opera Graece et Latine, I) Paris 1856.

Ptolemaeus, Claudius, *Almagestum*, ed. P. Lichtenstein, Venedig 1515.

Ptolemaeus, Claudius, *Optica*, ed. A.F. Lejeune (L'Optique de Claude Ptolémée dans la version latine d'après l'arabe de l'émir Eugène de Sicile. Édition critique et exégétique augmentée d'une traduction française et de compléments) (Collection de travaux de l'Académie internationale d'histoire des sciences, 31), Leiden – New York – København – Köln 1989.

– L'*Ottica* di Claudio Tolomeo da Eugenio ... ridotta in latino sovra la traduzione araba di un testo greco imperfetto, ora per la prima volta conforme a un codice della Biblioteca Ambrosiana... publicata da G. Govi, Torino 1885.

Ps.-Ptolemaeus, Claudius s. Hero Alexandrinus.

Ptolemaeus Lucensis, *Annales*, ed. B. Schmeidler, in: MGH.SRG NS, VIII, Berlin 1930, ²1955.

– *Historia ecclesiastica*, ed. L.A. Muratori (Rerum Italicarum Scriptores, XI), Milano 1727, 740-1249.

Quaestiones Nicolai Peripatetici, ed. S. Wielgus, in: Mediaevalia Philosophica Polonorum 17 (1973), 57-155.

Robertus Grosseteste, *De iride seu de iride et speculo*, ed. L. Baur, in: id., *Die philosophischen Werke des Robert Grosseteste*, Bischofs von Lincoln (BGPMA, IX), Münster 1912, 72-78.

Roger Bacon, *Opus maius*, ed. J.H. Bridges, I-II, Oxford 1897.

– *Opus tertium*, in: Fr. Rogeri Bacon Opera quaedam hactenus inedita, I, ed. J.S. Brewer (Rerum Britannicarum medii aevi scriptores. Rolls Series, 15), London 1859.

Roger Marston, *Quodlibeta quatuor*, ed. G.F. Etzkorn/I.C. Brady (Bibliotheca Franciscana Scholastica Medii Aevi, 26), Quaracchi 1968.

Seneca, Lucius Annaeus, *Naturales quaestiones*, ed. P. Oltramare (Sénèque Questions naturelles, tome I: livres I-III, tome II: livres IV-VII), Paris 1929.

Ps.-Seneca, Lucius Annaeus, *Epistolae Senecae ad Paulum et Pauli ad Senecam (quae vocantur)*, ed. C.W. Barlow (Papers and Monographs of the American Academy in Rome, 10), Roma 1938.

Siger von Brabant, *Quaestiones in Physicam* s. Zimmermann, A., *Les Quaestiones.*

[Thomas de Aquino:] *Sancti Thomae de Aquino Opera Omnia iussu Leonis XIII P.M. edita.* Cura et studio Fratrum Praedicatorum. (Ed. Leon.), Roma (– Paris) 1882sqq.

– *S. Thomae de Aquino super librum De causis expositio*, ed. H.D. Saffrey (Textus Philosophici Friburgenses, 4/5), Fribourg – Louvain 1954.

Tractatus figurarum (Treatise on Noteshapes). A New Critical Text and Translation on Facing Pages, with an Introduction, Annotations, and *indices verborum* and *nominum et rerum* by Ph.E. Schreur, Lincoln – London 1989.

Vinzenz von Beauvais (Vincentius Bellovacensis), *Speculum naturale*, Basel (Johannes von Amerbach), ca. 1486.

2. SEKUNDÄRLITERATUR

Aegidii Romani Opera Omnia, I: Catalogo dei manoscritti (1-95). 1/1: Città del Vaticano. A cura di B. Faes de Mottoni/C. Luna (Corpus Philosophorum Medii Aevi. Testi e Studi, 5), Firenze 1987.

Akdogan, C., *Optics in Albert the Great's «De sensu et sensato»*. An Edition, English Translation, and Analysis, ungedr. Diss. University of Wisconsin-Madison 1978.

– *Avicenna and Albert's Refutation of the Extramission Theory of Vision*, in: Islamic Studies 23 (1984), 151-157.

Antolin, G., *Catálogo de los códices latinos de la Real Biblioteca del Escorial*, II, Madrid 1911.

Anzulewicz, H., *Editio Coloniensis*. Krytyczne wydanie dziel sw. Alberta Wielkiego, in: Przeglad Tomistyczny 3 (1987), 237-240.

– *Kodex Paris BN nouv. acq. lat. 1242 und «De quiditate et esse» des Albertus Magnus (?)*, in: Scriptorium 45 (1991), 259-266.

– *Um den Kodex Ms. lat. fol. 456 der Staatsbibliothek Preußischer Kulturbesitz zu Berlin*. I: Richard von Mediavilla, in: FS 74 (1992), 19-43.

– *Ms. lat. fol. 456 der Staatsbibliothek Preußischer Kulturbesitz zu Berlin – einer Inhaltsübersicht I. Folge*, in: Scriptorium 46 (1992), 238-242.

– *Ms. lat. fol. 456 der Staatsbibliothek Preußischer Kulturbesitz zu Berlin – einer Inhaltsübersicht II. Folge*, in: RTAM 60 (1993), 131-214.

– *Neuaufgefundenes Textfragment von «De principiis motus processivi» II, 2 des Albertus Magnus im Kodex Wien, Österreichische Nationalbibliothek 2303*, in: Documenti e studi sulla tradizione filosofica medievale V (1994), 241-258.

– *Albertus Magnus (ca. 1200-1280) über Holzteergewinnung*, in: W. Brzezinski/W. Piotrowski (Hg.), Proceedings of the First International Symposium on Wood Tar and Pitch (Biskupin/Poland, July 1st-4th 1993), Warszawa 1997, 221-230.

– *Perspektive und Raumvorstellung in den Frühwerken des Albertus Magnus*, in: J.A. Aertsen/A. Speer (Hg.), Raum und Raumvorstellungen im Mittelalter (Miscellanea Mediaevalia, 25), Berlin – New York 1998, 249-286.

[*Arist. Lat. Codices* I-II:] Union Académique Internationale. Corpus Philosophorum Medii Aevi Academiarum consociatarum auspiciis et consilio editum. Aristoteles Latinus. Codices descripsit G. Lacombe in societatem operis adsumptis A. Birkenmajer/M. Dulong/Aet. Franceschini. Supplementis indicibusque instruxit L. Minio-Paluello, I, Roma 1939; II, Cambridge 1955.

Auktionskatalog Hamilton, 1882.

Avarucci, D. (u.a.) s. *Catalogo di manoscritti filosofici nelle biblioteche Italiane*, IV.

Baeumker, Cl., *Des Alfred von Sareshel (Alfredus Anglicus) Schrift De motu cordis* (BGPMA, XXIII/1-2), Münster 1923.

Bandini, A.M., *Catalogus Codicum Latinorum Bibliothecae Mediceae Laurentianae sub auspiciis Petri Leopoldi*, IV, Firenze 1777.

– *Bibliotheca Leopoldina Laurentiana*, III, Firenze 1793.

Bataillon, L.J., *Les conditions de travail des maîtres de l'université de Paris au XIIIᵉ siècle*, in: RSPT 67 (1983), 417-433.

– *Bulletin d'histoire des doctrines médiévales*, in: RSPT 70 (1986), 255-270.

Bauer, H., *Die Psychologie Alhazens* (BGPMA, X/5), Münster 1911.

Baur, L., *Die philosophischen Werke des Robert Grosseteste, Bischofs von Lincoln* (BGPMA, IX), Münster 1912.

– *Die Philosophie des Robert Grosseteste, Bischofs von Lincoln* (BGPMA, XVIII/4-6), Münster 1917.

Beaujouan, G., *Manuscrits scientifiques médiévaux de l'Université de Salamanque et de ses «Colegios mayores»*, Bordeaux 1962.

Beer, R., *Handschriftenschätze Spaniens*. Bericht über eine im Auftrage der kaiserlichen Akademie der Wissenschaften in den Jahren 1886-1888 durchgeführte Forschungsreise (Sitzungsberichte der Philosophisch-Historischen Classe der Kaiserlichen Akademie der Wissenschaften, Bd.125 Abh.III), Wien 1892, 1-72.

Beltran de Heredia, V., *La producción literaria de San Alberto Magno y la labor futura de la crítica*, in: La Ciencia Tomista 46 (1932), 147-172.

Bianca, C., *La formazione della biblioteca latina del Bessarione*, in: Scrittura, biblioteche e stampa a Roma nel quattrocento. Aspetti e problemi. Atti del seminario 1-2 giugno 1979. A cura di C. Bianca/P. Farenga/G. Lombardi/A.G. Luciani/M. Miglio (Littera Antiqua, 1/1), Città del Vaticano 1980.

Bibliotheca Osleriana. A Catalogue of Books Illustrating the History of Medicine and Science collected, arranged, and annotated by Sir W. Osler, Oxford 1929.

Birkenmajer, A., *Zur Bibliographie Alberts des Großen*, in: PhJ 37 (1924), 270-272.

Björnbo, A.A./Vogl, S., *Alkindi, Tideus und Pseudo-Euklid, drei optische Werke* (Abhandlungen zur Geschichte der mathematischen Wissenschaften mit Einschluß ihrer Anwendungen, XXVI/3), Leipzig – Berlin 1912.

Blarer, J., *Alberti Magni „De antecedentibus ad logicam"*, in: Teoresi 9 (1954), 177-233.

Boeckler, A., *Schöne Handschriften aus dem Besitz der Preußischen Staatsbibliothek*, Berlin 1931.

Böhner, Ph./Gilson, É., *Christliche Philosophie von ihren Anfängen bis Nikolaus von Cues*, Paderborn ³1954.

Boese, H., *Die lateinischen Handschriften der Sammlung Hamilton zu Berlin*, Wiesbaden 1966.

Boffito, G., *Saggio di bibliografia Egidiana*, Firenze 1911.

Boncompagni, B., *Intorno ad una traduzione latina dell'Ottica di Tolomeo*, in: Bullettino di bibliografia e di storia delle scienze matematiche e fisiche 4 (1871), 470-429; 6 (1873), 159-170.

Boon, D.A., *S. de Ricci & J. Wilson. Census ...* Comptes rendus, in: RTAM 11 (1939), 174sq.

Brady, I., *Two Sources of the «Summa de homine» of Saint Albert the Great*, in: RTAM 20 (1953), 222-271.

– *Source or Extract? A Note on Saint Albert*, in: RTAM 25 (1958), 142-143.

Bruni, G., *Le opere di Egidio Romano*, Firenze 1936.

Buhl, M., *Die Handschriften der ehemaligen Hofbibliothek Stuttgart* (Die Handschriften der Württembergischen Landesbibiliothek Stuttgart. Zweite Reihe, IV/1), Wiesbaden 1972.

Caparello, A., *Senso e interiorità in Alberto Magno*, Roma 1993.

Capelle, G.C., *Autour du décret de 1210: III. – Amaury de Bène*. Étude sur son panthéisme formel (Bibliothèque Thomiste, 16), Paris 1932.

Catalogo di manoscritti filosofici nelle biblioteche Italiane, IV (Cesena, Fabriano, Firenze, Grottaferrata, Parma), a cura di G. Avarucci/D. Frioli/G.C. Garfagnini/G. Pomaro/P. Rossi/A. Velli (Corpus Philosophorum Medii Aevi. Subsidia, 4), Firenze 1982.

Catalogue de la bibliothèque de l'abbaye de Saint-Victor de Paris de Claude de Grandrue 1514. Introduction ... par G. Ouy/V. Gerz-von Buren. Texte et index ... par V. Gerz-von Buren/R. Hubschmid/C. Regnier. Concordances ... par G. Ouy, Paris 1983.

Catalogue of Books Printed in the XVth century, now in the British Museum, V, London 1924.

Catalogue général des livres imprimés de la Bibliothèque Nationale, I, Paris 1924.

Catalogue général des manuscrits des bibliothèques publiques des Départements, III, Paris 1861.

Catalogue général des manuscrits des bibliothèques publiques de France. Départements, XXVI, Paris 1897.

Catalogue général des manuscrits des bibliothèques publiques de France. Université de Paris et Universités des Départements, Paris 1918.

Catalogue des microfilms de la Bibliothèque du Mont César (Louvain), in: BThAM 16 (1993), 294-341.

Catalogus codicum Latinorum Bibliothecae Regiae Monacensis, III/1: Codices num.1-2329 complectens, Editio altera emendatior I/1, München 1892.

Catalogus codicum Latinorum Bibliothecae Regiae Monacensis, IV/3. Secundum Andreae Schmelleri indices composuerunt C. Halm, Fr. Keinz, G. Meyer, G. Thomas, II/2: Codices num.15121-21313 complectens, München 1878.

Catalogus codicum manuscriptorum Bibliothecae Regiae, IV/3, Paris 1744.

Census of Fifteenth Century Books owned in America. Compiled by a Committee of the Bibliographical Society of America, New York 1919.

Coxe, O., *Catalogus codicum mss. qui collegiis aulisque Oxoniensibus hodie adservantur*, I-II, Oxford 1852.

Curtze, M., *Eine Studienreise*, in: Zentralblatt für Bibliothekswesen 16 (1899), 257-306.

d'Alverny, M.-Th., *Avicenna Latinus*, in: AHDLMA 32 (1965), 257-302; 33 (1966), 305-327; 34 (1967), 315-343.

d'Alverny, M.-Th./Hudry, F., *Al-Kindi, De radiis*, in: AHDLMA 41 (1974), 139-260.

d'Ancona, P., *La miniatura Fiorentina (Secoli XI-XVI)*, II: Catalogo descrittivo, Firenze 1914.

Decker, B., *S. Thomae de Aquino Expositio super librum Boethii De trinitate* (Studien und Texte zur Geistesgeschichte des Mittelalters, 4), Leiden 1955.

de Libera, A., *Introduction à la Mystique rhénane*. D'Albert le Grand à Maître Eckhart, Paris 1984.

– *Albert le Grand et la philosophie*, Paris 1990.

– *La philosophie médiévale*, Paris 1993.

Delisle, L., *Le cabinet des manuscrits de la Bibliothèque Impériale*, I, Paris 1863.

– *Inventaire des manuscrits de l'abbaye de Saint-Victor conservés à la Bibliothèque Impériale, sous les numéros 14232-15175 du fonds latin*, in: Bibliothèque de l'École des Chartres, 6ᵉ série, t.V, Paris 1869.

– *Inventaire des manuscrits latins conservés à la Bibliothèque Nationale sous les numeros 8823-18613*, Paris 1863-1871.

– *Inventaire des manuscrits latins de Notre-Dame et d'autres fonds conservés à la Bibliothèque Nationale sous les numéros 16719-18613*, Paris 1871.

– *Le cabinet des manuscrits de la Bibliothèque Nationale*, II, Paris 1879.

– *Manuscrits latins et français ajoutés aux fonds des nouvelles acquisitions pendant les années 1875-1891*, Paris 1891.

de Loë, P. s. Loë, P. de (von).

Denifle, H., *Quellen zur Gelehrtengeschichte des Predigerordens im 13. und 14. Jahrhundert*, in: ALKGMA 2 (1886), 165-248.

Denifle, H./Chatelain, Ae., *Chartularium Universitatis Parisiensis*, I, Paris 1889.

Denis, M., *Codices manuscripti theologici Bibliothecae Palatinae Vindobonensis Latini*, I/2, Wien 1794.

De Poorter, A., *Catalogue des manuscrits de la Bibliothèque Publique de la ville de Bruges* (Catalogue général des manuscrits des bibliotèques de Belgique, 2), Gembloux – Paris 1934.

De Ricci, S./Wilson, W.J., *Census of Medieval and Renaissance Manuscripts in the United States and Canada*, I-II, New York 1935, 1937.

de Rijk, L.M., *Logica modernorum*. A Contribution to the History of Early Terminist Logic, II/1: The Origin and Early Development of the Theory of Supposition (Wijsgerige Texten en Studies, 16), Assen 1967.

Destrez, J., *La Pecia dans les manuscrits universitaires du XIIIᵉ et du XIVᵉ siècle*, Paris 1935.

Destrez, J./Fink-Errera, G., *Des manuscrits apparemment datés*, in: Scriptorium 12 (1958), 56-93.

de Vaux, R., *La première entrée d'Averroès chez les Latins*, in: RSPT 22 (1933), 193-243.

Dondaine, H.F./Shooner, H.V., *Codices manuscripti operum Thomae de Aquino*, I: Autographa et Bibliothecae A-F (Editores Operum Sancti Thomae de Aquino, 2), Roma 1967.

Douai, C., *Les assignations des livres aux religieux du couvent des frères prêcheurs de Barcelone (XIIIᵉ-XVᵉ siècles)*, in: Revue des Bibliothèques 3 (1893), 49-83.

Doucet, V., *Prolegomena in librum III necnon in libros I et II «Summae fratris Alexandri»* (Doctoris Irrefragabilis Alexandri de Hales Summa theologica, IV), Ad Claras Aquas (Quaracchi) 1948.

– *Commentaires sur les Sentences*. Supplément au Répertoire de M. Frédéric Stegmueller, Firenze – Quaracchi 1954 (Abdruck von AFH 47, 1954, 88-170, 400-427).

Draelants, I., *Une mise au point sur les œuvres d'Arnoldus Saxo*, in: Bulletin de Philosophie Médiévale 34 (1992), 163-180; 35 (1993), 130-149.

Duin, J.J., *Les commentaires de Siger de Brabant sur la Physique d'Aristote*, in: RPhL 46 (1948), 463-480.

– *La doctrine de la providence dans les écrits de Siger de Brabant*. Textes et Étude (Philosophes médiévaux, 3), Louvain 1954.

2. Sekundärliteratur 315

Durling, R., *Burgundio von Pisa*, in: LMA II (1983), 1097sq.

Eckert, W.P., *Albertus Magnus und das Studium generale der Dominikaner in Köln*, in: Geschichte in Köln 8 (1980), 16-45.

Ehrle, F., *Historia Bibliothecae Romanorum Pontificum tum Bonifatianae tum Avenionensis*, I, Roma 1890.

– *Zur Geschichte der Katalogisierung der Vaticana*, in: HJ 11 (1890), 718-727.

Entrich, M. (Hg.), *Albertus Magnus*. Sein Leben und seine Bedeutung, Graz – Wien – Köln 1982.

Fabricius, J.A., *Bibliotheca Latina mediae et infimae aetatis*, I, Firenze 1858.

Fauser, W., *Die Werke des Albertus Magnus in ihrer handschriftlichen Überlieferung*, I: Die echten Werke (S. Alberti Magni Ordinis Fratrum Praedicatorum Episcopi Opera Omnia, tomus subsidiarius I: Codices manuscripti operum Alberti Magni, pars I: Opera genuina), Münster 1982.

– *Albertus-Magnus-Handschriften*. 4. Fortsetzung, in: Bulletin de philosophie médiévale 27 (1985), 110-151.

– *Albertus Magnus*, in: Lexikon des gesamten Buchwesens, I, Stuttgart 1985, 52-53.

Favier, J., *Catalogue des manuscrits de la Bibliothèque publique de Nancy*, Paris 1886.

Federici Vescovini, G., *Studi sulla prospettiva medievale* (Università di Torino. Pubblicazioni della Facoltà di Lettere e Filosofia, 16/1), Torino 1965.

– *L'inserimento della 'perspectiva' tra le arti del quadrivio*, in: Arts libéraux et philosophie au moyen âge. Actes du quatrième Congrès International de Philosophie Médiévale, Montréal, 27 août – 2 septembre 1967, Montréal – Paris 1969, 969-974.

Fink-Errera, G., *Une institution du monde médiéval: la «pecia»*, in: RPhL 60 (1962), 184-243.

Fischer, H., *Meister Eckhart*. Einführung in sein philosophisches Denken, Freiburg – München 1974.

Flamm, F., *Albert der Große in Freiburg im Breisgau*. Dargestellt anhand geschichtlicher Quellen, Freiburg 1986.

Folkerts, M., *Mittelalterliche mathematische Handschriften in westlichen Sprachen in der Berliner Staatsbibliothek*. Ein vorläufiges Verzeichnis, in: Mathematical Perspectives. Essays on Mathematics and Its Historical Development Presented to K.-R. Biermann on the Occasion of His 60th Birthday, ed. by J.W. Dauben, New York [u.a.] 1981, 53-93.

Fries, A., *Die unter dem Namen des Albertus Magnus überlieferten mariologischen Schriften*. Literarkritische Untersuchung (BGPTMA, XXXVII/4), Münster 1954.

– *Die Gedanken des heiligen Albertus Magnus über die Gottesmutter* (Thomistische Studien, 7), Freiburg/Schweiz 1958.

– *Albertus Magnus*, in: Die deutsche Literatur des Mittelalters. Verfasserlexikon, 2. Aufl., hg. von K. Ruh/G. Keil/W. Schröder/B. Wachinger/F.J. Worstbrock, I, Berlin – New York 1978, 124-135.

– *Zur Entstehungszeit der Bibelkommentare Alberts des Grossen*, in: G. Meyer/A. Zimmermann (Hg.), Albertus Magnus Doctor universalis 1280/1980 (Walberberger Studien. Philosophische Reihe, 6), Mainz 1980, 119-139.

- *Der Doppeltraktat über die Eucharistie unter dem Namen des Albertus Magnus* (BGPTMA, N.F. 25), Münster 1984.
- *Hat Albertus Magnus in Paris studiert?*, in: ThPh 59 (1984), 414-429.
- *Zum Verhältnis des Albertus Magnus zur «Summa theologiae» unter seinem Namen*, in: FS 71 (1989), 123-137.
- *Prolegomena*, in: Albertus Magnus, Quaestiones (Alberti Magni Opera Omnia, Ed. Colon. T.XXV,2), Münster 1993, V-L.

Gaul, L., *Alberts des Großen Verhältnis zu Plato*. Eine literarische und philosophie-geschichtliche Untersuchung (BGPMA, XII/1), Münster 1913.

Gauthier, R.A., *Quelques questions à propos du commentaire de S. Thomas sur le «De anima»*, in: Angelicum 51 (1974), 419-472.
- *Le traité «De anima et de potenciis eius» d'un maître ès arts (vers 1225)*, in: RSPT 66 (1982), 3-55.
- *Notes sur Siger de Brabant*. I. Siger en 1265, in: RSPT 67 (1983), 201-232.
- *Préface*, in: Thomas de Aq,. Sentencia libri de anima (S. Thomae de Aq. Opera Omnia, Ed. Leon. T.XLV,1), Roma Paris 1984, 1*-294*.
- *Préface*, in: Thomas de Aq., Sentencia libri de sensu et sensato, cuius secundus tractatus est De memoria et reminiscentia (S. Thomae de Aq. Opera Omnia, Ed. Leon. T.XLV,2), Roma – Paris 1985, 1*-128*.

Gesamtkatalog der Preussischen Bibliotheken. Mit Nachweis des identischen Besitzes der Bayerischen Staatsbibliothek in München und der Nationalbibliothek in Wien, hg. von der Preussischen Staatsbibliothek, II, Berlin 1932.

Gesamtkatalog der Wiegendrucke, hg. von der Kommission für den Gesamtkatalog der Wiegendrucke, I, Leipzig 1925.

Geyer, B., *Die Albert dem Großen zugeschriebene Summa naturalium (Philosophia pauperum)*. Texte und Untersuchungen (BGPTMA, XXXV/1), Münster 1938.
- *Der alte Katalog der Werke des hl. Albertus Magnus*, in: Miscellanea Giovanni Mercati, II (Studi e Testi, 122), Città del Vaticano 1946, 398-413.
- *Die patristische und scholastische Philosophie* (Friedrich Ueberwegs Grundriss der Ge-schichte der Philosophie, 2), Tübingen [12]1951.
- *Prolegomena ad Summam Alberti Magni De bono*, Ed. Colon. T.XXVIII, Münster 1951, IX-XXII.
- *Zur neuen Gesamtausgabe der Werke des Albertus Magnus*, in: Gregorianum 36 (1955), 272-283.
- *Die mathematischen Schriften des Albertus Magnus*, in: Angelicum 35 (1958), 159-175.
- *Umstrittene Bibelkommentare unter dem Namen des Albertus Magnus*, in: Scholastik 33 (1958), 558-566.
- *Die Universitätspredigten des Albertus Magnus* (Bayerische Akademie der Wissenschaf-ten. Philos.-hist. Klasse. Sitzungsberichte, Jg. 1966, H. 3), München 1966.
- *Albertus Magnus und Averroismus nach dem Opusculum «De XV problematibus»*, in: J. Tenzler (Hg.), Urbild und Abglanz. Beiträge zu einer Synopse von Weltgestalt und Glaubenswirklichkeit. Festgabe für H. Doms zu 80. Geburtstag, Regens-burg 1972, 185-192.

Gilson, É., *La philosophie au moyen âge des origines patristiques à la fin du XIVe siècle*, Paris [2]1944.

– *History of Christian Philosophy in the Middle Ages*, New York 1955.

Glorieux, P., *Répertoire des maîtres en théologie de Paris au XIIIe siècle*, I-II, Paris 1933.

– *La faculté des arts et ses maîtres aux XIIIe siècle* (Études de philosophie médiévale, 59), Paris 1971.

Goldammer, K., *Lichtsymbolik in philosophischer Weltanschauung, Mystik und Theosophie vom 15. bis zum 17. Jahrhundert*, in: Studium generale 13 (1960), 670-682.

Goodspeed, E.J./Sprengling, M., *A Descriptive Catalogue of Manuscripts in the Libraries of the University of Chicago*, Chicago/Illinois 1912.

Govi, G. s. Ptolemaeus, *L'Ottica*.

Goy, R., *Die Überlieferung der Werke Hugos von St. Viktor. Ein Beitrag zur Kommunikationsgeschichte des Mittelalters* (Monographien zur Geschichte des Mittelalters, 14), Stuttgart 1976.

Grabmann, M., *Drei ungedruckte Teile der «Summa de creaturis» Alberts des Großen* (Quellen und Forschungen zur Geschichte des Dominikanerordens in Deutschland, 13), Leipzig 1919.

– *Neu aufgefundene lateinische Werke deutscher Mystiker* (Sitzungsberichte der Bayerischen Akademie der Wissenschaften. Philos.-philolog. u. hist. Klasse, Jg. 1921, 3. Abhandlung), München 1922. Reimpressum: M. Grabmann, Gesammelte Akademieabhandlungen, hg. vom Grabmann-Institut der Universität München (Münchener Universitäts-Schriften. Veröffentlichungen des Grabmann-Institutes, N.F. 25/1), Paderborn [u.a.] 1979, 1-68.

– *Studien zu Johannes Quidort von Paris O.Pr.* (Sitzungsberichte der Bayerischen Akademie der Wissenschaften. Philos.-philolog. u. hist. Klasse, Jg. 1922, 3. Abhandlung), München 1922. Reimpressum: M. Grabmann, Gesammelte Akademieabhandlungen, cit., 69-128.

– *Neu aufgefundene Werke des Siger von Brabant und Boetius von Dacien* (Sitzungsberichte der Bayerischen Akademie der Wissenschaften. Philos.-philolog. u. hist. Klasse, Jg. 1924, 2. Abhandlung), München 1924. Reimpressum: M. Grabmann, Gesammelte Akademieabhandlungen, cit., 129-176.

– *Der Einfluß Alberts des Grossen auf das mittelalterliche Geistesleben*, in: Id., Mittelalterliches Geistesleben, II, München 1936, 324-412 (zuvor erschienen in: ZKTh 52 [1928], 153-182, 313-356; Sonderabdruck: 1-74).

– *Der hl. Albert der Große*, München 1932.

– *Hilfsmittel des Thomasstudiums aus alter Zeit*, in: Id., Mittelalterliches Geistesleben, II, 424-489.

– *Mittelalterliches Geistesleben*. Abhandlungen zur Geschichte der Scholastik und Mystik, II, München 1936.

– *Die «Introductiones in logicam» des Wilhelm von Shyreswood († nach 1267)*. Literarhistorische Einleitung und Textausgabe (Sitzungsberichte der Bayerischen Akademie der Wissenschaften. Philos.-hist. Abteilung, Jg. 1937, H.10), München 1937. Reimpressum: M. Grabmann, Gesammelte Akademieabhandlungen, cit., 1255-1360.

– *Die Aristoteleskommentare des Heinrich von Brüssel und der Einfluß Alberts des Großen auf mittelalterliche Aristoteleserklärung* (Sitzungsberichte der Bayerischen Akademie der

Wissenschaften. Philos.-hist. Klasse, Jg. 1943, H.10), München 1944. Reimpressum: M. Grabmann, Gesammelte Akademieabhandlungen, cit., 1897-1986.

– *Die Werke des hl. Thomas von Aquin.* Eine literarhistorische Untersuchung und Einführung (BGPTMA, XXII/1-2), Münster ³1949.

Greive, H., *Thomas von Aquin in der philosophisch-theologischen Diskussion des Judentums,* in: W.P. Eckert (Hg.), Thomas von Aquino. Interpretation und Rezeption (Walberberger Studien. Philos. Reihe, 5), Mainz 1974, 913-932.

Gremper, W., *Albertus Magnus, Tractatus secundus Libri praedicamentorum De substantia.* Auf handschriftlicher Grundlage mit Einleitung und Textanalyse, (Diss.) Freiburg/Schweiz 1957 (zugl. in: FZPT 3, 1956, 369-387; 4, 1957, 34-51, 175-196).

Grönemann, O., *Das Werk Alberts des Großen und die Kölner Ausgabe der Opera Omnia,* in: RTAM 59 (1992), 125-154.

Guttmann, J., *Die Scholastik des dreizehnten Jahrhunderts in ihren Beziehungen zum Judenthum und zur jüdischen Literatur,* Breslau 1902.

Hackett, J. (Hg.), *Roger Bacon and the Sciences.* Commemorative Essays (STGMA, 57), Leiden – New York – Köln 1997.

Haenel, G., *Catalogi librorum manuscriptorum qui in Bibliothecis Galliae, Helvetiae, Belgii, Britanniae M., Hispaniae, Lusitaniae asservantur,* Leipzig 1830.

Hain, L., *Repertorium bibliographicum in quo libri omnes ab arte typographica inventa usque ad annum MD. typis expressi ... recensentur,* I/1, Paris 1826.

Hamesse, J., *Les Auctoritates Aristotelis.* Un florilège médiéval. Étude historique et édition critique (Philosophes médiévaux, 17), Louvain – Paris 1974.

Hasse, D.N., *Avicenna's «De anima» in the Latin West, 1160-1300,* ungedr. Diss., The Warburg Institute, University of London 1997.

Hedwig, K., *Sphaera lucis.* Studien zur Intelligibilität des Seienden im Kontext der mittelalterlichen Lichtspekulation (BGPTMA, N.F. 18), Münster 1980.

Heinzmann, R., *Philosophie des Mittelalters* (Grundkurs Philosophie, 7), Stuttgart – Berlin – Köln 1992.

Hiedl, A., *Die ursprüngliche Einteilung des Sentenzenkommentars Alberts des Großen,* in: H. Ostlender (Hg.), Studia Albertina. Festschrift für Bernhard Geyer zum 70. Geburtstage (BGPTMA, Suppl. IV), Münster 1952, 189-201.

– *Agalma bei Albert dem Großen,* in: J. Möller/H. Kohlenberger (Hg.), Virtus politica. Festgabe zum 75. Geburtstag von A. Hufnagel, Stuttgart 1974, 307-322.

Hirschberg, J., *Geschichte der Augenheilkunde.* Zweites und drittes Buch: Geschichte der Augenheilkunde im Mittelalter und in der Neuzeit (Graefe-Saemisch Handbuch der gesamten Augenheilkunde, XIII), Leipzig 1908.

Hofmann, J.E., *Geschichte der Mathematik,* Berlin 1953.

– *Über eine Euklid-Bearbeitung, die dem Albertus Magnus zugeschrieben wird,* in: Proceedings of the International Congress of Mathematicians, 14.-21. August 1958, vol.XIII, Cambridge 1960, 554-566.

Hoßfeld, P., *Zum Euklidkommentar des Albertus Magnus,* in: AFP 52 (1982), 115-133.

Hufnagel, A./Wieland. G., *Albertus Magnus,* in: Contemporary philosophy. A new survey, ed. by G. Fløistad, VI/1: Philosophy and Science in the Middle Ages, Co-ed. R. Klibansky, Dordrecht – Boston – London 1990, 231-240.

Imbach, R., *Albert der Große und die deutsche Dominikanerschule*. Philosophische Aspekte, in: FZPT 32 (1985), 3-5.
– *Die deutsche Dominikanerschule: Drei Modelle einer Theologia mystica*, in: M. Schmidt (Hg.), Grundfragen christlicher Mystik, Stuttgart – Bad Cannstatt 1987, 157-172.

Imbach, R./Lindblad, U., *Compilatio rudis ac puerilis*. Hinweise und Materialien zu Nikolaus von Straßburg O.P. und seiner «Summa», in: FZPT 32 (1985), 155-233.

Index Aureliensis. Catalogus librorum sedecimo saeculo impressorum. Prima pars, t.A vol.1 (Bibliotheca Bibliographica Aureliana, 7), Baden-Baden 1962.

Ineichen, R., *Zur Mathematik in den Werken von Albertus Magnus*. Versuch einer Zusammenfassung, in: FZPT 40 (1993), 55-87.

Jacobi, K., *Der disputative Charakter scholastischen Philosophierens*, in: Philosophie und geistiges Erbe des Mittelalters. Eingeleitet und für den Druck besorgt von A. Speer (Kölner Universitätsreden, 75), Köln 1994, 31-42.

Jahresbericht der Görres-Gesellschaft 1930/31. Erstattet vom Generalsekretär A. Allgeier, Köln 1932.

Javelet, R., *Image et ressemblance au douzième siècle*. De saint Anselme à Alain de Lille, I-II, Paris 1967.

Jellinek, A., *Thomas von Aquino in der jüdischen Literatur*, Leipzig 1853.

Jellouschek, C.J., *Heinrich Heinbuche v. Langenstein*, in: LThK ²V (1960), 190sq.

Jordan, M.D., *Medicine and Natural Philosophy in Aquinas*, in: A. Zimmermann (Hg.), Thomas von Aquin. Werk und Wirkung im Licht neuerer Forschungen (Miscellanea Mediaevalia, 19), Berlin – New York 1988, 233-246.

Jorissen, H., *Messerklärung und Kommuniontraktat – Werke Alberts des Großen*, in: ZKTh 78 (1956), 41-97.
– *Abendmahlsstreit*, in: LThK ³I (1993), 36-39.

Kaeppeli, Th., *La bibliothèque de Saint-Eustorge à Milan à la fin du XVᵉ siècle*, in: AFP 25 (1955), 5-74.
– *Inventari di libri di San Domenico di Perugia (1430-80)* (Sussidi Eruditi, 15), Roma 1962.
– *Dominicana Barcinonensia. Assignationes librorum. Professiones novitiorum (s. XIII-XV)*, in: AFP 37 (1967), 47-118.
– *Scriptores Ordinis Praedicatorum Medii Aevi*, I-III, Roma 1970, 1975, 1980.

Keussen, H., *Beiträge zur Geschichte der Kölner Universität*. I: Die älteren Bibliotheken, insbesondere die Artistenfakultät, in: Westdeutsche Zeitschrift für Geschichte und Kunst 18 (Trier 1889), 315-352.
– *Die alte Kölner Universitätsbibliothek*, in: Jahrbuch des Kölnischen Geschichtsvereins e.V. 11 (1929), 138-190.

Kluxen, W., *Literargeschichtliches zum lateinischen Moses Maimonides*, in: RTAM 21 (1954), 23-50.
– *Rabbi Moyses (Maimonides): Liber de uno deo benedicto*, in: P. Wilpert und W.P. Eckert (Hg.), Judentum im Mittelalter (Miscellanea Mediaevalia, 4), Berlin 1966, 167-182.

– *Albert der Große*, in: Staatslexikon, hg. von der Görres-Gesselschaft, I, Freiburg – Basel – Wien [7]1985, 88-91.

Knaus, H., *Ein rheinischer Gesamtkatalog des 15. Jahrhunderts*, in: Gutenberg-Jahrbuch 1976, 509-519.

Koch, J., *Giles of Rome, Errores philosophorum*, Milwaukee 1944.

– *Über die Lichtsymbolik im Bereich der Philosophie und der Mystik des Mittelalters*, in: Studium generale 13 (1960), 653-670.

Kolping, A., *Die handschriftliche Verbreitung der Meßerklärung Alberts des Großen*, in: ZKTh 82 (1960), 1-39 (Sonderabdruck).

– *Zum Doppeltraktat über die Eucharistie unter dem Namen des Albertus Magnus*, in: ThRv 83 (1987), 14-20.

Krieger, G., *Albertus Magnus*. Veröffentlichungen in den Jahren 1973-1988, in: Contemporary philosophy. A new survey, ed. by G. Fløistad, VI/1: Philosophy and Science in the Middle Ages. Co-ed. R. Klibansky, Dordrecht – Boston – London 1990, 241-259.

Kristeller, P.O., *Iter Italicum*, II, London – Leiden 1967.

Kübel, W., *Die lateinischen Metaphysikübersetzungen in den Frühwerken Alberts des Großen* (Inaugural-Diss. Bonn), Freiburg/Schweiz 1933.

– *Borgnet*, in: LThK [2]II (1958), 608.

– *Prolegomena* in: Albertus Magnus, De sacramentis, De incarnatione, De resurrectione (Alberti Magni Opera Omnia, Ed. Colon. T.XXVI), Münster 1958, V-XIX.

– *Jammy*, in: LThK [2]V (1960), 864.

– *Albertus Magnus*, in: LMA I (1980), 294-299.

Kühle, H., *S. Alberti Magni Quaestiones de bono* (Summa de bono q.1-10) (Florilegium Patristicum, 36), Bonn 1933.

Kurdzialek, M., *Wielkosc sw. Alberta z Lauingen, zwanego takze Albertem Wielkim*, in: Roczniki Filozoficzne 30,1 (1982), 5-31 (Summary: 31-32).

Kurfess, A., *Zu dem apokryphen Briefwechsel zwischen dem Philosophen Seneca und dem Apostel Paulus*, in: Aevum 26 (1952), 42-48.

Kurzweil, A./Todtenhaupt, D., *«Destillatio per descensum»*, in: Archeologia Polski 37/1-2 (1992), 241-264 (Beitrag in dt. Sprache).

– *„Organische Archäometrie"* – Beispiele vom First International Symposium on Wood Tar and Pitch vom 1.-4. Juli 1993 in Biskupin (Polen), in: Vorträge der Jahrestagung des Arbeitskreises Archäometrie in der Fachgruppe Analytische Chemie der Gesellschaft Deutscher Chemiker (GDCH) und des Arbeitskreises Archäometrie der Deutschen Mineralogischen Gesellschaft (DMG), Oldenburg 16.-18. März 1994, [1]-[3].

Labowski, L., *Bessarion's Library and the Biblioteca Marciana*. Six early Inventories (Sussidi eruditi, 31), Roma 1979.

Laude, P.J., *Catalogue méthodique, descriptif et analytique des manuscrits de la Bibliothèque Publique de Bruges*, Bruges 1859.

Lauer, Ph., *Catalogue général des manuscrits latins*, II: N°s 1438-2692, Paris 1940.

Laurence Witten Rare Books 1978. Precious Books & Manuscripts. Catalogue eight, Southport/Conn. 1978.

Laurence Witten Rare Books 1979. Valuable Books & Manuscript. Catalogue nine, Southport/Conn. 1979.

Laurent, M.H., *Les grandes lignes de la vie du bienheureux Albert*, in: Revue Thomiste 36 (1932), 257-259.

Layer, A., *Namen und Ehrennamen Alberts des Großen*, in: Albert von Lauingen. 700 Jahre † Albertus Magnus. Festschrift 1980, hg. vom Historischen Verein Dillingen an der Donau, Lauingen 1980, 41-43.

Lejeune, A.F., *Codex Vaticanus Latinus 2975*, in: Bulletin de l'Institut Historique Belge de Rome 24 (1947-1948), 123-137.

– *Trois manuscrits de l'Optique de Ptolémée descendants du Vat. lat. 2975*, in: Scriptorium 4 (1950), 18-27.

– *L'Optique de Claude Ptolémée* ... s. Ptolemaeus.

Le livre en Brabant jusqu'en 1800. Exposition Bruxelles 26 juillet – 15 septembre 1935.

Les questions disputées et les questions quodlibétiques dans les facultés de théologie, de droit et de médecine, par B.C. Bazan/J.W. Wippel/G. Fransen/D. Jacquart (Typologie des sources du moyen âge occidental, 44-45), Turnhout 1985.

Lewry, O., *The Commentaries of Simon of Faversham and Ms. Merton College 288*, in: Bulletin de Philosophie Médiévale 21 (1979), 73-80.

Lieser, L., *Vinzenz von Beauvais als Kompilator und Philosoph.* Eine Untersuchung seiner Seelenlehre im «*Speculum maius*» (Forschungen zur Geschichte der Philosophie und der Pädagogik, III/1), Leipzig 1928.

Lindberg, D.C., *A Catalogue of Medieval and Renaissance Optical Manuscripts* (Pontifical Institute of Mediaeval Studies, Subsidia Mediaevalia, 4), Toronto 1975.

– *Theories of Vision from al-Kindi to Keppler*, Chicago – London 1976 (dt.: *Auge und Licht im Mittelalter*. Die Entwicklung der Optik von Alkindi bis Keppler. Übersetzt von M. Althoff, Frankfurt/M. 1987).

Loë, P. de (von), *De vita et scriptis B. Alberti Magni*, in: Analecta Bollandiana 19 (1900), 257-284; 20 (1901), 273-316; 21 (1902), 361-371.

– *B. Alberti Magni ord. praed. Commentarii in Librum De divisione.* Editio princeps, Bonn 1913.

Löffler, K., *Die Handschriften des Klosters Weingarten* 1912 (Beihefte zum Zentralblatt für Bibliothekswesen, 41), Leipzig.

Löhr, G., *Die Kölner Dominikanerschule vom 14. bis zum 16. Jahrhundert*, Köln 1948.

Lohr, Ch., *Medieval Latin Aristotle Commentaries*, in: Traditio 23 (1967), 313-413; 28 (1972), 281-396.

Lohrum, M., *Albert der Große.* Forscher – Lehrer – Anwalt des Friedens (Topos Taschenbücher, 216), Mainz 1991.

– *Überlegungen zum Geburtsjahr Alberts des Großen*, in: W. Senner u.a. (Hg.), *Omnia disce.* Kunst und Geschichte als Erinnerung und Herausforderung. Festschrift für W.P. Eckert, Köln 1996, 153-158.

Lottin, O., *Saint Albert le Grand et l'Ethique à Nicomaque*, in: A. Lang/J. Lechner/M. Schmaus (Hg.), Aus der Geisteswelt des Mittelalters. Studien und Texte Martin Grabmann zur Vollendung des 60. Lebensjahres von Freunden und Schülern gewidmet (BGPTMA, Suppl. III/1), Münster 1935, 611-626.

– [Rezension:] *I. Brady O.F.M., Two Sources*, in: BThAM 7 (1956), 462 n.1791.

– *Psychologie et morale au XIIe et XIIIe siècles*, VI: Problèmes d'histoire littéraire de 1160 à 1300, Gembloux 1960.

Lourdaux, W./Haverals, M., *Bibliotheca Vallis Sancti Martini in Lovanio*. Bijdrage tot de studie van het geestesleven in de Nederlanden (15de – 18de eeuw), I: De Bewaarde Handschriften, Leuven 1978.

Luna, C., *Die Ausgabe der Werke von Thomas von Aquin: philologische Begriffe und Modelle der Übertragung*, in: A. Zimmermann (Hg.), Thomas von Aquin. Werk und Wirkung im Licht neuerer Forschungen (Miscellanea Mediaevalia, 19), Berlin – New York 1988, 342-358.

Maas, P., *Textkritik*, Leipzig ²1950.

Maier, A., *Nouvelles Questions de Siger de Brabant sur la Physique d'Aristote*, in: RPhL 44 (1946), 497-513. Reimpressum mit Addenda: A. Maier, Ausgehendes Mittelalter. Gesammelte Aufsätze zur Geistesgeschichte des 14. Jahrhunderts, II (Storia e Letteratura, 105), Roma 1967, 171-188, Addenda, 501.

– *Die Borghese-Handschriften der Biblioteca Vaticana*, in: Traditio 6 (1948), 351-356. Reimpressum mit Addenda: A. Maier, Ausgehendes Mittelalter, II, 1-11, Addenda, 491.

– *Les commentaires sur la Physique d'Aristote attribués à Siger de Brabant*, in: RPhL 47 (1949), 334-350. Reimpressum mit Addenda: A. Maier, Ausgehendes Mittelalter, II, 189-206, Addenda, 501.

– *Codices Burghesiani Bibliothecae Vaticanae* (Studi e Testi, 170), Città del Vaticano 1952.

– *Der letzte Katalog der päpstlichen Bibliothek von Avignon (1594)*, Roma 1952 (Sussidi Eruditi, 4). Reimpressum: A. Maier, Ausgehendes Mittelalter. Gesammelte Aufsätze zur Geistesgeschichte des 14. Jahrhundert, III, hg. von A. Paravicini Bagliani (Storia e Letteratura, 138), Roma 1977, 187-248.

– *Der Katalog der päpstlichen Bibliothek in Avignon vom Jahr 1411*, in: Archivum Historiae Pontificiae 1 (1963), 97-177. Reimpressum: A. Maier, Ausgehendes Mittelalter, III, 77-157.

Mandonnet, P., *Siger de Brabant et l'Averroisme Latin au XIIIme siècle*, 2 éd. II partie (Les Philosophes Belges, 7), Louvain 1908.

Manuscrits datés conservés en Belgique, II: 1401-1440. Manuscrits conservés à la Bibliothèque Royale Albert Ier Bruxelles. Notices établies sous la direction de F. Masai et de M. Wittek, Bruxelles – Gand 1972.

Markowski, M., *Repertorium commentariorum medii aevi in Aristotelem Latinorum quae in bibliothecis Wiennae asservantur*, Wroclaw 1985.

Marks, R.B., *The Medieval Manuscript Library of the Charterhouse of St. Barbara in Cologne*, I-II (Analecta Cartusiana, 21-22), Salzburg 1974.

Mazal, O./Irblich, E./Németh, I., *Wissenschaft im Mittelalter*. Ausstellung von Handschriften und Inkunabeln der Österreichischen Nationalbibliothek, Prunksaal 1975, Graz ²1980.

Meersseman, G., *Introductio in opera omnia b. Alberti Magni O.P.*, Brugge 1931 (Kurzfassung: A. Meersseman, De operibus B. Alberti Magni Ordinis Praedicatorum disquisitio critica, in: Sacra Rituum Congregatione eminentissimo ac reverendissimo domino cardinali Francisco Ehrle relatore, Urbis et Orbis extensionis seu concessionis officii et missae addito doctoris titulo ad universam ecclesiam in honorem B. Alberti Magni confessoris Ordinis Praedicatorum et episcopi Ratisbonensis, [Roma] 1931, XII u. 150 S.).

– *Die neue Kölner (1951) und die erste Lyoner (1651) Gesamtausgabe der Werke Alberts des Großen,* in: DTh (Fr.) 30 (1952), 102-114.

Mercati, G., *Codici Latini Pico Grimani Pio e di altra biblioteca ignota del secolo XVI esistenti nell'Ottoboniana e i Codici Greci Pio di Modena* (Studi e Testi, 75), Città del Vaticano 1938.

Mesters, G., *Kyrillos v. Konstantinopel,* in: [2]LThK VI (1961), 710.

Michaud-Quantin, P. s. Iohannes de Rupella (Jean de la Rochelle), *Tractatus.*

Miethke, J., *Die Traktate "De potestate papae". Ein Typus politiktheoretischer Literatur im späten Mittelalter,* in: Les genres littéraires dans les sources théologiques et philosophiques médiévales. Définition, critique et exploitation. Actes du Colloque international de Louvain-la-Neuve 25-27 mai 1981 (Université Catholique de Louvain. Publications de l'Institut d'études médiévales, 2e série, vol.5), Louvain-la-Neuve 1982, 193-211.

Molinier, A., *Catalogue des manuscrits de la Bibliothèque Mazarine,* I, Paris 1885.

Montebaur, J., *Studien zur Geschichte der Bibliothek der Abtei St. Eucharius-Matthias zu Trier,* Freiburg/Breisgau 1931.

Moody, E.A./Clagett, M., *The Medieval Science of Weights (Scientia de Ponderibus).* Treatises Ascribed to Euclid, Archimedes, Thabit ibn Qurra, Jordanus de Nemore and Blasius of Parma. Edited with Introductions, English Translations and Notes, Madison 1952.

Muccioli, J.M., *Catalogus codicum manuscriptorum existentium ad sinistram ingredientium partem Malatestianae Caesenatis Bibliothecae,* II, Cesena 1784.

Munby, A.N.L. (Hg.), *The Phillipps Manuscripts.* Catalogus librorum manuscriptorum in Bibliotheca D. Thomae Phillipps, BT. Impressum typis Medio-Montanis 1837-1871, London 1968.

Octavio de Toledo, J.M., *Catálogo de la librería del Cabildo Toledano,* I, Madrid 1903 (Biblioteca de la Revista de Archivos, Bibliotecas y Museos, 3).

Ohlmeyer, A., *Zwei neue Teile der «Summa de creaturis» Alberts des Grossen,* in: RTAM 4 (1932), 392-400.

Omont, H., *Inventaire sommaire des manuscrits du Supplément grec de la Bibliothèque Nationale,* Paris 1883.

– *Inventaire sommaire des manuscrits grecs de la Bibliothèque Nationale,* III: Ancien fonds grec, Paris 1888.

– *Inventaire des manuscrits grecs et latins donnés à Saint Marc de Venise par le Cardinal Bessarion en 1468,* in: Revue des Bibliothèques 4 (1894), 129-187.

Opelt, I., *Griechische Philosophie bei den Arabern,* München 1970.

Ostlender, H., *Die Autographe Alberts des Großen,* in: id. (Hg.), Studia Albertina. Festschrift für Bernhard Geyer zum 70. Geburtstage (BGPTMA, Suppl. IV), Münster 1952, 3-21.

Otto, St., *Die Funktion des Bildbegriffes in der Theologie des 12. Jahrhunderts* (BGPTMA, XL/1), Münster 1963.

Pangerl, F., *Studien über Albert den Großen (1193-1280)*. Beiträge zur Würdigung seiner Wissenschaft und wissenschaftlichen Methode, in: ZKTh 36 (1912), 304-346, 512-549.

Panzer, G.W., *Annales typographici ab artis inventae origine ad annum MD ...*, III, Nürnberg 1795.

Pattin, A., *Repertorium commentariorum medii aevi in Aristotelem Latinorum quae in bibliothecis Belgicis asservantur* (Ancient and Medieval Philosophy, 1/I), Leuven – Leiden 1978.

Pellechet, M., *Catalogue géneral des incunables des bibliothèques publiques de France*, I, Paris 1897.

Pelster, Fr., *Kritische Studien zum Leben und zu den Schriften Alberts des Großen* (Ergänzungshefte zu den Stimmen der Zeit. Zweite Reihe: Forschungen, 4), Freiburg i. Br. 1920.

– *Der «Tractatus de natura boni»*. Ein ungedrucktes Werk aus der Frühzeit Alberts des Großen, in: ThQ 101 (1920), 64-90.

– *Neue philosophische Schriften Alberts des Großen*, in: PhJ 36 (1923), 150-168.

– *Zum Problem der Summa des Alexander von Hales*, in: Gregorianum 12 (1931), 426-446.

– *De traditione manuscripta quorundam operum Sancti Alberti Magni*, in: Alberto Magno. Atti della Settimana Albertina celebrata in Roma nei giorni 9-14 Nov. 1931, Roma o.J., 81-105.

– [Rezension:] *Lottin, O., Notes sur les premiers ouvrages théologiques d'Albert le Grand*, in: Scholastik 8 (1933), 129.

Pelzer, A., *Codices Vaticani Latini*, II,1: Codices 679-1134, In Bibliotheca Vaticana 1931.

Planzer, D., *Albertus-Magnus-Handschriften in mittelalterlichen Bibliothekskatalogen des deutschen Sprachgebietes*, in: DTh (Fr.) 10 (1932), 246-276.

Polain, M.-L., *Catalogue des livres imprimés au quinzième siècle des bibliothèques de Belgique*, I, Bruxelles 1932.

Powicke, F.M., *The Medieval Books of Merton College*, Oxford 1931.

Proctor, R., *An Index to the Early Printed Books in the British Museum*. From the Invention of Printing to the Year 1500. With Notes of those in the Bodleian Library, London 1960.

Quétif, J./Echard, J., *Scriptores Ordinis Praedicatorum recensiti*, I, Paris 1719.

Reichling, D., *Appendices ad Hainii-Copingeri Repertorium Bibliographicum*. Additiones et emendationes, München 1909.

Rigo, C., *Un'antologia filosofica di Yehuda b. Mosheh Romano*, in: Italia 10 (1993), 73-104.

Rollwagen, W., *Die Physik und das Licht*, in: Studium generale 13 (1960), 447-449.

Rothschild, J.-P., *Un traducteur hébreu qui se cherche: R. Juda B. Moïse Romano et le «De causis et processu universitatis»*, II, 3, 2 d'Albert le Grand, in: AHDLMA 59 (1992), 159-173.

Rucker, P., *Der Ursprung unserer Begriffe nach Richard von Mediavilla*. Ein Beitrag zur Erkenntnislehre des Doctor solidus (BGPTMA, XXXI/1), Münster 1934.

Ruysschaert, J., *Codices Vaticani Latini.* Codices 11414-11709 (Bibliothecae Apostolicae Vaticanae codices manu scripti recensiti iussu Ioannis XXIII P.M. praeside E. card. Tisserant), In Bibliotheca Vaticana 1959.

Saint Thomas and Saint Bonaventure in the Vatican Library. Exhibit on the Their Seventh Centenary (1274-1974). Catalogue, Bibliotheca Apostolica Vaticana 1974.

Samaran, Ch./Marichal, R., *Catalogue des manuscrits en écriture Latine portant des indications de date, de lieu ou de copiste,* II: Bibliothèque Nationale, Fonds Latin (Nᵒˢ 1 à 8.000), sous la direction de M.-Th. d'Alverny. Notices établies par M. Garand/M. Mabille/J. Metman, Paris 1962; III: Bibliothèque Nationale, Fonds Latin (Nᵒˢ 8001-18613), sous la direction de M.-Th. d'Alverny. Notices établies par M. Mabille/M.-C. Garand/D. Escudier, 1974; V: Est de la France. Notices établies par M. Garand/M. Mabille/J. Metman avec le concours de M.-Th. Vernet, 1965.

Sambin, P., *Cristoforo Barzizza e i suoi libri,* in: Bolletino del Mueseo civico di Padova 44 (1955), 145-164.

Sanderus, A., *Bibliotheca Belgica manuscripta,* I-II, Lille 1641-1643.

Sauter, F., *Physikalische Vorstellungen über die Natur des Lichtes,* in: Studium generale 13 (1960), 450-464.

Scheeben, H.Chr., *Albert der Große.* Zur Chronologie seines Lebens (Quellen und Forschungen zur Geschichte des Dominikanerordens in Deutschland, 27), Vechta – Leipzig 1931.

– *Zum Schrifttum Alberts des Großen,* in: ThRv 33 (1934), 1-6.

Schipperges, H., *Welt des Auges.* Zur Theorie des Sehens und Kunst des Schauens, Freiburg – Basel – Wien 1978.

Schleusener-Eichholz, G., *Das Auge im Mittelalter,* 2 Bde. (Münstersche Mittelalter-Schriften, 35/1-2), München 1985.

Schmaus, M., *Die psychologische Trinitätslehre des hl. Augustinus* (Münstersche Beiträge zur Theologie, 11), Münster 1927.

– *Die trinitarische Gottesebenbildlichkeit nach dem Sentenzenkommentar Alberts des Großen,* in: J. Möller/H. Kohlenberger (Hg.), Virtus politica. Festgabe zum 75. Geburtstag von A. Hufnagel, Stuttgart – Bad Cannstatt 1974, 277-306.

Schneider, K., *Die Handschriften der Stadtbibliothek Nürnberg,* II: Die lateinischen mittelalterlichen Handschriften, 1: Theologische Handschriften, Wiesbaden 1967.

Schnell, B., *Steinbuch der Salzburger Hs. M III 3,* in: Verfasserlexikon, 2. Aufl. hg. von B. Wachinger/G. Keil/K. Ruh/W. Schröder/F.J. Worstbrock, IX, Berlin – New York 1992, 255-257.

– *Zur deutschsprachigen Rezeption der naturkundlichen Schriften des Thomas von Cantimpré und Albertus Magnus.* Zum Steinbuch der Salzburger Handschrift M III 3, in: J. Domes/W.G. Gerabek/B.D. Haage/Ch. Weisser/V. Zimmermann (Hg.), Licht der Natur. Medizin in Fachliteratur und Dichtung. Festschrift für G. Keil zum 60. Geburtstag (Göppinger Arbeiten zur Germanistik, 585), Göppingen 1994, 421-442.

Schneyer, J.B., *Alberts des Großen Augsburger Predigtzyklus über den hl. Augustinus,* in: RTAM 36 (1969), 100-147.

Schooyans, M., *Recherches sur la distinction entre philosophie et théologie chez saint Albert le Grand*, (ungedruckte Diss.) Université Catholique de Louvain, Institut Supérieur de Philosophie 1958.

Schulz, E., *Bibliotheca Medii Aevi Manuscripta*, II: Einhundert Handschriften des Mittelalters vom zehnten bis zum fünfzehnten Jahrhundert (Katalog des Antiquariats Jacques Rosenthal zu München, 90), München o.J. (1928).

Schum, W., *Beschreibendes Verzeichniss* (!) *der Amplonianischen Handschriften-Sammlung zu Erfurt*, Berlin 1887.

Schumann, K.P., *Heinrich von Herford*. Enzyklopädische Gelehrsamkeit und universalhistorische Konzeption im Dienste dominikanischer Studienbedürfnisse (Quellen und Forschungen zur Kirchen- und Religionsgeschichte. Veröffentlichungen der Historischen Kommission für Westfalen, 44), Münster 1996.

Schweig, B., *Mirrors*, in: Antiquity. A Quarterly Review of Archaeology 15 (1941), 257-268.

Senko, W., *Repertorium commentariorum medii aevi in Aristotelem Latinorum quae in bibliothecis publicis Parisiis asservantur* (Bibliothèque Nationale, Arsenal, Mazarine, Sorbonne, Ste Geneviève), I-II (Opera philosophorum medii aevi. Textus et Studia, 5/1-2), Warszawa 1982.

Sermoneta, G., *Dall'ebraico in latino e dall latino in ebraico: tradizione scolastica e metodica della traduzione*, in: J. Hamesse/M. Fattori (Hg.), Rencontres de cultures dans la philosophie médiévale. Traductions et traducteurs de l'antiquité tardive au XI-Vᵉ siècle. Actes du Colloque internationale de Cassino 15-17 juin 1989 organisé par la S.I.E.P.M. et l'Universita degli Studi di Cassino, Louvain la Neuve – Cassino 1990, 149-165.

Shooner, H.V., *Codices manuscripti operum Thomae de Aquino*, III: Bibliothecae Namur – Paris, Montréal – Paris 1985.

Sighart, J., *Albertus Magnus*. Sein Leben und seine Wissenschaft. Nach den Quellen dargestellt, Regensburg 1857.

Simon, P., *Ein Katalog der Werke des hl. Albertus Magnus in einer Handschrift der Lütticher Universitätsbibliothek*, in: R. Haass/J. Hoster (Hg.), Zur Geschichte und Kunst im Erzbistum Köln. Festschrift für Wilhelm Neuß (Studien zur Kölner Kirchengeschichte, 5), Düsseldorf 1960, 80-88.

Smits van Waesberghe, J., *Johannes de Muris*, in: LThK ²V (1960), 1064.

Speer, A., *Zwischen Naturbeobachtung und Metaphysik*. Zur Entwicklung und Gestalt der Naturphilosophie im 12. Jahrhundert, in: G. Wieland (Hg.), Aufbruch – Wandel – Erneuerung. Beiträge zur „Renaissance" des 12. Jahrhunderts, Stuttgart 1994, 155-180.

– *Die entdeckte Natur*. Untersuchungen zu Begründungsversuchen einer «scientia naturalis» im 12. Jahrhundert (STGMA, 45), Leiden – New York – Köln 1995.

Stauber, R./Hartig, O., *Die Schedelsche Bibliothek*. Ein Beitrag zur Geschichte der Ausbreitung der italienischen Renaissance, des deutschen Humanismus und der medizinischen Literatur (Studien und Darstellungen aus dem Gebiete der Geschichte, VI/2.3), Freiburg i. Br. 1908.

Stegmüller, F., *Repertorium commentariorum in Sententias Petri Lombardi*, I, Würzburg 1947.

– *Repertorium biblicum medii aevi*, II, Madrid 1950.

Stehkämper, H., *Pro bono pacis*. Albertus Magnus als Friedensvermittler und Schiedsrichter, in: Archiv für Diplomatik 23 (1977), 297-382.

– *Albertus Magnus*. Ausstellung zum 700. Todestag. Historisches Archiv der Stadt Köln, 15. November 1980 bis 22. Februar 1981, Köln 1980.

Steinschneider, M., *Die hebraeischen Uebersetzungen des Mittelalters und die Juden als Dolmetscher*. Ein Beitrag zur Literaturgeschichte des Mittelalters, meist nach handschriftlichen Quellen, Berlin 1893.

– *Die europäischen Übersetzungen aus dem Arabischen bis Mitte des 17. Jahrhunderts* (Unveränderter Nachdruck aus den Sitzungsberichten der Kaiserlichen Akademie der Wissenschaften in Wien, philos.-hist. Klasse, Bd.CXLIX/ IV, 1904 und CLI/I, 1905), Graz 1956.

Stohlmann, J., *Insignis illic Bibliotheca asservatur*. Die Kölner Professoren und ihre Bibliothek in der Frühzeit der Universität, in: A. Zimmermann (Hg.), Die Kölner Universität im Mittelalter. Geistige Wurzeln und soziale Wirklichkeit (Miscellanea Mediaevalia, 20), Berlin – New York 1989, 433-466.

Stornajolo, C., *Codices Urbinati Latini*, I: Codices 1-500, Roma 1902.

Strubbe, E., *Catalogus codicum manuscriptorum Seminarii maioris Brugensis*, Maschinenschrift, Brugge, o.J.

Sturlese, L., *Albert der Große und die deutsche philosophische Kultur des Mittelalters*, in: FZPT 28 (1981), 133-147.

– *Optik*, in: LMA VI (1993), 1419-1422.

Sulzbacher, B., *Albertus Magnus, Liber sex principiorum*. Auf Handschriftlicher Grundlage mit Einleitung (Diss. Freiburg/Schweiz), Wien 1955.

Synowiecki, A., *Substancja i forma – u podstaw albertynskiej filozofii czlowieka*, in: Universitas Gedanensis 9 (1993), 9-24.

Tabulae codicum manu scriptorum praeter Graecos et Orientales in Bibliotheca Palatina Vindobonensi asservatorum, ed. Academia Caesarea Vindobonensis, I-II, Wien 1864, 1868.

Tarabochia Canavero, A., *Alberto Magno, Il bene*. Introduzione, traduzione e note (I classici del pensiero, sezione II: Medioevo e rinascimento), Milano 1987.

Theisen, W.R, *«Liber De visu»* s. Euclides, *De visu*.

The Theory of Music, IV: Manuscripts from the Carolingian Era up to c. 1500 in Great Britain and the United States of America. Descriptive Catalogue. Part I: Great Britain by Ch. Meyer; Part II: United States of Amerika by M. Huglo and N.C. Phillips (Répertoire international des sources musicales, B III[4]), München 1992.

Thomson, S.H., *The Writings of Robert Grosseteste Bishop of Lincoln 1235-1253*, Cambridge 1940.

Thorndike, L., *A History of Magic and Experimental Science*, New York, I-II, [4]1947; III, 1934.

– *De lapidibus*, in: Ambix 8 (1960), 6-23.

Thorndike, L./Kibre, P., *A Catalogue of Incipits of Mediaeval Scientific Writings in Latin*, Cambridge/Mass. 1963.

Tietze, H., *Die illuminierten Handschriften der Rossiana in Wien-Lainz* (Beschreibendes Verzeichnis der illuminierten Handschriften in Österreich, 5), Leipzig 1911.

Todtenhaupt, D./Kurzweil, A., *Ausgrabungen von mittelalterlichen Teeröfen in Berlin*, in: W. Brzezinski/W. Piotrowski (Hg.), Proceedings of the First International Symposium on Wood Tar and Pitch (Biskupin/Poland, July 1st-4th 1993), Warszawa 1997, 97-114.

Truhlár, I., *Catalogus codicum manu scriptorum Latinorum qui in C. R. Bibliotheca publica atque Universitatis Pragensis asservantur*, II, Prag 1906.

Tummers, P.M.J.E., *Albertus (Magnus)' Commentaar op Euclides' Elementen der Geometrie*. Inleidende Studie, analyse en uitgave van Boek I. Deel I: Inleidende Studie en Anayse. Deel II: Uitgave van Boek I van Albertus (Magnus) en van Anaritius, Nijmegen 1984.

Ullman, B.L./Stadter, Ph.A., *The Public Library of Renaissance Florence*. Niccolò Niccoli, Cosimo de' Medici and the Library of San Marco (Medioevo e Umanesimo, 10), Padova 1972.

Valentinelli, J., *Bibliotheca manuscripta ad S. Marci Venetiarum*, IV: Codices mss. Latini, Venedig 1871.

Van den Gheyn, J., *Catalogue des manuscrits de la Bibliothèque Royale de Belgique*, III: Théologie, Bruxelles 1903.

Van den Oudenrijn, M.A., *Un florilège arménien de sentences attribuées à Albert le Grand*, in: Orientalia 7 (1938), 118-126.

– *Das «Buch Albert» in der armenischen Literatur*, in: DTh (Fr.) 18 (1940), 428-448.

– *Der Apokalypsekommentar des hl. Albert des Großen. Armenisches zu seiner Überlieferungsgeschichte*, in: DTh (Fr.) 22 (1944), 228-231.

Van Steenberghen, F., *La philosophie au XIIIᵉ siècle* (Philosophes médiévaux, 28), Louvain ²1991.

Verbeke, G./Moncho, J.R. s. Nemesius Emesenus.

Verger, J., *Lector*, in: LMA V (1991), 1787sq.

Vlaamse kunst op perkament, Brugge 1981.

Vogels, H.-J., *Zur Echtheit der eucharistischen Schriften Alberts des Großen*, in: ThPh 53 (1978), 53-119.

Voulliéme, E., *Die Incunabeln der Königlichen Universitäts-Bibliothek zu Bonn* (Beihefte zum Centralblatt für Bibliothekswesen, 13), Leipzig 1894.

Wagner, Cl., *Alberts Naturphilosophie im Licht der neueren Forschung (1979-1983)*, in: FZPT 32 (1985), 65-104.

Weisheipl, J.A., *Albert der Große – Leben und Werke*, in: M. Entrich (Hg.), Albertus Magnus, 9-60.

Weiß, M., *Primordia novae bibliographiae b. Alberti Magni Ratisbonensis episcopi, ordinis praedicatorum*, Paris ²1905.

Werminghoff, A., *Die Bibliothek eines Konstanzer Officials aus dem Jahre 1506*, in: Centralblatt für Bibliothekswesen 14 (1897), 290-298.

Wieland, G., *Albertus Magnus*, in: LThK ³I (1993), 337-339.

Wielockx, R., *Albertus-Magnus-Institut*. Origines, objectifs, publications et projets, in: EThL 52 (1986), 216-219.

– *Zur «Summa theologiae» des Albertus Magnus*, in: EThL 66 (1990), 78-110.

Wilde, E., *Geschichte der Optik, vom Ursprunge dieser Wissenschaft bis auf die gegenwärtige Zeit*, I: Von Aristoteles bis Newton, Berlin 1838.

Wingate, S.D., *The Mediaeval Latin Versions of the Aristotelian Scientific Corpus, with Special Reference to the Biological Works*, London 1931.

Wislocki, W., *Katalog rekopisów Biblijoteki Uniwersytetu Jagiellonskiego*, Kraków 1877.

Wolfius, J.Chr., *Bibliotheca Hebraea*, III, Hamburg 1727.

Zanetti, A.M., *Latina et Italica D. Marci Bibliotheca Codicum Manu Scriptorum*, Venedig 1741.

Zazzeri, R., *Sui codici e libri a stampa della Biblioteca Malatestiana di Cesena*, Cesena 1887.

Zimmermann, A., *Dante hatte doch Recht*. Neue Ergebnisse der Forschung über Siger von Brabant, in: PhJ 75 (1967/1968), 206-217.

– *Les Quaestiones in Physicam de Siger de Brabant*, in: B. Bazan, Siger de Brabant. Écrits de logique, de morale et de physique (Philosophes médiévaux, 14), Louvain – Paris 1974, 149-184.

Zumkeller, A., *Manuskripte von Werken der Autoren des Augustiner-Eremitenordens in mitteleuropäischen Bibliotheken*, Würzburg 1966 (Cassiciacum, 20).

Indizes

1. QUELLEN DER ABHANDLUNG 'DE FORMA RESULTANTE IN SPECULO'

Die nachfolgend zusammengestellten Quellen, Similia und die im Quellenapparat zitierte Literatur werden entsprechend den zeilenbezogenen Einträgen des Quellenapparates zum kritisch edierten Text (oben, S.181-200) verzeichnet. Alle hier erfaßten Personennamen erscheinen nicht mehr im Personenverzeichnis.

1.1. Die von Albertus Magnus zitierten Quellen

1.2. Vom Editor zitierte Quellen und Literatur

2. INITIENVERZEICHNIS DER BESCHRIEBENEN HANDSCHRIFTEN

Dieser Index enthält die Textanfänge der im Kapitel II.1 erschlossenen Inhalte jener siebzehn Handschriften, die Alberts Abhandlung *De forma resultante in speculo* als eine eigenständige Schrift überliefern. Die erste, mit einem Stern versehene Zahl bezieht sich auf die Nummer der Hs. und die darauffolgende Zahl auf die Nummer der entsprechenden Texteinheit in der angezeigten Hs.

3. PERSONENVERZEICHNIS

Personennamen, die bereits im Quellenindex zu der Spiegelbildabhandlung, oben Seiten 331–338, erfaßt sind, werden hier nicht mehr berücksichtigt.

4. SACHVERZEICHNIS

Summary

Looking back on the seven parts of this investigation, the following results can be stated: as regards Albert's biography, which, however, does not concern the central topic of this study, there have been no new essential findings; nevertheless, some historical events, for instance the time at which Albert began his studies and his scholarly activities at Paris, have been examined in some detail and have thereby been removed from the area of speculation and error. For all the other central questions of this study, from the chronology of Albert's works to his importance for the history of science, the results of previous research were systematically ordered, critically evaluated, as well as corrected and enriched with regard to the history of the tradition and revision of *De forma resultante in speculo*. The extensive analysis of all extant manuscripts of this work has brought to light some interesting and partly new and important results for the study of Albert as well as for the scholarly work on medieval manuscripts in general; some of these findings have been published elsewhere.

However, the central focus of this study is on the frequently discussed question concerning the history of the tradition and revision of the treatise *De forma resultante in speculo*; this problem has been approached and solved for the first time on the basis of extensive textual criticism. It has been established that there are not two versions of the text, revised by Albert himself, but only one treatise on the mirror image, contained in *De homine*. Subsequent to this textual criticism and to the analysis of its history, the treatise has been critically edited for the first time, including a critical apparatus indicating variants and sources which sheds light on the history of this text as well as on the history of ideas in general. The German translation of the original Latin version, which is based on this critical edition, contributes to the historical study of Alberts's philosophical, physical and mathematical doctrine on the mirror image, which was previously neglected for the most part. The commentary introduces the reader to the central ideas of this doctrine and points out the wider significance and the theological relevance of the model of the mirror image. The results concerning the sources of Albert's doctrine of the mirror image and his theory of optical perception are not surprising but new and extensive. Finally, some novel and in many respects important findings regarding the history of its influence have been presented and emphasized in their significance to the history of science.

Albert develops his doctrine on the mirror image not only in the context of the anthropology of *De forma resultante in speculo*, but also deals with this subject in several of his other writings, however not so extensively; the most important parallels have been pointed out at the beginning of the critical edition of the treatise on the mirror image. Further studies are therefore necessary in order to determine the history of reception of this doctrine and the other texts which are relevant to it.

Translated by Jörn Müller

GENERAL THEOLOGICAL SEMINARY
NEW YORK